U0000850

華本 百二十一 萊鍪旦

上海涵芬樓景印
北平圖書館及自
藏明洪武刻本原
書版匡高二十六
公分寬十七公分

翰林學士亞中大夫知制誥兼脩國史臣宋濂翰林待制承直郎兼國史院編脩官臣王褘等奉
勅脩

天文一

▲元史志卷一
一

渾天之學至秦亦無傳漢洛下閎始得其術作渾儀

司天之說尚矣易曰天垂象見吉凶聖人象之又曰觀乎天文以察時變自古有國家者未有不致謹於斯者也是故堯命羲和曆象日月星辰舜在璿璣玉衡以齊七政日夜於天文於是有測驗之器焉然古之爲其法者三家曰周髀曰宣夜曰渾天同躰

以測天厥後歷世迭相沿襲其有得有失則由乎其人智術之淺深未易遽數也宋自靖康之亂儀象之器盡歸于金元興定鼎于燕其初襲用金舊而規環不協難復施用於是太史郭守敬者出其所創簡儀仰儀及諸儀表皆臻於精妙卓見絕識蓋有古人所未及者其說以謂昔人以管窺天宿度餘分約爲太半少未得其的乃用二線推測於餘分纖微皆有可考而又當時四海測景之所凡二十有七東極高麗西至滇池南踰朱崖比盡鐵勒是亦古人之所未及爲者也自是八十年間司天之官遵而用之靡有差

感而九日月薄食五緯凌犯彗孛飛流暈珥虹霓精祲雲氣等事其係於天文占候者具有簡冊存焉若

昔司馬遷作天官書班固范曄作天文志其於星辰名號分野次舍日月五星凌犯及星變之異詳矣而近代史官志天文者則唯錄日月五星之變

唐李淳風撰於夫二十八宿之躔度二曜五緯之次舍時日災祥之應分野休咎之別號擬詳備後有作者無以尚之矣是以歐陽修唐書天文先述法象之具次紀日月五星凌犯及星變之異而已其所載者皆畧不復道而首載儀象諸篇志金天文者則

▲元史志卷一
二

誠以璣衡之制載於書曰星風雨霜雹雷霆之災異載於春秋慎而書之非史氏之法當然固所以求合於聖人之經者也今故攝其事例作元天文志

簡儀

簡儀之制四方爲趺縱一丈八尺三分去一以爲廣趺面上廣六寸下廣八寸厚如上廣中布橫輨三縱輨三南北抵南輨比一南抵中輨跌面四周爲水渠深一寸廣加五分四隅爲礎出跌面內外各二寸繞礎爲渠深廣皆一寸與四周渠相灌通又爲礎於卯酉位廣加四維辰加廣三之二水渠亦如之比擬雲

架柱二徑四寸長一丈二尺八寸下為鼇雲植於乾
艮二隅礎上左右內向其勢斜准赤道合貫上規規
環徑二尺四寸廣一寸五分之中為距相交為
斜十字廣厚如規中心為竅上廣五分方一寸以
去趺面七尺二寸為龍柱二植於卯酉礎南極雲架柱
下二寸五分方一寸為橫軌自軌心上至竅心六尺八
寸又為趺面北向斜植以柱北架南極雲架柱二植於卯
為山形趺北向斜植以柱南斜架向坤巽二隅
酉礎中分之南廣之南斜架向坤巽二隅礎上比向斜柱
相交為十字其上與百刻環邊齊在辰巳未申之間

南傾之勢准赤道各長一丈一尺五寸自趺面斜上
三尺八寸為橫軌以承百刻環下邊又為龍柱二植
於坤巽二隅礎上比向斜柱其端形制一如比柱四
游列周天度分起南極抵比極餘分附于比極去南
於子午卯酉當子午為圓竅以受南比極樞軸兩面
皆列周天度分起南極抵比極餘分附于比極去南
比樞竅兩旁四寸各為直距廣二寸厚如環距中心
橫關東西與兩距相連廣厚亦如之關中心各為
四分廣厚皆如環中腰為圓竅樞竅徑五分以受樞軸衡
三寸為竅方八分以受窺衡樞軸竅衡長五尺九寸

兩端為圭首以取中縮去圭首五分各為側立橫耳
高二寸二分廣如衡面厚三分中為圓竅徑六分其
中心上下一線界之以知度分百刻環徑六尺四寸二
面廣二寸周布十二時百刻環旋轉無滯
滯之患其環陷入南極架周天度分中為十字距廣
也百刻環面內廣三寸又為十字距皆所以為廣
寸自半已上廣三寸距心為十字距心為竅竅徑
面廣二寸上下一線界之以承赤道環廣
中心上下一線界之以承赤道環
廣三寸中空一寸厚一寸當心為竅竅徑一寸以受
厚皆如四游環面細刻列周天度分仍釘之中為十字距
南極樞軸界衡二各長五尺九十四分廣三寸衡首

南極樞軸界衡
斜剡五分刻度分以對環面中腰為竅重置赤道環
南極樞軸其上衡兩端自長竅外邊至衡首底厚倍
之取二衡運轉皆着環面而無低昂之失且易得度
分也二極樞軸皆以鋼鐵為之長六寸半為本半為
軸本之分十一如上規距心適取能容軸徑一寸比本
極樞中心為孔孔底橫穿通兩旁中出一線曲其本
出橫孔兩旁各為孔底橫衡底順衡中心
一線貫界衡兩端結之孔中線留三分亦結之上下各穿
渠以受線直入內界環廣半寸厚倍之皆勢穹窿中
底上出結之定極環廣半寸厚倍之皆勢穹窿中徑

六度度約一寸許極星去不動處三度僅容轉周中
為斜十字距廣厚如環連於上規環連中心為孔徑
五釐下至北極軸心六寸五分比面剡其中亦六釐
雲架之十字方二寸厚五分比面剡其中心存一釐
橫軏比十字為中心卧置之其一曰立運環面剡度
以為厚十字又為環二其一陰緯環面取跌面縱
分施於比極雲架柱下當卧環中心上屬架之橫軏
下抵跌軏之比十字上下各施樞軸令可旋轉中為直
寸五分又為環二其一陰緯環面剡方位取跌面縱
距當心為竅以施窺衡令可俯仰用窺日月星辰出

元史志卷一　五　陳量一

地度分右四游環東西運轉南北低昂凡七政列舍
中外官去極度分皆測之赤道環旋轉與列舍距星
相當即轉界衡使兩線相對凡日月五星中外官入
宿度分皆測之百刻環轉界衡令兩線與日相對其
下直時刻則晝刻也夜則以星定之比舊儀測日月
五星出沒而無陽緯陰緯雲柱之映其渾象之制圓
如彈九徑六尺縱橫各畫周天度分赤道居中去二
極各周天四之一黃道出入赤道內外各二十四度
弱月行白道出入不常用竹篾均分天度考驗黃道
所交隨時遷徙先用簡儀測到入宿去極數按於

其上校驗出入黃赤二道遠近疎密了然易辨仍絲
以算數為準其象置於方匱之上南比極出入匱面
各四十度太強半見半隱機運輪牙隱於匱中

仰儀

仰儀之制以銅為之形若釜置於甎臺內畫周天度
曆列十二辰位盖俯視驗天者也其銘辭云
形莫天大也無竟維人仰釜載也六尺為深廣自倍
也蕪深廣倍絜金殳也環鑒為沼準以繩也辨方正
位日子卦也衡縮度中平斜再也斜起南極平鋪地
也小大必周入地畫也始周浸斷浸極外也極入地

元史志卷一　六　陳量一

深四十太也比九十一赤道斷也列刻五十六時配
也衡竿加卦巽坤內也以員縮竿本午對也首旋璣
板窾納芥也上下懸直與鐵會也視日透光何度在
也眒谷朝賓夕餞也寒暑發歛會驗進退也薄蝕起
也鑒生殺也以避赫曦奪目害也南比之偏亦可覘
也極淺十五林邑界也黃道夏高人所載也夏永冬
也短猶少差也安渾宣夜昕穹盖也六天之
也極深五十鐵勒塞也黃道浸平冬畫晦
也夏則不沒永短最也一儀一揆善悖也以指為告無煩喙
也書言殊話也一儀一揆善悖也以指為告無煩喙
也闇資以明疑者沛也智者是之膠者怪也古今巧

曆不億萬也非讓不為思不遠也將以窺天朕造化愛
也其有俊明昭聖代也泰山礪乎河如帶也黃金不
磨悠久賴也鬼神禁訶勿銘壞也

大明殿燈漏

燈漏之制高丈有七尺架以金為之其曲梁之中
設雲珠左右日月雲珠之下復懸一珠梁之兩端飾
以龍首張吻可以審平水之緩急中梁之上有
戲珠龍二隨珠俛仰又可察準水之均調凡此皆非
徒設也燈毬雜以金寶為之內分四層上環布四神
旋當日月參辰之所在左轉日一週次為龍虎鳥龜

之象各居其方依刻跳躍鏡鳴以應於內又次週分
百刻上列十二神各執時牌至其時四門通報又一
人當門內常以手指其刻數下四隅鐘鼓鉦鐃各一
人一刻鳴鐘二刻鼓三刻鉦四刻鐃初正皆如是其機發
隱於櫃中以水激之

正方案

正方案方四尺厚一寸四周去邊五分為水渠先定
中心畫為十字外抵水渠去心一寸畫為圓規自外
寸規之九十九規外規內三分畫為重規偏布周天
度中為圓徑二寸高亦如之中心洞底植臬高一尺

五寸南至則減五寸北至則倍之凡欲正四方置案
平地注水于渠眂平乃植臬於中自臬景西入外規
即識以墨影少移輒識之每規皆然至東出外規而
止凡出入一規之交皆度以線屈其半以為中即所
識與臬相當且其景最短則南北既正則東西從而正
之識以審定南北南北既正則東西從而正然二至
前後日軌東西行南北差少即外規出入之景以為
東西凡得其正當二分前後日軌東西行南北差多
朝夕有不同者外規出入之景或未可憑必取近內
規景為定仍校以累日則愈真又測用之法先測定

所在北極出地度即自案地平以上度如其數下對
南極入地度以墨斜經中心界之又橫截中心斜界
為十字即天腹赤道斜勢也乃以案側立懸繩取正
凡置儀象皆以此為準

圭表

圭表以石為之長一百二十八尺廣四尺五寸厚一
尺四寸座高二尺六寸南北兩端為池圓徑一尺五
寸深二寸自表北一尺與表梁中心上下相直分以
百二十八尺中心廣四尺兩旁各一寸畫為尺寸分以
達北端兩旁相去一寸為水渠深廣各一寸與南北

兩池相灌通以取平表長五十尺廣二尺四寸厚減
廣之半植於圭之南端圭石座中入地及座中一丈
四尺上高三十六尺其端兩旁為二龍半身附表上
擎橫梁自梁心至表顛四尺下屬圭面共為四十尺
梁長六尺徑三寸上為水渠以取平兩端及中腰各
為橫竅徑二分橫貫以鐵長五寸繫線合於中懸錘
取正且防傾墊按表短則分寸短促尺寸之下所謂
分秒太半少之數未易分別表長則分寸稍長所不
便者景虛而淡難得實影前人欲就虛景之中考求
真實或設望筒或置小表或以木為規皆取端日光

《元史志卷一》　九

下徹表面今以銅為表高三十六尺端挾以二龍舉
一橫梁下至圭面共四十尺是為八尺之表五圭表
刻為尺寸舊一寸今申而為五釐毫差易分別

景符

景符之制以銅葉博二寸長加博之二中穿一竅若
針芥然以方圓為跌二端設為機軸令可開闔棉其
一端使其勢斜倚北高南下往來遷就於虛梁之中
竅達日光僅如米許隱然見橫梁於其中舊法一表
端測暈所得者日體上邊之景今以橫梁取之實得
中景不容有毫末之差至元十六年己卯夏至景

四月十九日乙未景一丈二尺三寸六分九釐五毫
至元十六年己卯冬至晷景十月二十四日戊戌景
七丈六尺七寸四分

闕几

闕几之制長六尺廣二尺高倍之下為跌廣三寸厚
二寸上闊廣四寸厚如跌以板為面厚及寸四隅為
足撐以斜木務取正方面中開明竅長四尺廣二寸
近竅兩旁一寸三分畫為尺內刻三寸為細分以應圭
面几面上至梁心二十六尺取以為準闕限各長
二尺四寸廣二寸舂厚五分兩刃斜梢取其於几面
相符着限兩端厚廣各存二寸街入几闔俟星月正
中從几下仰望表梁南北以為識折取分寸中竅
用為直景又於遠方同日闕測取景數以推星月高
下也

西域儀象

世祖至元四年扎馬魯丁造西域儀象　咱秃哈剌
吉漢言混天儀也其制以銅為之平設單環刻周天
度畫十二辰位以準地面側立雙環而結於平環之
子午半入地下以分天度內第二雙環亦刻周天度
而參差相交以結于側雙環去地平三十六度以為

《元史志卷一》　十

《元史志卷一》

南北極可以旋轉以象天運為日行之道內第三第
四環皆結於第二環又去南北極二十四度亦可以
運凡可運三環各對綴銅方釘皆以衡簫
之仰窺焉
咱禿朔八台漢言測驗周天星曜之器
也外周圍墻而東面啟門中有小臺立銅表高七尺
五寸上設機軸懸銅尺長五尺五寸復加窺測之筩
二其長如之下置橫尺刻度數其上以準掛尺下本
測魯哈麻亦渺凹只漢言春秋分臥影為屋二
間春開東西橫簫以斜通日臥中有臺隨臥影南高
下上仰置銅半環刻天度一百八十以準地上之
半天斜倚銳首銅尺長六尺闊一寸六分上結半環
之中下加半環之上可以往來窺運側望漏屋晷影
驗度數以定春秋二分　魯哈麻亦木思塔餘漢言
冬夏至臥影堂也為屋五間屋下為坎深二丈二尺
脩開南北一鏄以直通日臥隨鏄立壁附壁懸銅尺
長一丈六尺仰畫天度半規其尺亦可往來規運
直望漏屋臥影以定冬夏二至　若來亦撒麻漢言
渾天圖也其制以銅為丸斜刻日道交環度數于其
腹刻二十八宿形於其上外平置銅單環刻周天度

十一

《元史志表一》

數列于十二辰位以準地而側立單環二一結于平
環之子午以銅丁象南北極一結于平環之卯酉皆
刻天度亦渾天儀而不可運窺測者也若來亦
阿兒子漢言地理志也其制以木為圓毬七分為水
其色綠三分為土地其色白晝江河湖海脈絡貫串
於其中畫作小方井以計幅圓之廣裹道里之遠近
兀速都兒剌不定漢言晝夜時刻之器其制以銅
如圓鏡而可掛面刻十二辰位晝夜時刻上加銅條
綴其中可以圓轉銅條兩端各屈其首為二竅以對
望畫則視日影夜則窺星辰以定時刻以測休咎背
嵌鏡片三面刻其圖九七以辨東西南北日影長短
之不同星辰向背之有異故各異其圖以畫天地之
變焉

四海測驗

南海北極出地一十五度夏至景在表南長一尺一
寸六分晝五十四刻夜四十六刻
衡嶽北極出地二十五度夏至日在表端無景晝五
十六刻夜四十四刻
嶽臺北極出地三十五度夏至臥景長一尺四寸八
分晝六十刻夜四十刻

十二

和林北極出地四十五度夏至晷景長三尺二寸四
分晝六十四刻夜三十六刻

鐵勒北極出地五十五度夏至晷景長五尺一分晝
七十刻夜三十刻

北海北極出地六十五度夏至晷景長六尺七寸八
分晝八十二刻夜一十八刻

大都北極出地四十度太強夏至晷景長一丈二尺
三寸六分晝六十二刻夜三十八刻

上都北極出地四十三度少

北京北極出地四十二度強

益都北極出地三十七度少

登州北極出地三十八度少

高麗北極出地三十八度少

西京北極出地四十度少

太原北極出地三十八度少

安西府北極出地三十四度半強

興元北極出地三十三度半強

成都北極出地三十一度半強

西涼州北極出地四十度強

東平北極出地三十五度太

大名北極出地三十六度

南京北極出地三十四度太強

河南府陽城北極出地三十四度太弱

揚州北極出地三十三度

鄂州北極出地三十一度半

吉州北極出地二十六度半

雷州北極出地二十度太

瓊州北極出地一十九度太

日薄食暈珥及日變

世祖中統二年三月壬戌朔日有食之

三年十一月辛丑日有背氣重暈三珥　至元二年正月辛未
朔日有食之　四年五月丁亥朔日有食之　五年
朔日有食之　七年三月庚子朔日有食之
十月戊寅朔日有食之　八年八月壬辰朔日有食
之　九年八月丙戌
朔日有食之　十二年六月庚子朔日有食之　十
四年十月丙辰朔日有食之　十九年六月戊午朔
日有食之　十月戊午朔日有食之　二十四年七月
癸丑日暈連環白虹貫之　十月戊午朔日有食之
二十六年三月庚辰朔日有食之　二十七年八
月辛未朔日有食之　二十九年正月甲午朔日有

食之有物漸侵入日中不能既日體如金環然左右
有珥上有抱氣　三十一年六月庚辰朔日食
成宗大德三年八月己酉朔日食　四年二月丁未
朔日食　六年二月癸亥朔日食　七年閏五月戊
午朔日食　八年五月癸未朔日食
仁宗皇慶元年六月乙丑日赤如赭
三月己亥白暈亘天連環貫日　二年四月戊
賈日　四年正月丁亥日赤如赭　八月甲寅白虹
武宗至大三年正月丁亥白虹貫日　延祐元年
日有食之　五月甲戌日赤如赭乙亥亦如之　九月甲

寅日赤如赭戊午亦如之　三年五月戊申日赤如
赭　五年二月癸巳朔日有食之　六年二月丁亥
朔日有食之　七年正月辛巳朔日有食之　三月乙
未日有暈若連環然
英宗至治元年三月己丑交暈如連環貫日　六月癸
卯朔日有食之　二年十一月甲午朔日有食之
泰定帝泰定四年二月辛卯白虹貫日　九月丙申朔
日食
文宗天曆二年七月丙辰朔日有食之　至順元年
九月癸巳白虹貫日　二年正月己酉白虹貫日八

月甲辰朔日有食之　十一月壬申朔日有食之　三
年五月丁酉白虹並日出長竟天
順帝元統元年三月癸巳日赤如赭閏三月丙申
癸丑甲寅皆如之　二年四月戊戌日赤如赭之
至元元年十二月戊午日赤如赭閏十二月丁亥戊
子己丑皆如之　二年二月壬辰日赤如赭乙未丙
申亦如之　三月庚申壬戌日赤如赭　三年
正月丁巳日有交暈左右珥上有白虹貫之　二年壬
申朔日有食之　八月癸未日有交暈左右珥上有白

虹貫之　十月癸酉日赤如赭　四年閏八月戊戌日
赤如赭己亥壬寅亦如之　九月庚寅皆如之　五年
正月丙寅日有交暈左右珥上有白虹貫日
亥日赤如赭　三月庚申辛酉四月丁未皆如之　至
正元年三月壬申日赤如赭　三年四月丙午朔日
有食之　四年九月丁亥朔日有食之　十年十一
月壬子朔日有食之　十三年九月乙丑朔日有食
之　十四年三月癸亥朔日有食之　十五年二月
丙子日赤如赭　十七年七月己丑日有交暈連環
貫之　十八年六月戊辰朔日有食之　十二月乙丑

朔日有食之

二十一年四月辛巳朔日有食之

二十五年三月壬戌日有暈內赤外青白虹如連環

貫之 二十六年二月丁卯日有暈左珥上有背氣

一道七月辛巳朔日有食之 二十七年十二月癸

卯朔日有食之

月 五星凌犯及星變上

憲宗六年六月太白晝見

世祖中統元年五月乙未熒惑入南斗留五十餘日

二年二月丁酉太陰掩昴六月戊戌太陰犯角八

月丙午太白犯歲星十一月庚午太陰犯昴十二

辛卯熒惑犯房壬寅熒惑犯鈎鈐

酉太白犯鈎鈐 至元元年二月丁卯太陰犯南斗

四月辛亥太陰犯軒轅御女星五月丙戌太陰犯房

己亥太陰犯昴七月甲戌彗星出輿鬼昏見西北貫

上台掃紫微文昌及北斗旦見東北九四十餘日十

二月甲子太陰犯房 二年六月丙子太陰犯心宿

大星 四年八月庚申填星犯天罇距星壬午太白

犯軒轅大星甲子歲星犯軒轅大星十一月乙巳戊

子太陰犯天關己丑太陰犯井 六年十月庚子太

陰犯辰星 七年正月己酉太陰犯畢九月丁巳太

陰犯井十月庚午太白犯右執法十一月壬寅熒惑

犯太微西垣上將八年正月辛未太陰犯畢三月

丁亥熒惑犯太微西垣上將九月丙子太陰犯畢

九年五月乙酉太陰犯畢九月壬戌歲星犯墨壁

女十月丁卯太陰犯畢十一月丁卯太陰犯御

一年二月甲寅太陰犯井宿十月辛卯太陰犯畢九

自文昌貫斗杓歷梗河至左攝提凡二十一日十

十年三月癸酉熒惑犯填星青白如粉絮起畢慶五車北復

陣 十二年七月癸酉太白犯井辛卯太陰犯畢九

月己巳太白犯少民己卯太白犯太微西垣上將十

月癸丑太陰犯畢十一月丙戌太陰犯軒轅大星十

二月戊戌填星犯畢十三年九月

辛亥太白犯南斗甲寅太白入南斗十二月乙卯彗

亥太陰犯畢辛酉熒惑掩鈎鈐

三月丁亥太陰犯太白太白犯太微西垣上將十

出東北長四尺餘十五年二月丁丑熒惑犯天街

犯鍵閉七月丙寅填星聚于房十六年四月辛

亥太陰犯填星犯鍵閉八月庚辰太陰犯房辛

宿距星庚子歲星犯軒轅大星十月丙申太陰犯太

微西垣上將十一月癸丑太陰犯熒惑　十七年四
月庚子歲星犯軒轅大星七月戊申太陰掩房宿距
星己酉太陰犯南斗八月丙子太陰犯心宿東星甲
子太陰犯房宿右執法并犯歲星　十八年七月癸卯太
陰犯房宿距星閏八月癸巳朔熒惑犯司怪南第二
月甲戌太陰犯軒轅御女庚辰太陰入南斗　二十年正
星庚戌太陰犯軒轅大星五車次南星丁丑太陰犯軒轅大星十一
月己巳太陰犯昴九月甲申癸巳朔熒惑犯軒轅丁亥
陰掩心十二月丙午太陰掩昴　　　　　　十九年

二月庚寅太陰掩昴庚子太白犯昴壬寅太白犯昴
乙巳太陰犯心三月己未歲星犯鍵閉庚申太陰犯
井壬戌太陰犯鬼乙巳歲星犯房癸酉歲星掩房四
月己亥太陰犯房壬寅太陰犯南斗五月丙寅太陰
掩心七月丙辰太陰犯井癸亥太陰犯南斗丙午太
白犯井庚午熒惑犯司怪八月丙午太白犯軒轅丁
未歲星犯鉤鈐九月壬子太白犯軒轅少女戊戌太
陰犯斗己巳太白犯右執法壬申太陰掩井癸酉太
白犯鬼甲戌太陰犯鬼熒惑犯積尸氣太白犯昴
感犯鬼甲戌太陰犯昴十一月戊寅太白歲星相犯
法十月丙申太陰犯昴十一月戊寅太白歲星相犯
十二月甲辰太陰掩熒惑　二十一年閏五月戊寅

朔填星犯斗七月甲申太陰犯太白犯熒惑九月癸巳太白
犯南斗第四星乙未太陰犯井十月己丑太陰犯軫
十一月丙戌太陰犯昴己丑太陰犯井庚子太陰
犯心二十二年二月辛亥太陰掩輿鬼庚子太陰
轅太民乙酉太陰犯填星二十三年正月壬午太陰犯軒
己亥壬戌太陰犯婁五月己巳熒惑犯太微右執法六月丙申
巳太陰犯心乙巳熒惑犯氐二十三年正月壬午太陰入東井十二月
歲星犯墨壁陣乙酉癸卯太白犯軒轅右角星九月
朔太白犯御女八月乙卯太白犯軒轅

甲申太陰犯天關十月甲午朔太白犯右執法戊戌
太陰犯建星辛亥太陰犯東井甲寅太白犯進賢十
一月戊辰太白犯亢己卯太陰犯東井辛巳歲星犯
墨壁陣十二月戊戌太白犯東井丁未太陰犯東井
丁巳太陰犯氐二十四年正月甲戌太陰犯東井
乙酉太陰犯房二月癸亥太陰犯天關辛丑太陰犯
東井閏二月庚子太陰犯氐甲戌太陰犯牽牛三
月丙申太陰犯東井四月癸酉太陰犯牽牛壬寅
犯房七月戊戌太陰犯南斗辛丑太陰犯牽牛壬寅
熒惑犯輿鬼積尸氣甲辰熒惑犯輿鬼壬子太陰犯

司怪八月癸亥太白犯亢丙子填星南犯墨壁陣己
卯太陰犯天關辛巳太陰犯東井甲申太白犯房九
月丁酉熒惑犯長垣庚子太白犯天江乙巳太陰犯
畢辛亥熒惑犯太微西垣
月壬辰太白犯墨壁陣太白犯太微上將太陰暈太白
犯太微東垣上將庚子太白犯天江乙酉熒惑犯
十二月丙寅太陰犯太白晝見二十五年正月
乙巳太陰犯角戊申太陰犯畢己亥太陰掩角四月戊
微東垣上相戊子太陰犯畢己亥太白晝見

（四六）

午太陰犯井五月戊申太白犯畢六月甲戌太白犯
井丁丑太陰犯歲星七月己亥熒惑犯氐庚子太白
犯畢乙巳太陰掩畢八月丙辰熒惑犯房己未太白
犯軒轅大星九月癸未朝熒惑犯天江庚子太陰犯
畢癸卯熒惑犯南斗十二月辛酉太陰犯畢甲子太
陰犯井甲戌太陰犯亢熒惑犯墨壁陣
正月辛丑太白犯氐三月甲午太陰犯亢五月壬辰
太白犯畢七月戊子太白經天四十五日辛卯太陰
犯牛乙未太陰犯歲星八月辛未歲星晝見九月戊
寅歲星犯井乙未太陰犯畢丙申熒惑犯太微西垣

楊君祥

陰掩填星辛酉太陰掩左執法十二月辛卯太陰犯
癸卯歲星犯畢丙午太陰犯房壬申熒惑犯鍵閉
星六月己丑十月辛巳太白犯斗十一月戊申太
陰犯井壬辰熒惑犯房七月乙丑太陰犯畢丁
庚寅熒惑犯房壬申戊寅太陰犯畢丙子太陰犯
卯熒惑犯房壬申癸丑熒惑犯房乙丑太陰掩左執法十二月辛卯太陰犯天江九月
二十七年正月庚戌太陰犯井丁巳熒惑犯鉤鈐
賢太陰犯井壬申戊戌辰太陰犯畢熒惑犯進

（四六）

亢二十八年正月壬寅太白熒惑填星聚奎二月
癸未太陰犯左執法甲申太白犯昴三月丁未太陰
上相乙卯太白犯五車四月乙未歲星犯輿鬼積尸
氣五月壬寅太陰犯少民甲寅太白掩軒轅大星
見丙子太陰犯畢并歲星犯斗九月丙
白犯軒轅大星并牛犯歲星癸未酉歲星犯少
辰熒惑犯左執法戊午太白犯少民
民十月丙戌太陰犯軒轅大星并御女己丑

楊君祥

太微東垣上相十一月甲辰太陰犯房丙午熒惑犯
亢丁未太陰犯畢庚申熒惑犯氐十二月庚辰太陰
犯御女癸未太陰犯東垣上相己丑熒惑犯房庚寅
熒惑犯鈎鈐

軒轅左角二月乙巳太陰犯畢四月戊申丙午
六月己丑太白犯畢閏六月戊申熒惑犯歲星及
月辛未太陰犯歲星丁酉辰星犯右執法九月
陣辛巳太白犯南斗十月乙巳太陰犯井丁未太陰
犯昴乙卯太陰犯氐十一月壬戌熒惑犯壘壁陣己

卯太陰犯太微東垣上將十二月庚子太陰犯井甲
辰太陰犯太微西垣上將三十年正月丙寅太陰
犯畢丁丑太陰犯氐庚辰歲星犯左執法二月壬
犯畢乙巳熒惑犯天街庚戌太陰犯牛癸丑太
太陰犯畢己巳熒惑犯氐
白犯壘壁陣三月辛未太陰犯氐四月癸丑太白犯
填星六月己丑歲星犯建星辛丑太陰犯畢
甲子太陰犯建星辛丑太陰犯畢八月甲辰星九月
太微西垣上將
丁卯太陰犯畢十月庚寅彗星入紫微垣抵斗魁光
芒尺許凡一月乃滅丙申熒惑犯亢己亥太陰犯天

關辛丑太陰犯井十一月乙丑太陰犯畢丁卯太陰
犯井庚子太陰犯鬼丙子熒惑犯鈎鈐戊寅歲星犯
亢十二月乙未太陰犯鬼丙子熒惑犯鈎鈐戊寅歲星
白晝見又犯鬼五月庚戌朔太白與鬼六月丙午
太陰犯井八月丁巳太白晝見戊戌太陰掩填星
犯軒轅九月丁巳太白經天丙寅太陰掩填星畢乙未太白
太陰犯軒轅乙亥太白晝
壬午太白犯左執法癸巳太陰掩填星乙未歲星犯房
井十一月己酉
犯房十二月癸未歲星犯房丁亥歲星犯

太陰犯鬼庚子太陰犯房又犯歲星
成宗元貞元年正月乙卯太陰犯填星又犯畢癸酉
歲星犯東咸二月癸未熒惑犯畢壬辰太陰犯平
道癸卯太陰犯房四月庚寅太陰犯東咸閏四月
陰犯房甲寅太陰犯平道乙卯太陰犯房丁巳太陰掩房
房四月丁亥太陰犯南斗七月丁丑太陰掩房
五月丁亥太陰犯
星犯房八月乙酉太陰犯牛壬子太陰犯平道十月辛酉九
月甲午太陰犯軒轅戊戌太陰犯
星犯房壬戌辰星犯鍵閉戊辰太白晝見太陰犯房

太陰掩南斗丁丑太陰犯墨壁陣己丑太陰犯軒轅
犯天街太白井七月壬午太白九月戊辰太白犯天關丁巳太白犯輿鬼八月庚子太
陰犯井三月乙酉太白犯軒轅癸卯太陰犯鈎鈐五月丁丑太陰犯平
見丁亥太陰犯平道六月乙巳太陰犯天閣丁巳太白犯填星癸亥太
犯天江　二年正月壬午太白道庚戌太陰犯輿鬼丙戌太陰
丁亥太陰犯鬼十二月丙辰太陰犯軒轅甲子太陰犯井
十一月甲戌太白經天及犯墨壁陣乙酉太陰犯井

十一月丁丑太陰犯月星又犯天街庚辰太陰犯井
丁亥太陰犯上相戊子太陰犯平道壬辰太陰犯天
江十二月丁未太陰犯井乙卯太陰犯進賢大德
元年三月戊辰熒惑犯井癸酉太陰掩軒轅大星五
月癸酉太白犯鬼積尸氣乙亥太陰犯房六月乙未
九月辛酉太白復見犯奎十月戊午太白經天十一
月戊子太白犯軒轅甲寅太白犯建星
丙午太陰犯軒轅甲寅太白犯心閏十二月癸酉歲星
白犯建星丙子太白犯建星　二年二月辛酉歲星

南斗　三年正月丙戌太陰犯軒轅
興鬼太陰犯乙丑太陰犯上將甲戌太陰犯太白入
寅太陰犯興鬼乙丑太陰犯右執法甲戌歲星彗出子孫星下乙卯太陰犯太白
距星十一月己亥太陰犯歲星十二月戊午太白經天丁酉太陰犯西
犯左執法十月壬戌太陰犯畢南星癸卯太陰犯牽牛丑太陰犯五車南星角宿
角七月癸巳太陰犯心八月壬戌太陰犯箕九月辛
子太陰犯心五月戊戌太陰犯心六月壬戌太陰犯
熒惑太白聚危熒惑犯歲星辛未太陰犯左執法丙

垣上將戊戌太陰犯右執法乙巳太白經天三月乙
巳熒惑犯五諸侯戊戌熒惑犯輿鬼太陰犯心五月丙申太陰
犯上將丙寅填星犯輿鬼太陰犯心五月丙申太陰
犯南斗己亥太白犯畢六月庚申太陰掩房丁卯熒
惑犯右執法壬申歲星晝見七月己卯朔太陰
丁未太陰犯興鬼八月丁巳太陰犯箕戊辰流星
軒轅大星己巳太陰犯五車南星九月壬辰流星色赤
尾長尺餘其光燭地起自河鼓沒於牽牛之西有聲
如雷乙未太陰犯昴宿距星丁酉太陰犯房
月丙子太陰犯房十一月乙酉太白犯房
四年二

前大後小相離尺餘沒於危宿十一月己亥歲星犯
東井戊申太陰犯昴十二月甲戌歲星犯
太陰犯南斗六年正月壬戌填星犯太微西垣上
將二月庚午太陰犯昴三月壬寅太陰犯輿鬼癸卯
歲星犯井甲寅太陰犯心庚子太陰犯輿鬼熒惑
八月乙丑熒惑犯輿鬼熒惑犯軒轅九月丙午熒惑犯軒轅癸
感填星犯辰星聚井庚寅太陰犯斗七月癸巳朝熒
星犯太微西垣乙亥太陰犯心庚寅太陰犯斗七月
太微西垣上將十一月辛亥填星犯左執法乙未辰
星犯房癸卯太陰犯昴己酉太陰犯填星犯軒轅乙亥
申朝熒惑犯填星乙丑歲星犯輿鬼乙亥太陰犯昴
鬼庚辰熒惑犯太微東垣上相太陰犯房
年正月戊戌太陰犯太微東垣二月戊寅
太陰犯心四月癸亥太陰犯輿鬼東井丙寅太陰犯軒轅
乙亥歲星犯輿鬼太陰犯南斗甲申熒惑犯太微垣
右執法丁亥歲星犯輿鬼五月壬寅熒惑犯太微
五月戊辰太陰犯心七月戊寅歲星犯軒轅己卯太

太陰犯輿鬼丁巳太白犯右執法十月壬午熒惑犯
太微西垣上將十一月辛亥填星犯左執法乙未辰
星犯房癸卯太陰犯昴己酉太陰犯
太陰犯心四月癸亥歲星犯輿鬼
乙亥歲星犯輿鬼太陰犯南斗丙寅太陰犯軒轅
右執法丁亥歲星犯輿鬼五月壬寅熒惑犯太微
五月戊辰太陰犯心七月戊寅歲星犯軒轅己卯太

月戊午太陰犯軒轅五月甲午太陰犯靈壁陣辛丑
太白犯輿鬼太陰犯昴六月丁巳太白犯靈
辛卯熒惑犯輿鬼八月癸丑太陰犯昴七月
臺上星閏八月庚辰熒惑犯井甲子太陰犯
斗壬戌太陰犯井斗十二月太白犯斗九月戊午太白犯
心二月己卯太陰犯輿鬼三月戊申太陰犯御女丁
惑犯軒轅癸巳太陰犯房宿距星
卯熒惑犯填星己巳熒惑犯填星相合四月壬申太陰
犯東井五月癸丑太陰犯南斗乙卯熒惑犯右執法

丁卯太白犯井六月甲申歲星犯司怪己酉太白犯
輿鬼歲星犯井甲午太白犯輿鬼七月丙午歲星犯
井辛亥太陰犯太陰犯壁陣庚申辰星犯太白八月壬辰
太陰犯軒轅御女乙未填星犯太微上將九月乙丑
自八月庚辰彗出井二十四度四十分如南河大星
色白長五尺直西北後經文昌斗魁南掃太陽又掃
比斗天機紫微垣三公貫索星至天市垣巴
蜀之東梁楚之南宋星上長丈餘大如杯色赤
十月癸未太陰犯東井辛卯夜有流星大如杯色赤
尾長丈餘光燭地自北起近東徐徐而行分為二星

陰犯井乙酉熒惑犯房八月癸巳太白犯氐甲午熒
惑犯東咸太陰犯牽牛乙巳歲星犯軒轅辛亥熒惑
犯天江九月丙寅太白晝見辛未熒惑犯南斗甲戌
太白犯東井乙亥太白犯南斗壬午辰星犯南斗十月
丁亥太白經天辛丑太陰犯東井十一月己未太白
經天夜熒惑犯明堂戊辰太陰犯東井已卯太陰
犯東咸十二月丙戌太陰犯進賢戊辰太陰犯
申太陰犯東井辛丑太陰犯明堂丁未太陰犯壘壁陣丙
八年三月乙丑自去歲十二月庚戌彗星見約盈
尺指東南色白測在室十一度漸長尺餘復指西比

掃騰蛇入紫微垣至是滅凡七十四日　九年正月
丁巳太陰犯天關甲子太陰犯明堂已巳太陰犯東
咸三月甲寅熒惑犯氐戊午歲星犯左執法四月庚
辰太陰犯井壬辰太白犯井五月癸亥歲星掩左執
法七月丙午熒惑犯氐甲寅太白經天丁卯熒惑犯
房八月辛巳太陰犯東咸乙未熒惑犯天江九月丁
巳熒惑犯斗十月丙戌太白經天天江九月庚戌
太白填星聚於亢癸丑歲星犯丙寅歲星晝見十
二月壬申太白經天丙子太陰犯西咸庚寅熒惑犯
壘壁陣已亥辰星犯建星　十年正月丁巳太白犯

元史志卷一

建星閏正月癸酉太白犯牽牛己丑太白犯壘壁陣
二月戊午太陰犯氐三月戊寅歲星犯亢四月辛酉
填星犯亢六月癸丑太陰犯牽牛八月壬寅歲星犯
亢七月庚辰太陰犯羅堰上將九月壬寅歲星犯氐熒惑
犯太微垣上將十月甲辰太白犯斗辛亥
午熒惑犯太微垣左執法十一月甲辰太白犯斗辛亥
太陰犯畢甲戌熒惑犯亢戊子熒惑犯太微垣右執法壬
申太陰犯虛甲戌熒惑犯亢壬寅太陰犯井辛未歲星犯房壬
陰熒惑犯氐十二月壬寅已巳歲星犯斗構
戊午大陰犯氐　十一年六月丙午太陰犯南斗構

元史志卷一

星己巳太陰犯亢七月壬午熒惑犯南斗九月癸酉
太白犯己酉熒惑犯左執法己卯太白
犯亢己酉熒惑犯壘壁陣甲寅太陰犯明堂己未太
陰犯太白十一月丁卯太白犯房丙子太陰犯
乙酉太陰犯亢辛卯辰星犯歲星十二月丁巳填星
犯鍵閉
武宗至大元年正月辛未太陰犯填
星二月丁未太陰犯亢甲寅太陰犯井牛距星三月乙
丑太陰犯井五月癸未太白犯輿鬼七月庚申流星
起自勾陳南至於大角傍尾跡約三尺化為白氣聚

於七公南行圓若車輪微有銳經貫索城壬申太白犯左執法八月壬子太陰犯軒轅太民九月壬申填星犯房丙子太陰犯井癸未太陰犯軒轅熒惑犯井太白犯南斗十一月庚申太白晝見癸亥熒惑犯氐己巳太陰掩畢丙戌太陰犯房丁未太陰犯氐戊寅乙亥熒惑犯歲星丙午熒惑太白二月己巳太陰犯畢三月乙卯太陰犯氐己亥熒惑犯歲星丙午熒惑太白二年

癸酉辰星犯輿鬼乙亥太陰掩畢八月乙亥太陰犯軒轅丁丑太陰犯右執法九月丙午太陰犯進賢十月壬申太陰犯左執法十一月己亥太陰犯右執法庚子太陰犯上相辛丑熒惑犯外屏十二月庚申太陰犯參癸亥辰星犯歲星辛未太白犯井太白犯墨壁陣三年正月壬辰太陰犯平道二月辛亥熒惑犯軒轅丙申壬辰太陰犯軒轅少民壬戌太陰犯左執法犯天街太陰犯軒轅氐丙太白犯月星三月甲申太陰犯井甲寅太陰犯軒轅御申太陰犯南斗丁未太白犯井甲寅太陰犯軒轅御

太陰犯畢丙子太陰犯井甲戌太陰犯房丁未太白犯井甲寅太陰犯軒轅御太白犯南斗丁未太白犯井甲寅太陰犯井甲寅太陰犯軒轅御申太陰犯南斗丁未太白犯井甲寅太陰犯軒轅御

如戊辰太白晝見五月乙酉太陰犯平道癸巳熒惑犯輿鬼六月乙卯太陰犯氐七月戊寅太陰犯氐法己卯太陰犯氐上相八月甲子太白犯井天丑太陰掩畢大星丙午太白犯建星辛卯太陰犯畢廩十月甲辰朔太白犯經天丙午太白犯畢十二月甲辰朔太陰犯羅堰庚申太陰犯軒轅大星太陰犯填星三月丙戌太陰犯氐熒惑犯輿鬼辛巳太陰犯墨壁陣癸未太陰犯氐五月乙太陰犯氐熒惑犯墨壁陣

辛酉太白犯氐熒惑犯軒轅大星四年二月甲寅太陰犯太微東垣上相庚戌太陰犯氐七月癸巳太陰掩畢丁酉太陰犯輿鬼宿距星閏七月丙寅太陰犯軒轅九月乙卯太陰犯輿鬼畢十月丙申太白犯經天癸十一月甲寅太陰犯輿鬼十二月庚辰太白犯墨壁陣未亦如之甲申太陰犯太微西垣上將壬辰太白經天亦如之甲申太陰犯太微西垣上將壬辰太白經天

仁宗皇慶元年正月癸丑太陰犯太微東垣上相二月壬午太陰犯氐三月丁酉朔熒惑犯東井輿鬼癸陰犯東井四月丙子太白晝見壬午熒惑犯輿鬼癸未熒惑犯積尸氣庚寅太白經天六月己巳太陰犯

天關七月戊午太陰犯東井八月戊
辛未太陰犯填星壬午辰星犯右執法乙酉太白犯
右執法丁亥辰星犯左執法九月丁巳太白犯亢十
月丁亥太陰犯熒惑填星平道戊子太陰犯亢十一
太陰掩壘壁陣十二月甲申熒惑犯
子熒惑犯壘壁陣丁未彗出東井皆如之丁巳太白
太陰犯熒惑　二年正月戊申太陰犯亢三公三月庚
經天八月戊午朔太白晝見壬戌歲星熒惑犯東井三
太陰犯輿鬼　延祐元年二月癸酉熒惑犯東井三

月壬辰太陰掩熒惑閏三月辛酉太陰犯房六月乙未
太陰犯太微垣東垣五月戊午辰星犯輿鬼六月乙未
熒惑犯右執法十月庚戌辰星犯輿鬼十二月甲午
太陰犯輿鬼癸卯太陰犯房甲辰太陰犯天江二
年正月乙卯歲星犯輿鬼己未太白晝見癸亥太陰
太白經天丁卯太陰犯進賢二月戊子太白晝見癸巳
太白經天丙午亦如之三月丙辰太陰犯色赤如赭四
月庚子太陰犯壘壁陣五月辛酉太陰犯天江庚午
太白晝見六月甲申太白晝見是夜太陰犯平道癸
卯太白犯東井丙午辰星犯輿鬼九月己酉太陰犯

房辛酉太白犯左執法十月丙子朔客星見太微垣
十一月丙午客星變為彗犯紫微垣歷軫至壁十五
宿明年二月庚寅乃滅三年九月癸丑太白晝見
丙寅太白經天十月甲申太白犯斗六年正
酉太陰犯箕六月乙巳太白犯心八月丙申熒惑犯
月戊寅太陰犯昴九月庚午太陰犯心五月
興鬼壬子太陰犯心二月己亥太陰犯心五月
辛酉太陰犯靈臺丁卯太陰犯房丙子太陰犯壘壁
陣六月己亥歲星犯東井七月壬戌太陰犯心丙子

太白犯太微垣右執法八月乙酉熒惑犯輿鬼閏八
月丙辰辰星犯太微垣右執法丁巳太陰犯心癸亥
熒惑犯軒轅甲子太陰犯太白晝見辛未太白犯昴
十月癸亥熒惑犯進賢太陰犯明堂左執法乙丑
辰太陰犯東井庚午太白晝見辛未太陰犯昴戊
卯熒惑犯進賢庚子太陰犯明堂上星癸卯太
犯軒轅　七年正月乙未太陰犯軒轅辛
陰犯斗宿東星二月辛酉太陰犯日星庚午太
陰犯靈臺丁卯太陰犯軒轅御女壬戌卯太
三月戊子太陰犯酒旗上星熒惑犯進賢庚寅太陰

上半頁

犯明堂上星，四月甲寅，太白犯填星。壬戌，太陰犯房宿距星。五月庚寅，太陰犯心宿東星。癸

宿東星，丙申，太白犯畢宿距星。六月庚申，太陰犯狗宿東星。癸亥，太陰犯壘壁陣西二星。丁卯，太陰犯斗宿東扇第三星。

未，太陰犯壘壁陣西二星。丙戌，太白犯亢星。十月庚女。九月乙酉，太陰犯太微垣右執法。壬申，太陰犯天江。丁卯，太白犯太微垣右執法。壬申二星，丙戌犯軒轅御東星。庚申，太陰犯鬼宿。

英宗至治元年正月乙未，太陰犯房宿距星。甲辰，熒惑犯壘壁陣。乙卯，太陰掩昴宿。戊午，太陰犯井宿。戌，太陰犯熒惑于斗。癸亥，太陰犯井宿。十一月癸卯，星犯外屏西第一星。太白、熒惑、填星聚於奎。

二月壬子，太白犯熒惑填星聚於奎宿。辛酉感癸亥，太白犯心宿大星，又犯心宿東星。三月丁丑，太陰掩昴宿。四月戊午，太陰犯心宿大星。庚申，陰犯斗宿東第三星。五月戊寅，太白犯明堂中星。六月巳未，太陰犯軒轅右角。庚辰，五月戊寅，太陰犯明堂中星。六月巳未，太陰犯斗宿東第三星五月戊寅太陰犯鬼宿積尸氣，太陰。

元史志卷一　廿五

下半頁

陰犯虛梁東第二星。辛酉，太白經天。七月癸巳，太陰犯昴宿。八月丁未，太陰犯心宿前星。巳酉，太陰犯斗宿西第二星。壬子午，熒惑犯軒轅大星。九月乙亥，熒惑犯靈臺東北星。壬午，熒惑犯軒轅太微西垣上將。丁酉，熒惑犯太微垣左執法。十月甲辰，太白經天進賢。丙子，太感犯太微垣右執法。十月甲辰，太白經天。戊申，熒惑犯軒轅御。

犯軒轅右角辛卯，太陰犯房宿上星。巳亥，太白犯酒旗西。

犯井宿東扇北第二星。戊寅，太陰犯井宿。太陰犯酒旗西方第一星。壬戌，太陰犯軒轅右角。星壬子，太白犯壘壁陣西方第二星。巳未，太陰犯天江南第一星。壬戌太白犯軒轅明堂中星。巳未，太陰犯天江南第。

咸南第一星。十二月甲辰，熒惑犯亢宿南第一星。庚咸，太陰犯昴宿東第一星。辛酉，熒惑入氐宿。

戌，太陰犯昴宿東第一星。辛酉，熒惑入氐宿二年正月丁丑，太白犯井宿西第二星。辛巳，太白犯昴宿距星。庚辰，太白犯建星西第二星。辛巳，太白犯建星西第三星。辛卯，太陰犯心宿。二月甲午，熒惑犯房宿南第。

一星。二月巳亥朔，熒惑犯鍵閉星。丙午，熒惑犯罰星及軒轅。大星戊申，太陰犯井宿東扇北第二星辛亥，太白犯酒旗西方第一星。癸丑太轅右角星壬子，太白犯壘壁陣西方第六星。五月丙子，熒惑退犯東咸南第一星。壬戌太白犯壘壁陣西第。

元史志卷一　廿六

【元史志卷一】

一星六月壬申熒惑犯心宿距星七月己亥熒惑犯
天江南第一星戊午太陰犯井宿越星九月己未太
陰犯明堂中星十月庚辰太陰犯井宿距星辛巳太
陰犯井宿東扇北第二星十一月甲辰太白犯井宿墨
壁陣西第六星十一月甲辰太白犯井宿墨壁陣西第
乙巳熒惑犯井宿墨壁陣西第八星十二月乙亥太
白歲星熒惑聚于室戊寅太白犯歲星己丑熒惑犯外
犯天江上第二星辛酉熒惑犯歲星十二月庚申乙亥
扇南第二星己未太陰犯東咸南第一星戊申太陰
扇南第二星二月癸亥朔熒惑犯太白填星聚於胃宿
癸酉太白犯昴宿辛巳太陰犯井宿東咸南第二星第二
星五月戊戌太白經天癸卯太陰犯房宿第二星庚
戌太白犯畢宿右股第三星六月癸未填星犯畢宿
距星九月辛卯填星退犯畢宿十月己巳太白犯昴宿丙
子太白犯氐宿十一月己丑朔熒惑犯元宿第一星第二
鈎鈐乙未太白犯東咸壬寅熒惑犯氐宿十二月己巳
辰星犯墨壁陣辛未熒惑犯房宿辛巳熒惑犯東咸

四十　顏仲逵

【元史志卷一】

泰定帝泰定元年五月丙午太白犯鬼宿丁未太白
又犯鬼宿積尸氣十月丙寅太白犯斗宿距星己巳
太白入斗宿魁太陰犯填星庚午太白犯斗宿距星壬午熒
惑犯墨壁陣十二月庚午熒惑犯外屏乙亥太白犯
二年正月丙戌辰星犯填星聚于畢宿六月丙戌填星
犯井宿鈇星丙午填星犯井宿八月癸巳填星退犯井宿
轉十月壬辰填星退犯井宿癸巳填星十二月乙酉歲星犯天
月戊午填星犯建星甲午太白犯墨壁陣
江辰星犯建星甲午太白犯墨壁陣
三年正月辛
酉太白犯外屏三月丙午填星犯井宿鈇星戊辰熒
惑犯墨壁陣填星犯井宿庚午填星太白歲星戊辰熒
井四月戊戌太白犯鬼宿壬寅熒惑犯墨壁陣七月
犯井宿壬寅九月壬戌太白犯墨壁陣太微
戊辰太白犯井宿九月壬戌太白犯進賢
垣右執法十月辛巳太白犯進賢
太白犯午宿三月丁卯熒惑犯井宿九月壬子太白
犯房宿閏九月己巳太白熒惑犯井宿九月壬子乙巳
犯房宿戌午辰星犯東咸十一月癸酉太白
畫有流星戊午辰星犯東咸十一月癸酉太微西
壁陣熒惑犯天江十二月己未歲星退犯太微西垣
上將致和元年二月壬戌太白畫見五月庚辰流星

四十一　顏仲逵

如岳大光明燭地七月丙戌太白犯軒轅大星文宗天曆元年九月庚辰太白犯亢宿二年正月甲子太白犯壘壁陣二月己酉熒惑犯井宿五月庚申太白犯鬼宿積尸氣六月丁未太白晝見七月癸亥太白經天十一月癸酉太白犯填星至順元年七月庚午歲星犯氐宿八月戊辰太白犯氐宿九月己丑熒惑犯鬼宿甲午熒惑犯鬼宿十一月甲申熒惑退犯鬼宿丙戌太白犯壘壁陣二年二月壬子太白晝見三月丙子朔熒惑犯軒轅左角甲午太白犯畢宿庚子太陰犯太白辛丑太白經天六月丁未太白晝見丁卯太陰犯畢太白犯井八月乙卯太白犯軒轅大星庚申太白犯軒轅左角九月丙子太白犯填星十一月壬申朔太白犯鉤鈐三年五月癸酉熒惑犯東井

翰林學士亞中大夫知
制誥兼修　國史臣宋濂　翰林待制奉直郎兼
學院編修官臣王褘等奉
勅修

天文二

月五星凌犯及星變下

順帝
　元統元年正月癸酉太白晝見二月戊戌亦如之巳亥填星退犯太微東垣上相丙辰太陰犯天江下星三月戊寅太陰犯太微東垣上相五月丁酉熒惑犯太微垣右執法六月丁丑太陰犯壘壁陣西第二星七月己亥太陰犯房宿北第二星九月甲午

元史志卷二　一　楊君祥

太陰犯東咸西第一星填星犯進賢乙未太陰犯天江下星丁巳太陰犯填星巳未太陰犯氐宿距星十月甲子太陰入犯斗宿魁東北星十一月甲午太陰犯壘壁陣西方第二星辛亥太陰犯壬子太陰犯鬼宿東北星癸丑星乙亥太白犯天太陰犯軒轅夫人星巳卯太陰犯進賢癸未太陰犯微東垣上相丁亥太白經天三月辛丑太陰犯進賢東咸西第二星　二年正月壬寅太陰犯軒轅夫人星庚戌太陰犯房宿北第二星二月癸酉太陰犯太微東垣上相丁亥太白經天三月辛丑太陰犯進賢

三六六

又犯填星四月丁丑太白經天戊寅太白晝見辛巳壬午皆如之壬午夜太白犯鬼宿積尸氣七月巳亥太白經天甲辰戊寅太白晝見七月巳亥太白經天甲戌太白犯鬼宿積尸氣癸未亦如之夜流星如酒盃大色赤尾跡約長五尺餘光明燭地起自天津之側沒于離宮之南庚戌太白經天壬子八月丙辰朔太白經天丁巳戊午巳未亦如之癸亥熒惑入犯鬼宿積尸氣癸丑太白經天壬寅丙寅戊辰辛未壬申癸酉甲戌丁丑巳卯皆如之卯夜太白犯軒轅御女星庚辰太白經天壬午亦如之九月庚寅太白經天壬辰太陰入南斗魁癸巳太

元史志卷二　二　楊君祥

陰犯狗國東星太白犯靈臺中星甲午太白經天乙未亦如之巳亥壬寅皆如之巳巳太白犯太微垣右執法壬子太白犯太微垣左執法十月癸亥熒惑犯太微西垣上將十一月乙未填星犯亢宿距星太微西垣上相熒惑犯太微東垣上相四月壬戌太陰犯壘壁陣西第執法五月癸卯太陰犯壘壁陣東方第四星六月壬戌太陰犯心宿大星七月乙未太陰犯壘壁陣西方第二星八月辛亥熒惑犯氐宿東南星九月丁亥太陰

仍改至元元年二月甲戌星太白犯填星乙亥填星犯亢宿距星六月壬戌熒惑犯太微垣

四七

元史志卷二

三

楊君祥

入魁犯斗宿東南星庚寅太陰犯

星十月甲寅熒惑犯斗宿西第二星庚申太陰犯壘壁陣東方東第二星甲子太陰犯壘壁陣西方第二星辛酉太陰犯軒轅夫人星西垣上將庚子太陰犯太微垣左執法十二月壬

太陰犯壘壁陣西方第二星辛酉太陰犯軒轅夫人星

方第六星甲子太白經天乙丑太陰犯太微垣右執法

丙寅太白經天丁卯亦如之太陰犯太微垣東

太白經天丙申太陰犯鬼宿東北星己

鉤鈐星丙申太陰犯鬼宿東

卯太白犯斗宿魁第三星戊辰星犯房宿西第二星丁

申太白經天丙戌亦如之己丑辰星犯房宿及

乙酉熒惑犯壘壁陣西第八星庚子太陰犯斗宿大

白歲星皆晝見戊寅太白經天癸歲星晝見閏十二月

庚午太白經天壬申亦如之癸酉歲星晝見乙亥太

星二年正月壬戌太陰犯箕宿距星甲子太陰犯昴宿距星甲申太陰犯心宿西

陰犯角宿距星甲申太陰犯房宿距星二月辛巳太陰犯昴宿距星甲申太陰犯心宿

陰犯昴宿距星甲申太陰犯心宿

垣右執法三月壬戌太陰犯太微垣

星犯角宿距星乙丑太陰犯斗宿東南

犯箕宿距星乙丑太陰犯斗宿東南星四月丙戌太陰犯

犯角宿距星乙丑五月庚戌太陰犯靈臺西第一星五月

元史志卷二

四

楊君祥

丙辰太白晝見丁巳亦如之六月戊子太白犯井宿

東扇北第二星七月己酉太白犯鬼宿東南星乙卯

太白犯熒惑八月己卯太白犯鬼宿東第一星辛巳

太陰犯箕宿東北星九月庚戌熒惑犯太微垣西

將十月丙子熒惑犯太微垣左星四月辛卯

宿己亥熒惑犯太微垣左執法丁亥太陰犯太微垣西上

第八星己未太陰犯鬼宿積尸氣丁亥太陰犯軒轅左角戊申

太陰犯壘壁陣西方第五星庚子太陰犯靈臺上星

寅太白犯鬼宿東北星乙巳太陰犯軒轅左角戊申

距星三年三月辛亥太陰犯壘壁陣西方第

太陰犯心宿後星戊午太白晝見己

太白晝見壬子太陰犯心宿後星戊午太白晝見己

未太陰犯壘壁陣西方第六星辛酉太白犯井宿

彗星見於東北如天船星大色白約長尺餘彗指西

南測在昴五度六月庚午太白晝見己卯太白經天夜

戌復如之乙亥太白犯靈臺上星己卯太白晝見

火星犯太微西垣上將壬午太白經天乙丑太陰犯斗宿

魁尖星丁亥太白犯太微垣右執法己丑亦如之丙午

庚寅亦如之七月癸卯太白經天乙巳亦如之丙午

復如之庚戌太白晝見甲寅亦如之七月癸卯太白經天乙巳亦如之丙午

犯箕宿距星乙丑太陰犯斗宿

見壬戌太白經天癸亥甲子皆如之八月庚午彗星

不見其星自五月丁卯始見戊辰往西南行日益漸
速至六月辛未芒愈長約二尺餘丁丑掃上丞巳
卯光芒愈甚約長三尺餘入園衛盖杠星
乙酉掃鉤陳大星及天皇大帝丙戌貫索掃列肆
甲午出園衛丁酉出紫微垣戊戌犯貫索掃天紀七
月庚子掃河間癸卯經鄭晋入天市垣丙午掃梁至辛酉
光芒微小瞻在房宿鍵閉之上罰星中星正西測
已酉太微垣光威微辨芒彗出天市垣中星正西至辛酉
日漸南行至是凡見六十有三日自昴至房九歷一
十五宿而滅甲戌太陰犯心宿後星九月已亥熒惑

犯斗宿西第二星甲辰太陰犯斗宿魁第二星丁未
太陰犯壘壁陣西第一星已酉太陰犯壘壁陣西第
八星辛酉太陰犯軒轅大星十月庚午太白晝見丙
子太陰犯壘壁陣西方第七星壬午太陰犯昴宿上
行星丁亥太白晝見太陰犯積尸氣庚寅太白經
見辛卯亦如之丙申復如之十一月丁酉太白經
天戊戌太白犯元宿距星已亥太白經天壬寅太陰
犯熒惑癸卯太陰犯太白犯五車東南星甲寅星犯
鍵閉辛亥太陰犯壘壁陣西第六星丁未填星犯
北星丙辰太陰犯軒轅左角丁巳太白經天太陰犯

太微垣三公東南星戊午太白經天癸亥亦如之甲
子乙丑皆如之十二月已巳歲星退犯天罇東北星
填星犯罰星南第一星甲戌熒惑犯壘壁陣東第五
星太白犯東咸上星　四年正月癸卯丙午熒惑犯壘壁陣
西第二星甲辰太白犯建星西第三星丙午太陰犯東
五車東南星辛亥太白犯軒轅左角已未填星犯
陰犯軒轅大星庚申太陰入斗魁太白犯牛宿二月戊申填
咸犯東咸上星辛巳卯太陰犯靈臺中星三月戊申填
星退犯填星犯東咸上星六月辛巳填星罰星南第一
月已亥填星犯斗宿南第一星太陰犯斗宿南第二

星庚戌太陰犯昴宿南第二星乙卯太陰犯畢宿
南星九月丙寅太陰犯斗宿距星戊辰太白犯東咸
上第二星癸酉奔星如酒盃大色白起自右旗之下
西南行沒於近濁甲申太陰犯軒轅御女乙酉太陰
犯靈臺南第一星庚寅太白犯斗宿北第二星十月
辛亥太陰犯酒旗上星十一月辛未熒惑犯氏宿距
星辛丑太陰犯畢宿東南星戊寅太白犯壘壁陣西
第六星十二月庚子癸亥皆如之壬子熒惑犯房宿上星癸卯太陰犯斗宿距
星乙卯太白犯外屏西第二星太陰犯斗宿距星丙

辰太白經天

星乙亥熒惑犯天江上星二月

西第一星壬寅太陰犯靈臺下星四月

日星及犯房宿五月庚午太陰犯心宿後星壬

申太陰犯斗宿西第四星丙子太白犯畢宿右股西

第三星六月甲辰熒惑退入南斗魁內七月辛酉熒

感犯南斗魁尖星壬戌太白經天乙亥丙子亦如之戊

房宿距星甲戌太白經天乙亥亦如之甲子太白復如之太陰犯

酉丙戌皆犯斗宿西第四星丁酉太白犯軒

皆如之八月戊子太白經天乙卯

轅大星戊戌太白經天已亥亦如之壬寅甲辰皆如

之乙巳太陰犯昴宿上行西第三星九月戊午太白

經天已未亦如之十月已亥熒惑犯壘壁陣東方第五星十二

六星十一月丁已熒惑犯壘壁陣西方弟

月甲午太陰犯昴宿距星癸卯熒惑犯外屏西弟三

星六年正月丁卯太陰犯鬼宿距星乙亥太陰犯太微

房宿距星二月已丑太陰犯昴宿大星丙申太陰犯

西垣上將癸卯彗星丁未太陰犯羅堰

南第一星戊申熒惑犯月星已酉彗星如房星大色

白狀如粉絮尾跡約長五寸餘彗指西南測在房七

度漸往西北行太陰犯壘梁南第二星三月癸亥太

陰犯軒轅右角庚午太陰犯房宿距星壬申太陰犯

南斗杓第二星丙子太陰犯壘梁南弟一星戊寅太

白犯月星辛已是夜彗星不見自二月已酉至三月

庚辰九見三十二日四月乙已太陰犯雲雨西北星

五月丁卯太陰犯斗宿西弟二星辛未太陰犯壘梁

七月甲寅太白晝見丁巳亦如之庚申太陰犯心宿

如之辛亥夜太白晝見已酉歲星皆犯右執法

西弟二星六月癸卯太白晝見歲星犯軒轅右角十

距星又犯心中央大星壬戌太白晝見癸亥亦如之

甲子太陰犯羅堰乙丑太白晝見丙寅亦如之癸酉

復如之九月辛酉太陰犯歲星甲戌太陰犯軒轅

犯昴宿距星熒惑犯歲星甲戌太陰犯虛梁北第一

月丁酉太白入南斗魁已亥太白犯斗宿中央星

十一月乙卯太陰犯壘梁西弟一星戊寅熒惑犯天

宿距星丙寅辰星犯東咸上第一星乙未熒

江北弟一星十二月癸未太陰犯虛梁北弟一星乙

酉太陰犯土公東星丁亥熒惑犯明堂星

感犯東咸北弟二星戊戌太陰犯鉤鈐南星至正元

年正月甲寅熒惑犯天江上星庚申太陰犯井宿東

扇北第二星辛未太陰犯心宿距星癸酉太陰犯斗
宿北第二星甲戌太白晝見乙亥丙子丁丑皆如之
二月己卯太白晝見庚辰亦如之丙戌復如之癸巳
太陰犯明堂東南星三月癸酉太陰犯雲雨西北星
六月庚午太陰犯井宿距星丁巳太陰犯鉞星又犯
庚寅太陰犯氐宿距星丁巳九月庚辰乙酉太陰犯
歲星犯咸南第一星庚子太陰犯井宿距星十一月己亥太
陰犯東咸南第一星庚子太陰犯天江北第二星十
二月丁巳太白犯壘壁陣東方第五星　二年正月
戊子太陰犯明堂北第二星甲午熒惑犯月星三月
戊子太陰犯房宿北第二星四月庚申太陰犯羅堰
上星五月甲申太白經天七月乙未太陰掩太白丁
西太白晝見八月丙午太白晝見九月丁丑太陰犯
羅堰北第一星戊子太陰犯遠星北第三星甲寅太
月癸卯太陰犯井宿東扇南第一星十
一月辛卯歲星熒惑太白聚於尾宿　三年二月甲
辰太陰犯井宿西扇北第二星填星犯牛宿南第一
星熒惑犯羅堰南第一星乙卯太陰犯氐宿東南星
三月壬午太陰犯氐宿東南星七月庚辰太白犯右

執法　四年十二月壬戌太陰犯外屏西第二星
七年七月丙辰太陰犯壘壁陣東第四星十一月庚
戌太陰犯天廩西北星　八年二月庚辰太陰犯軒
轅左角癸未太陰犯平道東星西方第五星　遠
白犯平道西星二月
九月己未太白犯平道西星二月
星西第一星八月丙子太白犯壘壁陣西方南第
申太陰犯遠星東第三星太陰犯平道西星
東方第六星七月丙午太陰犯壘壁陣西方南第一
星癸丑太陰犯天關九月丙戌熒惑犯靈臺上星十
壘壁陣西方第五星　十年正月壬申太陰犯熒惑二月
一月戊辰太陰犯畢宿左股北第三星庚辰太白犯
方第五星　十年正月壬申太陰犯熒惑二月己卯熒惑
太陰犯平道東星甲辰太陰犯鍵閉三月己卯熒惑
犯木微西垣上將四月丙午太白晝見壬戌癸丑朔太
月辛酉太陰犯房宿北第一星辛未太白晝見壬申
丁丑壬午皆如之八月癸未朔太白晝見丁酉亦如
之九月癸丑朔太白晝見丙申太陰犯昴宿右
星十月癸巳歲星犯軒轅大星丙申太陰犯昴宿右
股東第二星十一月戊辰太陰犯畢宿東北星十二

月乙未太陰犯鬼宿西北星

星犯牛宿西南星二月庚寅太陰犯鬼宿東北星乙

未太陰犯太微東垣上相丁酉太陰犯鬼宿東北第

月丁卯太陰犯太微東垣第二星戊辰太陰犯亢宿距星三

犯太微垣左執法丙午熒惑犯入犯鬼宿東方第一星巳酉

一星七月巳未太陰犯斗宿右執法甲子太陰犯氐宿積尸氣八月乙酉

太陰犯天江南第二星九月乙卯辰星壬戌巳太白

北星十月戊寅熒惑犯太微西垣上將辛巳太陰犯

執法丁巳太白犯房宿第二星戊辰星辛巳太陰犯

斗宿距星乙酉太白犯斗宿西第二星巳丑太白晝

見熒惑犯歲星辛卯太白犯斗宿西第四星癸巳歲

星犯填星亭微見於畢宿丁卯太白晝見

亥亭星見於奎宿癸丑亭星見於婁宿甲寅

於胃宿乙卯亦如之丙辰亭星見於昂宿丁巳太陰

犯填星亭微見於畢宿丁卯太白晝見

畫見十二月丙子太白犯填星亭星見於畢宿甲申太陰犯填星

如之夜太白犯疊壁陣西第六星甲申太陰犯填星

丙戌太白犯疊壁陣西第七星辛卯太

白經天壬辰亦如之甲午復如之丁酉太白畫見太

陰犯熒惑庚子太白經天辰星犯天江西第二星辛

丑太白經天壬寅太白晝見

陰犯熒惑巳巳歲星犯右執法二月庚寅太

微東垣上相癸巳太陰犯氐宿距星三月戊午太

犯亢宿南第一星十一月庚寅太陰犯歲星

午太陰犯鬼宿東北第二星戊辰太陰

白犯歲星九月壬戌太陰犯軒轅南

二星七月丁酉太白犯靈臺北第二星八月丁卯太

五月癸酉太白犯填星六月辛亥太白犯井宿東第

太白晝見九月庚寅太陰犯歲星太微垣上

犯房宿北第二星五月乙亥太陰犯歲星七月乙亥太陰

相四月辛丑太白犯井宿東扇北第一星乙亥太陰

第三星庚戌太白熒惑壬子太陰犯太微垣上

相十三年正月乙酉太陰犯太微東垣上相戊戌

熒惑太白辰星聚於奎宿二月巳酉太陰犯軒轅南

感犯左執法十月庚寅太白犯氐宿

距星癸亥太白犯亢宿距星十一月壬申太陰犯氐宿

太白晝見九月庚寅太白經天甲辰歲星犯氐宿

壁陣東方第四星十二月丁巳太陰犯心宿距星

星庚子熒惑入氐宿丁巳太陰犯心宿距星十四

年正月乙丑熒惑犯歲星丁卯太白犯建星西第二
星癸酉熒惑犯房宿北第一星二月戊午太白犯壘
壁陣西第八星六月甲辰太白入斗宿南第一星七
月乙丑太白犯角宿距星壬午太陰犯昴宿距星十
月壬子太陰犯太微垣右執法十一月丙子太陰犯
鬼宿東北星十二月己亥太白經天　十五年正
月庚寅太陰犯五車東南星五月丙辰太白經天三
星閏正月丁未太陰犯心宿後星丙辰太白經天八
距星癸丑太白經天六月癸亥太白經天八月戊寅

太白晝見九月乙丑太白晝見夜太白入犯太微垣
左執法庚寅太白晝見十月己未太陰犯壘壁陣西
方第二星癸酉太陰犯軒轅大星十一月乙酉熒惑
犯氐宿距星庚寅填星退犯井宿東扇北第二星己
亥太陰犯鬼宿積尸氣
第一星　十六年正月己丑太陰犯昴宿西第一星
四月癸亥熒惑犯壘壁陣西方第四星五月壬辰太
白犯鬼宿西北星癸巳太白犯昴宿西第二星丁
陰入犯斗宿南第二星八月丁卯太陰犯昴宿西北
一星八月丁卯太陰犯昴宿西北星甲戌彗星見於

正東如軒轅左角大色青白彗指西南約長尺餘測
在張宿十七度一分至十月戊午滅跡西北行四
十餘日十一月丁亥流星如酒盂大色青白尾跡約
長五尺餘光明燭地起自西北東南行沒於近濁有
聲如雷壬辰太陰犯井宿東扇上星十七年二月
癸丑太白入犯鬼宿積尸氣甲申太陰入犯
星七月癸未太白入犯鬼宿積尸氣甲申太陰入犯
積尸氣又犯五車東南星壬辰歲星犯壘壁陣西南
斗宿距星丁亥填星入犯鬼宿積尸氣甲申太陰入犯
犯鬼宿東南星太白犯軒轅大星己酉歲星犯壘壁

陣西方第六星甲子太陰犯五車尖星閏九月癸卯
飛星如酒盂大色青白光明燭地尾跡約長尺餘起
自王良沒於勾陳之下丙午太陰犯斗宿南第三星
庚申太陰犯井宿東扇北第一星十月乙亥熒惑犯
氐宿距星甲申太陰掩昴宿十二月庚午朔癸亥犯
天江北方第一星戊寅太白犯歲星己亥熒惑犯
壘壁陣東方第五星甲申太陰犯心宿後星丁亥巳申
陣東方第五星癸巳太陰犯心宿後星己亥申
時流星如金星大尾跡約長三尺餘起自太陰近東
往南行沒後化為青白氣　十八年正月辛丑填星

退入犯鬼宿積尸氣丙午太陰犯昴宿二月乙亥填
星入守鬼宿積尸氣三月丁卯太白在井宿失行於
北生芒角熒惑犯壘壁陣東方第六星四月辛卯太
白入犯鬼宿積尸氣五月壬寅太白填星四月壬子太
陰犯斗宿積尸氣七月丁未太白填星四月壬子太
月丙午太陰犯昴宿距星十月己卯太白犯房宿上第一星辛
太陰掩昴宿距星大星十二月戊寅太陰犯昴宿距星甲申
西太陰掩心宿大星動乍靜癸未太白生黑芒環繞
太白食東乍西乍動乍靜癸未太白生黑芒忽明忽
暗乍東乍西戊子太陰犯房宿南第二星　十九年
正月辛丑太陰犯昴宿東第一星癸丑流星如酒盂
大色赤尾跡約長五尺餘起自南河沒於騰蛇其星
將沒迸散隨落處有聲如雷三月庚戌太陰犯房宿
距星五月丙申熒惑入犯鬼宿積尸氣丙午太陰犯
天江南第一星丁未太陰犯斗宿北第二星七月丁
酉太白犯上將太白辰太白犯右執法己酉太白犯
執法九月甲寅太白入犯天江南第一星十月壬申
太白入犯斗宿南第三星辛巳流星如桃大色黃潤
後離一尺又一小星相隨色赤尾跡通約長三尺餘

起自危宿之東緩緩東行沒於畢宿之西十二月戊
辰太白犯壘壁陣西方第七星二十年正月己亥
太陰犯井宿東扇北第二星丙辰熒惑犯牛宿東角
星四月丁卯太陰犯明堂中星癸酉第二星閏五月乙
緩緩西行沒於近濁六月癸巳太白犯井宿東扇北
亥流星如桃大色赤尾跡約長丈餘起自房宿之側
第二星戊戌八月辛卯太陰犯天江北第二星壬寅
犯井宿距星太微西垣上將甲辰太陰犯井宿鉞星十月
填星犯太微西垣上將甲辰太陰犯井宿鉞星十月
戊子熒惑犯井宿東扇北第一星　二十一年正月
庚申太陰犯歲星二月癸未填星退犯太微西垣上
將壬寅太陰犯天江北第一星三月丙辰太陰犯井
宿西扇第二星癸酉太白犯軒轅左角甲
戌太陰犯房宿北第二星甲辰太白晝見七月丙辰
戌熒惑犯太白六月乙未熒惑犯歲星太白聚于翼
太陰犯氐宿東南星十一月甲申太陰犯建星西
太陰犯氐宿東南星十月甲申太陰犯牛宿距星十
一月庚戌太陰犯建星西第四星壬申太陰犯井宿
東扇北第四星壬申太陰犯氐宿東南星二十二

年正月戊申朔太白犯遘星西第二星乙卯填星退
犯左執法二月己卯太白犯壘壁陣西方第二星乙
酉彗星見光芒約長尺餘色青白測在危七度二十
分丁酉彗星犯離宮西星至二月終光芒約長二丈
餘三月戊申彗星不見星形惟有白氣形曲竟天西
指掃大角星行過太陽前惟有星形無芒如
月辛酉癸惑犯遘星西第四星六月辛巳彗星見於
酒盃大昏濛色白測在昴宿六度不見當出不出五
紫微垣測在牛二度九十分色白光芒約長尺餘東

南指西南行戊子彗星光芒掃上宰七月乙卯彗星
滅跡八月癸巳太陰犯畢宿右股第二星九月丁未
太白犯亢宿南第一星己酉太陰犯斗宿北第一星
癸亥歲星犯軒轅大星丙寅癸惑犯鬼宿西北星己
流星如酒盃大色青白光明燭地癸惑入犯鬼宿
積尸氣十月己卯太陰犯牛宿距星丁亥星犯亢
宿南第一星戊子太陰犯畢宿距星十二月壬辰太
陰犯角宿距星　四月辛丑癸惑犯歲星庚申歲星
軒轅大星二月戊戌太白晝見庚子亦如之三月丙辰
太陰犯氐宿距星　二十三年正月庚戌

犯軒轅大星五月壬午太白晝見甲午亦如之乙未
癸惑犯軒轅大星六月乙卯太白犯井宿西扇北第二
星壬戌太白晝見夜太白入犯井宿東扇南第二星
七月乙酉太白晝見丙戌辛卯皆如之八月壬寅太
白入犯軒轅大星乙巳太陰犯遘星東第二星丁未
太陰犯畢宿右股北第二星己未太白入
犯左執法乙亥歲星入犯右執法丁丑太白晝見
太陰犯歲星乙丑太白入犯亢宿南第一星己未太白入
丁亥太白犯填星辰星犯亢宿南第一星十月癸卯

太白犯氐宿距星戊午太白犯房宿北第一星十一
月癸未太陰犯軒轅右角歲星犯太微垣左執法
二十四年正月癸酉太陰犯畢宿大星戊寅太陰犯
軒轅右角二月丁未太陰犯畢宿大星戊寅太陰犯
右掖門犯右執法出端門西出右掖門又犯右執法
今逆行入端門留守三十餘日犯左執法
咸南第一星四月丁未太陰犯西咸南第一星癸丑
太白八犯井宿東扇北第一星五月甲戌太白犯鬼
宿西北星乙亥又犯積尸氣歲星入犯右執法六月
丁巳太白犯右執法七月癸亥太白與歲星相合於

翼宿二星相去八寸餘甲子歲星犯左執法八月丁未熒惑入犯鬼宿積尸氣九月乙丑太白晝見甲申太陰犯軒轅右角戊子熒惑入犯軒轅大星十月丙午太陰犯畢宿大星己酉太陰犯井宿東扇南第一星丙辰太白犯斗宿西第二星十二月乙卯太陰犯畢宿右股東第四星甲戌太白犯壘壁陣西第四星二月丙午太陰犯填星三月戊辰太白犯壘壁陣東方第五星四月壬子熒惑犯靈臺東北星五月辛酉熒惑犯太微西垣上將流星如酒盃大色青白

太白　二十五年正月丁卯太白晝見戊辰亦如之

光明燭地起自房宿之側緩緩西行沒於太微右執法之下七月丁丑填星歲星熒惑聚於角亢己卯太陰犯畢宿左股北第二星八月乙未太陰犯建星東第三星己亥太陰犯壘壁陣東方第一星十月丁丑太陰犯井宿東扇南第一星十月辛卯熒惑犯天江東第二星己酉太陰犯斗宿杓星西第二星太陰犯右執法庚戌太陰犯斗宿杓星太白辰星熒惑聚於斗宿太陰犯畢宿右股北第四星又犯左股北第三星壬申太白犯辰星十一月己丑太白犯熒惑太陰犯壘壁陣東方第五星丙申太

陰犯畢宿大星癸卯太陰犯太微西垣上將十二月丙辰太陰犯畢宿右股北第二星庚午歲星守鉤鈐乙午歲星掩房宿北第一星辛未太陰犯太微垣右執法二十六年正月戊戌太陰犯太微西垣上將丁未丑太陰犯房宿北第一星己未太陰犯軒轅大星三月甲午歲星退行犯房宿距星二月戊午太陰犯軒轅大星乙丑太陰犯房宿北第一星辛未太陰犯畢宿右股第六月癸酉流星如酒盃大色青白尾跡約長尺餘起自心宿之側東南行光明燭地沒於近濁七月丁太陰犯西咸西垣上將流星如酒盃大色青白尾跡熒惑犯鬼宿積尸氣甲辰太白晝見丙午丁未戊申

皆如之八月辛亥太白晝見己未太陰掩牛宿南三星庚午歲星犯鉤鈐乙亥太陰掩軒轅大星九月壬辰太白犯太微垣右執法庚子亭星見於紫微垣北斗權星之側色如粉絮約斗大牲東南行過犯天棓星辛丑亭星測在尾十八度五十分壬寅亭星測在女二度五十分癸卯亭星測在女九度九十分甲辰亭星測在婁初度八十分太陰犯太微西垣上將乙巳孛星出紫微垣北斗杓星玉衡之間在於軫宿東南行過犯天棓經漸臺輦道去壘宿壘壁陣西方星

始消滅焉。丙午，熒惑犯太微西垣上將。十一月乙酉，太白犯填星。丁亥，太白犯房宿北第一星。戊子，熒惑犯太微東垣上相。太白鍵閉。己丑，流星如酒盃大，長二丈餘，起自東北，緩緩往西南行，沒於近濁。庚寅，分為三星，緊相隨，前星色青明，後二星色赤，尾跡約

太陰犯畢宿右股北第四星。丙申，太白、歲星、辰星聚於尾宿。庚子，太陰犯房宿西扇北第二星。乙丑，太宿北第一星。甲辰，太白犯歲星。十二月戊午，太陰犯畢宿大星。庚申，太陰犯井宿西扇北第二星。乙丑，太陰犯軒轅左角。丙寅，太

陰犯西咸西第一星。甲戌，太陰犯連星西第三星。二十七年正月癸巳，太陰犯太微西垣上將。二月乙卯，太陰犯井宿西扇北第二星。三月辛巳，填星退犯乙卯，太陰犯氐宿東北星。辛未，太陰犯鍵閉星。四月丙寅，太陰犯壘壁陣西方第四星。六月第二星。七月壬辰，熒惑犯氐宿東南星。丙申，太陰犯畢宿大星。己亥，熒惑犯井宿東扇南第二星。八月庚戌，熒惑犯房宿北第二星。癸丑第一星，熒惑犯連星西第二星。九月丁丑，填星犯房宿北第二星。乙酉，太陰犯壘壁陣東方第六星。辛卯，填星

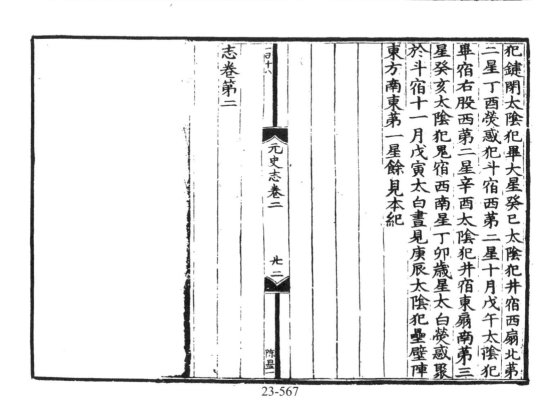

犯鍵閉。太陰犯畢大星。癸巳，太陰犯井宿西二星。丁酉，熒惑犯斗宿西第二星。戊午，太陰犯畢宿右股西第二星。辛酉，太陰犯鬼宿西南星第三星。癸亥，太陰犯鬼宿西南星。丁卯，歲星犯井宿東扇南第於斗宿。十一月戊寅，太白晝見。庚辰，太陰犯壘壁陣東方南東第一星。餘見本紀。

志卷第二

翰林學士承旨中奉大夫知制誥兼修國史臣宋濂
翰林待制承直郎兼國史院編修官臣王禕等奉
敕
修

五行

人與天地參為三極，災祥之興，各以類至。天之五運，
地之五材，其用不窮。其初一陰陽耳，陰陽一太極耳。
而人之生也，全付畀有之，具為五性，著為五事，又著
為五德。脩之則吉，不脩則凶。吉則致福焉，不吉則致
極為。徵之於天，吉則休徵之所應也，不吉則咎徵之
所應也。天地之氣，無感不應，天地之氣應，亦無物不

五行

感。而況天子建中和之極，身為神人之主，而心範圍
天地之妙，其精神常與造化相流通，若桴鼓然。故軒
轅氏治五氣，高陽氏建五官，夏后氏脩六府，而自身而
椎之於國，莫不有政焉。其後箕子因之，以衍九疇。其
言天人之際備矣。漢儒不明其大要，如夏侯勝、劉向
父子競以災異言之。班固以來采為五行志，又不攷
求向之論著，本於伏生。生之大傳，言六沴作見，若是
共禦五福乃降，若不共禦六極其下。禹乃共辟厥德，
爰用五事，建用王極。後世君不建極，臣不加省，顧乃
執其類而求之，感美否則判而二焉。如宋儒王安石

之論，亦過也。天人感應之機，豈易言哉！故無變而無
不脩省者，上也；因變而克自脩省者，次之；災變既形，
脩之而莫知所以脩省者，又次之；災變既形，
者天告之以敗亡之故，不知警……
祖西征，角端見于東印度，……赤斤于寬田吉思海，
已歷敗政往古存亡之記，莫知所以脩省者，是也。
下者災變並至，敗亡隨之，詎莫知所以脩省者，是
會大風吹海水盡涸，濟師大捷，憲宗以為天導我也。
以此見五方不殊性，其於畏天，有不待教而能者，世
祖無有天下，方地既廣，郡邑災變，蓋不絕書，而妖孽

禍皆非有司言狀，則亦不得其見。昔孔子作春秋，所
紀災異多矣，然不著其事應。聖人之知猶天也，故不
妄意。天欲人深自謹焉，乃本洪範做春秋之意，次
當時之災祥，作五行志。

五行，一曰水潤下，水之性也，失其性為沴。時則霧水
暴出，百川逆溢，壞鄉邑，溺人民，及凡霜雹之變，是為
水不潤下。其徵恒寒，其色黑，是為黑眚黑祥。至元四
年，真定、順德、大名、東平、濟南等郡大水。四
年五月，應州大水。五年八月，亳州大水。六年十二月，
獻、莫、清、滄四州及豐州渾源縣大水。九年九月，南陽

懷孟衛輝順天等郡洛磁泰安通灤等州謠兩河水
並溢圯田廬害稼十三年十二月濟寧
水十四年六月濟寧路兩水平地丈餘潘州
陶武清二縣濮州堂邑縣兩水沒禾稼十二月冠州
求年縣水十六年十一月保定東平濟寧
磁州求平縣水二十年六月遼陽懿州蓋州保定
清苑縣水二十年六月太原懷孟河南等路沁河水
涌溢壞民田一千六百七十餘項衛輝路清河溢損
稼南陽府唐鄧裕嵩四州河水溢損稼十月涿州巨

《元史志卷三上》 三　陳显一

馬河溢二十一年六月保定河間濱棣大水二十二
年秋南京彰德大名河間順德濟南等路河水壞田
三千餘項高郵慶元大水傷人民七百九十五戶壞
廬舍三千九十區二十三年六月安西路華州華陰
縣大兩潼谷水涌平地三丈餘杭州平江二路屬縣
水壞民田一萬七千二百項大都涿漷檀順薊五州
汴梁歸德七縣水二十四年六月霸州益津縣兩水
九月東京誼靜威遠婺婺等慶水二十五年七月壞
州大水民來橡爲食十二月太原汴梁二路河溢害
稼二十六年二月紹興大水十月平灤路水壞田

一千一百項二十七年正月廿州無爲路大水五月
江陰州大水六月河溢大康路三十一萬九
千副八月沁水溢廣元清遠縣沒民田三十一月河決祥
符義唐灣太康通許二縣陳潁二州浙東婺州二十
八年二月常德路南昌新建
定河間三路水六月鎮江
進賢三縣大水二十九年五月龍興路南昌
興等路府水揚州寧國太平三郡大水岳州華容縣
水三十年五月深州靜安縣大水十月平灤路水三
十一年八月趙州寧晉縣水十月遼陽路水元貞元

《元史志卷三上》 四　陳显一

年五月建康溧陽州太平當塗縣鎮江金檀丹徒等
縣常州無錫州平江長洲縣湖州烏程縣鄱陽餘干
州常德沅江澧州安鄉等縣水六月泰安州奉符專
州濟陰兗州磁陽等縣水歷城縣大清河水溢壞民
居七月遼東和州大水武衛屯田水九月廬州平江
二郡大水二年五月太原平晉縣獻州交河樂壽州
縣莫州任立莫亭等縣湖南醴陵州水六月大都路
益津保定大興三縣水損田稼七千餘項真定古城
獲鹿藁城等縣保定葛城歸信新安東鹿等縣波寧
潁州濟寧沛縣揚廬岳澧四郡建康太平鎮江常州

紹興五郡水八月橫州曹州水九月河決河南杞封
立祥符寧陵襄邑五縣十月河決開封縣十二月江
陵潛江縣沔陽玉沙縣淮安海寧鹽城等邑三縣
大德元年三月歸德徐州邳州宿遷濉寧鹿邑三縣
河南許州臨潁鄢鄲城等縣河水大溢漂沒田廬
開封杞等縣河水六月和州歷陽縣江水溢漂陳留
民夫三萬五千塞之漳水溢害稼龍興南康澧州南
雄饒州五郡水六月郴州歷陽縣江水溢漂廬舍一
萬八千五百區七月衡州鄢縣大水溺
死三百餘人七月温州平陽瑞安二州水溺死六千

八百餘人十一月常德武陵縣大水二年六月河決
蒲口凡九十六所泛溢汴梁歸德二郡大名東昌平
灤等路水三年八月河間郡水四年五月保定真定
二郡通鄆二州水六月歸德睢州大水五年五月宣
德保定河間屬州水寧海州水六月濟寧般陽益都
東平濟南襄陽平江七郡水七月江水暴風大溢高
四五丈連崇明通泰真州定江之地漂浸廬舍被災
者三萬四千餘戶遼陽大寧路水八月平灤郡
兩灤河溢順德路水六年四月上都大水五月濟南
路大水歸德府徐州邳州睢寧縣雨五十日沂武二

河合流水大溢東安州渾河溢壞民田一千八十餘
頃六月廣平路大水五月濟南河間等路水六
月遼陽大寧平灤昌國潘陽開元六郡雨水壞田廬
男女死者百十有九人將武河新野蘭陽等縣趙
河湍河白河七里河沁河溓河皆溢台州風水大作
寧海臨海二縣河溢大名滑州濬州雨水漂
兩水壞民田六百八十餘頃八月潮陽颶風海溢漂
武縣衛輝獲嘉縣汴梁武陽縣思齊口河決東昌博
民廬舍九年六月汴梁祥符縣鄆縣雨綿江中江溢水
平堂邑二縣兩水潼川鄆縣雨綿江中江溢水決入

城龍興撫州臨川三郡水七月沔陽玉沙縣江溢嶧
州水揚州泰興縣淮安山陽縣水八月歸德府寧陵
陳留通許扶溝太康杞縣河溢大名元城縣大水十
年五月雄州鄚州水平江路大水益都定興文水縣
定蒲城清苑二縣雨水大名益都定興路大水元
月平江路大風新城等縣水七月冀寧
容城束鹿隆平新城等縣水七月冀寧文水縣汾水
溢十一月濟寧路兩水平地丈餘暴決入城漂廬舍死
年七月盧龍灤河兩水真定路滹沱大水入南門下注橐城死
者十有八人真定路滹沱

者百七十人彰德衛輝二郡水損稻田五千三百七
十頃二年七月河決歸德府又決汴梁封丘縣三年
六月洮川鄆城汶上三縣水峽州大雨水溢汴梁封丘縣盈
餘人七月宿州惠州大水漂廬舍二百九十區四年
六月大都三河寧海州祁縣懷仁縣永平豐盈
陵松滋縣桂陽臨武縣潞縣水皇慶元年五月歸德睢陽
縣河溢六月大寧般陽路兩宋尤江溢民避居亦
母兒乞嶺八月松江府大風海水溢二年五月辰州
沅陵縣水六月涿州范陽縣東安州宛平縣固安州

霸州益津永清永安等縣雨水壞田稼七千六百九
十餘頃河決陳亳雎三州開封陳留等縣八月崇明
嘉定二州大風海溢延祐元年五月涿州范陽房山二
雨水壞廬舍溺死者五百人六月涿州范陽路武陵縣
縣渾河溢壞民田四百九十餘頃七月沅陵盧溪二
縣水八月肇慶武昌建康等路杭州建德南康臨江
泰州建昌贛州安豐撫州等路鄭州昌平香河寶坻
州壞汜水縣治七月京師大雨鄭州昌平香河寶坻
等縣水全州永州江水溢害稼三年四月潁州泰和
縣河溢七月婺源州雨水溺死者五千三百餘人四

年正月解州鹽池水五年四月廬州合肥縣大雨水
六年六月河間路漳河水溢壞民田二千七百餘頃
益都般陽濟南東昌平濟寧等路曹濮泰安高唐
等州大雨水害稼遼陽廣寧永平開元等路水
大名路屬縣水壞民田一萬八千頃汴梁歸德汝
豐盧州淮水溢損禾麥一萬頃城父縣水八月
彰德真定保定衛輝南陽等郡大雨水
縣水六月棣州德州大雨水壞田四千六百餘頃七
月上蔡汝陽西平等縣水八月霸州文安文成二縣
海沱河溢害稼汾州平遙縣水是歲河決汴梁原武

縣至治元年六月霸州大水渾河溢被災者三萬餘
戶七月薊州平谷漁陽二縣順州邢臺沙河二縣大
名魏縣永平石城縣大水彰德臨漳縣漳水溢大都
固安州真定元氏縣東安寶坻縣淮安清河山陽等
縣水東平東昌二路高唐曹濮等州兩水害稼乞里
吉思部江水溢八月安陸府雨七日江水大溢被災
者三千五百戶雷州海康遂溪二縣海水溢壞民田
四千頃九月京師山長壽二縣漠水溢十月遼陽肇慶
等郡水二年正月儀封縣河溢二月濮州大水閏五
月睢陽縣亳社屯大水六月奉元郿縣邠州新平上

蔡二縣水八月廬州六安舒城二縣水十一月平江
路大水損民田四萬九千六百頃三年五月東安州
水壞民田一千五百餘頃真定武邑縣水害稼六月
大都永清縣兩水損田四百頃七月漳州兩水害稼
九月漳州建昌南康等郡水泰定元年五月漳州固
漂沒田廬大同渾源河溢陳汾順晉恩深六州兩水
安州水隴西縣大雨水漂死者五百餘家龍慶路兩
水傷稼六月益都濟南般陽東昌東平濟寧等郡二
十有二縣曹濮高唐德州等處十縣滋雨水深丈餘
害稼真定滹沱河溢漂民廬舍陝西大雨渭水及黑

水河溢損民廬舍渠州江水溢七月真定河間保定
廣平等郡三十有七縣大雨水五十餘日害稼大都
路固安州清河溢德路住縣沙澧洺水溢奉元朝
邑縣曹州楚丘縣開州濮陽縣河溢九月延安路洛
水溢奉元長安縣大雨水溢濮州館陶縣有司以石
木櫃捍之不止二年正月大都寶坻縣肇慶高要
囤杭州鹽官州海水大溢隄整侵城郭
月縣兩水鞏昌正月雄州歸信縣大水二月甘
縣路大兩水漂行帳犛畜三月咸平府清宼二河
合流失故道築堤堰四月涿州房山范陽二縣水岷
州路

洮文階四州兩水五月檀州大水平地深丈有五尺
高郵興化江陵公安二縣水河溢汴渠被災者十有
五縣六月冀寧路汾河溢潼江中江水溢入
城深丈餘衛輝汲縣歸德宿州兩水沙州大
山單父豐沛五縣水七月雎州河決八月霸州涿砨
永清香河二縣大水傷稼九千五十餘頃九月開元
路三河溢浸民田壞廬舍十月寧夏鳴沙州
水汝寧光州水七月河決鄭州漂浸陽武等縣民一
三年正月恩州水二月歸德府河決六月大同縣大
萬六千五百餘家東安檀順漷兩渾河決溫榆

水溢傷稼延安路膚施縣水漂民居九十餘戶八月
鹽官州大風海溢捍海隄崩廣三十餘里袤二十里
徙居民千二百五十家以避之真定奉元蒲城
縣無為州歷陽縣含山等縣水九月平遙縣汾水溢十
一月崇明州三沙鎮瑞州大水壞民田五千五百頃廬舍
八百九十所溺死者百五十人四年正月鹽官州潮
水大溢捍海隄崩二千餘步四月復崩十九里發丁
夫二萬餘人以木柵竹落砌石塞之不止六月大都
東安固安通順薊檀漷七州永清良鄉等縣兩水七

月上都雲州大雨比山黑水河溢雲安縣水八月汴
梁扶溝蘭陽二縣河溢漂民居一千九百餘家濟寧
虞城縣河溢傷稼十二月夏邑縣河溢汴梁中牟開
封陳留三縣歸德邳宿二州兩水致和元年三月鹽
官州海堤崩遣使禱祀造浮圖二百十六用西僧法
壓之河決磁山虞城二縣四月鹽官州海溢益都濟
民塞之置石囤二十九里六月南寧開元永平等郡
水河間林邑縣雨水益都濟南般陽濟寧東平等郡
三十縣濮德安等州九縣雨水害稼七月廣西兩
江諸州水天曆元年八月杭州嘉興平江湖州建德

鎮江池州太平廣德九郡水沒民田萬四千餘頃二
年六月大都東安通薊霸四州河間靖海縣雨水害
稼永平昌國諸屯田水至順元年六月河決大名路長
垣東明二縣沒民田五百八十餘頃曹州高唐州水
七月海潮溢溧漷涇河間運司鹽二萬六千七百引閏
七月平江嘉興湖州松江三路一州大水壞民田三
萬六千六百餘頃被災者四十萬五千五百餘戶杭
州常州慶元紹興鎮江等路望江銅陵長林寶
應興化等縣水沒民田一萬三千五百餘頃大都保
定大寧益都屬州縣水沒民田二年四月潞州潞城縣大雨

水五月河間莫亭縣寧夏河渠縣紹慶彭水縣及德
安屯田水六月彰德屬縣漳水決十月吳江州大風
太湖水溢漂民居一千九百七十餘家十二月深州
晉州水三年三月奉元朝邑縣路水六月汾州大水至
水溢江都泰興雲夢應城等縣永六月汾州大水至

元十四年九月湖州長興縣金沙泉自唐宋以來
以造茶其泉不常有令濬然湧出瀦田可數百頃有
司以聞錫名瑞應泉十五年十二月河水清自孟津
東柏谷至氾水縣餘子谷上下八十餘里上下三百餘里
數月始如故元貞元年閏四月蘭州上下三百餘里

河清三日中統二年五月西京隕霜殺禾三年五月
宣德咸寧等路隕霜八月河間平灤等路隕霜害稼
四年四月武州隕霜殺禾至元二年八月太原隕霜
七年四月檉州隕霜八月鞏昌會蘭等州霜殺稼
十七年四月益都等路隕霜二十一年三月山東隕霜
蠶盡死被災者三萬餘家二十七年七月大同平陽太
原隕霜殺禾二十九年三月濟南般陽等郡及恩州屬
縣霜殺桑元貞二年八月金復州隕霜殺禾大德五年
三月湯陰縣霜殺麥五月高州霜殺麥六年八月濟陽
太原霜殺禾七年四月霜殺麥八年三月濟陽臨城二

縣霜殺桑八月隕霜殺稼九年三月河間益都般陽三
郡屬縣隕霜殺桑清莫滄獻四州霜殺桑二百四十一
萬七千餘本壞蠶一萬二千七百餘箔十年七月大同
渾源縣霜殺禾八月綏德州米脂縣霜殺禾二百八十
等州大雨雪三日隕霜殺桑閏三月濟寧汴梁等路濟
寧霜殺桑延祐元年三月東平般陽等郡泰安曹濮
頃至大元年八月大同隕霜殺桑皇慶二年三月濟
及隴州開州青城渭源諸縣霜殺稼五百餘頃五年
隕霜殺稼四年夏六盤山隕霜殺稼七月冀寧
五月雄州歸信縣隕霜六年三月奉元路同州隕霜

七年八月益津縣雨黑霜至治三年七月冀寧曲陽
縣大同路大同縣興和路咸寧縣隕霜八月泰州宜
春縣隕霜害稼泰定二年三月靈需府大雪民饑天
曆三年二月京師大霜畫雾至順元年閏七月奉元
西和州寧夏應理州鳴沙州輦昌靜寧邠會等州中
統二年四月兩雹大如彈丸三年五月順天平陽真
翔麟遊大同山陰晉潞城陽川等縣隕霜殺稼陽中
定河南等郡兩雹四年七月燕京昌平縣景州禱縣
開平路興松雪三州兩雹害稼至元二年八月彰德
天名南京河南濟南太原等郡兩雹四年三月夏津

縣大雨雹五年六月中山大雨雹六年七月西京大
同縣兩雹七年五月河內縣大雨雹十五年閏十一
月海州贛榆縣兩雹傷稼十九年八月兩雹大如雞
卯二十年四月河南風雷兩雹害稼五月安西路風
興中等慶兩雹二十四年二月靈壁虹縣兩雹如雞
雷兩雹八月真定元氏縣大風雹害稼高州武平
七月冠州兩雹二十五年三月靈壁虹縣兩雹二十二
夏平陽大同保定等郡大雨雹二十七年四月靈壽
卯害麥十二月靈壽陽曲天成等縣兩雹二十六年
縣大風雹六月棣州猒次濟陽二縣大風雹傷禾黍

菽麥桑棗二十九年閏六月遼陽瀋州廣寧開元等
路兩雹三十一年四月即墨縣兩雹八月德州德安
縣大風兩雹元貞元年五月輦昌金州會州西和州
兩雹大無麥禾七月隆興路兩雹元貞二年五月河
中荷氏縣兩雹六月隆興路順德邢臺縣太原
交河雄石壽陽等縣兩雹八月懷孟武陟縣兩雹大
德元年六月太原崞州兩雹害稼二年二月檀州兩
雹八月彰德安陽縣兩雹四年三月宣州涇縣台州
臨海縣風雹八月五月大寧路建州蔚州靈仙縣兩
雹太原大同隆興屬縣陽曲天成懷安白登風雹害

南陽雨雹閏七月宣寧路雨雹皇慶元年四月大名
路雨雹一尺大風雹損稼

稼八月管州嵐州交城陽曲懷仁等縣雨雹九年六
月晉寧冀寧宣德隆興大同等郡大雨雹害稼十年
四月鄭州管城縣風雹大如雞卵五寸五月大
雨雹七月宣德縣雨雹十一年五月建州雨雹至大
元年四月般陽新城縣濟南獻次縣益都高苑縣風
雹害稼斃畜牧二年三月濟陰縣延安定陶等縣雨
嶇州源州金城縣雨雹延安神禾縣大寧縣雨雹六月
風電損稼并傷人畜六月宣平仁壽白登等縣雨
雹八月大同懷仁縣雨雹延祐元年五月膚施縣大
電深一尺五年四月鳳翔府雹傷麥禾六年六月大
二年五月大同宣德等郡雷雹害稼三年五月蘄州
同縣兩雹大如雞卵七月鞏昌隴西縣雹害稼七年
八月大同路雷風兩雹至治元年六月武州兩雹害
稼求平路大雷電深一尺害稼七月思州大風兩雹
電二年四月涇州涇川縣兩雹六月

澤州彰德安陽縣河南孟津縣雨雹六月開元路風
雹害稼二年七月冀寧平定州雨雹景州阜城縣風

四七字

路雨雹一尺大風雹損稼四年七月彰德湯陰縣冀寧
山寶坻王田求平等縣大風雹折木傷稼八月龍慶
路大雨雹中山府安喜縣乾州兩雹三年六月龍慶
膚施安塞等縣雨雹七月檀州永壽縣兩雹八月房
邑縣雨雹六月興州廊州靜寧州及成紀通渭白水
月奉元白水縣雨雹五月洮州雨雹三年六月鞏昌
雞卵平地深三尺餘八月大同白登縣雨雹二年四
月順元太平軍定西州兩雹七月龍慶路雨雹大如
月冀寧陽曲縣兩雹傷稼思州龍泉平雨雹傷麥六
三年五月大風兩雹拔柳林行宮大木泰定元年五

定襄縣大同武應二州兩雹害稼致和元年四月溏
州涇州大雨雹傷麥禾五月冀寧陽曲縣威州井陘肥
鄉曲陽行唐等縣風雹害開元路兩雹至順二年
雨雹六月涇川湯陰等縣大兩雹大寧路求平屬縣兩
雹天曆二年七月大寧惠州兩雹八月冀寧陽曲縣
大雨雹如雞卵害稼三年七月順州東安州及平棘肥
鄉曲陽清源縣兩雹三年五月甘州河南民王四妻靳氏
十二月冀寧清源縣兩雹二年九月河南民王四妻靳氏
天鼓鳴于西北中統二年
一產三男唐志云物反常為妖陰氣盛則母道壯也
至元元年八月武城縣王氏妻崔一產三男十年八

四七字

月甲寅鳳翔寶鷄縣劉鐵牛妻一產三男二十年二
月高州張丑妻李氏一產三男一女四月固安
州王得林妻張氏懷孕五月生一男四足圓頭
三耳一年附腦後生而即死具狀有司上之二十八
年九月襄陽南障縣民李氏妻王氏一產三子大德元
紀縣趙思直妻張氏一產三子致和元年三月壬辰
打鴈牢蘭奚戶那懷妻和里迷一產四男四年寶應
縣民孫奕妻朱氏一產三男十月江州湖口縣
方丙妻甘氏一產四男泰定元年十月乙卯泰州戌

太平當塗縣楊太妻吳氏一產三子
五行二曰火炎上火之性也失其性為冷董仲舒云
陽失節則火炎出於是而濫炎妄起宋宗廟燒宮館
雖興師衆弗能捄也是為火不炎上其徵恆燠其色
赤是為赤眚赤祥定宗三年戊申野草自焚牛馬十
死八九民不聊生至元十一年十二月淮西正陽
盧舍鎧仗卷燼十八年二月楊州火元貞二年杭州
火燔七百七十家大德八年五月杭州火燔四百家
九年三月宜黃縣火十年武昌路火延祐元年二月
真州楊子縣火三年六月重慶路火郡舍十焚八九

六年四月楊州火燔官民廬舍一萬三千三百餘區
至治二年四月楊州真州火十二月杭州火三年五
月奉元路行宣正殿火上都利用監庫火九月楊州
江都縣火燔四百七十餘家泰定元年六月江西
州火燔五百餘家天曆二年三月四川紹慶彭
杭州火燔六百七十餘家八月龍興龍
水縣火四月重慶路火延二百四十餘家
州火燔四百餘家十二月江夏縣火燔四百餘
五百餘家七月龍興奉新州民辰溪縣路火八月杭

家三年二月河內諸縣火皇慶元年冬無雪詔禱嶽
瀆延祐元年大都檿等州冬無雪至春草木柏燋
至元二年八月丙寅濟南鄒平縣進芝一本八年八
月癸酉益都濟州進芝二本十五年四月濟南歷城
縣進芝十九年六月芝生眉州青城縣景德寺二十
三年四月丁未江東宣慰司進芝一本十月濟寧進
芝一本二月二十六年三月癸未東流縣獻芝四月池州
貴池縣民王逸進紫芝十二本六月汲縣民赤良進
池縣民二十八年三月芝生鈞州程陽縣二十九年六
月芝生賀州大德五年十二月興元西鄉縣進芝一

上欄

本色如珊瑚六年正月濟南鄒平縣進芝一本五枝
五葉色皆赤至大四年八月芝生國學大成殿延祐
二年三月芝生大成殿五年七月芝生大成殿元統
二年正月辛未御帳殿受朝賀是夜東北有赤氣照
人大如席

五行三曰木曲直木之性也失其性爲沴故生不暢
戎爲變異渚有之是爲木不曲直其徵恒雨其色青
是爲青眚青祥大德七年十一月癸亥雨木冰元貞二
年十一月丁巳雨木冰十二月癸亥雨木冰至順二
年太平路燕湖縣進榆木有文日天下太平年至治

三年五月庚子柳林行宮大木風拔三千七百株至
元十七年二月真定七郡桑有蟲食之二十九年五
月滄州濰州中山元氏無棣等縣桑蟲食葉蠶不成
元貞元年四月真定中山靈壽二縣桑有蟲食之大
德五年四月彰德廣平真定順德大名等郡蟲食桑
至大元年五月大名廣平真定三郡蟲食桑致和元
年六月河南德安屯蠶食桑天曆二年三月滄州高
唐州及南皮鹽山武城等縣桑蟲食之如拈株至順
二年三月冠州蟲食桑四萬株晉冀深蠶等州及郭
城延津二縣蟲夜食桑晝匿土中人莫捕之五月曹

下欄

州禹城城保定博野東昌封丘等縣蟲食桑皆既至元
九年六月丁亥京師大雨二十四年九月太原河間
河南等路霖雨害稼二十五年七月保定郡覇鄃二
州滏陽霖雨害稼八月嘉祥魚臺金鄉三縣滏雨二
十六年六月濟寧東平莫
濮二州滏雨害稼皇慶元年隆興
路新建縣雨害稼延祐四年四月遼陽蓋州雨水害
汴梁濟南順德真定平灤州霖雨爲災九月河間郡淫
兩至大四年七月河間順德大名彰德廣平等路德
八月大名清河南樂諸縣霖雨害稼九月河間郡淫

稼六年七月覇州文成縣雨害稼三千餘頃至治元
年江州贛州滏雨二年閏五月安豐路雨傷稼三年
五月大名魏縣滏雨害稼定興縣濟南無棣歜次縣
真定磁山縣河間齊東縣霖雨害稼泰定元年七月
濟寧碭山縣河間齊東縣霖雨害稼元年八月汴梁考
儀封濟南沾化利津等縣霖雨搗禾稼

五行四曰金從革金之性也失其性爲沴時則治鑄
不成變異者有之是爲金不從革金石同類故古者
以類附見其徵恒暘其色白是爲白眚白祥至元十
三年霧靈山伐木官劉氏言檀州大峪錐山出鐵鑛

有司覆視之尋立四冶大德元年雲州聚陽山等冶言鑛石煽煉銀貨不出詔減其課額二年六月撫州崇仁縣辛陂村有星隕于地為綠色負石邑人張椿以狀聞泰定四年八月天全道山崩飛石擊人中者死京房易傳曰欲得不用茲謂張厥災荒荒旱也中統三年五月滄棣二州旱至元年二月東平太原平陽旱分命西僧禱雨五年十二月京兆大旱八年四月蔚州靈仙廣靈二縣旱九年六月高麗旱十三年十二月平陽路旱十六年七

月趙州旱十八年二月廣寧北京大定州旱二十三年五月汴梁旱京畿旱二十四年春平陽旱二麥枯死二十五年東平路濟城等六縣安西路商耀乾華等十六州旱二十六年絳州大旱元貞元年六月環州葭州及咸寧賀州泗州旱二年八月大名開州旱壽二縣旱泗州旱九月莫州獻州旱十月化州旱陜縣河間蕭寧縣旱九月汴梁旱大德元年六月汴梁河陽十二月遼東開元二路旱大德二年五月衛輝順德平灤等路旱大旱民鬻子女九月鎮江丹陽金壇二縣旱十二月平陽曲沃縣旱二年五月

年五月荊湖諸郡及桂陽寶慶興國三路旱十月揚盧隨州黄等州旱四年平棘白馬二縣旱五年六月汴梁南陽衛輝大名等路旱九月江陵旱八月鳳翔扶風岐山寶雞三縣旱九年七月晉州饒陽縣漢陽漢川縣旱安西寶雞象州融州柳州屬縣旱十年五月亢旱皇慶元年夏大旱濱棣延祐德安府旱五年京畿旱二年九月京畿大旱延祐德安府旱七月真定河間廣平中山大旱七年六月黄蘄二郡及荊門軍夏蘄昌蘭州旱四年四月德安府旱五年七月真定

旱至治元年六月大同路旱二年十一月岷州旱三年夏順德真定冀寧大旱泰定元年六月景清滄莫等州臨汾汾逕川靈臺壽春六合等縣旱九月建昌郡旱二年五月潭州茶陵州興國永興縣旱七月隨息州旱三年夏燕南河南州縣旱十有四亢陽不雨七月關中旱四年二月真定河南大名廣平等路旱天曆元年八月陝西大旱等縣旱六月潞霍綏德三州旱天曆元年八月藤州邠州淳化年二月廣平彰德等郡旱八月藤州陝西大旱元人相食二年夏真定河間大名廣平等四州四十一縣旱峽州二縣夏旱八月浙西湖州江東池州饒州旱

十二月冀寧路旱至順元年七月肇州興州東勝州
及榆次澄陽等十三縣旱二年霍隰石三州阜城平
地二縣旱恒陽則有介蟲之孼者謂之小蟲有甲飛
揚之類取民則蠶與魚同占劉向以為介蟲之孼當
云貪厲所生也於春秋為蠡令謂之蠡按劉歆
屬言不從今做之中統三年五月
德徐宿邳等州郡蝗五年六月東平等郡蝗七年七
月南京河南諸路大蝗八年六月上都中都大名河

元史志卷三上 三五

四年六月燕京河間益都真定東平蝗八月濱棣等
州蝗至元二年七月益都大蝗十二月西京比京順
蝗十七年五月忻州及連海邳宿等州蝗十九年四
月別十八年部東三百餘里蝗害叁二十五年四月河
真定汴梁蝗八月趙晉冀三州蝗二十七年四月河
比十七郡蝗二十九年六月東昌濟南艘陽歸德等
郡蝗三十一年六月濟南任
德等路淄萊洺磁等州蝗十六年四月大都十六路
間益州順天懷孟彰德濟南真定衛輝平陽歸德順

陳留太康考城等縣睢汶上縣開州長垣靖豐縣德州
城魚臺縣東平濮城汶上縣內黃縣蝗八月平陽大名歸德
齊河縣滑州大和州內黃縣蝗八月平陽大名歸德

真定等郡蝗大德元年六月歸德邳州徐州蝗二年
四月燕南山東兩淮江浙薍南屬縣百五十慶蝗三
年五月淮安屬縣有鸜食之十月隴陝蝗五年河南
淮南睢陳唐和等州新野汝陽江都興化等縣蝗六
月順德路淇州廣平等州蝗七月益都臨朐德
州齊河縣蝗八年六月益都安靖
濟南等路蝗六年大寧路益都
三州及濠州鍾離鎮江卅徒二縣大寧都臨朐德
海武清等州縣蝗八月涿州良鄉河間南皮泗州天

元史志卷三上 三六

長等縣及東安海鹽等州蝗十年四月大都真定河
間保定河南等郡蝗六月龍興南康等郡蝗至大元
年五月晉寧路蝗六月保定真定二郡汴梁衛
蝗二年四月益都東平東昌順德廣平大名汴梁衛
輝等郡蝗六月檀霸曹濮高唐泰安等州良鄉舒城
歷陽合肥大安江寧句容溧水上元等縣蝗七月濟
南濟寧般陽河中解絳耀同華等州蝗八月真定保
定河間懷孟等郡蝗三年四月寧津堂邑莊平陽毅
平原齊河禹城定縣蝗七月磁州威州饒陽元氏平
棘澄陽元城無棣等縣蝗皇慶元年彰德安陽縣蝗

延祐七年六月益都路蝗至治元年五月霸州蝗六
月衛輝汴梁等慶蝗七月江都泰興古城通許符
盱眙清池等縣蝗十二月寧海州二年汴梁祥符
縣蝗有群鶩食蝗既而復吐積如丘垤三年五月保
定路歸信縣蝗泰定元年六月大都順德河間東
等郡蝗二年五月彰德路興國宋興縣蝗六月濟南歸德等郡
蝗三年六月東平須城縣蝗九月濟南曹景等州歷
城章丘淄川柳城茌平等縣蝗七月大名
順德廣平等路趙州曲陽蒲城慶都修武等縣蝗淮
安高郵二郡睢泗雄霸等州蝗八月永平汴梁懷慶
等郡蝗四年五月洛陽縣有蝗五畝群烏盡食之越
數日蝗又集又食之七月籍田蝗八月冠州恩州蝗
十二月保定濟南衛輝濟寧廬州五路南陽河南二
府蝗博興臨淄膠西等縣蝗致和元年四月劉
州永平路石城縣蝗鳳翔岐山縣蝗無麥苗五月潁
州及汲縣蝗六月武功縣蝗天曆二年四月大寧興
中州懷慶孟州廬州無為州蝗益都莒密二州
縣蝗七月真定汴梁永淮安廬州大寧遼陽等郡屬
蝗三年五月廣平大名般陽濟寧東平汴梁南陽

河南等郡輝德濮開高唐五州蝗至順元年六月漷
劉固安博興等州華州及河內靈寶延
津等二十二縣蝗二年三月陝州諸路蝗六月孟州
濟源縣蝗七月河南閿鄉陝縣奉元蒲城白水等縣
蝗至元十五年四月濟南無棣縣獲白雉以獻元貞
三年正月海州牟平縣獲白鹿于聖水山以獻至元
二十四年七月癸丑日暈連環貫之至貫索始滅
皇慶元年六月丁卯天雨毛延祐元年二月己亥白
暈亘天連環貫日至順三年五月丁酉白虹並日出
其長竟天
五行五曰土土中央生萬物者也而莫重於稼穡土
氣不養則稼穡不成金木水火沴之衝氣為異為地
震為天雨土其徵恒風其色黃是為黃眚黃祥中統
元年五月澤州益都饑閏九月塔察兒部饑至元二
桓州饑三年五月汴州饑二年六月濟南郡饑至元二
年四月遼東饑五年九月益都東京二州饑七月
饑十一月固安高唐二州饑七月東京饑七月
山東淄萊等州饑八年正月西京益都饑九年四月
京師饑七月水達達部饑十七年三月高郵郡饑十

23-580

八年二月湖東饑四月通泰崇明等州饑十九年九
月真定路饑民流徙鄂州二十三年七月宣寧路饑
二十四年九月平灤路饑十二月蘇常湖秀四州饑
二十五年十一月兀良合部饑二十六年二月合木
裏部饑三月安西甘州等路饑四月遼陽路饑閏十
月武平路饑檀州饑十二月蠡州饑河間保定二路
饑二十七年二月開元路寧遠縣饑九月河東山西
饑河間任丘保定定興二縣饑九月浙東婺州
饑二十八年三月真定河間保定平灤太原路
饑杭州平江鎮江廣德太平徽州饑九月武平路饑
十二月洪寬女直部饑大都內郡饑二十九年正月
清州興州饑三月輝州龍山縣里州饑和中縣饑東安
固安蓟棣四州饑三月威寧昌州饑閏六月南陽懷
孟衛輝等路饑三十年十月京師饑元貞二年四月
平陽絳州太原陽曲台州黃巖饑大德元年六月廣
德路饑七月寧海州文登年平等縣饑三年八月楊
州淮安等郡饑四年二月湖北饑三月寧國太平二
路饑九月建康常州江陵等郡饑六年五月福州饑
六月杭州嘉興湖州廣德寧國饒州太平紹興元
發州等郡饑大同路饑七月建康路饑十一月保定

路饑七年二月真定路饑五月太原龍興南康袁州
瑞州撫州等路高唐南豐等州饑六月湖西饑七月
常德路饑八年六月烏撒烏蒙益州柳州等路
饑九年三月常寧州饑五月寶慶路饑八月揚州饑
十年三月黃州沅州求城饑四月漢陽淮安道州辰
州饑六月山東河南江淮成都般陽濟南濟寧
南東平泰安等郡大饑
邠州饑皇慶元年六月肇昌河州路饑二年三月晉
寧大同大寧四川鞏昌甘肅等郡饑四月真定保定
河間等路饑五月順德冀寧二路饑六月上都饑延
祐元年六月衡州饑七月台州饑十二月歸德汝寧
沔陽安豐等郡饑二年正月晉寧宣德懷孟衛輝益
都般陽等路饑二年十二月漢陽路饑三年二月河
間濟南濱棣等路饑四月遼陽路饑及南豐州饑五
月寶慶桂陽澧州潭州求州道州袁州饑四年正月
汴梁饑五年四月上都饑六年八月山東濟寧饑七
年五月大同雲南豐勝諸郡邑饑潘陽路饑八年二
東新州新城縣饑至治元年正月蘄州蘄水縣饑二
月河南汴梁歸德安豐等路饑五月眉州濮州饑七

月南恩新州饑十一月肇昌成州饑十二月慶遠真
定二路饑二年三月河南淮東淮西諸郡饑延安延
長宜川二縣饑奉元路饑四月東昌覇州饑九月臨
安河西縣饑三年二月京師饑三月平江嘉定州饑
崇明黃巖二州饑十一月鎮江丹徒沅州黔陽縣饑
饑二月慶元紹興二路綏德州米脂清㵎二縣饑三
月臨洮狄道縣石州離石縣饑四月江陵荊門軍監
州信州上饒縣廣德路廣德州岳州臨湘華容等縣
十二月歸澧二州饑德安定元年正月惠州新州南恩
利縣饑五月贛州吉安臨江等郡崑山南恩等州饑

八月冀寧延安江州安陸杭州建昌常德全州桂陽
辰州南安等路屬州縣饑九月紹興南康二路饑十
一月泉州饑中牟延津二縣饑二年正月梅州饑祿
二月施德二州鳳翔路饑閏正月河間真定保定瑞州四郡饑
州惠州廣德袁州撫州饑三月蘄郯徐邳等州饑南安寧夏路
饑五月廣德慶元路饑四月杭州鎮江寧國南安潯州潭州瓊州
成州饑德慶路饑十二月濟南延川等郡饑九月
一月濱陽大寧永平廣寧金復州甘肅亦集乃路饑

四年正月遼陽諸郡饑二月奉符長清萊蕪三縣饑
建康淮安蘄州屬縣饑四月通蘄等州漁陽永清等
縣饑七月武昌江夏縣饑致和元年二月乾州般陽
月晉寧真寧等路饑五月河南東平保定東昌饑三
彰德大寧真定路屬縣饑泗州靈璧縣饑天曆二年正月大
州乾寧華州及延安邠寧諸縣饑流民數十萬等路泰安
七月威寧長安涇州房山范陽縣饑四月耀
同及東勝州安邑諸縣饑懷慶衛輝汴梁中興等路饑八月忻州
興和順德大名彰德懷慶備輝汴梁西二道饑
高唐曹冠徐邳等州饑江東淛西二道饑八月忻州

饑十月漢陽武昌常德澧州等路饑鳳翔府大饑三
年正月寧海州文登牟平等縣饑懷慶衡州二路饑真
定汝寧揚廬蘄黃安豐等郡饑二月河南大饑三月
東昌濱城堂邑縣饑沂莒膠密寧海五州饑二月
光山等縣饑肇昌蘭州定西州密寧海州饑四月
饑至順二年二月集慶嘉興二郡及江陰州饑九月
維密昌平五州饑六月興和路高原咸平等縣饑九
月思州鎮遠府饑十二月河南大同大理
中慶路饑五月常寧州饑七月勝州饑三月四月大都寶
坻縣饑至大元年春紹興慶元台州疫死者二萬六

千餘人皇慶二年冬京師大瘟唐志云國將有恤則
邪亂之氣先被于民故疫太宗五年癸巳十二月大
風霾凡七晝夜至元二十年正月汴渠延津封五二
縣大風麥苗盡拔延祐七年八月延津縣大風桑
桑隕者十八九至治元年三月大同路大風桑彫蠶
雍昌平等縣大風一百餘項至治三年三月衞輝路大風走沙土
都昌平等縣大風一晝夜壞民居九百餘家四年五
月衞輝路輝州大風九日禾盡僵天曆三年二月脈
死泰定三年七月寶坻房山二縣大風折木八月大
城縣新鄉縣大風按漢志云溫而風則生蝖膌有稞

蟲之孽至元八年六月遼州和順縣解州聞喜縣蚜
蚄生十八年高唐夏津武城縣蝻二十三年五月霸
州鄆州蟲二十四年鞏昌蚜蝻二十七年四月
婺州蝻害稼雷雨大作蝻盡死歲乃大稔元貞元年
六月利州龍山縣蓋州明山縣蝻二年五月濟州任
城縣蝻隨州野蠶成繭亙數百里民取為繒大德七
年五月濟南東昌般陽益都等路蟲食麥閏五月汴
梁開封縣蟲食麥九年七月桂陽郡蝝至大元年五
月東平東昌益都等郡蝝皇慶二年五月檀州及獲
鹿縣蝻延祐七年七月霸州及堂邑縣蝻泰定四年

七月奉元路咸陽興平武功三縣鳳翔府岐山等縣
蚜蚄害稼天曆二年淮安廬州安豐三路屬縣蝻至
元十六年四月益都樂安縣朱五十家大德九年二月大同
頤四耳三尾其色黃阮生即死大德四年二月大同
平陰縣民迷兒的斤家牛生麒麟而死至大四年大同
宣寧縣民減的家牛生一犢其質有鱗無毛其色青
州民王俊家牛生一獸鱗身牛尾口目皆赤墮地即
黃類若麟者以其鄉上之泰定三年九月湖州長興
大鳴母不乳之具圖以上不知何獸或曰此瑞也宜
俾史臣紀錄至元二十四年諸王薛徹都部兩土七

畫夜沒死牛畜大德十年二月大同平地縣兩沙黑
霾斃牛馬二千至治三年二月丙戌雨土致和元年
三月壬申兩霾天曆二年三月丁亥兩土霾至順二
年三月丙戌兩土霾至元二十一年九月戊子京師
地震按傳云陽伏而不能出陰迫而不能烝於是有
地震二十六年正月丙戌地震二十七年二月癸未
泉州地震泉州地復震八月癸未平陽路地震壞廬
地震二十八年八月己五平陽路地震大地
震元貞元年三月壬戌地震大德六年十二月辛酉
區雲南地震戊戌亦如之七年八月辛卯夕地震太原

平陽尤慘壞官民廬舍十萬計平陽趙城縣范宣義
郇堡徙十餘里太原徐溝祁縣及汾州平遙介休西
河孝義等縣地震成渠泉涌黑沙汾州北城陷長一
里東城陷七十餘里大同路地震有聲如雷
四月己酉大同地震改平陽路為晉寧太原路為冀寧
壓死者一千四百餘人懷仁縣地震二所涌水盡黑
五月癸亥以地震改平陽路為晉寧
十一月壬子大同地震十二月丙子地震十年正月
其一廣十八步深十五丈其一廣六十六步深一丈
晉寧冀寧地震不止十一年三月道州管道縣暴雨

山裂百三十餘處庚八月壬寅開城路地震至大元年
六月丁酉鞏昌隴西寧遠縣地震雲南烏撒烏蒙地
三日而大震者六九月己酉蒲縣地震十月癸巳蒲
縣靈寧縣地震二年十二月壬戌陽曲縣地震有聲
年十二月癸未廿州地震冀寧路地震四年三月三
地震七月戊申冀寧路地震大風有聲如雷閏七月甲
子寧夏地震皇慶二年六月京師地震延祐元年
震丙辰又震壬寅又震延祐元年二月戊辰大寧路
地震四月甲申朔大寧地震有聲如雷
寧沁源等路陟縣武安縣地震十一月

震如雷二年五月乙丑秦州成紀縣北山移至夕川
河明日再移平地突如土阜高者二三丈陷沒民居
三年八月己未冀寧晉寧等郡地震十月壬午河南
地震四年正月壬戌冀寧地震九月嶺北地震丁
酉泰安縣山崩三日五年正月甲
崩辛卯德慶路地震七月戊子寧遠縣山崩八
成懿州地震二月癸巳和寧路地震丁酉泰安縣山
月伏羌縣山崩泰州成紀縣暴雨山崩水溢壅土至來谷
泰定元年八月成紀縣大雨山崩水溢壅土至來谷

河成立阜十二月丁亥寧夏路地震有聲如雷
三年十二月丁亥寧夏路地震有聲如雷
者三四年三月癸卯和寧路地震如雷發自西北連震
渭縣山崩碼門地震有聲如雷晝晦鳳翔
陝州江陵等郡地同日震八月鞏昌通
元年七月辛酉寧夏路地震至順二年四月戊申大寧路
壬寅大寧路地震至順二年四月丁亥真定路地震十月
一日五震或三震月餘乃止四年四月戊申大寧路
地震五月戊寅京師地震有聲如雷八月己酉隴西地震
至元元年十月壬子恩州歷亭縣進嘉禾一莖九穗

十一月丁酉太原臨州進嘉禾二莖四年十月庚午
太原進嘉禾二本異畝同穎六年九月癸丑恩州進
嘉禾一莖三穗七年夏東平府進瑞麥一莖五穗十
一年興元元年八月壬寅瓜州屯田進瑞麥一莖七
穗十八年八月太原堅州進嘉禾六
十年癸巳斡端宣慰司劉恩進嘉禾同穎九穗七穗
六穗者各一二十三年五月廣元路閬中麥秀兩岐
二十四年八月濟州進瑞麥一莖五穗二十五年八
月袁州萍鄉縣進嘉禾二十六年十二月寧州民張

安世進嘉禾二本三十一年嘉禾生京畿一莖九穗
大德元年十一月辛未曹州禹城縣進嘉禾一莖九
穗大德九年嘉禾生應州山陰縣至大三年九月河
間路獻嘉禾有異畝同穎及一莖數穗者勅繪為圖
皇慶二年八月嘉禾生渾源州一莖四穗延祐四年
七月南城產嘉禾七年五月鄱陽進嘉禾一莖六穗
至治二年八月蔚州獻嘉禾泰定元年十月成都縣
穀一莖九穗

翰林學士承旨中奏如制誥兼修國史臣朶歡帖木兒制誥兼國史院編修官臣王禕等奉
敕修

黎修

五行二

水不潤下

元統元年五月汴梁陽武縣河溢
霖雨水平地丈餘涇河溢關中水災黃河大溢河南
水災泉州霖雨溪水暴漲漂民居數百家七月潮州
大水元統二年正月東平須城縣濟寧濟州曹州濟
陰縣水災二月瀍河滻河溢永平路屬縣皆水瑞州
路水三月山東霖雨水湧四月東平益都水五月鎮
江路水宣德府大水六月淮河漲漂山陽縣境內民
居房舍九月吉安路水至元元年河決汴汴梁封丘縣
二年五月南陽鄧州大水六月涇水溢八月大水至
通州霖雨大水三年二月紹興大水五月廣西賀州大
水害稼六月衛輝霖雨至七月丹沁二河泛漲興城
西御河通流平地深二丈餘漂沒人民房舍田禾甚
衆民皆棲於樹木郡守僧家奴以舟載飯食之移老
弱居城頭日給糧餉月餘水方退汴汴梁蘭陽尉氏二
縣歸德府皆河水泛溢黃州及衢州常山縣皆大水

四年五月吉安永豐縣大水六月邵武大水城市皆
洪流漂治溪民居殆盡五年五月庚戌汀州路長汀
縣大水平地深三丈許損民居八百家壞民田二百
頃溺死者八千餘人七月沂州沂水二河暴漲決隄
平地溺死人甚衆六月衢州西安龍游二縣大水庚
防害田稼邵武光澤縣大水常州宜興縣山水出勢
高一丈壞民居六十一縣及福州路福寧州大水五月甲子慶元奉化州山崩水湧出
戍麃州松陽龍泉二縣積雨水漲入城中深丈餘桃源鄉山崩
死五百餘人遂昌縣尤甚平地三丈餘山崩
壓溺民居五十三家死者三百六十餘人七月壬子
延平南平縣溾雨水泛漲溺死百餘人損民居三百
餘家壞民田二頃七十餘畝乙卯奉元路盩屋縣河
水溢漂溺居民八月甲午衛輝大水漂民居一千
家十月汴梁鈞州大水揚州路崇明通泰等州海潮湧
溢溺死一千六百餘人二年四月雎州儀封縣大水
元年汴梁河南府宜陽縣大水
害稼六月癸丑夜濟南山水暴漲衝東西二關流入
小清河黑山天麻石固等寨及卧龍山水通流入大
清河漂沒上下民居千餘家溺死者無算三年二月

鞏昌寧遠伏羌成紀三縣山崩水湧溺死者無筭五
月黄河決白茅口七月汴梁中牟扶溝尉氏洧川四
縣鄭州滎陽氾水河陰三縣大雨五月霸州大
水六月河南鞏縣大雨伊洛河水溢漂民居數百家濟
寧路兗州汴梁鄢陵通許陳留臨潁等縣大水害稼
人相食七月灤河水溢出平地丈餘平陰路衢州
西安縣大水溫州颶風大作海水溢漂民居四縣禾稼
甚眾五年七月黄州大水八月壬午杭州上海浦
舍漂没甚眾七月河決濟陰漂官民亭舍殆盡十月黄
河沃溢七年五月河決濟陰漂没民居溺死

中午潮退而復至八年正月辛亥河決隄濟寧路四
月平江松江大水五月庚子廣西山崩水湧灘江溢
平地水深二丈餘屋宇人畜漂没壬子寶慶大水乙
卯錢塘江潮比之八月中高數丈餘沿江民皆遷居
以避之六月己丑中興路松滋縣驟雨水暴漲平地
深丈有五尺餘漂没六十餘里死者一千五百人是
月膠州大水七月高密縣大水九年七月中興路公
安石首潛江監利等縣及沔陽府大水夏秋蘄州大
水傷稼十年五月龍興瑞州大水六月乙未霍州靈
巖縣雨水暴漲決隄堰漂民居甚眾七月汾州平遙

縣汾水溢靜江荔浦縣大水害稼十一年夏龍興南
昌新建二縣大水安慶桐城縣雨水泛溏花崖龍源
二山崩衝決縣東大河漂民居四百餘家七月冀寧
路平晉文水二縣大水汾河汎溢東西兩岸漂没田
禾數百頃河決歸德府永城縣壞黄陵岡靜
安縣大水十三年夏薊州豐潤玉田遵化平谷四
雨水暴漲漂民居千餘家溺死七百人七月衢州
大水決南北二陡渠十二月中興路松滋縣驟
大水七月丁卯泉州海水日三潮十四年六月河南
府鞏縣大雨伊洛水溢漂没民居溺死三百餘人秋

薊州大水十五年六月荆州大水十六年河決鄭州
河陰縣官署民居盡廢遂成中流山東大水十七年
六月暑雨漳河溢廣平郡邑皆水秋蘄州四縣皆大
水十八年秋京師及蘄州廣東惠州廣西四縣賀州
皆大水十九年九月濟州任城縣河決二十年七月
通州大水二十二年三月邵武光澤縣大水二十三
年孟州濟源溫縣七月河決東平壽張縣圯城墻
漂屋廬人溺死甚眾二十四年三月益都路壽光
而黄懷慶路孟州河內武陟縣水七月益都井水溢
縣膠州高密縣水二十五年秋薊州大水東平須城

東阿平陰三縣河決小流口達于清河壞民居傷禾
稼二十六年二月河北徙上自東明曹濮下及濟寧
皆被其害六月河南府大霖雨澤水溢深四丈許漂
東關居民數百家秋七月汾州介休縣汾水溢薊州
四縣衛輝汴梁鈞州大水害稼八月棣州大清河決
濱棣二州之界民居漂流無遺濟寧路肥水縣西黃
水汎溢漂没田禾民居百有餘里德州齊河縣境七
十餘里亦如之

至正二十一年十一月河南孟津縣至絳州垣曲縣二
日二十一年十一月汴梁原武滎澤二縣黃河清三

百里河清七日新安縣亦如之十二月冀寧路石州
河水清至明年春冰泮始如故二十四年夏衛輝路

黃河清

至正六年九月彰德雨雪結凍如琉璃七年八月衛
輝隕霜殺稼九年三月溫州大雪十年春彰德大寒
近清明卽雨雪三尺民多凍餒而死十一年三月汴
梁路鈞州大雷雨雪寧縣平地雪深三尺餘十三年
秋邵武光澤三縣隕霜殺桑發蠒事八月鈞州密縣
城東阿陽穀三縣隕霜殺菽二十七年三月彰德大
隕霜殺菽二十七年三月彰德

凍死五月辛巳大同隕霜殺麥秋蟲寧路徐溝介休
二縣奉元隕霜十二月奉元路咸寧縣井水冰二十八年

四縣奉元隕霜殺稼
元統元年三月戊寅紹興蕭山縣大風雨雹拔木仆
屋殺麻麥斃傷人民二年二月甲子冀北東涼兩

電至元元年七月西和州徽州雨雹二年八月甲戌
湖高郵寶應縣大雨雹是時淮浙皆旱唯本縣瀕河
田禾可刈悉為雹所害凡田之旱者無一雹及之至

元四年四月癸巳清州八里塘雨雹大過於拳其狀
有如龜者有如小兒形者有如獅象者有如環玦者

或摘如卵或圓如彈玲瓏有竅色白而堅長老云大
者固常見之未有奇狀若此也至正二年五月東平

路東阿縣兩雹大者如馬首小者如雞
兩雹六年二月辛未興國路雨雹大者如馬首三年六月東平陽穀縣

子斃禽畜其衆五月辛卯絳州雨雹大者二尺餘八
年四月庚辰鈞州密縣雨雹大如雞子傷麥禾龍興
奉新縣大雨雹傷禾折木八月巳卯益都臨淄縣雨
電大如盂野無青草赤地如赭九年二月龍興大
雨雹十年五月汾州平遙縣雨雹十一年四月乙巳
彰德雨雹大者如斧時麥熟將刈頃刻亡失田畤堅

如築場無稭粒遺留者地廣三十里長百有餘里樹
木皆如斧所劈傷行人斃禽畜甚衆五月癸丑文水縣
雨雹十三年四月薊州雨雹十七年四月濟南大風雨雹十
九年四月莒州蒙陰縣雨雹傷麥禾及桑十
四年六月莒州雨雹益都縣高苑縣雨雹傷麥十
縣雨雹害稼二十年五月薊州導化縣雨雹終日二十
一年五月東平雨雹害稼二十二年八月南雄兩雹
如桃李實二十三年五月鄜州宜君縣大雨雹害稼二
子損豆麥七月京師及隰州求和縣大雨雹大如雞
十五年五月東昌聊城縣雨雹大如拳小者如雞子

禽獸
二麥不登二十六年六月汾州平遙縣雨雹二十七
年二月乙丑永州城中晝晦雞棲于塒人舉燈而食
既而大雨雹逾時方明五月益都大雷雨雹七月輿
寧徐溝縣大風雨雹拔木害稼二十八年六月慶陽
府雨雹大如盂小者如彈九平地厚尺餘殺苗稼斃
至正三年秋興國路求興縣雷擊宛糧房貼書尹章于
縣治時方大旱有朱書在其皆云有旱無
災却道有灾未庸熾厥渠魁且擊庭前小吏七年五月
庚戌台州路黃巖州海濱無雲而雷冬衛輝路天鼓

鳴十年六月戊申廣西臨桂縣無雲而雷震死邑民
廖廣達十二年庚子汾州孝義縣雷雨十一年十二
月台州大雨震電十二年三月丙午寧國路無
雲而雷十三年大雨懷慶路河內縣雨雹火頃有
火墜于東南懷慶路潞州之襄垣縣皆無雲而雷聲
北是日懷慶之修武縣二十二年十二月孝義縣雷雨
震天地是月汾州雷雨雹二十四年十二月孝義縣雷
十九年十二月台州大雷電二十一年十一月戊申
溫州樂清縣雷二十七年正月乙未夜晉寧路絳州
天鼓鳴空中如聞戰鬬之聲十月奉元路雷電

至正二十五年六月戊申京師大雨有魚隨雨而落
長尺許人耶而食之
至元五年六月庚戌汀州長汀縣山蛟出大雨驟至
平地湧水深三丈餘漂没民居八百餘家壞田二百
餘頃至正十七年六月癸酉溫州有龍鬬于樂清江
中颶風大作所至有光如毬死者萬餘人八月癸丑
祥符縣西北有青白二龍見若相鬬之勢良久而散
二十三年正月甲辰廣西貴州江中有物登岸蛇首
四足而青色長四尺許軍民聚觀而殺之二十四年
六月保德州有黃龍見于咸寧井中二十七年六月

火不炎上

元統元年六月甲申杭州火至正元年
州火乙未杭州火燔官舍民居公廨寺觀凡一萬五
千七百餘間死者七十有四人二年四月杭州又火
六年八月己巳延平路火燔官舍民居八百餘區死
者五人十年興國路路城中火災不絕日數
乙卯夜廣西貴州火同知州事韓帖木不花判官高
萬章及家人九口俱死爲居民死者三百餘人牛五
十頭馬九疋公署倉庫案牘焚燒皆盡二十八年二

〈變志卷三下〉 十

月癸卯京師武器庫災巳陝西有飛火自華山下
流入張良弼營中焚兵庫器仗六月甲寅大都大聖
壽萬安寺災是日未時雷雨中有火自空而下其殿
脊東鰲魚口火焰出佛身上亦火起聞之泣下丞
命百官救護唯東西二影堂神主及寶玩器物得免
餘皆焚燬此寺舊名白塔自世祖以來爲百官習儀
堂于殿之西裕宗影堂之東月遣大臣致祭影
之所其殿陛闌楯一如內庭之制成宗時置世祖影
至元六年冬京師無雪至正八年九月奉元路桃杏
花十四年八月寧寧路榆次縣桃李花十五年十一

三六六

丁巳皇太子寢殿新甃井成有龍自井而出光焰燁
人宮人震懾仆地又宮墻外長慶寺所掌成宗幹耳
朶內大槐樹有龍纏繞其上良久飛去樹皮皆剝七
月益都臨朐縣有龍見于龍山巨石重千斤浮空而
起二十八年十一月大同路懷仁縣河岸崩有蛇大
小相縋可載數車
廣西師宗州蟄生妻適和一産三男汧界祥符縣市
州民家豕生豚一首二身八蹄二尾至元元年正月
五年鎮江民家豕生豚如象形二十四年正月保德
至正三年秋建寧浦城縣民家豕生豚二尾八足十

〈元史志卷三下〉 九

中一乞丐婦人忽生髭須至正九年四月棗陽民張
氏婦生男甫及周歲長四尺許容貌異常臍腹擁腫
見人輒嬉笑如世俗所畫布袋和尚云二十三年五
月霸州民王馬駒妻趙氏一産三男六月亳家務李
闔妻張氏一産三男
至正元年四月戊寅彰德有赤風自西北來忽變為
黑晝晦如夜十三年冬袁州路每日暮有黑氣環遶
郡城十七年正月己丑杭州降黑雨河池水皆黑二
十八年七月乙亥京師黑霧昏暝不辨人物自旦近
午始消如是者旬有五日

月汾州介休縣桃杏花十七年十一月汾州桃杏花

至正十一年十月衢州東北雨米如黍十一月建寧

浦城縣雨黑子如稗實邵武大雨震電雨黑黍如薑

稔信州雨黑黍鄱陽縣雨黑菽豆郡邑多有民皆取而

食之十六年六月彰德路葦葉順次倍疊而生自

成若旗懷上尖葉聚粘如搶民謠云葦自生成旗民皆

流離葦生成搶殺伐遭夾又有黍自生成文紅稭黑

字其上節云天下太平其下節云天下刀兵十八年

夔州山谷中小竹結實如小麥飢民采食之二十一

年明州象山縣竹穗生實如小米可食

《元史卷三下》

十一

至正十一年廣西慶遠府有異禽雙雁見于述昆鄉

飛鳥千百隨之蓋鳳凰云其一飛去其一留止者爲

獵人射死首長尺許毛羽五色有藏之以獻于帥府

者久而其色鮮明如生云五月興國有大鳥

至郡西白朗山顛狀如人立去而復至者數次十九

年京師鵄鵶夜鳴達旦連月乃止有杜鵑啼于城中

君庸關亦如之二十七年三月丁丑朔萊州招遠縣

大社里黑風大起有大鳥遺下粟忝稻麥黃黑豆蕎麥

如席狀類鶴俄頃飛去自南飛至其色蒼白展翅

于張家屋上約數升許是歲大稔

元統二年正月庚寅朔河南省雨血是日象官晨集

忽聞燔柴煙氣既而黑霧四塞咫尺不辨腥穢逼人

遍時方息及行禮畢日過午驟雨隨至霑灑至霽晦至

蒙衣皆赤至元四年四月鎮江丹陽縣雨紅沙晝晦至

衣皆濡成紅色十三年三月丙戌彰德路西南有火

自天而下如在城外覓之無有十二月庚戌潞州襄

垣縣有火隆于東南十四年衛輝路紅霧草木葉及行人裳

方十二月辛卯絳州有紅氣起自北方蔽天幾半移

時方散十五年春劑州雨紅十八年三月辛丑夜大

《元史卷三下》

十二

同路有黑氣蔽于西方聲如雷然俄頃有雲如火交射

中天遍地俱見火光以物觸地輒有火起至夜半空

中如有兵戈相擊之聲二十一年七月己巳夔寧路

忟州西北有赤氣蔽空如血逾時方散八月壬午棣

州夜半有赤氣亘天至于東北癸未彰德西

赤氣蔽天直過絳州夜有紅氣見于北方如

十月癸巳昧爽絳州有紅氣見于北方如火二十三

比夜有紅氣亘天起西北至于東大同夜者三

年三月壬戌大同路夜有紅光見于北方如火中侵北斗六月

丁巳絳州日暮有紅光見于北方如火中有黑氣相

雜又有白虹二直衝比斗逾時方散庚申晝寧路比

方日暮天赤中有白氣如虹者三一貫比

極一貫天潢至夜分方滅八月丙辰忻州東北夜有

赤氣亘天中有白色如蛇形徐徐而行逾時方散十

月丙申朔大名路向青齊一方有赤氣照耀千里二

十四年九月癸酉晝寧平晉縣西比方至夜天紅半壁

有頃從東而散二十八年六月壬寅彰德路天寧寺

塔忽變紅色自頂至踵表裏透徹如煆鐵初出于爐

頂上有光焰迸發自二更至五更乃止癸卯甲辰亦

如之先是河比有童謠云塔兒黑比人作主南人客

如火熖照人自寅至辰氣熖方息

塔兒紅朱衣人作主人公七月癸酉京師赤氣滿天

至元元年十二月芝草生于荊門州當陽縣覆船山

一本五榦高尺有二寸一本二榦高五寸有半榦皆

兩岐二本相依附扶疎瑰奇如珊瑚枝其高者結為

華蓋慶雲之狀五年秋芝草生于中書工部之屋梁

一本七榦

木不曲直

至元五年十一月癸酉瑞州路新昌州雨木氷至明

年二月壬寅氷始解至正四年正月汴梁路鄭州尉

氏洧川河陰三縣及龍興靖安縣雨木氷十一月東

平雨木氷十二年九月壬午與寧保德州雨木氷十

四年冬龍興雨木氷二十五年二月辛亥汴梁雨木

氷狀如樓閣人物冠帶鳥獸花卉百態具備羽幢珠

樔彌望不絕凡五日始解

秋奉元桃杏實十二年五月汴梁祥符縣椿樹結實

如木瓜十六年七月彰德李樹結實如小黃瓜民謠

至正三年夏都大都桑果葉皆有黃色龍文九年

云李生黃瓜民皆無家二十一年明州松樹結實其大

有盈尺者八月汴梁祥符縣邑中樹木一夕皆有源

泥塗之

至元二年五月乙卯南陽鄧州大霖雨自是日至于

六月甲申乃止三年六月衛輝路淫雨至正二年秋

彰德路霖雨三年四月至七月夏汴梁路淫澤榮縣

新鄭密縣霖雨害稼四年夏汴梁蘭陽縣許州長葛州

鄧城襄城雎州歸德府亳州之鹿邑濟寧之雲城滔

雨害螯麥禾皆不登八月益都霖雨妨害鹽課八年

五年夏秋汴梁祥符尉氏洧川鄭州鈞州亳州久雨

害稼二麥禾豆俱不登河間路淫雨妨害麥

五月京師大霖雨都城崩圯鈞州新鄭縣淫雨害麥

九年七月高唐州大霖雨壞官署民居歸德府潯雨

決十旬十年二月彰德路大雨害麥二十年七月益

都高苑縣陝州澠池縣大雨害稼二十三年七月懷

慶路河內修武武陟三縣及孟州潯雨害稼二十四

年秋寗州安丘縣大雨二十五年秋寗州安丘縣潯

州汴梁許州又鈞州之寗縣潯雨害稼二十七年秋

彰德路潯雨

至正六年八月龍興進賢縣甘露降二十年十月國

子學大成殿松柏樹有甘露降其上

至正十年春麗正門樓斗栱內有人伏其中不知何

《元史志卷三下》　十五

罪答之忽不知所在

所從來皆惘若無知唯妄言禍福而巳乃以不應之

有旨令取付法司鞫問但云薊州人間其姓名詰其

自而至遠近聚觀之門尉以白留守達于都堂上聞

至正二十年八月慶陽延安寧安等州野鼠食稼初由

鶉鷇化生既成牝牡生育日滋百畝之田一夕俱盡

二十六年泗州瀕淮兩岸有灰黑色鼠暮夜出穴成

群覆地食禾

金不從革

至正十年正月甲戌棣州白晝空中有聲自西北而

來距州二十里隕于地化為石其色黑徵有金星散

布其上有司以進遂藏之司天監十一月冬至夜陝

西耀州有星墜于西原光耀爛地聲如雷鳴者三化

為石形如斧一面如鑯一面如錫削之有屑擊之有

聲十六年冬十一月大名路大名縣有星如火自東

南流尾如曳篲墜入于地化為石青黑光瑩狀如狗

頭其斷慶類新割者有司以進太史驗視云天狗也

命藏于庫十九年四月己丑建寧路甌寧縣有星墜

于營山前其聲如雷化為石二十三年六月庚戌益

都臨朐縣龍山有星墜入于地掘之深五尺得石如

《元史志卷三下》　十六

磚褐色上有星如銀破碎不完

至正八年龍興靖安縣山石迸裂湧水人多死者十

年三月慶元奉化州南山石笑開其石碎而大者有山

川人物禽鳥草木之文二十七年六月丁卯沂州東

巻山有巨石大如屋崩裂隊地聲震如雷七月丙戌

廣西靈川縣臨江石崖崩

元統元年夏紹興旱自四月不雨至于七月淮東淮

西皆旱二年三月湖廣旱自是月不雨至于八月四

月河南旱自是月不雨至于八月秋南康旱至元元

年夏河南及邵武大旱二年蘄州黃州浙東衢州婺

州紹興江東信州江西瑞州等路及陝西皆旱是年
四月黃州黃岡縣周氏婦產一男即斃狗頭人身咸
以爲旱魃云六年夏廣東南雄路旱自二月不雨至
于五月種不入土至正二年彰德大同二郡及興寧
平晉榆次徐溝縣汾州孝義縣忻州皆大旱興國大
四年福州大旱三月不雨至于八月興化州邵武鎮
江及湖南之桂陽皆旱五年曹州禹城縣大旱夏膠
衛輝河東及鳳翔之岐山汴梁之祥符河南之孟津
州高密縣旱六年鎮江及慶元奉化州旱七年懷慶
秋不雨人有相食者秋衛輝大旱

皆大旱八年三月益都臨淄縣大旱五月四川旱十
年夏秋彰德旱十一年鎮江旱十二年蘄州黃州大
旱人相食浙東紹興及台州自四月不雨至于七月
十三年蘄州黃州及浙東婺州饒州江東江西福建
江西龍興瑞州建昌吉安廣東雄湖南永州桂陽
皆大旱十四年懷慶河內縣孟州汴梁祥符縣福建
泉州湖南永州寶慶廣西梧州皆大旱祥符旱賑再見
泉州種不入土人相食十五年衛輝大旱十六年婺
州處州皆大旱十八年春劍州旱昌州濱州般陽滋
川縣霍州郿州鳳翔岐山縣春夏皆大旱昌州家人

自相食岐山人相食十九年晉寧鳳翔廣西梧州象
州皆大旱二十年通州旱汾州介休縣自四月至秋
不雨廣西賓州大旱閏五月不雨至于八月二十
二年河南洛陽孟津偃師三縣大旱人相食二十三
年山東濟南廣西賀州皆大旱
至元五年八月淮楚間童謠云富漢莫起樓窮漢莫起
屋但看羊兒年便是吳家國十年河南比童謠云一
人一隻眼挑動黃河天下反十五年京師童謠云一
陳黃風一陳沙千里萬里無人家回頭雪消不堪看

三眼和尚弄瞎馬此皆詩妖也至元三年郡邑皆相
傳朝廷鐵鈌括童男女於是市井鄉里競相嫁娶倉卒
成言貿富長幼多不得其宜者此民訛也
至正十年彰德境內狼狠爲害夜如人形入人家哭
就人懷抱中取小兒食之二十三年七月福州連江
縣有虎入于縣治二十四年七月福州白晝虎于
城西
至元二年七月黃州蝗膠州即墨縣蝗三年六月懷
慶溫州汴梁陽武縣蝗五年七月膠州即墨縣蝗至
正四年歸德府永城縣及亳州蝗十七年東昌荏平
縣蝗十八年夏

23-594

薊州遼州濰州昌邑縣膠州高密縣大都廣平
順德及濰州之北海莒州之蒙陰汴梁之陳留歸德
之求城皆蝗民食蝗順德九縣民食蝗廣平人相食十九年
大都霸州通州真定彰德懷慶東昌衛輝河間之臨
邑東平之須城東阿陽穀三縣山東益都臨淄二縣
濰州膠州博興州大同集寧二郡文水榆次壽陽徐
溝四縣沂汾二州及孝義平遙介休三縣晉寧潞州
及壺關潞城襄垣三縣霍州趙城靈石二縣照之求
和沁之武鄉遼之榆社奉元及汴梁汜水許之長葛
陵扶溝杞尉氏洧川七縣鄭之滎陽汜水許之
鄢城襄城臨潁鈞之新鄭密縣皆蝗食禾稼草木俱
盡所至蔽日凝人馬不能行填坑塹皆盈饑民捕蝗
以為食或曝乾而積之又鑿則人相食七月淮安清
河縣飛蝗蔽天自西北來凡經七日禾稼俱盡二十
年益都臨朐壽光二縣鳳翔岐山縣蝗二十一年六
月河南鞏縣蝗食稼稼盡七月衛輝及汴梁滎澤縣
鄭州蝗二十二年秋衛輝及汴梁扶溝洧川三縣
許州及鈞之新鄭密二縣蝗二十五年鳳翔岐山
縣蝗
元統二年六月彰德兩白毛俗呼云老君鬚民謠曰

天兩蝥事不齊至元三年三月彰德兩白毛如線而綠
俗呼云菩薩線民謠六天兩綠線民起怨中原地事必
變六年七月延安路廊州兩白毛如馬鬃所屬邑亦
如之至正十三年四月集寧榆次縣兩白毛如馬鬃
七月泉州路連日雨白絲十八年五月益都雨白毛如鏊十九
年三月興化路雨鏊二十五年五月甲子京師
兩鏊長尺許如馬鬃二十七年五月益都兩白鏊
至元四年八月丁丑京師白虹亘天至正二十二年
京師有白氣如小索長五百丈掃太微二十
縣有白虹貫日自東北直迤西南雲影中似日非日
四年六月癸卯集寧路保德州三星晝見有白氣橫
名路有白氣二道二十八年閏七月乙丑集寧文水
道貫日又氣橫貫東南良久乃藏二十七年五月大
突其中二十六年三月丁亥白虹五道亘天其第三
如鏡者三色青白踰時方没

稼穡不成

元統元年夏兩淮大饑二年春淮西饑七月池州饑
十一月濟南萊蕪縣饑至元元年春益都路沂州道
照蒙陰莒四縣及龍興路饑夏京師饑是歲流州道
州寶慶及邵武建寧饑二年順州及淮西安豐汴西

松江浙東台州江西江撫袤瑞州湖北沅州廬陽縣饑
三年大都及濟南蘄州杭州平江紹興平江臨
江饑五年上都開平縣桓州興和寶昌州濮州之鄆
城鄆寧之交城益都之膠密莒濰四州遼東瀋陽路
之邢臺濟南之歷城大名之元城德州之清平泰安
湖南衡州江西袁州八番順元等處皆饑六年順元
之奉符長清淮安之山陽等縣歸德邳州益都般陽
廬州婺州四郡皆饑至正元年春京畿州縣真定河
間濟南及湖南饑夏彰德及溫州饑二年保德州大
饑三年衛輝集寧忻州大饑人相食四年霸州大饑

人相食東平路東阿陽穀汶上平陰四縣皆大饑冬保
定河南饑五年春東平路須城東阿陽穀三縣及徐州
大饑人相食夏濟南汴河南郯州瑞州溫州邵武饑
六年五月陝西饑七年彰德懷慶東平東昌晉寧等處
饑九年春膠州大饑人相食河南新鄭密縣饑十四年
春浙東台州江西饒閩海福州邵武汀州江西龍興建
昌吉安臨江廣西等郡皆大饑人相食十七年河南
大饑十八年春莒州蒙陰縣饑斗米金一斤冬京師
大饑人相食彰德山東亦如之十九年正月至五月京
師大饑銀一錠得米僅八斗死者無筭通州民劉五殺

其子而食之保定路莘死盈道軍士掠羸弱以為食
濟南及益都之高苑莒之蒙陰河南新安臨
池等縣皆大饑人相食二十一年霸州饑民多乘死
至正四年福州邵武延平汀州四郡夏秋大疫五年
春夏濟南大疫十二年莒寧保德州大疫夏龍
興大疫十三年黃州饒州大疫十七年正月集寧大疫
十八年夏汾州大疫十九年春夏鄜州大疫
沂水日照二縣大疫及廣東南雄路大疫二十年夏紹興
山陰會稽二縣大疫二十二年又大疫

至正元年七月廣西雷州颶風大作湧潮水拔木害
稼二年十月海州颶風作海水漲溺死人民十三年
五月乙丑潯州颶風大作壞官舍民居屋宇門扉皆
飄揚七里之外十四年七月甲子潞州襄垣縣大風
技木偃禾二十一年正月癸酉石州大風技木六畜
皆鳴人持槍矛忽生火焰抹之即無搖之即有二十
四年台州路黃巖州海溢颶風技木禾盡僵二十七
年三月庚子京師有大風起自西北飛砂揚礫昏塵
蔽天逾時風勢起萬竅爭鳴戌時方息至五月癸未
後每日寅時風起萬竅爭鳴戌時方息至五月癸未

乃止

至正三年六月梧州青蟲食稼十年七月全州蟲食
稼郡守石亨祖禱于玄妙觀寒雨三日蟲盡死十九
年五月濟南章丘鄒平二縣蝻五穀不登二十二年
春衛輝路蝗六月萊州膠水縣蚜蚄生七月披縣蚜
蚄生害稼二十三年六月萊州寧海登州寧海州蚜蚄生七月

麻頂綠角間生綠毛不食乳二日而死十年秋汴梁祥
至正九年三月陳州揚家庄上牛生黃犢火光滿室
萊州招遠萊陽二縣及登州寧海州蚜蚄生
車城民家牛生犢五足前三後二十六年春汴梁祥

符縣牛生犢雙首不及二日死二十八年五月東昌
聊城縣錢鎮撫家牛生黃犢六足前二後四
至元五年二月信州兩土至正三年三月至四月忻
州風霾晝晦二十六年四月乙丑奉元路黃霧四塞
元統元年八月輋昌徽州山崩九月庚申泰州山崩
十月丙寅鳳州山崩十一月丙申輋昌成紀縣地裂
山崩癸卯安慶潛山縣地震辛亥泰州地裂山崩十
二月饒州德興縣餘干樂平二州地震二年五月信
州地震八月辛未京師地震雞鳴山崩陷為池方百
里人死者衆至元元年十一月壬寅興國路地震十

二月丙子安慶路地震所屬宿松太湖灊山三縣同
時俱震廬州蘄州黃州亦如之是月饒州亦地震二
年正月乙丑宿松地震五月壬申泰州山崩三年八
月辛巳夜京師地震壬午又大震損太廟神主西湖
寺神御殿殿壁作祭器皆壞順州龍慶州及懷來縣皆
以辛巳夜地震壞官民房舍傷人及畜牧宣德府亦
如之遂改為順寧四年春保安州及瑞州路新昌
州地震六月信州路靈山裂七月巳酉保安州路大
震丙辰輋昌府山崩八月丙子京師地震日凡二三
至乙酉乃止密州安丘縣地震六年六月巳交泰州

成紀縣山崩地裂至正元年二月汴梁路地震二年
四月辛丑龜寧路平晉縣地震聲如雷鳴裂地尺餘
民居皆傾仆七月惠州雨水羅浮山崩凡二十七處
壞民居塞田溎十二月巳酉京師地震三年二月鈞
州新鄭密縣地震六月乙巳泰州奉安縣南坡崩裂
壓死人畜七月戊辰輋昌山崩人畜死者衆十二月
膠州及屬邑高密地震四年八月莒州蒙陰縣地震
十二月東平路東阿陽穀平陰三縣及東平汶上縣亦如之十二
年春薊州地震所領四縣及東平汶上縣亦如之十二
月乙丑鎮江地震六年二月益都路蓋都昌樂壽光

三縣濰州北海縣膠州即墨縣地震三月高苑縣地震壞民居六月廣州增城縣羅浮山崩水湧溢溺死百餘人九月戊午邠州武地震翌日地中有聲如鼓夜復如之七年二月益都臨淄濰州之昌邑膠州之高密濟南之横州瑞州上高縣蒙山崩十月乙酉大雨山崩數十處丙寅興寧徐溝縣地震五月甲子龍興寧州死者甚眾十年臨淄胸脯湍州地震九年六月河水動搖五月臨淄地又震七日乃止河東地坼泉湧崩城陷屋傷人民台州地震七月庚寅泉州大風雨永春縣南象山崩壓泉州安溪縣侯山鳴十一年四月興寧路汾沂二州文水平晉榆次壽陽四縣晉寧遼州之榆社懷慶河內修武二縣及孟州皆地震聲如雷霆圮房屋壓死者甚眾八月丁丑中興路公安松滋枝江三縣峽荊門二州地震十二年二月丙戌霍州靈石縣地震閏三月丁丑陝西地震莊浪定西靜寧會州公廨墻圯得弩五百餘張丈餘有不見其跡者短者九尺人莫能開挽十月丙午霍州趙城縣霍山崩湧石數里前三日山鳴如雷禽獸驚散十三年三月莊浪定西靜寧會州地震七月汾州白虎山坼十四年

四月汾州介休縣地震泉湧七月孝義縣地震十一月寧國路地震所領寧國旌德二縣亦如之淮安路海寧地震十二月丁丑興寧保德州地震敬亭麻姑華陽諸山崩六月丁丑所領四縣亦如之寧州地震十六年春薊州華陽諸山崩六月丁丑靜江路東門雷州地大震十七年丁酉慶元地震二十十八年二月乙亥興寧地震五月益都地震崩十二月丁酉慶元路象山縣鵝鼻山崩有聲如雷十九年正月甲午慶元地震二十年二月延平順昌縣地震二十二年三月南雄路地震二十三年十二月丁巳台州地震二十五年十月壬申興化路地震有聲如雷二十六年三月海州地震如雷贛榆縣吳山崩六月汾州介休縣地震紹興山陰縣卧龍山裂七月辛亥興寧路徐溝縣石忱臨泉州同安縣大雷雨二縣同日地震有壓死者丙辰三秀山崩是月河南府鞏縣大森雨三秀山崩庚午華州蒲城縣洛岸崩壅水絕流三日十二月亢可居是日壓死辟亂者七十餘人二十七年五月山東地震六月沂州山石崩裂有聲如雷七月丙戌

靜江靈川縣大藏山石崖崩十月丙辰福州雷雨地

震十二月庚午又震有聲如雷二十八年六月巽寧

文水徐溝二縣汾州孝義介休二縣臨州保德州隰

之石樓縣及陝西皆地震十月辛巳陝西地又震

至元四年五月彰德臨彰縣麥秀兩岐有三穗者至

正元年延平順昌縣嘉禾生一莖五穗巽寧太原縣有

嘉禾異畝同穎三年八月晉寧臨汾縣嘉禾生有五

穗至八穗者十年彰德路穀麥雙穗十六年大同路

秦城鄉嘉禾生一莖二穗五穗有九穗者有異莖而

同穗者二十六年五月洛陽縣康家莊有瑞麥一莖

四穗雙穗三穗者甚衆

志卷第三下

翰林學士⋯⋯朝請⋯夫⋯知　制誥兼修　國史臣宋濂　翰林待制⋯奉議郎兼⋯書郎兼　國史院編修官臣王禕等奉　敕修

曆一

《元史志卷四》一

夫明時治曆自黃帝堯舜與三代之盛王莫不重之
其文備見於傳記矣雖去古既遠其法不詳然其
要不過隨時考驗以合於天而巳漢劉歆作三統曆
始立積年日法以為推步之準後世因之歷唐而宋
其更元改法者凡數十家豈相為乖異哉蓋天有
不齊之運而曆為一定之法所以既久而不能不差
差則不可不改也元初承用金大明曆庚辰歲太
宗西征五月望月蝕不效二月五月朔微月見於西
南中書令耶律楚材以大明曆後天乃損節氣之分
減周天之秒去交終之率治月轉之餘課兩曜之
先調五行之出沒以正大明曆之失且以中元庚午
歲國兵南伐而天下定推上元庚子歲天正十一
月壬戌朔子正冬至日月合璧五星聯珠同會虛宿
六度以應太祖受命之符又以西域中原地里遠
近為里差以增損之雖東西萬里不復差忒遂題其
名曰西征庚午元曆表上之然不果頒用至元四年

西域札馬魯丁撰進萬年曆世祖稍頒行之十三年
平宋遂詔前中書左丞許衡太子贊善王恂都水少
監郭守敬改治新曆衡等以為金雖改曆止以宋紀
元曆微加增益實未嘗測驗於天乃與南北日官陳
鼎臣鄧元麟毛鵬翼劉巨淵王素岳鉉高敬等參考
累代曆法復測候日月星辰消息運行之變參別同
異酌取中數以為曆本十七年冬至太子諭德李謙
為曆議發明新曆順天求合之微改證前代人為附
會之失誠可以貽之永久自古及今其推驗之精蓋

《元史志卷四》二

未有出於此者也今衡恂守敬等所撰曆經及謙曆
議故存皆可攷據是用具著于篇惟萬年曆不復傳
而庚午元曆雖未嘗頒用其為書猶在因附著于後
使來者有攷焉作曆志

授時曆議上

驗氣

天道運行如環無端治曆者必就陰消陽息之際以
為立法之始陰陽消息之機何從而見之惟植表測景
晷進退則其機將無所遁俟之之法不過植表測景
以窮其氣至之始智者作能述前代諸人為法略備苟

能精思密索，心與理會，則前人述作之外，未必無所增益。舊法擇地平衍，設水準繩墨，植表其中，以度其中晷。然表短促，尺寸之下所為分秒，太半少之數，未易分別；表長則分寸稍長，所不便者景虛而淡，難得實景。前人欲就虛景之中，致求真實，或設望筩，或置小表，或以木為規，皆取表端日光下徹圭面。今以銅為表，高三十六尺，端挾以二龍，舉一橫梁，下至圭面，共四十尺，是為八尺之表五，倍表端日景，為尺寸一，今中而為五丈，毫差易分別，創為景符，以取實景。其制以銅葉，博二寸，長加博之二，中穿一竅，若針芥然，

以方匱為趺，一端設為機軸，令可開闔，搘其一端，使其勢斜倚，北高南下，往來遷就於虛景之中，竅達日光，僅如米許，隱然見橫梁於其中。舊法以表端測晷，所得者日體上邊之景；今以橫梁取之，實得中景，不容有毫末之差。今京師長表，冬至之景長七丈九尺八寸有奇，在八尺表則一丈五尺九寸六分；夏至之景一丈一尺七寸有奇，在八尺表則二尺三寸四分。冬夏至日景短所在不同，而其景長為冬，景短為夏，至則一也。惟是氣至時刻，效求不易，蓋至日氣正則

一歲氣節，從而正矣。劉宋祖冲之，嘗取至前後二十三四日間晷景，折取其中為冬至，且以日差比課，推定時刻。宋皇祐間周琮，則取立冬立春二日以後之景，以為去至既遠，日差頗多，易為推效。紀元以後諸曆，為法加詳，大抵不出冲之之法。新曆積日象月實測中晷，自遠日以及近日，取前後日率相埒者為定。實測異初，非偏取一二日之景，以取數多者為定。實測大明曆一十九刻二十分，仍以累歲實測中晷，今定擬二至時刻于后。

推至元十四年丁丑歲冬至：

其年十一月十四日己亥景長七丈九尺四寸八分五釐五毫，至二十一日丙午景長七丈九尺四寸一分四釐，二十二日丁未景長七丈九尺四寸五分五釐。以己亥丁未二日之景相校，餘三分五毫，為衰差。進二位，以丙午丁未二日之景相距日八分六釐為法除之，得三十五刻。用減相距日八刻，餘七百六十五刻半，約為日，得四日，餘以十二乘，四百三十二刻半，百約五十，又作一時，共得四時，餘以十二收之，得三刻，命初起距日己亥算外得

top block (右起直書)

癸卯日辰初三刻為丁丑歲冬、至此取至前後四

日景

十一月初九日甲午景七丈八尺六寸三分五釐

五毫至二十六日辛亥景七丈八尺七寸九分三

釐五毫二十七日壬子景七丈八尺五寸九分三

甲午壬子景相減復以辛亥壬子景相減準前法

求之亦得癸卯日辰五毫用壬子景與二十八日癸丑

七丈八尺三寸四釐五毫用壬子景癸丑景相減準前法

與甲午景準前法求之亦合此取至前後八九日

景

《元史志卷四》 五

十一月丙戌朔景七丈五尺九寸八分六釐五毫距六釐

二日丁亥景七丈六尺三寸七分七釐至十二月

初六日庚申景七丈五尺八寸五分七釐一毫準前法

求之亦在辰初三刻此取至前後一十七日景

景七丈一寸五分六釐五毫準前法

二月十六日庚午景七丈七尺六分十七日辛未

一月二十一日丙子景七丈七寸七分一釐至十

初三刻此取至前後二十七日景

六月初五日癸亥景一丈三尺八分距十五年五

月癸未朔景一丈三尺三分八釐五毫初二日甲

bottom block (右起直書)

推十五年戊寅歲夏至

申景一丈二尺九寸二分五毫準前法求之亦合

此取至前後一百六十日景

五月十九日辛丑景一丈一尺七寸七分七釐五

毫距二十八日庚戌景一丈一尺七寸八分二十

九日辛亥景一丈一尺八寸五釐五毫進二位為實復用

庚戌辛亥景相減餘二分五釐五毫為法除之得

九刻用減相距日九百餘八百九十一刻半之

加半日刻約得四日餘以十二乘之百約得十

戌二日之景相距日九百餘

《元史志卷四》 六

一時餘以十二枚為刻得三刻命初起距日辛丑

算外得乙巳日亥正三刻夏至此取至前後四日

景

十四年十二月十五日己巳景七丈一尺三寸四

分三釐距十五年十一月初二日辛巳景七丈七

寸五分九釐五毫初三日壬午景七丈一尺四寸

六釐用己巳壬午景相減以辛巳壬午景相減除

之亦合此用至前後一百五十六日景

十四年十二月十二日丙寅景七丈二尺九寸七

分二釐五毫十三日丁卯景七丈二尺四寸五分

四釐五毫十四日戊辰景七丈一尺九寸九釐距
十五年十一月初四日癸未景七丈一尺九寸五
分七釐五毫初五日甲申景七丈二尺五寸五釐
初六日乙酉景七丈三尺三分三釐五毫前後互
取所得時刻皆合此取至前後一百五十八九景
十四年十二月初七日辛酉景七丈五尺四寸一
分七釐初八日壬戌景七丈四尺九寸五分九釐
五毫初九日癸亥景七丈四尺四寸八分六釐距
十五年十一月初九日戊子景七丈四尺五寸二
分五毫初十日己丑景七丈五尺三釐五毫十一
日庚寅景七丈五尺四寸四分九釐五毫以壬戌
己丑景相減為實以辛酉壬戌景相減為法除之
或以壬戌癸亥景相減或以戊子己丑景相減若
己丑庚寅景相減推前法求之皆合此取至前後
推十五年戊寅歲冬至
一百六十三四日景
其年十一月十九日戊戌景七丈八尺三寸一分
八釐五毫距閏十一月初九日戊午景七丈八尺
三寸六分三釐五毫初十日己未景七丈八尺八
分二釐五毫用戊戌戊午二日景相減餘四分五

釐為景差進二位以戊午己未景相減餘二寸八
分一釐為法除之得一十六刻加相距日二千刻
半之加半日刻百約得十日餘以十二乘之百約
為時滿五十又進一時共得七時餘以十二收為
刻命初起距日己亥籌外得戊申日未初三刻為
戊寅歲冬至此取至前後十日景
十一月十二日辛卯景七丈五尺八寸八分一釐
五毫十三日壬辰景七丈六尺三寸一釐五毫閏
十一月十五日甲子景七丈六尺三寸六分六釐
五毫十六日乙丑景七丈五尺九寸五分三釐十
七日丙寅景七丈五尺五寸四分四釐五毫用壬
辰甲子景相減為實以辛卯壬辰景相減為法除之亦
得戊申日未初三刻或用甲子乙丑景相減推之
亦合若用辛卯壬辰景相減為實用乙丑丙寅景
相減除之並同此取至前後十六七日景
閏十一月初八日丁亥景七丈五尺四寸三分七
十一月二十日己巳景七丈三尺六寸一分四釐
十一日庚午景七丈三尺三分四釐五毫用
丁亥己巳景相減為實以己巳庚午景相減除之
亦同此取至前後二十一日景

六月二十六日戊寅景一丈四尺四寸五分二釐
五毫二十七日己卯景一丈四尺四寸二分八
至十六年四月二日戊寅己卯景相減推
之亦同此取至前後一百五十日景
一釐以二戊寅戊寅景相減用後戊寅
五月二十八日庚戌景一丈一尺七寸八分至十
六年四月二十九日庚戌景一丈一尺七寸八分三釐至十
三釐三十日丙午景一丈一尺七寸八分三釐以乙巳丙午景用
庚戌丙午景相減以乙巳丙午景相減推之亦同
此取至前後一百七十八日景

推十六年己卯歲夏至
四月十九日乙未景一丈二尺三寸六分九釐五毫二
十日丙申景一丈二尺二寸九分三釐五毫至五月十
九日乙丑景一丈二尺二寸六分四釐以丙申乙丑景
相減餘二分九釐五毫為歲差進二位以乙未丙申景
相減得七分六釐為法除之得三十八刻加相距日二
十九百刻半之加半日約得十五日餘以十二乘
之百約得二時餘以十二收之得二刻命初起距日丙
申籌外得辛亥日寅正二刻為夏至此取至前後日景十五
三月二十一日戊辰景一丈六尺三寸九分五毫

六月十六日壬辰景一丈六尺九分九釐五毫十
七日癸巳景一丈六尺三寸一分一釐用戊辰癸
巳景相減以壬辰癸巳景相減準前法推之亦合
此取至前後四十二日景
三月初二日己酉景一丈一尺三寸五分五釐至七月
初七日壬子景一丈一尺四十八分六釐五毫用己
八日癸丑景一丈一尺四十八分六釐五毫用壬子
酉壬子景相減以壬子癸丑景相減如前法推之
亦合此取至前後六十一二日景
三月戊申朔景二丈一尺六寸一分一釐至七月

初八日癸丑景二丈一尺四寸八分六釐五毫初
九日甲寅景二丈一尺九寸一分五釐五毫用戊
申癸丑景相減以癸丑甲寅景相減準前法推之
亦同此取至前後六十二三日景
二月十八日乙未景二丈六尺三分四釐五毫至
七月二十一日丙寅景二丈五尺八寸九分九釐
二十二日丁卯景二丈六尺二寸五分九釐用乙
未丙寅景相減以丙寅丁卯景相減如前法推之
亦同此取至前後七十五六日景
二月三日庚辰景三丈二尺一寸九分五釐五毫

至八月初五日庚辰景三丈一尺九分六釐
五毫初六日辛巳景三丈二尺二分六釐五毫用
前庚辰與辛巳景相減以後庚辰辛巳景相減如
前推之亦同此取至前後九十日景

正月十九日丁卯景三丈八尺五寸一釐五毫至
八月十八日癸巳景三丈七尺八寸二分三釐十
九日甲午景三丈八尺三寸一分五毫用丁卯甲
午景相減以癸巳甲午景相校如前推之亦同此
取至前後一百三十四日景

推十六年己卯歲冬至

十月二十四日戊戌景七丈六尺七寸四分至十一
月二十五日己亥景七丈六尺五寸八分二十六
日庚子景七丈六尺一寸四分二釐五毫用戊戌
己亥景相減餘一寸六分為墊差進二位以己亥
庚子景相減餘四寸三分七釐五毫為法除之得
三十六刻以相減距日三千一百刻餘三千六百
四刻半之加五十刻百約得一十五日餘以十二
乘之百約為時滿五十又進一時共得十時餘以
十二収之為刻得二刻命初起距日戊戌籌外得
癸丑日戌初二刻冬至此取至前後十五六日景

十月十八日壬辰景七丈四尺五分二釐五毫十
九日癸巳景七丈四尺五寸四分五釐二十日甲
午景七丈五尺二分五釐至十一月二十八日壬
申景七丈五尺三寸二分二十九日癸酉景七丈
四尺八寸五分三十日甲戌朔景七丈四尺三寸
六分二釐五毫用甲午癸酉景相減為
景相減如前推之亦同此若以壬申癸
酉景相減如前推之亦同此若以壬辰乙亥景相
減以甲戌乙亥景相減推之亦同此若以壬辰癸
巳甲午景相減推之或用甲戌癸酉景相
減推之或甲戌乙亥景相減推之或以壬辰乙亥
景相減用壬辰癸巳景相減推之亦同此取至前
後二十日景

十月十六日庚寅景七丈三尺一分五釐十二月
初三日丙子景七丈三尺三寸二分初四日丁丑
景七丈二尺八寸四分二釐五毫用庚寅丁丑景
相減以丙子丁丑景相減推之亦同此取至前後
二十三日景

十月十四日戊子景七丈一尺九寸二分二釐五

毫十五日己丑景七丈二尺四寸六分九釐十二

與初五日戊寅景七丈二尺二寸七分二釐五毫十二

用已丑戊寅景相減以戊子已丑景相減推之或

用已丑庚寅景相減推之亦同此取至前後二十四

日景十月初七日辛巳景六丈七尺七寸四分五

釐初八日壬午景六丈八尺九寸七分二釐五毫十

初九日癸未景六丈八尺一寸四分五釐五毫十

二月十二日乙丑景六丈八尺三寸七分七釐五毫十

壬午乙丑景相減以辛巳壬午相減推之壬午癸

未景相減推之亦同此取至前後三十一二日景

十月乙亥朔景六丈三尺八寸七分十二月十八

日辛卯景六丈四尺二寸九分七釐五毫十九日

壬辰景六丈三尺六寸二分五釐用乙亥壬辰景日

相減以辛卯壬辰景相減推之亦同此取至前後

三十八日景

九月二十二日丙寅景五丈七尺八寸二分

十二月二十八日辛丑景五丈七尺五寸八分二

十九日壬寅景五丈六尺九寸一分五釐用丙寅

辛丑景相減以辛丑壬寅景相減推之亦同此取

至前後四十七八日景

九月二十日甲子景五丈六尺四寸九分二釐五

毫至十二月二十九日壬寅景五丈六尺九寸一

分五釐至十七年正月癸卯朔景五丈六尺二寸

五分用甲子癸卯壬寅癸卯景相減推之亦

同此取至前後五十日景

右以累年推測到冬夏二至時刻為准定擬至元

十八年辛巳歲前冬至當在己未日夜半後六

刻

即丑初一刻

歲餘歲差

周天之度周歲之日皆三百六十有五全策之外又

有奇分大率皆四分之一自今歲冬至距來歲冬至

歷三百六十五日而日行一周凡四周歷千四百六

十則餘一日析而四之則四分之一也然天之分常

有餘歲之分常不足其數有不能齊者惟天之差至

微前人初未覺知迨漢末劉洪始覺冬至後天乃作乾

象曆減歲餘分二千五百

周餘分太強乃至晉虞喜宋何承天祖冲之謂歲當

千四百六十二至

有差因立歲差之法其法損歲餘益天周使歲餘浸

弱天周浸強強弱相減因得日躔歲退之差歲餘天

周二者實相為用歲差由斯而立日躔由斯而得一

或損益失當詎能與天叶也哉今自劉宋大明壬寅以來凡測景驗氣得冬至時刻真數者有六取相距積日時刻以相距之年除之各得其時所用歲餘復自大明壬寅距至元戊寅積日時刻以相距之年除之各得每歲三百六十五日二十四分二十五秒比大明曆減去一十一秒定為方今所用歲餘用益所謂四分之一共為三百六十五日二十五分七十五秒定為天周餘分強弱相減餘一分五十秒用除全度適得一分五十秒定為歲差復以堯典中星

攷之其時冬至日在女虛之交及攷之前史漢元和二年冬至日在斗二十一度晉太元九年退在斗十七度宋元嘉十年在斗十四度梁大同十年在斗十二度隋開皇十八年猶在斗十二度唐開元十二年在斗九度半今退在箕十度取其距今之年之度較之多者七十餘年少者不下五十年輒差一度宋慶元間改統天曆取大衍歲差率八十二年及開元所距之差五十五年折取其中得六十七年為日却行一度之差施之今日質諸天道實為密近然古今曆法合於今必不能通於古密於古必不能驗

於今今授時曆以之攷古則增歲餘而損歲差以之推來則增歲差而損歲餘上推春秋以來冬至往往皆合下求方來可以永久而無弊非止密於今而已仍以大衍等六曆攷驗春秋以來冬至踈密凡四十九事具列如後

冬至刻

冬至刻	大衍	宣明	紀元	統天	大明	授時
僖公五年丙寅歲正月辛亥朔旦冬至	壬子六十	辛亥七十七	壬子一	辛亥八十	辛亥十四	辛亥八十一
獻公十五年戊寅歲正月甲寅朔旦冬至	乙卯八十	乙卯二十	丙辰二十	丁巳三十	丁巳五十	甲寅九十
昭公二十年己卯歲正月己丑朔旦冬至	庚寅九十	戊子二十	庚寅	己丑	己丑	己丑
宋元嘉十二年乙亥歲十一月十五日戊辰景長						
元嘉十三年丙子歲十一月二十六日甲戌景長						
元嘉十五年戊寅歲十一月十八日甲申景長						
元嘉十六年己卯歲十月二十九日己丑景長						

元嘉十七年庚辰歲十一月初十日甲午景長

元嘉十八年辛巳歲十一月二十一日己亥景長

元嘉十九年己亥歲十一月初三日乙巳景長

大明五年辛丑歲十一月乙酉冬至

陳天嘉六年乙酉歲十一月庚寅景長

光大二年戊子歲十一月乙巳景長

太建四年壬辰歲十一月二十九日丁卯景長

太建六年甲午歲十一月二十日丁丑景長

太建九年丁酉歲十一月二十三日壬辰景長

太建十年戊戌歲十一月五日戊戌景長

開皇四年甲辰歲十一月十一日己巳景長

開皇五年乙巳歲十一月二十二日乙亥景長

開皇六年丙午歲十一月三日乙酉景長

開皇七年丁未歲十一月十四日乙酉景長

開皇十一年辛亥歲十一月二十八日丙午景長

開皇十四年甲寅歲十一月辛酉朔旦冬至

貞觀十八年甲辰歲十一月乙酉景長

唐貞觀二十三年己酉歲十一月辛亥景長

龍朔二年壬戌歲十一月四日己未至戊午景長

儀鳳元年丙子歲十一月壬申景長

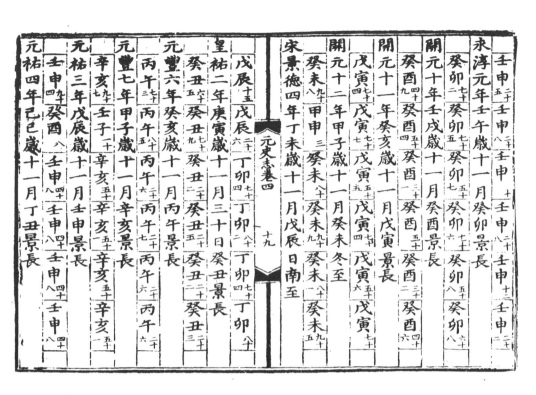

永淳元年壬午歲十一月癸卯景長

開元十年壬戌歲十一月癸卯景長

開元十一年癸亥歲十一月戊寅景長

開元十二年甲子歲十一月戊寅冬至

開元十二年癸未歲十一月癸未冬至

宋景德四年丁未歲十一月戊辰日南至

《元史志卷四》 十九

皇祐二年庚寅歲十一月辛亥景長

元豐六年癸丑歲十一月癸丑景長

元豐七年甲子歲十一月辛亥景長

元祐三年戊辰歲十一月壬申景長

元祐四年己巳歲十一月丁丑景長

元祐五年庚午歲十一月壬午冬至

元祐七年壬申歲十一月癸巳冬至

元符元年戊寅歲十一月甲子冬至

崇寧三年甲申歲十一月丙申冬至

紹熙二年辛亥歲十一月壬申冬至

《元史志卷四》 二十

慶元三年丁巳歲十一月癸卯日南至

嘉泰三年癸亥歲十一月甲戌日南至

嘉定五年壬申歲十一月壬戌日南至

紹定三年庚寅歲十一月丙申日南至

淳祐十年庚戌歲十一月辛巳日南至

壬午〔四〕　壬午〔一〕至辛巳〔六九〕　辛巳〔七〕　辛巳〔四〕　辛巳〔八〕

本朝至元十七年庚辰歲十一月己未夜半後六刻

冬至

己未〔七〕　庚申〔五〕　己未〔三十〕　己未〔四十〕　己未〔四〕　己未〔六〕

右自春秋獻公以來凡二百六十餘年用大衍
宣明紀元統天大明授時六曆推算冬至凡四十九
事大衍曆合者三十二不合者十七宣明曆合者
十六不合者二十三紀元曆合者十大明曆合者
四統天曆合者三十八不合者十一授時曆合者
十四不合者十五授時曆合者十九

今按獻公十五年戊寅歲正月甲寅朔旦冬至授時
曆得甲寅統天曆得乙卯後天一日至僖公五年正
月辛亥朔旦冬至授時皆得辛亥與天合下至
昭公二十年己卯歲正月己丑朔旦冬至乃統天
曆得戊子並先一日若曲變其法以從之則獻公
皆得矣以此知春秋所書昭公冬至日度失
行之驗一也宋元嘉十三年十一月甲戌景長大衍與皇極〔麟德三曆〕
皆得癸酉各先一日乃日度失行非三曆之差今以
授時曆攷之亦得癸酉二也大明五年辛丑歲十一

月乙酉冬至諸曆皆得甲申始亦日度之差三也陳
太建四年壬辰歲十一月丁丑〔丁酉歲景長大衍授時皆得〕
丙寅是先一日太建九年丁酉歲十一月壬辰景長亦
大衍統天授時皆得癸巳是後一日
日度失行之驗五也開皇十一年辛亥歲十一月丙
午景長大衍統天授時皆得丙午與天合至開皇十
四年甲寅歲十一月辛亥景長大衍統天授時皆
得壬戌甲寅歲若合於辛亥則失於甲寅則失於
辛亥其開皇十四年甲寅歲冬至亦日度失行六也

唐貞觀十八年甲辰歲十一月乙酉景長諸曆皆得甲
申是先一日貞觀二十三年己酉歲十一月辛亥景長諸曆皆
得庚戌大衍曆議以求淳開元冬至推之知前二冬
至乃史官依時曆以書必非候景所得所以不合今
以授時曆攷之亦然八也自前宋以來測景驗氣
凡十七事其景長丁未是先一日嘉泰癸亥歲甲戌日南至統
時皆得乙亥是後一日一失之後若曲變
得丁卯是先一日乃日度失行之驗十也前十事皆
其數以從景德則其餘十六事多後天從嘉泰則其
餘十六事多先天亦日度失行之驗十也前十事皆

授時曆所不合以此理推之非不合矣盖類其同則
知其中辨其異則知其變今於冬至略其日度失行
及史官依時曆書之者凡十事則授時曆三十九事
皆中統天曆與今曆不合者僅有斂公一事大衍曆
推斂公冬至後天二日大明後天三日授時曆與天
合下推至元庚辰冬至大衍後天八十一刻大明後
天一十九刻統天曆之授時爲密
代諸曆校之授時爲密庶幾千歲之日至可坐而致
云

古今曆糸校疎密

授時曆與古曆相校疎密自見盖上能合於數百載
之前則下可行之來久此前人定說古稱善治曆者
若宋何承天隋劉焯唐傅仁均僧一行之流最爲傑
出今以其曆與至元庚辰冬至氣應相校未有不爽
者而以新曆上推往古無不脗合則其疎密從可
知巳
宋文帝元嘉十九年壬午歲十一月乙巳日十一刻
冬至距本朝至元十七年庚辰歲計八百三十八年
其年十一月氣應巳未六刻冬至元嘉壬午歲冬至
酉後授時二日授時上考元嘉壬午歲曆推之得辛

與元嘉合
隋大業三年丁卯歲十一月庚午日五十二刻冬至
距至元十七年庚辰歲計六百七十三年皇極曆推
之行庚申冬至後授時一日授時上考大業丁卯歲
冬至得庚申與皇極合
唐武德元年戊寅歲十一月戊辰日六十四刻冬至
距至元十七年庚辰歲計六百六十二年戊寅曆推
之得庚申冬至後授時一日授時上考武德戊寅
歲得戊辰冬至與戊寅曆合
開元十五年丁卯歲十一月己亥日七十二刻冬至

距至元十七年庚辰歲計五百五十三年大衍曆推
之得已未冬至後授時八十一刻授時上考開元
丁卯歲得己亥冬至與大衍曆合先四刻
長慶元年辛丑歲十一月壬子日七十六刻冬至距
至元十七年庚辰歲計四百五十九年宣明曆推之
得庚申冬至後授時一日授時上考長慶辛丑歲
得壬子冬至與宣明曆合
宋太平興國五年庚辰歲十一月丙午日六十三刻
冬至距至元十七年庚辰歲計三百年乾元曆推之
得庚申冬至後授時一日授時上考太平興國庚

辰歲得丙午冬至與乾元合

咸平三年庚子歲十一月辛卯日五十三刻冬至
至元十七年庚辰歲計二百八十年儀天曆推之得
庚申冬至後授時一日授時上考咸平庚子歲得辛
卯冬至與儀天合

崇寧四年乙酉歲十一月辛丑日六十二刻冬至
至元十七年庚辰歲計一百七十五年紀元曆推之
得己未日冬至後授時十九刻授時曆上考崇寧乙
酉歲得辛丑日冬至與紀元曆合先二刻

金大定十九年己亥歲十一月己巳日六十四刻冬至
至元十七年庚辰歲計一百一年大明曆推之
得己未冬至後授時一十九刻授時曆上考大定己
亥歲己巳冬至與大明曆合先九刻（大明冬至蓋測未審故也）

慶元四年戊午歲十一月己酉日一十七刻冬至
至元十七年庚辰歲計八十二年統天曆推之得己
未冬至先授時一刻授時曆上考慶元戊午歲得己
酉日冬至與統天曆合

周天列宿度

列宿著於天爲合二十有八爲度三百六十五有奇
非日躔無以校其度非列舍無以紀其度周天之度

因二者以得之天體渾圓當二極南北之中絡以赤
道日月五星之行常出入於此天左旋日月五星溯
而右轉昔人曆象日月星辰謂此也然列舍相距度
數歷代所測不同非有動移則前人所測或有未
密古用闚管今新制渾儀測用二綫所測度數分秒
與前代不同者今列于左

宿	漢洛下閎所測	一行所測	宋皇祐所測	元豐所測	崇寧所測	至元所測
角	十二度	十二度			十二度半	十二度十分
亢	九度	九度少			九度	九度二十分
氐	十五度	十六度		十六度		十六度三十分
房	五度	六度			五度太	五度六十分
心	五度	六度			六度少	五度六十分
尾	十八度	十九度			十九度少	十九度二十分
箕	十一度	十度			十度半	十度四十分
東方七十五度						
斗	二十六度	二十六度	二十五度			二十五度二十分
牛	八度	七度			七度半	七度二十分
女	十二度	十一度			十一度少	十一度三十五分
虛	十度	十度少			九度少強	八度九十五分
危	十七度	十六度			十五度半	十五度四十分

宿度			
室十六度	十六度	十七度	十七度一十分
壁九度	八度太	八度六十	八度六十分
奎十六度	十六度半	十六度六十	十六度六十分
婁十二度	十五度	十五度六十	十五度六十分
胃十四度	十五度	十五度六十	十五度六十分
昴十一度	十八度	十一度少	十一度三十分
畢十六度	十七度	十七度	十七度四十分
觜二度	一度	半度	五分
參九度	十度	十度半	十二度二十分
西方八十度	八十一度	八十三度	八十二度 八十三度半十五分
井三十三度	三十三度	三十三度少	三十三度三十分
鬼四度	三度	二度半	二度二十分
柳十五度	十四度	十三度太	十三度三十分
星七度	三度	六度太	六度三十分
張十八度	十七度	十七度少	十七度三十五分
翼十八度	十九度	十八度太	十八度三十五分
軫十七度	十七度太	十七度三十分	
日躔 朔宣室度二百一十度	二百一十度	二百二十度	一百九度三十五分 二百八度四十分

日之麗天躔象最著大明一生列宿俱熄古人欲測
躔度所在必以昏旦夜半中星衡考其所距從考其
所當然昏旦夜半時刻未易得真時刻一差則所距
所當不容無舛晉姜岌首以月食衝檢知日度所在
紀元曆復以太白誌其相距遠近於昏後明前驗定
自其年正月至己卯歲終三年之間日躔太陰所離
宿次及歲星太白相距度定驗參考共得一百三十
推求得冬至日躔赤道箕宿十度黃道九度有奇仍
星度凶復今用至元丁丑四月癸酉望月食既
四事皆躔箕宿適與月食所衝允合以金趙知微所

修大明曆法推之冬至猶躔斗初度三十六分六十
四秒比新測實差七十六分六十四秒

日行盈縮

日月之行有冬有夏言日月行度冬夏各不同也人
徒知日行一度一歲一周天魯不知盈縮損益四序
有不同者比齊張子信積候合蝕加時覺日行有入
氣差然損益未得其正趙道嚴復準晷景長短定日
行進退更造盈縮以求虧食至劉焯立躔度與四序
升降雖損益不同後代祖述用之夫陰陽往來馴積
而變冬至日行一度強出赤道二十四度弱自此日

軌漸北積八十八日九十一分當春分前三日交在赤道實行九十一度三十一分而適平自後其盈日損復行九十三日七十一分當夏至之日入赤道內二十四度弱實行九十一度三十一分日行一度弱向之盈分當損而無餘自此日軌漸南積九十三日七十一分當秋分後三日交在赤道實行九十一度三十一分而復平自後其縮日損行八十八日九十一分出赤道外二十四度弱實行九十一度三十一分復當冬至向之縮分盡損而無餘盈縮均有損益初為益末為損自冬至以及春分以及夏至日蹕自比陸轉而西西而南於盈為益極而損損至於無餘而縮自夏至以及秋分以及冬至日蹕自南陸轉而東東而北於縮為益益極而損損至於無餘而復盈縮初縮末俱八十八日九十一分而行一象盈一象縮初盈末俱九十三日七十一分由實測晷景而得仍以筭術推考與所測允合

縮極差皆二度四十分

月行遲疾

古曆謂月平行十三度十九分度之七漢耿壽昌以為日月行至牽牛東井日過度月行十五度至婁角

始平行赤道使然實遠以為今合朔弦望月食加時所以不中者蓋不知月行遲疾意李淳風皆以月道行當有遲疾不必在牽牛東井婁角之間乃由行道有遠近出入所生劉洪作乾象曆精思二十餘年始悟其理列為差率以圍進退損益之數後之作曆者咸因之至唐一行考九道委蛇曲折之數得月行疾徐之理先儒謂月與五星皆近日而疾遠日而遲曆家立法以入轉一周之日為遲疾二曆各立初末二限初為益末為損在疾初遲末其行度率過於平行遲初疾末率不及於平行自入轉初日行十四度半強從是漸殺歷七日適及平行度謂之疾初限其積度比平行餘五度四十二分自是其疾日損又歷七日行十二度微強向之益者盡損而無餘謂之疾末限自是復行遲度又歷七日適及平行度謂之遲初限其積度漸增又歷七日適及平行不及五度四十二限行遲度漸殺謂之遲末限入轉一周實二十七日赤道頂而無餘謂之遲極差皆五度四十二分舊曆十五刻四十六分遲疾極差皆用二十八限今定驗得轉分進退時各日為一限皆用二十八限今定驗得轉分進退時各不同今分日為十二共三百三十六限半之為半周

限桁而四之為象限

白道交周

當二極南北之中橫絡天體以紀宿度所出
入赤道為日行之軌者黃道也所謂白道與黃道交
貫月行之所由也古人隨方立名分為八行與黃道交
而九宛而言之其實一也惟其隨交遷徙變動不居
故強以方色之名之其月道出入日道兩相交值當朔則
日為月所掩當望則月為日所衝故皆有食然沒交
有遠近食分有深淺皆可以數推之所謂交周者月
道出入日道一周之日也日道距赤道之遠為度二

十有四月道出入日道不踰六度其距赤道也遠不
過三十度近不下十八度月出黃道外為陽入黃道內
為陰陰陽一周分為四象月當黃道為正交出黃道
外六度為半交復當黃道為中交入黃道內六度為
半交是為四象象別七日各行九十一度四象周歷
是謂一交之終以日計之得二十七日二十一刻二
十二分二十四秒每一交退天一度二百分度之九
十三凡二百四十九交退天一周有奇終而復始正
交在春正半交出黃道外六度在赤道內十八度正
交在秋正半交出黃道外六度在赤道外三十度中

少之差

差亦從而異今立象置法求之差數多者不過三度
五十分少者不下一度三十分是為月道與赤道多

直陰陽二曆有內有外直者密而狹斜者跛而闊其
曆外月道與赤道所差者多蓋白道二交有斜有
道與赤道正交距春秋二正黃赤道正交宿度東西
不及十四度三分度之二夏至在陰曆內冬至在陽

交在秋正半交入黃道內六度在赤道外十八度月
交在春正半交入黃道內六度在赤道內三十度中

晝夜刻

日出為晝日入為夜晝夜一周共為百刻以十二辰
分之每辰得八刻三分刻之一無間南北所在皆同
晝短則夜長晝長則夜短晝夜正等各五十刻此自然之理也春秋二分
日當赤道出入晝夜正等各五十刻自春分以及
至日入赤道內去極浸近晝長而夜短晝長以
冬至日出入赤道外去極浸遠晝短而夜長以地中以
之長不過六十刻短不過四十刻地中以南夏至去
日出入之所為遠其長有不及六十刻者冬至去日
出入之所為近其短有不止四十刻者地中以北夏

至去日出入之所爲近其長有不止六十刻者冬至

去日出入之所爲遠其短有不及四十刻者今京師

冬至日出辰初二刻日入申正二刻故晝刻三十八

夜刻六十二夏至日出寅正二刻日入戌初二刻故

晝刻六十二夜刻三十八蓋地有南北極有高下日

出入有早晏所以不同耳今授時曆晝夜刻一以京

師爲正其各所實測比極高下具見天文志

志卷第四

翰林學士亞中大夫知制誥兼修國史臣歐陽玄
翰林待制奉直郎兼國史院編修官臣王禕等奉
勅修

曆二

授時曆議下

交食

曆法疏密在於交食然推步之術難得其密加時有
早晚食分有淺深取其密合不容偶然推演加時必
本於躔離朓朒考求食分必本於距交遠近苟入氣
盈縮入轉遲疾未得其正則合朔不失之先必失之

後合朔失之先後則虧食時刻其朓密乎日月伏東
行而日遲月疾月追及日是為一會交值之道有陽
曆陰曆交會之期有中前中後加以地形南北東西
之不同人目高下邪直之各異此食分多寡理不得
一者也今合朔既正則加時無早晚之差氣刻適中
則食分無強弱之失推而上之自詩書春秋及三國
以來所載虧食無不合焉者合於既往則行之悠久
自可無弊矣

詩書所載日食二事

書惟征惟仲康肇位四海乃季秋月朔辰弗集于

《元史志卷五 一》

今按大衍曆作仲康即位之五年癸巳距辛巳
三千四百八年九月庚戌朔泛交二十六日五
千四百二十一分入食限

辛卯日有食之亦孔之醜
詩小雅十月之交大夫剌幽王也十月之交朔日

今按梁太史令虞鄺云十月辛卯朔在幽王六
年乙丑朔大衍亦以為然以授時曆推之是歲
十月辛卯朔泛交十四日五千七百九分入食
限

春秋日食三十七事

隱公三年辛酉歲春王二月己巳日有食之

杜預云不書日史官失之公羊云日食或言朔
或不言朔或日或不日或失之前或失之後失
之前者朔在前也失之後者朔在後也穀梁云
言日不言朔食晦日也姜芨校春秋日食云是
歲二月己亥朔無己巳似失一閏三月己巳朔
去交分入食限大衍與姜芨合今授時曆推之
是歲三月己巳朔加時在晝去交分二十六日
六千六百三十一八食限

《元史志卷五 二》

房

限

桓公三年壬申歲七月壬辰朔日有食之

姜氏以為是歲七月癸亥朔無壬辰亦失閏其

八月壬辰朔去交分入食限大衍與姜氏合以

今曆推之是歲八月壬辰朔加時在晝食六分

一十四秒

桓公十七年丙戌歲冬十月朔日有食之

左氏云不書日史官失之也以今曆大衍推得在十一月

交分入食限失閏也以今曆推之是歲十一月

加時在晝交分二十六日八千五百六十八食

限

莊公十八年乙巳歲春王三月日有食之

穀梁云不言日不言朔夜食也大衍推是歲五

月朔交分入食限三月不應食以今曆推之是

歲三月朔不入食限五月壬子朔加時在晝交

分入食限蓋誤五為三

莊公二十五年壬子歲六月辛未朔交分入食限

大衍推之七月辛未朔交分入食限以今曆推

之是歲七月辛未朔加時在晝交

莊公二十六年癸丑歲冬十有二月癸亥朔日有

四百八十九入食限失閏也

食之

今曆推之是歲十二月癸亥朔加時在晝交分

十四日三千五百五十一入食限

莊公三十年丁巳歲九月庚午朔日有食之

今曆推之是歲十月庚午朔加時在晝去交分

十四日四千六百九十六入食限失閏也大衍

同

僖公十二年癸酉歲春王三月庚午朔日有食之

姜氏云三月朔交不應食在誤條其五月庚午

朔去交分入食限大衍同今曆推之是歲五月

庚午朔加時在晝去交分二十六日五千一百

九十二入食限蓋五誤為三

僖公十五年丙子歲夏五月日有食之

左氏云不書朔與日史官失之也大衍推四月

癸丑朔去交分入食限差一閏今曆推之

癸丑朔去交分一日一千三百一十六入

食限

文公元年乙未歲二月癸亥朔日有食之

姜氏云二月甲午朔無癸亥三月癸亥朔入食

限大衍亦以為然今曆推之是歲三月癸亥朔

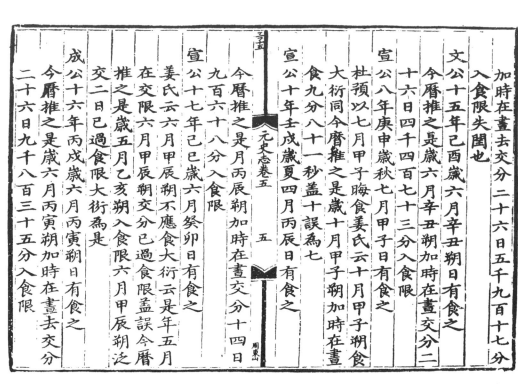

加時在晝去交分二十六日五千九百十七分

入食限失閏也

文公十五年己酉歲六月辛丑朔加時在晝有食之
今曆推之是歲六月辛丑朔加時在晝交分二
十六日四千七百七十三分入食限

宣公八年庚申歲秋七月甲子日有食之
杜預以七月甲子晦食姜氏云十月甲子朔食
大衍同今曆推之是歲十月甲子朔加時在晝
食九分八十一秒蓋十誤爲七

宣公十年壬戌歲夏四月丙辰日有食之

今曆推之是月丙辰朔加時在晝交分十四日

宣公十七年己巳歲六月癸卯日有食之
姜氏云六月甲辰朔不應食大衍云是年五月
在交限六月甲辰朔交分已過食限六月甲辰朔泛
交二日已過食限大衍爲是

成公十六年丙戌歲六月丙寅朔日有食之
今曆推之是歲六月丙寅朔加時在晝去交分
二十六日九千八百三十五分入食限

成公十七年丁亥歲十有二月丁巳朔日有食之
姜氏云十二月戊子朔無丁巳朔似失閏大衍推
十一月丁巳朔交分入食限今曆推之是歲十
一月丁巳朔加時在晝交分十四日二千八百
九十七分入食限與大衍同

襄公十四年壬寅歲二月乙未朔日有食之
今曆推之是歲二月乙未朔加時在晝交分十
四日一千三百九十三分入食限

襄公十五年癸卯歲秋八月丁巳朔日有食之
姜氏云七月丁巳朔食失閏也大衍同今曆推

之是歲七月丁巳朔加時在晝去交分二十六

襄公二十年戊申歲冬十月丙辰朔日有食之
今曆推之是歲十月丙辰朔加時在晝交分十
日三千九十四分入食限

襄公二十一年己酉歲秋七月庚戌朔日有食之
今曆推之是月庚戌朔加時在晝交分十四日
三千六百八十二分入食限

冬十月庚辰朔日有食之
姜氏云比月而食宜在薄絛大衍亦以爲然今

曆推之十月巳過交限不應頻食姜說爲是

襄公二十三年辛亥歲春王二月癸酉朔日有食
之

今曆推之是月癸酉朔加時在晝交分二十六

日五千七百三分入食限

襄公二十四年壬子歲秋七月甲子朔日有食之
既

今曆推之是月甲子朔加時在晝日食九分六
秒

《元史志卷五》　七

八月癸巳朔日有食之

漢志董仲舒以爲比食又既大衍云不應頻食
在誤係今曆推之立分不叶不應食大衍說是

襄公二十七年乙卯歲冬十有二月乙亥朔日有
食之

姜氏云十一月乙亥朔交分入限應食大衍同

今曆推之是歲十一月乙亥朔加時在晝交分
初日八百二十五分入食限

昭公七年丙寅歲夏四月甲辰朔日有食之

今曆推之是月甲辰朔加時在晝交分二十七

日二百九十八分入食限

昭公十五年甲戌歲六月丁巳朔日有食之

大衍推五月丁巳朔食失一閏今曆推之是歲

五月丁巳朔加時在晝交分十三日九千五百

六十七分入食限

昭公十七年丙子歲夏六月甲戌朔日有食之

姜氏云六月乙巳朔交分不叶不應食當爲大
衍云當在九月朔六月不應食姜氏是也今曆
推之是歲九月甲戌朔加時在晝交分二十六

日七千六百五十分入食限

昭公二十一年庚辰歲七月壬午朔日有食之

今曆推之是月壬午朔加時在晝交分二十六

日八千七百九十四分入食限

《元史志卷五》　八

昭公二十二年辛巳歲冬十有二月癸酉朔日有
食之

今曆推之是月癸酉朔交分十四日一千八百

入食限杜預以長曆推之當爲癸卯非是

昭公二十四年癸未歲夏五月乙未朔日有食之

今曆推之是月乙未朔加時在晝交分二十六

日三千八百三十九分入食限

昭公三十一年庚寅歲十有二月辛亥朔日有食

之

今曆推之是月辛亥朔加時在晝交分二十六

日六千一百二十八分入食限

定公五年丙申歲三月辛亥朔日有食之

今曆推之三月辛亥朔加時在晝交分十四日

三百三十四分入食限

定公十二年癸卯歲十一月丙寅朔日有食之

今曆推之是歲十月丙寅朔加時在晝交分十

四日二千六百二十二分入食限蓋失一閏

定公十五年丙午歲八月庚辰朔日有食之

元史志卷五　九

今曆推之是月庚辰朔加時在晝交分十三日

七千六百八十五分入食限

哀公十四年庚申歲夏五月庚申朔日有食之

今曆推之是月庚申朔加時在晝交分二十六

日九千二百一分入食限

右詩書所載日食二事春秋二百四十二年間凡三

十有七事以授時曆推之惟襄公二十一年十月庚

辰朔及二十四年八月癸巳朔不入食限蓋自有曆

以來無比而食之理其三十五食皆在朔經或

不書日不書朔公羊穀梁以為食晦二者非左氏以

為史官失之者得其間或差一日二日者蓋由古

曆疎闊置閏失當之弊姜岌一行已有定說孔子作

書但因時曆以書非大義所關故不必致詳也

三國以來日食

蜀章武元年辛丑六月戊辰晦時加未

授時曆食甚未五刻

大明曆食甚未五刻

右皆親二曆推戊辰晦皆七月朔

魏黃初三年壬寅十一月庚申晦食時加西南維

授時曆食甚申二刻

元史志卷五　十

大明曆食甚申三刻

右授時親大明次親二曆推庚申皆十二月

朔

梁中大通五年癸丑四月己未朔食在丙

授時曆食甚午四刻

大明曆厤初午四刻

右皆親

太清元年丁卯正月己亥朔食時加申

授時曆食甚守一刻

大明曆食甚申三刻

右授時次親大明親

陳太建八年丙申六月戊申朔食於卯甲間

授時曆食甚卯二刻

大明曆食甚卯四刻

右授時次親大明踈遠

唐永隆元年庚辰十一月壬申朔食巳四刻甚

大明曆食甚巳七刻

授時曆食甚巳五刻

右授時踈大明親

開耀元年辛巳十月丙寅朔食巳初甚

元史志卷五　十一

授時曆食甚辰正三刻

大明曆食甚辰正一刻

右授時親大明踈

嗣聖八年辛卯四月壬寅朔食卯二刻甚

授時曆食甚寅八刻

大明曆食甚卯初刻

右皆次親

十七年庚子五月己酉朔食申初甚

授時曆食甚申初二刻

大明曆食甚申正初刻

右授時次親大明踈遠

十九年壬寅九月乙丑朔食申三刻甚

授時曆食甚申一刻

大明曆食甚申四刻

右授時次親大明親

景龍元年丁未六月丁卯朔食午正甚

大明曆食甚未初刻

授時曆食甚午正二刻

右授時次親大明踈遠

開元元年辛酉九月乙巳朔食午正後三刻甚

元史志卷五　十二

授時曆食甚午正一刻

大明曆食甚午正二刻

右授時次親大明親

宋慶曆六年丙戌三月辛巳朔食申正三刻復消

授時曆復滿申正三刻

大明曆復滿申正一刻

右授時密合大明次親

皇祐元年己丑正月甲午朔食午正甚

授時曆食甚午初三刻

大明曆食甚午正初刻

右授時親大明密合

五年癸巳歲十月丙申朔食未一刻甚

授時曆食甚未三刻

大明曆食甚未初刻

右授時次親大明親

至和元年甲午四月甲午朔食申正一刻甚

授時曆食甚申正一刻

大明曆食甚申正二刻

右授時密合大明親

嘉祐四年己亥正月丙申朔食未三刻復蒲

授時曆復蒲未初二刻

大明曆復蒲未初二刻

右皆親

六年辛丑六月壬子朔食未初虧初

授時曆虧初未初刻

大明曆虧初未一刻

右授時親大明次親

治平三年丙午九月壬子朔食未二刻甚

授時曆食甚未三刻

大明曆食甚未四刻

右授時親大明次親

熙寧二年己酉七月乙丑朔食辰三刻甚

授時曆食甚辰五刻

大明曆食甚辰四刻

右授時次親大明親

元豐三年庚申十一月己丑朔食巳六刻甚

授時曆食甚巳五刻

大明曆食甚巳二刻

右授時親大明踈遠

紹聖元年甲戌三月壬申朔食未六刻甚

授時曆食甚未五刻

大明曆食甚未五刻

右皆親

大觀元年丁亥十一月壬子朔食未二刻虧初

八刻甚申六刻復蒲

授時曆虧初未三刻食甚申六刻

大明曆虧初未初刻食甚未七刻復蒲申五刻

右授時曆虧初食甚皆親復蒲密合大明虧

初次親食甚復蒲時親

紹興三十二年壬午正月戊辰朔食申初虧

初

授時曆虧初申一刻
大明曆虧初未七刻
右皆親

淳熙十年癸卯十一月壬戌朔食巳正二刻
授時曆食甚巳正二刻
大明曆食甚巳正一刻
右密合大明親

慶元元年乙卯三月丙戌朔食午初二刻虧初甚
大明曆虧初午初二刻
授時曆虧初未初一刻
右皆親

嘉泰二年壬戌五月甲辰朔食午初一刻虧初甚
授時曆虧初巳正三刻
大明曆虧初午初三刻
右皆親

嘉定九年丙子二月甲申朔食申正四刻甚
授時曆食甚申正三刻
大明曆食甚申正二刻
右授時親大明次親

淳祐三年癸卯三月丁丑朝食巳初二刻

（原本葉德謙作十六今訂正）

授時曆食甚巳初一刻
大明曆食甚巳初二刻
右授時親大明次親

本朝中統元年庚申三月戊辰朔食申正二刻甚
授時曆食甚申初三刻
大明曆食甚中正一刻
右授時親大明次親

至元十四年丁丑十月丙辰朔食午正初一刻食甚未正二刻復滿
授時曆虧初午正初刻食甚未初一刻復滿末正一刻
大明曆虧初午正三刻食甚未正一刻後滿申初二刻
右授時虧初午正三刻食甚皆密合復滿親大明虧初踈食甚復滿皆踈

前代考古交食同刻者為密合，相較一刻為親，二刻
為次親，三刻為踈，四刻為踈遠，今授時大明校古日
食，上自後漢章武元年，下訖本朝，計三十五事，密合
者授時七、大明二，親者授時十有七、大明十有六，次
親者授時十、大明八，踈者授時一、大明三，踈遠者授

（原本葉德謙作十五今訂正）

前代月食

宋元嘉十一年甲戌七月丙子望食四更二籌虧

初四更四唱食既

授時曆虧初四更三點食既在四更四點

大明曆虧初四更二點食既在四更五點

右授時虧初親食既密合大明虧初密合食
既親

十三年丙子十二月己巳望食一更三唱食既

授時曆食既在一更三點

大明曆食既在一更四點

右授時密合大明親

十四年丁丑十一月丁亥望食二更四唱虧初三

更一唱食既

授時虧初在二更五點食既在三更二點

大明曆虧初在二更四點食既在三更二點

右授時虧初食既皆親大明虧初密合食既

親

梁中大通二年庚戌五月庚寅望月食在子

授時曆食甚在子正初刻

元史志卷五

十七

大明曆食甚在子正初刻

右皆密合

大同九年癸亥三月乙巳望食三更三唱虧

授時曆虧初三更一點

大明曆虧初三更三點

右授時次親大明密合

隋開皇十二年壬子七月己未望食一更三唱虧

初

授時曆虧初在一更四點

大明虧初在一更五點

右授時親大明次親

十五年乙卯十一月庚午望食一更四點虧初二

更三點食甚三更一點復滿

授時曆食甚在一更三點復

滿在二更五點

大明曆虧初在一更五點食甚在二更三點復

滿在二更五點

授時曆虧初食甚復滿皆親大明虧初復滿

皆親食甚密合

右授時親大明虧初復滿

十六年丙辰十一月甲子望食四更三籌復滿

元史志卷五

十八

授時曆復滿在四更四點

大明曆復滿在四更四點

右授時親大明次親

後漢天福十二年丁未十二月乙未望食四更四
點虧初

授時曆虧初四更五點

大明曆虧初四更一點

右授時親大明次親

宋皇祐四年壬辰十一月丙辰望食寅四刻虧初

授時曆虧初在寅二刻

《元史志卷五　十九　許衡》

大明曆虧初在寅一刻

右授時次親大明跡

嘉祐八年癸卯十月癸未望食亥六刻甚

授時曆食甚在辰初刻

大明曆食甚在辰初刻

右皆親

熙寧二年己酉閏十一月丁未望食亥六刻虧初

授時曆虧初在亥六刻食甚在子五刻復滿在

子五刻食甚丑四刻復滿

丑三刻

大明曆虧初在子初刻食甚在子六刻復滿在

丑四刻

右授時虧初食甚密合復滿親大明虧初卯六刻
親食甚復滿密合

四年辛亥十一月丙申望食卯二刻虧初卯六刻
甚

授時曆虧初在卯初刻食甚在卯五刻

大明曆虧初在卯四刻食甚在卯七刻

右虧初皆次親食甚皆親

六年癸丑三月戊午望食亥一刻虧初亥六刻甚
子四刻復滿

授時曆虧初在戌七刻食甚在亥五刻復滿在
子三刻

《元史志卷五　二十　許衡》

大明曆虧初在亥二刻食甚在亥七刻復滿在
子四刻

右授時次親食甚復滿皆親大明虧初次
親食甚復滿皆親大明虧初

食甚皆親復滿密合

七年甲寅九月己酉望食四更五點虧初五更三
黠食既

授時曆虧初在四更五點食既在五更三點

大明曆虧初在四更三點食既在五更二點
既親
右授時虧初食既皆密合大明虧初次親食
刻復滿
崇寧四年乙酉十二月戊寅望食酉三刻甚戌初
大明曆食甚在酉三刻復滿在戌二刻
授時曆食甚在酉三刻復滿在戌二刻
右授時食甚復滿皆次親大明食甚密合復
滿次親
本朝至元七年庚午三月乙卯望食丑三刻虧初
寅初刻食甚寅六刻復滿
授時曆虧初在丑二刻食甚在寅初刻復滿在
寅六刻
大明曆虧初在丑四刻食甚在寅一刻復滿在
寅七刻
右授時虧初親食甚復滿密合大明虧初食
甚復滿皆親
九年壬申七月辛未望食丑初刻虧初丑六刻食
甚寅三刻復滿
授時曆虧初在子七刻食甚在丑四刻復滿在

寅一刻
大明曆虧初在丑二刻食甚在丑六刻復滿在
寅二刻
右授時虧初親食甚復滿皆次親大明虧初
次親食甚密合復滿親
十四年丁丑四月癸酉望食子六刻虧初丑三刻
食既丑五刻甚丑七刻生光寅四刻復滿
授時曆虧初在子六刻食既在丑四刻食甚在
丑五刻生光丑六刻復滿寅四刻
大明曆虧初在丑初刻食既丑七刻食甚在丑
七刻生光在丑八刻復滿在寅六刻
右授時虧初食甚復滿皆密合食既生光皆
親大明虧初食甚復滿皆次親食既踈遠生
光親
十六年己卯二月癸酉望食子五刻虧初丑四刻
甚丑七刻復滿
授時曆虧初在子五刻食甚在丑二刻復滿在
丑七刻
大明曆虧初在子七刻食甚在丑三刻復滿在
丑七刻
授時曆虧初在子七刻食甚在丑四刻復滿在
丑七刻

右授時虧初食甚復滿皆密
合大明虧初次
親食甚親復滿密合

八月己丑望食丑五刻虧初寅
初刻甚寅四刻復

授時曆虧初在丑三刻食甚在寅
初刻甚寅四刻復滿在

大明曆虧初在丑七刻食甚在寅
二刻復滿在
寅四刻

右授時虧初次親食甚復滿皆密合大明虧
初食甚皆次親復滿密合

滿

十七年庚辰八月甲申望食在晝戌一刻復滿

授時曆復滿在戌一刻

大明曆復滿在戌四刻

右授時密合大明踈

已上四十五事密合者授時十有八大明十有一親
者授時十有八大明十有七次親者授時九大明十
有四踈者授時無大明二踈遠者授時無大明一

定朝
日平行一度月平行十三度十九分度之七一晝夜
之間月先日十二度有奇歷二十九日五十三刻復

追及日與之同度是謂經朔經朔云者謂合朔大量
不出此也日有盈縮月有遲疾以盈縮遲疾之數損
益之始為定朔古人立法簡而未密初用平朔一大
一小故日食有在朔二月食有在望前後者漢張衡
以月行遲疾分為九道宋何承天以日行盈縮推定
小餘故月有三大二小隋劉孝孫劉焯欲遵用其法
時議排抵以為迂怪卒不能行唐傳仁均始采用之
至貞觀十九年九月後四月頻大復用平朔訖麟德
元年始用李淳風甲子元曆定朔之法遂行淳風又
以晦月頻見故立進朔之法謂朔日小餘在日法四

分之三已上者虛進一日後代皆循用之然虞劇嘗
曰朔在會同苟躔次既合何疑於頻大日月相離何
傷拘於間小一行亦曰天事誠密雖四大三小庸何傷
今但取辰集時刻所在之日以為定朔雖小餘在
進限亦不之進甚矣人之安於故習也初曆法用平
朔止亦不以為然自有曆以來下訖麟德而定朔始行
說皆不以為然自有曆以來下訖麟德而定朔始
四大三小理數自然唐人弗克若天而止用平朔迄
本朝至元而常議方革至如進朔之意止欲避晦日之
月見殊不思合朔在酉戌亥距前日之卯十八九辰

矣若進一日則晦不見月此論誠然苟合朔在辰申之間法不當進距前日之卯巳踰十四五度則月見於晦庸得免乎且月之隱見本天道之自然朔之進退出人爲之牽強孰若廢人用天不復虛進爲得其實哉至理所在奚恤乎人言可爲知者道也

不用積年日法

曆法之作所以夾日月之躔離候氣朔之盈虛不揆其端無以測知天道而與之脗合然而日月之行遲速不同氣朔之運紛差不一昔人立法必推求往古數之始謂之演紀上元當斯之際日月五星同度如合璧連珠然惟其世代綿遠馴積其數至踰億萬後人厭其布算繁多互相推考斷截其數而增損日法以爲得改憲此歷代積年日法所以不能相同者也然行之未遠浸復差失蓋天道自然豈人爲會所能苟合哉夫七政運行於天進退自有常度苟原始要終候驗周匝則象數昭著有不容隱者又何必捨目前簡易之法而求億萬年宏闊之術哉今授時曆以至元辛巳爲元所用之數一本諸天秒而分分而刻刻而日皆以百爲率比之他曆積年日法推演附會出於人爲者爲得自然或曰昔人謂建曆之

本必先立元正然後定日法法定然後度周天以定分至然則曆之有積年日法尚矣自黃帝以來諸曆轉相祖述殆七八十家未聞舍此而能成者今一切削去無乃昧於本原而考求其方瞭是殆不然晉杜預有云治曆當順天以求合非爲合以驗天前代演積之法不過爲合璧頗疎乃命釐正法之不密在所必更奚暇踵故習舊曆遂取漢以來諸曆積年日法及行用年數具列于后仍附

演積數法以釋或者之疑

三統曆（西漢太初元年丁丑鄧平造行一百八十八年至東漢元和二年乙酉後天七十八刻）
積年一十四萬四千五百一十一
日法八十一

四分曆（東漢元和二年乙酉編訢造行一百二十一年至建安丙戌後天七刻）
積年一萬五百六十一
日法四

乾象曆（建安十一年丙戌劉洪造行三十一年至魏景初丁巳後天七刻）
積年七千四百五十二
日法一千四百五十七

景初曆（魏景初元年丁巳楊偉造行二百年至宋元嘉癸未先天五十刻）
積年五千八十九

日法四千五百五十九

元嘉曆
宋元嘉二十年至大明七年癸未何承天造行二十
積年六千五百四十一
日法七百五十二

大明曆
宋大明七年至魏正光三年癸卯宋祖冲之造行五十
積年五萬二千七百五十七
日法三千九百三十九

正光曆
後魏正光二年辛丑至興和元年庚申李業興造行一
積年十六萬八千五百九
日法七萬四千九百五十二

興和曆
興和二年庚申至齊天保元年庚午先天九日八十一刻
積年二十萬四千七百三十七
日法二十萬八千五百三十

天保曆
比齊天保元年丙戌至周天保元年丙午宋景業造行一日八十七刻
積年二十一萬一千二百五十七
日法二萬三千六十

天和曆
後周天和元年丙戌至大象元年己亥先天四日分
積年二十萬四千七百六十
日法二萬三千六百六十

大象曆
大象元年至隋開皇甲辰馬顯造行五刻
積年二萬三千四百六十
日法五百六十

三四五十

陳显

積年四萬二千二百五十五
日法一萬二千九百九十二

開皇曆
隋開皇四年甲辰至大業戊辰張賓造行二
積年四百一十二萬九千六百六十
日法一百二萬八千三百一十七

大業曆
大業四年戊辰至唐武德己卯劉焯造行十
積年一十四萬二千八百九十三
日法一千一百四十四

戊寅曆
唐武德二年己卯至麟德乙丑道士傅仁均造行四十七刻
積年一十六萬五千三
日法一千三百四十

麟德曆
麟德二年乙丑至開元戊辰李淳風造行六十二刻
積年二十七萬四百九十七
日法一千三百四十

大衍曆
開元十六年戊辰至寶應壬寅李僧一行造行三十
積年九千六百九十六萬二千二百九十七
日法三千四十

五紀曆
寶應元年壬寅至貞元乙丑郭獻之造行二十四刻
積年二十七萬四千四百九十七
日法一千三百四十

三四三十二

陳显

貞元曆
貞元元年乙丑徐承嗣承天八年乙丑至長慶七年壬寅造行三十
積年四十萬三千三百九十七
日法一千八百九十五

宣明曆
長慶二年壬寅徐昂造長慶二年壬寅至景福二年癸丑先天四年造行七十
積年七百七萬五百九十七
日法八千四百

崇玄曆
景福二年癸丑邊岡造景福二年癸丑至周顯德三年丙辰先天四年後
積年五千三百九十四萬七千六百九十七
日法一萬三千五百

欽天曆
五代周顯德三年丙辰王朴造行天二刻

應天曆
宋建隆元年庚申王處訥造行後天二刻二十
積年四百八十二萬五千八百七十七
日法一萬單二

乾元曆
太平興國六年辛巳吳昭素辛丑合
積年三千五十四萬四千二百七十七
日法二千九百四十

儀天曆
成平四年辛丑史序造行至天聖甲子合
積年七十一萬六千七百七十七

崇天曆
天聖二年甲子宋行古造行五十四刻四十
積年九千七百五十五萬六千五百九十七
日法一萬一百

明天曆
治平元年甲辰周琮造行四刻十
積年七十一萬一千九百七十七
日法三萬九千

奉元曆
熙寧七年甲寅衛朴造行七刻十
積年八千三百一十八萬五千二百七十七
日法二萬三千七百

觀天曆
元祐七年壬申皇居卿造行六刻一
積年五百九十四萬四千九百九十七
日法一萬二千三十

占天曆
崇寧二年癸未姚舜輔造行後天四刻
積年二千五百五十萬一千九百三十七
日法二萬八千八十

紀元曆
崇寧五年丙戌姚舜輔造行合
積年二萬八千六百一十一萬三千四百六十七
日法七千二百九十

大明曆
金天會五年丁未楊級造行至大定庚子合
積年八千八百三十九萬五千六百四十一

重修大明曆　大定二十年庚子趙知微重修行…後天一十九刻
積年三億八千三百七十六萬八千八百六十五百五十七
日法五千二百三十

重修大明曆
積年八千八百六十三萬九千七百五十七
日法五千二百三十

統元曆　行後宋紹興五年乙卯陳德一造，三十二年朝至元辛巳後天一十九刻
積年九千四百二十五萬一千七百三十七
日法六千九百三十

乾道曆　九年至乾道三年丁亥劉孝榮造行一百…
積年九千一百六十四萬五千九百三十七
日法三萬

淳熙曆　淳熙三年丙申劉孝榮造行　十五年己未至紹熙辛亥合行
積年五千二百四十二萬二千七百七十七
日法五千六百四十

會元曆　紹熙二年辛亥劉孝榮造行八…
積年二千五百四十九萬四千八百五十七
日法三萬八千七百

統天曆　慶元五年己未至開禧丁卯先天六刻…
積年三千九百二十七萬一十七
日法一萬二千

開禧曆　開禧三年丁卯鮑澣之造行四十四年丁卯至淳祐辛亥後天七刻
積年七百八十四萬八千二百五十七
日法一萬六千九百

成天曆　淳祐十年庚戌陳鼎造行四　年至元辛巳後天一刻
積年一億二千二百二十六萬七千六百七十七
日法七千四百二十

會天曆　寶祐元年癸未譚玉造行十　年至咸淳辛未後天一刻
積年九千一百一十五萬五千五百五十七
日法九千七百四十

淳祐曆　淳祐十年庚戌至壬子李德卿合行…
積年…
日法三千五百三十

此下不曾行用覓於典籍經進者二曆

皇極曆　大業間劉焯造阻難不行至唐武德二年己卯先天四十三刻不行
積年一百萬九千五百一十七
日法一千二百四十二

乙未曆　大定二十年庚子耶律履造　先天四十九刻不曾行用
積年四千四十五萬三千一百二十六
日法二萬六千九十

授時曆　年至元辛巳為元

積年日法不用

實測到至元十八年辛巳歲

氣應五十五日六百分

閏應二十日一千八百五十分

經朔三十四日八千七百五十分

日法二千一百九十演紀上元已亥距至元辛巳

九千八百二十五萬一千四百四十二筭

氣應五十五日六百二分

閏應二十日一千八百五十三分

經朔三十四日八千七百四十九分

日法八千二百七十演紀上元甲子距辛巳五百

六十七萬五千五百四十七筭日命甲子

氣應五十五日五百三十三分

閏應二十日一千八百八分

經朔三十四日八千七百二十五分

日法六千五百七十演紀上元甲子距辛巳三千

九百七十五萬二千五百三十七筭

氣應五十五日六百三十一分

閏應二十日一千九百一十九分

經朔三十四日八千七百一十二分 志卷五

翰林學士亞中大夫知
制誥兼修
國史臣宋濂
翰林待制承直郎兼
國史院編修官臣王褘等奉

勑修

元史五十四

曆三

授時曆經上

步氣朔第一

至元十八年歲次辛巳爲元　上考往古下驗將來　距立元爲算　周歲消長　百年各　其諸應等數　隨時推測不用爲元

元史志卷六　一

日周一萬

歲實三百六十五萬二千四百二十五分

通餘五萬二千四百二十五分

朔實二十九萬五千三百五分九十三秒

通閏十萬八千七百五十三分八十四秒

歲周三百六十五日二千四百二十五分

朔策二十九日五千三百五分九十三秒

氣策十五日二千一百八十四分三十七秒半

望策十四日七千六百五十二分半

弦策七日三千八百二十六分四十八秒少

氣應五十五萬六百分

閏應二十萬一千八百五十分

元史志卷六　二

沒限七千八百一十五分六十二秒半

氣盈二千一百八十四分三十七秒半

朔虛四千六百九十四分　七秒

旬周六十萬

紀法六十

推天正冬至

置所求距算以歲實下推往古每百年消一乘之爲中積加氣應爲通積滿旬周去之不盡以日周約之爲日不滿爲分其日命甲子算外即所求天正冬至日辰及分如上考者以氣應減中積滿旬周去之不盡以減旬周餘同上

求次氣

置天正冬至日分以氣策累加之其日滿紀法去之外命如前各得次氣日辰及分秒

推天正經朔

置中積加閏應爲閏積滿朔實去之不盡爲閏餘以閏餘減通積爲朔積滿旬周去之不盡以日周約之爲日不滿爲分即所求天正經朔日及分秒上考者以閏餘加日周約之爲日不及減者加紀法減之

求弦望及次朔

置天正經朔日及分秒以弦策累加之其日滿紀法
去之各得弦望及次朔日及分秒

推浸日

置有浸之氣分秒為（如有没限已上之氣以十五乘之用減氣）

策餘滿氣盈而一為日併經朔日命為浸日

推減日

置有減之朔分秒為（在朔靈分巳下以三十乘之滿朔）有減之朔

靈而一為日併恒氣日命為減日

步發斂第二

土王策三日四百三十六分八十七秒半

月閏九千六百十二分八十二秒

辰法一萬

半辰法五千

刻法一千二百

推五行用事

各以四立之節為春木夏火秋金冬水首用事日以

土王策減四季中氣各得其季土始用事日

氣候

正月

立春正月節　　雨水正月中

二月

東風解凍　蟄蟲始振　魚陟負冰

獺祭魚　候鴈北　草木萌動

驚蟄二月節　　春分二月中

桃始華　倉庚鳴　鷹化為鳩

玄鳥至　雷乃發聲　始電

三月

清明三月節　　穀雨三月中

桐始華　田鼠化為駕　虹始見

萍始生　鳴鳩拂其羽　戴勝降于桑

四月

立夏四月節　　小滿四月中

螻蟈鳴　蚯蚓出　王瓜生

苦菜秀　靡草死　麥秋至

五月

芒種五月節　　夏至五月中

螳蜋生　鵙始鳴　反舌無聲

鹿角解　蜩始鳴　半夏生

六月

小暑六月節　　大暑六月中

【上欄】

溫風至
蟋蟀居壁
鷹始摯

腐草爲螢
土潤溽暑
大雨時行

七月
立秋七月節
涼風至
白露降
寒蟬鳴

處暑七月中
鷹乃祭鳥
天地始肅
禾乃登

八月
白露八月節
鴻鴈來
玄鳥歸
群鳥養羞

秋分八月中
雷始收聲
蟄蟲坏戶
水始涸

一百八十二
元史志卷六
五
吳仲明

九月
寒露九月節
鴻鴈來賓
雀入大水爲蛤
菊有黃華

霜降九月中
豺乃祭獸
草木黃落
蟄蟲咸俯

十月
立冬十月節
水始冰
地始凍
雉入大水爲蜃

小雪十月中
虹藏不見
天氣上升地氣下降
閉塞而成冬

十一月
大雪十一月節

冬至十一月中

【下欄】

鶡鴠不鳴
虎始交
荔挺出

蚯蚓結
麋角解
水泉動

十二月
小寒十二月節
鴈北鄉
鵲始巢
雉雊

大寒十二月中
雞乳
征鳥厲疾
水澤腹堅

推中氣去經朔
置天正閏餘以日周約之爲日命之得冬至去經朔日算滿朔策去之全置閏然
以月閏累加之各得中氣去經朔日算
氣候定朔無中氣者裁之

二百五
元史志卷六
六

推發斂加時
置所求分秒以十二乘之滿辰法而一爲辰數餘以
刻法收之爲刻命子正算外即所在辰刻
如滿半辰數通作一辰
辰命起子正算外

步日躔第三
周天分三百六十五萬二千五百七十五分
周天三百六十五度二十五分七十五秒
半周天一百八十二度六十二分六十二秒半
象限九十一度三十一分四十三秒太
歲差一分五十秒

吳暾

周應三百一十五萬一千七百七十五分

半歲周二百八十二日六千二百一十二分半

盈初縮末限八十八日九千九百一十二分少

縮初盈末限九十三日七千一百二十分少

推天正經朔望入盈縮曆

置半歲周以閏餘日及分減之即得天正經朔入盈縮曆

曆以弦策累加之各得弦望及次朔入盈縮

縮曆日及分秒之即交盈縮

視入曆盈者在盈初縮末限已下為初限已上反減

半歲周餘為末限縮者在縮初盈末限已下為初限

已上反減半歲周餘為末限其盈初縮末限者置立差

三十一以初末限乘之加平差二萬四千六百又以

初末限乘之用減定差五百一十三萬二千餘以

初末限乘之滿億為度不滿退除為分秒縮初

盈末者置立差二十七以初末限乘之加平差二萬

二千一百又以初末限乘之用減定差四百八十七

萬六百又再以初末限乘之滿億為度不滿退除為

分秒即所求盈縮差

又術置入限分以其日盈縮分乘之萬約為分以加

其下盈縮積萬約為度不滿為分秒亦得所求盈縮

差

赤道宿度

角十二 二十　亢九 二十

氐十六 三十

房五 六十　心六 五十　尾十九 一十

右東方七宿七十九度二十分

箕十 四十

斗二十五 二十　牛七 二十　女十一 三十五

虛八 九十五 太　危十五 四十　室十七 一十

壁八 六十

右北方七宿九十三度八十分太

奎十六 六十　婁十一 八十　胃十五 六十

昴十一 三十　畢十七 四十　觜初 五

參十一 一十

右西方七宿八十三度八十五分

井三十三 三十　鬼二 二十　柳十三 三十

星六 三十　張十七 二十五　翼十八 七十五

軫十七 三十

右南方七宿一百八度四十分

右赤道宿次並依新製渾儀測定用為常數校天為

密若考往古即用當時宿度爲準

推冬至赤道日度

置中積以加周應爲通積，滿周天分〔上推往古每百年消一，下算將來每百年長一〕去之，不盡，以減周天分，餘以日周約之爲度，不滿退約爲分秒，命起赤道虛宿六度外去之，至不滿宿，即所求〔同上如當時有宿度者止依當時宿度命之〕。

求四正赤道宿度
置天正冬至加時赤道日度，累加象限，滿赤道宿次去之，各得春夏秋正日所在宿度及分秒。

求四正赤道宿積度
置四正赤道宿全度，以四正赤道日度及分減之，餘爲距後度，以赤道宿度累加之，各得四正後赤道宿積度及分。

《元史志卷六》　九　蘇仲達

黃赤道率

積度〔至後赤道／至後黃道〕	度率	積度〔至後黃道／至後赤道〕	度率	積差	差率
初	一○五八	初	一六○五		八十二秒
一		一	一六○三	八二秒	三分四六
二		二	一六○八	三分二八	四分二一
三		三	七分三九	七分三九	五分七六

《元史志卷六》　十　蘇仲達

四	五	六	七	八	九	十	十一	十二	十三	十四	十五	十六	十七	十八	十九	二十	二十一	二十二	二十三
一四	九四	四一	七五	六七	九六	九二	一六	九一	一四	一四	六三	四八	五二	四二	七八	五七	八六	六三	一五
三○五	一○二	二○二	三一八	二八三	一○六	一○五	二○七	二○四	二○七	二一三	一六五	二五五	三五七	二三四	三三四	二三七	八六四	五四二	三○五
十三分二五	九分七一	十分四一	十二分四	十四分七六	十六分六○	十七分一六	十八分四五	十九分八七	二十分五八	二十三分五八	二十四分○七	二十五分五五	二十七分七九	二十八分五五	三十分○七	三十二分三四	三十四分六三	三十六分四二	四十八分二○

二十四	一	二十五 七七五二	一 ○五○六	四 八四八二	四十二分
二十五	一	二十六 八二五八	一 ○四八二	五 二六八二	四十三分 七九
二十六	一	二十七 八七四○	一 ○四五六	五 七○六一	四十五分 五九
二十七	一	二十八 九一九六	一 ○四三二	六 一六二○	四十七分 三八
二十八	一	二十九 九六二八	一 ○四○八	六 六三五八	四十九分 一七
二十九	一	三十一 ○○六三	一 ○三八二	七 一二七五	五十分 九五
三十	一	三十二 ○四一八	一 ○三五五	七 六三七○	五十二分 三七
三十一	一	三十三 ○七七三	一 ○三三三	八 一六四三	五十四分 五○
三十二	一	三十四 一一○五	一 ○三○六	八 七○九三	五十六分 二六
三十三	一	三十五 一四一一	一 ○二八○	九 二七一九	五十八分 ○一
三十四	一	三十六 一六九一	一 ○二五四	九 八五二○	五十九分 七四
三十五	一	三十七 一九四五	一 ○二二九	十 四四九四	六十一分 四五
三十六	一	三十八 二一七四	一 ○二○三	十一 ○六三九	六十三分 一四
三十七	一	三十九 二三七七	一 ○一七七	十一 六九五三	六十四分 八一
三十八	一	四十 二五五四	一 ○一五二	十二 三四三四	六十六分 四七
三十九	一	四十一 二七○六	一 ○一二六	十三 ○○八一	六十八分 ○八
四十	一	四十二 二八三二	一 ○一○一	十三 六八八九	六十九分 六七
四十一	一	四十三 二九三四	一 ○○七五	十四 三八五六	七十一分 二四
四十二	一	四十四 三○○九	一 ○○四九	十五 ○九八○	七十二分 七六
四十三	一	四十五 三○五八	一 ○○二七	十五 八二五六	七十四分 二六

元史志卷六　十一

四十四	一	四十六 三○八五	一 ○○○○	十六 五二八六	七十五分 一七
四十五	一	四十七 三○八五	九九七四	十七 三二五二	七十六分 三
四十六	一	四十八 三○五九	九九五一	十八 ○九六五	七十八分 五○
四十七	一	四十九 三○一○	九九二五	十八 八八一五	七十九分 八四
四十八	一	五十 二九三五	九九○一	十九 六七九九	八十一分 一二
四十九	一	五十一 二八三六	九八七六	二十 四九一一	八十二分 三七
五十	一	五十二 二七一二	九八五一	二十一 三一四八	八十三分 五七
五十一	一	五十三 二五六三	九八二七	二十二 一五○五	八十四分 七二
五十二	一	五十四 二三九○	九八○三	二十二 九九七七	八十五分 八三
五十三	一	五十五 二一九三	九七八○	二十三 八五六○	八十六分 八八
五十四	一	五十六 一九七三	九七五五	二十四 七二四八	八十七分 八九
五十五	一	五十七 一七二八	九七三一	二十五 六○三七	八十八分 八五
五十六	一	五十八 一四五九	九七○八	二十六 四九二二	八十九分 七七
五十七	一	五十九 一一六七	九六八五	二十七 三八九九	九十分 六三
五十八	一	六十 ○八五二	九六六一	二十八 二九六二	九十一分 四四
五十九	一	六十一 ○五一三	九六三九	二十九 二一○六	九十二分 二二
六十	一	六十二 ○一五二	九六一六	三十 一三二八	九十二分 九四
六十一	一	六十二 九七六八	九五九四	三十一 ○六二二	九十三分 六一
六十二	一	六十三 九三六二	九五二七	三十一 九九八三	九十四分 二六
六十三	一	六十四 八九四三	九五五一	三十二 九四○九	九十四分 五八

元史志卷六　十二

推黃道宿度

置四正後赤道宿積度，以其赤道積度減之，餘以黃道率乘之，如赤道率而一，所得以加黃道積度，為二十八宿黃道積度，以前宿黃道積度減之，為其宿黃道度及分。〔其秒就近為分〕

黃道宿度

角 十二 八 四七
亢 九 六五 六
氐 十六 四十
房 五 四八 四八
心 六 二七 二七
尾 十七 九 九十五
箕 九 五十 十九
斗 二十三 四七
牛 六 九十
女 十一 一 十二

右東方七宿七十八度一十二分

婁九分空太
危十五 九十五
室十八 三十二
壁九 三十四

右北方七宿九十四度一十分太

奎十七 八十七
婁十二 三十六
胃十五 八十一
昴十一 ○八
畢十六 五十
觜初 ○五
參十 二十八

右西方七宿八十三度九十五分

井三十一 ○三
鬼二 二十一
柳十三
星六 三十一
張十七 七十九
翼二十 ○九
軫十八 七十五

右南方七宿一百九度八分

《元史志卷六》 十五

右黃道宿度依令曆所測赤道准冬至歲差所在筭
定以憑推步若上下考驗攙歲差每移一度依術推
變各得當時宿度

推冬至加時黃道日度
置天正冬至加時赤道日度以其赤道積度減之餘
以黃道率乘之如赤道率而一所得以加黃道積度
即所求年天正冬至加時黃道日度及分秒

求四正加時黃道日度
置所求年冬至日躔黃赤道差與次年黃赤道差相

減餘四而一所得加象限為四正定象度置冬至加
時黃道日度以四正定象度累加之滿黃道宿次去
之各得四正定象度及分

求四正晨前夜半日度
置四正恒氣日及分秒之端以恒氣定盈縮差命
為日分盈減縮加之即為四正定氣日下
分以其日行度乘之如日周而一所得以減四正加
時黃道日度各得四正定氣晨前夜半日度及分秒

求四正後每日晨前夜半黃道日度
以四正定氣日距後正定氣日為相距日以四正加

《元史志卷六》 十六

氣晨前夜半日度距後正定氣晨前夜半日度為相
距度累計相距日之行定度與相距度相減餘如相
距日而一為日差相距度多為加少為減以加減四正每日
行度率為每日行定度累加四正晨前夜半黃道日
度滿宿次去之為每日晨前夜半黃道日度及分秒

求每日午中黃道日度
置其日行定度半之以加其日晨前夜半黃道日度
得午中黃道日度及分秒

求每日午中黃道日度距所求日午中黃道日度積度
以二至加時黃道日度距所求日午中黃道日度為

求每日午中赤道日度

置所求日午中黃道積度滿象限去之餘為分後內
減黃道積度以赤道率乘之如黃道率而一所得以
加赤道積度及所去象限為所求赤道積度
加赤道日度加而命之即每日午中赤道積度及分秒
以二至赤道日度加而命之即每日午中赤道日度
及分秒

黃道十二次宿度

危十二度六十四分五十六秒　　入娵訾之次辰在亥
奎一度七十三分六十三秒　　　入降婁之次辰在戌
胃三度七十四分九十一秒　　　入大梁之次辰在酉
畢六度八十八分五秒　　　　　入實沈之次辰在申
井八度三十四分九十四秒　　　入鶉首之次辰在未
柳二度八十六分八十秒　　　　入鶉火之次辰在午
張十五度二十六分六秒　　　　入鶉尾之次辰在巳
軫十度七分九十七秒　　　　　入壽星之次辰在辰
氐一度一十四分五十二秒　　　入大火之次辰在卯
尾三度一分一十五秒　　　　　入析木之次辰在寅
斗三度七十六分八十五秒　　　入星紀之次辰在丑
女二度六分三十八秒　　　　　入玄枵之次辰在子

求入十二次時刻

各置入次宿度及分秒以其日晨前夜半日度減之
餘以日周乘之為實以其日行定度為法實如法而
一所得依發斂加時求之即入次時刻

步月離第四

中限一百六十八
初限八十四
轉中十三日七千七百七十三分
轉終二十七日五千五百四十六分
轉終分二十七萬五千五百四十六分

周限三百三十六
月平行十三度三十六分八十七秒半
轉差一日九千七百五十九分九十三秒
弦策七日三千八百二十六分四十八秒少
上弦九十一度三十一分二十三秒少
望一百八十二度六十二分四十七秒半
下弦二百七十三度九十三分三十一秒少
轉應一十三萬一千九百四分

推天正經朔入轉

置中積加轉應減閏餘滿轉終分去之不盡以日周

約之為日不滿為分即天正經朔入轉日及分著
　終去之不盡以減轉應蒲轉終餘同上

求弦望及次朔入轉

置天正經朔入轉日及分以弦策累加之滿轉終
之即弦望及次朔入轉日及分　如徑求次朔以轉差加之

求經朔弦望入遲疾曆

各視入轉日及分秒在轉中巳下為疾曆巳上減去
轉中為遲曆

入轉日	遲疾曆	遲疾轉定及積度	
初末限	遲疾度	轉定度	轉積度
初	疾初	十四 六四	初
一	疾一 三〇	十四 七五	十四 六四
二	疾二 六一	十四 八五	二九 三九
三	疾三 八七	十四 九六	四四 二四
四	疾五 〇五	十五 〇七	五九 二〇
五	疾六 一七	十五 一八	七四 二七
六	疾七 二四	十五 二九	八九 四五
七	疾八 二五	十五 四一	百〇四 七四
八	疾九 二一	十五 五二	百二十 一五
九	疾十 〇九	十五 六三	百三五 六七
十	疾十一 〇一	十五 七三	百五十 〇〇
十一	疾十一 八三	十五 八三	百六四 〇三
十二	疾十二 六一	十五 九二	百七九 八六
十三	疾十三 二九	十六 〇〇	百九五 七八
十四	疾十三 八八	十六 〇六	百十一 七八
十五	疾十四 三五	十六 一一	百廿七 八四
十六	疾十四 七二	十六 一五	百四三 九五
十七	疾十四 九五	十六 一七	百六十 一〇
十八	疾十五 〇三	十六 一七	百七六 二七
十九	疾十五 〇〇	十六 一五	百九二 四四
二十	遲五 〇一	十六 一一	二百〇八 五九
廿一	遲五 三八	十六 〇五	二百廿四 七〇
廿二	遲五 三一	十五 九八	二百四〇 七五
廿三	遲四 三〇	十五 八八	二百五六 七三
廿四	遲三 二二	十五 七八	二百七二 六一
廿五	遲二 一五	十五 六五	二百八八 三九
廿六	遲一 〇七	十五 五三	三百〇四 〇四
廿七	遲〇 七一	十五 四一	三百十九 五七

求遲疾差

置遲疾曆日及分以十二限二十分乘之在初限巳

下為初限已上覆減中限餘為末限置立差三百二
十五以初末限乘之用減定差一千一百一十一萬八千一百又以初
末限乘之滿億為度不滿退除為分秒即遲疾差
又術置遲疾曆日及分以遲疾曆日率減之餘以其
盈遲縮疾為同名以八百二十一而一益加損減其下 盈遲縮疾為加盈疾縮遲為減
疾度亦為所求遲疾差

求朔弦望定日

以經朔弦望盈縮差與遲疾差同名相從異名相消 盈縮遲疾為同名以異名相

下行度除之即為加減差
望日及分即定朔弦望日及分若定弦望分在日出
分巳下者退一日其日命甲子算外各得定朔弦望
日辰定朔干名與後朔干同者其月大不同者其月
小內無中氣者為閏月

推定朔弦望加時日月宿度

置經朔弦望入盈縮曆日及分以加減差加減之為
定朔弦望入曆在盈便為中積在縮加半歲周為中
積命日為度以盈縮差盈加縮減之為加時定積度
以冬至加時日躔黃道宿度加而命之各得定朔弦

望加時日度
凡合朔加時日月同度便為定朔加時月度其弦望
各以弦望度加定積度為弦望月行定積度依上加
而命之各得定朔弦望加時黃道月度

推定朔弦望加時赤道月度

各置定朔弦望加時黃道月行定積度滿象限去之
以其黃道積度減之餘以赤道率乘之如黃道率而
一用加其下赤道積度及所去象限為赤道加時
定積度以冬至加時赤道日度加而命之各為赤道
弦望加時赤道月度及分 象限巳下及半周去之三象限巳下及

分去後為

推朔後平交入轉遲疾曆

置交終日及分內減經朔入交日及分為朔後平交
日以加經朔入轉為朔後平交入轉在轉中巳下為
疾曆巳上去之為遲曆

求正交日辰

置經朔加朔後平交日以遲疾曆依前求到遲疾差
遲加疾減之為正交日及分其日命甲子算外即正
交日辰

推正交加時黃道月度

置朔後平交日以月平行度乘之爲距後度以加經
朔中積爲冬至距正交定積度以冬至日躔黃道宿
度加而命之爲正交加時月離黃道宿度及分秒

求正交在二至後初末限

置冬至距正交積度及分在半歲周巳下爲冬至後
巳上去之爲夏至後其二至後在象限巳下爲初限
巳上減去半歲周爲末限

求定差距差定限度

置初末限度以十四度六十六分乘之如象限而一
爲定差反減十四度六十六分餘爲距差以二十四

乘定差如十四度六十六分而一所得交在冬至後
名減夏至後各加皆加減九十八度爲定限度及分
秒

求四正赤道宿度

置冬至加時赤道度命爲冬至正度以象限累加之
各得春分夏至秋分正積度各命赤道宿次去之爲
四正赤道宿度及分秒

求月離赤道正交宿度

以距差加減春秋二正赤道宿度爲月離赤道正交
宿度及分秒　冬至後初限減末限加視春正
　　　　　　夏至後初限加末限減視秋正

求正交後赤道宿積度入初末限

各置春秋二正赤道所當宿全度及分以月離赤道
正交宿度及分減之餘爲正交後積度以赤道宿次
累加之爲滿象限巳下減之爲半交後又去之爲再
去之爲半交後視各交積度在半象巳下爲初限再
上用減象限餘爲末限

求月離赤道正交後半交白道
赤道內外度及定差

置各交定差度及分以二十五乘之如六十一而一
所得視月離黃道正交在冬至後爲減夏至後爲

宿度爲加皆加減二十三度九十分爲月離赤道後
半交白道出入赤道內外度及分以周天六之一六
十度八十七分六十二秒半除之爲定差　月離赤道
　　　　　　　　　　　　　　　　　正交後爲
　　外中交　　　　　　　　　　　　　　內中交

求月離出入赤道內外白道去極度

置每日月離赤道交後初末限用減象限餘爲白道
積用其積度減之餘以其差率乘之所得百約之以
加其下積差爲每日月離赤道內減外加象限爲定
差乘之爲每日月離白道去極度及分秒
每日月離白道去極度及分秒

求每交月離白道積度及宿次

置定限度與初末限相減相乘退位為分為定差〔正交、中交後為加，半交後為減〕以差加減正交後赤道積度為月離白道定積度，以前宿白道定積度減之，各得月離白道宿次及分。

推定朔弦望加時月離白道宿度

各以月離赤道正交宿度，距所求定朔弦望加時月離赤道宿度為正交後積度，滿象限去之，為半交後，又去之，為中交後，視交後積度在半象已下為初限，已上用減象限為末限，以初末限

與定限度相減相乘退位為分，分滿百為度為定差〔正交、中交後為減，半交、中交後為加〕以差加減月離赤道正交後積度為定積度，以正交宿度加之，以其所當月離白道宿次去之，各得定朔弦望加時月離白道宿度及分秒。

求定朔弦望加時及夜半晨昏入轉

置經朔弦望入轉日及分，以定朔弦望加減差加減之，為定朔弦望入轉日及分，以定朔弦望日下分減之，為夜半入轉，以晨分加之為昏轉，昏分加之為晨轉。

求夜半月度

置定朔弦望日下分，以其入轉日轉定度乘之，萬約

為加而命之，各得夜半月離宿度及分秒。

求晨昏月度

置其日晨昏分，以夜半入轉日轉定度乘之，萬約為晨昏轉度，各加夜半定積度為晨昏定積度，加命如前，各得晨昏月離宿度及分秒。

求每日晨昏月離白道宿次

累計相距日數轉定度，與定朔弦望晨昏〔朔後用昏，望後用晨〕宿次前後相距度相減，餘以相距日數除之為日差，〔距度多為加，距度少為減〕以加減每日轉定度為行定度，以累加定朔弦望晨昏〔朔望俱用晨昏〕月度，加命如前，即每日晨昏月離白

志卷第六

翰林學士亞中大夫知 制誥兼修 國史臣宋濂 翰林待制奉議郎兼 國史院編修官臣揭▢等奉

勅修

曆四

授時曆經下

步中星第五

大都北極出地四十度太強

冬至去極一百一十五度二十一分七十三秒

夏至去極六十七度四十一分一十三秒

冬至晝夏至夜三十八百一十五分九十二秒

昏明二百五十分

黄道出入赤道內外去極度及半晝夜分

黄道積內外 內外 冬至前夏至前 冬晝夏夜

　　　　　後去極後去極 夏夜冬

夏至晝冬至夜六千一百八十四分八秒

度				差

（表：度〔初、一、二、三、四〕及各項數值從略）

元史志卷七　一

元史志卷七　二

元史志卷七

三

二五 二六 二七 二八 二九 三十 三一 三二 三三 三四 三五 三六 三七 三八 三九 四十 四一 四二 四三 四四

元史志卷七

四

四五 四六 四七 四八 四九 五十 五一 五二 五三 五四 五五 五六 五七 五八 五九 六十 六一 六二 六三 六四

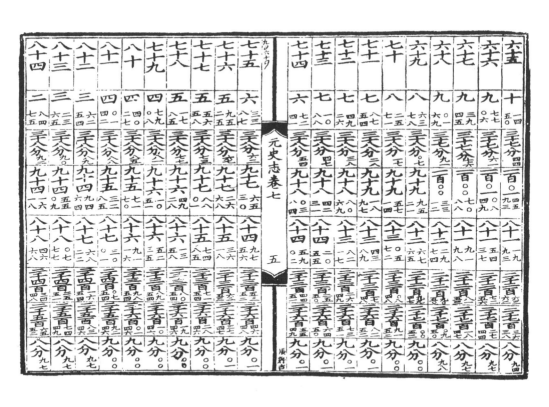

求每日黃道出入赤道内外去極度

置所求日晨前夜半黃道積度満半歲周去之在象限已下爲初限已上復減半歲周餘爲入末限満積度去之餘以其段内外差乘之百約之所得用減内外度爲出入赤道内外度内減外加象限即所求去極度及分秒

求每日半晝夜及日出入晨昏分

置所求入初限末限満積度去之餘以晝夜差乘之百約之所得加減其段半晝夜分爲所求日半晝夜分便爲日出分用減日周餘爲日入分以昏明分減日出分餘爲晨分加日入分爲昏分

前多後少爲減前少後多爲加

求晝夜刻及日出入辰刻

置半夜分倍之百約爲夜刻以減百刻餘爲晝刻以

日出入分依發斂求之即得所求辰刻

求更點率

置晨分倍之五約爲更率又五約更率爲點率

求更點數

置所求更點數以更率乘之加其日昏分依發斂

求之即得所求辰刻

置半日周以其日晨分減之餘爲距中分以三百六

十六度二十五分七十五秒乘之如日周而一所得

爲距中度用減一百八十三度一十二分八十七秒

半倍之五除爲差度及分

求昏明五更中星

置距中度以其日午中赤道日度加而命之即昏中

星所臨宿次爲初更中星以更差度累加之爲逐

道宿次去之爲逐更及曉中星宿度及分秒　其九

服所在晝夜刻分及中星諸率並准隨處北極出地

度數推之　所推自相乘與距漏

求九服所在漏刻

各於所在以儀測驗或下水漏以定其晷冬至或夏

至夜刻與五十刻相減餘爲至差刻置所求日黃道

去赤道內外度及分以至差刻乘之進一位如二百

三十九而一所得內減外加五十刻即所求夜刻以

減百刻餘爲晝刻　其日出入辰刻及更點率依術求之

步交會第六

交終分二十七萬二千一百二十二分二十四秒

交中十三萬六千六十一分一十二秒

交差二日三千一百八十三分六十九秒

交終二十七日二千一百二十二分二十四秒

交中十三日六千六十一分一十二秒

交應二十六萬一百八十七分八十六秒

交望十四日七千六百五十二分九十六秒半

正交三百五十七度六十四分

中交一百八十八度五分

日食陽曆限六度　　定法六十

陰曆限八度　　定法八十

月食限十三度五分　　定法八十七

推天正經朔入交

置中積，加交應，減交閏餘，滿交終分去之，不盡，以日周約之為日，不滿為分秒，即天正經朔入交汎日及分秒。〔滿交終者去之，之不盡以減交終餘，交應如上。〕

求次朔望入交
置天正經朔入交汎日及分秒，即天正經朔望入交終日去之，即為次朔望入交汎日及分秒。

各置入交汎日及分秒，減去經朔望小餘，即為定望夜半入交。若定日有增損者，亦如之，否則因經為定。大月加二日，小月加一日，餘皆加七千八百七十

七分七十六秒，即次朔夜半入交。累加一日，滿交終日去之，即每日夜半入交汎日及分秒。

求定朔望加時入交
置經朔望入交汎日及分秒，以定朔望加減差加減之，即定朔望加時入交汎日及分秒。以定朔望加減之，即定朔望加時入交汎日及分秒，以月平行度乘之為交

求交常交定度
置經朔望入交汎日及分秒，以盈縮差盈加縮減之為交常度，以盈縮差盈加縮減之為交定度。

日食，視定朔分在半日周已下，去減半周為中前；已

上，減去半周為中後，與半周相減相乘，退二位，如九十六而一為時差，中前以減，中後以加，皆加減定朔分為食甚定分，以中前後分各加時差為距午定分。

月食，視定望分在日周四分之一已下為卯前，已上覆減半周為卯後，減日周為酉後，以卯酉前後分自乘，退二位，如四百七十八而一為時差，子前以減，子後以加，皆加減定望分為食甚定分，各依發斂求之，即食甚辰刻。

求日月食甚入盈縮曆及日行定度

術求盈縮差，盈加縮減之，為食甚入盈縮曆定度。置經朔望入盈縮曆日及分，以食甚日及定分加之，以經朔望日及分減之，即為食甚入盈縮曆。

求南北差
視日食甚入盈縮曆定度，在象限已下為初限，已上用減半歲周為末限。以初末限度自相乘，如一千八百七十一而一度，不滿退除為分秒，用減四度四十六分，餘為南北汎差。以距午定分乘之，以半晝分除之，所得以減汎差為定差。〔定差不及減者反減之為差，應加者減之，減者加之。〕在盈初縮末者，交前陰曆減陽曆加，交後陰曆加

陽曆減在縮初盈末者交前陰曆加陽曆減交後陰
曆減陽曆加

求東西差
視日食甚入盈縮曆定度與半歲周相減相乘如一
千八百七十而一爲度不滿退除爲分秒爲東西汜
差以距午定分乘之以日周四分之一除之爲定差
　若在汜差上佰汜差依其加減減
置正交中交度以南北東西差加減之爲正交中交
限度及分秒

求日食正交中交限度

陽曆加
陽曆加交後陰曆加陽曆減
陽曆減交後陰曆加陽曆減在盈中後前者交前陰曆加
陽曆減交後陰曆加陽曆減在縮中後前者交前陰曆加
加陽曆減交後陰陽曆減

求日食入陰陽曆加陽曆減
視交定度在中交限巳下以減中交限爲陽曆交前
度巳上減去中交限爲陰曆交後度在正交限巳下
以減正交限爲陰曆交前度巳上減去正交限爲陽
曆交後度

求月食入陰陽曆去交前後度

視交定度在交中度巳下爲陽曆巳上減去交中爲
交後度
陰曆視入陰陽曆在後準十五度半巳下爲交後度
　不及減食限者不食餘如覆減
前準一百六十六度三十九分六十八秒巳上覆減
交中餘爲交前度及分

求日食分秒
視去交前後度各減陰陽曆食限不及減食限者不
食餘如定法
　東西差者不用南北
而一各爲日食之分秒

求月食分秒
視去交前後度以減陰陽曆去交前後度不用南北
東西差者
法而一爲月食之分秒

求日食定用及三限辰刻
置日食分秒與二十分相減相乘平方開之所得以
五千七百四十乘之如入定限行度而一爲定用分
以減食甚定分爲初虧加食甚定分爲復圓依發斂
求之即日食三限辰刻

求月食定用及三限辰刻
置月食分秒與三十分相減相乘平方開之如入定
限行度而一爲定用分
五千七百四十乘之如入定限行度而一爲定用分
以減食甚定分爲初虧加食甚定分爲復圓依發斂
求之即月食三限辰刻

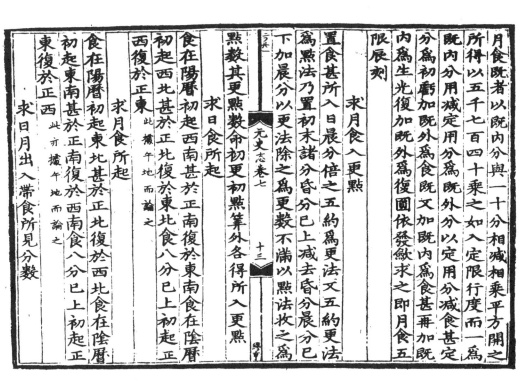

月食既者以既內分與一十分相減相乘平方開之
所得以五千七百四十乘之如入定限行度而一爲
既內分用減定用分爲既外分以定用減食甚定
分爲初虧加既外分爲食既又加既內爲食甚再加既
內爲生光復加既外爲復圓依發斂求之即月食五
限辰刻

求月食入更點

置食甚所入日晨分倍之五約爲更法又五約爲法
爲點法乃置初末諸分昏分已上減去昏分晨分已
下加晨分以更法除之爲更數不滿以點法收之爲
點數其更點數命初更初點算外各得所入更點

求日食所起

食在陽曆初起西南甚於正南復於東南食在陰曆
西復於正東　此亦據午地而論之

求月食所起

食在陽曆初起西北甚於正北復於東北食在陰曆
初起西北甚於正北復於東北食八分已上初起正
食在陽曆初起東北甚於正北復於西北食在陰曆
初起東南甚於正南復於西南食八分已上初起正
東復於正西　此亦據午地而論之

求日月出入帶食所見分數

視其日日出入分在初虧已上食甚已下者爲帶食
各以食甚分與日出入分相減餘爲帶食差以乘所
食之分滿定用分而一　如月食既者以既內分減既外分即所食之分不及減既者爲帶食既出入所以減既內分爲帶食分
日月出入帶食所見之分　已退其食甚在晝晨昏爲漸退已退其食甚在夜晨昏爲漸進

求日月食甚宿次

置日月食甚入盈縮曆定度在盈便爲定積在縮加
半歲周爲定積　望即更加天正冬至加時黃道日
度加而命之各得日月食甚宿次及分秒

步五星第七

曆度
三百六十五度二十五分七十五秒

曆中
一百八十二度六十二分八十七秒半

曆策
一十五度二十一分九十秒六十二微半

木星
周率三百九十八萬八千八百分
周日三百九十八日八十八分

曆率四千三百三十一萬二千九百六十四分八十六秒半
度率一十一萬八千五百八十二分
合應一百一十七萬九千七百二十六分
曆應一千八百九十九萬九千四百四十八分
盈縮立差二百三十六加
平差二萬五千八百九十七一十二減
定差一千八十九萬七千八百一十一分
伏見一十三度

段目	段日	平度	限度	初行率
合伏	一十六日六十三	二度八十六	九十三	二十三分
晨疾初	二十八日四	六度十四	六十四	二十二分
晨疾末	二十八日	五度五十一		二十一分
晨遲初	二十八日	四度三十二		一十八分
晨遲末	二十八日	一度二十八		一十二分
晨留	二十四日			
晨退	四十六日八十四半	四度二十	三十二半	一十六分
夕退	四十六日八十四半	四度二十	八十七半	一十六分
夕留	二十四日	空		
夕遲初	二十八日	一度九十二	一度	四十五

林茂卿

夕遲末二十八日　四度　三十二　一十二分
夕疾末二十八日　五度　五十一　一十八分
夕疾初二十八日　六度　六十四　二十一分
夕伏一十六日六十三度　二度　九十三　二十二分

火星
合應五十六萬七千五百四十五分
周率七百七十九萬九千二百九十分
周日七百七十九日九十二分九十秒
曆率六百八十六萬九千五百八十分四十三秒
度率一萬八千八百七分半
曆應一千七百五十七萬三千四百七十七分
盈初縮末立差一十一萬二千三百二十減
平差八萬三千一百四十五減
定差八百四十七萬八千一百加
縮初盈末立差三萬二千三百五十減
平差二萬三千二百三十五減
定差二千九百九十七萬二千九百減
伏見一十九度

段目	段日	平度	限度	初行率
合伏	六十九日	五十度	四十六度五十	七十三分

林茂卿

元史志卷七 〈十七〉

晨疾初 五十九日／四十一度八十七／三十八度八十七，七十二分
晨疾末 五十七日／三十九度。八／三十六度，七十分
晨次疾初 五十三日／三十四度六十／三十一度，七十四分
晨次疾末 四十七日／二十七度。六／二十五度，五十三分
晨遲初 三十九日／一十七度七十／二十六度，四十八分
晨遲末 二十九日／八度二十／六度，四十四分
晨留 八日（九十六，四十五）
晨退 二十八日（九十六，四十五）／六度二十／五度，三十八分
夕退 二十八日（九十六，四十五）／六度二十／五度，七十七
夕留 八日
夕遲初 二十九日／六度二十／六度，七十七
夕遲末 三十九日／一十七度七十／二十五度，五十三分
夕次疾初 四十七日／二十七度。四／二十五度，五十三分
夕次疾末 五十三日／三十四度。八／三十一度，六十二分
夕疾初 五十七日／三十九度。八／三十六度，七十分
夕疾末 五十九日／四十一度八十／三十八度，五十七十二分
夕伏 六十九日／五十度／四十六度，五十七，十二分

土星
周率：三百七十八萬九百一十六分
周日：三百七十八日九分一十六秒

曆率一億七百四十七萬八千八百四十五分
　十六秒
度率二十九萬四千二百五十五分
合應一十七萬五千六百四十三分
曆應五千二百二十四萬五千六百六十一

	立差	平差	定差
盈	二百八十四　加	一萬五千一百五十一　減	五百一十四萬六千一百
縮	三百三十一　加	一萬五千一百二十六　減	五百一十一萬一百二十四萬六千一百

元史志卷七 〈十八〉

段目	合伏	晨疾	晨次疾	晨遲	晨留	晨退	夕退
伏見一十八度							
段日	二十日	三十日	二十九日	三十日	三十日	五十二日	五十二日
平度	二度四十	三度四十	二度七十五	二度五十		一度	一度
限度	一度四十九	一度四十	一度十二	一度十	初八十三	初四十五	初二十八
初行率	一十二分	十二分	十分	八分	八分	初四十五半	二十分

定差一千一百一萬七千五百百

金星

度率一萬
曆率三百六十五萬二千五百七十五分
周率五百八十三萬九千十分二十六秒
周日五百八十三日九十分二十六秒
曆應一十一萬九千七百六十三分三十九分
合應五百八十一萬三千三百二十分
盈縮立差一百四十一加
平差三減
定差三百五十一萬五千五百
伏見一十度半

（前段・土星 末）

段目	段日	平度	限度	初行率
夕留	三十日			一度
夕遲	二十六日	二十九日		一度五十
夕次疾	二十九日	三十日	二度七十五	一度七十二
夕疾	三十日	三十日	三度四十	二度四十九
夕伏	二十日四十	二度四十	一度十分	

（金星）

段目	段日	平度	限度	初行率
合伏	三十九日	四十九度五十	五十四度	一度二十七分半
夕疾初	五十二日	六十五度五十	六十三度四十	一度二十六分半
夕疾末	四十九日	六十一度	五十八度七十	一度二十五分半

（金星・續）

段目	段日	平度	限度	初行率
夕次疾初	四十二日	五十度二十	四十八度六十	一度十六分
夕次疾末	三十九日	四十二度	四十度九十一	一度二分
夕遲初	三十三日	二十七度	二十五度九十	六十二分
夕遲末	十六日	四度二十五	四度九	
夕留	五日			
夕退	十日	三度		一度
夕退伏	六日	四度		一度六十二
合退伏	六日	六度		一度六十二
晨退	十日	三度		一度
晨留	五日			
晨遲初	一十六日	四度二十五	四度九	
晨遲末	三十三日	二十七度	二十五度九十	六十二分
晨次疾初	三十九日	四十二度	四十度九十一	一度二分
晨次疾末	四十二日	五十度二十	四十八度六十	一度十六分
晨疾初	四十九日	六十一度	五十八度七十	一度二十五分半
晨疾末	五十二日	六十五度五十	六十三度四十	一度二十六分半
晨伏	三十九日	四十九度五十	五十四度	一度二十七分半

水星

周率一十五萬八千七百七十六分
周日一百一十五日八十七分六十秒

曆率三百六十五萬二千五百七十五分

度率一萬

曆應二百五十萬五千一百六十一分

盈縮立差一百四加

平差二千一百六十五減

定差三百八十七萬七千

夕伏晨見一十九度

晨伏夕見一十六度半

段目	段日	平度	限度	初行率
合伏	一十七日七十三分五十	三十四度二十	二十六度。八二	二十三分五十八
夕疾	一十五日	二十一度八十六	二十八度六十一	二十一度七十四
夕遲	一十二日	一十度二十	八度五十九	一度三十四
夕留	二日			
夕退伏	一十一日六七	二度一十	二度八八	一度四六
合退伏	一十一日六十七	二度八十	二度一十	一度
合伏	二日			
晨留	一十二日二十	一十度二十	八度五十九	一度
晨遲	一十五日	二十一度八十六	二十八度六十一	一度
晨疾	一十七日五七	三十四度二十	二十九度	一度三十四
晨伏	三十四度五七	二十九度。八	一度三七三十四	

置中積加合應以其星周率去之不盡為前合復減
周率餘為後合以日周約之得其星天正冬至後平
合中積命為日日中積以度累加中星即諸
段中積以度累加中星經退則減之即為諸段中星
之上考者中積內減合應滿周率去之不盡
便為所求後合分命諸段中星滿周率去之餘同上

推五星平合及諸段入曆

各置中積加曆應及所求後合分滿曆率去之不盡
如度率而一為度不滿退除為分秒即其星平合入
曆度及分秒以諸段限度累加之即諸段入曆

求盈縮差

置入曆度及分在曆中已下為盈已上減去曆中
餘為縮視盈縮曆應縮曆在九十一度三十一分四十三秒
已下為初限已上用減曆中餘為末限

置初限已上用減曆中餘為末限縮曆在一百二十
一度七十五分二十五秒已下為初限已上用減曆
中餘為末限置各星立差以初末限乘之去加減平

其火星盈曆在六十度八十七分六十二秒半已下
為初限已上用減曆中餘為末限

差得又以初末限乘之去加減定差再以初末限乘
之滿億為度不滿退除為分秒即所求盈縮差
又術置盈縮曆以曆策除之為策數不盡為策餘以
其下損益率乘之為策除之所得益加損減其下盈
縮積亦為所求盈縮差

求平合諸段定積

各置其星其段盈縮差盈加縮減之即其
段定積日及分秒以天正冬至日分加之滿紀法去
之不滿命甲子算外即得日辰

求平合及諸段所在月日

正十一月算外即其段入月經朔日數及分秒以日
各置其段定積以天正閏日及分加之滿朔策除之
辰相距為所在定月日

求平合及諸段加時定星

各置其段中積以其盈縮差盈加縮減之即其
諸段定星以盈縮差盈加縮減之即
其星其段加時所在宿度及分秒

求諸段初日晨前夜半定星

各以其段初行率乘其段加時分百約之乃順減退

《元史志卷七》 九三 趙景云

加其日加時定星即其段初日晨前夜半定星加命
如前即得所求

求諸段日率度率

各以其段日辰距後段日辰為日率以其段夜半宿
次與後段夜半宿次相減餘為度率

求諸段平行分

各置其段度率以其段日率除之即其段平行度及
分秒

求諸段增減差及日差

各置其段平行分與後段平行分相減為其段汎差倍
以本段前後平行分相減為其段汎差倍而退位為
分秒

增減差以加減其段平行分為初末日行分少
一除之為日差
前多後少者為減初加為末
前遲者置前段末日行分倍其日差減之為初日行
分以減伏段平行分餘為增減差
後伏者置前段末日行分加其日差之半為初日行
分
前伏者置後段初日行分加其日差之半為末日行
分

《元史志卷七》 九四 景云

後遲者置後段初日行分倍其日差減之爲末日行

分以遲疾平行分減之餘爲增減差之數前後近留

木火土三星退行者六因平行分退一位爲增減差

金星前後退伏者三因平行分半而退位爲增減差

前退者置後段初日行分以其日差減之爲末日行

分

後退者置前段末日行分以其日差減之爲初日行

水星退行者半平行分減之餘爲增減差皆以增減

平行分爲初末日行分　前多後少者加爲初減爲末

分　前少後多者減爲初加爲末

又倍增減差爲總差以日率減一除之爲日差

求每日晨前夜半星行宿次

各置其段初日行分以日差累損益之爲每日行分

後多則益之爲每日行度及分秒乃順加退減滿宿

次去之即每日晨前夜半星行宿次

求五星平合見伏入盈縮曆

置其星其叚定積日及分秒　若滿歲周日及分秒去

之爲入盈曆滿半歲周去之爲入　如在半歲周巳下爲入盈曆巳上反減半

縮曆各在初限巳下爲初限巳上　歲周餘在次年天正冬至

爲末限即得五星平合見伏入盈縮曆日及分秒

求五星平合見伏行差

各以其星其叚初日星行分與其叚初日太陽行分

相減餘爲行差若金水二星在退合者以太陽行分

加其叚行分併其叚初日太陽行分爲行差內水星

夕伏晨見者直以其叚行分爲行差

求五星定合定見定伏泛積

木火土三星以平合晨見夕伏定積日便爲定合伏

見沉積日及分秒

金水二星置其叚盈縮差度及

分秒　水星倍之爲日不滿退除爲分以太陽盈縮

積在平合夕見晨伏者盈減縮加在退合夕伏晨見

者盈加縮減各以加減定積爲定合伏見沉積日及

分秒

求五星定合定星

木火土三星各以平合行差除其叚初日太陽盈縮

積爲距合差日不滿退除爲分秒以太陽盈縮

積爲距合差度各置其叚定積日及分秒金水二星

之爲距合差度以距合差日盈

減縮加之爲其星定合定積日及分秒以距合差度

盈減縮加之爲其星定合定星度及分秒

求五星定合定積定星

木火土三星各以平合行差除其叚初日太陽盈縮

積爲距合差日不滿退除爲分秒以太陽盈縮

順合退合者各以平合退合行差除其叚初日太陽盈

積爲距合差日不滿退除爲分秒順加退減太陽盈

縮積爲距合差度順合者盈加縮減其星定合沉積

爲其星定合定積日及分秒退合者以距合差日爲盈

加縮減距合差度盈加縮減其星退定合沉積爲其

星退定合定積日及分秒加縮減如晨見夕伏

秒以天正冬至加時黃道宿度及分秒加其星定合

分秒滿旬周去之命甲子算外即得定合日辰及分

次積在其日太陽行分秒下爲其星伏合夜半黃道宿

以其星夜半黃道宿次減夜半黃道宿餘在其日

定星度及分秒滿黃道宿次去之即得定合

道宿度及分秒往求五星合伏日木火土三星以黃

求木火土三星定見伏定積日

星退行過太陽宿次爲其日定合金水二星退宿

金水二星行分已下者爲其日伏合金水二星

《元史志卷七》　九七

各置其星定見伏沉積日及分秒晨加夕減九十

一日三十一分六秒如在半歲周已下自相乘已上

反減歲周餘亦自相乘滿七十五除之爲分秒

度不滿退除爲秒以其星見伏度乘之一十五除之

所得以其段行差除之爲日不滿退除爲分秒加

伏減沉積爲其星定見伏定積日辰及分秒加

即得定見定伏日辰及分秒

求金水二星定見伏定積日

各以伏見日行差除其段初日太陽盈縮積爲日不

滿退除爲分秒若夕見晨伏盈加縮減如晨見夕伏

盈減縮加以加減其星定見伏沉積日及分秒爲

常積如在半歲周已下爲冬至後夕見晨伏者冬

至後各在九十一日三十一分六秒已下自相乘已

又以其星見伏度乘之一十五除之所得滿行差除

八而一爲分冬至後夕見夏至後晨見者冬至

之爲日不滿退除爲分秒加減常積爲定積在晨見

《元史志卷七》　九八

夕伏者冬至後加之夏至後減之夕見晨伏者冬至

後減之夏至後加之爲其星定見伏定積日及分

秒加命如前即得定見定伏日晨及分秒

志卷第七

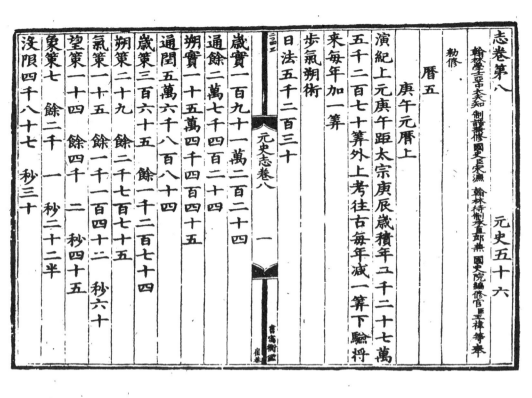

翰林學士承旨太知　制誥兼修國史臣宋濂　翰林侍制兼著作郎臣　國史院編修官臣王禕等奉

勅修

曆五

庚午元曆上

步氣朔術

演紀上元庚午距太宗庚辰歲積年二千二十七萬五千二百七十算外上考往古每年減一算下驗將來每年加一算

日法五千二百三十

歲實一百九十一萬二百二十四

通餘二萬七千四百二十四

朔實一十五萬四千四百四十五

歲閏五萬六千八百八十四

歲策三百六十五　餘一千二百七十四

朔策二十九　餘二千七百七十五

氣策一十五　餘一千一百四十二　秒六十

望策一十四　餘四千　二秒四十五

象策七　餘二千　一秒二十二半

沒限四千八十七　秒三十

元史志卷八　一

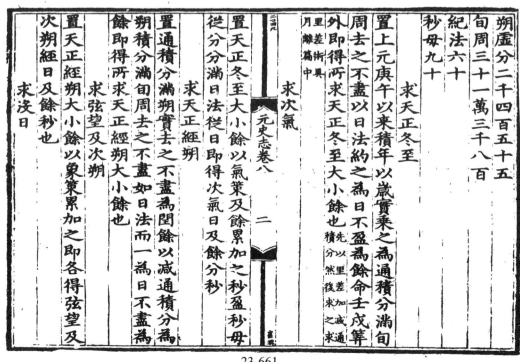

朔虛分二千四百五十五

旬周三十一萬三千八百

紀法六十

秒母九十

月離術具　里差術具中

元史志卷八　二

求次氣

置上元庚午以來積年以歲實乘之為通積分滿旬周去之不盡以日法約之為日不盈為餘命壬戌算外即得兩求天正冬至大小餘也（先以里差加減之求通積分然後求之）

求天正冬至

置天正冬至大小餘以氣策及餘累加之秒盈秒母從分分滿日法即得次氣日及餘分秒

求天正經朔

置通積分滿朔實去之不盡為閏餘以減通積分為朔積分滿旬周去之不盡如日法而一為日不盡為餘即得兩求天正經朔大小餘也

求弦望及次朔

置天正經朔大小餘以象策累加之即各得弦望及次朔經日及餘秒也

求沒日

置有沒之氣恒氣小餘如沒限以上為有沒之氣以
秒母乘之內其秒用減四十七萬七千五百五十六
餘滿六千八百五十六而一所得併入恒氣大餘內
命壬戌算外即得為沒日也

求滅日

置有滅之朔小餘（經朔小餘滿朔虛分者不）六因之如四百九十
一而一所得併經朔大餘命為滅日

步卦候發斂術

卦策六　餘四百五十七　秒六

候策五　餘三百八十　秒八十

貞策三　餘二百二十八　秒四十八

元史志卷八　三

辰法二千六百一十五

半辰法一千三百七半

刻法三百一十三　秒八十

辰刻八　分一百四　秒六十

半辰刻四　分五十二　秒三十

秒母九十

秒母一百

求七十二候

置節氣大小餘命之為初候以候策累加之即得次

候及末候也

求六十四卦

置中氣大小餘命之為公卦以卦策累加之得辟卦又
以卦策加之得大夫卦又以卦策加之為卿卦也

求土王用事

以貞策減四季中氣大小餘即得土王用事日也

元史志卷八　四

置小餘以六因之如辰法而一為辰數不盡以刻法
除為刻命子正算外即得加時所在辰刻分也（半辰如辰）

求發斂（法子初即命　三百六十一）

求二十四氣卦候

恒氣（月中節四正卦）	初候	次候	末候	始卦	中卦	終卦
冬至十一月中坎初六	蚯蚓結	麋角解	水泉動	公中孚	辟復	侯屯內
小寒十二月節坎九二	鴈北鄉	鵲始巢	雉始雊	侯屯外	大夫謙	卿睽
大寒十二月中坎六三	雞始乳	鷙鳥厲疾	水澤腹堅	公升	辟臨	侯小過內
立春正月節坎六四	東風解凍	蟄蟲始振	魚上冰	侯小過外	大夫蒙	卿益
雨水正月中坎九五	獺祭魚	鴻鴈來	草木萌動	公漸	辟泰	侯需內
驚蟄二月節坎上六	桃始華	倉庚鳴	鷹化為鳩	侯需外	大夫隨	卿晉
春分二月中震初九	玄鳥至	雷乃發聲	始電	公解	辟大壯	侯豫內

《元史志卷八》 五

步日躔術

清明 三月節 震六二 桐始華 田鼠化為鴽 虹始見 候譟外 大夫訟 卿蠱

穀雨 三月中 震六三 萍始生 鳴鳩拂其羽 戴勝降于桑 候豫外 大夫革 卿夬

立夏 四月節 震九四 螻蟈鳴 蚯蚓出 王瓜生 候旅外 大夫比 卿小畜

小滿 四月中 震六五 苦菜秀 靡草死 小暑至 候大有外 大夫家人 卿井

芒種 五月節 震上六 螳螂生 鵙始鳴 反舌無聲 候大有外 大夫乾 卿同人

夏至 五月中 離初九 六五 鹿角解 蜩始鳴 半夏生 候恒外 大夫節 卿同人

小暑 六月節 離九二 溫風至 蟋蟀居壁 鷹乃學習 候鼎外 大夫豐 卿渙

大暑 六月中 離九三 腐草為螢 土潤溽暑 大雨時行 候恒外 大夫履 卿異內

立秋 七月節 離九四 涼風至 白露降 寒蟬鳴 候旅內 公咸 辟否 候異內

處暑 七月中 離九五 鷹乃祭鳥 天地始肅 禾乃登 公損

白露 八月節 離上九 鴻鴈來 玄鳥歸 群鳥養羞 候異外 大夫革 卿大畜

秋分 八月中 兌初九 雷乃收聲 蟄蟲坯戶 水始涸 公賁 辟觀 候歸妹內

寒露 九月節 兌九二 鴻鴈來賓 雀入大水化為蛤 菊有黃花 候歸妹內 大夫无妄 卿明夷

霜降 九月中 兌六三 豺乃祭獸 草木黃落 蟄蟲咸俯 公困 辟剝 候良內

立冬 十月節 兌九四 水始冰 地始凍 雉入大水化為蜃 候良外 大夫既濟 卿噬嗑

小雪 十月中 兌九五 虹藏不見 天氣上騰地氣下降 閉塞成冬 公大過 辟坤 候未濟內

大雪 兌上六 十一月節 鶡鴠不鳴 虎始交 荔挺出 候未濟外 大夫蹇 卿頤

冬至 十一月中 ...

歲差 六十八 秒九十八

周天分 一百九十一萬二千二百九十二 秒九十八

《元史志卷八》 六

恒氣日積度盈縮

二十四氣日積度盈縮

分秒母一百

象限九十一 分三十一 秒九

周天度三百六十五 分二十五 秒六十七

秒母一百

恒氣	日積度		損益率	盈縮積
冬至空	空		益七千五百九十四	盈空
小寒十五			益六千...	盈七千五百九十四
大寒三十一				
立春四十七				
雨水六十二				
驚蟄七十八				
春分九十三			損七千...	
清明一百八			損...	
穀雨一百二十三				
立夏一百三十八				
小滿一百五十三				
芒種一百六十八				
夏至一百八十三				縮空
小暑一百九十七				縮七千

二十四氣中積及朓朒

恆氣中積　延分約分　損益率　初末率　日差　朓朒積

氣	中積	損益率	朓朒積
冬至	空	益二百一十六	朓空
小寒	十五	益二百一十二	朒二百七十六
大寒	三十	益二百一十三	朒五百
立春	四十五	益一百八十五	朒六百九十三
雨水	六十	益八十三	朒八百三十八
驚蟄	七十六	損二十九	朒九百四十
春分	九十二	損二十九	朒九百二十一
清明	百六	損八十三	朓九百二十一

（右方各節氣：大暑二百二十、立秋二百六、處暑二百四十一、白露二百五十四、秋分二百六十七、寒露二百八十一、霜降二百九十四、立冬三百七、大雪三百二十、小雪三百三十三、立冬……，縮數若干）

求每日盈縮朓朒

求盈縮朓朒用盈縮之損益，朓朒用朓朒之損益，六因如象。

各置其氣損益率，限而一為其氣中率，與後氣中率相減為合差，加減其氣中率為初末沉率。分後減初加末，向後加初減末，又置合差六……

氣	中積	損益率	朓朒積
穀雨	百二十一	損一百十五	朓八百三十八
立夏	百三十五	損一百八十五	朓六百九十三
小滿	百五十	損二百十三	朓五百
芒種	百六十六	損二百一十六	朓二百七十六
夏至	百八十二	益二百一十六	朓空
小暑	百九十七	益二百十三	朒二百七十六
大暑	二百十二	益二十九	朒五百
立秋	二百二十六	損二十九	朒六百九十三
處暑	二百四十一	損八十三	朒八百三十八
白露	二百五十六	損一百十五	朒九百四十
秋分	二百七十一	損一百八十五	朒九百二十一
寒露	二百八十六	損二百十三	朒八百十一
霜降	三百	損二百十六	朒六百九十三
立冬	三百十五	損二十九	朒五百
小雪	三百三十	損二十九	朒二百七十六
大雪	三百四十五	損百二十六	朒一百八十

因如象限而一為日差半之加減初末沉率為每
定率分至後加初減末以日差累加減氣下盈縮
日損益分至後加初減末以日差累加減氣初定率為每
朓朒為每日盈縮朓朒各以每日

求經朔弦望入氣
置天正閏餘以日法除為日不滿為餘如氣策以下
以減氣策為入大雪氣以上去之餘以減氣策累
入小雪氣即得天正經朔入氣日及餘也以象策累
加之滿氣策去之即為弦望入次氣日及餘因加得
後朔入氣日及餘也（便為中朔）

求經朔弦望入朓朒

求每日損益盈縮朓朒
以日差益加損減其氣初損益率為每日損益率馴
積損益其氣盈縮朓朒積為每日盈縮朓朒積

求經朔弦望入氣朓朒定數
以各兩求入氣小餘以乘其日損益朓朒定數
兩得損益其下朓朒積為定數（便為中朔弦望朓朒定數）

赤道宿度

斗二十五　牛七少　女十一少　虛九少七秒六十
危十五度半　室十七　壁八太
右北方七宿九十四度七十六秒

奎十六半　婁十二　胃十五　昴十一少
畢十七少　觜半　參十半
右西方七宿八十三度

井三十三少　鬼二半　柳十三太　星六太
張十七少　翼十八　軫十七
右南方七宿一百九度少

角十二　亢九少　氐十六　房五太
心六少　尾十九少　箕十半
右東方七宿七十九度

求冬至赤道日度

置通積分以周天分去之餘滿日法而一為度不滿退
除為分秒以百為母命起赤道虛宿六度外去之不
滿宿即得所求年天正冬至加時日躔赤道宿度及
分秒（其在尋斯干之東西者皆以里差加減通積分）

求春分夏至秋分赤道日度
置天正冬至赤道日度累加象限滿赤道宿次去
之即各得春分夏至秋分加時日在宿度及分秒

求四正赤道宿積度
置四正赤道宿全度以四正赤道日度及分秒減之
餘為距後度以赤道宿度累加之各得四正後赤道

宿度及分秒

求赤道宿積度入初限

視四正後赤道宿積度及分在四十五度六十五分五十四秒半以下為入初限以上者用減象限餘為入末限

置四正後赤道宿積度入初末限度及分乘之進位滿百為分分滿一百一度餘

以初末限度及分後以加赤道宿積度為其宿黃道積度

至後以減分後以加赤道宿積度為其宿黃道積度

以前宿黃道積度減之（其限然後以前縮減之）為其宿

求二十八宿黃道度

黃道度及分（其分就近約）為太半少

黃道宿度

斗二十三　牛七　女十一　虛九少七秒十六

危十六　室十八少　壁九半

奎十七太　婁十二太　胃十五半　昴十一

右北方七宿九十四度七十六秒

畢十六半　觜半　參九太

井三十半太　鬼二半　柳十三少　星六太

張十七太　翼二十　軫十八半

右西方七宿八十三度太

右南方七宿一百九度少

角十二太　亢九太　氐十六少　房五太

心六　尾十八少　箕九半

右東方七宿七十八度少

前黃道宿度依今歷歲差所在算定如上考往古下

驗將來當攘歲差每一度依術推攘當時宿度然後

可步七曜知其所在

求天正冬至加時黃道日度

以冬至加時赤道日度及分秒減一百一度餘以冬至

加時赤道日度及分秒乘之進位滿百為分分滿百

為度命曰黃赤道差用減冬至加時赤道日度及分

秒即得所求天正冬至加時黃道日度及分秒

求二十四氣加時黃道日度

置所求年冬至日黃赤道差以次年黃赤道差減之

餘以所求氣數乘之二十四而一所得以加其氣中

積度及約分以其氣初日盈縮數盈加縮減之用加

冬至加時黃道日度依宿次去之即各得其氣加時

黃道日躔宿度依宿次去之即各得其氣加時

求二十四氣及每日晨前夜半黃道日度

前宿全度／道差餘依／術求黃赤／空分秒在／歲差以下／者即

副置其恒氣小餘以其氣初日損益率乘之

萬約之應益者盈加縮減應損者盈減縮加為其副

法除之為廢不滿退除為分秒以減其氣加時黃道

日廢即得其氣初日晨前夜半黃道日廢每日加一

廢以萬乘之又以每日損益數

縮減應損者盈減縮加為每日晨前夜半黃道日廢

及分秒

置一萬分以所求入氣日損益數加減

加縮半之滿百為分不滿為秒以加其日晨前夜半黃

道日廢即其日躔黃道宿廢及分秒

元史志卷八　十三

求每日午中黃道日廢

以二至加時黃道日廢距至所求日午中黃道日廢

為入二至後黃道積廢入初末限

求每日午中黃道積廢

視二至後黃道積廢在四十三度一十二分八十七

秒之以下為初限以上用減象限餘為入末限其積

廢滿象限去之為二分後黃道積廢在四十八度一

十八分二十一秒之以下為初限以上用減象限餘

為入末限

求每日午中赤道日廢

以所求日午中黃道積廢入至後初限分後末限度

及分秒求進三位加二十五萬二千五十少開平方除之

所得減去四百四十九半餘在初限者直以二至赤

道日廢加而命之在末限者以減象限餘以二分赤

道日廢加而命之即每日午中赤道日廢以所求日

午中黃道積廢入至後末限分後初限度及分秒進

三位同減三十萬三千五十少開平方除之所得以

減五百五十半其在初限者以所減之餘直以二至

赤道日廢加而命之在末限者以所減之餘直以二

赤道日廢加而命之即每日午中赤道日廢

元史志卷八　十四

太陽黃道十二次入官宿度

危十三度三十九分五十九秒外入衛分豕訾之次　辰在亥

奎二度三十五分八十五秒外入魯分降婁之次　辰在戌

胃四度二十四分三十三秒外入趙分大梁之次　辰在酉

畢七度九十六分六秒外入晉分實沈之次　辰在申

井九度四十七分一十秒外入秦分鶉首之次

辰在未

柳四度九十五分二十六秒外入周分鶉火之次

辰在午

張十五度五十六分三十五秒外入楚分鶉尾之次

辰在巳

軫十度四十四分 五秒外入鄭地壽星之次

辰在辰

氐一度七十七分七十七秒外入宋分大火之次

辰在卯

《元史志卷八》 十五
徐賞照

尾三度九十七分七十二秒外入燕分析木之次

辰在寅

斗四度三十六分六十六秒外入吳越分星紀之

辰在丑

女二度九十一分九十一秒外入齊分玄枵之次

辰在子

求入宮時刻

各置入宮宿度及分秒以其日辰前夜半日度減之

餘以日法乘其分 其秒從於下 為實以

間相近者求之一度之 亦通乘之

其日太陽行分為法實如法而一所得依發斂加時

求之即得其日太陽入宮時刻及分秒

步晷漏術

中限一百八十二日 六十二分 一十八秒

冬至初限夏至末限六十二日 二十分

夏至初限冬至末限一百二十日 四十二分

冬至永安晷影常數一丈二尺八寸三分

夏至永安晷影常數一尺五寸六分

半法二千六百一十五

内外法一萬 八百九十六

周法一十四萬二千一百二十八

《元史志卷八》 十六
徐賞照

日法四分之三 三千九百二十二半

日法四分之一 一千三百一十七半

昏明分一百二十分 七十五秒

昏明刻二刻一百五十六分 九十秒

刻法三百一十三分 八十秒

秒母一百

求午中入積

置所求日大餘及半法以所入氣大小餘減之為其

日午中入氣以加其氣中積為其日午中中積 以日

法除 為小餘
約分

求二至後午中入初末限

置午中中積及分如中限以下為冬至後以上去中限為夏至後其二至後如在初限以下為初限以上覆減中限餘為入末限也

求午中晷影定數

視冬至後初限夏至後末限百通日內分自相乗副置之以一千四百五十除之所得加五萬三千八百折半限分併之除其副為分滿十為寸寸滿十為尺用減冬至後地中晷影常數為求晷影定數

視夏至後初限冬至後末限百通日內分自相乗為〔限各百通日內分先相減後相乗以加其法及除上位為半〕所求晷影定數

求四方所在晷影

各於其處測冬夏二至晷數乃相減之餘為其處二至晷差亦以地中二至晷數相減為地中晷差為上位下置入限分以二百二十五乗之百約之加一十九萬八千七十五為法〔夏至前後半限列於上位以上者減以下置半〕滿十為寸寸滿十為尺用加夏至地中晷影常數為

其所求日在冬至後初限夏至後末限者如在半限以下倍之半限以上覆減全限餘亦倍之併入限日

三因拆半以日為分十分為寸以減地中二至晷差為法置所求地中冬至晷影常數以所求日地中定數減之餘以其處二至晷差乗之為實實如法而一所得以減其處冬至晷數即得其處冬至晷影定數

因四除以日為分十分為寸以加地中二至晷差為法置所求地中冬至晷影常數以加地中二至晷差乗之為實實如法而一所得以加其處夏至晷數即得其處夏至晷影定數

下倍之半限以上覆減全限餘亦倍之併入限日其所求日在夏至後初限冬至後末限者如在半限以減之餘以其處夏至晷差乗之為實實如法而一所法置所求地中夏至晷影常數以加其處二至晷差乗之為實

二十四氣陟降及日出分

	恒氣增損差	加減差 陟降率		初末率	日出分
冬至	增 初五末七	加減差	陟降率	初末率	日出分
小寒	增 初七末九	陟十		陟十	二千五百…
大寒	增 初九末十二	陟十		陟十	二千四百…
立春	增 初五末十二	陟十		陟十	二千三百…
雨水	增 初四末六	減十		陟十	二千一百…
驚蟄	增 初二末四	減十		陟十	一千九百…
春分	損 初二末五	減十		陟九	一千六百…
清明	損 初五末七	加八		陟五	一千三百…

《元史志卷八》　十九

二分前後陟降率

春分前三日太陽入赤道外故其陟降與他日不倫今各別立數而用之

驚蟄十二日陟四六十六七此為末率於此用畢減共

穀雨損
立夏損
小滿損
芒種損
夏至增
小暑增
大暑增
立秋增
慶暑增
白露增
秋分損
寒露損
霜降損
立冬損
小雪損
大雪損

《元史志卷八》　二十

減之即為每日日出分覆減日法餘為日入分以

各以陟降初率陟減降加其氣初日日出分以增損差

下日出分以增損陟降率馴積而加

此為初率始用之其

求每日日出入晨昏半晝分

秋分初日降四
二日降四
三日降四

十三日陟四
十四日陟四
十五日陟四

差亦止於此也

出分減日入分半之為半晝分以昏明分減日出分

為晨分加日出分為昏分

求日出入辰刻

置日出分以六因之為辰法法而一為辰數不盡刻不盡為分命子正算外即得所求

法除之為刻不滿為分命子正算外即得所求

求晝夜刻

置日出分十二乘之為刻法而一為刻不滿為分

刻夜覆減一百餘為晝刻及分秒

求更點率

置晨分四因之退位為更率二因更率退位為點率

求更點所在辰刻

置更點率以所求更點數因之又六因之內加昏
分滿辰法而一為辰數不盡滿刻法除之為刻數不
滿為分命其日辰刻算外即得所求

求四方所在漏刻

各於所在下水漏以定其寢夜半或夏至夜刻乃與
五十刻相減餘為至差刻置所求日黃道去赤道內
外度及分以至差刻乘之進一位歸二百三十九而
一為刻不盡以刻法乘之退除為分內減外加五十
刻即得所求日夜刻以減百刻餘為晝刻

依前術求之

黃差率等迤

求黃道內外度

置日出之分如日法四分之一以上去之餘為外分
如日法四分之一以下覆減之餘為內分置內外分
千乘之如內法而一為度不滿退除為分秒即為
黃道去赤道內外度內減外加象限即得黃道去極
度

求距中度及更差度

置半法以晨分減之餘為距中分百乘之如周法而
一為距中度用減一百八十三度一十二分八十三

秒半餘四因退位為每更差度

求昏明五更中星

置距中度以其日午中赤道日度加而命之即昏中
星所格宿次因為初更中星以更差度累加之滿赤
道宿次去之即得逐更及明中星

步月離術

轉終分一十四萬四千一百一十　秒六千二十
微六十

轉終日二十七　餘二千九百一十九　秒六千
二十　微六十

轉中日一十三　餘四千六百六十五　秒三千

朔差日一　餘五千一百四　秒三千九百七十
九微四十
十微三十

象策七　餘二千一百　秒二千五百

秒母一萬

微母一百

上弦度九十一　分三十一　秒四十一

望度一百八十二　分六十二　秒八十三半　太

下弦度二百七十三　分九十四　秒二十五　少

月平行度十三分三十六　秒八十七半

分秒毋一百．

求轉定分及積度朓朒

弦望入轉
及餘秒

一為日不滿為餘秒即天正十一月經朔入轉日及
餘秒以象策累加之去命如前得弦望經日加時入
轉及餘秒徑求次朔入轉即以朔差加之〔即加減得中朔／加得里朔〕

求經朔弦望入轉

置天正朔積分以轉終分及秒去之不盡如日法而

弦望入轉及餘秒〔凡稱秒者微從之他倣此〕

七日	初數四千六百四十八	末數五百八十二
十四日	初數四千○六十五	末數一千一百六十
二十一日	初數三千四百八十三	末數一千七百四十七
二十八日	初數二千九百○一	末數…五

求轉定分及積度朓朒

日	弦望入轉及餘秒		求轉定分及積度朓朒
一日	一千四百六十八　度初	疾初	益五百十三　朓初
二日	一千四百五十七　度六十八	疾一度三十	益四百六十九　朓五百十三
三日	一千四百四十二　度二十九	疾二度二十五	益四百二十一　朓九百八十二
四日	一千四百二十二　度四十一度	疾三度六七	益三百三十二　朓千四百○三
五日	一千三百九十九　五十七度	疾四度八九	益二百四十三　朓千七百三十五

日	轉定分	積度	遲疾	損益	朓朒
六日	千二百一十三	七十七度八十八	疾五度三	益一百四十一	朓千二百六十八
七日	千二百四十七	八十五度六十二	疾五度四十三	益六十三	朒千二百六十八
八日	千二百九十一	九十四度二十四	疾五度三十五	損一百四十一	朒千二百二十五
九日	千三百二十四	一百度六十九	疾五度十二	損二百二十九	朒千○八十二
十日	千三百四十七	百七度二十四	疾四度四十二	損三百	朓八百五十一
十一日	千三百七十一	百十四度十七	疾四度三十五	損三百六十二	朓千三百六十
十二日	千三百三十六	百二十一度八十	疾三度七十七	損四百○九	朒二百九十七
十三日	千三百二十四	百二十八度五十	疾二度六十八	損三百	朒千七百二十
十四日	千三百二十二	百三十四度五六	疾二度十三	損三百十七	朒千七百十七
十五日	千二百二十三	百四十度九	疾一度五十八	損二百十九	朒千六百○五
十六日	千二百六十八	百四十六度三五	疾空三十	損二百○九	朒千二百十七
十七日	千二百○八	遲空	遲空三十	益五百	朒百○七
十八日	千二百	百五十六度八十	遲一度十三	益四百六十二	朒千二百二十
十九日	千二百五十八	百六十二度四五	遲二度九	益三百八十二	朒千七百
二十日	千二百九十八	百六十七度七八	遲三度五八	益三百　九	朒千七百十七
廿一日	千二百十九	百七十二度三五	遲三度七七	益三百	朒千四百十一
廿二日	千二百五十四	百七十五度三二	遲四度九十	益二百九十五	朒千七百四十
廿三日	千二百五十九	百七十八度十	遲四度六七	益一百八十六	朒千六百七十
廿四日	千四百○八	百八十一度六八	遲五度十三	益八十六	朒千八百七十
廿五日	千四百三十一	百八十六度二八	遲四度七	損三百六十八	朒千五百九十二

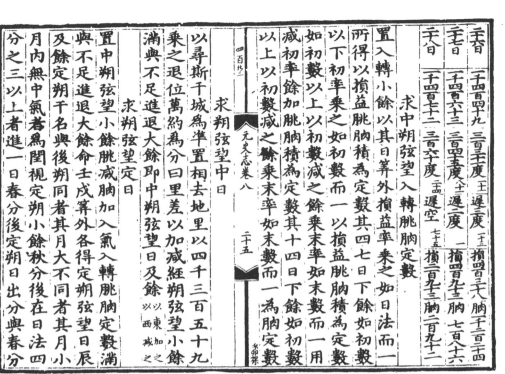

求中朔弦望入轉朓朒定數

置入轉小餘以其日筭外損益朓朒積為定數其四七日下餘如初數以下初率乘之如初數而一以損益朓朒積為定數而一用減初率餘加朓朒積為定數其十四日下餘如初以上以初數減之餘乘末率如末數而一為朒定數

求朔弦望中日

以尋斯干城為準置相去地里以四千三百五十九乘之退位萬約為分曰里差以加減經朔弦望小餘滿與不足進退大餘即中朔弦望日及餘〔以東減之以西加之〕

求朔弦望定日

置中朔弦望入轉朓朒減朓加入轉朓朒定數滿與不足進退大餘各得定朔弦望日辰及餘定朔干名與後朔同者其月大不同者其月小月內無中氣者為閏視定朔小餘秋分後在日法四分之三以上者進一日春分後定朔日出分與春分

〔木郊操〕

日出分相減之餘者三約之用減四分之三定朔小餘及此分以上者亦進一日或有交虧初於日入前者不進之定弦望小餘在日出分以下者退一日或有交虧初於日出前者小餘雖在日出後亦退之如望在十七日者又視定朔小餘在四分之三以下朔不進而望猶退之望不退而朔猶進之望少朔多者數朔少望多者望不退〔早晚隨所近退過疾加減過常當察加時　減春分後用定朔之數或有四大三小〕

求定朔弦望中積

置定朔弦望小餘與中朔弦望小餘相減之餘以加減經朔弦望入氣日餘〔加之即望減之即望〕入氣以加其氣中積即為定朔弦望中積〔其法餘以退〕

求定朔弦望加時日度

置定朔弦望約餘以所入氣日損益率乘之〔盈縮之〕萬約之以損益其下盈縮積乃盈加縮減定朔弦望中積又以冬至加時日躔黃道宿度加之依宿次去之即得定朔弦望加時日所在度分秒又法置定朔弦望約餘副之以乘其日盈縮之損益

〔于郊操〕

率萬約之應益者盈加縮減應損者盈減縮加其副

消百為分消百為度以加其日夜半日度命之各

得其日加時日躔黃道宿次〔夜半日度即用此法為也妙〕

道月度及分秒

加時黃道日度依宿次去之即得定朔弦望

定朔加時黃道月度弦望各以弦望度加定

凡合朔加時日月同度其定朔加時黃道日度即為

求定朔弦望加時月度

求夜半中入轉

置中朔入轉以中朔餘減之為中朔夜半入轉又中

朔小餘與半法相減之餘以加減中朔加時入轉中〔少如半法加之／多如半法減之〕

退者亦加減轉日否則因中朔若定朔大餘有進

轉終日及餘秒去命如前各得每日夜半午中入轉〔如求加時入轉者如求午時入氣之術〕

法中求夜半入轉累加定朔弦望加時月

求加時及夜半月度

置其日入轉算外轉定分以定朔弦望小餘乘之如〔分躔百〕

日法而一為加時轉分〔度躔百〕減定朔弦望加時月

度以相次轉定分累加之即得每日夜半月度或朔弦望

置其日晨分乘其日算外轉定分如朔望定小餘乘轉

分用減轉定分餘為昏轉分又以朔望定小餘乘轉

定分日法而一為加時分以減晨昏轉分為前不足

覆減之為後乃前加後減加時月度即晨昏月度所

在宿度及分秒

求晨昏月度

求朔弦望晨昏定程

各以其朔昏定月減上弦昏定月餘為朔後昏定程

以上弦昏定月減望昏定月餘為上弦後昏定程

望晨定月減下弦晨定月餘為望後晨定程以下弦

晨定月減後朔晨定月餘為下弦後晨定程

求每日轉定度

累計每定程相距日數除之為日差〔定程少減之〕

以相距日數除之為日差〔定程多加之以加減每日〕

轉分為轉定度因朔弦望晨昏月每日累加之消宿

次去之為每日晨昏月度及分秒〔注九昏月曆朔後一日後〕

注：最古曆有九道，月度其數雖繁，亦難削去，具其術如後。

求平交日辰

置交終日及餘秒，以其月經朔加時入交汎日及餘秒減之，餘為平交。其月經朔加時後日算及餘秒，命壬戌算外即得。〔朔求次交汎日及餘秒者，以交終日及餘秒加之，如前即得。次平交日辰及餘秒也。〕

求平交入轉朓朒定數

置平交小餘，以平交入轉餘，以乘其損益率，日法而一，所得以損益其下朓朒積，為定數。

求正交日辰

置平交小餘，以平交入轉朓朒定數，朓減朒加之，滿與不足，進退日辰，即得正交日辰及餘秒。與定朔辰相距，即得所在日日。

求中朔加時中積

各以其月中朔加時入氣日及餘，以日法退除為分秒，即其月中朔。其日命為度，其餘以日法退除為分秒，即其月中加時中積度及分秒。

求正交加時黃道月度

置平交入中朔加時後日算及餘秒，以日法通日內餘，進二位，如三萬九千一百二十一為度，不滿退除為分秒，以加其月中朔正交加時中積，然後以冬至加時黃道日度加而命之，即得其月正交加時月離黃道宿度及分秒。

求黃道宿積度

置正交加時黃道宿全度，以正交加時月離黃道宿度及分秒減之，餘為距後度。後度及分秒，以黃道宿度累加之，即各得正交後黃道宿積度及分秒。

求黃道宿積度入初末限

置黃道宿積度及分秒，滿交象度以下為初限，以上者減交象度之餘為末限。〔積度交象交度並在交度會交篇中〕

求月行九道宿度

置黃道宿積度入初末限，半交象以下為初限，以上者減交象度之餘，在

九道行所交，冬入陽曆夏入陰曆月行青道。〔冬至夏至後青道半交在春分之宿，當黃道東，立春立夏後青道半交在立春立夏之宿，當黃道東南，至所衝之宿亦如之也。春入陽〕

冬入陰曆夏入陽曆月行白道。〔立秋立冬後白道半交在立秋立冬之宿，當黃道西北，至所衝之宿亦如之也。秋入陽〕細推宜

秋入陰曆月行朱道。〔夏至秋分後朱道半交在夏至之宿，當黃道西南，至所衝之宿亦如之也。〕曆

道西南至所衝秋分之宿當黃道東北是也

月行黑道　道春分後黑道半交在春分之宿當黃道半交在冬至之宿當黃道半交在立秋後黑道半交在夏至之宿當黃道

四序離為八節各以所入初末限度及分乘之

半而退位為分分滿百為度命為月道與黃道沉差

宿度內為異名其在同名者置月行與黃道沉差

陽曆月行正交入夏至後宿度內為同名入冬至後為

亢日以赤道內為陰外為陽月以黃道內為陰外為

因之八約之為定差半交後正交前以差減正交前以差

元史志卷八　三十一

半交前以差加減出入六度正如黃赤道相交所在

不覺懷仍以正交度距秋分度數乘定差如象限而一

所得為月道與赤道定差前加後減為定差如象限而一

在異名者置月行與黃道沉差七因之八約之為定

差半交後正交前以差加正交後半交前以差減

距春分度數乘定差如象限而一所得為月道與赤

道定差前加者為減減者為加黃道宿積度減之為其宿九道

度及分秒

以正交加時黃道日度及分減一百一度餘以正交

加時黃道日度及分減一百一度餘以所入初末限為月道

與黃道沉差命為月道與黃道沉差

異名者置月行與黃道沉差七因之八約之為定差其在同名者置月行與黃道沉差

之八約之為定差半交後正交前以差加

以減仍以正交度距春分度數乘定差如象限而一

所得為月道與赤道定差前加後減為定差

與黃道沉差七因之八約之為定差

度及分以二差加減之即為正交加時月離九道宿度

及分秒

元史志卷八　三十二

求定朔弦望加時月行九道度

置定朔加時日躔黃道宿次凡合朔加時月所在度

日下與太陽同度是為加時月離黃道宿次

及分秒加其所當弦望度各以弦望度加時日躔黃道宿次

去之命如前各得定朔弦望加時月所在黃道宿

度及分秒

求定朔弦望加時月離黃道宿度

各以定朔弦望加時月離黃道宿度及分秒加前宿

正交後黃道積度為定朔弦望加時正交後黃道積

度及分秒

度如前求九道積度以前宿九道積度減之餘爲定
朔弦望加時九道月離宿度及分秒其合朔加時在非正交則日在
黄道月在九道所入宿度離多少不同考其兩極若
繩準故云月行潜在日下與太陽同度即爲加時九
道月度並依前術求其晨昏夜半月度

志卷第八

元史五十七

翰林學士亞中大夫知
制誥兼修
國史臣宋濂　翰林待制奉直郎同修
國史院編修官臣王禕等奉
敕修

纂

曆六

庚午元曆下

步交會術

交終分一十四萬二千三百六十九　秒九千三百
六微二十

交終日二十七　餘二千一百一十九　秒九千三百
六微二十

交朔日二　餘一千六百六十五　秒六百九十三
微二十

交望日一十三　餘三千一百六十九　秒四千六百
百五十三
微一十

交中日一十三　餘三千一百六十九　秒四千六百
微八十

秒母一萬

交望日一十四　餘四十二　秒五千
微八十

交終度三百六十三　分七十九　秒三十六

交中度一百八十一　分八十九　秒六十八

交象度九十　分九十四　秒八十四

元史志卷九　一

半交象度四十五　分四十七　秒四十二

日食既前限二千四百　定法二百四十八

日食既後限三千一百　定法三百二十

月食既限一千七百　定法三百四十

月限五十一百

分秒母皆一百

求朔望入交

先置里差半之如九而一所得依其加減天正朔積分然
後求之

置天正朔積分以交終分去之不盡如日法而一為
日不滿為餘即得天正十一月中朔入交汎日及
餘秒

秒便為中朔加時入交汎日及餘
再加交望亦得次朔交望加之得望入交汎日及餘秒
從之餘秒做此餘者做亦

各置入交汎日及餘秒若定朔望有進退者亦進
退交日否則因中為定大月加二日小月加一日餘
皆四千一百二十秒六百九十三微八十即次朔夜
半入交累加一日滿交終日及餘秒去之即每日夜
半入交汎日及餘秒

求定朔及每日夜半入交

各置入交汎日及餘秒減去中朔望小餘即為定朔
望夜半入交汎日及餘秒

元史志卷九　二

求定朔望加時入交

置中朔望加時入交汎日及餘秒以入轉朓朒
定數朓減朒加之即得定朔望加時入交汎日及餘
秒

求定朔望加時入交積度及陰陽曆

置定朔望加時入交汎日以日法通之內餘進二位
如三萬九千一百二十一而一為度不滿退除為分
秒即得定朔望加時月行入交積度以定朔望加時
入轉遲疾度遲減疾加之即為月行入定交積度如
交中度以下為入陽曆積度以上去之為入陰曆積
度及分

慶準此求之 每日夜半

求月去黃道度

視月入陰陽曆積度及分交象以下為少象以上覆
減交中餘為老象置所入老少象度於上位列交象
於下相減相乘之退位為分分滿百為度用減所
入老少象度及分餘又與交中度相減相乘八因之
以一百一十除之為分分滿百為度即得月去黃道
度及分

求朔望加時入交常日及定日

置朔望入交汎日以入氣朓朒定數朓減朒加為入

交常日又置入轉朓朒定數進一位以一百二十七
而一所得朓減朒加交常日為入交定日及餘秒

求入交陰陽曆交前後分

視入交定日如交中以下為陽曆以上去之為陰曆
日上下覆減交中日餘為交前分

求日月食甚定餘

置朔望入氣入轉朓朒定數同名相從異名相消以
一千三百三十七乘之以定朔望加時入轉算外轉
定分除之所得以朓減朒加中朔望小餘為泛餘日

食視汎餘如半法以下為中前半法以上去之為中
後置中前後分與半法相減相乘倍之萬約為分日
時差中前以減中後以加汎餘為定餘覆減半法餘
為午前分月食視汎餘在日入後夜半前如日法四
分之三以上覆減半
法以下減去半法為酉前分四分之三以上覆減半
法餘為酉後分又視汎餘在酉前分四分之三以上
後分月食視汎餘在夜半後日出前者如日
之一以下為卯後分其卯酉前後分自相乘四因退位萬
約為分以加汎餘為定餘各置定餘以發斂加時法

求之即得日月食甚辰刻及分秒

求日月食甚日行積度

置朔望食甚大小餘與中朔望大小餘相減之餘以加
減中朔望入氣日餘以少加多減為食甚入氣餘以加
其氣中積為食甚中積又置食甚入氣餘以所入氣盈
縮積加縮減食甚中積即為食甚日行積度及分先
以食甚中積經分為約分然後加減之餘類此者依
而求之

求氣差

置日食食甚日行積度及分滿中限去之餘在象限
以下為初限以上覆減中限為末限皆相減乘進二位
以四百七十八而一所得用減一千二百四十四餘
為氣差恒數以午前後分乘之半晝分除之所得以
減恒數為定數如不及減者覆減為定數春分後陰
曆減陰曆加秋分後陽曆加陰曆減各春分前秋分後
此恒加減之氣於
百分為減定之氣於

求刻差

置日食食甚日行積度及分滿中限去之餘與中限
相減相乘進二位如四百七十八而一所得為刻差

恒數以午前後分乘之日法四分之一除所得為定
數若在恒數以上者倍恒數以上所得減所得為定者依
其加減之
陰曆午後陽減陰加冬至後午前陽加
陰減午後陽減陰加夏至後午前陽減陰加午後陽
加陰減

求日食去交前後定分

置氣刻二差定數同名相從異名相消為食差依其
加減去交前後分為去交前後定分視其前後定分如
在陽曆即不食如在陰曆即有食之如交前陰曆不
及減反減之為交後陽曆即不食交後陰曆不
及減反減之為交前陽曆即不食交後陰曆不
及減反減之為交前陰曆
即日有食之

為交後陰曆交後陽曆不及減反減之為交前陰曆

求日食分

視去交前後定分如二千四百以下為既前分以二
千四百四十八除為大分二千四百以上覆減五千
五百
百四十八除為既後分以三百二十除為大分其
者不足減為既後分以

求月食分

視去交前後定分以三百二十除為大分退為秒一
者不用氣差者
一千七百以下者食既以上
太陽光盛或涉交淺不見食

覆減五千一百者不足減餘以三百四十除之為大

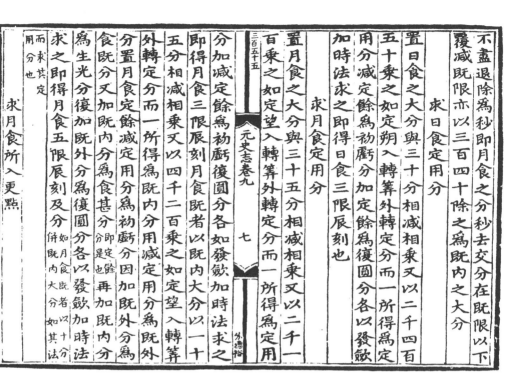

不盡退除爲秒即月食之分秒去交分在既限以下
覆減既限亦以三百四十除之爲既内之大分

求日食定用分

置日食之大分與三十分相減相乘又以二千四
百乘之如定朔入轉筭外轉定分而一所得爲定
用分減定餘爲初虧分加定餘爲復圓分各以
加時法求之即得日食三限辰刻也

求月食定用分

置月食之大分與三十五分相減相乘又以二千一
百乘之如定望入轉筭外轉定分而一所得爲定用
分加減定餘爲初虧復圓分各如發斂加時法求之
即得月食三限辰刻月食既者以既内大分以一十
五分相減相乘又以四千二百乘之如定望入轉筭
外轉定分而一所得爲既内分用減定用分爲既
分置月食定餘減定用分因加既外分爲
食既分又加既内分爲食甚分即是也餘再加既内分
爲生光分又加既外分爲復圓分各以發斂加時法
求之即得月食五限辰刻及分〔併既内大分者如其十五分用分求其定〕〔而求其定用分也〕

求月食所入更點

置食甚所入日晨分倍之五約之爲更法又五約之
爲點法乃置月食初末諸分昏分以上者減昏分爲
分以下者加晨分如不滿更法爲初更不滿點法爲
一點依法以次求之即得更點之數

求月食所起

食在既前初起西北甚於正北復於東北食在既後
初起西北甚於正南復於東北其食八分以上者皆
起正西復正東〔此地而論之〕
月在陽曆初起東北甚於正南復於西北月在陰曆
初起東南甚於正南復於西南其食八分以上皆起
正東復正西〔此地而論之〕

求日月出入帶食所見分數

各以食甚小餘與日出入分相減餘爲帶食差以乘
所食之分滿定用分而一〔朔望餘乘所食分如既内分減帶食外〕爲帶食所
見之分〔其帶食出入在晝晨爲已退昏爲漸進也〕

求日月食甚宿次

置日月食甚日行積度加臨〔加望即更〕以天正冬至加時黃
道日度加而命之依黃道宿次去之即各得日月食
甚宿次

步五星術

木星周率二百八十萬六千一百四十二　秒九

曆率二千二百六十五萬　五百五十七

曆度法六萬二千　一十四

周日三百六十五日　八十八分

曆度三百六十五度　二十四分　九十秒

曆中一百八十二度　六十二分　四十五秒

曆策一十五度　二十一分　八十七秒

伏見一十三度

元史志卷九　九

段目	段日	平度	限度	初行率
合伏	一十六日 全六	三度 八十六	二度 九十三	二十三
晨疾	二十八日	六度 十二	四度 六十四	二十二
晨次疾	二十八日	五度 五十一	四度 十九	二十一
晨遲	二十八日	四度 三十一	三度 二十八	二十
晨末遲	二十八日	一度 九十二	一度 四十五	二十
晨留	二十四日	空度	空度	二十
最退	四十六日 五十八	四度 六十八	空度 三十二	二十
夕退	四十六日 至八	四度 六十八	空度 三十二	二十六
夕留	二十四日	空度	一度	二十

元史志卷九　十　志八十六

段目	段日	平度	限度	初行率
夕末遲	二十八日	一度 九十二	一度 四十五	二十
夕遲	二十八日	四度 三十一	三度 二十八	二十一
夕次疾	二十八日	五度 五十一	四度 十九	二十二
夕順疾	二十八日	六度 十二	四度 六十四	二十三
夕伏	一十六日 全六	三度 八十六	二度 九十三	二十四

策數	一	二	三	四	五	六	七	八	九	十	十一	十二	十三
損益率	益百三十九	益百三十五	益百二十七	益百十三	益九十三	益六十一	益二十四	損二十四	損六十一	損九十三	損百十三	損百三十五	損百三十九
盈積度	初	一度 五十九	三度	四度 二十一	五度 十四	五度 七五	五度 九九	五度 七五	五度 十四	四度 二十一	三度	一度 五十九	初
縮積度	初	一度 五十九	三度	四度 二十一	五度 十四	五度 七五	五度 九九	五度 七五	五度 十四	四度 二十一	三度 一	一度 五十九	初

火星周率四百 七萬九千四十二秒 一十四半

曆率三百 五十九萬二千 七百五十七

秒四十四少

曆度法九千七百八十三百三十六半

周日七百七十九日　九十三分　一十六秒

曆度三百六十五度　二十四分　七十五秒

曆中一百八十二度　六十二分　三十七秒半

曆策一十五度　二十一分　八十六秒

伏見一十九度

段目	段日	平度	限度	初行率
合伏	六十一日	四十四度	六十	七十二
晨順疾	四十一日	四十五度 四十八		七十二
晨次疾	四十二日	三十一度 四十二		六十八
晨中疾	三十六日	二十四度	九十九	六十三
晨末疾	四十二日	二十六度 三十二		四十五
晨遲	三十七日	一十六度 三十八		三十七
晨順遲	二十五日	五度 四十五		
晨留	三十日			
晨退	二十八日 九十六 五十八	八度 六十		
夕退	二十八日 九十六 五十八	八度 六十		
夕留	二十日			
夕末遲	二十日	五度 四十五		

段目	段日	平度	限度	初行率
夕順遲	三十六度 六十八			三十七
夕末疾	二十六度 三十二			四十五
夕中疾	二十四度	九十九		六十三
夕次疾	三十一度 四十二			六十八
夕順疾	四十五度 四十八			七十二
夕伏	四十四度 六十			七十二

策數　損益率　盈積度／縮積度

策數	損益率	盈積度	縮積度
初	益二千一百六十	初	初
一	益二千一百	二十四度 六十	九度 十一
二	益八百	四十七度 五十	四度 五十八
三	益六百四十	五十六度 六十	九度 十一
四	益五百五十七	二十四度 五十	二十七度 七十六
五	損五百五十七	二十七度 七十六	一十七度 四十
六	損六百四十	二十五度 六十六	二十三度 七十六
七	損八百	二十三度 八十七	二十四度 四十七
八	損二千一百	二十二度 六十一	二十三度 四十七
九	損三百六十	一十九度 八十八	二十四度 二十四
十	損四百	九度	二十三度 七十六
十一	損八百	十一	一十九度 六十
十二	損四百三十一	四度 五十八	一十度 六十
十三	損一十度 六十		

土星周率一百九十七萬七千四百一十一秒六

十九

曆率五千六百二十二萬三千二百四十八半

曆慶法一十五萬三千九百二十八半

周日三百七十八日　九分　二秒

曆慶三百六十五度　二十五分　六十八秒

曆中一百八十二度　六十二分　八十四秒

曆策二十五度　二十一分　九十秒

伏見十七度

段目	段日	平度	限度	初行率
合伏	二十九日 四十八	二度 四十八	一度 半六	十三
最遲	三十六日 五十	一度 五十	空度 九十一	八
最疾	三十六日 五十	二度 六十四	一度 六十五	十一
最退	五十一日 五十六	三度 六十九	空度 三十三	九
晨退	五十一日 五十六	三度 三十九	空度 三十八	七十五
晨留	二十六日	三度	空度	
晨遲	三十六日 五十	一度 四十八	空度 九十一	八
晨次疾	三十七日 五十	二度 六十四	一度 六十五	十二
夕順疾	三十七日 五十	三度 二十二	二度 二十三	二十一

夕伏

策數	損益率	盈積度	縮積度
一	益一百六十三	初	初
二	益一百六十七	一度 三十二	一度 三十二
三	益一百五十八	三度 十二	三度 十二
四	益一百六十六	四度 四十	四度 四十
五	益一百一十五	五度 二十	五度
六	益九十一	六度 二十一	六度 三十
七	益三十三	六度 六十七	六度 六十三
八	損十一	七度 全七	七度 六十五
九	損一百	七度 六	五度 四十
十	損一百五十	五度 十七	四度 四十
十一	損一百六十七	四度 十	三度 十二
十二	損二百十三	二度 十三	一度 六十三

金星周率三百　五萬三千八百四百四　秒六十三太

曆率一百九十一萬　二百四十　秒七十六半

曆慶法五千二百三十

周日五百八十三日　九十分　一十四秒

合日二百九十一日　九十五分　七秒

曆度三百六十五度　二十四分　六十八秒

曆 水星

曆中一百八十二度　六十二分　三十四秒

曆策一十五度　　二十一分　八十六秒

伏見

段目	段日	平度	限度	初行率
合伏	二十九日	二十四度 七十二	二十三度 七十二	一百
夕順疾	三十九日	四十九度	四十度 六十	一百二十五
夕次疾	四十七日 七十五	五十四度	四十二度	一百二十三
夕中疾	四十七日 七十五	五十七度 二	五十七度 一	一百二十七
夕次遲	四十七日 七十五	五十九度 三十九	五十四度 七十二	一百二十六
夕順遲	二十九日 七十五	二十四度 七十二	四十度 六十	一百二十五
夕留	七日	平度	六度 六十六	一百
夕退	七日 七十	三度 五十二	六度 六十六	
夕退伏	九日 七十	三度 九十三	一度 六十九	
合退伏	六日	四度 五十	二度 二	
晨退	九日 七十	三度 九十三	一度 六十九	六十八
晨留	七日 七十	三度 九十三	一度 八十二	六十九
晨順遲	二十九日	三度	一度	六十九
晨次遲	二十一日	六度 五十九	六度 七十三	六十六
晨末遲	三十三日	四十二度 六十	四十二度 六十	一百

策數	晨伏	晨順疾	晨次疾		
	損益率	盈積度		損益率	縮積度
一	益五十一	空		益五十一	空
二	益四十八	一度 五十二		益四十八	空度 五十二
三	益四十六	一度		益四十六	一度
四	益三十八	空度		益三十八	空度
五	益三十一	初		益三十一	初
六	益七	一度 九十五		益七	一度 九十五
七	損七	二度 二		損七	二度 二
八	損三十一	一度 九十四		損三十一	一度 九十四
九	損三十八	一度 七十四		損三十八	一度 七十四
十	損四十六	一度		損四十六	一度
十一	損四十八	一度		損四十八	一度
十二	損五十一	空度 五十二		損五十一	空度 五十二

水星周率六十萬六千三百三十一秒七十七半

曆率一百九十一萬二百四十二秒一十三半

曆度法五千二百三十

辰星

周日	一百一十五日	八十七分	六十秒
合日	五十七日	九十三分	八十秒
曆度	三百六十五度	二十四分	七十秒
曆度	一百八十二度	六十二分	三十五秒
曆中	六十二度	三十一分	八十五秒
曆策	一十五度	二十一分	八十五秒
晨伏夕見	一十四度		
夕伏晨見	一十九度		

段目	段日	平度	限度	初行率
合伏	十六日	三十三度	二十九度	二百五
晨順疾	二十一日	二十四度	二十度	二百一十
晨順遲	十七日	一十三度	十一度	一百三十五
晨留	二日	空度	空度	空度
晨退遲	九日八十三	二度	二度	一百
晨退疾	十日八十七	八度	二度八十	一百八十一
夕退疾	十日八十七	八度	二度八十	一百八十一
夕退遲	九日八十三	二度	二度	一百
夕留	二日	空度	空度	空度
夕順遲	十七日	一十三度	十一度	一百三十五
夕順疾	二十一日	二十四度	二十度	二百一十
夕伏	十六日	三十三度	二十九度	二百五

曆	損益率	盈積度	損益率	縮積度
一	益五十七	初	益五十七	初

曆	損益率	盈積度	損益率	縮積度
二	益五十三	空度五七	益五十三	空度五七
三	益四十五	一度十	益四十五	一度十
四	益三十五	一度五五	益三十五	一度五五
五	益二十三	一度九十	益二十三	一度九十
六	益八	二度十二	益八	二度十二
七	損八	二度二十	損八	二度二十
八	損二十三	二度十二	損二十三	二度十二
九	損三十五	二度九十	損三十五	二度九十
十	損四十五	一度五五	損四十五	一度五五
十一	損五十三	一度十	損五十三	一度十
十二	損五十七	空度五七	損五十七	空度五七

星

求五星天正冬至後平合及諸段中星

置通積分，先以里差加減之，合分覆減周率，餘為後合分，如日法而一，不滿退除為分秒，即得其星天正冬至後平合中積中星。中積命為日，中星命為度。以段日累加中積，即為諸段中積；以平度累加中星，經退則減之，即為段中星。

求五星平合及諸段入曆

置通積分各加其星後合分，以曆率去之不盡，各以……

其曆度法除為度不滿退除為分秒即為其星平合入曆度及分秒以諸段限度累加之即得諸段入曆度及分秒

縮定差

求五星平合及諸段盈縮定差

各置其星入曆度及分秒如在曆中以下為盈以上為減去曆中餘為縮以其星曆策除之為策數不盡為入策度及分命數筭外以其策損益率乘之如曆策而一為分以損益其下盈縮積度即為其星盈縮定差

求五星平合及諸段定積

各置其星中積以其段盈縮定差盈加縮減之即得其段定積日及分加天正冬至大餘及約分滿紀法去之不滿命壬戌筭外即得其段日辰也

求五星平合及諸段所在日辰

各置其定積以加天正閏日及約分以朔策及約分除之為月數不盡為入月以來日數及分其月數命天正十一月筭外即得其段入月日數及分乃以日辰相距為所在定朝月日

求五星平合及諸段加時定星

各置冲星以盈縮定差盈加縮減（金之然後加水星即）

為五星諸段定星以加天正冬至加時黃道日度依宿次命之即其日其段加時所在宿度及分秒

求五星諸段初日晨前夜半定星

乃各以其段初行率乘其段定積日下加時分百約之乃順減即加其日加時定星即其段初日晨前夜半定星所在宿度及分秒

求諸段日率度率

各以其段日辰距後段日辰為日率以其段夜半宿次與後段夜半宿次相減餘為度率

求諸段平行分

各置其段度率及分秒以其段日率除之即得其段平行度及分秒

求諸段總差及日差

各置其段前後平行分相減為其段汎差（假令今求木星次為疾順疾遲平行差他皆倣此餘倍而退位為增減差加減其平行分為初末日行分前少後多者減為初加為末前多後少者加為初減為末）倍增減差為總差以日率減一除之為日差

求前後伏逆退段增減差

前伏者置後段初日行分加其日差之半為末日行分後伏者置前段末日行分加其日差之半為初日

行分以減伏段平行行分餘為增減差前遲者置前段

末行行分倍其日差減之為初日行行分後遲者置後

段初行行分倍其日差減之為末日行行分以遲者置平

之行行分以其日差減之為末日行行分以本段平

段日之行分以其日差減之為初日行行分後置後段

因平行行分半而退位為增減差前退者後置段前段近木火土三星退行者三

六因平行行分退一位為增減差皆以

因平行行分退一位為增減差皆以本段平

末日之行分以其日差減之為初日行行分減

行分減之餘為增減差水星平行行分減

增減差加減平行行分為初末行行分減

加減末又倍增減差為總差以日率減一除之為日差

求每日晨前夜半星行宿次

各置其段初日行分以日差累損益之

為每日行度及分秒乃順加退減之滿宿次去之即

得每日晨前夜半星行宿次

求五星平合及見伏入氣

置定積以氣策及約分除之為氣數不滿為入氣日

及分秒命天正冬至算外即得所求平合及見伏入

氣日及分秒

求五星平合及見伏行差

各以其段初日星行分與太陽行分相減餘為行差

若金在退行者與太陽行分相併為行差如水星夕伏

晨見者直以太陽行分為行差

求五星定合及見伏泛積

木火土三星各以平合晨夕伏定積為定合定見

定伏泛積金水二星置其段盈縮定差

倍水星各以行差除之為日不滿退除為分秒若在

平合夕見晨伏者盈加縮減在退合夕伏晨見者盈

減縮加如在退合夕見晨伏者盈加縮減皆以加

減定積為定合定見定伏泛積

求五星定合定見定伏定星

木火土三星各以平合晨夕伏泛積

距合差日以太陽盈縮差減之在盈

縮為定合定見定伏定積

積為定合定見定伏定星金水二星順加退

退合行差除其日太陽盈縮差為距合差

縮以差日以太陽盈縮差減之為距合差日在盈

加之在縮曆以差日減之在盈曆加之為距合差

距合差日以太陽盈縮差減之為距合差

減太陽盈縮差為距合差度日順加退

在縮曆以差減之退在盈曆以差度減之皆以加

加之在縮曆減之退在盈曆以差度加之差度減之

在縮曆以差減之退在盈曆以差日加之差度減之皆以加減其定星定

合冊定合訊積爲定合冊定合訊積爲定合星以冬大餘
及約分加定積滿紀法去之命得定合日辰以冬至
加時黃道日度加定星滿宿次去之即得定合所在
宿次縮其順退所在太陽盈縮即太陽盈縮

求木火土三星定見伏定日
各置其星定見伏泛積最加夕減晨限日及分秒象限爲半中
限爲如中限以下自相乘以上覆減歲周日及分秒
餘亦自相乘滿七十五而一所得以其星伏見度乘
之一十五除之爲差其段行差而一爲日不
滿退除爲分秒見加伏減泛積爲定積加命即
得日辰

求金水二星定見伏定日
各以伏見日行差除其日太陽盈縮差爲日若晨伏
夕見日在盈曆加之在縮曆減之如夕伏晨見日在
盈曆減之在縮曆加之其星泛積爲常積視常
積如中限以下爲冬至後以上去之餘爲夏至後其
二至後各如象限以下爲冬至後晨夕以
相乘各如法而一法冬至後晨夕以一十八爲夏至後晨夕以七十五爲
法以伏見度乘之一十五除之爲分秒加減常積爲定積最終見夕後
一爲日不滿退除爲分秒加減常積爲定積最終見夕後

晨見加之夕伏減之夏至後伏見減之夕見晨伏加之後加命如前即得定見
伏日辰
其水星夕疾在大暑氣初日至立冬氣九日三十五
分以下者不見晨留在大寒氣初日至立夏氣九日
三十五分以下者不見春不晨見秋不夕見者亦攤
曆有之

志卷第九

翰林學士承旨知制誥兼脩
國史臣宋濂翰林待制兼國史院編脩官臣王褘等奉
勅脩

地理一

《元史志卷第十　一》

自封建變為郡縣有天下者漢隋唐宋為盛然幅員
之廣咸不逮元漢梗於北狄隋不能服東夷唐患在
西戎宋患常在西北若元則起朔漠併西域平西夏
滅女真臣高麗定南詔遂下江南而天下為一故其
地北踰陰山西極流沙東盡遼左南越海表蓋漢東
西九千三百二里南北一萬三千三百六十八里唐東
西九千五百一十一里南北一萬六千九百一十八
里元初太宗六年甲午滅金得中原州郡七年乙未
下詔籍民自燕京順天等三十六路戶八十七萬三
千七百八十一口四百七十五萬三千
憲宗二年壬子文籍之增戶二十餘萬平宋全有版圖二
十七年文籍之得戶一千一百八十四萬八千
於是南北之戶總書于籍者一千三百一十九萬六
千二百有六口五千八百八十三萬四千七百一十

有一而山澤溪洞之民不與焉立中書省一行中書
省十有一曰嶺北曰遼陽曰河南曰陝西曰四川曰
甘肅曰雲南曰江浙曰江西曰湖廣曰征東分鎮藩
服路一百八十五府三十三州三百五十九軍四安
撫司十五縣一千一百二十七文宗至順元年戶部
錢糧戶數一千三百四十萬六千九百九十視前又增
二十萬有奇漢唐極盛之際有不及焉蓋嶺北遼陽
與甘肅四川雲南湖廣之邊唐所謂羈縻之州往往
在是今皆賦役之比於內地而高麗守東藩執臣禮
惟謹亦古所未見地大民眾後世狃於治安而不知

《元史志卷第十　二》

詰戎兵慎封守積習委靡一旦有釁而天下遂至於
不可為嗚呼咸極而衰固其理也唐以前以郡領縣
而已元則有路府州縣四等大率以路領州州領縣
腹裏或有以路領府府領州州領縣者其府與州又
有不隸路而直隸省者具載于篇而其沿革則沿唐
而止焉作地理志

縣與司亦止於路府州縣凡路字低於各省錄事司
字低於路所親領州若縣一字府與州所領縣一字
州字低於府若領縣一字州又領縣者其縣又低
日若干府與州所以別領之縣則

中書省統山東西河北之地謂之腹裏爲路二十九各路立
州八屬府三屬州九十一屬縣三百四十六站總計
一百八十九

大都路唐幽州范陽郡遼改燕京金遷都爲大興
府元太祖十年克燕初爲燕京路總管大興
府七年置版籍世祖至元元年中書省臣言開平
府闕庭所在加號上都燕京分立省部亦乞正名
遂改中都其大興府仍舊四年始於中都之東北
置今城而遷都焉

齊化之東曰平則海子西城之比萬壽山之陰積
水潭緣人因名曰海子汪洋如海名爲泉衆民漁
採無禁擬匯隔於此云迤九年改大都十九年置留守司二十一年置大
都路總管府户一十四萬七千五百九十四十
萬一千三百五十年用抄籍數領院二縣六州十

領十六縣

右警巡院
左警巡院　初設警巡院三至元四年省其一止設
左右二院分領坊市民事

縣六

大興　赤　與大興分治郭下金水河源
宛平　赤　出宛平縣流入皇城故名金水於其縣
良鄉　下
永清　下
寶坻　下　至元十九年析香河所枝子拉於趙
昌平　下　太倉及醴源倉輸納

涿州　下十
唐范陽縣復改涿州宋因之元太宗八
年爲涿州路中統四年復爲涿州領二縣范陽
房山　丁金泰先縣至元改今名

霸州　下
唐隸幽州周始置霸州宋升永清郡金
置信安軍元仍爲霸州領四縣益津
文安　下
大城　下
保定　下　益津

通州　下
唐爲潞縣金改通州取漕運通濟之義
有豐備通濟太倉以供京師領郭
三河　下
漷州　下唐置後改漁陽郡仍改

薊州　下
唐置後改漁陽郡仍改薊州宋爲廣川
郡金爲中都元太祖十年定其地仍爲薊州領
五縣漁陽　下　郭　豐閏　下
遵化　下
平谷　下
玉田　下

漷州　下遼金爲漷陰縣元初爲大興府屬邑至
元十三年升漷州割大興府之武清香河二邑

上欄（第五葉）

來屬，領二縣：香河 下、武清。

順州 下。唐初改燕州，後爲歸化軍。宋爲順州，後爲歸順州。遼爲歸德郡，後爲順州。金仍爲順州，置溫陽縣。元廢縣存州。

檀州 下。唐改密雲郡，又爲檀州。遼爲武威軍。宋爲鎮遠軍。金仍爲檀州。元因之。

東安州 下。唐以前爲安次縣。遼、金因之。元初隸大興府。太宗七年隸霸州。中統四年升爲東安州，隸大都路。

固安州 下。唐仍隋舊，爲固安縣，隸幽州。宋隸涿水郡。金隸涿州。元憲宗九年隸霸州，又改隸大興府。中統四年升固安州。

龍慶州。唐爲媯川縣。金爲縉山縣。元至元三年省入懷來縣。五年後置，本屬上都路宣德府奉聖州。二十二年，仁宗生於此。延祐三年，割縉山、懷來來隸大都，升龍慶州，領一縣：懷來 下。

上都路。唐爲奚契丹地。金平契丹，置恒州。元初爲札剌兒部兀魯郡王營幕地。憲宗五年，命世祖居其地，爲巨鎮。明年，世祖命劉秉忠相宅於桓州東、灤水北之龍岡，中統元年爲開平府。五年，以闕庭

下欄（第六葉）

所在，加號上都，歲一幸焉。至元二年，置留守司。五年，外上都路總管府。十八年，升上都留守司，兼行本路總管府事。戶四萬一千六十二，口一十一萬八千一百九十一。領院一、縣一、府一、州四。州領六縣、四州。府領三縣、二州。州領三縣、二州。

警巡院。

縣一：

開平 上。

府一：

順寧府。唐爲武州。遼爲德州。金爲宣德州。元初爲宣寧府。太宗七年，改山東路總管府。中統四年，改宣德府，隸上都路。至元三年，以地震改

爲順寧府，領三縣、二州。

三縣：

宣德 下〔龍門縣至元二年省本府之錄事司并龍門縣去〕。

宣平 下。

順聖 下〔本隸弘州……至元二十八年又割龍門去本屬〕。

二州：

雲州 宣平 下、順聖。

保安州 下。唐新州。遼改奉聖州。金爲德興府。元初因之。舊領永興、懷來、礬山、縉山四縣。至元二年省礬山入永興，三年省縉山入懷來。

仍改爲奉聖州隸宣德府五年後復置縉山延

祐三年以縉山懷來隸大都仍至元三年以

地震改保安州領一縣

來興下郭下倚

蔚州下唐改爲安邊郡又改爲興唐縣又仍

爲蔚州遼爲忠順軍金仍爲蔚州元至元二

年省州爲靈仙縣隸弘州其年復改爲蔚州

隸宣德府領五縣靈仙下靈丘下飛狐下定

安下廣靈下

州四

興州下唐爲奚地金初爲興化郡隸北京後爲

興州元中統三年屬上都路領二縣興安元至元二年置宜興中至元二年置

松州下本松林境遼置松山州金爲松山縣

隸北京大定府路元中統三年升爲松州仍存

縣至元二年省入州桓州下本上谷郡地元

置桓州元初廢至元二年復置

雲州下古望雲川地契丹置望雲縣金因之元

中統四年升縣爲雲州治望雲至元二年州

存縣慶二十八年復升宣德之龍門鎮爲望雲

州一

縣隸雲州領一縣望雲

興和路上唐屬新州金置柔遠鎮後升爲縣又升

撫州屬西京元中統三年以郡爲內輔升隆興路

總管府建行宮元戶八千九百七十三口三萬九千

四百九十五領縣四州一

縣四

高原 宣德府郭下倚中元統三年隸宣德府來屬

天成 中下元初隸宣德府中統三年來屬

咸寧 府中下元初中統三年來屬

懷安 府下元初中統三年隸宣德府來屬

屬

寶昌州下金置昌州元初隸宣德府中統三年

隸本路置鹽使司延祐六年改爲寶昌州

永平路下唐平州遼爲盧龍軍金爲興平州太

祖十年改興平府中統元年升平灤路置總管府

設錄事司大德四年以水患改永平路戶一萬三

千五百一十九口三萬五千三百領司一縣四州一

一州領二縣

錄事司

縣四

盧龍 下郭下倚遷安 下至元二年省入撫寧後復置 撫寧 下至元二年與

州一

漷州下在盧龍塞南金領義豐馬城石城樂亭
四縣元至元二年省義豐入州三年復置先以
石城省入樂亭其年改入義豐四年馬城亦省
領二縣義豐（州尋復隸漷州樂亭省入州至元三年後置樂亭於縣置漠營）

德寧路下領縣一德寧（下）

净州路下領縣一天山（下）

泰寧路下領縣一泰寧（下）

集寧路下領縣一集寧（下）

應昌路下領縣一應昌（下）

全寧路下領縣一全寧（下）

寧昌路下領縣一寧昌（下）

砂井總管府領縣一砂井（下）

以上七路一府八縣皆闕

保定路上本清苑縣唐隸鄭州宋升保州金改順
天軍元太宗十一年升順天路置總管府至元十

縣
瀕山俱省入昌
入昌黎三年復置四年又與海
山二年
州復置昌黎仍省昌黎以屬樂亭至元十二年
今昌黎俱省入本縣昌黎
并海山入焉詳見攠寧

二年改保定路設錄事司戶七萬五千一百八十
二口一十三萬九千四十領司一縣八州七州領
十一縣

錄事司

縣八

清苑（郭 中 附郭 金爲保定縣至元初因舊立行唐帥府尋罷還縣）

滿城（中 金領定 慶都）唐縣（下 金隸定州元太宗十一年隸順天府至元中屬慶都）

行唐（下）曲陽（下 宋中山府曲陽縣金隸中山府元太宗十一年屬真定路至元七年改曲陽屬）新安（下 金置新安州至元二年州廢新安縣來屬四年割入歸信縣復立新安縣來屬）博野（下 至元十一年立）

州七

易州（中 唐改上谷郡又復爲易州元太宗十一年割隸大都路至元二十三年還隸保定領三縣易縣 中 倚郭元初在州後置縣至元三年復置 淶水 中 金隸郭至元三年又來屬 定興 下 金來屬）

祁州（中 唐爲義豐縣屬定州宋改爲蒲陰縣金元至元三年立附郭蒲陰縣領三縣蒲陰 中 倚郭 深澤 下 鹿縣至元二年又來屬 束鹿）

雄州（下 唐歸義縣五代爲瓦橋關周世宗克三）

關於闢置雄州宋爲易陽郡金爲永定軍元大
宗十一年割雄州三縣屬順天至元十年改
屬大都路十二年改屬順天路爲保定路二十
三年復以雄州隸之領三縣　歸信（下）容城（下）
新城（下，太宗二年改新泰州隸大都路，十一年復屬順天）
安州（下）唐爲唐興縣隸鄚州宋升順安軍金改安
州治渥城縣元初移治葛城至元二年廢爲鎮
入高陽縣後復改安州隸保定領二縣　葛城（下）
郭高陽（下）
遂州（下）唐爲遂城縣屬易州宋改廣信軍金廢
爲遂城縣隸保州元至元二年省入安肅州爲
鎮後復置州而縣廢隸保定
安肅州（下）本易州有戎鎮地宋創立靜戎軍又
改安肅軍金爲安肅州元隸保定
完州（下）唐爲北平縣宋升北平軍金更
爲永平縣又改完州元至元二年改永平縣後
復爲完州
燕南河北道肅政廉訪司
真定路唐恒山郡又改鎮州宋爲真定府元初置

總管府領中山府趙邢洺磁滑相澶衛祁威完十
一州後割磁威隸廣平澶滑隸大名祁完隸保定
又以邢入順德洺入廣平相入彰德衛入衛輝文
以冀深晉蠡四州來屬戶一十三萬四千九百八
十六口二十四萬六千七十領司一縣九府一州
五府領三縣州領十八縣
錄事司
真定（中，太宗六年爲真定路，倚郭，晉、新樂、平棘四縣隸焉，七年廢。無極、寧晉縣爲真定路，後慶州復置，後來屬）
縣九
藁城（下）
獲鹿（下，改西寧州，州既罷即州屬鎮定，後來屬）
元氏（中）
平山（下）靈壽（下）阜平（下）涉縣（元初……）
府一
中山府（唐定州宋爲中山府金爲中山郡元初
因之，舊領祁、完二州，太宗十一年割二州隸順
天府，後爲散府，隸真定，領三縣，安喜中新樂
無極（中）
州五
趙州（中）唐趙州宋爲慶源軍金改沃州元仍爲
趙州舊領平棘臨城欒城元氏高邑贊皇寧晉

隆平栢鄉九縣大祖十五年割欒城元氏隸真
定領七縣平棘中寧晉下隆平下臨城中栢鄉
下高邑中賛皇中（下至元二年併入）

奧州上唐改魏州後仍爲奧州宋升安軍元仍
爲奧州領五縣信都下（元初與奧州後置錄事司至元二年復置省錄事司入焉）
南宮上 棗彊中 武邑中 新河中

深州下
唐改饒陽郡後仍爲深州元初隸河間
置帥府太宗十年隸真定路領饒陽安平武彊
束鹿靜安五縣後割安平饒陽武彊隸晉州束
鹿隸祁州以奧州之衡水來領二縣靜安中
衡水下

晉州唐宋皆爲鼓城縣元太祖十年改晉州太
宗十年立鼓城等處軍民萬戶所中統二年復
爲晉州領四縣鼓城中饒陽中安平下武彊下

蠡州下唐始置宋改永寧軍金仍爲蠡州元初

隸真定領候司候司博野縣至元三年省司候
博野縣入蠡州十七年直隸省部二十一年仍
隸真定

順德路下唐邢州宋爲信德府金改邢州元初置
元帥府後改安撫司憲宗分洺水民戶之半於武
道鎮置司總管五年以武道鎮置廣宗縣併以武
道中統三年升順德府至元元年以洺州磁州來
屬二年洺磁自爲一路以順德爲順德路總管府
戶三萬五百一口一十二萬四千四百六十五
司一縣九

錄事司

縣九

邢臺中 鉅鹿中 内丘中
平鄉中 廣宗中 沙河下
和下 唐山下 任縣中

廣平路下唐洺州又爲廣平郡元太祖八年置邢
洺路總管府以邢磁威隸之憲宗二年爲洺磁路
止領磁威二州至元十五年升廣平路總管府戶
四萬一千四百四十六口六萬九千八百二十領司

一縣五州二州領六縣

錄事司

平 下

末年郭中尚曲周中肥鄉中雞澤下元初併入後復置　廣

　州一

磁州中唐磁州宋爲滏陽郡金以隸彰德元太
祖十年升爲滏源軍節度隸真定路太宗八年
隸邢洛路憲宗二年改邢洛路爲洺磁路至元
二年以真定之涉縣及成安縣併入滏陽武安
縣併入邯鄲止以滏陽邯鄲二縣及錄事司來
屬後復置涉縣歸真定以滏陽武安邯鄲成安
錄事司隸焉至元三年併入滏陽縣入滏陽縣至
元十五年改洺磁路爲廣平路總管府磁州仍
隸焉領四縣滏陽郭中侍武安中邯鄲下成安中

威州中舊無此州金始置元太宗六年割隸邢
洺路以洺磁路徙州
治於洺水領二縣洺水中定郭太宗八年改隸威州洺
　　　　　　　　　　水縣憲宗二年
井陘下威州治於洺水縣井陘爲
　　　　　　　　　　縣屬威州治此憲宗二年徙

《元史志卷十》 十五

彰德路下唐相州又改鄴郡石晉升爲彰德軍金升
彰德府元太宗四年立彰德總帥府領衛輝二州
憲宗二年割出衛輝以彰德爲散府府領四州及本
元二年復立彰德總管府領懷孟衛輝四年又割出懷
府安陽臨漳湯陰輔岩林慮五縣孟衛輝復立輔岩
孟衛輝仍立總管以林慮升爲林州州復立輔岩縣
隸之六年併輔岩入安陽戶三萬五千二百四十
六口八萬八千二百六領司一縣三州一

錄事司

　縣三

安陽上至元六年併輔岩入湯陰中臨漳中

　州一

林州下本林慮縣金升爲州元太宗七年行縣
事憲宗二年復爲縣至元二年復爲州又併
岩入爲末幾復爲州割輔岩入安陽仍以州隸
彰德路

大名路中唐魏州五代南漢改大名府金改安武
軍元因舊名爲大名府路總管府戶六萬八千
百三十九口一十六萬三百六十九領司一縣五
州三州領六縣

《元史志卷十》 十六

錄事司

縣五　元城〔中，倚郭。至元二年中大名縣徙於府城，尋析置二縣，九年省二縣，復入大名。本元城縣地，太宗七年...〕　大名〔中，倚郭。太宗六年立縣，太宗...至元二年來屬〕

南樂　魏縣　清河〔州三。本恩州，河清縣隸六，路本籍...〕

開州〔上。唐澶州。宋升開德府，金為開州。元割開封之長垣、曹州之東明來屬，領四縣：濮陽〔上，倚郭。初隸大名路，至元二年...〕、東明〔中。太宗七年割隸大名路，至元二年來屬。長垣，中，初隸大名路，至元二年...〕、長垣、清豐〕〔開州始隸大名路，至元二年...〕

滑州〔中。唐改靈昌郡，宋改武成軍，元仍為滑州。領二縣：白馬〔治所為州內〕、內黃〕

濬州〔下。唐置黎州，後慶石晉置濬州，宋為通利軍，又改平川軍，金復為濬州。元初隸真定，至元二年隸大名〕

懷慶路〔下。唐懷州，後改河內郡，又仍為懷州。宋升為防禦，金改南懷州，又改沁南軍，元復為懷州。太宗四年行懷孟州事，憲宗六年在潛邸以懷孟二州為湯沐邑，七年改懷孟路隸彰德路。二年...元年以懷孟隸彰德路，二年復以懷孟總管府自為一

路。延祐六年以仁宗潛邸改懷慶路，户三萬四千九百九十三，口一十七萬九百二十六，領司一、州三，州一州領三縣。

錄事司

縣三　河內〔中，修武中，武陟中〕

孟州〔下。唐置河陽軍，又升孟州。宋隸河北道。金大定中為河水所害，北去故城十五里築今城，徙治焉，故城謂之下孟州，新城謂之上孟州。元初治下孟州，憲宗八年復立上孟州，河陽、濟源、王屋、溫四縣隸司候司，至元三年省王屋入濟源，併司候司入河陽，領三縣：河陽〔下〕、濟源〔下。太宗六年改濟源為原州，七年州廢，原濟源溫入為縣，王屋入〕、溫〕

衛輝路〔下。唐義州，又為衛州，又為汲郡，金改河平軍。元中統元年升衛輝路總管府，設錄事司。户二萬二千一百一十九，口一十二萬七千二百四十七，領司一、縣四、州二〕

錄事司

縣四

汲縣　下倚郭　新鄉　中倚　獲嘉　下　胙城　下舊以胙城為縣還州治於汲以胙城為邑倚郭憲宗元年

輝州　下　唐以共城縣置共州宋隸衛州金改為河平縣又改蘇門縣又升蘇門縣為輝州置山陽縣屬焉至元三年省蘇門縣慶山陽為鎮入本州

州二

淇州　下　唐宋金並為衛縣之域曰鹿臺鄉元憲宗五年以大名彰德衛輝籍餘之民立為淇州因又置縣曰臨淇為倚郭中統元年隸大名路

宣撫司至元三年立衛輝路以州隸之而臨淇

縣省

河間路　上　唐瀛州宋河間府元至元二年置河間路總管府戶七萬九千二百六十一口一十六萬八千五百三十六領司一縣六州六州領十七縣

錄事司

縣六

河間　中倚郭　蕭寧　下入河間路後復隸齊寧津　齊東　下宗三年本屬濟南府太宗七年割屬河間閒路至元二年屬濟南至元二年復屬河間閒　青城

邑　宗三年本屬濟南至元二年還屬濟南府太宗七年還屬河間閒

下本青平鎮太宗七年析臨邑地置寧津縣隸齊南中統置青城縣隸陵州至元二年隸河間

州六

滄州　中　唐改景城郡復為滄州金升臨海軍元復為滄州領五縣清池　中　南皮　下無棣　下　鹽山　中　樂陵　中

景州　中　唐觀州又改景州宋改永靜軍金改觀州元因之至元二年復為景州領五縣阜城　下　東光　下吳橋　中　故城　中

清州　下　唐改會景州宋改景州觀州五代置乾寧軍宋為乾寧郡大觀間以城鎮屬清州至元二年復置乾寧

河間改清州金為乾寧郡元太宗二年改清寧府七年又改清州至元二年以靖海興濟兩縣及本州司侯司併為會川縣後復置清州領三縣

會川　中　靖海　下　興濟　下

獻州　下　本樂壽縣宋隸瀛州金又隸河間府金改為壽州又改獻州元至元二年以州併入樂壽為壽州又改獻州直隸河間路未幾復舊領二縣樂壽　中附　交河

莫州　下　唐置鄚州尋改為莫舊領二縣至元二年省入河間未幾仍領二縣莫亭　下倚郭至元二年省入河間任丘

陵州　下本將陵縣宋金皆隸景州憲宗三年割
隸河間府是年升陵州隸濟南路至元二年復
為縣三年復為州仍隸河間路

東平路　下唐鄆州又改東平郡宋改天平軍宋改
東平府隸河南道金隸山東路元太祖十五年嚴
實以彰德大名磁洺恩博濬滑等戶三十萬來歸
以實行臺東平路領州五十四實沒于忠濟為東
平路管軍萬戶總管行總管府事州縣如舊至元
五年以東平為散府九年改下路總管府戶四萬
四千七百三十一口五萬二百四十七領司一縣
六

錄事司

縣六

須城　中治所為東平　下平
陰　　下分析他屬明年改寨為肥城作中縣隸濟寧
縣路仍屬東陽為平下
東阿　中陽穀　中汶上　中壽張　下平

東昌路　唐博州宋隸河北東路金隸大名府元
初隸東平路至元四年析為博州路總管府戶
年改東昌路仍置總管府戶三萬三千一百二口

一十二萬五千四百六領司一縣六

錄事司

縣六

聊城　中倚　堂邑　中　莘縣　中宋隸大名府元割曲周以來屬
博平　中
荏平　中丘縣　下
博平　中

濟寧路　下唐麟州周於此置濟州元太宗七年割
屬東平府至元六年以濟州還治鉅野仍析鄆城
之四鄉來屬八年升濟寧府治任城尋還治鉅野
於濟州卻以鉅野行濟州事其年又以府治歸鉅
野而濟州仍治任城但為散州十六年濟寧升為
路置總管府戶一萬五千五百四十五口五萬九千
百一十八領司一縣七州三州領九縣

錄事司

縣七

鉅野　中鄆城　上
金鄉　下

單州 下

治隸父縣東至元比於水元置十平年路至
隸濟州八年以縣三縣直隸濟寧路

豐縣 州唐屬徐州元憲宗三年復立縣隸濟寧路至元二年以戶口稀少併入單父縣元憲宗二年復父置縣隸東平路至元二年復屬濟

虞城

州三

濟州 下
唐以前爲濟北郡治單父唐初爲濟州又爲濟陽郡仍改濟州周顯濟水立濟州宋因之金遷州治任城以河水湮沒故也元至元二年以戶不及千數併隸任城六年遷州於鉅野而任城爲屬邑八年升州爲濟寧府治任城復

元史志卷十 廿三

還府治鉅野十二年以任城當江淮水陸衝要復立濟州屬濟寧路而任城廢十五年遷府於濟州以鉅野行濟州事其年復於鉅野立府仍於此爲州二十三年復置任城隸州領三縣任城
倚郭

魚臺 太宗七年鄉三年屬濟州至元二年併

沛縣 本州歷復爲滕縣至元二年屬十三年復置八年來屬

城 僑郡十三年來屬府來府三年復置八年

兗州 下
唐初爲兗州元初復爲兗州復升泰寧軍宋改襲慶府金改泰定軍元初復屬濟州憲宗二年分隸東平路至元五年復屬濟州十六年隸濟

寧路總管府 二十三年立尚書省領七邑四千光祿寺所曲阜至元三年省入嵫陽二年復置

寧陽 陽復至元二年省入嵫陽大德元年復置

領四縣嵫陽 曲阜 泗水

嘉祥 割舊隸東平路至元二年隸濟州憲宗二年至元三年復置

單州 下
唐初爲曹州治單父後唐改爲單州宋升團練州金隸歸德府元初屬濟州十六年憲宗二年復屬濟州十六年憲宗二年隸濟寧路宋升
領二縣單父 憲宗二年屬單州元初屬曹州今屬單縣

成武 屬江淮路單父父憲宗五年還單州今屬單縣

曹州 上
唐初爲曹州後改濟陰郡又仍爲曹州宋改興仁府金復爲曹州元初隸東平路總管府至元二年直隸省部戶三萬七千一百五十三口一十九萬五千三百三十五領五縣濟陰 上
定陶 中 禹城 中 楚丘 中 成武 上

濮州 上
唐初爲濮州後改濮陽郡又仍爲濮州宋升防禦郡金爲刺史州元初隸東平路後割大名之館陶朝城恩州之臨清開州之觀城來屬至元五年析隸省部戶一萬七千三百一十六口六萬四千二百九十三領六縣鄄城 上 朝城 中
觀城 開州金屬元初
臨清 來五屬館陶 至元初三屬臨清

初屬來

范縣 下至元二年來屬東平府路

高唐州 中唐為縣屬博州宋金因之元初隸東平
至元七年升州户一萬九千一百四口二萬三千
一百二十一領縣三 高唐 中 夏津 元中七年初隸東平至

武城 中元七年初隸東平至

泰安州 本博城縣唐初於縣置東泰州後廢州元
初屬東平路宋改奉符縣金置泰安州五年
析隸省部三十一年復立新泰縣山在泰户九千
五百四十口一萬七百九十五領縣四奉符 中長

清 中書屬濟南府元初來屬

萊蕪 下 新泰 金為泰安二年省入萊三
後十一年復立

改為乾封縣屬兗州宋改奉符縣唐
初屬東平路至元二年省新泰縣入萊蕪五年
復立新泰縣

德州 唐初為德州後改平原郡又仍為德州金屬
山東西路元初隸東平路總管府割大名之清平
濟南之齊河縣來屬户二萬四千四百二十四口
一十五萬六千九百五十二領縣五 安德 下 平原

齊河 府金至元二年此州隸濟南府元初來屬 清平 府元金隸大名府元初來屬

德平

恩州 中唐貝州又為清河郡宋改恩州金隸大名
府路元初割清河縣隸大名府以武城隸高唐惟

存歷亭一縣及司俟司俱省入
州七年自東平析隸省部户一萬五千四百四十五口
三萬七千四百七十九

冠州 本冠氏縣唐因隋舊置毛州後州廢金為冠
州宋金並屬大名府元初屬東平路至元六年升
冠州直隸省户五千六百九十七口二萬三千四

十

山東東西道宣慰司
益都路唐青州又升盧龍軍宋改鎮海軍金為益
都路總管府户七萬七千一百六十四口二十一
萬二千五百二領司一縣六州八州領十五縣

錄事司
縣六

益都 中併入倚郭至元三年又併臨淄臨朐復置縣並屬本路

樂安 下

壽光 下

濰州 下唐初為濰州後廢宋為北海軍復升濰
州金屬益都路元初領北海昌邑樂三縣及
司俟司憲宗三年省司俟司入北海至元三年

臨淄 下元二年以行淄州及行淄川二縣入為十五縣

臨朐 下

高苑 下淄州舊屬

州八

省昌樂縣入北海領二縣　北海下　昌邑下
膠州下唐初爲膠西縣宋置臨海軍金仍改爲
膠西縣屬密州元太祖二十二年來屬高密
州　中　即墨下　西
宗三年省司候司入諸城縣隸益都領二縣諸
軍復爲密州元初因之以膠西高密屬膠州憲
密州唐初改爲高密郡後仍爲密州宋屬膠州屬海
城陽下　安丘下
莒州下唐廢莒州以莒縣隸密州宋泫其舊金

《元史志卷十》　苣　許嵩篹

復爲莒州隸益都府元初因之領四縣莒縣下蒙陰
縣沂下　治所省憲宗三年入爲沂水爲東鎮初沂山日照下蒙陰縣中統三年復置爲蒙
沂州下唐初改爲琅邪郡後仍爲沂州宋屬京
東路金屬山東東路元屬益都路領二縣臨
沂水下　費縣下
滕州下唐爲滕縣屬徐州宋仍舊金改爲滕州
屬兗州元隸益都路領二縣滕縣下　縣憲宗三年入
爲鄒縣下

嶧州下唐置鄖州又改蘭陵縣爲承縣後州廢
以縣屬沂州宋仍舊金改蘭陵縣於縣置嶧州
元初以嶧州隸益都路至元二年省蘭陵入本
州
博興州下唐博昌縣後唐改博興宋屬青州金
屬益都府元初升爲州
山東東西道肅政廉訪司
青州宋爲濟南府金因之元初改濟南路總管府
濟南路上唐濟州又改臨淄郡又改齊州又爲
舊領淄陵二州至元二年淄州割入淄萊路陵州
割入河間路又割臨邑縣隸河間路長清縣入泰
安州禹城縣隸曹州齊河縣入德州割淄州之鄒
平縣來屬置總管府戶六萬三千二百八十九口
一十六萬四千八百八十五領司一縣四州二
領七縣
錄事司
縣四
歷城中　郭倚　章丘上　鄒平上　州至唐末間來屬濟陽中
州二
棣州上唐析滄州之陽信商河樂陵厭次置棣

州宋金因之元初濱棣自為一道中統三年改
置濱棣路安撫司至元二年與濱州俱隸濟南
路領四縣厭次 信 商河 陽信

濱州 中唐屬棣州周始置濱州金隸益都元初
以隸州為濱州路至元二年省路為州隸濟南
路領三縣渤海 利津 霑化

般陽府路 唐淄州宋屬河南道金屬山東東路
元初太宗在潛置新城縣中統四年割濱州之蒲
臺益都之高苑屬淄州隸濟南路總管府五年升淄州
路置總管府是歲改元至元割鄒平屬濟南路高
苑屬益都路二年改淄州路為淄萊路二十四年
改般陽路取漢縣以為名戶二萬一千五百三十
口一十二萬三千一百八十五領司一縣四州二
州領八縣

錄事司

縣四

淄川 中倚郭宗在潛以人民完聚物產饒羨日新城以田索二鎮屬焉

長山 中初屬濟南路中統五年來屬城

新城 中本長山太驛臺縣

蒲臺 元初金屬濱棣州

[三十六十二]

路中統五年來屬淄州至元二年改屬淄萊路升中縣

州二

萊州 中唐初改東萊郡宋為防禦州金
升定海軍屬山東東路元初屬益都路中統五
年屬淄萊路舊設錄事司至元二年省錄事
縣即墨入掖與膠水仍隸般陽路領四縣掖縣 膠水
又省即墨入掖至元二年省
縣事司析即墨縣入 招遠 萊陽

登州 下唐初為牟州復改登州宋屬河南道元
初屬益都路中統五年別置淄萊路以登州隸
之至元二十四年改屬般陽路領四縣蓬萊
黃縣 福山 棲霞
霞

寧海州 下偽齊劉豫以登州之文登牟平二縣立
寧海軍金升寧海州元初隸益都路至元九年直
隸省部戶五千七百一十三口一萬五千七百四
十三領縣二牟平 文登
文登

河東山西道宣慰使司

大同路 上唐為北恒州又
爲西京大同府金改總管府元初置警巡院至元

[三十六]

二十五年改西京爲大同路戶四萬五千九百四
十五口一十二萬八千四百九十六領司一縣五

州八州領四縣六〔大德六年省入萬戶府所屬山陰鴈門馬〕〔鄯陽洪濟金城戈武九七屯〕

錄事司

縣五

大同 下〔中侍第至元二年於西京黃華嶺立屯田本縣平地〕

宣寧 下 平地 下〔入爲豐州三年置縣曰平地元二年省地〕

白登 下〔屬大同縣至元二年廢爲鎮〕

懷仁

弘州 下 唐爲清塞軍隸蔚州遼置弘州金仍舊

舊領襄陰順聖二縣元至元中割順聖隸宣德

府惟領襄陰及司俟司後並省入州

渾源州 下 唐爲渾源縣隸應州金升爲州仍置

縣在郭下併置司俟司元至元四年省入州

應州 下 唐末置後唐升彰國軍元初仍爲應州

領二縣 金城〔治州城山陰入至元二年併後置〕

朔州 下 唐改馬邑郡爲朔州宋

爲朔寧府金爲朔州元因之領二縣 鄯陽〔下元四〕〔司入省鄯事馬邑下〕

武州 下 唐隸定襄馬邑二郡遼置武州宣威軍

元至元二年割寧邊州之半來屬舊領寧邊一

縣及司俟司四年省入州

豐州 下 唐初爲豐州又改九原郡又爲豐州

金爲天德軍元復爲豐州舊有錄事司并富民

縣元至元四年省入州

東勝州 下 唐勝州又改榆林郡又復爲勝州張

仁愿築三受降城東城南直榆林是也金初屬西

河徙置綏遠峯南郡今東勝州之半入焉

夏後後取之元至元二年省寧邊州之半入焉

雲內州 下 唐初立雲中都督府後改橫塞軍又

改天德軍即中受降城之地金爲雲內州舊領

雲川柔服二縣元初廢雲川設錄事司至元四

年省司縣入州

河東山西道肅政廉訪司

興寧路 上 唐并州又爲太原府宋金因之元太祖

十一年立太原路總管府大德九年以地震改冀

寧路戶七萬五千四百口一十五萬五千三百

二十一領司一縣十州十四州領九縣

錄事司

縣十

陽曲 中倚郭　文水 中平晉 下　祁縣 下舊隸晉州後隸太原後

榆次 下至元二年太原路　太谷 下　清源 下　壽陽 下　交城

下　徐溝 下

州十四

《元史志卷十》 卅三

汾州 中唐改西河郡爲浩州又改汾州又改西河郡又爲汾州金置汾陽軍元初立汾州元帥府割靈石縣隸平陽路之霍州仍析置小靈石入介縣後廢府至元二年復行州事省小靈石入介休三年併溫泉入孝義領四縣　西河 中孝義 至元三年割溫泉縣之半置巡檢司隸本縣　平遙 下元初屬太原府至元二年來屬　介休 年來屬初元仍省小靈石縣入本州至元三年復立

石州 下唐初改離石郡爲石州又改昌化郡又爲石州宋金因其名元中統二年省離石郡倚郭寧鄉縣入本州三年復立至元三年省溫泉入孝義以臨泉爲臨州舊置司候司後與孟門方山俱省入離石領二縣離石 下倚郭　寧鄉 下太原府定宗九年隸太原府至元憲宗九年又來屬

忻州 下唐初置新興郡後改忻州又改定襄郡

又爲忻州金隸太原府元因之領二縣 秀容 下倚郭至元二年省入忻州四年後置　定襄 下

平定州 下唐爲廣陽縣宋爲平定軍金爲平定州元至元二年省倚郭平定樂平二縣入本州七年復立樂平領一縣 樂平 下省縣爲鄉入本州元

臨州 下唐置臨泉縣又置北和州後州廢隸石州宋置晉寧軍金廢軍置臨水縣隸石州元中統二年仍改臨泉縣直隸太原府三年升臨州

保德州 下本嵐州地宋始置州舊有倚郭縣元

《元史志卷》 卌四

憲宗七年廢縣至元二年省興州芭州入本州三年又併岢嵐軍入爲四年割岢嵐隸管州興州仍來屬

管州 下唐以靜樂縣置後州廢屬嵐州後又爲管州元

崞州 下本崞縣元太宗十四年升崞州

憲州 下宋爲靜樂軍金爲靜樂縣置後州廢屬嵐州改爲管州元太祖十六年以嵐州之岢嵐寧化樓煩併入本州至元二十二年割岢嵐隸嵐州而寧化樓煩併入

代州 下唐置代州總管府金改都督府元中統

併入本州

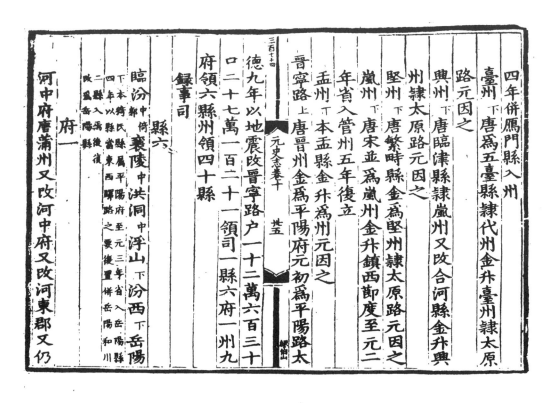

四年併鴈門縣入州

臺州 下 唐為五臺縣隸代州金升臺州隸太原路元因之

興州 下 唐臨津縣隸嵐州又改合河縣金升興州隸太原路元因之

堅州 下 唐繁畤縣金為堅州隸太原路元因之

嵐州 下 唐宋並為嵐州金升鎮西節度至元二年省入管州五年復立

孟州 丁 本孟縣金升為州元初為平陽府元

晉寧路 上 唐晉州金為平陽府元初為平陽路太

德九年以地震改晉寧路戶一十二萬六千三十口二十七萬一百二十一領司一縣六府一州九

錄事司

府領六縣州領四十縣

縣六：

襄陵 中　洪洞 中　浮山 下　汾西 下　岳陽

臨汾 郭倚　本狄氏縣屬平陽府至元三年省東西醍醐路之要復置併岳陽和川二縣入焉後復

府一

河中府唐蒲州又改河中府又改河東郡又仍

為河中府宋復為護國軍金復為河中府元憲宗在潛置河解萬戶府領河中府領河解二州河

事司及河東臨晉虞鄉入臨晉虞鄉萬泉河津榮河七縣至元三年省虞鄉入臨晉萬泉河入猗氏州併

錄事司入河東罷萬戶府而河中府仍領解州八年割解州直隸平陽路止領六縣河中府仍領解州

年復置萬泉縣來屬領六縣河東 下治所　萬泉 下

津 下　猗氏 下　榮河 下金隸榮州元初廢榮州復為榮河縣　臨晉 下　河

州九

絳州 中 唐初為絳郡又改絳州宋置防禦金改晉安府元初為絳州行元帥府河解二州諸縣皆隸焉後罷元帥府仍為絳州隸平陽路領七

縣正平 省倚郭錄事司入至元二年復立

縣：

太平 中　曲沃 下

稷山 下　絳縣 下至元二年併曲

垣曲 下　翼城

潞州 下 唐初為潞州後改上黨郡又仍為潞州宋改隆德軍金復為潞州元初為隆德府行都元帥府事太宗三年復為潞州隸平陽路至元三年以涉縣割入真定府以錄事司併入上黨

23-707

縣領七縣上黨下壺關下長子下潞城下屯留下至元三年入襄垣十五年復置襄垣下黎城下至元二年併涉縣編村十三入焉

澤州下唐初為澤州後為高平郡又仍為澤州宋屬河東道金為平陽府元初置司侯司及領晉城高平陽城沁水端氏陵川六縣至元三年省司侯司陵川縣入晉城省端氏入沁水後復置陵川領五縣晉城高平下陽城下沁水下陵川下

解州下本唐蒲州之解縣五代漢乾祐中置解州宋屬京兆府金升寶昌軍元至元四年併司侯司入解縣有鹽池二百二十里一領六縣解縣下安邑下聞喜下夏縣下平陸下芮城下

霍州下唐初為霍山郡又改呂州又廢州而以縣隸晉州金改霍州元因之領三縣霍邑趙城下汾州舊屬平陽府有霍山為趙城郭有侯靈石下汾州舊屬

隰州下唐初為隰州又改大寧郡又仍為隰州元以州隸晉寧路領五縣隰川中州治所至元三年省大寧隰川三年復置石樓下永和下蒲縣下溫泉入為大寧

沁州下唐初為沁州又改陽城郡又仍為沁州宋置威勝軍金仍為沁州元因之領三縣銅鞮下沁源下綿上下至元三年省沁源綿上二縣入焉錄事司武鄉下至元三年後復立

武鄉下入焉

遼州下唐初置遼州又改箕州又改儀州宋復為遼州金改南遼州元初領三縣遼山下榆社下和順下至元三年省儀城縣入焉

吉州下唐初為西汾州又改慈州元初置司侯司吉鄉鄉寧二縣中統二年併司侯司入吉鄉縣至元二年省吉鄉三年又省鄉寧並入州後復置鄉寧領一縣鄉寧下

嶺北等處行中書省和寧路總管府

和寧路上始名和林以西有哈剌和林河因以名城太祖十五年定河北諸郡建都於此初立元昌路後改轉運和林使司前後五朝都為太宗乙未城和林城北七十餘里有萬安宮丁酉治迎駕殿在城西北七十餘里世祖中統元年遷都大興和林置宣慰司都元帥府後分都元帥府於金山之南和林宣慰使怗伯至元二十六年諸王叛兵侵軼和林宣慰使怗伯

等乘隙叛去二十七年立和林等處都元帥府大

德十一年立和林等處行中書省以淇陽王月赤

察兒爲右丞相太傅荅剌罕爲左丞相罷和林宣

慰司都元帥府置和林總管府至大二年改行中

書省爲行尚書省四年罷尚書省復爲行中書省

皇慶元年改嶺北等處行中書省改和林路總管

府爲和寧路總管府

二年併和林屯田入五條河屯
軍四百鈴五條屯海元貞元年於
漢軍內撥一千人赴耕海屯田北方立
站帖里千木憐納憐等一百一十九處

至元二十年令西京宣慰司
延牛河三十年命戍和林屯二十

志卷十

翰林學士承旨臣月魯不花
制誥兼修國史臣宋褒
翰林待制臣余闕
國史院編修臣程楩普華奉

地理二

輟

遼陽等處行中書省為路七府一屬州十二屬縣十
徒存其名而無城邑者不在此數（本省計站一百二）
遼陽路 上 唐以前為高句驪及渤海大氏所有梁
貞明中阿保機以遼陽故城為東平郡後唐州為
南京石晉改為東京金置遼陽府領遼陽鶴野二
縣後復改為東京宜風澄復蓋瀋貴德州廣寧府

《元史志卷十一》 一 縣仲達

來遠軍並屬焉元初廢貴德澄復州來遠軍以廣
寧府婆娑府懿州作四路直隸省盖州
置東京總管府降廣寧為散府隸之十五年割廣
寧仍自行路事直隸省二十五年改東京懿州
蓋州來屬二十四年始立行省又以婆娑府懿州
為遼陽路後廢婆娑府為巡檢司戶三千七百八
口三萬三千二百三十一（壬子年籍數）領縣一州二

遼陽 下 倚郭至元六年以鶴野縣併巡院入焉

縣一

州二

盖州 下 初為盖州路至元六年併為東京支郡
併熊岳陽池二縣入達安縣八年又併達安縣
入本州

懿州 下 初為懿州路至元六年省入順安縣入本州
領豪州及同昌靈山二縣 二縣入順安縣又為廣寧
廣寧府路 下 金為廣寧府元封李魯古乃為廣寧
王舊立廣寧行帥府事後以地遠遷治臨潢立總
管府至元六年以戶口單寡降為東京路總管府
屬郡十五年復分為路行總管府事（有瑞州至間山
屬郡十五年後...順錢根戶數領縣二間陽立
城西北五百九十餘里...十五）

《元史志卷十一》 二 蘇仲達

戶入千 戶五千 復立行省至元五年復後為閭陽縣望平
至元六年...鍾秀縣

肇州 刺史按哈出所...

定市丞亦里元安民居其城而以亢魯肇州府故地以亢魯州屬大寧所
不左載此分地故不知其事注於孫也廣寧府之下
乃爾顏李分地其詳世典籍...

山北遼東道肅政廉訪司

大寧路 上 本奚部唐初其地屬營州貞觀中奚酋
可度內附乃置饒樂郡遼為中京大定府金因之

元初爲北京路總管府領興中府及義瑞興髙錦
利惠川達和十州中統三年割興州及松山縣屬
上都路至元五年併和州入利州爲永和鄉七年
興中府降爲武州仍隷北京改北京爲太寧二十五
年改爲武平路後復爲大寧戸四萬六千六口四
十四萬八千一百九十三壬子數領司一縣七州九

錄事司　初置警巡院至元二年改置錄事司

縣七

大定　下中統二年爲龍山年初屬大定府至元四
　　省長興入爲州後復來屬
富庶　下至元三年省入和衆下金源下惠和下

武平　下

州九

義州　下

興中州　下元初因舊爲興中府後省至元七年
又降府爲州

瑞州　下至元二十三年伯顏奏准以哈都哈解
　　等拘収戸計種田立屯於瑞州之西摧頻
　　管海龍同地及時開耕故爲屯田官總
　　管府仍以哈都哈解等打捕屯田官

髙州　下

惠州　下　川州　下　達州　下

錦州　下　利州　下

東寧路本髙句驪平壤城亦曰長安城漢滅朝鮮

置樂浪玄菟郡此樂浪地也晉義熙後其王髙璉
始居平壤城唐征髙麗拔平壤其國東徙在鴨綠
水之東南千餘里非平壤之舊至王建以平壤爲
西京元至元六年李延齡崔坦玄元烈等以府州
縣鎮六十城來歸八年改西京爲東寧府十三年
升東寧路總管府設錄事司割靜州義州麟州威

遠鎮隷婆娑府本路領司一餘城堙廢不設司存

今姑存舊名

都護府自唐之李地入髙麗置府州縣鎮六十

錄事司　土山縣　中和縣　鐵化鎮

實至元六年李延齡等以其地來歸後城治廢
毀僅存其名屬東寧路

餘城此爲都護府雖仍唐舊名而無都護府之

定遠府

郭州　撫州　黃州領安岳三和龍
　一縣領命　　　岡咸岱江西五

靈州　慈州　嘉州　順州　殷州
　一鎮長命　　　四領江東永清通海順化三鎭

宿州　德州　价州　朔州　昌州
　一鎮定戎　領縣寧遠柔遠安戎三鎭　　　一領陽嚴

鐵州　泰州　成州　熙州　宣州
　領定戎　　領樹德　一領樹德　　一鎮陽嚴

島領二寧朔席　延州一領陽嚴　孟州　雲州

撫領烏寧登德三縣椒島

藩陽路本挹婁故地渤海大氏建定理府都督藩

定二州此爲瀋州地契丹册爲興遼軍金爲昭德軍

又更顯德軍後皆燬於兵火元初平遼東高麗國

麟州神騎都領洪福源率西京都領龜州四十餘

城來降各立鎭守司設官以撫其民後高麗復叛

洪福源引眾來歸授高麗軍民萬戶徙降民散居

遼陽瀋州初創城郭置司存僑治遼陽故城中統

二年改爲安撫高麗軍民總管府及高麗軍民總管

附四年又以質子淳爲安撫高麗軍民總管分領

二千餘戶理瀋州元貞二年併兩司爲瀋州等路

安撫高麗軍民總管府仍治遼陽故城舉總管五

千戶二十四百戶二十五 至順錢粮戶數五

千一百八十三

開元路古肅慎之地隋唐曰黑水靺鞨唐初渠長

阿固郎始來朝後乃臣服以其地爲燕州置黑水

府其後渤海盛鞨皆侵其地又其後渤海浸弱

爲契丹所攻黑水復擅其地東瀕海南界高麗西

北與契丹接壤即金鼻祖之部落也初號女真後

避遼興宗諱改曰女直太祖烏古打既滅遼即上

京設都海陵還都於燕改爲會寧府金末其將蒲

鮮萬奴擾遼東元初癸巳歲出師伐之生禽萬奴

師至開元恤品東土悉平開元之名始見於此乙

慰司

未歲立開元南京二萬戶府治黃龍府至元四年

更遼東路總管府二十三年改爲開元路領咸平

府後割咸平爲散府俱隸遼東道宣慰司 至順錢粮戶數

四十七百六十三

咸平府古朝鮮地箕子所封漢屬樂浪

郡後高麗侵有其地唐置安東都護以統

之繼爲渤海大氏所據遼平渤海以其地多險隘

遂城以居流民號咸州安東新興慶雲清安歸仁六縣兵

亂皆廢元初因之隸開元路後復割出隸遼東宣

慰司

合蘭府水達達等路土地曠闊人民散居元初設

軍民萬戶府五撫鎭北邊 一曰桃溫距上都四千

里一曰胡里改距上都四千二百里大都三千八

百里 又有胡里改江并混同江于海一曰斡朵憐一曰脫

斡憐一曰孛苦江各有司存分領混同江南北之

地其居民皆水達達爲居以射獵爲業故設官牧民隨俗

城郭逐水草爲居以射獵爲業故設官牧民隨俗

而治有合蘭府水達達等路以相統攝焉

青由海外飛來至奴兒干土人羅之以爲土貢至順錢粮戶數二萬九百六

河南江北等處行中書省爲路十二府七州一屬州

河南江北道肅政廉訪司

汴梁路　上　唐置汴州總管府石晉為開封府宋為東京建都於此金改南京宣宗南遷都焉金亡歸德鈞許陳睢潁八州開封祥符倚郭而屬邑十有五附舊領府延許裕唐陳亳鄧汝潁徐邳嵩宿申鄭鈞歸德汝潁盧氏行襄樊二十州隸之升申州為南陽府割裕唐鄧嵩盧氏行襄樊二十州隸之九年廢南陽府割息潁二州以隸焉本路戶南陽以所領延津陽武二縣屬南京路統蔡息鄧釣許陳睢潁八州開封祥符倚郭而屬邑十有五延州以所領延津陽武二縣

舊有警巡院十四年改錄事司二十五年改南京路為汴梁路二十八年以瀨河而南大江以北其地衝要又新入版圖置省南京以控治之三十年升蔡州為汝寧府屬行省割息潁二州以隸焉本路戶三萬一千八百口一十八萬四千三百六十七

錄事司

縣十七

　年數領司一縣十七州五州領二十一縣

【元史志卷十一　七】

開封　下倚　祥符　下倚　中牟　下原武　下隸延州元初

隸開封府後復為延州縣如鄢陵中牟榮澤縣鄭

舊至元九年廢後復來屬

州至元二封丘　中金大定中金水運徙遷城北又為河水所壞乃新因故城遺址稍加修築而遷治焉

杞縣　下金故城大河決於城北漸至城壞乃新築之城之南三里所遷治其縣繼又修於故城之南一里所蓋黃河水北徙於故城之南其縣一在故城之北一在新城之南又修一在故城之北二城號義一城於二城之間其杞縣之南郭遂廢州城至新岸焉

蘭陽　下通許　下太康　下

延津　下

扶溝　下陽武　下元初舊隸延州元九年來屬州至元二封丘

【元史志卷十一　八】

鄭州　下唐初為鄭州又改滎陽郡宋為奉寧軍金仍為鄭州元初領管城滎陽氾水河陰原武州五

金仍為鄭州元初領管城滎陽氾水河陰原武新鄭密縣滎澤八縣及司候司後割新鄭密屬鈞州滎澤原武隸開封府併司候司入管城領四縣

新鄭密滎澤原武隸開封府併司候司入管

州管城　郭滎陽　下氾水　下河陰　下

縣管城　郭榮陽　下氾水　下河陰

許州　下唐初為許州後改潁川郡又仍為許州元初隸開封府金改許昌軍元初復為許州領五

宋升潁昌府金改武昌軍元初復為許州領五

縣長社　下長葛　下郾城　下襄城　下臨潁　下

陳州　下唐初為陳州後改淮陽郡又仍為陳州元初因之舊領宛丘

宋升懷德府金復為陳州後改淮陽郡元初因之舊領五縣

南頓項城清水皆廢後復置南頓項城領五縣宛丘

項城清水皆廢後復置南頓項城領五縣宛丘

西華 商水 至元二年省南頓入焉後復置

南頓 項城

鈞州 下唐宋皆不置郡僞齊置頴慞金改
州又改鈞州元至元二年又割鄭州密縣來屬
領三縣 陽翟下新鄭下 密縣下

睢州 下唐屬曹州宋改拱州又升保慶軍金改
睢州元因之領四縣 襄邑下倚郭 考城下 儀封下
柘城 下

河南府路唐初爲洛州後改河南府又改東京宋
爲西京金爲中京金昌府元初爲河南府府治即
周之王城舊領洛陽宜陽永寧登封鞏偃師孟津

錄事司

州領四縣

口六萬五千七百五十一 壬子年數領司一縣八州一

新安 澠池九縣後割澠池隸陝州戶九千五百二

縣八

洛陽 宜陽下 永寧下 登封下在嵩山爲中嶽嵩縣下

孟津下 新安 偃師下

州一

陝州 下唐初爲陝州又改陝府又改陝郡宋爲
保義軍元仍爲陝州領四縣 陝縣下 靈寶元下至三

閿鄉 湖城下 至元三年省湖城縣入以靈寶縣來屬陝州

南陽府唐初爲宛州而縣名南陽後改爲南陽後州廢以縣屬
鄧州歷五代至宋皆爲縣金升爲申州元至元八
年升爲南陽府以唐鄧裕嵩汝五州隸焉至元二五
年改屬汴梁路後直隸行省戶六百九十二口四
千八百九十三 壬子年數領縣二州五

南陽 下倚郭 鎮平下

縣二

州五

鄧州 下唐初爲鄧州後改南陽郡又仍爲鄧州
宋屬京西南路金屬南京開封府舊領穰鄧內鄉
陽內鄉南陽淅川順陽五縣元初以淅川順陽省入
內鄉舊設錄事司至元二年併入穰縣領三縣

穰縣 下倚郭內鄉以下至元二年來屬新野

唐州 下唐初爲顯州後改唐州宋屬京西南路
金改裕州元初復爲唐州至元三年以民力不
及廢湖陽比陽桐柏三縣領一縣 沁陽倚郭

嵩州 下唐爲陸渾伊闕二縣宋升順州金改嵩

州領伊陽福昌二縣元初以福昌隸河南至元

三年省伊陽入州領一縣盧氏〔下 至元二年隸南京路入〕

汝州〔下〕唐初為伊州又改汝州宋屬京西北路〔南陽府十一年來屬〕

元至元三年廢郟城寶豐二縣入梁縣後復置

郟縣〔下〕領三縣梁縣〔下 魯山 下 郟縣 下〕

裕州〔下〕唐初置北澧州又改魯州後廢為縣屬

唐州金升為裕州舊領方城舞陽葉縣元初即

葉縣行隨州事就置昆陽舞陽葉縣元初即

罷州併昆陽舞陽二縣入葉縣後復置舞陽領

元史志卷十一　十一

葉縣〔下〕　舞陽〔下〕

三縣方城〔郡 何 葉縣 下〕

汝寧府唐蔡州上蔡西平礭山遂平輿為屬邑

至元七年省遂平平輿入汝陽隸汴梁路三十年

河南江北行省平章伯顏言蔡州去汴梁地遠几

事稽誤宜升散府遂升汝寧府直隸行省以息潁

信陽光四州隸焉復置遂平縣〔鎮 粮 戶 抄籍戶口關至順 數〕

領縣五州四州領十縣

信陽光四州四州領十縣

汝陽〔下 元初廢後復置蔡上蔡 下 西平 下 礭山 下〕

遂平〔下 依陽後復置〕

五領縣五州四州領十縣

潁州〔下〕唐初為信州後改汝陰郡又改潁州宋

升順昌府金復為潁州舊領汝陰泰和沈丘頴

上四縣元至元二年省四縣及錄事司入州後

復領三縣太和〔下 沈丘 下 潁上 下〕

息州〔下〕唐初為息州後為新息縣隸蔡州五代

至宋皆因之金復置息州舊領新息新蔡四

褒信四縣元中統三年以李璮叛廢四年復

置至元三年以四縣併入州後復領二縣新蔡

〔下 真陽 下〕

元史志卷十一　十二

光州〔下〕唐初為光州後改弋陽郡又復為光州

宋升光山軍元至元十二年歸附屬蘄黃宣慰

司二十三年同蘄黃等州直隸行省三十年隸

汝寧府領三縣定城〔固始 下 宋末兵亂徙治元十二年 固始 下 宋末兵亂徙治元十二年〕

信陽州〔下 治復舊光山 下 兵亂地荒至元十二年復立舊治〕唐初為申州又改義陽郡宋改信陽

軍端平間兵亂地荒九四十餘年元至元十四

年改立信陽府領羅山信陽二縣十五年改為

信陽州二十年以羅山縣當驛置要衝徙州治

山而移縣治於西南號曰羅山新縣今州治即

舊縣戶三千四百一十四口二萬三千七百五
十一年至數七領二縣羅山 倚郭信陽
歸德府唐宋州又為睢陽郡後唐為歸德軍宋升
南京金為歸德府金亡宋復取之舊領宋城寧陵
下邑虞城穀熟碭山六縣元初與亳之鄟縣同時
歸附置京東行省未幾罷歲壬子又立司府州縣
官以綏定新居之民中統二年審民戶多寡定官
吏員數至元二年以虞城碭山二縣在枯黃河北
割屬濟寧府又併穀熟入睢陽鄟縣入永州降永
州為永城縣與寧陵下邑隸本府八年以宿亳徐

邳並隸焉壞地平坦數有河患府為散郡設知府
治中府判各一員直隸行省 抄籍戶數闕至順錢糧戶數二萬三千三
十七領縣四州四領八縣

縣四

睢陽 曰倚郭唐曰宋城亦曰睢陽金曰宋城元仍曰睢陽
永城 下
寧陵 下
邑 下（下邑）

州四

徐州 下唐初為徐州又改彭城郡又升武寧軍
宋因之金屬山東西路金亡宋復之元初歸附
後九州縣視民多少設官吏至元二年例降為

下州舊領彭城蕭永固三縣及錄事司至是永
固併入蕭縣彭城并錄事司併入州領一縣蕭
宿州 中唐置宋升保靜軍金置防禦使金亡宋（下至元二年併入徐州十三年復立 縣一 徐州 下至元二年併入）
復之元初隸歸德府領臨渙蘄靈壁符離四縣
邳州 下唐初為邳州後廢屬泗州又屬徐州宋
置淮陽軍金復置邳州金亡宋復之元初以
民少併三縣入州至元八年以州屬歸德府十
以靈壁入泗州十七年復來屬一司領一縣靈壁（升司候司元至元四年）

二年復置睢寧宿遷兩縣屬淮安十五年還來
屬領三縣 下邳 下 宿遷 下 睢寧 下
亳州 下唐初為亳州後改譙郡又復為亳州宋
升集慶軍金復之元初領譙鹿邑城父衛真穀熟
六蘇鹿邑城父衛真穀熟五縣後以民戶少
父入譙衛真入鹿邑穀熟入睢陽領譙鹿邑城
父三縣 譙 下此邑歷代民不寧居 鹿邑 下歷代此邑民不寧居 城父 下城父
睢陽永城去隸歸德後復置城父領三縣譙縣
襄陽路唐初為襄州後改襄陽郡宋為襄陽府元
至元十年兵破樊城襄陽守臣呂文煥降罷宋京

西安撫司立河南等路行中書省更襄陽府爲散府未幾罷省十一年改襄陽府爲總管府又立荆湖等路行樞密院十二年立荆湖行中書省後復罷本府領四縣一司十九年割均房二州光化棗陽二縣來屬〈抄籍戶口數關至順〉領司一縣六

二州領四縣〈錢糧戶數五千九十〉

錄事司

《元史志卷十一》　十五　〈柳官界〉

縣六

襄陽　下倚郭　南漳　下〈伐明年設官置縣屬棗陽至元十九年來屬南陽〉　宜城　下　穀城　下　光化　下〈至元十三年南〉

州二

均州　下　唐初爲均州又爲武當郡宋爲武當軍元至元十二年江陵歸附割隸湖北道宣慰司十九年還屬襄陽領二縣武當〈常至元十四年亂遷治無常〉

房州　下　唐初爲遷州後爲房州又改房陵郡宋置鄖縣〈至元十四年後僑治無常復置〉守仍令思賢領州事至元十九年隸襄陽路領二縣房陵　下　竹山　下

蘄州路　下　唐初爲蘄州後改蘄春郡又仍爲蘄州

宋爲防禦州至元十二年立淮西宣撫司十四年改總管府設錄事司戶三萬九千一百九十二十四萬九千三百二十一〈自此以後至德安府皆用至元二十七年數〉領司一縣五

錄事司

《元史志卷十一》　十六　〈柳官界〉

縣五

蘄春　中倚郭　蘄水　中　廣濟　中〈宋熙兵亂徙治大〉　黃梅　下〈嘉熙兵亂後僑治後縣廢始立〉　羅田　下〈兵亂後縣廢〉

黃州路　下　唐初爲黃州後改齊安郡又仍爲黃州宋爲團練軍州元至元十二年歸附十四年立總管府十八年又爲黃蘄州宣慰司治兩二十三年罷宣慰司直隸行省戶一萬四千八百七十九口三萬六千八百七十九領司一縣三

錄事司

縣三

黃岡　中州治所　黃陂　下〈兵亂僑治鄖州青山磯歸附還舊治〉　麻城　下〈兵亂徙〉

淮西江北道肅政廉訪司

廬州路　上　唐改廬江郡又仍爲廬州宋爲淮西路元至元十三年設淮西總管府明年於本路立總

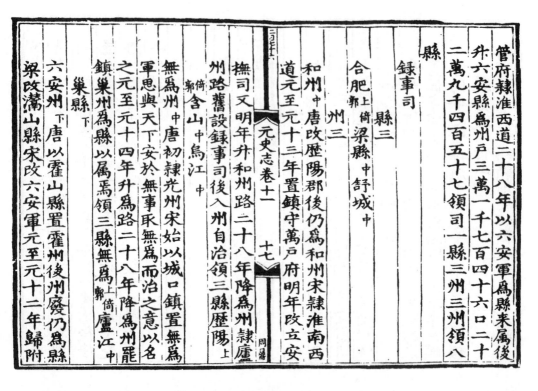

管府隸淮西道二十八年以六安軍爲縣來屬後
升六安縣爲州戶三萬一千七百四十六口二十
二萬九千四百五十七領司一縣三州三州領八

縣
錄事司
縣三
合肥 上倚郭梁縣 中舒城 中
州三
和州 中唐改歷陽郡後仍爲和州宋隸淮南西
道元至元十三年置鎮守萬戶府明年改立安
撫司又明年升和州路二十八年降爲州隸廬
州路舊設錄事司後入州自治領三縣歷陽 上
倚郭含山 中烏江 中
無爲州 中唐初隸光州宋始以城口鎮置無爲
軍思與天下安於無事取無爲而治之意以名
之元至元十四年升爲路二十八年降爲州罷
鎮巢州爲縣以屬爲領三縣無爲 郭倚廬江 中
巢縣 下
六安州 下唐以霍山縣置霍州後州廢仍爲縣
梁改灊山縣宋改六安軍元至元十二年歸附

二十八年降爲縣隸廬州路後升爲州領二縣
六安 中英山 中

安豐路 下唐初爲壽州改壽春郡宋爲壽春府元
又以安豐縣爲安豐軍繼遷安豐軍於壽春府
至元十四年改安豐路總管府十五年定爲散府
領壽春安豐下蔡蒙城三縣二十八年復升爲路以臨
濠府爲濠州與下蔡蒙城俱來屬戶一萬七千九
百九十二口九萬七千六百一十一領司一縣五
州一州領三縣

錄事司
縣五
壽春 中倚郭
安豐 下至元二十一年江淮行省言安豐之芍陂可墾田萬頃若立
屯開耕實爲便益後之於安豐縣立屯戶一萬四千
萬戶府屯戶一萬四千至元十三年隸壽府北有奇
霍丘 下
蔡 八年罷府與蒙城皆來屬州一
蒙城 下

濠州 下唐初爲濠州後改鍾離郡又仍爲濠州
阻淮帶山與壽陽俱爲淮南之險郡名初從豪
後加水爲濠南唐置定遠軍宋爲團練州初隸
淮南路後隸濠南西路初隸濠州
濠州安撫司十五年定爲臨濠府二十八年復

為濠州草懷遠爲下縣來屬領三縣鍾離郡下倚

定遠下懷遠元二十八年以軍爲縣隸濠州

省荊山入焉

安慶路下唐初爲東安州又改舒州又改同安郡
又復爲舒州宋爲安慶府元至元十三年立安撫
司十四年改安慶路總管府屬蘄黃宣慰司二十
三年罷宣慰司直隸行省戶三萬五千一百六口
二十一萬九千四百九十領司一縣六

錄事司

縣六

《元史志卷十一》 十九

懷寧中宿松中望江下太湖中桐城中潛山治至

江北淮東道肅政廉訪司

淮東道宣慰使司

初三立

揚州路上唐初改南兗州又改邗州又改廣陵郡
又復爲揚州宋爲淮東路元至元十三年初建大
都督府置江淮等處行中書省十四年改爲揚州
路總管府十五年置淮東道宣慰司本路屬焉十
九年省宣慰司以本路總管府直隸行省二十一
年行省移杭州後復立淮東道宣慰司止統本路升

淮安二郡而本路領高郵府及真滁通泰崇明五
州二十三年行省後遷宣慰司遂廢所屬如故後
改立河南江北等處行中書省移治汴梁路後立
淮東道宣慰司割出高郵府爲散府直隸宣慰司
戶二十四萬九千四百六十六口一百四十七萬
一千一百九十四領司一縣二州五領九縣

錄事司

江都郭上倚 州五 泰興上

縣二

《元史志卷十一》 二十

真州中五代以前地屬揚州宋以迎鑾鎮置建安
軍又升爲真州元至元十三年初立真州安
撫司十四年改真州路總管府二十一年後爲
州隸揚州路領二縣揚子 上倚郭至元二十一年省錄事司入焉

滁州下唐初析揚州地置又改永陽郡又復爲
滁州元至元十五年改滁州路總管府二十年
仍爲州隸揚州路領三縣清流 省中至元十四年

泰州上唐更海陵縣曰吳陵置吳州尋廢南唐

來安下全椒中

升泰州元至元十四年立泰州路總管府二十

一年改爲州隸揚州路領二縣海陵郭上僑如皐 上

通州中唐屬揚州南唐於海陵東境置靜海鎮

周平淮南改爲通州宋改靜海郡元至元十五

年改通州路總管府二十一年復爲州隸揚州

路領二縣靜海郭上僑海門中

崇明州 下 本通州海濱之沙洲宋建炎間有昇

州句容縣姚劉姓者因避兵於沙上其後稍有

人居焉遂稱姚劉沙嘉定間置鹽場屬淮東制

司元至元十四年升爲崇明州

淮安路上唐楚州又改臨淮郡又仍爲楚州爲

淮安州元至元十三年行淮東安撫司十四年改

立總管府領山陽鹽城淮安淮陰新城清河桃園

七縣設錄事司二十年升爲淮安府路併淮安新

城淮陰三縣入山陽兼領臨淮府海寧泗州四

郡其盰胎天長臨淮虹五河贛榆朐山沭陽各歸

所隸二十七年革臨淮府以盰胎天長隸泗州戶

九萬一千二十二口五十四萬七千三百七十七

領司一縣四州三州領八縣路之白水塘黃家疃

至元二十三年於本

等處立洪澤屯田萬戶府

錄事司

縣四

山陽 上 元十二年安東州歸附以本縣馬羅

鹽城 上 淮安新縣二十三年淮安路歸附以本縣仍存 桃園 下 清河 州下 宋立清河軍至元十五年爲河縣軍 之本泗城仍存羅

海寧州 下 唐海州宋隸淮東路元至元十五年

升爲海州總管府後改爲海寧府未幾降爲

州隸淮安路初設錄事司二十年與東海縣俱

入朐山領三縣朐山 中 沭陽 下 贛榆 下

泗州 下 唐改臨淮郡後復爲泗州宋隸淮東路

元至元十三年降爲下州舊領臨淮虹靈

壁睢寧五縣十六年割睢寧屬邳州十七年割

靈壁入宿州以五河來屬二十一年併淮平

隸焉領五縣臨淮 下 五河 下

盰胎 上 宋盰眙軍至元十三年行招信軍

屬盰眙安撫司路軍至元十三年招信五

府縣明年升以眙五河縣在淮府之比改屬四

州臨淮二十年慶抱臨信府入盰胎二十

十七年慶併臨淮府入盰胎二十縣天長

安東州 下

高郵府唐為縣宋升為軍元至元十四年升為高
郵路總管府領錄事司及高郵興化二縣二十年
廢安宜府為寶應縣來屬又併錄事司改高郵路
為府屬揚州路今隸宣慰司

錄事司（戶口數闕至順錢糧戶數五萬九千）
領縣三 高郵上 興化中 寶應上（元十六年改為寶安）

荊湖北道宣慰司

山南江北道肅政廉訪司

中興路上唐荊州俊為江陵府宋為荊南府元至

元十三年改上路總管府設錄事司天曆二年以
文宗潛藩改為中興路戶一十七萬六千八百八十二
口五十九萬九千二百二十四領司一縣七

錄事司

縣七

江陵上 公安中 石首中 松滋中 枝江下 潛江中
監利中（宋末兵亂民散收附後始復舊）

峽州路 下
唐改夷陵郡又為峽州宋隸荊湖北路
後徙治江南元至元十三年歸附十七年升為峽
州路戶三萬七千二百九十一口九萬三千九百

四十七領縣四夷陵
長陽 下 遠安 下（中宋末隨州遷治不常宜都歸附後復歸江北權治）

安陸府唐郢州又改富水郡又為郢州宋隸京西
路元至元十三年歸附十五年升為安陸府戶一
萬四千六百六十五口三萬三千五百五十四領
縣二 長壽中 京山（元至元中兵亂移治漢濱至）

沔陽府唐復州又改竟陵郡又為復州宋端平間
移州治于沔陽鎮至元十二年歸附改為復州路
十五年升為沔陽府戶一萬七千七百六十六口
三萬九千五百五十五領縣二 玉沙（郭中兵亂無）景陵（從治無）

常歸附後還舊治
荊門州 下
唐為縣宋升為軍端平間移治當陽縣
元至元十三年歸附十四年升為府十五年還府
治于古城降為州戶二萬九千四百七十一口
十六萬五千四百三十五領縣二 長林上 當陽中

德安府唐安州又改安陸郡又仍為安州宋為德
安府咸淳間徙治漢陽元至元十三年還舊治隸
湖北道宣慰司十八年罷宣慰司直隸鄂州行省
後割以來屬元領縣四 州一 領二縣
戶一萬九千九百二十三口三萬
六千二百一十八領縣四 州一 領二縣

縣四

安陸 下　孝感 下　應城 中　雲夢 下

州一

隨州 下　唐初爲隨州又改漢東郡又後爲隨州宋爲崇信軍又爲棗陽軍後因共亂遷徙無常元至元十二年歸附十三年即黃仙洞爲州治

戶一萬五千九百六十六口五萬二千六十四

領二縣 隨縣 下　應山 下

志卷第十一

翰林學士承旨知制誥兼修國史宋濂 翰林待制兼直學士院編修官王禕等纂

穆

地理三

陝西諸道行御史臺

陝西等處行中書省 為路四府五州二十七屬州十二屬縣八十八 本省站陸一 慶水站八十一 慶

奉元路 上 唐初為雍州後改關內道又改京兆府又以京城為西京又曰中京又改上都宋分陝西為四路秦鳳熙河涇原環慶鄜延為六路金併陝西為四路元中統三年立陝西四川行省治京兆至元初併涇陽櫟陽縣入涇陽櫟陽縣入臨潼終南縣入盩厔十六年改京兆為安西路總管府二十三年四川行省置行省改此省為陝西等處行中書省大德元年移雲南行臺於此為陝西行臺皇慶元年改為奉元路戶三萬三千九百三十五口二十七萬一千三百九十九 子數 領司一縣十一州五州領十五縣

錄事司

縣十一

咸寧 下 長安 下 咸陽 下 興平 下 臨潼 下

高陵 下

涇陽 復 至元二年併入高陵一千二十頃有奇 田一千二十頃有奇

盩厔 下 屯田九百四頃

鄠縣 為鄠舊

省柿林縣入鄠縣至元元年省柿林縣為鄠縣廢柿林元年

州五

華州 下 唐改鎮國軍宋改鎮潼軍金改金安軍 領三縣 華陰 下 蒲城 下 渭南

鄭縣 下

南 下

元復為華州 山在焉華

同州 下 唐初為同州又改馮翊郡又復為同州領五縣朝邑宋為定國軍金因之元仍為同州 下 朝邑 下 白水 下 郃陽 下 澄城 下

韓城 城縣金曰禎州立州六年元州又廢止設縣再州至元州金為

耀州 下 唐初立宜州後為華原縣後又為耀州如故金因宋為感義軍又改感德軍又為耀州之元至元元年併華原縣入州又併美原入富平領三縣 華原 富平 三原 同官 下

乾州 下 唐以高宗乾陵所在改乾州宋金復乾州元至元元年併好畤縣入焉又升奉天為乾州宋改醴泉金復乾州元至元五年好畤所在改乾州省好畤縣元至元元年又升奉天為乾州省醴泉縣元至元五年好畤又割永壽縣來屬後又改奉天為醴泉領三縣 醴泉

泉 下 武功 下 永壽 下宋金屬邠州至元十

商 下唐初為商州又改上洛郡又復為商州
宋及元皆因之領一縣洛南 下

延安路 下唐初為延州又改延安郡又為延州宋
為延安府金為鄜延路元改延安路元 壬子年數領縣八州

三十九口九萬四千六百四十一
三州領八縣 本路屯田四
縣八

膚施 下 甘泉 下 宜川 下元初置司候司至元
六年併丹頭入本縣丹頭降為縣

延川 下 安定 下宋舊堡元壬子年升為安
定縣至元元年析置丹頭縣四

安塞 下本金舊堡壬子年升為縣 保安 下金為保安州至元

延長 下

鄜州 下唐初為鄜州又改洛交郡又復為鄜州
宋金因之舊領洛交洛川鄜城直羅四縣元至

元四年併鄜城入洛川又併洛交直羅入州六
年廢坊州以中部宜君二縣來屬領三縣洛川

下 中部 下 宜君 下

綏德州 下唐綏州宋金為綏
德軍金為州領八縣歸附後併嗣武入米脂綏

平入懷寧至元四年併定戎入米脂懷寧入青
澗又併義合綏德入本州領二縣青澗 下米脂

葭州 下唐銀州宋為晉寧軍金改為葭州元至
元六年併通秦彌川嵗蘆入州併太和入神木
建寧入府谷領三縣神木 下古麟州之神木於
元六年廢吳堡 下府谷 下

興元路 下唐為梁州又改漢中郡又為興元府宋
仍舊名元立興元路總管府久之以鳳金洋三州

隸為宋時領南鄭西縣褒城廉水城固五縣後廢
廉水入南鄭元初割出西縣屬沔州以洋州西鄉

縣來屬領戶二十一百四十九口一萬九千三百七
十八至元十年數領四州三

南鄭 下 城固 下褒城 下西鄉 下
縣四

鳳州 下唐初為鳳州後升節度府宋隸興元路
至元五年以在郭梁泉縣併入州隸興元路

洋州 下唐改洋州郡又復為洋州後更革不常

州

宋復爲洋州元至元二年省興道真符二縣入

金州　下　唐改西城郡爲金州宋升爲金房開達
四州路元爲散州

陝西漢中道肅政廉訪司

鳳翔府唐爲扶風郡又爲鳳翔府號西京宋金因
其名元初割平凉府秦隴德順西寧鎮寧州隸立鳳
昌路廢恒州以所領鳌至縣隸安西府路尋立鳳
翔路總管府至元九年更爲散府戶二十八十一
口一萬四千九百八壬子數領縣五鳳翔下屯田九頃有奇

扶風　下岐山　下寶雞　下麟游　下

邠州　下唐邠州以字類幽改爲邠宋金以來皆因
之領縣二新平　下淳化　下至元七年併本縣

涇州　下唐政安定郡後仍爲涇州宋改彰化軍舊
領保定長武靈臺良原四縣金改保定縣爲涇州
元初以隸都元帥府立總司轄邠州後屬鞏昌都
總帥府或隸元帥府元初以隸平凉府陝西省所隸不一今直隸省
領縣二涇川下涇州此即保定治靈臺下涇川十一元七年復立以歸涇仍原併入而長武至元十一年復立以良

開成州　下唐原州宋爲鎮戎軍金升鎮戎州元初

仍爲原州至元十年皇子安西王分治秦蜀遂立
開成府仍視上都號爲上路至治三年降爲州領
縣一州一

開成

　州一

廣安州　本鎮戎地元至元十年金升爲縣隸鎮戎州經亂荒戶口繁劇十改爲廣安元關募民居止未幾二月降莊浪路大德宗升爲州大德州仍隸本路

莊浪州　開成路莊浪路仍隸本路

鞏昌等慶總帥府

鞏昌府唐初置渭州後曰隴西鄉陷入吐蕃宋
復得其地置鞏州金爲鞏昌府元初改爲鞏昌路便
宜都總帥府統鞏昌平凉臨洮慶陽隆慶五府及
秦隴會環金德順徽金洋安西河洮岷利巴汉龍
大安徽涇邠寧定西鎮原階成西和蘭二十七州
又於成州行金洋州事至元五年割安西州屬脫思
思麻路總管府六年以河州屬吐蕃宣慰司都元
帥府七年併洮州入安西州八年割岷州屬脫思
麻路十三年立鞏昌路總管府十四年後行便宜
都總帥府事其年割隆慶府利巴大安徽馮龍等

州隸廣元路二十一年又以溪邠二州隸陝西漢
中道宣慰司而帥府所統者鞏昌平涼臨洮慶陽
府凡四秦隴寧定西鎮原階成西和蘭會環德
順徽金洋州凡十有五戶四萬五千一百三十
口三十六萬九千二百七十二〔王子數〕領司一縣五

錄事司

縣五

《元史志卷十二》　七

平涼府唐為馬監隸原州宋為涇原路升平涼軍
金立平涼府元初併潘原縣入平涼化平入華亭
隸鞏昌帥府領縣三　平涼〔下〕
華亭〔下〕
亭〔下〕

隴西〔下宋名臨川寨金為鎮，縣至元十七年置令縣〕
寧遠〔下〕
伏羌〔下本舊寨至元十三年升縣〕
通渭〔下〕
崇信〔下〕　〔一十五頃一百〕

臨洮府唐臨洮軍宋為鎮洮軍又為熙州金為臨
洮府元至元十三年復以渭源堡升為縣領縣二
狄道〔下〕　渭源〔下〕

慶陽府唐慶州宋環慶路改慶陽軍又升府金為
慶源路元初改為慶陽散府至元七年併安化彭
原入焉領縣一合水〔下〕

秦州〔中唐初為秦州宋為天水郡金為秦州舊領〕

《元史志卷十二》　八

六縣元至元七年併雞川隴城入秦安治坊入清
水領縣三　成紀〔中〕　清水〔中〕　秦安〔下〕

隴州〔中唐改汧陽郡復為隴州宋金置防禦使舊〕
罷防禦使元初改為散郡〔有西鎮領縣二汧源中汧陽下〕
領四縣元至元七年改汧陽復為隴州仍置安西縣荷郭通

寧州〔下唐初改北地郡為寧州宋金因之元至元〕
七年併襄樂定平入州領縣一真寧〔下〕

定西州〔下本唐渭州西市五代淪于先零宋置定〕
西城金改定西縣後升為州仍置安西縣荷郭通
西二寨並置縣來屬元至元三年併三縣入本州

鎮原州〔下唐原州又為平涼郡宋金因之元改鎮〕
原州以鎮戎州之東山三川二縣來屬至元七年
倒併州縣遂以臨涇彭陽及東山三川四縣入本
州〔十六頃有奇〕
原州〔屯田四百六十七頃〕

西和州〔下唐岷州又改和政郡又仍為岷州宋改〕
曰西和舊領縣三大潭祐川軍興久廢惟有長道
一縣元至元七年亦併入本州

環州〔下唐改威州宋復為環州後興慶州定為環〕
慶路金隸慶陽府元初為散郡舊領通遠一縣元

僉官典

至元七年併入本州

金州 下 本蘭州龕谷寨金升寨爲縣以龕谷爲金
州治所元至元七年併縣入州

靜寧州 下 宋慶曆中以渭州隴干城置德順軍後
置隴干縣金升爲州元初併治平永洛入隴干後
復省隴干改爲靜寧州領縣一隆德 下

蘭州 下 唐初置後改金城郡又仍爲蘭州宋金因
之元初領阿干一縣及司候司至元七年併縣
入本州

會州 下 唐初改西會州又爲粟州又爲會寧郡又

《元史志卷十一》 九

爲會州宋置敷川縣金置寶川縣陷于河西僑治
州西南百里會川城名新會州元初棄新會州遷
於所隸西寧縣至元七年併縣入州

徽州 下 元兵入蜀鳳州二縣首降以鳳州仍治梁
泉別置南鳳州治于河池後又升永寧鄉爲縣興
兩當同爲屬邑至元元年改爲徽州七年併兩當
永寧二縣入州領縣一兩當 下

階州 下 唐初置武州又改武都郡又更名階州宋
因之今州治在柳樹城距舊城東八十里舊領福
津將利二縣至元七年併入本州

成州 下 唐初爲成州又改同谷郡後仍爲成州宋
因之舊領同谷栗亭二縣元初歲壬寅以田世顯
挈成都府歸附令遷於栗亭行栗亭管民司事不
隸成都府割天水二縣來屬至元七年併同谷天水二
縣入州

金洋州 本隸興元路戊戌歲有雷李二將挈民戶
歸附令遷至成州自行金洋州事

土蕃等處慶宣慰司都元帥府 西界立寧河站 至元九年於土蕃

雅州 下 隸宗戍午歲攻破雅州雅州降

河州路 領縣三定羌 下 寧河 下 安鄉 下

雅州 下 隸石泉守將趙順以城降

河州 下

《元史志卷十二》 十

雅州 下 領縣五石山 下 盧
山 下 百丈 下 榮經 下 嚴道 下

黎州 下 至元十八年鈔二千三百八定以資牛具種賣
縣一漢源 下

洮州 下 領縣一可當 下

貴德州 下

茂州 下 領縣二文山 下 汶川 下

脫思麻路

岷州 下

鐵州 下

碉門魚通黎雅長河西寧等慶宣撫司 至元二年碉
門將利二縣

門安撫使初為高保四寨高保四寨廢故行省以高保
中統復慶須得使宜泰於
相度須行軍民有
官東樞密院人來於硐
行樞密院有頭宜於縣
者以壘舍近之裏
城邑者以壘舍近之裏

四川等處行中書省為路九府三屬府二屬州三十
六軍一屬縣八十一蠻夷種落不在其數

禮店文州蒙古漢兒軍民元帥府　此多關其餘如至
　自河州以下至

西蜀四川道廉訪司

成都路　上
唐改蜀郡為益州又改成都府宋為益州路又為成都府路元初撫定立總管府設錄事
司至元十三年領成都府路嘉定崇慶三府邛隆黎
雅威戎簡漢彭綿十一州後嘉定自為一路以眉
州隸之二十年又割黎屬吐番招討司降
崇慶為州隆州併入仁壽縣隸本府戶三萬二千
九百一十二口二十一萬五千八百八十二至元
七年領司一縣九州七州領十一縣

錄事司

成都　下　本縣唐元管為成都大城內府治所至元十三年以華
　縣九

金堂　下　此州故……至元二十年併入金堂縣隸成都府如
壽陽　下　唐新都……
陽　下　新都　下　郫縣　下　溫江　下　雙流　下　新繁　下　仁

金堂
路

漢州　下　唐為德陽郡又為漢州自唐至宋苦於
　縣雒陽　下　崇寧
彭州　下　唐置濛州又為彭州宋及元因之領二
　州七

兵革民不聊生元中統元年復立漢州領三縣
什邡　下　德陽　下　綿竹　下
　屬綿州……

安州　下　唐置石泉縣宋升為軍元中統五年升
為安州領一縣石泉　下

灌州　下　唐導江縣五代為灌州宋為永康軍後
廢為灌口寨元初後立灌州至元十三年以導
江青城二縣戶少省入州

崇慶州　下　唐為唐安郡又為蜀州宋為崇慶軍
元至元二十年改為崇慶州

併江原縣入州。〔本州有屯田萬戶府。〕領二縣。晉原，下。新津，下。

威州，下。唐維州，宋改威州，領保寧、通化二縣。元至元十九年，併保寧入州。通化，下。

簡州，下。唐析益州置，宋因之。元至元二十二年，併成都府所屬靈泉縣來隸，而本州有平泉以地荒竟廢之。附郭陽安縣入州。

嘉定府路，下。唐初爲嘉州，又改犍爲郡，又仍爲嘉州。宋升嘉定府。元至元十三年立總管府，舊領龍游、夾江、峨眉、犍爲、洪雅五縣，二十年併洪雅入夾江，領司一、縣四、州二。〔領三縣數闕。〕

錄事司。

縣四

龍游，下。夾江，下。峨眉，下。犍爲，下。

州二

眉州，下。唐改嘉州，又仍爲眉州。元至元十四年隸嘉定路，領二縣：彭山，下。青神，下。

卭州。唐初置卭州，又改臨卭郡，又仍爲卭州。元至元十四年立安撫司，兼行州事。二十一年併臨卭、依政、蒲江三縣入州，領一縣：大邑，下。

廣元路，下。唐初爲利州，又改益昌郡，又復爲利州。宋爲利州路，端平後兵亂，無寧歲，地荒民散者十有七年。元憲宗三年立利州，治設都元帥府。至元十四年罷帥府，改爲廣元路。〔元帥府至元。〕戶一萬六千四百六十七，口九萬六千四百四十。〔至元二十年數。〕領縣二、府一、州四。府領縣二，州領七縣、二府。〔本路屯田有奇。〕

綿谷，下。昭化，下。〔元初併入焉。〕

府一

保寧府，下。唐隆州，又改閬州，又爲閬中郡，後唐又爲閬中郡。後唐爲保寧軍。元初立東川路元帥府，至元十三年升保寧府。元至元二十年罷元帥府，改保寧路，初領新井、新政、西水，總入南部縣，縣仍改爲府，隸廣元路，得小寧二州後併入閬中縣，又併奉國入蒼溪。〔本府屯田一頃有奇。〕領三縣：閬中，下，倚郭。蒼溪，下。南部，下。

州四

劍州，下。唐爲始州，後改劍州，宋升普安軍，又爲隆慶府。元至元二十年改劍州，領二縣：普安，下。梓潼，下。〔劍門城，元二十年併入焉。〕

龍州下唐初爲龍門郡又改龍州又改江油郡
又改應靈郡宋改政州繼復舊憲宗歲戊午
宋守將王知府以城降至元二十二年併江油
清川二縣入焉

巴州下唐初改巴州又改清化郡又爲巴州宋
領化城難江恩陽曾口上通江下通江六縣元
至元二十年併南江恩陽二縣入化城上下通
江二縣入曾口領三縣化城下曾口下通
江下通江

沔州下唐初爲興州又爲順政郡又改興州宋
改沔州元至元十四年隸廣元路二十年廢復
州止設驛水縣遷沔州而治焉領三縣驛水下
郡舉及西縣

大安下十年降爲縣以至元二十年併略陽
以來屬略陽下十年至二十年併略陽長

順慶路下
唐爲南充郡又改梁州又改充州宋升
順慶府元中統元年立征南都元帥府至元四年
置東川路統軍司後改東川府十五年後爲順慶
府十五年升爲路設錄事司戶二千八百二十一口
九萬五千一百五十六至元二十八年數
二十年升爲路設錄事司戶二千八百二十一口
一州二府領二縣州領五縣
錄事司

縣二
南充下至元二十年併漢初入焉
西充下至元二十年併流溪舊縣入焉

府一
廣安府唐屬宕渠巴西洛陵三郡宋置廣安軍
又改寧西軍元元十五年廢寧西軍二十年
升爲廣安府舊領渠江岳池和溪新明四縣後
併和溪新明入岳池領二縣渠江下岳池下

州二
蓬州下唐改蓬州郡又仍爲蓬州元初立宣撫
都元帥府後罷至元二十年立蓬州路總管府
後後爲蓬州領三縣相如下儀隴下
營山

渠州下唐初爲渠州又改潾山郡又爲渠州宋
屬潼川府元至元十一年立渠州又改潾州安撫司二十
年罷安撫司以渠州爲散郡領二縣流江下大
竹鄰山

潼川府唐梓州又改梓潼郡又爲梓州宋改靜戎
軍又改安靜軍又升潼川府兵後地荒元初復立
潼川府元至元二十年併涪城及錄事司入郪縣通泉
府治至元二十年併涪城及銅山入中江領縣四州二
入射洪東關入鹽亭銅山入中江領縣四州二
入蓬溪

縣四

郪縣 郭下倚 中江 下 射洪 下 臨亭 下

州二

遂寧州 下 唐遂州又改遂寧郡宋爲遂寧府元初因之至元十九年併遂寧青石二縣入小溪長江入蓬溪後復改爲州領二縣 小溪 下 蓬溪 下

綿州 下 唐更改不常元初隸成都路元至元二十年併魏城入本州改隸潼川路領二縣 彰明 下 羅江 下

永寧路 關 領州一

筠連州 〔桑政行連州筠連騰川二縣有吉安省撫順言所陳傑娴…關至元十七年樞密院言四川行省言先是奉吉以漢傑巴併蠻洞五十六洞如舊隸高州筠連遣使興郭漢傑…之否則還順…立站此〕 領一縣 騰川 下

四川南道宣慰司 〔六年元立〕

重慶路 上 唐渝州宋更名恭州又升重慶府元至元十六年立重慶路總管府二十一年升爲上路割忠涪二州爲屬郡二十二年又割瀘合來屬省

壁山入巴縣廢南平軍入南川縣爲屬邑置錄事司戶二萬二千三百九十五口九萬三千五百三十五 〔至元二十七年數〕 領司一縣三 〔本路 州四四川領十縣三堆 田中嗜趙市等慶屯百二十頃〕

錄事司

巴縣 郭下倚 江津 下 〔政省順言民百八十戶於江津〕

縣 南川 下

州四

瀘州 下 唐改瀘川郡爲瀘州宋爲瀘川軍元至元二十年併瀘川縣入焉二十二年隸重慶路領三縣 江安 下 納溪 下 合江 下

忠州 下 唐改忠州領三縣臨江…元至元十五年宋升咸淳府…元仍爲忠州領三縣 臨江 下 豐都 下 南賓 下

合州 下 唐爲合州宋改巴川郡又仍爲合州元…十年改爲散郡併錄事司赤水入石照縣二十…年改爲州隸重慶路領三縣 銅梁 下 定遠 下 〔巴川元初…宋地名女菁平軍爲武勝軍後…遠州元四年便宜入…爲縣四年降〕 石照 下

涪州 下 唐改爲涪陵郡又改涪州宋因之元至
元二十年併涪陵樂溫二縣入焉領一縣武龍 下
紹慶府 下 唐黔州又黔中郡宋升爲紹慶府元至
元二十年仍置府戸三千九百四十四口一萬五
千一百八十九 至元二十年數 領縣二 彭水 下 黔江 下
懷德府領州四 闕
來寧州 下 柔遠州 下 酉陽州 下 服州 闕 下皆
夔路 下 唐初爲信州又爲夔州又爲雲安郡又仍
爲夔州宋升爲帥府元至元十五年立夔州路總
管府以施雲安萬大寧四州隸焉二十二年又以
開達梁山三州來屬戸二萬二十四口九萬九千
五百九十八 至元二十年數 領州二縣七州領五
縣五十六項 本路屯田
錄事司
縣二
奉節 下 巫山 下
州七
施州 下 唐改清江郡又改清化郡又復爲施州
宋因之舊領清江建始二縣元至元二十二年

元史志卷十二　十九　朱祥

併清江入州領一縣建始 下
達州 下 唐爲通州又改通川郡又仍爲通州宋
更名達州元至元十五年隸夔路領二縣通川 下 新寧
下二十二年改隸四川東道宣慰司
梁山州 下 本梁山縣宋升梁山軍元至元二十
年升爲州領一縣梁山 下
萬州 下 唐改浦州爲萬州又改南浦郡宋仍爲浦
州元至元二十年以南浦爲萬州領一縣武寧 下
雲陽州 下 唐改雲安監爲安義縣後復爲監元
至元十五年立雲安軍二十年升雲陽州併雲
安縣入焉
大寧州 下 舊大昌縣宋置監元至元二十年升
爲州併大昌縣入焉
開州 下 唐改爲盛山郡又復爲開州宋及元皆
因之

叙南等處蠻夷宣撫司
叙州路古𤏡國唐戎州貞觀初徙治𤏡道在蜀江
之西三江口宋升爲上州屬東川路後易名叙州
咸淳中城登高山爲治所元至元十二年郭漢傑
挈城歸附十三年立安撫司未幾毀山城復徙治

元史志卷十二　二十

部蠻夷宣撫司領縣四州二

三江口罷安撫司立叙州十八年復升爲路隸諸

縣四

宜賓 下　慶符 下　南溪 下　宣化 下〔元貞二年於本縣置萬户府領軍　屯田四十餘頃〕

州二

富順州 下　唐富義縣宋富義監後改富順縣元
至元十二年改立富順監安撫司二十年罷安
撫司升富順州

高州 下　古夜郎之屬境隣烏蠻與長寧軍地相
接均爲西南羌族前代以爲化外置而不論唐
開拓邊地於本部立高州宋設長寧軍十州族
姓俱效順元至元十五年雲南行省遣官招諭
内附十七年知州郭安後行州事蠻人散居村
囤無縣邑鄉鎮

馬湖路 下　古犍柯屬地漢唐以下名馬湖部宋時
蠻主屯湖内元至元十三年内附後立總管府遷
於夷部溪口瀕馬湖之南岸創府治其民散居山
菁無縣邑鄉鎮領軍一州一〔初馬湖蠻來朝嘗以獨本葱爲獻由是歲〕
〔至郡縣疲於通之送〕元貞二年勅罷之送

軍一

長寧軍　唐置長寧等覊縻十四州五十六縣并
隸瀘州都督府宋以長寧地當衝要升爲長寧
軍立安寧縣元至元十二年郡守黃立掔城效
順二十二年設録事司後與安寧縣俱省入本

州一

戎州 下　本夜郎國西南蠻種號大壩都掌分族
十有九前代以化外置而弗論唐武后時恢拓
蠻徼設十四州五囤二十九縣於本部置婺州
總管二十二年升爲戎州叛服不常州治在箐
招諭十七年本部官得蘭紐來見授以大壩都
元至元十三年以詟順爲蠻夷部宣撫司遣官
前所領俱村囤無縣邑鄉鎮

上羅計長官司領蠻地羅計星乃古夜郎境爲
西南種族前代置之化外宋設長寧軍十州族
俱效順各命之官其後分姓他居遂有上下羅計
之分盖亦如唐羈縻之以爲西蜀後户屏蔽元至
元十三年蠻夷部宣撫詟順引本部夷酋得賴阿
當歸順十五年授得賴阿當千户十八年黎州同

知李奇以武畧將軍來充羅星長官二十二年奧
人叛誘誅上羅星夷行樞密院討平之其民人散
居村箐無縣邑鄉鎮
下羅計長官司領蠻地其境近烏蠻與敘州長寧
軍相接均為西南夷族與上羅計同至元十二年
長寧知軍卒先內附十三年酋順引本部夷酉得
顏箇詣行樞密院降奏充下羅計蠻夷千戶二十
二年諸蠻夷皆叛惟本部無異志
四十六囤蠻夷千戶所領永蛪夷地在夢符向南
抵定川古夜郎之屬唐羈縻定州之支江縣也至

《元史志卷十二》　九三　播花

元十三年权附於慶符縣僑置千戶所領四十六
囤

黄水口上下落骨

山落牟許淵吳

廖落財
落搔
廖落梅
廖得幸

騰息奴
屯莫面
上落松
落昧下村

落燕
落竃
落昧下村
廖得屚
落九色

許宿
落能
山落寨
廖九色

落島
廖得會
廖得島
廖得了
廖得惡

廖得騰斛
廖得晏
落能
落得擂

水落寨
落搔屯右
廖得
廖得具
廖得淵

騰日影

騰郎

愛荅落

下得辛

落昧上村

曹落炎

周頭

上得辛

賴扁

落炎

愛荅速

廖得妠

許燖

落女

廖得妻

阿郎頭

落女

落鷗

諸部蠻夷

泰加大散等洞　以下各設蠻夷官

隴堤紉皮等洞

散毛洞

黑土石等處

樂化兀都剌布白享羅等處

石耶洞

彭家洞

市俾洞

科崖冒朱等洞

《元史志卷十二》　九四　楊花

洪望冊德等族

大江九女羅氏

鹿朝

水西

阿永蠻部　至元二十一年酋長阿泥入覲自言阿泥入覲自言阿...

師壁洞安撫司　以例阿永屬諸從其請烏蒙等蠻慈隸皇太子位頭佐阿

阿者洞　以下各設蠻夷官

上安下壩

下役洞

錢淵等處

必蔵等處

永順等處軍民安撫司

謝甲洞

阿渠洞

驢虚洞

水洞下曲等寨

酌宜等處

雍邦等寨　崔篙等寨
冒朱洞　麻峽柘歌等寨
新附鬼羅金井　沙溪等慶
宙窟洞　新容米洞

甘肅等慶行中書省為路七州二屬州五本省馬站六慶
年立行中書省以控制河西諸郡戶一千五百五

河西隴北道肅政廉訪司

甘肅路上唐為甘州又為張掖郡宋初為西夏所擾改鎮夷郡又立宣化府元初仍稱甘州至元年置甘肅路總管府八年改甘州路總管府十八

《元史志·卷十二》　九五　縹伯山

十口二萬三千九百八十七　至元二十七年數本
鴨子規等慶屯田計二百六十餘頃

永昌路下唐涼州宋初為西涼府景德中陷入西夏元初仍為西涼府至元十五年以永昌路降西涼府為州隸焉

所在立永昌路

西涼州下

肅州路下唐為肅州又為酒泉郡宋初為西夏所擾元太祖二十一年西征攻肅州下之世祖至元七年置肅州路總管府戶一千二百六十二口八千六百七十九　至元二十

沙州路下唐為沙州又為燉煌郡宋仍為沙州景祐初西夏陷瓜沙肅三州盡得河西故地金因之元太祖二十二年破其城以隸八都大王至元十四年後立州十七年升為沙州路總管府至元二十八年徙

為沙州路
沙州去肅州千五百里內附貪民欲乞糧沙州隸焉必須白之肅州然後給與朝廷延以其不便故

瓜州下唐改為晉昌郡復為瓜州宋初陷於西夏亡州廢元至元十四年復立二十八年徙居民於肅州但名存而已

居民於肅州

亦集乃路下在甘州北一千五百里城東北有大

《元史志·卷十二》　九六　縹伯山

澤西北俱接沙磧乃漢之西海郡居延故城夏國嘗立威福軍元太祖二十一年內附至元二十三年立總管府二十三年以亦集乃地並以傍近民西僧合即渠於亦集乃地並以傍近民西僧合即渠其力以從之計屯田九十餘頃

寧夏府路下唐屬靈州宋初廢為鎮領番部自唐末有拓拔思恭者鎮夏州世有銀夏綏宥靜五州之地宋天禧間傳至其孫德明城懷遠鎮為興州以居後升與慶府又改中興府元至元二十五年

置寧夏路總管府至元八年立西夏中興等路行省元貞元年革寧夏等路行省尚書省元貞元年以西夏中興路立行省

於甘肅省併其事領州三慶屯田一千八百橋站等

中書省併其事領州三木路豪園納橋站等

靈州 下 唐為靈州又為靈武郡宋初陷於夏國
改為翔慶軍

鳴沙州 下 隋置環州立鳴沙縣唐華州以縣隸
靈州宋沒於夏國仍舊名元初立鳴沙州 北田四百
餘項四十

應理州 下 與蘭州接境東阻大河西擾沙山考
之圖志乃唐靈武郡地其州城未詳建立之始
元初仍立州

山丹州 下 唐為刪丹縣隸甘州宋初為夏國所有
置甘肅軍元初為阿只吉大王分地至元六年行

元史志卷十二　九七　二百八十五　大蒙之

山丹城事冊訛為山二十二年升為州隸甘肅行
省

西寧州 下 唐置鄯州理湟水縣上元間沒於土蕃
號青唐城宋改為西寧州元初為章吉駙馬分地
至元二十三年立西寧州等慶拘榷課程所二十
四年封章吉為寧濮郡王以鎮其地

兀剌海城

兀剌海路 關 太祖四年由黑水城北元初海西薩西夏將高令公克西
關口入河西

翰林學士亞中大夫知制誥兼修　國史臣宋濂　翰林待制奉直郎兼　國史院編修官臣王禕等奉

勑修

地理四

馬站七十四處
水站四處

雲南諸路行中書省，為路三十七，府二，屬府三，屬州五十四，屬縣四十七。其餘甸寨軍民等府不在此數。

〈元史志卷十三　一〉

雲南諸路道肅政廉訪司（大德三年罷雲南行御史臺，立肅政廉訪司。南行御史……）

中慶路，上。唐姚州地。閤羅鳳叛，取姚州。其子鳳伽異增築城，曰柘東。六世孫券豐祐改曰善闡，歷五代，迄宋羈縻而巳。元世祖征大理，凡犯府八，善闡其一也。郡四，部三十有七。其地東至普安路之橫山，西至緬地之江頭城，凡三千九百里而遠。南至臨安路之鹿滄江，北至羅羅斯之大渡河，凡四千里而近。憲宗五年，立萬戶府十有九，分善闡為萬戶府四。至元七年，改為路。八年，分中、大理二路，設達魯花赤、總管。并十三年，立雲南行中書省。初置郡縣，遂改善闡為中慶路，領司一、縣三、州四，州領八縣。（軍本民路）

錄事司。（屯田二萬二千四百餘戶有奇）

昆明，縣三。中。倚郭，如故。其地有昆池，周圍五百餘里，夏潦必冒城郭。夏人求泉源所出，役而泄之，得地萬餘頃，皆為良田云。

富民，下。……

宜良，下。在州東南，即羅裒籠甸，其地……至元十三年立宜良州……後廢，太池、宜良來屬。

〈元史志卷十三　二〉

嵩明州，下州。在中慶東北，治沙扎臥城，烏蠻車氏所築。白蠻名為嵩明。昔漢人居之，後烏白蠻強盛，漢人徙去，盟誓於此，因號嵩盟。今州南有土臺，盟會慶也。漢人嘗立長州，築金城、阿葛二城。蒙氏興，改長州為嵩盟部。段氏因之。元憲宗六年，立嵩明萬戶。至元十二年，復改長州。十五年，升嵩明府。二十二年，降為州。領二縣。楊林，下。（州東南……又作羊林……七年又立羊唐林……邵甸……）

晉寧州，下。唐晉寧縣。蒙氏、段氏皆為陽城堡部。元憲宗七年，立陽城堡萬戶。至元十二年，改晉寧……

元史志卷十三

三 〈∨〉

州領二縣　呈貢之比此西阻讀相澤去之濱六十里在路之西南有故城

譯地名及烏納山立和羅縣　城及烏納山　貢千戶　歸化下在州西北龍即呈貢千戶至

昆陽州下在滇池南蘞獷雜夷所居有城曰巨橋令為州治閣羅鳳叛唐令曲嶙蠻居之段氏興隸善闡元憲宗併羅冒等十二城立巨橋萬戶至元十二年改昆陽州領二縣三　泊下至元十三年元

安寧州下唐初置安寧縣隸昆州閣羅鳳叛唐後烏白蠻遷居蒙氏終善闡酋孫氏為安寧城主及袁氏高氏互有其地元憲宗七年改隸陽州萬戶至元三年立安寧千戶十二年改隸領二縣祿豐

龍和譚謂碌為令名石碌　至元十二年立祿豐縣因羅次下在州北蠻次羅州隸安寧十

威楚開南等路下為雜蠻耕牧之地夷名俄碌歷代無郡邑後爨酋威楚築城俄碌睒居之唐時蒙舍詔閣羅鳳合六詔為一侵俄碌取和子城附南州是也後閣羅鳳叛於本境立郡縣諸爨盡附蒙氏銀生隸慶即令路也及段氏興銀生隸姚州又名當箭騐及高昇泰執國柄封其姪子明量於威楚築外城號德江城傳至其裔長壽元憲宗三年征大理平之六年立威楚萬戶至元八年改威楚路置總管府領縣二州四

四州領一縣二

威楚樂二倚郭　葛孔明征南中經此地名俄碌睒後蠻居之為威楚至元十五年升威州仍立富民縣二縣淨

威楚倚郭　唐降州為威州後蠻酋號為威楚州諸蠻徙民至元十二年元憲宗

定遠來屬蒙氏定遠下　高氏專遠變爨蠻故地二百里立遠州千戶改為縣改遠州為黃蒙州隸威楚路

鎮南州下州在路北昔樸落蠻所居川名欠舍中有城曰雜和至唐時蒙氏併六詔征東蠻取和子雞和二城置石鼓縣又於沙郤置俗富郡取

沙却即今州治至段氏封高明量為楚公欠舍

沙却皆隸之元憲宗三年其酋內附七年立欠

舍千戶石鼓百戶至元二十二年改欠舍千戶

為鎮南州石鼓二縣二十四年革二縣

為鄉仍隸本州

南安州下州在路東南山嶺稠疊內一峯竦秀

林麓四周其頂有泉昔黑爨蠻祖尾晟吳立柵

居其上子孫漸盛不隸他部至高氏封威楚方

隸焉憲宗立摩芻千戶隸威楚萬戶至元十二

年改千戶為南安州隸本路領一縣廣通在州下

立夷名為路賧雜蠻居之南詔閤羅鳳曾

之比賧縣至段氏封高明量於威楚其後宜

於路賧些莫徒喬易等附之至高長壽白龍慶

州新柵憲宗七年改為廣通縣隸南安州千

戶藏至元十二年改為廣通縣隸南安州千

開南州下州在路西南其川分十二甸昔僕和

泥二蠻所居也莊蹻王滇池漢武開西南夷諸

葛孔明定益州皆未嘗涉其境至蒙氏興立銀

生府後為金齒白蠻所陷移府治於威楚開南

遂為生蠻所據自南詔至段氏皆為徼外荒僻

之地元中統三年平之以所部隸威楚萬戶至

元十二年改為開南州

威遠州下州在開南州西南其川有六昔僕和

泥二蠻所居至蒙氏與開威楚為郡而州境始

通其後金齒白夷蠻酋阿只步等奪其地中統

三年征之悉降至元十二年立開南州及威遠

州隸威楚路

武定路軍民府下唐隸姚州在滇比昔彊鹿等蠻

居之至段氏使烏蠻阿蝺治納淺舸共龍城於共

甸又築城名曰易龍其裔孫法瓦浸盛以其遠祖

羅婆為部名元憲宗四年內附七年立為萬戶隸

威楚至元八年併仁德于矢入本部為比路十一

年割出二部改本路為武定領州二州領四縣路本

屯田七百四十八雙

和曲州下州在路西南蠻名曰㟍甸㚟㜷諸種

蠻所居地多漢家或謂漢人曾居蒙氏時白蠻

壤其地至段氏以烏蠻阿蝺併吞諸蠻聚落三

十餘處分兄弟子姪治之皆隸羅婆部元憲宗

六年改曰㟍甸㚟㜷又櫃溪

領二縣南甸

元謀甸下州至元十六年改為縣

州二

南甸下路治本縣蠻曰㟍甸至元六年升為州

元謀甸下縣至元十六年為縣治五

禄勸州下　州在路東北，甸名洪農碌券，雜蠻居
之，無郡所。至元二十六年立禄勸州，領二縣。易
籠　水蠻語謂藏為籠，掌為會，謂城為甍，蠻
法堨曰抹掂，今訛名石舊。四甸縣東曰掌
之部大酋居之。至元十六年立會甸幾
數十渡，故名今訛名石舊。四甸縣境內有溪三

鶴慶路軍民府下　府治在麗江路東南大理路東，
比夷名其地曰鶴川，樣共昔隸越析詔，漢唐未建
城邑。開元末，閤羅鳳合六詔為一，稱南詔，徙治羊
苴城。地近龍尾鶴拓，今府即其地也。大和中，蒙勸
封祐於樣共立謀統郡，蒙氏後經數姓如故。元憲

府領一縣　劍川　按唐史治在劍川湖西，夷云羅魯城，其
二十年為燕王分地，隸行省。二十三年升為鶴慶。
大理上萬戶，至元十一年罷謀統千戶，復為鶴州。
宗三年內附為鶴州。七年立二千戶，仍稱謀統隸

雜遣其弟胡倫入朝，指畫地形氣別立徹里軍
民宣撫司，以進取之地，蠻夷情狀者為之帥，招其來

廣南西路宣撫司

麗江路軍民宣撫司　路因江為名，謂金沙江出沙
金，故云源出吐番界，今麗江即古麗水。兩漢至隋，
唐皆為越析詔西徼地，昔麼些蠻居此者，號曰越
析詔，二部皆烏蠻種居之，遂為越析詔。南詔
元憲宗三年征大理，從金沙濟江，麼些負固不服。
四年春平之，立茶罕章管民官。至元八年立宣慰
司。十三年改為麗江路，立軍民總管府。二十二年

府罷於通安巨津之間立宣撫司，領府一州七。縣一

北勝府　在麗江之東，唐南詔時鐵橋西北有施
蠻者，其地曰成偈睒，又改名善巨郡，蒙氏終段
氏時，高智昇使其孫高大惠鎮此郡，後隸大理。
元憲宗三年其酋高俊內附。至元十五年立為
施州，十七年改為北勝州，二十年升為府

徹里軍民總管府　元貞二年置。

雲遠路軍民總管府　大德中置。大德中，雲南省言大里
地與八百媳婦地相接，念日與相拒不得小徹

順州在麗江之東俗名牛睒昔蠻種居釰川
共唐貞元間南詔異牟尋破之徙居鐵橋大婆
小婆三探覽等川其酋成斗族漸盛自為一部
還於牛睒至十三世孫自瞼猶隸大理元憲宗
三年內附至元十五年改牛睒為順州

此蠻祖泥月烏逐出吐蕃遂居此睒世屬大理
永寧州昔名樓頭睒接吐蕃東徼地名荅藍
之間羅落麼些三種蠻
理至元九年內附十六年改

憲宗三年其三十一世孫和字內附至元十六
年改為州

通安州治在麗江之東雪山之下昔名三睒僳
蠻所居其後麼些蠻葉古乍奪而有之世隸
大理憲宗三年內附其二十三世孫麥良內附中統
四年以麥良為察罕章管民官至元九年其子
麥兀襲父職十四年改三睒為通安州

蘭州在瀾滄水之東漢永平中始通博南山道
渡瀾滄水置博南縣唐為瀘鹿蠻部至段氏時
置蘭溪郡隸大理元憲宗四年內附隸茶罕章

管民官至元十二年改蘭州

寶山州在雪山之東麗江西來環帶三面昔麼
些蠻居之其先自樓頭徙居此二十餘世世祖
征大理自卞頭濟江由羅邦至羅寺圍大置等
寨其酋日察罕忽魯罕至元十四
年以其酋大圓七處立寶山縣十六年升為州

巨津州昔名羅波九睒北接三川鐵橋西隣吐
蕃按唐書南詔居鐵橋之南西北與吐蕃接今
州境實大理西北阨要害地麼些
憲宗三年內附至元十四年於九睒立巨津州

蓋以鐵橋自昔為南詔吐蕃交會之大津渡故
名領一縣臨西
　臨西縣　下　險僻之地在州之西北乃大理
　國縣民皆於巨津羅瓊間立臨西縣以西臨吐
　蕃故也隸

茫部路軍民總管府　下

東川路　下　至元二十八年立
　益良州　下　自東川路以下關以下
　強州　下　泰定三年八百息娘　為

孟傑路　下
　蠻請官守置木安孟傑二府於其地

普安路　下治在盤町山陽巴盤江東古夜郎地秦
為黔中地兩漢隸牂柯郡蜀隸興古郡隋立牂州

唐置西平州後改興古郡爲盤州蒙氏叛唐其地
爲南詔東鄙東爨烏蠻七部落居之其後爨首阿
宋逐諸蠻擾其地號于失萬戶至元十三年改爲宣安
年其首内附命爲于失萬戶世爲酋長元憲宗七
路總管府明年更立招討司十六年改爲宣撫司
二十二年罷司爲路

曲靖等路宣慰司軍民萬戶府曲靖二州在漢爲
夜郎昧縣地蜀初爲牂州隋州協州唐
置南寧州東西爨分烏白蠻二種自曲靖州西南
昆川距龍和城通謂之西爨白蠻自彌鹿升麻二
川南至步頭通謂之東爨烏蠻貞觀中以西爨歸
王爲南寧都督龍襲殺東爨首領蓋聘南詔閤羅鳳
以兵脅西爨徙之至龍和皆殘於兵東爨烏蠻復
扳徙居西爨故地世與南詔爲婚居故曲靖州天
寶末征南詔進次曲靖州大敗其地遂没于蠻元
憲宗六年立磨彌部萬戶至元八年改爲中路十
三年改曲靖路總管府二十年以隸皇太子二十
五年升宣撫司領縣一州五州領六縣 本路屯田二十
四千四百

八十雙歲輸金三千五
五十兩馬一百八十四

縣一

南寧州 下 倚郭唐以爨歸
王爨南詔廢蒙氏改石城郡至段
氏烏蠻莫彌部酋
立二千戶隸莫彌
州一年華爲縣 部酋蠻石城元憲宗
年華爲縣五 至元十三年
升南寧

陸涼州 下 即漢牂柯郡之平夷縣南詔叛後
温部蠻世居之憲宗三年内附立落温千戶屬
落蠻萬戶至元十三年改爲陸涼州領二縣

芳華 州下 西在河納治下蔡村州南

越州 下 在路之南其川名魯望普歷部蠻世居
之憲宗四年内附六年立千戶隸末迷萬戶至

元十二年改越州隸曲靖路
羅雄州 下 與溪洞蠻獠接壤歷代未嘗置郡夷
名其地爲塔敉納夷甸俗傳盤瓠六男其一曰
蒙由丘後裔有羅雄者居此甸至其孫普恐名
其部曰羅雄憲宗四年内附七年隸普摩千戶
至元十三年割夜苴部爲羅雄州隸曲靖路
馬龍州 下 夷名曰撒匡昔㸑刺居之盤瓠裔納垢
逐舊蠻而有其地至羅苴内附於本部立千戶
至元十三年改爲州即舊馬龍城也領一縣

通泉 坊下 之在孫易陬西南與嵩明州元物林縣接壤納

霑益州
下 在本路之東北，擾南盤江、北盤江之間。唐初置州，天寶末没於蠻，刺二種所居，後磨彌部奪之。元初其孫普垢刺内附，憲宗七年以本部隸曲靖磨彌萬戶府，至元十三年改爲益州。領三縣：

交水 下　內附護軍至元十三年子孫爲私邑憲宗之後大理國高護軍逐其城邑勒部其孫世立縣

石梁 下　部又名山至元十三年爲縣

羅山 下　名落夷　保居磨彌部石梁京又名山至元…巫山乃磨彌弥部乃磨彌蒙山部東境

（戶隸馬龍千戶至元十三年改名通泉縣隸馬龍州）

澂江路
下 治在滇池東南，唐屬戎州，隸黔州都督府。開元中降爲羈縻州，今夷中名其地曰羅伽甸。初磨些蠻居之，後爲麼所奪，南詔蒙氏爲河陽郡，至段氏麼些蠻之裔後居此甸，號羅伽部。元憲宗四年内附，六年以羅伽部爲萬戶，至元三年改萬戶爲中路，十六年升爲澂江路。領縣三、州二。

領三縣 本路屯田四百雙

縣三

河陽 下 在河陽湖之北，磨些徒蠻居之，此城更名步雄蠻部，其後至元十六年爲縣。（路南星雲之裔居此氏叛唐使…改景千戶爲即本部州爲二千二十戶年至元十三年爲縣）

江川 下 澂江…（至元十六年爲江川澂江下在弄段蠻部之後）

阳宗 本下路在弄段…

州二

（西北明湖之南昔麼些蠻居之號曰強宗部其後至元十三年改爲縣肅廬舍内附立本部千戶至元十三年爲縣）

新興州 下 漢新興縣，唐初隸羈州，後南詔叛降爲羈縻州，蒙氏爲溫富州，段氏時麼些蠻分居其地，内附後立爲千戶，至元十三年改爲新興州，隸澂江路。領二縣：普舍、研和。

普舍 下（普具龍城漢人次日蠻居之號千戶舍爲孫…）

研和 下（千戶内附後立爲千戶至元十三年改其孫爲龍城縣新興州定）

路南州 下 州在本路之東，夷名路甸，有城曰撒呂黑爨蠻之裔落蒙所築，子孫世居之，因名落蒙部。憲宗朝内附，即本部立萬戶，至元七年併落蒙、羅伽、末迷三萬戶爲中路，十三年分中路爲二路，改羅伽爲澂江路，落蒙爲路南州，隸澂江路。領一縣：邑市。

邑市 下 至元十三年即邑市縣弥沙等五城

江路領一縣邑市

彌沙 沙彌入本縣邑市縣二十四年併南爲州

普定路 本普里部，歸附後改普定府。至元二十七…慰司司端入言隨丞相桑哥及哇木并龍家阿卜阿牙所阻者來會朝南爲諸種蠻夷四年同知六千脱因及普安路官宋羅甸宣慰猫人爲行省言羅甸甸三即普里也賦歸附如後今普所定府莉印信雲具存行隸雲南省南甸十餘年也段後改

仁德府昔蠻之裔新丁奪而有之至四世孫因其祖名
新丁以為部號語訛為仁地蠻居仁德府百
萬戶十三年改萬戶為仁初復版四年降之仍為
後烏蠻之裔新丁奪蠻之無郡縣其部曰仲扎溢源
二為美地故部至元二十四年置縣領縣

普定土官矣資男扎其功希賞乞罷之仍以兵脅陛
哇希古等勒令同其入覲遂
其地隸雲南制可
言蛇卽宋隆齊等作亂普定
容首沒其妻適亦能宣力戌行乞令襲其夫哦順年
仍改適為路路總管虎符
司改適為路路總管虎符
大德七年改為路中書省七年
大德七年改為路

厚至元十五年改偏俤曰
歸厚
下縣治在府西地名易浪浦龍舊隸仁地部

羅羅斯宣慰司都元帥府
建昌路下本古越巂地唐初設中都府治越巂至
德中沒于吐蕃貞元中復之懿宗時蒙詔立城曰建
昌府以烏白二蠻實之其後諸酋爭強不能相下
分地為四推段興為長其裔浸強遂併諸酋自為
府主大理不能制傳至阿宗娶落蘭部建蒂女沙智
元憲宗朝建蒂內附以其塧阿宗守建昌至元十
二年析其地置總管府五州二十三建昌其一路

也設羅羅宣慰司以總之本路領縣一州九州領
一縣本路屯立軍縣一
中縣烏蠻治在住頭田甸盖越巂之東境也所居
二州至元十四年仍為中州
建安州下即總府所治建蒂既平分建昌府為
萬戶二又置千戶二至元十五年割建鄉城十四
村及建蒂四村立寶安州十七年改本千戶為
建安州二十六年革寶安州以其鄉村來屬
永寧州下在建昌之東郡唐時南詔立建昌郡
寧俱隸建昌路
瀘州下州在路西昔名沙城瞼即諸葛武侯禽
孟獲之地有瀘水深廣而多瘴鮮有行者冬夏
常熱其源可燋雞豚至䧿氏時於熱水甸立城
名渻籠隸建昌憲宗時建蒂內附復版至元九
年平之十五年改渻籠為瀘州
禮州下州在路西北瀘沽水東所治曰籠廬城
南詔末諸蠻相侵奪至段氏興併有其地裔孫

領建安永寧二州元至元九年西平王平建蒂
十六年分建昌為二州在城曰建安東郡曰永

阿宗内附復叛至元九年平之設千户十五年
改爲禮州領一縣盧沽

君在州北蒙氏霸諸部落以巂烏自爲酋長併有諸姓設千户十三年升萬户至元九年改爲縣

里州下唐隸巂州都督蒙詔時落蘭部小首阿
都之裔居此因名阿都部傳至納空隨建蔕内
附中統三年叛至元十年其子耶吻效順隸烏
蒙二十八年設千户二十二年同烏蠻叛奔羅羅
斯二十三年升軍民總管府二十六年府罷爲
州隸建昌路

《元史志卷十三》　七

闊州下州治蜜納甸古無城邑烏蒙所居昔仲
由蒙之裔孫名科居此因以名爲部號後訛爲
闊至三十七世孫棘羅内附至元九年設千户
二十六年改爲州

卭部州下州在路東北大渡河之南越巂之東
北君長十數僰都最大唐立卭部縣後沒于蠻
至宋歲貢名馬土物封其首爲卭都王今其地
夷稱爲卭部川治烏弄城昔麽些蠻居之後仲
由蒙之裔奪其地元憲宗時内附中統五年立
卭部川安撫招討使隸成都元帥府至元十年

割屬羅羅斯宣慰司二十一年改爲州

陸州下州在路之西南與漢卭部縣接境唐會
川縣之西北蒙氏改會川爲會同遷立五瞼本
州爲邊府瞼其後瞼名曰大蘭於瞼北築上立
城分泒而居名曰大隆城即今州治也至元
十三年内附十四年設千户十七年改陸州

姜州下姜者蠻名也烏蠻仲牟由之裔阿壇絳
始居閟畔部其孫阿羅仕大理國主高泰時
會川有城曰龍納羅落蠻世居焉阿羅挾高氏
之勢攻奪之遂以祖名曰絳部憲宗時隨閟畔

《元史志卷十三》　十八

内附因隸焉至元八年爲落蘭部酋建蔕所破
九年平之遂隸會川後屬建昌十五年改爲姜
州二十七年復屬閟畔部後又屬建昌

德昌路軍民府下漢卭都縣地唐沒於南詔路在
建昌西南所居蠻號屈部元至元九年内附十二
年立定昌路以本部爲昌州二十三年罷定昌路
併入德昌路治本州葛魯城領州四　本路立軍
民屯田

昌州下路治本州初爲蠻阿屈之裔寢强用祖
名爲屈部其孫烏則至元九年内附十二年改
本部爲州兼領普濟威龍隸定昌路二十三年

罷定昌路併隸德昌

德州下在路之比其地今名吾越甸城曰亦苴
龍所居蠻苴郎以遠祖名部曰頗縱蒙宗時内
附至元十二年立千戶十三年改爲德州隸德
平路二十三年改隸德昌

威龍州下州在路西南夷名巴翠部領小部三
一曰沙媧普宗二曰烏雞泥祖三曰媧諾龍菖
蒲皆媧魯蠻種也至元十五年合三部立威龍
州隸德昌

普濟州下州在路西北夷名玗甸昔爲荒僻之
地獷魯蠻世居之後屬屈部至元九年隨屈部
内附十五年於玗甸立定昌路二十三年路革
改隸德昌

會川路下路在建昌南唐移卭都於此其地當征
蠻之要僭諸酋聽會之所故名天寶末沒於南詔
立會川都督府又蹄清寧郡至叚氏仍爲會川府
元至元九年内附十四年立會川路治武安州領
州五　民本路立軍屯田

武安州下蠻稱龍泥城至元十四年立管民千
户十七年改爲武安州

黎溪州下古無城邑蠻云黎彊訛爲今名初烏
蠻與漢人雜處及南詔閣羅鳳叛徙白蠻守之
蒙氏終羅羅逐去白蠻叚氏興令羅羅蠻乞夷
據其地至元九年其裔阿夷内附改其部爲黎
溪州

永昌州下州在路北治故歸依城即古會川也
唐天寶末沒於南詔置會川都督至蒙氏改會
同府置五瞼徙張王李趙楊周高叚何蘇龔尹
十二姓於此以趙氏爲府主居今州城趙氏弱
王氏攄之及叚氏與高氏專政逐王氏以其子

高政治會川元憲宗三年征大理高氏逃去九
年故酋王氏孫阿龍率衆内附至元八年以其
男阿禾領會川十四年改爲管民千戶十七年立
永昌州下州隸會川路

會理州下州在會川府東南唐時南詔屬會川
節廢地名昔陀有蠻名阿壇絳亦仲由蒙之遺
種其裔羅於則得昔陀地居之取祖名曰絳部
後強盛盡有四州之地號蒙歪元憲宗八年其
孫亦蘆内附隸閟畔萬戶至元四年屬落蘭部
十三年改隸會川路十五年置會理州仍隸會

川二十七年復屬閩畔部

麻龍州〔下〕麻龍者城名也地名棹羅能烏蠻蒙

次之裔阿祖居閩畔東川後普恐遷曵卧龍其

孫阿麻內附至元五年爲建帶所併十二年屬

爲州二十七年割屬閩畔部

會川十四年立管民千戶隸會川路十七年立

郡元至元十年其鹽井摩沙酋羅羅將彼鹿茹庫

立昆明縣天寶末沒扵吐蕃後復屬南詔改香城

柏興府普摩沙夷所居漢爲定筰縣隸越嶲唐

爲州以牦鹿部爲普樂州俱隸德平路二十七年併

內附十四年立鹽井管民千戶十七年改爲閩鹽

司領縣二閩鹽〔下〕

普樂閩鹽二州爲閩鹽縣立柏興府隸羅羅宣慰

北夷與土蕃接勒所居有鹽井故刀漢後降爲郡府縣

山縣出以縣境斜巋䕫和

臨安路〔下〕唐隸牂州天寶末沒於南詔蒙氏立都

臨安廣西元江等處宣慰司燕管軍萬戶府

督府二其一曰通海郡段氏改爲秀山郡阿僰部

蠻居之元憲宗六年內附以本部爲萬戶至元八

年改爲南路十三年又改爲臨安路領縣二千戶

千戶所管一千五十雙有奇

一州三州領二縣有同慰司明領也田六石雙變本路

河西〔下〕縣西王其地曰杞麓初唐為姚州之南置

後領阿僰蠻縣易其

年改即爲河西部州立萬戶阿僰蠻易其尊而居

則下漢縣界即河西州立萬戶至元十三年

治阿僰所居地西渠上以寶祐後沒扵阿僰萬

蠻居下漢語訛南甸時阿僰所居地昔名褒自

戶爲阿僰臨安萬戶以本千戶至元十三年改爲縣

隸蠻阿僰所居昔名褒古蒙又曰部之婀𡡢因

捨資千戶古蒙自縣曰部之婀𡡢因

以自爲縣其地近交趾遂以捨資爲安南道防送

自爲名其地內附後隸蒙自千戶至元十三年改蒙

軍十戶

臨安路戶隸

州三

建水州〔下〕在本路之南近接交趾爲雲南極邊

治故建水城唐元和間蒙氏所築右稱步頭亦

云巴甸每秋夏溪水漲溢如海夷謂海爲惠

爲大故名惠劇漢語曰建水歷趙楊李段數姓

皆仍舊名些麽徒蠻所居內附後立千戶隸阿

僰萬戶至元十三年改建水州隸臨安路阿

石平州〔下〕在路之西南阿僰蠻擾之得石坪聚

為居邑名曰石坪至元七年改邑為州隸臨安

路

寧州下在本路之東唐置黎州天寶末沒于蠻地號浪曠夷語謂旱龍也步雄部蠻些麼徒據之後屬爨蠻酋阿幾以浪曠割與寧酋豆圭元憲宗四年寧首內附至元十三年改為寧州隸臨安路舊領三縣通海嶍峨西沙西沙在州東寧部蠻世居之其裔孫西沙築城於此因名西沙籠憲宗四年立為其酋普提內附就居此城為萬戶至元十三年立為西沙縣二十六年以隸寧

州至治二年併入州領二縣通海

通海下倚郭元初立通海千戶所至元十三年改通海縣隸寧海府二十七年府革直隸臨安路今割隸寧州

嶍峨下縣在滇國昔嶍峨之西控拒山谷北接滇池亦名嶍峨山阿僰焦遂嶍峨

元十三年改為鄉隸寧州稅撫其地至其孫領卬次洲內平甸以其部立二十六年降至

廣西路下東爨烏蠻彌鹿等部所居唐參為羈縻州隸黔州都督府後師宗彌勒二部漫盛蠻氏段氏莫能制元憲宗七年二部內附隸落蒙萬戶至元十二年籍二部為軍立廣西路十八年復為民領

州二

師宗州下在路之東南昔爨蠻逐獠爨等居之其後師宗據匿弄甸故名師宗部至元十二年立為千戶十八年改為州二十七年改為民二十

彌勒州下在路南昔些莫徒蠻之裔彌勒得郭甸巴甸部籠而居之故名其部曰彌勒至元十二年為千戶十八年後為民二十七年改為州又當在黑水之西南也阿僰諸部蠻自昔據之憲宗四年內附七年後叛率諸部築城以拒命至元十三年遙立元江府以羈縻之二十五年命雲南王

元江路下古西南夷地今元江在澂州之西南討平之割羅槃馬籠步日思麼羅丑羅陀步騰步竭台威台陽設栖你陀十二部於威遠立元江路

步日部從白蠻鎮之西蒙氏立此旬

馬籠部爨元馬籠山立為千戶屬本路之北所居蠻阿元初立為寨在本路之北所居蠻萬戶至元初阿

大理金齒等處宣慰司都元帥府

大理路軍民總管府上本漢楪榆縣地唐於昆明之梇棟州置姚州都督府治楪榆洱河蠻後蒙舍詔皮羅閣逐河蠻取太和城至閤羅鳳號大蒙國雲南先有六詔至是請於朝求合為一從之蒙舍

《元史志卷十三》　二十五

在其南故稱南詔徙治太和城至異牟尋又遷於
喜郡史城又徙居羊苴乖城即今府治改號大禮
國其後鄭趙楊三氏乃相簒奪至石晉時段思平
更號大理國元憲宗三年收附六年立上二萬
戶至元七年併二萬戶為大理路

戶屬大理　城有點蒼山在大理西周廣四
中百里為雲南　里高唐大理城方五里高百
十里為南詔王　尺
可容萬人世祖　
前至元三年嘗　
樓可前至元三年嘗征大理時駐兵領司一縣一府二

錄事司十二年州罷千戶立中千戶立
憲宗七年立　十二年升理
州五府領一縣州領二縣
州二十一年罷復立錄事司

縣一

太和倚郡至元憲宗二十六年筮城內外立上中下三千戶立錄事司上
戶二千下二縣

府二

求昌府唐時蒙氏擾其地歷段氏高氏皆為求
昌府元憲宗七年分求昌之求平立千戶至元
十一年立求昌州十五年升為府隸大理路領
一縣永平縣唐時蒙氏改勝鄉滄江之東即漢博南至元十
縣隸求昌府

騰衝府在求昌之西即越睒地唐置羈縻郡蒙

氏九世孫異牟尋取越睒逐諸蠻有其地為軟
化府其後白蠻徙居之改騰衝府元憲宗三年
越縣十四年改騰衝府二十五年罷州縣府如
故共二萬二千一百五十雙
求昌騰衝二府軍民屯田
州五

鄧川州在本路北夷有六詔選睒其一也唐
置邆川州治大釐蒙氏襲而奪之後改德原城
隸大理段氏因之元憲宗三年內附七年立德
原千戶隸大理上萬戶至元十一年改德原城

《元史志卷十三》　二十六

為鄧川州領一縣浪穹
下本名弥渃賧乃其王詔所居地唐初其王詔
中統四年萬戶元憲宗七年附立為縣隸鄧川州大
理上萬戶至元十一年改渃浪渃為浪穹三賧併浪貞元

蒙化州
羅州元憲宗七年附立蒙化
本蒙舍城唐置陽瓜州天寶間鳳伽
異為州刺史段氏為開南縣元憲宗七年以蒙化
舍立千戶屬大理上萬戶至元十一年立蒙化
府十四年升為路二十年降為州復隸大理路

趙州
下昔為羅落蠻所居地蒙氏立國有十睒
趙州睒其一也夷語睒若州皮羅閣置趙郡閣
羅鳳改為州段氏改天水郡憲宗七年立趙睒

〈元史志卷三〉

千戶隸大理下萬戶至元十一年改爲州又於
白崖瞼立建寧縣隸本州即古勃弄地二十五
年縣革入州隸大理路
姚州 下唐於楪川置姚州都督府天寶間閣
羅鳳叛取姚州附吐蕃終叚氏爲姚州元憲宗
三年內附七年立統失千戶大姚堡與楪川
下唐置西濮州後更名姚州南接姚州統楪川縣
十二年罷統失立姚州隸大理路領一縣大姚
至元十一年立大姚縣隸姚州
雲南州 下唐以漢雲南縣置郡蒙氏至叚氏並

爲雲南州元憲宗七年立千戶隸大理下萬戶
至元十一年立雲南州
蒙憐路軍民府
至元二十七年從雲南行省請以蒙憐路軍民總管府蒙
蒙萊路軍民府
民總管府其餘闕
蒙萊路軍民府關
金齒等處宣撫司其地在大理西南蘭滄江界其
東與緬地接其西土蠻凡八種曰金齒曰白夷曰
棘曰峨昌曰驃曰繲曰渠羅曰比蘇按唐史花范施
蠻本關南種在永昌之南樓居無城郭或漆齒或
金齒故俗呼金齒蠻自漢開西南夷後未嘗與中

國通唐南詔蒙氏興異年尋破群蠻盡虜其人以
實其南東北取其地南至青石山緬界悉屬大理
及叚氏時白夷諸蠻漸復故地是後金齒諸蠻浸
盛元憲宗四年平定大理繼征白夷等蠻號曰
金齒白夷諸酋各遣子弟朝貢二年立二年立蠻
統之至元八年分金齒白夷爲東西兩路安撫使
十二年改爲西路爲建寧路東路爲鎮康路
改安撫爲宣撫立六路總管府二十三年罷兩路
宣撫司併入大理金齒等處宣撫司

〈元史志卷三〉

柔遠路在大理之西永昌之南其地曰潞江曰普
坪瞼曰申瞼㽖寨曰烏摩坪㽖蠻即通典所謂黑
㽖也中統初㽖首阿八思入朝至元十三年與㽖
施鎮康西平緬麓川俱立爲路隸宣撫司
茫施路在柔遠路之南瀘江之西其地曰怒謀曰
大枯瞼曰小枯瞼即唐史所謂茫施蠻也中統初
內附至元十三年立爲路隸宣
鎮康路在柔遠路之南蘭江之西其地曰石瞼亦
黑㽖所居中統初內附至元十三年立爲路隸宣
撫司
鎮西路在柔遠路正西東隔麓川其地曰于賴瞼

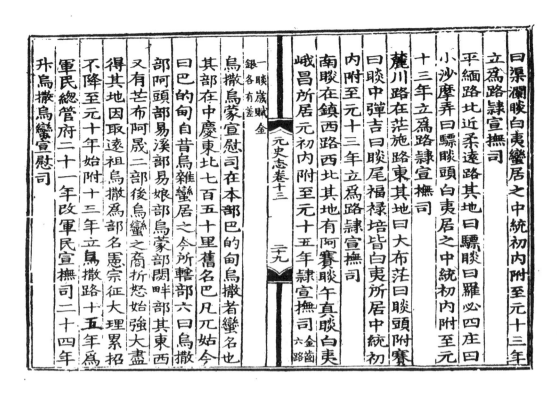

曰渠瀾睒白夷蠻居之中統初內附至元十三年
立爲路隸宣撫司

平緬路比近柔遠路其地曰驃睒曰羅必四庄曰
小沙摩弄曰驃睒頭白夷居之中統初內附至元
十三年立爲路隸宣撫司

麓川路在茫施路東其地曰大布茫曰睒頭睒賽
曰睒中彈吉曰睒尾福祿培皆白夷所居中統初
內附至元十三年立爲路隸宣撫司

南睒在鎮西路西北其地有阿賽睒午真睒白夷
峨昌所居元初內附至元十五年隸宣撫司六金齒路

一睒歲賦金
銀各有差

烏撒烏蒙宣慰司在本部巴的甸烏撒者蠻名也
其部在中慶東北七百五十里舊名巴凡九姑今
曰巴的甸自昔烏雜蠻居之今所轄部六曰烏撒
部阿頭部易娘部易溪部烏蒙部閟畔部其東西
又有芒布阿晟二部後烏蠻之裔折怒始強大盡
得其地因取遠祖烏撒爲部名憲宗征大理累招
不降至元十年始附十三年立烏撒路十五年爲
軍民總管府二十一年改軍民宣撫司二十四年
升烏撒烏蠻宣慰司

木連路軍民府 以下闕

蒙光路軍民府

木邦路軍民府

孟定路軍民府

謀粘路軍民府

南甸軍民府

六難路軍民府

陬麻和管民官

雲龍甸軍民府

標甸軍民府

二十四寨達魯花赤

孟隆路軍民府

木朵路軍民總管府 至元三十一年以金齒新附孟愛即其地立 戶口增隨立下路總管府其甸

金齒定各甸軍民官

孟愛等甸軍民府 至元三十一年金齒孟愛甸酋長遣其子來朝即其地立 爲長虎者給兩珠虎符

蒙兀路

通西軍民總管府 大德元年蒙陽甸酋領緬吉納 欵遣其弟阿不剌等赴闕進方 物且請歲立通西軍民府 縣驛傳遞立貢銀千兩及置郡

木未軍民府　至元二十九年雲南省言新附金齒木未軍民府適當忙兀禿兒迷失出征軍馬之衝資其勞積擬立為木未路中書省奏置散府以布伯為達魯花赤用其土人馬列知府事

元史志卷十三

三十一

志卷第十三

翰林學士朝大夫知制誥兼修國史臣宋濂　翰林待製直郎臣黃國史院編修官臣王禕等奉
勑修

地理五

江浙等處行中書省為路三十府一州二屬州二十
六屬縣一百四十三　本省陸站一百八十二處　水站八十二處

江南浙西道肅政廉訪司

杭州路　上　唐初為杭州後改餘杭郡又仍為杭州
五代錢鏐據兩浙號吳越國宋高宗南渡都之為
臨安府元至元十三年平江南立兩浙都督府又

元史志卷十四　一

改為安撫司十五年改為杭州路總管府二十一
年自揚州遷江淮行省來治于杭改曰江浙行省
本路戶三十六萬八千五十口一百八十三萬四
千七百一十　至元二十七年抄籍數

領司二縣八州一

左右錄事司　宋高宗建炎三年遷都杭州設二年併為一司泰定二年併為一錄事司

縣八

錢塘　上　仁和　上　與錢塘分治城下　餘杭　中　臨安　中　新城　中
富陽　中　於潛　中　昌化　中

州一

海寧州　中　唐以來為鹽官縣元貞元年以戶
口繁多升為鹽官州　州是年升江南平陽等縣為戶五萬以上至四萬五萬者為中州凡為中州者二十八為下州者

海氏鹽官天曆二年改海寧州泰定四年
東南皆濱巨海自唐宋常有水患大德延祐間亦嘗被其
害泰定四年春其害尤甚命都水少監張仲仁
徃治之沿海三十餘里下石囤四十四萬三千
三百有奇木櫃四百七十餘工役萬人文宗即
位水勢始平乃罷役故改曰海寧云

湖州路　上　唐改吳興郡又改湖州宋改安吉州至

元史志卷十四　二

元十三年升湖州路戶二十五萬四千三百四十
五　抄籍戶口數糧數關領

錄事司　舊總管府設東西南北四廂至元十三年改錄事司

領司一縣五州一

縣五

烏程　上　歸安　皆與府郭　安吉　中　德清　中　武康　中

州一

長興州　中　唐為綏州又更名雉州又為長城縣
朱梁改曰長興宋因之元元貞元年升為州

嘉興路　上　唐為嘉興縣石晉置秀州宋為嘉禾郡
又升嘉興府戶四十二萬六千六百五十六口二

百二十四萬五千七百四十二領司一縣一州二

錄事司 舊置廟官元初改為兵馬司至元十四年置錄事司

嘉興 郭上倚

縣一 州二

海鹽州 中唐為縣宋因之元元貞元年升州

崇德州 中石晉置宋因之元元貞元年升州

平江路 上唐初為蘇州又改吳郡又仍為蘇州宋為平江府元至元十三年升平江路戶四十六萬六千一百五十八口二百四十三萬三千七百領

司一縣二州四

錄事司

縣二

吳縣 上 長洲 上 並為倚郭

州四

崑山州 中唐以來為縣元元貞元年升州

常熟州 中唐以來為縣元元貞元年升州

吳江州 中唐以來為縣元元貞元年升州

嘉定州 中本崑山縣地宋置縣元元貞元年升州

常州路 上唐初為常州又改晉陵郡又復為常州宋因之元至元十四年升為路戶二十萬九千七百三十二口一百二萬一千一領司一縣二州二

錄事司

晉陵 中倚 武進 中倚

縣二

宜興州 中唐義興縣宋改義為宜至元十五年升宜興府二十年仍為縣二十一年復升為府仍置宜興縣以隸之元元貞元年府縣俱廢止立宜興州

無錫州 中唐無錫縣元元貞元年升州

鎮江路 下唐潤州又改丹陽郡又為鎮江府元至元十三年升為鎮江路戶十萬三千三百一十五口六十二萬三千六百四十四領

司一縣三

錄事司

縣三

丹徒 中倚 丹陽 中 金壇 中

建德路 上唐睦州又為嚴州又改新定郡宋為建

德軍又爲遂安軍後升建德府元至元十三年改
建德府安撫司十四年改建德路戶二十萬三千
四百八十一口五十萬四千二百六十四領司一
縣六

錄事司

縣六

建德倚 淳安中 遂安下 桐廬中 分水中 壽昌

《元史志卷十四》 五

松江府唐爲蘇州屬邑宋爲秀州屬邑元至元十
四年升爲華亭府十五年改松江府仍置華亭縣

松江府上

縣二 華亭上 上海年以戶口繁多置上海縣屬之

以隸之戶一十六萬三千九百三十一糧歲錢領 至順錢糧

江陰州上 唐初爲暨州後爲江陰縣隸常州宋爲
軍元至元十二年依舊置軍行安撫司事十四年
升爲江陰路總管府今降爲江陰州戶五萬三千
八百二十一口三十萬一千七百七十七

江陰府上

浙東道宣慰司都元帥府 元治婺州大德六年移治慶元

慶元路上 唐爲鄞州又爲明州又爲餘姚郡宋升
慶元府元至元十三年改置宣慰司十四年改爲

慶元路總管府戶二十四萬一千四百五十七口
五十一萬一千一百一十三領司一縣四州二

錄事司

縣四

鄞縣倚 象山中 慈溪中 定海中

州二

奉化州下 唐析鄞縣地置奉化縣隸明州元元
貞元年升爲奉化州隸慶元

昌國州下 宋置昌國縣元至元十四年升爲州
仍置昌國縣以隸之後止立昌國州隸慶元

《元史志卷十四》 六

衢州路上 本太末地唐析婺州之西境置衢州又
改信安郡又改爲衢州元至元十三年改衢州路
總管府戶一十萬八千五百六十七口五十四萬
三千六百六十領司一縣五

錄事司

縣五

西安倚 龍游上 江山下 常山下今復舊名 開化中

浙東海右道肅政廉訪司

婺州路上 唐初爲婺州又改東陽郡宋爲保寧軍

元至元十三年改婺州路戶二十二萬一千一百
一十八口一百七萬七千五百四十領司一縣六

州一

錄事司

金華郭上 倚東陽上義烏上永康中武義中浦江中

縣六

蘭溪州下本金華之西部三河戍唐折置蘭溪
縣宋因之元元貞元年升州

紹興路上唐初為越州又改會稽郡又仍為越州
宋為紹興府元至元十三年改紹興路戶一十五
萬一千二百三十四口五十二萬一千五百八十
八領司一縣六州二

錄事司

縣六

山陰上 中興山陰俱倚郭 會稽上 有會稽山為南鎮 上虞上 蕭山中
嵊縣上 新昌中

州二

餘姚州下唐餘姚縣宋因之元元貞元年升州

諸暨州下宋諸暨縣元元貞元年升州

溫州路上唐初為東嘉州又改永嘉郡又為溫州
宋升瑞安府元至元十三年置溫州路戶一十八
萬七千四百三口四十九萬七千八百四十八領
司一縣二州二

錄事司

永嘉郭上 倚樂清下

縣二

瑞安州下唐瑞安縣宋因之元元貞元年升州

平陽州下唐平陽縣宋因之元元貞元年升州

台州路上唐初為海州復改台州又改臨海郡又
為德化軍宋因之元至元十三年置安撫司十四
年改台州路總管府戶一十九萬六千四百一十
五口一百萬三千八百三十三領司一縣四州一

錄事司

臨海郭上 倚仙居上 寧海上 天台中

縣四

黃巖州下唐為縣宋因之元元貞元年升州

處州路上唐初為括州又改縉雲郡又為處州宋
因之元至元十三年立處州路摠管府戶一十三
萬二千七百五十四口四十九萬三千六百九十
二領司一縣七

錄事司

縣七

麗水郭中　龍泉中　松陽中　遂昌中　青田中　縉雲
中慶元中

江東建康道肅政廉訪司

寧國路上唐為宣州又為宣城郡又升寧國軍宋
升寧國府元至元十四年升寧國路總管府戶二
十三萬二千五百三十八口一百一十六萬二千
六百九十領司一縣六

錄事司舊立四廟元至元十四年廢四廟創立

縣六

宣城郭上倚　南陵中　涇縣中　寧國中　旌德中　太平
中

徽州路上唐歙州宋改徽州元至元十四年升徽
州路戶一十五萬七千四百七十一口八十二萬
四千三百四領司一縣五州一

錄事司舊設四廟至元十四年改置

縣五

歙縣郭上倚　休寧中　祁門中　黟縣下　績溪中

州一

婺源州下　本休寧縣之回玉鄉唐析之置婺源

饒州路上唐改鄱陽郡仍改饒州宋因之元至元
十四年升饒州路總管府戶六十八萬二千二百
三十五口四百三萬六千五百七十領司一縣三州三

錄事司舊設三廟至元十四年改立

縣三

鄱陽郭上倚　德興上　安仁中

州三

餘干州中　唐以來為縣元元貞元年升州

浮梁州中　唐以來為縣元元貞元年升州

樂平州中　唐以來為縣元元貞元年升州

集慶路上唐武德初置揚州東南道行臺尚書省
後復爲蔣州罷行臺移揚州江都改金陵曰白下
江南諸道行御史臺
以其地隸潤州貞觀中更白下曰江寧至德中置

江寧郡乾元中改昇州其後楊氏有其地改為金
陵府南唐李氏又改為江寧宋平南唐復為昇
州仁宗以昇王建國升建康軍高宗改建康為昇
行都又為沿江制置司所至元十二年歸附
十四年升建康路初立行御史臺于揚州既而徙
杭州又徙江州又還杭州二十三年自杭州徙治
建康天曆二年以文宗潛邸改建康路為集慶路
戶二十一萬四千五百三十八口一百七萬二千
六百九十領司一縣三州二

錄事司

縣三

上元　中倚郭　江寧　中倚郭　句容　中

州二

溧水州　中唐以來皆為縣元元貞元年升州
溧陽州　中唐以來並為縣元至元十六年升為
溧陽路　二十七年復降為縣後升為州

太平路　下唐置南豫州宋為太平州至元十四年
升為太平路戶七萬六千二百二口四十四萬六
千三百七十一領司一縣三

錄事司　舊設四廡至元十四年改立

當塗　中倚郭　蕪湖　中　繁昌　下

縣三

池州路　下唐於秋浦縣置池州後廢以縣隸宣州
未幾復置宋仍為池州元至元十四年升為路戶
六萬八千五百四十七口三十六萬六千五百六
十七領司一縣六

錄事司

縣六

貴池　下倚郭即梅浦改為貴池　青陽　下　建德　下　銅陵　下　石
埭　中　東流　下

信州路　上唐乾元以前為衢饒撫建四州之地乾
元元年始割衢之王山常山饒之弋陽及撫建二
州之地置信州宋因之元至元十四年升為路戶
一十三萬二千二百九十口六十六萬二千二百
五十八領司一縣五

錄事司

縣五

上饒　中倚郭　玉山　中　弋陽　中　貴溪　中　永豐　中

廣德路　下唐初以綏安縣置桃州後廢州改綏安
為廣德縣宋為廣德軍元至元十四年升為路戶

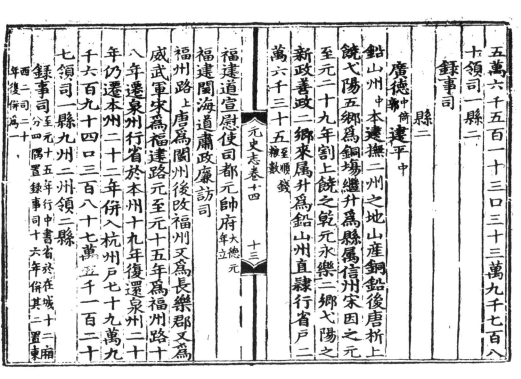

五萬六千五百二十三口三十三萬九千七百八
十領司一縣二
錄事司
縣二
廣德中倚建平中

鉛山州中本鉛□州之地山産銅鉛後唐折上
饒弋陽五鄉爲銅場繼升爲縣元
至元二十九年割上饒之乾元永樂二鄉弋陽之
新政善政二鄉來屬升爲鉛山州直隸行省戶二
萬六千五百三十五〔税數錢至順錢〕

福建道宣慰使司都元帥府〔大德元年立〕
福建閩海道肅政廉訪司
福州路上唐爲閩州後改福州又爲長樂郡又爲
威武軍宋爲福建路元至元十五年復爲福州路十
年仍遷本州二十二年併入杭州行省二十
八年遷泉州行省於本州行省元至元十九年復還泉州又爲
福州仍遷泉州行省於本州二十二年併入杭州戶七十九萬九
七領司一縣九州二領二縣
錄事司〔至元十五年分四隅置錄事司十六年併其二置東
西二廂後併爲一〕
千六百九十四口三百八十七萬五千一百二十

福建道宣慰使司〔續〕

閩縣中倚郭 侯官中倚郭 懷安中 古田上 閩清中 長
樂中 連江中 羅源中 永福中
州二
福清州下唐析長樂八鄉置萬安縣又改福唐
又改福清元元貞元年升爲州
福寧州上唐長溪縣元升爲福寧州領二縣
寧德中 福安中

建寧路下唐初爲建州又改建安郡宋升建寧軍
元至元二十六年升爲路戶一十二萬七千二百
五十四口五十萬六千九百二十六領司一縣七

錄事司
縣七
松溪下 政和下
建安中倚郭 甌寧中倚郭 浦城中 建陽中 崇安中

泉州路上唐置武榮州又改泉州宋爲平海軍元
至元十四年立行宣慰司兼行征南元帥府事十
五年改宣慰司爲行中書省升泉州路總管府十
八年遷福州行省於福州路十九年復還泉州二十年
仍遷福州路戶八萬九千六十四口四十五萬五千

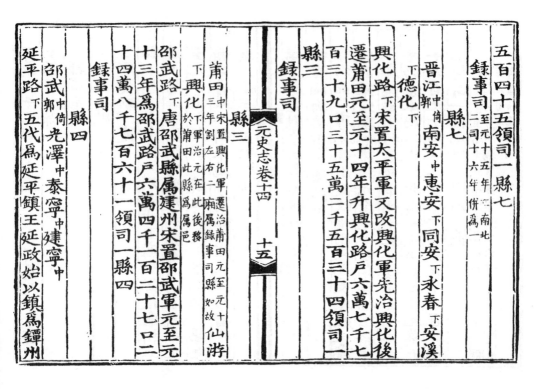

五百四十五領司一縣七

錄事司〔二司至十五年南北……十六年併爲一〕

縣七

晉江〔中倚〕南安〔中〕惠安〔下〕同安〔下〕永春〔下〕安溪〔下〕德化〔下〕

興化路〔下〕宋置太平軍又改興化軍先治興化後遷莆田元至元十四年升興化路戶六萬七千七百三十九口三十五萬二千五百三十四領司一

縣三

錄事司

莆田〔中〕宋置興化軍遷治莆田元至元三年割左右二廂屬錄事司縣如故

仙游〔下〕

興化〔下〕於軍治元在此後……為屬邑

邵武路〔下〕唐邵武縣屬建州宋置邵武軍元至元十三年爲邵武路戶六萬四千一百二十七口二十四萬八千七百六十一領司一縣四

錄事司

縣四

邵武〔郡〕光澤〔中〕泰寧〔中〕建寧〔中〕

延平路〔下〕五代爲延平鎮王延政始以鎮爲鐔州

南唐置劍州宋以利州路亦有劍州乃稱此爲南劍州元至元十五年升南劍路後改延平路戶八萬九千八百二十五口四十三萬五千八百六十九領司一縣五

錄事司

縣五

南平〔中倚〕尤溪〔中〕沙縣〔中〕順昌〔中〕將樂〔中〕

汀州路〔下〕唐開福撫二州山洞置州治新羅後改臨汀郡又唐……仍爲汀州宋隸福建路元至元十五年升爲汀州路……戶四萬一千四百二十三口二十三

萬八千一百二十七領司一縣六〔本路屯田二百二十五頃〕

錄事司

縣六

長汀〔中倚〕寧化〔中〕清流〔下〕連城〔下〕上杭〔下〕武平〔下〕

漳州路〔下〕唐析閩州西南境置後改漳浦郡又復爲漳州宋因之元至元十六年升漳州路戶二萬一千六百九十五口一十萬二千三百六領司一〔本路屯田二百五十頃〕

縣五

錄事司

縣五

名

龍溪郭下倚　漳浦下　龍巖下　長泰下　南靖下勝改今本南

江西等處行中書省為路一十八州九屬州十三屬
縣七十八本省馬站八十五覆水站六十九覆

寧八縣置錄事司十四年改元帥府為江西道宣
撫司仍領南昌新建豐城進賢奉新靖安分寧武
宋升隆興府元至元十二年設行都元帥府及安
龍興路上唐初為洪州又為豫章郡又仍為洪州
江西湖東道肅政廉訪司

慰司本路為總管府立行中書省十五年立江西
湖東道提刑按察司移省於贛州十六年復還龍
興十七年併入福建行省止立宣慰司十九年復
立罷宣慰司隸皇太子位二十一年改隆興府為
龍興二十三年豐城縣升富州武寧縣置寧州領
武寧分寧二縣大德五年以分寧縣置寧州武寧
縣隸龍興路戶三十七萬一千四百三十六口一
百四十八萬五千七百四十四至元二十七抄籍數
一縣六州二

錄事司宋以南昌新建二縣廂城內六廂置九廂元至

縣六

南昌上倚郭至元二十年割錄事司所領城外二廂東南兩廂來屬新建上倚郭

進賢中奉新中靖安中武寧中大德八年於分寧縣置寧州武寧縣屬倚郭至元二十三年

州二

富州上本豐城縣又曰豐城唐自豐水之西徙
治章水東即今治所宋屬隆興府元至元十九
年隸皇太子位二十三年升為富州
寧州中唐分寧縣宋因之元至元二十三年於
武寧縣置寧州分寧為倚郭縣大德八年割武

寧直隸本路遂徙州治於分寧
吉安路上唐為吉州又為廬陵郡宋升為上州元
至元十四年升吉州路總管府置錄事司領一司
八縣元貞元年吉水安福太和永新四縣升州改
吉州為吉安路戶四十四萬四千五百八十三口二
百二十二萬四千一百二十五大德二年吉贛

錄事司

縣五

廬陵郭上倚　永豐上　萬安中龍泉中永寧下至順分永
田立屯

罷定昌路併隸德昌

德州 下在路之比其地今名吾越甸城曰亦䂖龍所居蠻首郎以遠祖名部曰頗綖憲宗時内附至元十二年立千戸十三年改爲德州隸德平路二十三年改隸德昌

威龍州 下州在路西南夷名巴翠部領小部三一曰沙媧晉宗二曰烏雞泥祖三曰媧諾龍菖蒲皆獷魯蠻種也至元十五年合三部立威龍州隸德昌

普濟州 一州在路西北夷名玗甸昔爲荒僻之

《元史志卷十三》 九

地獷魯蠻世居之後屬屈部至元九年隨屈部内附十五年於玗甸立定昌路二十三年路革改隸德昌

會川路 下路在建昌南唐移邛都於此其地當征蠻之要衝諸酋聽會之所故名天寶末沒於南詔立會川都督府又骦清寧郡至叚氏仍爲會川府元至元九年内附十四年立會川路治武安州領州五 民屯田 本路立軍

武安州 下蠻稱龍泥城至元十四年立管民千戸十七年改爲武安州

黎溪州 下古無城邑蠻云黎疆訛爲今名初烏蠻與漢人雜處及南詔閣羅鳳叛徙白蠻守之蒙氏終羅羅逐去白蠻叚氏興令羅羅乞夷攘其地至元九年其裔阿夷内附改其部爲黎溪州

永昌州 下州在路北治故歸依城即古會川也唐天寶末沒於南詔置會川都督至蒙氏改會同府置五瞼徙張王李趙楊周高叚何蘇龔尹十二姓於此以趙氏爲府主居今州城趙氏弱王氏攘之及叚氏與高氏專政逐王氏以其子

《元史志卷十三》 干

高政治會川元憲宗三年征大理高氏逃去九年故首王氏孫阿龍率衆内附至元八年以其男阿禾領會川十四年改管民千戸十七年立永昌州隸會川路

會理州 下州在會川府東南唐時南詔屬會川節廢地名昔陀有蠻名阿壇絳亦仲由蒙之遺種其裔羅於昔陀地居之取祖名曰絳部後強盛盡有四州之地號蒙歪至元憲宗八年其孫亦蘆內附隸闔畔萬户至元四年屬落蘭部十三年改隸會川路十五年置會理州仍隸會

川二十七年復屬閩畔部

麻龍州〔下〕麻龍者城名也地名棹羅能烏蠻蒙次之裔阿祖居閩畔東川後普恐遷苴卧龍其孫阿麻内附至元五年爲建帶所併十二年屬會川十四年立管民千户隷會川路十七年立爲州二十七年割屬閩畔部

栢興府普摩沙夷所居漢後復屬南詔唐立昆明縣天寶末没扵吐蕃酋羅羅將猛鹿茹庫郡元至元十年其鹽井摩沙酋羅羅改香城内附十四年立鹽井管民千户十七年改爲閩鹽州以猓鹿部爲普樂州俱隷德平路二十七年併普樂閩鹽二州爲閩鹽縣立栢興府隷羅羅宣慰司領縣二閩鹽〔以倚郭夷名爲貿頭甸金縣出金故名馬和〕〔比境與土蕃接至元十五年立爲金州後降爲郡府縣下金系〕

臨安廣西元江等處宣慰司都管軍萬户府

臨安路〔下〕唐隷牂州天寶末没扵南詔蒙氏立都督府二其一曰通海郡叚氏改爲秀山郡阿僰部蠻居之元憲宗六年内附以本部爲萬户至元八年改爲南路十三年又改爲臨安路領縣二千户

一州三州領二縣〔有宣慰司所管三千四百雙變僰軍本路千户所管一千百五十雙有奇〕

河西〔下〕縣在杷麓其地曰休臘昔西宗之南置後領三縣阿僰易其河西渠奪一也而天寶七部則下漢縣界訛爲河西自縣上有故城曰建水州蠻居下臨僰萬户至元十三年改爲縣自户隷僰爲臨安萬户以本部爲縣捨資千户古自蒙又曰部之嫡甸地昔名褻以爲名内附後隷蒙自千户至元十三年改蒙自縣其地近交趾遂以捨資爲安南道防遮軍千户所隷

臨安路隷

州三

建水州〔下〕在本路之南近接交趾爲雲南極邊治故建水城唐元和間蒙氏所築古稱步頭亦云巴甸每秋夏溪水漲溢如海夷謂海爲惠歷爲大故名惠劉徒蠻所居内附後立千户隷阿僰萬户至元十三年改建水州隷臨安路

石平州〔下〕在路之西南阿僰蠻擾之得石坪聚皆仍舊名此麼徒蠻所居内附後立千户隷阿

贛縣治所州興國中信豐下雩都下石城下

寧都州下本為縣元大德元年升寧都州領二

縣龍南下信豐下至元二十四年併入會昌縣至大三年復置入會昌縣至大三年復置 安遠下至元二十四年省入會昌縣至大三年復置

會昌州下本雩都地唐屬虔州宋升縣之九州鎮為會昌縣復升為軍元大德元年升會昌州

領一縣瑞金下偽閩年來屬

建昌路下本南城縣地唐屬撫州南唐升達武軍宋升建昌軍元至元十四年改達昌路總管府割南城

領司一縣三

錄事司至元十四年立

置錄事司十九年南豐縣升州直隸行省戶九萬二千二百二十三口五十五萬三千三百三十八

南安路下唐升大庾鎮為縣屬虔州宋以縣置南安軍元至元十四年改南安路總管府十五年割大庾縣往城四坊設錄事司十六年廢錄事司領

縣三新城中廣昌中

錄事司至元十四年立

安軍元至元十四年改南安路總管府十五年割大庾縣往城四坊設錄事司十六年廢錄事司戶五萬六百一十一口三十萬三千六百六十六領

縣三大庾中南康中上猶下南安至元十六年改末清後復為上猶

南豐州下唐為南豐縣隸撫州宋改隸建昌軍元至元十九年升為州直隸行省戶二萬五千七十八口一十二萬八千九百

廣東道宣慰使司都元帥府

海北廣東道肅政廉訪司

廣州路上唐以廣州為嶺南五府節度五管經略使治所又改南海郡又仍為廣州宋升為帥府元至元十三年內附後又叛十五年克之立廣東道

宣慰司立總管府开錄事司元領八縣而懷集縣割屬賀州戶一十七萬二百一十六口一百二萬一千二百九十六領司一縣七

錄事司

縣七

南海中番禺下俱倚郭東莞中增城中香山下新會下清遠

韶州路下唐初為番州又更名東衡州又改韶州又為始興郡又仍為韶州元至元十三年內附未幾廣人叛十五年始定立總管府設錄事司戶一

萬九千五百八十四口一十七萬六千二百五十

六領司一縣四
録事司

曲江中元初分縣城西廂属録事司　樂昌下　仁化下　乳
源下　縣四

博羅下海豐下河源下

惠州路下唐循州宋改惠州又改博羅郡又復為
惠州元至元十六年改惠州路總管府戶一萬九
千八百三口九萬九千一十五領縣四歸善下郭

南雄路下本始興縣唐初属韶州五代劉氏割韶
之湞昌始興二縣置雄州宋以河北有雄州改為
南雄州元至元十五年改南雄路總管府戶一萬
七千九百一十二口五萬三千九百六十領縣二保昌
下本湞昌始興　宋改今名始興下

潮州路下唐初為潮州又改潮陽郡又復為潮州
元至元十五年歸附十六年改為總管府以孟招
討鎮守未幾移鎮漳州土豪各擾其地二十一年
廣東道宣慰使月的迷失以兵來招諭二十三年
復為江西等處行樞密院副使兼廣東道宣慰使

以鎮之始定戶六萬三千六百五十口四十四萬
五千五百五十領司一縣三

録事司　至元二十年始立

海陽下郭　潮陽下　揭陽下　縣三

德慶路下郭唐初為南康州又名康州又改晉康郡
宋升德慶府元至元十三年徇廣東既取廣州而
德慶未下十四年廣西宣慰司以兵取之改隷廣
西道十七年立德慶路總管府後仍属廣東道戶
一萬三千七百五口三萬二千九百九十七領縣
二端溪下瀧水下

肇慶路下唐初為端州又改高要郡又仍為端州
宋升肇慶府元至元十三年徇廣東惟肇慶未附
十六年廣南西道宣慰司定之因隷廣東惟肇慶未
改為下路總管府仍属廣東戶三萬三千三百三
十八口五萬五千四百二十九領縣二高要郭中倚
四會中

英德州下唐洭州五代南漢為英州宋升英德府
元至元十三年歸附十五年立英德路總管府二
十三年降為散州大德五年復為路益州本淵藪素為冠

四年連魯花赤脫歡察兒此歲招降擊盜至二
餘戶遂升英德為路命脫歡察兒為連魯花赤
鎮為戶以至大元元年復降為州

梅州 下 唐為程鄉縣屬潮州五代南漢置敬州宋
改梅州至元十三年歸附十六年置總管府二
十三年改為散州戶二千四百七十八口一萬四
千八百六十五領縣一程鄉

南恩州 下 唐恩州又為齊安郡宋改南恩州元至
元十三年置南恩州路總管府十九年降為散州戶
一萬九千三百七十三口九萬六千八百六十五
領縣二陽江 下 陽春 下

《元史志卷十四》 九七

封州 下 唐改為臨封郡後復為封州元至元十三
年歸附明年廣人叛廣西宣慰司以兵定之遂隸
西道十六年立封州路總管府後又降為散州仍
屬東道戶二千七十七口一萬七百四十二領縣
二封川 下 開建 下

新州 下 唐改為新昌郡後復為新州元至元十六
年置新州路總管府十九年降為散州戶一萬一
千三百一十六口六萬七千八百九十六領縣一
新興 下

桂陽州 下 本桂陽縣唐宋因之元至元十三年內

附十九年升桂陽縣為散州割連州陽山縣來屬
為蒙古觲都虎郡王分地元隸湖南道宣慰司
後隸廣東道元至元十三年置
連州 下 唐改連山郡後改連州元十九年屬連州宋因之至
百五十六領縣一陽山 元十九年割以來屬
安撫司直隸行中書省十七年廢安撫司升為連
州路總管府隸湖南道宣慰司十九年降為散州
隸廣東道戶四千一百五十四口七千一百四十
領縣一連山 下

循州 下 唐改為海豐郡仍改循州宋為博羅郡元
至元十三年立總管府二十三年降為散州戶一
千六百五十八口八千二百九十領縣三龍川 下
興寧 下 長樂 下

《元史志卷十四》 九八

志卷第十四

翰林學士嘉議大夫知制誥兼脩國史臣宋濂　翰林待制承直郎兼國史院編脩官臣朱右等奉

勑脩

地理六

湖廣等處行中書省為路三十州十三府三[安撫司]十五軍三屬府三屬州十七屬縣一百五十管番民總管一[本省水站七十三處]

江南湖北道肅政廉訪司

武昌路上唐初為鄂州又改江夏郡又升武昌軍宋為荊湖北路元憲宗末年世祖南伐自黃州陽羅洑橫橋梁貫鐵鎖至鄂州之白鹿磯大兵甲渡進薄城下圍之數月既而解去歸即大位至元十一年丞相伯顏從陽羅洑南渡權州事張晏然以城降自是湖北州郡悉下是年立荊湖等路行中書省并本道安撫司十三年設錄事司十四年立湖北宣慰司改安撫司為鄂州路總管府併鄂州行省入潭州行省十八年遷潭州行省於鄂州移宣慰司于潭州十九年隨省廢例罷宣慰司本路隸行省大德五年以鄂州首來歸附又世祖親征之地改武昌路戶一十一萬四千六百三十二口

⟪元史志卷十五⟫　一

六十一萬七千一百一十八[至元二十七年抄籍數]　領司一

縣七

錄事司

江夏[郭中倚廓]　咸寧[下]　嘉魚[下]　蒲圻[中]　崇陽[中]　通城[中]

武昌[中下唐宋升壽昌軍以其地屬江西衡要地也元至元十四年升散府冶本縣後]

岳州路[上唐巴州又改岳州宋為岳陽軍元至元十二年歸附十三年立岳州路總管府戶一十三萬七千五百八十八口二十九萬七千七百四十三領]司一縣三州一

錄事司

縣三

巴陵[郭上倚]　臨湘[中]　華容[中]

州一

平江州[下唐平江縣宋因之元元貞元年升州]

常德路[上唐朗州宋常德府元至元十二年置常德府安撫司十四年改為總管府戶二十萬六千四百二十五口一百二萬六千四十二領司]一縣二州領一縣

⟪元史志卷十五⟫　二

沅江州下本後來屬

龍陽州下宋辰陽縣元元貞元年升州領一縣

桃源州中宋置縣元元貞元年升州

　　州二

武陵上

　縣一

録事司

澧州路上唐改澧陽郡復改澧州元至元十二年
立安撫司十四年改澧州路總管府戶二十萬九
千九百八十九口一百一十一萬一千五百四十

三領司一縣三州二

録事司

澧陽郭上倚　石門上　安鄉下

　縣三

慈利州中唐宋皆為縣元元貞元年升州
　州二

柿溪州下

辰州路下唐改唐溪郡復改辰州宋因之元改辰
州路戶八萬三千二百二十三口一十一萬五千
九百四十五領縣四沅陵中辰溪下盧溪下敘浦下

《元史志卷十五》　三

沅州路下唐巫州又改沅州又為潭陽郡又改叙
州宋為鎮遠州元至元十二年立沅州安撫司十
四年改沅州路總管府戶四萬八千六百三十二
口七萬九千五百四十五領縣三盧陽下黔陽下
麻陽下

興國路下本隨求興縣宋置永興軍又改興國軍
元至元十四年升興國路總管府舊隸江西三
年自江西割隸湖廣戶五萬九百五十二口四十
萬七千六百一十六領司一縣三

録事司至元十七年立

　縣三

《元史志卷十五》　四

永興郭下倚　大冶下　通山下

漢陽府唐初為沔州又改沔陽郡宋為漢陽軍咸
淳十年郡守孟琦以城來歸元至元十四年升漢
陽府戶一萬四千四百八十六口四萬八百六十
六領縣二漢陽至元二升中縣二漢川下

歸州下唐初為歸州宋
端平三年元兵至江北遂遷郡治于江南曲沱次
新灘又次白沙南浦今州治是也德祐初歸附元
至元十二年立安撫司十四年改歸州路總管府

十六年降爲州戶七千四百九十二口一萬九百

六十四領縣三秭歸郡下倚巴東下興山

靖州路下唐爲夷播叙二州之境宋爲誠州復改

靖州元至元十二年立安撫司明年改靖州路總

管府戶二萬六千五百九十四口六萬五千九百

五十五領縣三永平下會同下通道下

至元十三年立安撫司十四年立行省改潭州路

天臨路上唐爲潭州長沙郡宋爲湖南安撫司元

嶺北湖南道肅政廉訪司

湖南道宣慰司

元史卷六十三　五

總管府十八年遷行省於鄂州徙湖南道宣慰司

治潭州天曆二年以潛邸所幸改天臨路戶六十

萬三千五百一口一百八萬一千一十領司一縣

五州七

録事司宋有兵馬司都監領之至元十四年改置

縣五

長沙郡上倚善化郡衡山山在焉寧鄉上安化下

州七

醴陵州中唐宋皆爲縣元元貞元年升州

瀏陽州中唐宋皆爲縣元元貞元年升州

攸州中唐爲縣屬南雲州宋屬潭州元元貞元

年升州

湘鄉州下唐宋皆爲縣元元貞元年升州

湘潭州中唐宋皆爲縣元元貞元年升州

益陽州中唐新康縣宋安化縣元元貞元年升

爲益陽州

衡州路上唐初爲衡州又改衡陽郡又仍爲

宋因之元至元十三年置安撫司十四年改衡州

路總管府十五年置湖南宣慰司以衡州爲治所

湘陰州下唐宋皆爲縣元元貞元年升州

元史卷六十三　六

十八年移司於潭衡州隸焉元戶一十一萬三千三

百七十三口二十萬七千五百二十三領司一縣

三本路屯田一

録事司宋立兵馬司令在城民戶爲五廂元至元十三年改立

縣三

衡陽郡上倚安仁下酃縣下

道州路下唐爲南營州復改道州復爲江華郡宋

仍爲道州元至元十三年置安撫司十四年改道

州路總管府戶七萬八千一百二十八口一十萬九百

八十九領司一縣四

錄事司

司一縣三　本縣沱田三頃

縣四

管道 中郭　寧遠 中　江華 中　永明 下

永州路 下郭　唐改零陵郡爲永州宋因之元至元三年置安撫司十四年改永州路總管府戶五萬五千六百六十六口一十萬五千八百六十四領

零陵 上郭　東安 上　祁陽 中

縣三

《元史志卷十五》 七

郴州路 下　唐改桂陽郡爲郴州宋因之元至元三年置安撫司十四年改郴州路總管府戶六萬一千二百五十九口九萬五千一百一十九領司

一縣六

錄事司 舊有兵馬司至元十四年改立

縣六

郴陽 至元十三年改爲敦化縣今復 宜章 中　永興 中　興寧 下

桂陽 下　桂東 下

全州路 下郭　石晉於清湘縣置全州宋因之元至元十三年置安撫司十四年改全州路總管府戶四

萬一千六百四十五口二十四萬五百一十九領

司一縣二

錄事司 舊有兵馬司至元十五年改立

縣二

清湘 上郭　灌陽 下

寶慶路 下　唐邵州又爲邵陽郡宋仍爲邵州又升寶慶府元至元十二年立安撫司十四年改寶慶路總管府戶七萬二千三百九口一十二萬六千一百五十領司一縣二

錄事司

《元史志卷十五》 八

邵陽 上郭　新化 中

縣二

武岡路 下郭　唐武岡縣宋升爲軍元至元十三年置安撫司十四年升武岡路總管府戶七萬七千二百七口三十五萬六千八百六十三領司一縣三

錄事司 至元十五年改立
八本路七田十六頃

縣三

武岡 上郭　新寧 下　綏寧 下

桂陽路 下　唐郴州宋升桂陽軍元至元十三年置

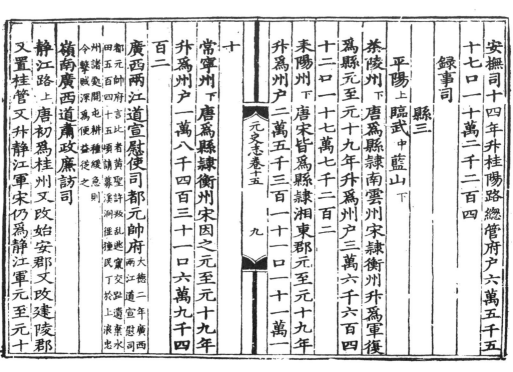

安撫司十四年升桂陽路總管府戶六萬五千五
十七口一十萬二千二百四

錄事司

縣三

平陽 上 臨武 中 藍山 下

茶陵州 下 唐為縣隸南雲州宋隸衡州升為軍復
為縣元至元十九年升為州戶三萬六千六百四
十二口一十七萬七千二百二

來陽州 下 唐宋皆為縣隸湘東郡元至元十九年
升為州戶二萬五千三百一十一口一十一萬一
百二

十

常寧州 下 唐為縣隸衡州宋因之元至元十九年
升為州戶一萬八千四百三十一口六萬九千四
百二

廣西兩江道宣慰使司都元帥府 大德二年廣西道宣慰司兩江道宣慰司
都元帥府言此者黃聖許叛亂逃竄交趾遺棄水于上浪忠

嶺南廣西道肅政廉訪司

靜江路 上 唐初為桂州又改始安郡又改建陵郡
今州諸處開屯田五百四十頃請謑洞徑獷民丁於賊寇深為便益徒之則

又置桂管又升靜江軍宋仍為靜江軍元至元十

三年立廣西道宣撫司十四年改宣慰司十五年
為靜江路總管府元貞元年併左右兩江道宣慰司都元帥府仍分

都元帥府為廣西兩江道宣慰司都元帥府仍
司邕州戶二十一萬八百五十二口一百三十五
萬二千六百七十八領司一縣十

錄事司

縣十

臨桂 上 郭 倚 興安 下 靈川 下 理定 下 義寧 下 修仁

南寧路 下 唐初為南晉州又改邕州又為永寧郡

荔浦 下 陽朔 下 來福 下 古縣 下

元至元十三年立安撫司十六年改為邕州路總
管府兼左右兩江溪洞鎮撫泰定元年改為南寧
路戶一萬五千四十二口二萬四千五百二十領
司十縣二

錄事司

縣二

宣化 下 武緣 下

梧州路 下 唐改蒼梧郡又仍為梧州宋因之元至
元十四年置安撫司十六年改梧州路總管府戶
五千二百口一萬九千一十領縣一蒼梧 下

潯州路下唐改潯江郡又仍為潯州元至元十三年置安撫司十六年改為總管府戶九千二百四十八口三萬八千九百八十九領縣二桂平下平南下

柳州路下唐改龍城郡又改柳州元至元十三年置安撫司十六年改柳州路總管府戶一萬九千一百四十三口三萬六百九十四領縣三柳城下馬平下洛容下

象州下唐改為象郡又改象州元至元十三年改安撫司十五年改象州路總管府戶一萬九千七十五口九萬二千一百二十六領縣三陽壽下來賓下武仙下

容州下唐改銅州為容州又改普寧郡又置管內經略使宋為寧遠軍至元十三年改安撫司十六年改容州路總管府戶二千九百九十口七千八百五十四領縣三普寧下北流下陸川下

慶遠南丹溪洞等處軍民安撫司唐為龍水郡又改粵州宋為慶遠府元至元十三年置安撫司十六年改慶遠路總管府大德元年中書省臣言南丹州安撫司及慶遠路相去為近所隸戶少請省之遂立慶遠南丹溪洞等處軍民安撫司戶二萬六千五百三十七口五萬二百五十三領縣五宜山下忭城下天河下思恩下河池下

平樂府唐以平樂縣置樂州復改昭州元改平樂府戶七千六十一口三萬三千八百二十領縣四平樂下恭城下

欝林州下唐為南尹州又改欝林州宋因之元至元十四年仍行州事戶九千五十三口

五萬一千五百二十八領縣三南流下興業下博白下

容州下唐改銅州為容州又改普寧郡又置管內經略使宋為寧遠軍至元十三年改安撫司十六年改容州路總管府戶二千九百九十口七千八百五十四領縣三普寧下北流下陸川下

象州下唐改為象郡又改象州元至元十三年改安撫司十五年改象州路總管府戶一萬九千七十五口九萬二千一百二十六領縣三陽壽下來賓下武仙下

賓州下唐以嶺方縣地置南方州又改安城郡又改嶺方郡又仍為賓州又改賓州元至元十三年置安撫司十六年改賓州下路總管府戶六千二百四十八口三萬八千百七十九領縣三嶺方下上林下遷江下

橫州下唐初為簡州又改南簡州又改橫州又為寧浦郡元至元十四年立安撫司十六年改橫州路總管府戶四千九十八口三萬一千四百七十六領縣二寧浦郭永淳下

融州下唐初為融州又改融水郡後仍為融州宋

為清遠軍元至元十四年置安撫司十六年改融
州路總管府二十二年改散州戶二萬一千三百
九十三口三萬九千三百三十四領縣二融水下
懷遠下

藤州下唐改感義郡後仍為藤州宋徙州治於大
江西岸元至元十三年仍行州事戶四千二百九
十五口一萬一千二百一十八領縣二鐔津下岑
溪下

賀州下唐改臨賀郡後仍為賀州宋因之元至元
十三年仍行州事戶八千六百七十六口三萬九
千二百三十五領四臨賀郡下　富川下　桂嶺下
懷集下宋為廣州至元年以隸本州

貴州下唐改懷澤郡後仍為貴州元至元十四年
領鬱林縣大德九年省縣止行州事戶八千八百
九十一口二萬八百一十一

貴州地接八番與溪峒相去二百餘里乃湖廣四川雲南喉衿之地大德六年雲南行省言丞劉深征八百息婦媳至貴州料夫敗宋隆濟等輙乞合諸蠻皆為亂副水東西諸猺叛副深伏誅

左江左水出源一流入横州界與右江合為一州流入横州號鬱與右

思明路戶四千二百二十九口一萬八千五百一
十

太平路戶五千三百一十九口二萬二千一百八
十六

右江右江水源出我利州與大理大鑿在大理之威楚州

田州路軍民總管府戶二千九百九十一口一萬
八千九百一

來安路軍民總管府

鎮安路以出闊

海北海南道宣慰司

海北海南道蕭政廉訪司至元十二年立三

雷州路下唐初為南合州又更名東合州又為海
康郡又改雷州元至元十五年平章政事阿里海
牙南征海外四州雷州歸附初置安撫司十七年
即此州為海北海南道宣慰司治所改安撫司為
總管府隸宣慰司戶八萬九千五百三十五口一
十二萬五千三百一十六本路屯田有一百頃有奇領縣三海
康中徐聞下遂溪下

化州路下唐置羅州辯州宋廢羅州入辯州復改
化州曰化州元至元十五年立安撫司十七年改
辯州曰化州元至元十五年立安撫司十七年改
總管府戶一萬九千七百四十九口五萬二千三
百一十七本路屯田有五十頃有奇領縣三石龍下　吳川下　石

高州路 下唐為高涼郡又為高州宋廢高州入竇州後復置元至元十五年置安撫司十七年改總管府戶一萬四千六百七十五口四萬三千四百九十三本路屯田一十五頃

欽州路 下唐為寧越郡又為欽州宋因之元至元十五年置安撫司十七年改總管府戶一萬三千五百五十九口六萬一千三百九十三領縣二安遠 下 靈山 下

廉州路 下唐為合浦郡又改廉州元至元十七年設總管府戶五千九百九十八口一萬一千六百八十六本路屯田二頃 領縣二合浦 下郭倚 石康 下

乾寧軍民安撫司唐以崖州之瓊山置瓊州又為瓊山郡宋為瓊管安撫都監元至元十五年隸海北海南道宣慰司天曆二年以潛邸所幸改乾寧軍民安撫司戶七萬五千八百三十七口一十萬八千一百八十四本路屯田二百九十餘頃郡倚 澄邁 下 臨高 下 文昌 下 樂會 下 定安 下 會同 下 瓊山 下

南寧軍唐儋州改昌化郡宋改昌化軍又改南寧軍元至元十五年隸海北海南道宣慰司戶九千

六百二十七口二萬三千六百五十二領縣三宜倫 下 昌化 下 感恩 下

萬安軍唐萬安州宋更為軍元至元十五年隸海北海南道宣慰司戶五千三百四十一口八千六百八十六領縣二萬安 下郭 陵水 下

吉陽軍唐振州宋改崖州又為珠崖郡又改吉陽軍元至元十五年攺附後隸海北海南道宣慰司戶一千四百三十九口五千七百三十五領縣一寧遠 下

八番順元蠻夷官至元十六年潭州行省遣

諸省番以龍方零安撫使龍番靜蠻軍安撫使大龍府安撫天龍府

卧龍番南寧安撫使小龍番靜蠻軍安撫使大龍

撫使程延隨番武盛軍安撫使方番河中府安撫使洪延暢石延興

石番阿資羅甸國遏蜜軍遏盧番靜海軍安撫使遠大軍民安撫使

八番羅氏等國已戌國歸附者具來上洞塔寨西南番凡六

羅番遏蠻軍安撫司

羅番武勝軍安撫司

金石番太平軍安撫司

程番武勝軍安撫司

金石番太平軍安撫司

定遠府

盧番靜海軍安撫司

方番河中府安撫司

洪番永盛軍安撫司

韋番蠻夷軍民長官

木瓜犵狫蠻夷軍民長官

大龍番應天府安撫司

小龍番靜蠻軍安撫司

卧龍番南寧州安撫司

朵州

章龍州　　　　上橋縣

必化州

小羅州

下思同州　　　新安縣

朝宗縣

麻峽縣　　　　蓬萊縣　　　小羅縣

章龍縣　　　　烏山縣　　　華山縣

都雲縣

管番民總管　　羅博縣

小程番以下各設蠻夷軍民長官
　　　　　　　中嶺百納等處

底窩紫江等處　甕眼納八等處

獨塔等處　　　客當刻地等處

天臺等處　　　梯下

黨兀等處　　　勇都朱砂古坽等處

大小化等處　　洛甲洛屯等處

低當低界等處　獨石寨

百眼佐等處　　羅來州

那歷州　　　　重州

阿孟州　　　　上龍州

峽江州　　　　羅賴州

桑州　　　　　白州

北島州　　　　羅那州

龍里等寨　　　六寨等處

帖犵狫等處　　本當三寨等處

山齋等處　　　羕塘帶夾等處

都雲桑林獨立等處　六洞柔遠等處

竹古弄等處古坽縣　中都雲棺水等處

金竹府　　　　都雲軍民府

萬平等處　　　南寧

順元等路軍民安撫司
乖西軍民府
盧山等處
李達等處
平伐溪等處
恭蕉溪等處
陽安等處
陳蒙

丹竹等處、
李稍李殿等處
八千蠻
都鎮
平月
陽並等處

雍真乖西葛蠻等處
葛蠻雍真等處
曾竹等處
底寨等處
龍平寨
納壩紫江等處
漕泥等處
木窩普冲普得等處
養龍坑宿徵等處
高橋青塘鴨水等處

骨龍等處
茶山百納等處
磨坡雷波等處
青山遠地等處
武當等處
骨龍龍里清江眼樣雍等處
落邦札佐等處

平遲安德等處
貴州等處
雜泥等處
市北洞
思州軍民安撫司　婺川縣
鎮遠府
古州八萬洞
野雞平
思印江等處
曉愛瀘洞赤溪等處

六廣等處
施溪樣頭
水東
摘木洞
偏橋中寨
德勝寨偏橋四甲等處
石千等處
甲帶洞大小田等處

黃道溪
金容金達等處
洪安等處
平頭著可通達等處
亮寨
龍泉平（思州舊治龍泉雙火共城即後治清至元十七年叛後安撫司遷舊治清）
祐溪
楊溪公俄等處
恩勒洞
五寨銅人等處

省溪壩場等處
臺蓬若洞住溪等處
葛章葛商等處
溶江芝子坪等處
沿河
汋河
水特姜
麻勇洞
大萬山蘇葛辦等處
銅人大小江等處

德明洞、

西山大洞等處

浦口

福州

延州

程州

地州

天州

合鳳州

安習州

弗蘿等團

《元史志卷十五》 廿一

荔枝　安化上中下蠻

曹滴等洞　洛卜寨

夷着土村　猗迪洞

會溪施容等處　感化州等處

契鋤洞　臘惹洞

勞岩洞　驢遲洞

來化州　客團等處

中古州樂墩洞　上里坪

洪州泊李等洞　張家洞

淞邊溪洞宣慰使司　至元二十八年不花言洞民近因播州楊寶因蕭戶楼栿因

烏羅龍干等處

禿羅

高舟

永州

鑾州

三旺州

忠州

文州

芝山州

芎蘿等團

《元史志卷十五》 廿二

播州軍民安撫司

宣撫司乞降詔招集，又言：向所授安撫，乞改為籍，順民元
播州軍民宣撫使，仍播州等處管軍萬戶，仍虎存宋漢諸郡
英即州軍民宣撫，非爾五餘，播自今以戶數咸莫麾居流移之失所者
皆然則非爾，業援有重困吾民性咸莫麾
歸附後復殞，援有重困吾民
戶母萌致殞，性咸莫麾居流移之失所者
恤母萌致殞，性咸莫麾居流移之失所者
招諭然非爾，播自今

黃平府　平溪上塘羅駱家等處

水車等處　石粉羅家求安等處

六洞柔遠等處　錫樂平等處

白泥等處　南平綦江等處

珍州思寧等處　水煙等處

溱洞涪洞等處　洞天觀等處

葛浪洞等處　寨壩啞惹焦漢等處

小姑單張　倒柞等處

烏江等處　舊州草堂等處

恭溪杳洞　水囬等處

平伐月石等處　下壩

寨章　橫坡

平地寨　寨勞

寨勇　上塘

寨坦　哖奔

平莫　林種密秀

氵松河祐溪等處

新添葛蠻安撫司（大德元年授葛蠻安撫等事一）　落莦谷鵞羅椿等處

南渭州

昔不梁縣杯密約等處　乾溪吳地等處

儂貢古平等處　甕城都桑等處

都鎮馬乃等處　平普樂重塢等處

落同當等處　平族等處

獨祿　三陂地蓬等處

小葛龍洛邦到駱豆虎等處

羅月和　麥傲

大小田陂帶等處　都雲洞

洪安畫劕等處　谷霞寨

剌客寨　吾狂寨

割利寨　必郎寨

谷底寨　都谷郎寨

狁狫速　平伐等處（大德元年平伐苗領內附乞遵於亦奚不薛從之）

安剌速　思樓寨

落暮寨　梅求望懷寨

甘長寨　桑州郎寨

永縣寨　平里縣寨

鎖州寨　雙隆

思母　歸仁

咅冊　木當

雍卽客都等處　雍門狁狫等處

栖求等處仲家蠻　妻木等處

樂賴蒙囊吉利等處　華山谷津等處

青塘望懷甘長不列獨娘等處

光州　者者寨

安化思雲等處　北遶洞

茅難思風北郡都瓈等處　必際縣

上黎平

誠州富盈等處　赤畬洞

羅章特團等處　福水州

尢州等處　欽村

硬頭三寨等處　顏村

水曆吾洞等處　順東

六龍圖

橘卭寨　黃頂寨

推寨

元史志卷十五

金竹等寨　　格慢等寨
客蘆寨　　　地省等寨
平巍　　　　白崖
雍門客當樂頼豪襄大化木爪等處　　分州
嘉州　　　　洛河洛腦等處
平珠　　　　甕除
甯溪　　　　孤頂得同等處
麥穰　　　　三陂
甕包　　　　南平
控州

獨山州　　　木洞
瓢洞　　　　窖洞
大青山骨記等處　　百佐等處
九十九寨蠻　　當橋山齊朱谷列等處
虎列谷當等處　　真滁杜珂等處
楊坪楊安等處　　棟甫都城等處
楊友閣　　　百也客等處
阿落傳等寨　　蒙楚
公洞龍木　　三寨貓㺃剌等處
黑土石　　　洛賨洛咸

益輪汜邊蠻　　割和寨
王都谷浪寨　　王大寨
只蛙寨　　　黃平下寨
林拱章秀拱江等處　　密秀丹張
林種拱幇　　西羅剖盆
杉木笋　　　各郎西
恭溪望成崖嶺等處　　孤把
焦溪篤住等處　　草堂等處
上桑直　　　下桑直
米坪　　　　令其平尾等處

保靖州
特團等處

征東等處行中書省領府二司一勸課使　五年立征　（大德三年立征）

高麗國　置站凡四十民畜至元十八年王睶言本國二十站三

瀋陽等路高麗軍民總管府　深江橋村立水驛自鴨淥至羅至鳴……十九年王睶拜為二十站三所

征東招討司

各道勸課使

慶尚州道

東界交州道

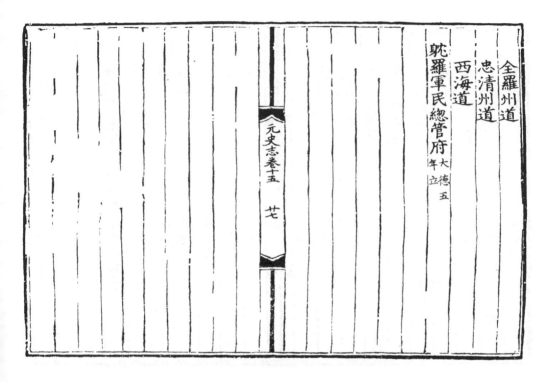

全羅州道
忠清州道
西海道
耽羅軍民總管府 大德五年立

元史志卷十五

芸

河源附錄

河源古無所見禹貢導河止自積石漢使張騫持節
道西域度玉門見二水交流發葱嶺趍于闐匯鹽澤
伏流千里至積石而再出唐薛元鼎使吐蕃訪河源
得之於悶磨黎山然皆歷歲月涉艱難而其所得不
過如此世之論河源者又皆推本二家其說迂怪如
其實皆非本真意者漢唐之時外夷人迹所及皆置驛傳使
其極也元有天下薄海內外人迹所及皆置驛傳使
未盡通故其所徃每迂迴艱阻不能直抵其處而究
驛徃來如行國中至元十七年命都實為招討使

元史志卷十五 芡

金虎符徃求河源都實既受命是歲至河州州之東
六十里有寧河驛驛西南六十里有山曰殺馬關林
麓穹隆舉足浸高行一日至巔西去愈高四閱月始
抵河源是冬還報并圖其城傳位置以聞其後翰林
學士潘昂霄從都實之弟闊闊出得其說撰為河源
志臨川朱思本又從八里吉思家得帝師所藏梵宇
圖書而以華文譯之與昂霄所志互有詳略今取二
家之書考定其說有不同者附注于下按河源在土
蕃朶甘思西鄙有泉百餘泓沮洳散渙弗可逼視方
可七八十里履高山下瞰燦若列星以故名火敦腦

【河源附録（上半葉）】

兒，火敦譯言星宿也。〔思本曰：河源在中州西南，直四川馬湖蠻部之正西三千餘里，雲南麗江宣撫司之西北一千五百餘里，帝師撒思加地之西南三千餘里。水從地湧出如井，其井百餘，東北流百餘里，匯為大澤，曰火敦腦兒。〕群流奔輳，近五七里，匯二巨澤，名阿剌腦兒，自西而東，連屬吞噬，行一日迤邐東鶩，成川，號赤賓河。又二三日，水南來，名忽闌。又水東南來，名也里朮，合流入赤賓，其流浸大，始名黃河，然水猶清，人可涉。又一二日，岐為八九股，名也孫斡論〔譯言九渡〕，通廣五七里，可度馬。又四五日，水渾濁，土人抱革囊騎過之。聚落糾木幹，象舟傅，髹以濟，僅容兩人。自是兩山峽束，廣可一里二里或半里，其深叵測。朶甘思東北有大雪山，名亦耳麻不莫剌，其山最高，譯言騰乞里塔，即崑崙也。山腹至頂皆雪，冬夏不消。土人言，遠年成冰時，六月見之。自八九股水至崑崙，行二十日餘。

〔思本曰：……又乃折而東北流……又折而西北流，自南山水正北過……隨山高峻非常，流過撒思加……闊即關提地，河行崑崙南……日又四五日至地名闊即及闊提二地相屬，又南半日……〕

【河源附録（下半葉）】

地名哈剌別里赤兒，四達之衝也，多寇盜，有官兵鎮。〔……之近北二日河水過之……〕南山皆不穹峻，水亦散漫，獸有髦牛、野馬、狼、狍、羱羊之類。其東山益高，地亦漸下，岸狹隘，有狐可一躍而越之處。行五六日，有水西南來，名納隣哈剌〔譯言細黃河也〕。水……又兩日，水南來，名乞兒馬出，二水合流入河。〔……百餘里……岷山……與……乞兒馬出……〕

行轉西流，過崑崙北，一向東北流，約行半月，至貴德州，地名必赤里，始有州治官府，州隸吐蕃等處宣慰司。司治河州。又四五日至積石州，即《禹貢》積石，五百餘里，至河州安鄉關，一日至打羅坑。東北行一日……南來入河……

〔思本曰：……自刪郱丹州之南，刪丹川一千餘里……自百餘里水過東北……谷州正北馬過東北……〕

《元史志卷十五》

河水然後與羊嶺北合，又東北流過臨洮府北，一百餘里，東流過臨洮府，凡八與洮河合。

省安德州合州延安，凡七百餘里。里南與德順州合，又過保德州及興州。漢陽鎮過岷州，正雲南內水陵城，西受降城折而南流過鞏州。古西寧州又過積石州，折而北又過七百餘里，過達達地，與鄂陵。八天德軍中受降城，西受降城折而北至陰山，折而東流凡二。

乞兒馬出及貴德必赤里也。石至積石，方林木暢茂，世言河九折，彼地有二折蓋。發源至漢地，南北澗溪細流，傍貫莫知紀極，山皆草。州正東行至寧夏府南，東行即東勝州，隸大同路自。又一日至蘭州，過北卜渡至鳴沙河，過應吉里。

西北地附錄

畏兀兒地〔兒至元二十一年立畏兀站及交鈔庫〕
柯耳魯地
途魯吉〔篤來帖木兒〕

餘里至通，中計九千里。西嶺崑崙，西南崇地至蘭，乃折河中府東流。流過達地，凡折四千五百餘里。勢岩不復地里。州亂山中西流三百餘里，至南流。南又西三百里至南流。百餘里過延安與分。南流三百里與分河合，正東流三。

《元史卷十五》

諸王海都所部，又西北行四千二百餘里，祖逆敗至。

哥疾寧、可不里、巴達哈傷、途思、忒耳迷、不花剌、那黑沙不、的里安、撒麻耳干、忽炭、柯提、麻耳亦襄、忽氈、可失哈耳、巴補、柯散、訛跡邗、兀提剌耳、若義、倭赤、八里茫、察赤、也迷失、亦剌八里、普剌、阿里麻里、阿忔八失、阿剌八里。

別失八里〔五城唐號北庭也，至元十五年置宣慰司都元帥府，十八年立軍站，十二年置元帥府，又立奧魯〕
哈剌火者
魯古塵
仰吉八里〔八里軍站軍掌事〕
古塔巴
彰八里〔至元十五年授朶魯別〕
他古新〔至元十五年授〕

月祖伯

撒耳柯思

阿蘭阿思

欽察羅思　大宗（太宗）甲午年，命諸王援征西域欽察、丁義、阿速、斡羅思等國。乙未，亦命憲宗往，遂征之。亦命宗王往征海島中，都哇至寬田吉思海傍，風吹海水去而乾涸，生禽八赤蠻。駙馬剌思真也之子列乞城為達魯花赤，鎮守斡羅思……幹羅思以征阿思以征

撒吉剌　〔二九十〕……思少戶口幹羅

不里阿耳

阿羅思

氊的

不賽因

巴耳赤邜

賽蘭

花剌子模

八哈剌因

怯失

八吉打

孫丹尼牙

忽里模子

可咱隆　設剌子　油剌失

苦法　瓦夕的　兀乞八剌

毛夕里　設里汪　羅耳

乞里茫沙杭　蘭巴撒耳　那哈完的

亦思法杭　撒瓦　柯傷

低廉　胡瓦耳　西模娘

阿剌模忒　可疾云　阿模里

撒里茫　塔米設　朱里章

阿八哈耳　贊章　打耳班

的希思丹　巴耳打阿　打耳打阿

巴其　塔八辛　不思忒

法因　乃沙不耳　撒剌哈㖨

巴瓦兒的　麻里兀　塔里干

巴里黑

吉利吉思撼合納謙州益蘭州等處　以吉利吉思之地，女子四十，初遣嫁其國，及元朝所冊，其民女大色九都千萬……有人與烏斯相鄰，部始居此，男婚取於……其境長而狹，右環阿浦河，左帶昂可剌河，伯牙吾之地，南去大都萬有餘里，其俗頗與和林國同，土產名馬、白黑海青。謙州南鄰益蘭州，其居民多漢人，隨入水草畜牧，頗知田作，自謙州至益蘭州等處皆所管也。昂可剌者因水為名，附庸於吉利吉思，去大都二萬五千餘里，晝夜長，日沒時炙羊脅一熟，東方已曙，即唐史所載骨利幹國也。烏斯亦因水為名，在吉利吉思東，謙河之北……

句刑為名在吉利麗思潼東嗛合河之北沐漣連以每歲六月上

巨其地形頻此字以故城也城在烏斯斷東言襄布河之源盖所口小鹿出

野獸多貧其境上而富惟有二山口皆自雪嶺流出去甚大菩

根以為白貲冬月在氷採貂鼠者此稼穡之夏人種也秋成不

居都九數千里家沃衍宜稼穡此地益蘭宣慰者皆見江所北

提漢人居此也益蘭宣慰取回此稼穡之夏人種也秋成初水

一名益蘭州至元長七十數十步詔完劉即於此禮飲河利吉

為州治所先是數斷民事劉即皆以把挪為唐丹勺作為帳甚

乃以鑄工匠解為陶冶農器舟楫土人便之諸杯庫置木傳會

安南郡縣附錄

安南古交趾也陳氏叛服之蹟已見本傳今取其城

邑之可紀者錄于左方

大羅城路漢交趾郡唐置安南都護府宋時郡人李
公蘊立國於此及陳氏立以其屬地置龍興天長

安府

龍興府本多岡鄉陳氏有國置龍興府

天長府本多墨鄉陳氏祖父所生之地建行宮於此
歲一至示不忘本故改曰天長

長安府本華閭洞丁部領所生之地五代末部領
國於此

宣化江路地接特磨道

歸化江路地接雲南

沱江路地接金齒

諒州江路地接左右兩江

北江路在羅城東岸瀘江水分入北江江有六橋

如月江路

南冊江路

大黃江路

烘路

快路

國威州在羅城南〔此以下界雜名州多接雲南廣西界雜名州其實洞也〕

仙州古龍編

古州在比江

富良

司農〔一云揚舍〕

定邊〔一云明媚〕

萬涯〔一云明黃〕

文周〔一云門州〕

七源

思浪

太原〔一云黃源〕

通農

羅順〔一云來冲〕

梁舍〔一云梁个〕

平源

光州〔一云明蘇〕

渭龍〔一云乙舍〕

道黃〔即平林場〕

武寧〔此以下縣接雲南廣西界雜名縣其實洞也〕

萬載

丘溫

新立

恍縣　紙縣　歷縣

烏延

古勇　供縣　窟縣

　　　關橋　上坡

門縣

清化府路漢九真隋唐為愛州其屬邑更巇曰江曰場曰甲曰社

梁江

波龍江　古農江　宋舍江　茶江

安遑江　分場古文場　古藤甲　攴明甲

古弘甲　古戰甲　綠甲

乂安府路漢日南隋唐為驩州

倍江

惡江　偈江　尚路社

唐舍社

張舍社

演州路本日南屬縣曰扶演安仁唐改演州

孝江

多壁場

巨賴社　他衰社

布政府路本日南郡象林縣東濱海西際真蠟南接

扶南北連九德東漢末區連殺象林令自立國稱林

邑唐時有環王者徙國于占曰占城今布政乃林邑

故地

自安南大羅城至燕京約二百一十五驛計七千七

百餘里

邊氓服後

占城
淥淮　　王琴　蒲伽

稳婆邏　撩

道覽

翰林學士亞中大夫知　制誥兼修　國史臣宋濂　翰林待制文林郎兼　國史院編修官臣王褘等奉
勅修

河渠一

水為中國患尚矣知其所以為患則知其所以
因其患之不可測而能先事而為之備或後事而有
其功斯可謂善治水而能通其利者也昔者禹堙洪
水疏九河陂九澤以開萬世之利而周禮地官之屬
所載溝洫溝遂之法甚詳當是之時天下蓋無適而
非水利也自先王疆理井田之制壞而後水利之說

興魏史起鑿漳河秦鄭國引涇水漢鄭當時王安
輩或獻議穿漕渠或建策防水決是數君子者皆嘗
試其術而卒有成功太史公河渠一書猶可考自時
厥後凡好事喜功之徒率多為興利之言而其患顧
有不可勝言者矣夫水之性潤下水之性也而欲為之防以
殺其怒則儲水以俻旱暵之災可洩則瀉水以防水潦
可蓄則儲水以俻旱暵之災可洩則瀉水以
之溢則水之患息而於是蓋有無窮之利焉元有天
下內立都水監外設各處河渠司以興舉水利修理
河隄為務決雙塔白浮諸水為通惠河以濟漕運而

京師無轉餉之勞導渾河疏濼水而武清平灤無墊
溺之虞浚治河障滹沱而真定免決嚙之患開會通
河於臨清以通南北之貨疏陝西之
田泄江湖之淫潦立捍海之橫塘而浙右之民得
免於水患當時之善言水利如太史郭守敬等蓋
未嘗無其人焉一代之事功所以為不可泯也今故
著其開修之歲月工役之次第叙其事而分紀之

作河渠志

通惠河

通惠河其源出於白浮甕山諸泉水也世祖至元二
十八年都水監郭守敬奉詔興舉水利因建言疏鑿
通州至都河改引渾水溉田於舊牐河踪跡導清水
上自昌平縣白浮村引神山泉西折南轉過雙塔榆
河一畝玉泉諸水至西門入都城南匯為積水潭東
南出文明門東至通州高麗莊入白河總長一百六
十四里一百四步塞清水口一十二處共長三百
十步壩牐一十處共二十座節水以通漕運誠為便
益從之首事於至元二十九年之春告成於三十年
之秋賜名曰通惠凡役軍一萬九千一百二十九工
匠五百四十二水手三百一十九沒官囚隸百七十

二計二百八十五萬工用楮幣百五十二萬錠糧三萬八千七百石木石等物稱是役興之日命丞相以下皆親操畚鍤為之倡置監之慮徙性於地中得舊時塡未時人為之感服舩既通行公私兩便先時通州至大都五十里陸輦糧歲若千萬民不勝其悴至是皆罷之其壩閘之名曰廣源閘西城閘二上閘子閘在都城内文明門西南一里下閘二里魏村閘在和義門外西北一里上閘在麗正門外水門東南下閘在文明門西南一里魏村閘二上閘在文明門東南一里下閘西至上閘一里籍東閘二在都城

東南王家莊郊亭閘二在都城東南二十五里銀王莊通州閘二上閘在通州西門外下閘在通州南門外楊尹閘二在都城東南三十里朝宗閘二上閘在萬億庫南百歩下閘去上關百歩成宗元貞元年四月中書省臣言新開運河閘宜用軍一千五百以守護巡防往來船内姦究之人從之七月工部言通惠河荊造閘所費不貲雖已成功全籍主守之人上下照略修治令擬設提領三員管領人夫專一巡護降印給奉其西成閘改名會川海子閘改名澄清文明閘仍用舊名魏村閘改名惠和籍東閘改名慶

豐郊亭閘改名通流河門閘改名廣利楊尹閘改名溥濟武宗至大四年六月省臣言通州至大都運糧河閘始務速成故昔用木歲久木朽一旦俱敗然後致力將見不勝其勞今為永固計宜用磚石以次修治之後至泰定四年始修完焉文宗天曆三年三月中書省臣言世祖時開挑通惠河令各枝及諸寺觀權勢私決堤堰澆灌稻田水碾園圃致河淺妨漕事乞禁之奉旨白浮甕山直抵大都運糧隄隱泉水諸人毋挾勢倫決大司農司

水監司嚴禁之

壩河

壩河亦名阜通七壩成宗大德六年三月京畿漕運司言歲漕米百萬全籍舩壩夫力自水開發運至河凍時止計二百四十日運糧四千六百餘石所轄船夫一千三百餘人壩夫七百三十占役俱盡晝夜不息今歲水漲衝決壩隄雖已修畢恐霖雨衝坍走泄運水以此點視河隄淺澀低薄去歲請加修理自五月四日入役六月十二日畢深溝壩九處計一萬五千一百五十三工王村壩二處計七百

應計一萬五千一百五十三工王村壩二處計七百

金水河其源出於宛平縣玉泉山流至義和門南水
門入京城故得金水之名至元二十九年二月中書
右丞馬速忽等言金水河所經運石大河及高良河
西河俱有跨河跳槽令已損壞請新之是年六月興
工明年二月工畢至大四年七月奉旨引金水河水

十三工鄭村壩一處計一千一百二十五工西陽壩
三處計一千二百六十二工郭村壩三處計一千九
百八十七工工千斯壩下一處計一萬工總用工三萬
二百四十

金水河

注之光天殿西花園石山前舊池置牐四以節水閘
七月興工九月成凡役夫匠二十九爲工二千七百
二十三除妨工實役六十五日

隆福宮前河

隆福宮前河其水與太液池通英宗至治二年五月
昔在世祖時金水河濯手有禁令則洗馬者
有之比至秋跡疏禁諸人毋得污穢於是會計修浚
奉勑云
三年四月興工五月工畢凡役軍八百爲工五千六
百三十五

海子岸

海水岸上接龍王堂以石甃其四周海子一名積水
潭週迴西北諸泉之水流行入都城而匯于此汪洋如
海都人因名焉仁宗延祐六年二月都水監計會前
後與元修舊石岸相接凡用石三百五各長四尺闊
二尺五寸厚一尺灰三千斤該三百五十斤丁夫五
十石工十九月五日與工工畢至治三年三
月大都河道提舉司言海子南岸東西道路當兩城
要衝金水河浸潤於其上海子風浪衝嚙於其下且
道狹不時潰陷泥濘車馬艱於往來如以石砌之實
永久之計也泰定元年四月工部應副工物七月興
工八月工畢九月用夫匠二百八十七人

雙塔河

雙塔河源出昌平縣孟村一畝泉經雙塔店而東至
豐善村入榆河至元三年四月六日巡河官言雙塔
河時將泛溢不早爲備恐至潰決臨期卒難措手乃
計會開水口工物開申都水監卽開雙塔河未及堅
久令已及水漲之時尚或決壞走泄水勢悮運船不
便省準制國用司給所需都水監差夫修治焉凡合
閉水口五處用工二千一百五十五

盧溝河

盧溝河其源出於代地名曰小黃河以流濁故也自
聖州界流入宛平縣境至都城四十里東麻谷分
為二派太宗七年歲乙未八月勒近劉冲祿率水
工二百餘人已依期築閉盧溝河元破牙抓口若不
修隄固護恐不時漲水衝壞或貪利之人盜決澆灌
具應差隄調發之其舊有水手人夫內五十人差官
遵制論徒二年決杖七十如遇修築時所用丁夫罷
請令禁之劉冲祿可就主領毋致衝塌溢決激者以
存留不妨已委管領常切巡視體究歲一交番所司
有不應副者罪之

白浮甕山

白浮甕山即通惠河上源之所出也白浮泉水在昌
平縣界西折而南經甕山泊自西水門入都城焉成
宗大德七年六月甕山等處看師提領言自閏五月
二十九日始晝夜雨不止六月九日夜半山水暴漲
漫流隄上衝決水口於是都水監委官督軍夫自九
月二十一日入役至是月終輟工實役軍夫九百九
十三人三十一年三月都水監言白浮甕山河隄
崩三十餘里宜編荊笆為水口以泄水勢計修笆口
十一處四月興工十月工畢仁宗皇慶元年正月都

水監言白浮甕山隄多低薄崩陷隄宜修治來春二
月入役八月修完總修長三十七里二百十五步計
七萬三千七百七十三工延祐元年四月都水監言
自白浮甕山下至廣源師隄隄多淤澱淺塞源泉微
細不能通流擬疏滌由是會計工程差軍千人疏治
泰定四年八月都水監言八月三日至六月霖雨不
止山水泛溢衝壞甕山諸處隄笆口浸沒民田計料工
物移文工部關支修治自八月二十六日興工九月
十三日工畢役軍夫二千名實役九萬工四十五日

渾河

渾河本盧溝水從大興縣流至東安州武清縣入漷
州界至大二年十月渾河水決右都威衛營西大隄
泛溢南流浸右二翸及後衛屯田麥由是左都威
衛言十月五日水決武清縣王甫村隄闊五十餘步
深五尺許水西南漫平地流環圓營倉局水不沒者
無幾恐來春氷消夏雨水作衝決成渠軍民被害或
遷置營司或多差軍民修塞庶免墊溺三年二月十
二日省准下左右翸及後衛大都路委官督工修治
至五月二十日工畢皇慶元年二月十七日東安州
言渾河水溢決黃堝隄一十七所都水監計工物移

文工部二十七日樞密知院塔失帖木兒紀奏左衛言
渾河決隄口二處屯田浸不耕種已發軍五百修治
臣等議治水有司職耳宜令中書省戒所屬用心修治
從之七月省委工部貟外郎張彬言巡視渾河六月
三十日霖雨水漲及丈餘決隄口二百餘步漂民廬
六月十七日左衛言六月十四日渾河決武清縣界舊隄
年三月省議渾河決隄隄沒田禾軍民蒙害旣已奏
家莊隄口差軍七百與東安州民夫協力同修之三
及禾稼乞委官修治發民丁刈雜草興築延祐元年劉
聞差官相視上自石徑山金口下至武清縣界舊隄

長計三百四十八里中間因舊修築者大小四十七
處澱水所害合修補者一十九處無隄卹修者八處
宜疏通者二處計工三十八萬一百役軍夫三萬五
千九十六日可畢如通築則役大難成就令分作三
年爲之省院差官先發軍民夫匠萬人興工以修其
要隄是月二十日樞府奏機軍三千委中衛僉事督
修治之七年五月營田提舉司言去歲十二月二十
一日屯戶巡視廣賦屯比渾河隄二百餘步將崩恐
春首土解水漲浸沒爲患乞修治都水監委濠寨會
營田提舉司官武清縣官督大修完廣武屯北陌薄

隄一處計二千五百工永興屯比隄低薄一處計四
千一百六十六工永興屯比落岱村西衝坦一處計三千七百
三十三工劉邢莊西河東岸至白墳兒計六千五百十八
北王村莊西河東岸至韓村西道口計
六千七百九十三工劉南至寶僧百戶屯
七百二十二泰定四年四月省議三年六月內霖雨
山水暴漲泛沒大興縣諸鄉桑棗田園移文樞府於
南至白墳兒計三萬七千五百三十二工總用工五萬三千
七衛屯田及見有軍內差三千人修治

白河在漷州東四里比出通州潞縣南入于通州境
又東南至香河縣界又流入于武清縣境達于靜海
縣界至元三十年九月漕司言通州運糧河全仰白
榆渾三河之水合流名曰潞河河舟楫之行有年矣令
歲新開師河分引渾榆二河上源之水故
至通州三十餘里河道淺澁令春夏天旱有止深二
尺處糧船不通改用小料船搬載淹延歲月致虧糧
數先是都水監相視白河自東岸吳家庄前就大河
西南斜開小河二里許引榆河合流至深溝壩下以
通漕舟令丈量自深溝榆河上灣至吳家莊龍王廟

前白河西南至壩河八百步及巡視知榆河上源築
閘其水盡趨通惠河止有白佛靈溝一子毋三小河
水入榆河泉脉微不能勝舟擬自吳家莊就龍王廟
前閘白河於西南開小渠引水自壩河上灣入榆河
至深溝村西水渠去樂歲廣儲等倉甚近擬自積水
石站車輓運艱緩由是訪視通州城北通惠河積水
庶可漕運又深溝村開四百步至樂歲倉西北以小料船運載
由舊渠北准馮通惠河自通州城北至樂歲西北水
甚便都省准馮通惠河自通州城北至樂歲西北水
陸共長五百步計役八萬六百五十工大德二年五
月中書省劄付都水監運糧河隄自楊村至河西務
三十五處用葦一萬九千一百四十束軍夫二千六
百四十九名度三十日畢於是本監分官率濬塞至
楊村歷視隄督巡河夫修理以霖雨水溢故工役
陪元料自寺洵口北至蔡村清口孫家務辛莊河西
務隄就用元料葺草修補甲薄荊築月隄頗有成功
其楊村兩岸相對出水河口四處葦草不敷就令軍
夫葆刈至九月住役楊村河上接通惠諸河下通漷
沱入江淮使官民舟楫直達都邑利國便民奈楊村
隄岸隨修隨地盖為用力不固徒煩工役其來修者

候來春水涸土乾調軍夫修治延祐六年十月省臣
言漕運糧儲及南來諸物商賈舟楫皆由直沽達通
惠河今岸崩泥淺不早疏浚有礙舟行必致物價翔湧
都水監職專水利宜分官一員以時巡視遇有頹圮
淺澀隨宜修築如工力不敷有司差夫助役急事者
能通行宜移文都水監疏滌工部議時農作方興兼
直沽汊河口潮汐往來淤泥壅積七十餘處漕運不
一百八十九萬餘石轉漕往返全籍河道通便今小
宛治從之至治元年正月十一日漕司言夏運海糧
民多艱食若不差軍助役民力有所不逮樞密院言
軍人不敷省議若差民丁方今東作之時恐妨歲事
其令大都募民夫三千日給傭鈔一兩糙粳米一升
委正官提調驗日支給令都水監暨漕司官同督其
事四月十一日入役五月十日工畢泰定元年二月
福府臣奏臨清萬戶府言至治元年霖雨決壞運糧
河岸宜差軍修築臣等議誠利益事令本府差軍三百
乾役從之三年三月都水監言河西務菜市灣水勢
衝嚙與倉相近將來為患宜於劉二總管營相對河
東岸截河築隄改水道與舊河合可杜後患四年正
月省臣奏准樞府差軍五十六都路募夫五千八日

支糤米五升中統鈔一兩本監工部委官與前衛董
指揮同監役是年三月十八日興工六月十一日工
畢致和元年六月六日臨清御河萬戶府言泰定四
年八月二日河溢壞營北門隄約五十步漂舊椿木
百餘崩地猶未巳工部議河岸崩摧宜修治既都
水監會計工物各廳支給其役夫三千人若擬差民
方春恐妨農務宜移文樞密院撥軍省准修舊隄岸
三千木匠十人天曆二年三月漕司言元開劉二總
展闊新河口東岸計工五萬九千九百三十七用軍
管營相對河比舊河運擢迁遠乞委官相視復開隄
河便四月九日奏准差軍七千委兵部員外郎鄧儞
都水監丞阿里河漕使太不花等督工修浚後以冬寒
候來興役三年工部移文大都於近甸募民夫三
千日支糙粳米三升中統鈔一兩部改委辛侍郎
盤元委官修關至順元年六月都水監言二十三日
夜白河水驟漲丈餘觀音寺新修護倉隄巳督有司
差夫故護今水落尺餘宜候伏槽興作

御河

御河自大名路魏縣界經元城縣泉源鄉于村渡南
北約十里東北流至包家渡下接管陶縣界三口御

河上從交河縣下入清池縣界永濟河在清池縣
西三十里自南皮縣來入清州今呼為御河也至元
三年七月六日都水監言運河二千餘里漕公私物
貨為利甚大自兵興以來失於修治清州之南景州
以北隄關口三十餘處淤塞河流十五里又癸巳
年朝廷役夫四千修築浚淤乃復行舟淺以
年無官主領滄州地分水面高於平地全籍隄防
護其園圃之家掘隄作井隄取土漸至丈餘或二丈引水以
溉蔬花後有瀕河人民就隄作井深至丈餘走淺水
勢不惟淤行舟妨運糧或致漂民居沒禾稼其長蘆
以比索家馬頭之南水內暗藏椿撅破舟船壞糧物
部議以濱河州縣佐貳之官兼河防事於各地分巡
視如有關破即率報修治拔去椿撅仍禁園圃之家
毋穿隄作井裁樹取土都省准議七年省臣言御河
水泛武清縣計疏浚役夫一十二工八十日可畢從之
至大元年六月二十九日左翼屯田萬戶府呈五月
十八日申時水決會川縣孫家口岸約二十餘步南
流灌本管屯田巳後支河間路武清縣清州有司多
發丁夫管領修治由是樞密院撥河閒路左翊屯田
萬戶府差軍併工築塞十月大名路澶州言七月十

一日連兩至十七日清石二河水溢李家道東南橫

流詢社長高良董稱水源自衛輝路汲縣東北連本

州淇門西舊黑蕩泊溢流出岸漫黃河古隄東北流

入本州齊賈泊復入御河漂及門民舍竊計今歲水

勢逆行乃下流漳水漲溢過絕不能通以致若此實

非人力可勝又西關水手佐聚稱七月十二日復添四尺其水逆流明是

御河水驟漲三尺十八日

下流漲水壅逆擬差官巡治延祐三年七月滄州言

清池縣民告往年景州吳縣諸處御河水溢衝決隄

岸萬戶千奴為恐傷淇田差軍築塞舊淺水郎兒

口故水無所洩浸民廬及已熟田數萬頃乞遣官疏

關引水入海及七月四日決吳橋縣柳斜口東岸三

十餘步千戶移僧又遣軍閉塞郎兒口水壅不得洩

必致漂蕩張管許河孟村三十餘村黍穀廬舍故本

州摘官相視移文約會開閉關不從四年五月都水監

遣官與河間路官相視元塞郎兒口東西長二十五

步南北闊二十尺及隄南高一丈四尺北高二丈餘

復按視郎兒口下流故河至滄州約三十餘里上下

古跡寬闊乃減水故道名曰盤河今為開闊郎兒口

增濬故河決積水由滄州城北達滹沱河以入于海

泰定元年九月都水監遣官督丁夫五千八百九十

八人是月二十八日興工十月二日工畢

潿河

潿河源出金蓮川中由松亭北經遷安東平州西頬

潿州入海也王魯北行錄云自偏槍嶺四十里過烏

潿河東有潿州因河為名至元二十八年八月省臣

奏姚演言奉勅疏濬潿河漕運上都乞應來歲所用漕船五百艘水手

露困工匠什物仍預備

一萬牽船夫二萬四千臣等集議近歲東南荒歉民

力凋弊造舟調夫其事非輕一時並行必致重困請

先造舟十艘量撥水手試行之如果便續增益制可

其奏先以五十艘行之仍選能人同事大德五年八

月十三日平潿路言六月九日霖兩至十五日夜潿

河與肥洳三河並溢衝坍城東西二廂舊護城隄東

西南三面城牆橫流入城漂郎外三關瀨河及在城東

官民屋廬糧物浸田苗溺人畜死者甚衆而兩猶不

止至二十四日夜潿漆洳洳諸河水復漲入城餘屋

漂蕩殆盡乃委吏部馬貟同都水監官修之東西

二隄計用工三十一萬一千五十鈄八千八百七十

十五兩糙粳米三千一百一十石五斗樁木等價鈔

二百七十四錠二十六兩四錢延祐四年六月十六
日上都留守司言正月一日城南御河西北岸為水
衝嚙漸至頹地若不修治恐来春水泛漲漂沒民居
又開平縣言四月二十六日霖雨至二十八日夜東
關灤河水漲衝損北岸宜擬修築本司議即日仲夏
霖雨其水復溢必大為害乃委官督夫匠興役開平
發民夫幼小不任役請調軍供作庶可速成五月二
十一日留守司言灤河水漲決隄計修築用軍六百
宜令樞密院差調官給其食制曰令維其時移丈樞
密院發軍速為之虎賁司發軍三百治馬泰定二年

〈元□全志卷十六〉 七

三月十三日求平路屯田總管府言國家經費咸出
於民民之所生無過農作本屯闢田收糧以供億内
府之用不為不重訪馬城東北五里許張家莊龍灣
頭在昔有司差夫築隄以防灤水西南連清水河至
公安橋皆本屯地分去歲霖雨水溢衝盪皆盡浸死
屯民田苗終歲無收方令農隙若不預修必致為害
工部移文都水監差夫濬築渰泊本屯官及灤州官親詣
相視督令有司差夫補築三年五月十日上都留守
司及本路總管府言巡視大西關南馬市口灤河迤
比隄侵嚙漸崩不預治恐夏霖雨水泛貽害居民於

是送都城所丈量計用物修治工部移文上都分部
施行七月二日右丞相塔失帖木兒苫思奏幹耳采思
住冬營盤為灤河走凌河水衝壞將築護水隄宜令
樞密院發軍千二百人以供役從之樞密院請遣軍
千二百人

河間河

河間河在河間路界泰定三年三月都水監言河間
路水患古㑛河自北門外始依舊疏通至大成縣界
以洩上源水勢引入鹽河古陳玉帶河自軍司口浚
治至雄州歸信縣界以導淀濼積潦注之易河黃龍

〈元□全志卷十六〉 十八

港自鎖井口開鑿至文安縣玳瑁口以通濼水經火
燒淀轉流入海計河宜疏者三十處總役夫三萬三
十日可畢是月省臣泰准遣斷事官定住同元委都
水孫監丞泊本處有司官於旁近州縣發丁夫三萬
日給釧一兩米一升先詣古陳玉帶河尋以歲旱民
饑役興人勞罷候年登為之

冶河

冶河在真定路平山縣西門外經井陘縣流来本縣
東北十里入滹沱河元貞元年正月十八日丞相完
澤荅言往年先帝嘗命開真定冶河已發丁夫入役

適值先帝昇遐以聚衆罷之今請導舊制俾卒其事
從之皇慶元年七月二日真定路言龍花判官莊諸
處壞隄計工物申請省委都水監及本路官自平山
縣西北歷視滹沱冶河合流急注真定路城西南關由是
隄下修龍塘隄東南至水碾村改引河內改修滾水石
再議照冶河故道一里上至平山縣西北改引河道一里蒲吾
橋西改關河道一里至水勢擬開減水月河二道可久
疏其淤澱築隄分其上源入舊河以殺其勢後有程
同程照章二石橋阻咽水勢擬開減水月河二道可久
且便下藥城縣南視趙州寧晉縣諸河北之下源

地形低下恐水泛經藥城趙州壞石橋阻河流為害
由是議定之患省准於聖母堂東冶河東岸開減水河
可去真定之患省准於二年二月都水監委官與本
路及廉訪司官同詣平山縣相視會計修治總計冶
河始自平山縣北開西龍神廟北獨石通長五千八
百六十步共役夫五千為工二十八萬八百七無風雨妨
工三十六日可畢

滹沱河

滹沱河源出於西山在真定路真定縣南一里經藁
城縣北一里經平山縣北十里袁宇記載經靈壽縣

西南二十里此河連貫真定諸郡經流去處皆曰滹
沱水也延祐七年十一月真定路言真定縣城南滹
沱河北決隄寢近城每歲修築聞其源本微與冶河
不相通後二水合於其勢遂猛屢壞金大隄為患本路
達魯花赤哈散於至元三十年大元年七月水漂南關
一流滹沱河水十退三四至大元年七月水漂南關
草二百餘萬官給夫糧倩傭直百餘萬錠及延祐元
患略舉大德十年至皇慶元年凡次修隄用捲掃葦
百餘家淤塞冶河口其水復滹河自後歲有潰決之
年三月至五月修隄二百七十餘步其明堂判官勉

村三處就用橋木為橋徵夫五百餘人執役月餘不
能畢近年米價翔貴民匱於食有丁者正身應役單
丁者必須募人日傭直不下三五貫前工未畢後
役送至七月八日又衝塌李玉飛菩莊及木方胡
營寺村三處隄隄長一千二百四十步申請委官相視
差夫築月隄延祐二年本路前總管馬思忽嘗關治
河已復湮塞令歲霖雨水溢北岸數處漫浸田禾其
河元經康家莊村南流不記歲月徙於村北數年修
築皆於隄取土故南高北低水愈就下侵嚙西至
木方村東王護城隄數約二千餘步比來春必須修

治用槁梢築土隄亦非永久之計若濠木方村南舊
湮祐河引水南流循隄閉北岸河口於南岸取土築隄
下至合頭村北與本河合如此去城稍遠庶可無患
都水監差官相視截河築隄閉千餘步新開古岸止
二十日興工役夫五千爲工十六萬七百一十九
各州縣上中戶價錢及食米於官錢內支給限二月
若令責辦民間緣令歲旱澇相仍民食匱乏擬均料
薄處比元料增夫力葦草捲掃補築濠沱河北岸防水隄十處
閼六十步恐不能制禦河築隄閼千餘步計置葦草丁夫
三十二日可畢總計補築濠沱河北岸防水隄十處

長一千九百一十步高闊不一計三百四十萬七千
七百五十尺用推掃梯二十五每掃用大標三小標
三計大小標一百五十草三十五萬八百束葦二十
八萬六百四十束梢柴七千二百束至治元年三月

真定路言真定濠沱河每遇水泛衝隄岸浸民
田巳差募丁夫修築與廉訪司官相視講究如將木
方村南舊埋河道疏關導水東南行循閼北岸卻於
河南取土修築至合頭村合入本河似望可以民安
都水監與真定路官相視議夫治水者行其所無事
蓋以順其性也埤閘濠沱河口截河築隄一千餘步

開掘故河老岸閼六十步長三十餘里改水東南行
流霖雨之時水拍兩岸截河隄隄阻逆水性新開故
河止閼六十步焉能吞授千步之勢上啴下滯必致
潰決徒廢官錢空勞民力若順其自然將河北岸舊
隄比之元料增添工物如法捲掃堅固修築誠爲官
民便益省准補築濠沱河北岸緩水隄一十處通長
一千九百一十步役夫五百名計一十六萬七千三
十九工泰定四年八月七日省臣奏真定路言濠沱
河水連年泛溢爲害都水監廉訪司真定路及瀕河
州縣官泊耆老會議其源自五臺諸山來至平山縣

王母村山口下與平定州娘子廟石泉冶河合夏秋
霖雨水漲瀰漫城郭每年勞民築隄莫能除害宜自
王子村辛安村鑿河長四里餘接魯家灣舊澗復開
二百餘步合入冶河以分殺其勢又木方村濠沱河
南岸故道疏滌三十里北岸下椿捲掃築隄捍水令
東流今歲儲材九月興役期十一月功成所用石鐵
石灰諸物夫匠工糧官爲供給力省功多可求無害
工部議若從所請二河並治役大民勞擬先開冶河
其真定路徵民夫如不敷可於鄰郡順德路差募人
夫日給中統鈔一兩五錢如侵礙民田官酬其直中

書省都水監差官專知水利濠寨督本路及當該州
縣用工廉訪司委力咸就潭河近後再議從之九月
委都水監官洎本道廉訪司真定路同監督有司併
工修治後真定路言閏九月五日為始興工間擾趙
州臨城諸縣申天寒地凍難於用工候春暖開闊便
已於十月七日放散人民部議人夫既散宜准所擬
九已給夫鈔二萬六千八百三十二錠地價錢六百
三十錠

會通河

會通河起東昌路須城縣安山之西南由壽張西北

元史志卷六十六

至東昌又西北至于臨清以逾千御河至元二十六
年壽張縣尹韓仲暉太史院令史邊源相繼言開
河置閘引汶水達舟于御河以便公私漕販省遣
副馬之貞與源等視地勢商度工用於是圖上可
開之狀詔出楮幣一百五十萬緡米四百石鹽五萬
斤以為備直僱器用徵旁郡丁夫三萬驛遣斷事官
忙速兒禮部尚書張孔孫兵部尚書李處巽等董其
役首事於是年正月已亥起於須城安山之西南止
於臨清之御河其長二百五十餘里中建閘三十有
一度高低分遠邇以節蓄洩六月辛亥成凡役工二

百五十一萬七百四十有八賜名曰會通河二十七
年省以馬之貞言霖雨兩岸崩河道淤淺宜加修濬奏
撥放罷輸運站戶三千專供其役仍俾採伐木石等
以克用是後歲委都水監官一員佩分監印率令史
泰差濠寨官往職巡視且督工易師以石而視所損
緩急為後先至泰定二年始克畢事會通鎮師三土
壩二在臨清縣北頭師長一百尺闊八十尺兩直身
各長四十尺兩鷹翅各斜長三十尺高二丈師空闊
二丈自至元三十年正月一日興工九月師

元史志卷六十六

六十至十月二十九日工畢中師南至陸船師三
里元貞二年七月二十三日興工至大德二年三月
十三日工畢夫匠四百四十三長廣與上師同臨船
南至李子海務師一百五十二里延祐元年八月十五
日興工九月二十五日工畢夫匠五百師空闊九尺
長廣同上土壩二李海務師南至周家店師十二
里元貞二年二月二日興工五月二十日工畢夫匠
五百二十七名長廣與會通鎮師同周家店師南至
七級師一百十二里大德四年正月二十一日興工八
月二十日工畢夫匠四百四十二長廣與上同七級
師二北師南至南師三里大德元年五月一日興工

十月六日工畢夫匠四百四十三名長廣如　周家店
師南師南至阿城師一十二里元貞二年正月二十
日興工十月五日工畢夫匠四百五十名長廣同北
師阿城師二北師南至南師三里大德三年三月五
日興工七月二十八日工畢夫匠四百四十一名長
廣上同荆門師二北師南至荆門師二里半大
二十五日興工十月二十五日工畢大德二年正月
廣上同南師南至壽張師六十五里
德三年六月初一日興工至十月二十五日工畢役
夫三百一十名長廣同南師南至壽張師六
十五里

大德六年正月二十三日興工六月二十九日工畢
長廣同北師壽張師南至安山師八里至元三十一
年正月一日興工五月二十日工畢安山師南至開
河師八十五里至元二十六年建開河師南至濟州
師一百二十四里濟州三上師南至中師三里大
德五年三月十二日興工七月二十八日工畢中師
南至下師二里至治元年三月一日興工六月六日
工畢下師南至趙村師六里大德七年二月十三日
興工五月二十一日工畢趙村師南至石佛師七里
泰定四年二月十八日興工五月二十日工畢石佛

師南至辛店師一十三里延祐六年二月十日興工
四月二十九日工畢辛店師南至師家店二十四
里大德元年正月二十七日興工四月一日工畢師
家店師南至棗林師一十五里大德二年二月三日
興工五月二十三日工畢棗林師南至孟陽泊師一
十五里延祐五年二月四日興工五月二十二日
日興工五月十七日工畢金溝師南至臨船師一十
畢孟陽泊師南至金溝師九十里大德八年正月四
二里大德十年閏正月二十五日興工四月二十三
工畢沾頭師二北陷船師南至下師二里延祐二年

二月六日興工五月十五日工畢南師南至徐州一
百二十里大德十一年二月十四日工畢
三汊口師入鹽河南至土山師一十八里泰定二年
正月十九日興工四月十三日工畢土山師南至三
汊口師二十五里入鹽河兗州師堌城師延祐元年
二月二十日省臣言江南行省起運諸物皆由會通
河以達于都爲其河淺澀大船克塞於其中阻礙餘
船不得來往每歲省臺差人巡視其所差官言始開
河時止許行百五十料船近年權勢之人并富商大
賈貪嗜貨利造三四百料或五百料船於此河行駕

沽頭諸廠地形高峻，旱則水淺舟澀，省部已准置二以致阻滯官民舟楫。如於沽頭置小石壩一，止許行一百五十料舡便。臣等議宜依所言。中書省及都水監差官於沽頭置小壩一，及於臨清相視宜置壩廠，亦置小壩一，禁約二百料之上船不許入河行，還從之。至治三年四月十日，都水分監言，會通河沛縣東金溝滾水壩，近延祐二年沽頭壩上增置隄壩一以限巨舟。每經霖雨則三壩月河截河土隄盡爲衝決。自秋摘夫刈薪至冬水落，或來歲春首修治，工夫浩大，動用丁夫千百，束薪十萬之餘，數月方完，勞費萬倍。

又況延祐六年雨多水溢，月河土隄及石壩鴈翅日被衝嚙，土石相離深及數丈，其工倍多至今未完。令若運金溝、沽頭并陸壩三廠見有石，於沽頭月河內修陸壩一所，更將陸壩沽頭則閉陸壩而啓正壩行舟。如此河內水大則大壩上開陸壩沽頭則大壩……歲省修治之費，亦可免丁夫冬寒入水之苦，誠爲一勞永逸。移文工部，令委官與有司同議，於是差濬寨約會濟寧路官相視，就問金溝壩提領周德興言，每歲夏秋霖雨衝失壩隄，必候水落役夫探薪修治不

下三兩月方畢，冬寒水作苦，不勝言。會驗監察御史言，延祐初元省臣亦嘗請置陸壩以限巨舟。臣等議，其言當，請從之。於是議梭板等船乃御河、江淮可行之物，宜遣出任其所之。於金溝、沽頭兩壩中置陸壩二，各闊一丈，以限大船。若欲於通惠、會通河運者，止許一百五十料。其權勢紅頭花船，一體不許來往，准擬拆移沽頭，置於金溝大壩之南，仍作運環壩，其間空地北作滾水石壩，水漲即開大小三壩，水落即鎖閉大壩，止於隄壩通舟。果有小料船及官用巨物，許申票上司權

開大壩，仍添金溝壩板，積水以便行舟。其沽頭截河土壩依例改修石壩，盡除舊有土壩三道。金溝月河內翔建滾水石壩，長一百七十尺，高一丈，闊一丈。沽頭壩自河內修截河壩一道，長一百八十尺，底闊二丈，上闊一丈，高一丈。泰定四年四月，御史臺臣言，巡視河道，自通州至真、揚，會集都水分監及瀕河州縣官民，詢考自古立國利病，不出兩端，一曰經行甲……自古立國利病……一曰漕運，皆有成式。自世祖屈群策，濟萬民，疏河渠，引清、濟、汶、泗，立壩節水，以通燕薊江淮舟楫，疏河萬里，振古所無。後人篤守成規，苟能舉其廢墜

《元史志卷十六》　九

而已實萬世無窮之利也蓋水性流變不常久廢不
修舊規漸有壞雖有智者不能善後以故詳歷考酌
古准今參會眾議報有管見倘蒙采錄責任水監謹
守勿失能事畢矣不能善不窮利病之源頻蒙歲差人具文巡
視使爲煩擾無益於事都水監元立南北臨牐各閞
九尺二百料下船梁八尺五寸可以入牐愚民嗜利
甚至百尺皆五六百料入至牐内不能回轉動輒淺
無厭爲臨牐所限改造減舷添倉船至八九十尺
閞阻礙餘舟盖緣臨牐之法不能限其長短今甲職
至真州問得造船作頭稱過牐船梁八尺五寸船該

長六丈五尺計二百料由是參詳宜於臨牐下岸立
石則遇船入牐必須驗量長不過則然後放入違者
罪之牐内舊有長船立限遣出省下都水監委濟寨
官約令濟寧路委官同歷視議擬臨牐下約八十步
河北立二石則中間相離六十五尺如舟至彼驗量
如式方許入牐有長者罪遣退之又與東昌路官親
詣議擬於元立臨牐西約一里依已定丈尺置石則
驗量行舟有不依元料者罪之天曆三年三月詔諭
中外都水監言世祖費國家財用開闢會通河以通
漕運往來使臣下番百姓及隨從使臣各枝幹脱權

《元史志卷十六》　三十

勢之人到牐不候水則恃勢捶撻肴牐人等頻頻啓
放又漕運糧船凡遇水淺於河内築土壩積水以漸
行舟以故壞糧船命後諸王駙馬各枝往來
使臣及幹脱權勢之人下番使臣等并運官糧船如
到牐依舊定例閉若似前不候水則恃勢捶拷守
牐人等勒令啓牐及河内用土築壩壞牐之人治其
罪如守牐之人恃有聖旨合啓牐時故意遲延阻帶
使臣客旅欺要錢物乃不畏常憲也仍令監察御史
廉訪司常加體察

兗州牐

兗州牐已見前至元二十七年四月都漕運副使馬
之貞言准山東東西道宣慰使司牒文相視兗州牐
隱事先於至元十二年蒙丞相伯顏訪問自江淮達
大都河道之貞乃言宋金以來汶泗河道郭都
水按視可以通漕於二十年中書省奏准委兵部李
尚書等開鑿擬修石牐十四二十一年省委之貞與
尚監察等同相視擬修石牐八石堰二除已修畢外
有石牐一石堰一堰城石堰一至今未修撥濟州以
南徐邳沿河撞道橋梁二十三年添立邳州水站移
文沿河州縣修治已完二十三年調之貞充漕運副

使委管牌堰放綱船沿河堰道元無崩損去處在前
年例當麻麥盛時差官修理擡道督責地主割刈麻
麥并滕州開決稻隄泗源磨隄差人於呂梁百步等
供及濟州牌監督江淮綱運船隻過供出牌不令阻
滯客旅苟取錢物據新開會通河并濟州汶泗相通
非自然是流河道於兗州立牌隄約泗水西流堰城
啟閉通放汶水入河南會于濟州以六牌樽節水勢
州近去歲四月江淮都漕運使司言本司糧運經濟
河至東阿交割前者濟州運司不時移文瀨河官司

修治擡道若有緩急慮所正官取招呈省路經歷縣達
曾花赤以下就便斷罪今濟州漕司革罷其河道撥
屬都漕運司管領本司糧運未到東阿凡有阻滯並
是本司遞連南河道從此無人管領不時水勢泛
親臨監視其押綱船戶各無統攝爭要水勢及攪越過
滋隄岸摧塌溢漲河道又濟州牌前濟州運司正官
牌互相毆打以致損壞船隻淹沒官糧擬將東阿河
道擬付江淮都漕運司提調管領庶幾不誤糧運都
省准焉又淮江淮都漕運司副使言除委官看管牌

隄外擡汶泗河堰城二牌一隄泗河兗州泗牌隄濟州城
南牌乃會通河上源之喉衿去歲流水衝壞堰城汶
河土堰兗州泗河土隄必須移文兗州泰安州差夫
修閉又被漲水衝破梁山一帶隄隄走淺水勢通入
舊河以致新河水小澁屬江淮漕運司監牌官并泰安兗州
領若已後新河水小直下濟州監牌官并泰安兗州
東平路修閉上流撥兗州石牌一所石隄一
東平修理擡兗州石牌一所
道合用材物已行措置完備必須修理雖初經之貞
相視會計即令不隸管領乞移文江淮漕司修治其

泰安州堰城安梁山一帶隄岸濟州牌等處雖是撥
屬江淮漕司令後倘若水漲衝壞隄堰亦乞照會東
平濟安泰安如承文字亦仰奉行又東阿須城界安
山牌為糧船不由舊河來柱江淮所委監牌官已去
目令無人看管必須之貞修理以此權委人守焉

元史志卷第十六

翰林學士承旨中大夫知制誥兼修國史臣歐陽玄待制臣解□制誥臣歐陽玄國史院總裁官臣王禕等奉

河渠二

黃河

河渠二

黃河

黃河之水其源遠而高其流大而疾其為患於中國
者莫甚焉前史載河決之患詳矣世祖至元九年七
月衛輝路新鄉縣廣盈倉南河北岸決五十餘步八
月又崩一百八十三步其勢未已去倉止三十餘步於
是委都水監丞馬良弼與本路官同詣相視差丁夫

〈元史志卷七上〉　一

併力脩完之二十五年汴梁路陽武縣諸處河決二
十二所漂蕩麥禾廬舍委宣慰司督本路差夫脩治
成宗大德三年五月河南省言河決蒲口兒等處浸
歸德府數郡百姓被災差官脩築計料合脩七隄二
十五處共長三萬九千九十二步總用葦四十萬四
千束徑尺椿二萬四千七百二十株役夫七千九百
二人武宗至大三年十一月河北河南道廉訪司言
黃河決溢千里蒙害浸城郭漂室廬壞禾稼百姓已
罹其毒然後訪求脩治之方而且眾議紛紜互陳利
害當事者疑惑不決必須上請朝省比至議定其害

〈元史志卷七上〉　二

滋大所謂不預已然之弊大抵黃河伏槽之時水勢
似緩觀之不足為害一遇霖潦湍浪迅猛自孟津以
東土性疏薄葦帶沙滷又失導洩之方崩潰決溢可
翹足而待近歲毫潁之民幸河北徙有年往歲歸德
失於規劃使陂濼悉為陸地東至杞縣三汊口播河
為三分殺其勢蓋亦有年往歲歸德大康建言相次
湮塞南北二汊遂使三河之水合而為一下流既不
遍暢自然上溢為災由是觀之是自奪分洩之利故
其上下決溢至今莫即今水勢趨下有復鉅野梁
山之意蓋河性遷徙無常苟不為遠計預防不出數

年曹濮濟鄆蒙害必矣今之所謂治水者徒爾議論
紛紜咸無良策水監之官既非精選知河之利害者
百無一二雖每年累驛而至名為巡河徒應故事問
地形之高下則懵不知訪水勢之利病則非所習既
無實才又不經練乃或妄興事端勞民動眾阻逆水
性翱為後患為今之計莫若於汴梁置都水監妙
選廉幹深知水利之人專職其任量存員數頻為巡
視廉幹既專則事功可立較之河已決溢民已被害然
職掌其防護可疏者疏之可埋者埋之可防者防之
後鹵莽脩治以勞民者烏可同日而語尤於是省令

《元史志卷七上 三》

都水監議檢照大德十年正月省臣奏準昨都水監陞正三品添官二員鑄分監印巡視御河修治疏淺澀禁民船越次亂行者令擬就令分監提點修治本監議黃河泛漲止是一事難與御河公事況黃河已有若該有司正官提調自今莫若分監官吏以十月往運分監守治爲此先爲御河添官降印薰提點黃河拘該有司官巡視缺破會計工物督治比年終以來與各處處官司巡視缺破一一交割然後代還庶不相誤工春分監新官至則一一交割從逼近汴梁幾至浸没本處部照大德九年黃河決徒逼近汴梁幾至浸没本處

官司權宜開閉董盆口分入巴河以殺其勢遂使正河水緩併越支流緣巴河舊臨不足吞伏明年急遣蕭都水等閉塞而其勢愈大卒無成功致連年爲害南至歸德諸處比至濟寧地分至令不息本部議黃河爲害難同餘水欲爲經遠之計非用通古今水利之人專任其事終無補益河南憲司所言詳悉令都水監別無他見止依舊例議擬未當如量設官精選廉幹奉公深知地形水勢者專任河防之職徃來巡視以時疏塞庶可除害省准令都水分監官專治河患任淺交代仁宗延祐元年八月河南等處行中

《元史志卷七上 四》

書省言黃河涸露舊水泊汙池多爲勢家所據忽遇泛溢水無所歸遂致爲害由此觀之非河犯人人自犯之擬差知水利都水監官與行省廉訪司同相可以疏闢堤障比至泛溢先加修治用力少而成功多又汴梁路睢州諸處決破河口數十內開封縣小黃村計會月隄一道都水監分監修築隄隄所擬小官及州縣正官親歷按驗從長講議由是委太常丞不一宜委請行省官與本道憲司沿河相視郭奉政前都水監丞邊承務都水監卿朵兒只河南行省石右丞本道廉訪副使並水赤汴梁路判官張承

直上自河陰下至陳州與拘該州縣官一同沿河相視開封縣下小黃村河口測量比舊淺減六尺陳留通許太康舊有蒲葦之地後因閉塞西河塔河諸水口以便種蒔故他處連年潰決各官公議治水之道惟當順其性之自然當開大河自陽武胙城由白馬河間東北入海歷年既久遷迤不常每歲霖潦兩岸時有衝決強爲隄墅正及農忙科樁梢發丁夫數萬所費不可㸦其弊多端郡縣敷民不聊生蓋黃河善遷徙且順下疏泄令相視上自河陰下抵歸德經夏水漲甚於常年以小黃口分洩之故並無

衝決此其明驗也詳視陳州最為低窪瀕河之地今
歲麥禾不收民饑特甚欲為拯救奈下流無可疏之
處若將小黃村河口閉塞必移患隣郡決上流南岸
則許梁被害決此岸北則山東可憂事難兩全當
遺小就大如免陳村河決勘賑賑其饑民陳留通許太康
縣被災之家依前取勘賑恤其小黃村河口仍舊通
流外攅修築月隄并障水隄閉河口別難擬議於是
九汴梁所轄州縣河隄或已修治及當踈通與補築
者條列具備至五年正月河北河南道廉訪副使奧
屯言近年河決杞縣小黃村口滔滔南流莫能禦遏

陳潁瀕河膏腴之地浸没百姓流散今水迫汴城遠
無數里儻值霖雨水溢倉卒何以防禦方今農隙宜
為講究使水歸故道達于江淮不惟陳潁之民得逐
其生竊恐將來浸灌汴城其害匪輕於是大司農司
下都水監移文汴梁分監修治自六年二月十一日
興工至三月九日工畢總計比至㮣疏疱兩舊堤南
至窐務許堤通長二十里二百四十三步㮣修護城
隄一道長七千四百十三步下地修隄下廣二十步外
步上廣四步高一丈六十尺為一工隄東二十步
取土內河溝七處深淺高下濶狹不一計工二十五

萬三千六百八十用夫八千四百五十三除風兩妨
工三十日畢內流水河溝南北濶二十步水深五尺
河內修隄底濶二十四步上廣八步高一丈五尺積
十二萬尺取土稍遠四十尺為一工計三萬工用夫
百人每步用大樁二計四十各長一丈二尺徑四
寸每步雜草千束計二萬每步簽樁四計八十各長八
尺徑四寸水手二十人木匠二大船二艘梯鑺一副繩
索畢俻七年七月汴梁路言滎澤縣六月十一日河
決塔海莊東隄十步餘橫隄兩重又缺數處二十三
日夜開封縣蘇村及七里寺復決二處本省平章站

馬赤親率本路及都水監官并工修築於至治元年
正月興工修隄岸四十六處該役一百二十五萬六
千四百九十四工九用夫三萬一千四百一十三人
文宗至順元年六月曹州濟陰縣河防官本縣尹郝
承務言六月五日魏家道口黃河舊隄東西長三百九步
築以此差募民夫桃修護水月隄將決不可修
下闕六步高一丈又緣水勢瀚漫復於近此築月隄
東西長一千餘步下廣九步其功未竟至二十一日
水忽泛溢新舊三隄一時咸決明日外隄復壞急率
民閉塞而湍流迅猛有蛇時出没於中所下樁土一

掃無遺又舊隄歲久多有缺壞差夫併工築成二十
餘步其魏家道口缺隄東西五百餘步深二丈餘外
隄缺口東西長四百餘步又磨子口護水隄低薄不
足禦水東西長一千五百步又魏家道口卒未易脩先
差夫補築磨子口七月十六日興工二十八日畢郡
百七十餘步計料隄外貼築五步增高一丈二尺與
二十二日按視至朱從馬頭西舊隄缺壞東西長一
舊隄等上廣二步於磨子口脩隄夫內摘差三百一
十八於是月二十三日入役至閏七月四日工畢郡
承務又言魏家道口塼堌等村缺破隄隄下椿上

衝洗不存若復閉築緣缺隄周回皆泥淖人不可居
蕪無取土之處又沛郡安樂等保去歲旱災令復水
澇漂禾稼壞室廬民皆缺食難於差債其不絕水害
村保民人先已遍差補築黃家橋磨子口諸處隄隄
似難重役如俟秋涼水退債夫脩理廢蘇民力令衝
破新舊隄七處共長一萬二千二百二十八步廣
十二步上廣四步高一丈二尺計用夫六千三百
人椿九百九十箇籍一千三百二草一萬六千五
東六十尺為一工無風雨妨工度五十可畢本縣
準言至八月三十日為一工差夫二千四百二十關請郝承

務督役郝承務又言九月三日興工脩築至十八日
大風十九日雨二十四日復雨緣此辛馬頭孫家道
口隄水隄隄又壞計工役倍於元數移文本縣添差
二千人同築二十六日元興成定陶二縣分築家魏
家道口八百二十步脩隄一道西北東
道口從實丈量元缺隄南北闊一百一十步內水地
五十步深至七日完又於本處捌築月隄依元料用椿
箇補築至二丈淺者不下八九尺依元料堌頭魏
南斜長一千六百二十七步內築一千
五十步實築一千四百七十七步外有元料堌頭魏

家道口外隄未築即欲興工緣冬寒土凍擬候来春
併工脩理官民兩便

濟州河

濟州河者新開以通漕運也世祖至元十七年七月
耿祭政阿里尚書奏爲姻演言開河事令阿合馬與
耆舊臣集議以鈔萬錠爲傭直仍給粮食世祖從之
十八年九月中書丞相火魯火孫等奏姚總管等言
請免都淄萊寧海三州一歲賦入折傭直以爲開
河之用平章阿合馬與諸老臣議以爲一歲民賦雖
多較之官給傭直行之甚便遂從之十月火魯火孫

等奏阿八失所開河經濟州而其地又有一河傍有
民田開之甚便臣等議若開此河阿八失所管一方
屯田宜移之他處不阻水勢宜移之十二月差
與魯赤劉都水及精筭數者一人給宣差印往濟州
定開河夫役令大名衛州新附軍亦助工三十一
年御史臺言膠萊海道淺澁不能行舟速官王遂帖
木兒奏阿八失所開河省遣牙亦速失來謂漕船泛
河則失少泛海既而漕臣囊加觧萬戶孫偉
又言漕海舟疾且便右丞麥术丁又奏幹奴兀奴觧

《元史志卷十七上》　九

凡三移文言阿八失所開河益少損多不便轉漕水
手軍人二萬舟千艘見閑不用如得之可歲漕百萬
石昨奉旨候忙古觧來共議海道便則阿八失河可
廢令忙古觧已自海道運粮回有一二南人自願運
粮萬石巳許之襄加觧孫萬戶後請用軍驗試海運
省院官曁衆議阿八失河所用水手五千軍五千船
千艘昇揚州省教習漕運令擬以此水手軍人就用
平灤船從利津海漕運世祖從之阿八失所開河遂
廢

滏河

滏河者引滏水以通洺州城濠者也至元五年十月

洺磁路言洺州城中井泉醎苦居民食用多作疾且
死者衆請疏滌舊渠置壩牐引滏水分灌洺州城濠
以濟民用計會河渠東西長九百步闊六尺深三尺
二尺為工役工四百七十五民自備用器歲二次放
師且不妨漕事中書省准其言

廣濟渠

廣濟渠在懷孟路引沁水以達于河世祖中統二年
提舉王允中大使楊端仁奉詔開河渠凡募夫六千
百五十一人內有相合為夫者通計使水之家六千
七百餘戶一百三十餘日工畢所修石隄長一百餘

《元史志卷十七上》　十

步闊三十餘步高一丈三尺石斗門橋高二丈長十
步闊六步渠四道長闊不一計六百七十七里經濟
源河內河陽溫武陟五縣村坊計四百六十三處渠
成甚益於民名曰廣濟三年八月中書省臣忽魯不
花等奏廣濟渠司言沁水渠成今巳驗工分水恐父
遠權豪侵奪乃下詔依本司所定水分巳後諸人毋
得侵奪至文宗天曆三年三月懷慶路同知阿合馬
言天久亢旱夏麥枯槁秋穀種不入土民置於食近
因訪問者老咸稱舟水澆溉近山田土居民深得其
利有沁水亦可溉田中統間王學士亦為天旱奉詔

開此渠募自願人戶於大行山下沁口古蹟置分水
渠口開濬大河四道歷溫陟入黃河約五百餘里渠
成名曰廣濟設官提調遇旱則官為斟酌驗工多寡
分水澆溉濟源河內河陽溫武陟五縣民田三千餘
頃咸水便利二十餘年後因豪家截河起堰立碾磨
壅遏水勢又經霖雨渠口淤塞隄隄頹圮河渠司尋
亦革罷有司不為整治因致廢壞令五十餘年分水
渠口及舊渠跡俱有可考若蒙依前浚治引水澆田
於民大便可令河陽河內濟源溫武陟五縣使水人
戶自備工力疏通分水渠口立牐起濬仍委諳知水

利之人多方區畫遇旱視水緩急撤牐通流驗工分
水以灌溉若霖雨泛漲開牐退還正流禁治不得截
水置碾磨栽種稻田如此則澇旱有備民樂趨利請
移文孟州河內武陟縣委官講議尋撥孟州等處申
親詣沁口諮詢耆老言舊日沁水正河內築土牐遮
水入廣濟渠岸比雖有減水河道不能吞伏後值霖
水正河置立石牐復還本河相平如遇水溢閉塞牐口
使水漫流石牐退還本河又從減水河分殺其勢如
此庶不為害約會河陽武陟縣尹與耆老等議若將

舊廣濟渠依前開濬減水河亦增開深闊禁安磨碾
設立牐牐自下使水遇旱放牐澆田值澇閉牐退水
公私便益懷慶路備申工部牒都水監面交本路委
官相視施行

三白渠

京兆舊有三白渠自元代金以來渠牐缺壞土地荒
然陝西之人雖欲種蒔不獲水利賦稅不足軍興之
用太宗之十二年梁泰奏請差撥人戶牛具一切種
蒔等物脩成渠牐比之旱地其收數倍所得糧米可
以供軍太宗準奏就令梁泰佩元降金牌充宣差規

措三白渠使郭時中副之直隸朝廷置司於雲陽縣
所用種田戶及牛畜別降旨付塔海紺不於軍前應
副是月敕喻塔海紺不近梁泰奏脩三白渠事可於
汝軍前所獲有妻少壯新民量撥二千戶及木工二
十人官牛內選肥腯齒小者一千頭內乳牛三百以
畀梁泰等如不敷於各千百戶內貼補限令歲十
一月內交付數足趂十二月入工其耕種之人所犊
之米正為接濟軍糧如發遣人戶之時或闕少衣裝
於各千百戶內約量支給差軍護送出境沿途經
過之處亦為防送毋致在逃走逸驗路程給以行糧

大口一升小者半之

洪口渠

洪口渠在奉元路英宗至治元年十月陝西屯田府
言自秦漢至唐宋年例八月差使水戶自涇陽縣西
仲山下截河築洪隄改涇水入白渠下至涇陽縣北
白公斗分為三限并平石限盖五縣分水之要所比
限入三原櫟陽雲陽中限入高陵南限入涇陽澆溉
官民田七萬餘畞近至大三年陝西行臺御史王承
德言涇陽洪口展修石渠爲萬世之利由是會集奉
元路三原涇陽臨潼高陵諸縣泊涇陽渭南櫟陽諸

《元史志卷十七上》　十三

屯官及耆老議如准所言展修石渠八十五步計四
百二十五尺深二丈廣一丈五尺計用石十二萬七
千五百尺人日採石積方一尺工價二兩五錢石工
二百丁夫三百金火匠二用火焚水淬日可鑿石五
百尺二百五十五日工畢官給其粮食用具丁夫就
役使水之家顧匠傭直使水戶均出陝西省議計所
用錢粮不及二年之費可謂一勞永逸准所言便都
省准委屯田府達魯花赤尺里赤督工自延祐元年
二月十日發夫匠入役至六月十九日委官言石性
堅厚鑿僅一丈水泉湧出近前續展一十七步石積

二萬五千五百尺添夫匠百人日鑿六百尺二百四
十二日可畢文宗天曆二年三月屯田總管兼管河
渠司事郭嘉議言去歲六月三日驟兩涇水泛漲元
修洪隄及小龍口盡圮水歸涇白渠內水淺爲此計
用十四萬九千五百十一工役丁夫一千六百度九
十三日畢於使水戶內差撥每夫就持麻一斤鐵二
斤繫圍取泥索各一長四十尺草苦一長七尺厚二
寸陝西省准屯田府照勘自秦至宋一百二十激
經由三限自涇陽下至臨潼五縣分流澆溉民田七
萬餘頃驗田出夫六千六百人自八月一日修隄至十

《元史志卷十七上》　十四

月放水溉田以爲年例近因奉元旱五載失稔人
皆相食流移疫死者十七八今差夫又令就出用物
賣不能辦集竊詳涇陽水利錐分三限引水溉田緣
三原等縣地理遙遠不能依時同遍涇陽比近俱在
上限并南限中限用水最便今次修隄除見在戶依
倒差役使其逃亡之家合出夫數宜令涇陽縣近限水
利戶添差一人官日給米一升併工修治省准出鈔
八百錠委耀州同知李承事泊本府總管郭嘉議及
各處正官計工役照時直糴米給散李承事督夫修
築至十一月十六日畢

運河在揚州之北宋時嘗設軍疏滌世祖取宋之後
河漸壅塞至元末年江淮行省嘗以爲言雖有旨濬
治有司奉行未見實效仁宗延祐四年十一月兩淮
運司言鹽課甚重運河淺澁無源止仰天雨請加濬
治明年二月中書移文河南省選官泊運司官
相視會計工程費用扵是河南行省委都事張奉政
及淮東道宣慰司官運司官會州縣倉塲官徧歷巡
視集議河長二十三百五十里河有司差瀕河有田之
家顧倩丁夫開修一千八百六十九里倉塲鹽司不

《元史志卷十七上》 十五

妨辦課協濟有司開修四百八十二里運司言近歲
課額增多而船電戶日益貧苦宜令有司通行修治
省減官錢省臣奏准諸色戶內顧募丁夫萬人日支
鹽糧錢二兩計用鈔二萬錠扵運司鹽課及減駁船
錢內支用差官與都水監河南行省淮東宣慰司官
專董其事廉訪司體察樞密院遣官鎮遏乘農陳併

工疏治

練湖

練湖在鎮江元有江南之後豪勢之家扵湖中築隄
圍田耕種侵占既廣不足受水遂致泛溢世祖末年

叅政暗都剌奏請依宋例委人提調疏治其侵占者
驗畝加賦至治三年十二月省臣奏江淛行省言鎮
江運河全藉練湖之水爲上源官司漕運供億京師
及商賈販載農民來往其舟楫莫不由此宋時專設
人夫以時修濬練湖瀦蓄潦水若運河淺涸則放湖
水一寸則可添運河水一尺近年淤淺舟楫不通尚有
官物差民運迩甚爲不便委官相視疏治運河自鎮
江路至呂城壩長百三十一里計役夫萬五千三
人六十日可畢又用三千餘人浚滌練湖九十日可
完人日支粮三升中統鈔一兩行省行臺分官監督

《元史志卷十七上》 十六

所用船物今歲預備來春興工合行事宜依江淛行
省所擬既得旨都省移文江淛行省委叅政董中奉
率合屬正官親臨督役於是董中奉言所委前都水
少監崇明州知州任奉政鎮江路總管毛中議等議
練湖運河此非一事宜依假山諸湖農民取泥之法
用船千艘三人用竹箄撈取淤泥日可三載月計
九萬載三月之間通取二十七萬載就用所取泥增
築湖岸自鎮江在城程公壩至常州武進縣呂城壩
河長百三十一里一百四十六步擬開河面闊五丈
底闊三丈深四尺與見有水二尺可積深六尺所役

夫於平江鎮江常州江陰州及建康路所轄溧陽州
田多上戶內差借若濬湖開河二役並興辛難辦集
宜趁農隙先開運河工畢就濬練湖省准所言與都
事王徵事等於恭定元年正月至鎮江丹陽縣泊各
人先開運河期四十七日畢次濬練湖二十日可完
來監督供給為難頗以所督夫一萬三千五百一十二
監工官沿湖相視上湖沙岡黃土下湖蔆根叢雜泥
亦堅硬不可篩取又議兩役並興相離三百餘里往
繼有江南行臺侍御史及漸西廉訪司副使俱至乃
議首事運河偹文咨稟遂於是月十七日入役二月

十八日省臣奏開濬運河練湖重役也宜依行省所
議仍令便宜從事後各監工官言巳分運河作三壩
依元料深闊丈尺開浚至三月四日工畢數內平江
崑山嘉定二州實役二十六日常熟吳江二州長洲
吳縣實役二十八日餘皆役三十日巳於三月七日
積水行舟又監俻練湖官言任奉議指劃元料增築
隄隑及舊有土基共增闊一丈二尺平面至高底灘
脚增築共量斜高二丈五尺依中隄西石礓東舊隄
卧羊灘俻築如舊隄高闊巳及所料之上者遇有崩
缺俻築令完中隄西石礓至五百婆隄西上增高土

粮萬四千二石二升其練湖未畢相視地形水勢
八升比附元料省鈔九千三百三十四兩
實徵夫萬三千五百一十二人共役三千三百十四
八千一十四錠二十兩米二萬七千二十一石六斗
千六百七十九錠三十六兩粮萬三千十九石五斗
元料開運河夫萬五百一十三人六十日畢濬練湖夫
十九日入役至十一日工畢實役三日歸勘仕少監
不湏俻治其隄間有滲漏者窒塞之三月六日破
一尺有缺亦補之五百婆隄至馬林橋隄水勢稍緩

議桑政董中奉又言練湖舊有湖兵四十三人添補
五十七名共於本路州縣歲粮三石之下二石
之上差充專任俻築湖岸設提領二員壕寨二人司
吏三人拾有出身人內選用工部議練湖所設提領
人等印信即同湖兵宜咨本省遍行議擬又鎮江路
言運河練湖令巳開濬若不設法關防徒勞民力除
關本路達魯花赤兀魯失海牙總治其事同知哈散
知事程郇專管啟閉斗門行省從之

　　吳松江
浙西諸山之水受之太湖下為吳松江東匯澱山湖

以入海而潮汐来往逆湧濁沙上壅河口是以宋時
設置撩洗軍人專掌俯治元既平宋軍士罷散有司
不以務勢豪租占爲蕩爲田州縣不得其人輒行
許準以致淫塞不通公私俱失其利父矣至治三年
江浙省方以爲言就委嘉興路治中高朝列湖州
道及新生沙漲礙水處所商度開滌舊圖呈攄通海故
路知事丁將仕同本處正官體究開滌潘河道五十五處內常熟州九
等官按視講究合開潘河道五十五處內
處十三叚該工一百三十二萬一千五百六十二崑山
州十一處九十五里用工二萬七千四日役夫四百

五十六宜於本州有田一項之上戶內驗田多寡籌
量里步均瓜自備粮赴功跐潘正月上旬興工限六
十日工畢二年一次舉行嘉定州三十五處五百三
十八里該工二百二十六萬七千五十九處
計米萬二千六百七十石五斗九升日支粮一升
一千一百二十六六十日畢浩大米粮數多乞依
年例勸率附河有田用水之家自備口粮佃戶傭力
開潘奈本州連年被災今歲九甚力有不逮宜從上
司區處高治中會集松江府各州縣官按視合潘
河渠華亭縣九處計五百二十八里該工九百六十

八萬四千八百八十二役夫十六萬一千四百一十
四人日支粮二升計米十九萬三千六百九十七石
六斗四升上海縣十四處計四百七十一里該工二千
二百三十六萬八千五十二日役夫二萬六千三百六十
三十四人日支粮二升計二十四萬七千三百六十
一石四升六十日工畢官給之粮備民疏治如下年
豐稔勸率有田之家五十畝出夫一人十畝出一人驗
數合出止於本保開潘其權勢之家置立魚斷并沙
塗筏葦者依上出夫其上海嘉定連年旱澇皆緣河
口湮塞旱則無以灌溉澇則不能流浅累致凶歉官

民俱病至元三十年以後兩經疏闢稍得豐稔比年
又復壅閉勢家愈加租占雖得徵賦實失大利上海
縣歲收官粮一十七萬石民粮三萬餘石略舉似延
祐七年歲收災傷五萬八千七百餘石至治元年災傷四
萬九千餘石二年十萬七千餘石水旱連年殆無虛
歲不惟虧欠官粮復有賑貸之費近委官相視地形
講議疏潘其通海大江未易遽治舊有河港聯絡官
民田土之間籍以灌溉者今皆填塞必須疏通以利
耕種欲今有田人戶自爲開潘而工役浩繁民力不
能獨成由是議上海嘉定河港宜令本處所管軍民

站寵僧道諸色有田者以多寡出夫自備粮作治州
縣正官督役其豪勢租占蕩田妨水利者並與除闢
本處民田稅粮全免一年官租減半令秋收成下年
農隙舉行行省行臺廉訪司官巡鎮外撫華亭崑山
常熟州河港比上海嘉定緩急不同難為一體從各
處勤農正官督有田之家備粮併工俟治若遷興工
陰陽家言癸亥年動土有忌預為咨稟可否至泰定
元年十月十九日右丞相旭邁傑等奏江浙省言吳
松江等處河道壅塞宜為疏滌仍立師以節水勢計
用四萬餘人令歲十二月為始至正月終六十日可
畢用二萬餘人二年可畢其丁夫於旁郡諸色戶內
均差依練湖例給備直粮食行省行臺廉訪司并有
司官同提調臣等議此事官民兩便宜從其請若丁
夫有餘止令一年畢命如
委左丞朵兒只班及前都水任少監董役得旨移文
行省准擬疏治江浙省下各路發夫入役至二年閏
正月四日工畢

澱山湖

太湖為淞西巨浸上受杭湖諸山之水瀦蓄之餘分
匯為澱山湖東流入海世祖末年紊政暗都刺言此

湖在宋時委官差軍守之湖旁餘地不許侵占常疏
其壅塞以洩水勢令既無人晉領遂為勢豪絕水築
隄繞湖為田湖狹不足瀦蓄每遇霖潦泛溢為害昨
本省官忙古䚟等與言疏治因受曹總管晉金而止張
粲潘應武等相繼言疏利益美事舉行已晚其
山住子行院董八都兒子行臺哈刺䚟解令詣相視
事可行無疑然雖軍夫擬東世祖日利益委官提督
行之既而平章鐵哥言委官相視計用夫十二萬百
會計合用軍民共役令民丁數多不須調軍世祖
曰可畢昨奏軍民共役令民丁數多不須調軍世祖
曰有損有益咸令均齊毋自疑惑其均科之至元三
十一年世祖崩成宗即位平章鐵哥奏太湖澱山湖
昨嘗奏過先帝差倩民夫二十萬疏掘已畢今諸河
日受兩潮漸致沙漲若不依舊宋例令軍屯守必致
坐糜成功臣等議常時工役撥軍樞府猶且怪惜屯
守河道用軍八千必辭不遣澱山湖團田賦粮二萬
石就以募民夫四千調軍士四千與同屯守立都水
防田使司職掌收捕海賊俻治河渠團田令伯顏察
兒暨樞密院議畢聞奏於是樞府言嘗奏澱山湖在
宋時設軍屯守范殿帥朱張輩必知其故擬與省官

鹽官州海塘

集議定禀奏有旨從之乃集樞府官及范殿帥等兵
議朱張言宋時屯守河道用手號軍大廈千人小廈
不下三四百隸巡檢司管領范殿帥言差夫四千非
動搖四十萬戶不可若令五千軍屯守就委萬戶一
貧提調事或可行臣等亦以為然與都水巡防萬戶
府職名俾隸行院樞府官又言若與知源委之人詢
其詳候至都定議從之

鹽官州海塘

塘在宋時亦嘗崩陷成宗大德三年塘岸崩都省委
鹽官州去海岸三十里舊有捍海塘二後又添築鹹
禮部郎中游中順泪本省官相視虛沙後漲難於施
力至仁宗延祐巳未庚申間海汛失度累壞民居陷
地三十餘里其時省憲官共議宜於州後北門添築
土塘然後築石塘東西長四十三里後以潮汐沙漲
而止至泰定即位之四年二月間風潮大作衝捍海
小塘壞州郭四里杭州路言與都水庸田司議欲
於北地築塘四十餘里而工費浩大莫若先修鹹塘
增其高闊填塞濬港且濬深近北備塘濠壍用椿密
釘庶可護禦江湖治都水庸田司又
言宜速差丁夫當水人衝堵閉其不敷工役於仁和

錢塘及嘉興附近州縣諸色人戶內酌酌差倩即目
淪沒不已旦久誠為可慮工部議海岸崩摧重事也
宜移文江浙行省督催庸田使司鹽運司及有司發
丁夫修治毋致侵犯城郭貽害居民五月五日平章
禿滿迭兒茶乃史參政郭貫等奏江浙省四月內潮水衝崩
破鹽官州海岸令庸田司官徵夫修堵又令僧人誦
經復差人令天師致祭臣等集議世祖時海岸嘗崩
遣使命天師依前例祈祝潮即退今可令直省舍人伯顏奉
御香令天師依前例祈祝制曰可既而杭州路又言
八月以來秋潮沟湧水勢愈大見築沙地塘岸東西
八十餘步造木櫃石囤以塞其要處本省左丞相脫
歡等議安置石囤四千九百六十餘隻嚙以救其
急擬比湔江立石塘可為久遠計工物用鈔七十九
萬四千餘錠糧四萬六千三百餘石接續興修致和
元年三月省臣奏江湔省并庸田司官修築海塘作
竹籧篨簾內實以石鱗次壘壘以禦潮勢令又淪陷入
海見圖修治儻得堅久之策後文具報臣等集議今差戶
重事也旦又駕幸上都分官扈從不得圓議令差
部尚書李家奴工部尚書李嘉賓樞密院屬衛指揮
青山副使洪灝宣政僉院南哥班與行省左丞相脫

歡及行臺行宣政院庸田使司諸臣會議脩治之方

合用軍夫除戍守州縣關津外酌量差撥從便交

口粮合役丁刀附近有田之民及僧道也里可温荅

失蠶等戶內點倩凡工役之時諸人毋或沮壞違者

罪之合行事務提調官移文稟奏施行有百從之四

月二十八日朝廷所委官泊行省臺院及庸田司等

為地脉虛浮比定海湖江海鹽地形水勢不同由是

官議大德延祐欲建石塘未就泰定四年春潮水異

常增築土塘不能抵禦議置疊石塘以圖久遠

作遽篠木櫃間有漂沉欲踵前議置板塘以水湧難施工遂

造石囤於其壞處疊之以救目前之急已置石囤二

十九里餘不曾崩陷略見成効庸田司與各路官同

議東西接疊石囤十里其六十里塘下舊河就取土

築塘鑿東山之石以備崩損文宗天曆元年十一

都水庸田司言八月十日至十九日正當大汛潮勢

不高風平水穩十四日祈請天妃入廟自本州嶽廟

東海北護岸鱗鱗相接十五日至十九日海岸沙漲

東西長七里餘南北廣或三十步或數十百步漸見

南北相接西至石囤巳及五都僱築捍海塘與鹽塘

相連直抵巖門嶂禦石囤東至十一都六十里塘東

龍山河道

至東大尖山嘉興平湖三路所脩嚴海口自八月一

日至二日探海二丈五尺至十九日二十日探之先

二丈者今一丈五尺先一丈五尺者今一丈西自六

都鹽官縣界赭山雷山為首添漲沙塗巳過五都四

復巡視自東至西岸脚漲水勢俱淺二十

高闊二十七日至九月四日大汛本州嶽廟東西水

勢俱淺漲沙東過錢家橋海岸元下石囤木植並無

頹地水息民安於是改鹽官州曰海寧州

龍山河在杭州城外歲久淤塞武宗至大元年江浙

省令史裴堅言杭州錢塘江近年以來為沙塗壅漲

潮水遠去離北岸十五里舟楫不能到岸商旅往來

募夫搬運十七八里使諸物翔湧生民失所逝運官

物甚為煩擾訪問宋時並江山岸有南北古河一道名

龍山河今淛江亭南至龍山師約一十五里糞壤填

塞兩岸居民間有侵占迸其形勢宜改脩運河開堀

沙土對師搬載直抵淛江轉入兩處市河免擔負之

勞生民獲惠省下杭州路相視錢塘縣城南上隅龍

山河至橫河橋委係舊河居民侵占起建房屋若跳

仲明

關以接運河公私大便計工十五萬七千五百六十
六日役夫五千二百五十二度可三十日畢所役夫
於本路錄事司仁和錢塘縣富實之家差倩就持篕
檐鍬鑊應役人日支官糧二升該米三千一百五十
一石三斗二升河長九里三百六十二步造石橋八
立上下二壩計用鍬一百六十三定二十三兩四錢
七分七氂戶省准咨請丞相脫脫撫治其軍於仁宗延
祐三年三月七日興工至四月十八日工畢

翰林學士承旨制誥兼修國史臣歐陽玄　翰林待制兼修國史臣團纂修官臣王褘等奉敕修

河渠三

黃河

至正四年夏五月大雨二十餘日黃河暴溢水平地
深二丈許比決白茅堤六月又比決金堤並河郡邑
濟寧單州虞城碭山金鄉魚臺豐沛定陶楚丘武城
以至曹州東明鉅野鄆城嘉祥汶上任城等處皆罹
水患民老弱昏墊壯者流離四方水勢比侵安山沿
入會通運河延袤濟南河間將壞兩漕司塩場妨國
計甚重省臣以聞朝廷遣使體量仍督大臣訪
求治河方畧九年冬脫脫既復為丞相慨然有志於
事功論及河決即言于帝請躬任其事帝嘉納之乃
命集群臣議廷中而言人人殊唯都漕運使賈魯昌
言必當治先是魯嘗為山東道奉使宣撫首領官循
行被水郡邑具得膚摭成策後又為都水使者奉旨
詣河上相視驗狀為圖以二策進獻一議踈塞並舉挽
以制橫潰其用功省一議踈塞並舉挽河使東行以
復故道其功費甚大至是復以二策對脫脫韙其後

策議定乃薦魯于帝大稱旨十一年四月初四日下
詔中外命魯以工部尚書為總治河防使進秩二品
授以銀印餐沔梁大名十有三路民十五萬人廬州
等戍十有八翼軍二萬人供役一切從事大小軍民
咸聽節度便宜興繕是月二十二日鳩工七月疏鑿
成八月決水故河九月舟楫通行十一月水土工畢
遣貴臣報祭河伯召魯還京師論功超拜榮祿大夫
集賢大學士其宣力諸臣遷賞有差賜丞相脫脫世
襲荅剌罕之號特命翰林學士承旨歐陽玄製河平
碑文以旌勞績玄既為河平之碑又自以為司馬遷
班固記河渠溝洫僅載治水之道不言其方使後世
任斯事者無所考則乃從魯訪問方畧及詢過客質
其言曰治河一也有踈有塞有濬三者異焉釃河之
流因而導之謂之踈去河之淤因而深之謂之濬抑
河之暴因而扼之謂之塞踈濬之別有四曰生地曰
故道曰河身曰減水河生地有高有下有直有紆因
可就故道故道有高有下有直有紆因高而鑿之以
就則高不壅甲不瀦應夫壅生潰瀦生墊也河身者

水雖通行身有廣狹狹難受水水溢悍故狹者以計
關之廣難為岸岸善崩故廣者以計禦之減水河者
水放曠則以制其狂水漲則以殺其怒治隄一也
有剏築偹築補築之名有刺水隄有截河隄有護岸
隄有纏水隄有石船隄治隄一也有岸埽水埽有龍
尾欄頭馬頭等埽其為埽臺及推卷牽制籠掛之法
有用土用葦用草用木用杙用絙之方塞河一
也有缺口有龍口缺口者已成川齾口者舊
常為水所齧水退則口下於隄水漲則溢出於口龍
口者水之所會自新河入故道之澀也此外不能悉

書因其用功之次第而就述於其下焉其澀故道深
廣不等通長二百八十里百五十四步而強功始自
白茅長百八十二里繼自黃陵岡至南白茅闢生地
十里口初受廣百八十步深二丈有二尺已下停廣
百步高下不等相折深二丈及泉曰停曰折者用右
算法因此推彼知其勢之低昂相準折而取勻停也
南白茅至劉莊村接入故道十里通折墾廣八十步
深九尺劉莊至專固百有二里通折墾廣八十步
深九尺劉莊至專固百有二里二百八十步通折停
廣六十步深五尺專固至黃固墾生地八里面廣百
步底廣九十步深五尺高下相折深丈有五尺黃固至哈只

口長五十一里八十步深五尺
乃澀四里減水河通長九十八里百五十四步四里
村缺河口生地長三里四十步面廣六十步底廣四
十步深一丈四尺自凹里生地以下舊河身至張贇
店長八十二里中三十五里墾廣二十步
二百四十步墾生地二十六里深二十八步深五尺下十里
深五尺中三十五里墾廣二十步深五尺張贇店至楊青
底廣四十步深一丈四尺其塞專固缺口偹隄三重
村接入故道墾生地十有三里六十步面廣六十步
并補築四里減水河南岸齾口通長二十里三百十

有七步其剏築河口前第一重西隄南北長三百三
十步面廣二十五步底廣三十三步樹置椿橛實以
土牛草葦雜稍相無高丈有三尺隄前置龍尾大埽
言龍尾者伐大樹連梢繫之隄旁隨水上下以破齧
岸浪者也築第二重正隄并補兩端舊隄置椿
一里三百步缺口正隄長四里兩隄相接舊隄置椿
堵閉河身長百四十五步其岸上土牛草葦梢土相襯脩
築底廣三十步脩高二丈其岸上土工脩築者長三
里二百一十有五步有奇高廣不等通高一丈五尺補
築舊隄者長七里三百步表裏倍薄七步增卑六尺

計高一丈築第三重東後隄并接脩舊隄高廣不等通長八里補築凹里減水河南岸豁口四處置椿木草土相簽長四十七步於是塞黃陵全河水中及岸上脩隄長三十六里百三十六步其脩大隄刺水者二長十有四里七十步其西復作大隄刺水者一長十有二里百三十步其內刱築河岸上土隄西北起宅西隄東南至舊河岸長十里百五十步顛廣四百三十步趾廣三之高丈有五尺仍築舊河岸至入水兩

岸埽隄並行作西埽者夏人水工徵自靈武作東埽者漢人水工徵自近畿其法以竹絡實以小石每埽不等以蒲葦綿腰索徑寸許者從鋪廣可一二十步長可二三十步又以或埽綯徑三寸或四寸長二百餘尺者衡鋪之相間復以竹葦麻檾大縴長三百尺者為管心索就繫綿腰索之端於其上裹而納之丁夫數千以足踏實推卷稍高即以水工二人立其上東多至萬餘勻布厚鋪於綿腰索之上裹而納之短不等大者高二丈小者不下丈餘又用大索或五為腰索轉致河濱選健丁操管心索順埽臺立踏或

掛之臺中鐵貓大欖之上以漸縋之下水埽後掘地為渠陷管心索渠中以散草厚覆築之以土其上復以土牛雜草小埽稍土多寡厚薄先後隨宜脩疊復埽臺務使牽制上下鎮密壯互為犄角埽不動搖日力不足火以繼之積累既畢復施前法卷埽以厭先下之埽量水淺深制埽厚薄疊之多寡至四埽而止兩埽之間置竹絡高二丈或三丈圍四丈五尺實以竹絡上大竹腰索繫於椿上東西兩埽及其中竹小石土牛既薶繫以竹纜其兩旁並埽密下大椿就絡之上以草土等物築為埽臺約長五十步或百步

再下埽即以竹索或麻索長八百尺或五百尺者一二雜厠其餘管心索之間俟埽入水之後其餘管心索如前薶掛隨以管心索遠置五七十步之外或鐵貓或大椿曳而繫之通管束累日所下之埽再以草土等物通脩成隄又以龍尾大埽密掛於護隄大椿分析水勢其隄長二百七十步北廣四十二步中廣五十五步南廣四十二步顛廣四十二步長二百七十步顛廣尺其截河大隄南廣四十二步長十有九里百七十七步顛廣尺其在黃陵北岸者長十里四十一步築岸上土隄西北起東西故隄東南至河口長七里九十七步顛廣

六步趾倍之而強二步高丈有五尺接俻入水施土
牛小埽稍草雜土多寡厚薄隨宜俻疊疊及下竹絡安
大椿繫龍尾埽如前兩隄法唯俻疊埽臺增用白關
小石并埽上及前游俻埽隄一長百餘步直抵龍口
稍北欄頭三埽並行埽大隄廣與剌水二隄不同通
前列四埽間以竹絡成一大隄長二百八十步北廣
二丈一十步其顛至水面高三丈五尺中流廣八十步其顛至水
面高丈有五尺通高三丈五尺中流廣八十步其顛至水
並翔築纜水橫隄一東起止截河大隄西抵剌水

大隄又一隄東起中剌水大隄西抵西剌水大隄通
長二里四十二步趾三之高丈有二尺
俻黃陵南岸長九里百六十步內翔岸土隄東北起
新補白茅故隄西南至舊河口高廣不等長八里二
百五十步乃入水作石舡大隄盖由是秋八月二十
九日乙巳道故河流先所俻北岸西中剌水及截河
百餘步中流深三丈餘益以秋漲水多故河十之八
三隄猶短約水尚少力未足恃決河靳大南北廣四
兩河罩流近故河口水刷岸北行洄漩湍激難以下
埽且埽行或遲恐水盡湧入決河因淤故河前功遂

隳魯乃精思障水入故河之方以九月七日癸丑逆
流排大舡二十七艘前後連以大椿用大麻
索絞縛綴爲方舟又用大麻索竹絙用船身繳
繞上下令牢不可破乃以鐵貓於上流硾之水中又
以竹絙絕長七八百尺者繫兩岸大橛上每絙仍以小石
二舟或三舟使不得下船腹橫舖散草滿貯小石
合子板釘合之復以埽密布合子板上或二重或三
重以大麻索縛之急復繫兩岸大橛皆以索
維之用竹編笆夾以草石立之橛前約長丈餘
水簾挽復以木椿挂使簾不偃仆然後選水工便捷
者每船各二人執斧立船首尾岸上搥鼓爲號鼓
鳴一時齊鑿舡遇水入舡沉遍決河水怒溢故
河水暴增即重樹水簾令後復布小埽土牛白關長
梢雜以草土等物隨宜填垜以繼之石船下詣實地
出水基趾復卷大埽以壓之前船勢定尋用
前法沉船隄之後草埽一如俻北截水隄之法第以
少間斷舡隄及絡盛石並舉中置竹絡盛石並
埽置椿繫纜四埽及絡一如俻北截水隄之法第以
中流水深數丈用物之多施功之大數倍他隄船隄
距北岸纜四五十步勢迫東河流峻若自天降深淺

巨測於是先卷下大埽約高二丈者或四或五始出
水面偽至河口一二十步用工尤艱薄龍口喧砳猛
疾勢撼埽基陷裂欹傾俄故所觀者股弁衆議騰
沸以為難合然靿不容巳魯神色不動機解捷出進
前埽出水管心大索繫前埽碪後關頭埽之前後埽
管心大索亦繫小埽碪前關頭埽
復通又於堤前通卷欄頭埽各一道多者或三或四
赴功十一月十一日丁巳龍口遂合決河絕流故道
官吏工徒十餘萬人日加奬諭辭旨懇至衆皆感激
錮其勢又於所交索上及兩埽之間壓以小石白闌

土牛草土相半厚薄多寡相勢措置埽隄之後自南
岸復偹一隄抵巳閉之龍口長二百七十步船隄四
道成隄用農家場圃之具曰輾軸者穴石立木如此
栧籠前埽之旁每步置一輾軸以橫木貫其後又穴
石以徑二寸餘麻索貫之繫橫木上密掛龍尾大埽
使夏秋潦水冬春凌簿不得肆力於岸此隄接此岸
截河大隄長二百七十步南廣百二十步南頗至水面
高丈有七尺水面至澤腹高四丈二尺中流廣八十
步頗至水面高丈有五尺水面至澤腹高五丈五尺
通高七丈仍治南岸護隄埽一道通長百三十步南

岸護岸馬頭埽三道通長九十五步偹築北岸隄防
高廣不等通長二百五十四里七十一步白芧河口
至板城補築舊隄長二十五里二百八十五步曹州
板城稍岡至英賢村等處高廣不等長一百三十二里二
百步稍岡至碢山縣增培舊隄長八十五里二百
歸德府哈只口至徐州路三百餘里修完缺口一百
七慶高廣不等積偹計三里二百五十六步
店纜水月隄高廣不等長六里三百三十步其物之凡
椿木大者二萬七千榆柳雜梢六十六萬六千帶梢
連根株者三千六百藁秸蒲葦雜草以束計者七百

三十三萬五千有奇竹竿六十二萬五千葦蓆十有
七萬二千小石二千艘繩索小大不等五萬七千所
沉大船百有二十鐵纜三十有二鐵貓三百三十
四竹蒦以斤計者十有五萬碪石三千塊鐵鑽萬四
千二百有奇大釘三萬三千二百三十有二其餘若
木龍蠶椽木麥稭扶椿鐵义鐵吊枝麻搭火鈎汲水
貯水等具皆有成數官吏俸給軍民衣糧工錢醫藥
祭祀賑恤驛置馬乗及運竹木沉船渡船下椿等工
鐵石竹木繩索等匠傭賞犒以和買民地為河併應
用雜物等價通計中統鈔百八十四萬五千六百三

十六錠有奇魯當有言水工之功視土工之功為難
中流之功視河濱之功為難決河口視中流又難此
岸之功視南岸為難用物之效草雖至柔柔能狎水
水漬之生泥泥與草并力重如碇然維持夾輔纜索
之功實多蓋由魯習知河事故其功之所就如此玄
之言曰是役也朝廷不惜重費不吝高爵為民辟害
脫脫能體上意不憚焦勞不恤浮議為國拯民魯能
竭其心思智計之巧乘其精神膽氣之壯不惜勤瘁
不畏譏評以報君相知人之明宜悉書之使職史氏
者有所考證也先是歲庚寅河南北童謠云石人一

《元史志卷十七下》　十一　楊守敬

隻眼挑動黃河天下反及魯治河果於黃陵岡得石
人一眼而汝潁之妖冠乘時而起議者往往以謂天
下之亂皆由賈魯治河之役勞民動眾之所致殊不
知元之所以亡者實基於上下因循狃於宴安之習
紀綱廢弛風俗偷薄其致亂之階非一朝一夕之故
所由來又矣不此之察乃獨歸咎於是役是徒以成
敗論事非通論也設使賈魯不興是役天下之亂詎
無從而起乎今故具錄玄所記庶來者得以詳焉

蜀堰

江水出蜀西南徼外東至于岷山而禹導之秦昭王

時蜀太守李冰鑿離堆分其江以灌川蜀民用以饒
歷千數百年所過衝薄齧齒又大為民患有司以故
事歲治隄防九一百三十有三所役兵民多者萬餘
人少者千人其下猶數百人役凡九七十巳不及七十
日雖事治不得休息不役者曰出三緡為庸錢由是
富者屈於賷貧者屈於力上下交病其賷歲不下
七萬緡大抵出於民者十九燕于吏而利之所及不
足以償其費矣元統二年僉四川肅政廉訪司事吉
當普唲行視得要害之處三十有二餘悉罷之召
灌州判官張弘計曰若甃之以石則歲役可罷民力

《元史志卷十七下》　十二　楊守敬

可蘇矣弘曰公應及此生民之福國家之幸萬世之
利也弘遂出私錢為小堰堰成水暴漲而堰不動
乃具文書會行省及蒙古軍七翼之長郡縣守宰下
及鄉里之老各陳利害咸以為便復禱千冰祠卜之
吉於是徵工發徒以仍改至元年十有一月朔日
肇事于都江堰即禹鑿之處分水之源也鹽井舊無限
其西址水西關攘其西南江南北皆東行址舊關限
冰鑿以辟沫水之害中為都江堰少東為大小釣魚臺
又東跨二江為石門以節北江之水又東為利民臺
臺之東南為侍郎楊柳二堰其水自離堆分流入于

南江南江東至鹿角又東至金馬口又東道大安橋
入于成都俗稱大皁江江之正源也北江少東爲虎
頭山爲闘雞臺臺有水則以尺畫之九十有一水及
其九其民喜過則憂沒其則則困又書深淘灘高作
堰六字其旁爲治水之法皆以氷所爲也又東爲離

有渠曰馬灞東流至成都入于南江渠東行二十餘
又東爲騢驖又東爲碓口繞青城而東南出萬工堰
又東過凌虛步雲二橋又東至三石洞釃爲二渠其
一自上馬騎東流過郫入于成都古謂之外江此氷
所穿二江也南江自利民臺有支流東南出萬工
渠會而渠成安流自金馬口之西鑿二渠合金馬渠
東南入于新津江罷藍淀黃水千金白水新興至三
利十二堰北江三石洞之東爲外應顏上五斗諸堰
外應顏上之水皆東北流入于外江五斗之水南入
馬壩渠皆内江之支流也外江東至崇寧亦爲萬工
堰堰之支流而清白堰水潰其南涯延袤三十餘有
于彭漢之間而清白堰水潰其南爲三十六洞過清白堰東入
司因潰以爲堰堰輒壞乃疏其北涯舊渠直流而東

罷其堰及三十六洞之役嘉定之青神有堰曰鴻化
則授成其長吏應期而功畢若成都之九里隄諸堰
之萬工堰彭之堋口豐潤千江石洞濟民羅脚諸堰
工未及施則召長吏楊林外應顏上之諸堰都江
鹿角萬工騢驖碓口三利又次之而都江又居其大江
中流故以鐵萬六千斤鑄爲大龜貫以鐵柱而鎮其
源然後即工諸堰皆甃以石範鐵以關其中取桐實
之油和石灰雜麻絲而搗之使熟以苴漏岸善崩
者甃築江石以護之上植楊柳旁種蔓荊櫛比鱗次

賴以爲固蓋以數百萬計所至或踈舊渠以導其流
或鑿新渠以殺其勢遇水之會則爲石門以時啟閉
而泄蓄之用以節民力而資民利凡智力所及無不
爲也初郡縣及兵家共掌都江之政延祐七年其兵
官奏請獨任郡縣民不堪其役至是復合馬常歲獲
水之利僅數月堰輒壞至是雖緣渠所置碓磑紡績
之慮以千萬計四時流轉而無窮其始至都江水深
廣莫可測忽有大洲湧出其西南方可數里人得用
事其間入山伐石崩石已滿隨取而足蜀故多雨自
初役至工畢無兩雪故力省而功倍若有相之者五

越月功告成而言當普以監察御史召省臺上其功
詔揭揆斯製文立碑以旌之是役也九石工金工皆
七百人木工二百五十人役徒三千九百人而蒙古
軍居其二千糧為石千有奇石之材取于山者百萬
有奇麻五千斤以斤計者六萬有奇油半之鐵六萬五
千斤麻五千斤最其工之直物之價以緡計者四萬
有奇皆出於民之庸而在官之積者尚餘二十
萬一千八百緡責灌守以償于民歲取其息以備祭
祀及淘灘修堰之費仍蠲灘之兵民所常徭役俾專
其力於堰事

涇渠

涇渠者在秦時韓使水工鄭國說秦鑿涇水自仲山
西抵瓠口為渠並北山東注于洛三百餘里以溉田
蓋欲以罷秦之力使無東伐秦覺其謀欲殺之鄭曰
臣為韓延數年之命而為秦建萬世之利秦以為然
使迄成之號鄭渠漢時有白公者秦穿渠引涇水起
谷口入櫟陽注渭中袤二百里溉田四千五百餘頃
因名曰白渠歷代因之皆享其利至宋時水衝齧失
其故蹟熙寧間詔賜常平息錢助民興作自仲山旁
開鑿石渠從高隴水名豐利渠元至元間立屯田府

督治之大德八年涇水暴漲毀堰塞渠陝西行省命
屯田府總管夾谷伯顏帖木兒及涇陽尹王琚跣導
之起涇陽高陵三原櫟陽用水人戶及渭南櫟陽涇
陽三屯所人夫共三千餘人與作水通流如舊其制
編荊為囤貯之以石復填以草以土為堰歲時蓋理
未嘗廢止至大元年王琚為西臺御史建言石渠歲
渠上更開石渠五十一丈闊一丈深五尺積一十五
萬三千工每方一尺為一工自延祐元年興工至五
年渠成是年秋改堰至新口泰定間言者謂石渠歲
久水流漸穿逾下去岸益高至正三年御史宋秉亮
相視其堰謂渠積年坎取淤土疊壘於岸極為高崇
力難送土於上因請就岸高處開通鹿巷以便夫行
廷議名可四年屯田同知牙八胡涇尹李克忠發丁
夫開鹿巷八十四虜削平土壘四百五十餘步二十
年陝西行省左丞相帖里帖木兒遣都事楊欽俾治
九溉農田四萬五千餘頃

金口河

至正二年正月中書絫議字羅帖木兒都水傳佐建
言起自通州南高麗莊直至西山石峽鐵板開水古
金口一百二十餘里創開新河一道深五丈廣十五

丈放西山金口水東流至高麗莊合御河接引海運
至大都城內輸納是時脫脫為中書右丞相以其言
奏而行之廷臣多言其不可而左丞許有壬言力
脫脫排羣議不納務於必行有壬因條陳其利害
曰大德二年渾河水發為民害大都路都水監將金
口下開閘板五年間渾河水勢浩大郭太史恐衝沒
田禾二村南北二城又將金口已上河身用砂石雜
土盡行堵閉至順元年因都水監官郭通壽言金口
引水過京城至通州其利無窮工部官并河道提舉
司大都路及合屬官員者老等相視議擬水由二城

中間窒礙又盧溝河自橋至合流處自來未嘗有漁
舟上下此乃不可行船之明驗也且通州去京城四
十里盧溝止二十里此時若可行船當時何不於盧
溝立馬頭百事近便却於四十里外通州為之又
山水勢高峻亡金時在都城之北流入郊野縱有衝
決為害亦輕今則在都城西南與昔不同此水性本
湍急若加以夏秋霖潦漲溢則不敢必其無虞宗廟
社稷之所在豈容僥倖於萬一若一時成功亦不能
保其永無衝決之患且亡金時此河未必通行今所
有河道遺跡安知非作而復輟之地乎又地形高下

不同若不作閘必致走水淺澁若作閘以節之則沙
泥渾濁必致淤塞每年專人挑洗蓋無窮盡之
時也且郭太史初作通惠河時何不用此水而遠取
白浮之水引入都城以供閘壩之用蓋白浮之水澄
清而此水渾濁不可用也此議方興傳聞於外萬口
一辭以為不可若以為成大功者不謀於眾人言既
足聽則是商鞅王安石之法當今不宜有此議既上
丞相終不從後以正月興工至四月功畢起閘放金
口水流湍勢急沙泥壅塞船不可行而開挑之際畏
民盧舍墳塋夫丁死傷甚眾又費用不貲卒以無功
繼而御史紏劾建言者字羅帖木兒傳佐俱伏誅今
附載其事于此用為妄言水利者之戒

志卷第十七下

翰林學士亞中大夫知制誥兼修國史臣宋濂　翰林待制奉訓大夫兼國史院編修官臣王禕等奉

元史六十七

禮樂一

傳曰禮者天地之序也樂者天地之和也致禮以治躬外貌斯須不莊不敬則慢易之心入之矣致樂以治心中心斯須不和不樂則鄙詐之心入之矣古之禮樂壹本於人君之身心故其爲用足以植綱常而厚風俗後世之禮樂既無其本唯屬執事者從事其間故僅足以美聲文而侈觀聽耳此治之所以不如

■元史志卷十八　一

古也前聖之制至周大備周公相成王制禮作樂而教化大行邈乎不可及矣秦滅先代典禮漢因秦制起朝儀作宗廟樂魏晉而後五胡擾攘之制亦復不存矣唐初襲用隋禮太常因教坊用俗樂而所製已至宋承五季之衰因革禮文樂作太常因隋禮而所製大晟樂號爲古雅及乎靖康之變禮文樂器掃蕩無遺矣元之有國肇興朔漠朝會燕饗之禮多從本俗太祖元年大會諸侯王于阿難河即皇帝位始建九狩白旗世祖至元八年命劉秉忠許衡始制朝儀自是皇帝即位元正天壽節及諸王外國來朝冊立皇

后皇太子群臣上尊號進太皇太后皇太后冊寶暨郊廟禮成群臣朝賀皆如朝會之儀而大饗宗親錫宴大臣猶用本俗之禮爲多若其爲樂則自太祖徵用舊樂於西夏太宗徵金太常遺樂於燕京及憲宗始用登歌樂祀天於日月山而世祖命宋周臣典領樂工又用登歌樂享祖宗于中書省既又命王鏞作大成樂詔括民間所藏金之樂器至元三年初用宮縣登歌文武二舞于太廟至憲宗八室皆有樂章三十年又撰社稷樂章成宗大德間製郊廟曲舞後撰宣聖廟樂章仁宗皇慶初命太常補撰樂工而

■元史志卷十八　二

樂制曰備大抵其於祭祀率用雅樂朝會饗燕則用燕樂蓋雅俗兼用者也元之禮樂揆之於古固有可議然自朝儀既起規模嚴廣而人知九重大君之尊至其樂聲雄偉而宏大又足以見一代興王之象其在當時亦云盛矣今取其可書者著於篇作禮樂志

制朝儀始末

世祖至元八年秋八月已未初起朝儀先是至元六年春正月甲寅太保劉秉忠大司農孛羅奉旨命趙東溫史杠訪前代知禮儀者肄習朝儀既而秉忠奏曰二人習之雖知之莫能行也得音許用十人遂徵

儒生周鐸劉允中尚文岳恍闊思義候祐賢蕭琬徐

汝嘉從亡金故老烏古倫居貞完顏復昭完顏從愈

葛從亮于伯儀及國子祭酒許衡太常卿徐世隆稽

諸古典衆以時宜沿情定制而肄習之百日而畢秉

忠復奏曰無樂以相湏則禮不備奉旨搜訪舊教坊

樂工得杖皷色楊皓笛色曹楫前行色劉進教師鄭

忠復奏曰諸樂歌六月而成音聲克諧陳于萬

壽山便殿帝聽而善之秉忠及翰林太常李羅

儀既定請偏執禮貞有旨命丞相安童大司農字羅

擇蒙古宿衞士可習容止者二百餘人肄之期月七

《元史志卷十八》　三

四百七字

年春二月奏以丙子觀禮前期一日布綿罽金帳殿

前帝及皇后臨觀于露階禮文樂節悉無遺失冬十

有一月戊寅秉忠等奏諸建官典朝儀帝命與尚書

省論定以聞八年春二月立侍儀司以忽都于思也

先乃為左右侍儀奉御趙秉温為禮部侍郎燕侍儀

司事周鐸劉允中為左右侍儀使岳恍為左右

真侍儀事關思義候祐賢為左右侍儀副使蕭琬徐

汝嘉為僉左右侍儀事烏古倫居貞為承奉班都知

完顏復昭為引進副使葛從亮為侍儀司奏請製內

為尚衣局大使夏四月侍儀司奏請製內外伏如歷

林茂實

代故事從之秋七月內外伏成遇八月帝生日號曰

天壽聖節用朝儀自此始

元正受朝儀

前期三日習儀于聖壽萬安寺（或大興前二日陳設）

于殿庭至期大昕侍儀使引導從護尉各服其服入

至寢殿前捧牙牌跪報外辦內侍入奏出傳制曰可

侍儀僕伏興皇帝出閤陞輦鳴鞭三侍儀使并通事

舍人分左右引擎執護尉導從序立惟扇置于

外劈正斧直正門北向立導從倒卷序立于大明殿

鏑侍儀使導駕時引進使同內侍官引宮人擎執導

《元史志卷十八》　四

從入至皇后宮庭捧牙牌跪報外辦內侍入啟出傳

旨曰可引進使僕伏興皇后出閤陞輦引進使引導

從導至殿東門外引進使分退押直至璽塗之次引

導從倒卷出俟兩宮外御榻鳴鞭三劈正斧退立於

露階東司晨報時雞唱畢尚引引殿前班皆公服分

左右入日精月華門就起居位相向立通班舍人唱

引左右衞上將軍薰殿前都點檢臣某以下起居齊宣

引唱曰鞠躬曰平身引至丹墀拜位知班報班齊宣

贊唱曰拜通贊贊曰鞠躬曰拜曰興曰拜曰興曰都

點檢稍前宣贊報曰聖躬萬福通贊贊曰復位曰拜

林茂實

《元史志卷十八》 五

曰興曰拜曰平身曰搢笏曰鞠躬曰三舞蹈曰
跪左膝三叩頭曰山呼曰山呼曰再山呼曰出笏曰興曰拜曰興曰
拜曰興曰平身曰搢笏曰鞠躬曰三舞蹈曰
跪左膝三叩頭曰山呼曰山呼曰再山呼

通贊贊曰鞠躬曰拜曰興曰拜曰興曰平身曰搢笏
曰鞠躬曰三舞蹈曰跪左膝三叩頭曰山呼曰山呼
曰再山呼曰出笏曰就拜曰興曰拜曰興曰
曰平身侍儀使詣丞相前請進酒雙引升殿門前行樂
工分左右引登歌者及舞童舞女以次升殿門外露
階上登歌之曲各有名音中本月之律先期翰林院司
前行色曲將半舞旋列定通贊唱曰分班樂作侍儀
使引丞相由南東門入宣徽使奉觴隨至御榻前丞相
跪宣徽使立于東南曲終丞相祝贊曰溥天率土祈

位通班唱曰文武百僚開府儀同三司錄軍國重事
監修國史右丞相無具官臣某以下起居典引贊唱曰鞠
躬曰平身引至丹墀拜位報班齊宣贊唱曰鞠
躬曰拜曰興曰拜曰興曰平身引丞相至丹墀拜位知
班報班齊宣贊唱曰鞠躬曰拜曰興曰拜曰興曰平
身引各恭事兩班點檢宣徽將軍
拜曰出笏曰就拜曰興曰拜曰興曰
拜曰興曰平立宣贊曰各恭事兩班點檢宣徽將軍
萬萬歲傳再山呼應和〔凡傳山呼謙應和〕
分左右立殿宿直以下分立殿前尚廐分立伏南管
旗分立大明門南楹侯后妃諸王駙馬以次賀獻禮
畢典引引丞相以下皆公服入日精門華門就起居

芦东良

元史卷十八 六

天地之洪福同上皇帝皇后億萬歲壽宣徽使咎曰
如所祝丞相祝丞相倪伏興退詣進酒位尚醞官以觴授丞
相舉觴搢笏奉觴北面立宣徽使復位前行色降舞
旋至露階上教坊奏樂樂舞至第四拍丞相進酒皇
帝舉觴宣贊贊唱曰興曰拜曰興曰平身曰搢笏曰
曰鞠躬曰拜曰興曰侍儀使雙引自南東門出復位
樂止觴授尚醞官出笏曰興曰拜曰興曰
官執曲至尚醞正七年進酒盃以御榻前至殿下舞蹈興呼班首
分由南教坊門奏出樂各尚醞官後位班

通贊贊曰鞠躬曰拜曰興曰平身曰搢笏
三舞蹈曰跪左膝三叩頭曰山呼曰山呼曰再山呼
仍領之禮物東行至左樓下太府受之宣贊唱曰拜
倪伏興退同降至橫階至右樓下侍儀
下立侯進讀禮物舍人陸階隨表章西行至
翰林院官讀中書省表畢皆倪伏興退降讀第一重階
人至于下齊跪宣表目舍人先讀中外百司表目
進讀禮物目至第二重階候進讀
部官押進奏表章禮物二案至橫階下宣禮物舍人
拜三進酒畢班首降八曰改今比元曰儀通贊贊曰合班禮
拜八年十二月

史院翰國

芦东良

曰出笏曰就拜曰興曰拜曰興曰平立僧
道耆老外國蕃客以次而賀禮畢大會諸王宗親駙
馬大臣宴饗殿上侍儀使引丞相等陞殿侍宴凡大
宴之禮殿上之服衣服同制謂之質孫〈見宴樂節折〉
其繫之半預宴之服人所獻之鮮及脯鱐
四品以上賜酒殿上引五品以下賜酒于日精
月華二門之下宴畢鳴鞭三侍儀使導駕引進使導
后還寢殿如來儀

天壽聖節受朝儀〈如元正儀〉

郊廟禮成受賀儀〈如元正儀〉

皇帝即位受朝儀

前期三日習儀于萬安寺前二日陳設于殿庭前一
日設宣詔位于闕前至期大昕侍儀使引導從護尉
各服其服至皇太子寢閤前捧牙牌跪報外辦內侍
傳旨曰可侍儀使俛伏興皇太子出閤侍儀使前導
由崇天門入升大明殿引進使引導從至皇太子妃
閤前跪報外辦內侍出傳旨曰可引進使引導從前
導由鳳儀門入俟諸王以國禮扶皇帝登寶位畢鳴
鞭三尚引引點檢以下皆公服入就起居位拜〈起居〉如〈元贊〉儀
〈正朝〉兩班點檢宣徽將軍宿直尚廄管旗各恭事俟

后如諸王駙馬以次賀獻禮畢參議中書省事四人
以籠奉詔書由殿左門入至御榻前參議中書省事
跪奏詔文俛伏興以詔授典瑞使押寶畢置于籠對
舉由正門出樂作至闕前以詔置于案文武百僚各
公服就位北向立侍儀使稱有制宣贊
躬曰拜曰興曰拜曰興曰平身侍儀使以詔授左司
典引引班首至香案前通贊
出笏曰就拜曰興曰拜曰興曰復位宣贊
司香贊曰搢笏通贊贊曰跪唱曰上香贊曰三上香贊

郎中郎中跪受同譯史稍西陞木榻東向宣讀通贊
贊曰在位官皆跪讀詔先以國語宣讀隨以漢語譯
之讀畢降榻以詔授侍儀使侍儀使置于案通贊贊
曰就拜曰興曰拜曰興曰搢笏鞠躬曰
三叩頭曰山呼曰山呼曰再山呼
曰出笏曰就拜曰興曰拜曰興曰平立典
引引丞相以下皆公服入就起居位起居〈酒獻表賜宴並祝頌同〉
三舞蹈曰跪左膝三叩頭曰山呼曰山呼曰再山呼
曰出笏曰就拜曰興曰拜曰興曰平立
殿如來儀次日以詔頒行

〈元正受〉朝儀宴畢鳴鞭三侍儀使導駕引進使導后入寢

群臣上皇帝尊號禮成受朝賀儀

前期二日儀鸞司設大次于大明門外又設進冊案
于殿內御座前之西進寶案于其東設受冊案于御
座上之西受寶案于其南禮儀司設冊案于香案南
北面引冊案前冊案副位于廷中引寶案奉寶
寶案又于其南禮儀使冊案前冊使位于右引寶奉寶
鶴簨案方輿中道冊使等奉隨入大次內方輿奠案
侍儀使讀寶寶捧寶官位于左以北為上百官自金玉府
舉寶案讀寶寶捧寶官
迎冊寶安中書省如常儀前期一日右丞相率公
卿朝服衛音樂導冊寶二案出自中書至闕前控
昕右丞相以下百官各公服集闕廷儀仗護尉就位

侍儀禮儀使引導從導皇帝升大明殿引進使引
導從導皇后升殿尚引引殿前班入起居位起山
呼拜舞畢宣贊唱曰各恭事皇太子諸王后妃公主
以次升殿鳴鞭三侍儀使引冊導寶導冊正門
大夫率冊使由左門入至殿下置冊案于香案南
史大夫率寶官由右門入奉寶使御
入樂作奉冊
以樂止侍儀使引冊使以下就起居
位典引贊曰通班舍人唱曰入丈武百僚具
寶案又奠于其南樂止侍儀使引冊使以下就起居
官臣某以下起居典引贊曰鞠躬曰平身引至丹墀

拜位宣贊唱曰拜通贊贊拜舞蹈山呼如常儀畢承
奉班都知唱曰奉上冊寶侍儀司引冊
使以下進就位樂作掌儀贊曰奉寶官
捧寶侍儀使前導由中道升正階立于紫冊
就拜曰興曰平身曰復位曰奉寶官興俱
儀贊曰捧冊寶官跪置于紫曰奠寶
由左門入奉寶至御榻位前冊寶跪置于盤對舉
使諸冊寶官由右階隨奉寶使諸寶官由左階隨畢俱
捧寶侍儀使以下進就位樂作掌儀贊曰奉冊寶官
冊官興俱至案前跪曰讀冊讀冊官稱臣其謹
冊官興俱至案前跪曰搢笏取冊于匣置于盤對舉

讀冊讀畢舉冊官納冊于匣興以授典瑞使出笏立
于冊案西南典瑞使置于受冊案掌儀贊曰舉寶官
俱至案前跪曰讀寶讀寶官稱臣其謹讀寶讀畢舉
寶官納寶于盂興以授典瑞使出笏立于寶案東南
典瑞使置于受寶案掌儀贊曰奉詔書由殿
左門入至御榻前跪讀詔文如常儀授典瑞使押寶
畢置于籠對舉由正門出至丹墀北置于詔案東南
以下由南東門出就位聽詔如儀儀鸞使四人舁進

冊寶案由左門出侍儀使引班首由左階隨前行色
樂作至宇下樂止樂旋至露階立班首入殿徹使
奉隨班首跪宣徹使西比向立班首致詞曰冊寶禮
畢顧上皇帝皇后萬萬歲壽宣徹使應曰如所祝樂
作通贊唱曰分班進酒畢班首由南東門出降階後
位樂止通贊唱曰合班奏進表章禮物贊拜舞蹈山
呼錫宴並如元正之儀

冊立皇后儀

前期二日儀鸞司設發冊寶案于大明殿御座前稍
西設發寶案稍東掌謁設香案于皇后殿前設冊案
于殿內座榻前稍西寶案稍東設受冊案于座榻上
稍西設受寶案于稍東侍儀司設板位冊使副位于
廷中比面冊官位于右寶官位于左冊儀使位于冊
案前主節位于太尉以下于闕廷各公服侍儀使引
引贊叙太尉以下于闕廷亦如之至期大昕
冊使禮儀使引冊奉冊副引寶奉冊官舉冊讀冊官引
使禮儀使引冊奉冊舉冊讀冊官捧寶讀冊官捧
冊使禮儀使引奉冊副引寶奉冊官捧牙牌入至寢
精門入至露階下依板位立侍儀使捧牙牌入至寢
殿前跪報外辦內侍入奏出傳制曰可侍儀使
與皇帝出閤升輦鳴鞭三侍儀使引導從導皇帝入

大明殿陛御座前鳴鞭三司晨報時雞唱畢尚引引殿
前班入起居位踏山呼贊拜舞蹈儀宣贊唱曰各恭事引
引冊使以下入就位掌儀舍人引承奉班都知引儀
使禮儀使主節捧冊寶官捧寶官升自左階由南東門入
至御座前分左右相向立掌儀贊曰禮儀使稍前跪
曰太尉以下皆跪禮儀使贊曰就拜曰興曰平身曰後位
儀贊曰內謁者稍前搢笏捧冊寶官跪受與掌儀贊曰
掌儀贊曰以冊授捧冊寶官搢笏捧冊寶官跪受與掌儀
主節官搢笏持節禮儀使引節導冊寶由正門出至
露階南向立禮儀使稱有制承奉班都知唱曰太尉
以下皆冊拜通贊曰鞠躬曰拜曰興曰平身曰
身禮儀使宣制曰命太尉其等持節授皇后冊寶通
贊曰鞠躬曰拜曰興曰平身降至露階
下依次就位掌儀使曰以冊寶置于案曰出笏後
位方輿昇以行樂作侍儀使禮儀使引太尉及冊寶
官奉隨至皇后宮庭奠案樂止掌儀使唱曰奉隨由正階隨至
稍前搢笏捧冊寶使太尉以下奉隨由正階隨至
前掌儀贊曰以冊寶置于案曰出笏後位侍儀
稍前跪報外辦內侍入惢出傳旨曰可侍儀使俛伏

興皇后出閤詣褥位太尉稱制遣臣某等恭授皇后
冊寶內侍贊禮曰跪掌儀贊曰太尉以下侍
贊皇后曰上香曰上香曰三上香曰太尉以下皆興皇后
興掌儀贊曰太尉以下皆興皇后陞殿立于榻前
承奉班都知唱曰太尉以下皆進冊寶由正門至殿內掌儀
臣某謹讀冊讀畢納冊于匣掌儀贊曰出笏舉寶官

興至案前跪擗笏取寶于盂對舉曰讀寶請興取寶讀寶
前跪曰讀寶讀寶官稱臣某謹讀寶讀畢納寶于盂
掌儀贊曰出笏贊曰就拜興平身太尉以下皆就拜興
冊寶官以冊寶授太尉太尉以授掌謁掌謁以冊寶
置于受冊寶案掌儀唱曰太尉以下跪眾官皆跪
太尉致祝辭曰冊寶禮畢伏願皇后與天同筭司徒
應曰如所祝就拜興平身皇后進酒樂作皇后飲畢
樂止禮儀使引御引主節引主節由正門以出侍儀使引太
尉以下由左門至階下比面立承奉班都知唱曰太
尉以下皆再拜通贊曰鞠躬曰拜曰興曰拜曰興曰太

寶冊置于案掌儀贊曰舉冊官興至案前跪曰讀
下皆跪對舉曰舉冊官興至案前跪曰擗笏讀冊官興
于盂對舉曰讀冊讀冊官稱臣某謹讀冊讀畢納冊于匣掌儀贊
興至案前跪擗笏取寶于盂對舉曰讀寶請興取寶讀寶

平立侍儀使引太尉以下還詣皇帝御座前跪奏曰
奉制授皇后冊寶謹以禮畢臣興由左門以出降
詣旁折位侍儀使引導從詣皇后詣大明殿前謝恩
掌謁贊曰拜曰興曰拜曰興曰侍儀使分退掌謁導皇
后升御座典引贊曰拜曰興曰拜曰興曰侍儀使分
儀使詣右丞相前請進酒雙引升殿至宇下褥位
贊唱曰分班樂作侍儀使引右丞相由南東門入宣
徽使奉隨至御榻前右丞相跪宣徽使立于東南
終右丞相祝贊曰冊寶禮畢臣等不勝慶抃同上皇

帝皇后萬萬歲壽宣徽使應曰如所祝右丞相俛伏
興退詣進酒位贊獻大宴殿上並如元正儀
鞭三侍儀使導駕引進使導后還寢殿如來儀

冊立皇太子儀

前期三日右丞相率百僚至金玉局冊寶案前稍前
贊曰鞠躬曰拜曰興曰拜曰興曰平身曰上香曰上香曰三上
香曰出笏就拜曰興曰拜曰興曰平身班首稍前
曰跪曰在位官皆跪曰擗笏曰上香曰上香曰三上
香曰出笏就拜曰興曰拜曰興曰平身班首稍前
侍儀使舍人分引群臣儀衛音樂道至中書省正位
安置前期二日儀鑾司設發冊案于大明殿御座西

發寶案于東典寶官詣香案于太子殿前階上設
案于西寶案于東又設受冊案于殿內座榻之西受
寶案于東侍儀司設板位太尉冊使副位于大明殿
廷太尉位居中冊使位于右寶官位于左禮儀使位
于前主節官位于太尉之左太子殿廷冊使亦如之
前敘立亦如之右丞相率百僚朝服至中書省冊案
布置定舍人贊曰鞠躬曰拜曰興曰拜曰興曰平身
身曰班首稍前曰跪曰搢笏曰在位官皆跪曰上香
曰上香曰三上香曰出笏曰就拜曰興曰拜曰興曰
拜曰興曰平立舍人分引群臣儀衛導從音樂傘扇

導至闕前控鶴奠案方輿官昇之由中道入崇天門
冊使以下奉隨至露階下方輿官置冊案于西寶案
千東分退立于兩廡冊使副北面引冊官舉冊官讀
冊官捧冊官位于冊案東西向引寶官舉寶官讀寶
官捧冊官位于寶案東西向掌儀舍人贊曰捧寶官
稍前曰搢笏曰捧冊官又贊曰搢笏曰捧寶官稍前
棒寶待儀使引進使引寶官前道捧冊官曰搢笏曰
次之冊使副以下奉隨升大明殿午階由正門入至
進發冊寶案前冊使副北面立引冊官舉冊官讀
官舉寶官以下分左右夾冊寶案立掌儀贊曰以冊

寶置于案曰出笏曰復位侍儀使引奉冊使以下由
左門出百辟趨退至期大昕引贊引冊使以下公
服敘立于闕廷侍儀使導從皇帝出閣鳴鞭三陛大
明殿登御座尚引殿前班入起居位起居贊拜如
儀宣贊唱曰各恭事引贊引冊使以下入就位掌儀
舍人引承奉班都知侍儀使引主節郎捧冊寶官捧
贊官升自左階由左門入至御座前分左右立掌儀
寶官禮儀使稍前曰跪曰眾官皆跪禮儀使奏請發
皇太子冊寶掌儀唱曰就拜曰興曰平身曰拜曰興
興曰復位曰內謁者稍前曰搢笏冊寶跪進皇

帝曰以冊寶授捧冊寶官捧冊寶官跪受興掌儀贊
曰主節郎搢笏持節禮儀使引節導冊寶由正門以
出至露階南向立禮儀使稱有制承奉班都知唱曰
太尉以下皆再拜掌儀贊曰鞠躬曰拜曰興曰拜曰
興曰平身禮儀使贊曰鞠躬曰拜曰興曰拜曰
子冊寶掌儀贊曰宣制曰上命太尉等持節授皇太
禮儀使主節前導冊寶降至露階下依次就位掌儀贊
曰以冊寶置于案曰出笏曰復位方輿莫案控鶴昇以行樂作
侍儀使禮儀使引節導冊寶以下奉隨由正門出
至闕前方輿莫案控鶴昇以行至皇太子殿廷控鶴

黄案方輿舁以行入至露階下奠案方輿退樂止冊使以下以次立掌儀贊曰捧冊寶官稍前搢笏捧冊寶待儀使引節主節導冊寶官以下由正階隨節立于香案之西掌儀贊曰行冊寶使以下置于案上笏曰香案前掌儀贊曰皇太子就位右庶子跪報列備內侍香案前掌儀贊曰皇太子跪曰俛伏興曰上香曰上香曰三上香曰拜曰興曰拜曰興太尉前稱制導臣其等恭授皇太子冊寶復位掌儀贊曰皇太子拜曰興曰拜曰興請皇太子詣褥位南向立曰皇太子跪曰諸執事

官皆跪曰舉冊官興至案前曰跪曰讀冊讀畢曰納冊于匣曰出笏掌儀唱曰舉寶官興至案前曰跪曰讀寶讀畢曰納寶于匣曰出笏掌儀唱曰讀冊寶官皆寶復位掌儀贊曰太尉進授冊寶待儀使引太尉司徒至冊寶案前搢笏寶跪受掌儀贊曰皇太子典冊使以下皆興右庶子左右庶子捧冊寶道皇太子入殿右庶子奠冊于受冊案左庶子捧寶案左子典冊於殿西北引贊曰引太尉以下皆冊拜寶案引節引主節立于殿西北引贊曰太尉以下皆階復位北向立承奉班都知唱曰太尉以下皆冊拜

掌儀贊曰鞠躬曰拜曰興曰拜曰興曰平身樂作待儀使詣太尉前請進酒太尉入至殿內進酒畢降復位樂止侍儀使禮儀使主節導太子冊寶以下還詣大明殿御座前跪奏曰奉制授皇太子冊寶謹以禮畢俛伏興興曰興曰拜曰興曰拜曰興曰皇太子詣大明殿前請進酒雙引升殿至宇下褥位立侍儀使詣分班贊曰拜曰興曰拜曰興曰皇太子導右庶子左右相御座前謝恩右丞相贊曰拜曰興曰拜曰興曰又樂作侍儀使奉丞相由南東門入宣徽使奉隨至御

榻前右丞相跪宣徽使立于東南曲終右丞相祝贊曰皇太子冊寶禮畢臣等不勝慶抃同上皇帝皇后萬萬歲壽宣徽使應曰如所祝右丞相俛伏興興退詣進酒位進酒進表章禮物贊拜如元正儀駕陸殿典三侍儀使導駕還寢殿如來儀皇太子還詣殿陛殿典引引羣臣入就起居位通班自班西行至中道唱曰其官某以下起居位起居通班引贊曰鞠躬曰宣贊唱曰拜通贊贊曰鞠躬曰拜曰興曰平身曰平身待儀使贊曰班首前請進酒雙引由左階至殿宇下褥位立侍儀使詣班分左右北向立俟前行色曲將半舞

旋列定通贊唱曰分班班首入自左門右庶子隨至
座前班首跪右庶子立于東南俟曲終班首致祝詞
曰寶禮畢顧上殿下千秋之壽右庶子應曰如所
祝班首俛伏興退至進酒位擅笏捧觴北向立右庶
子退復位俟舞旋至露階下樂舞至第四拍班首進酒
宣贊唱曰文武百僚皆再拜通贊贊曰鞠躬曰拜曰
興曰拜曰興曰平身班首自東門出復位樂止通贊
下先讀箋目次讀箋讀畢俛伏興降至階下進禮
物官阼階至宇下跪讀禮物狀畢俛伏興退同讀箋
官至橫階隨箋案西行至右廡下禮物案東行至左
廡下各付所司宣贊贊曰拜通贊贊曰至宇
興曰拜曰興曰平立右庶子導皇太子還閤

太皇太后上尊號進冊寶儀

前期二日儀鸞司設進發冊寶案于大明殿御座之
前掌謁設進發冊寶案于太皇太后殿座榻前設受冊
寶案于座榻上並冊寶官位右寶官位左禮儀司設受冊
廷中北面冊官位右寶官位左禮儀司設副位于前以北
爲上太皇太后殿廷亦如之至期大昕羣臣皆公服

叙位關前侍儀使禮儀使引冊使奉冊寶舉冊讀
冊捧冊官由華門入侍儀使禮儀使引冊副引寶
奉寶舉寶讀冊寶官捧寶由月華門入侍儀使禮儀使
位立侍儀使捧牙牌入至寢殿前跪報外辦內侍入
奏出傳制曰可侍儀使俛伏興皇帝出閤升輦鳴鞭
三入大明殿陛御座之鳴鞭三司晨報時雞唱畢侍儀
使禮儀使引冊使以下陞自東階由左門入至御榻
前相向立掌儀贊曰冊使以下皆跪禮儀使奏請進發太皇太后
前跪曰冊使以下皆跪禮儀使奏請進發太皇太后
中嚴又贊曰就拜曰興曰平身曰復位曰禮儀使稍
前跪曰冊寶掌儀贊曰就拜曰興曰平身曰復位曰內謁者
稍前曰擅笏奉冊寶上進曰冊使副捧冊寶官稍前
冊寶由正門出笏復位方輿舁行樂作侍儀禮
興以授捧寶官出笏侍儀禮儀使引冊引寶官導
使跪受興以授捧冊副冊授冊官跪受
儀使引冊引寶前導冊使以下奉隨至階下掌儀贊曰
冊寶置于案曰出笏復位方輿舁行樂作侍儀禮
案樂止侍儀使引冊使以下奉隨至太皇太后寢殿前莫
外辦掌謁入啓出傳旨曰可侍儀使俛伏興侍儀使

掌謁前導太皇太后陛殿導太皇太后時侍儀使入
至大明殿陛奏冊寶至興聖宮請行禮駕興鳴鞭三
侍儀使前引導從至興聖宮陛御座侍儀使出至案
所樂作方興入至露階下奠案冊使副立于案前冊
官東向寶官西向方興案冊使退立于兩廂樂止尚引
殿前班入起居位相向立起居通
宣贊唱曰攝其官具官贊引冊
舍人唱曰各恭事贊曰具官某
贊贊曰鞠躬曰拜舞如儀禮畢
唱曰拜通贊贊曰鞠躬曰拜興曰平身

《元史志卷十八》 廿一

宣贊唱曰各恭事進至案前依位立宣贊唱曰太尉
以下進上冊寶掌儀贊曰捧冊
寶侍儀使引冊寶官前導冊寶官捧冊寶隨至御榻進冊寶
案前掌儀唱曰出笏復位捧冊寶置于案
與冊官俱至案前跪掌儀贊曰舉冊笏取冊
匣置于盤對舉至案前跪掌儀贊曰就拜曰興曰平身
寶于盂對舉曰讀寶官讀寶畢舉
寶官納寶于盂掌儀贊曰出笏曰

曰眾官皆興曰復位曰太尉司徒奉冊寶官稍前曰
捧冊寶官稍前曰捧冊寶上進曰皇帝躬授
太皇太后寶稍前曰皇帝躬授
置于案皇帝冊太皇太后以冊寶授內掌謁內掌謁
座畢掌儀贊曰皇帝復位侍儀使引冊御
左右出就位皇帝率皇后及后妃公主降丹墀比面
拜賀殿皇太子及諸王拜賀陛殿典禮畢
就起居位通班報班齊宣
起居曰鞠躬曰平身引至丹墀知班報班齊宣
贊唱曰拜通贊贊曰鞠躬曰拜曰興曰平身

《元史志卷十八》 廿二

身侍儀使詣班首前請進酒雙引至殿宇下褥位立
進酒位
　　元正儀以下並同
帝億萬歲壽宣徽使應曰如所祝班首俛伏興退詣
祝贊曰冊寶禮畢臣等不勝欣抃願上太皇太后皇
南東門入宣徽使奉隨至御榻前班首跪曲終班首
佐舞旋列定通贊唱曰分班樂作侍儀使引班首由
太皇太后加上尊號進冊寶儀同前儀
皇太后上尊號進冊寶儀同前儀
太皇太后上尊號進冊寶儀同前儀
進幣冊寶道從
清道官二人警蹕二人並分左右皆攝官服本品朝

雲和樂一部署令二人分左右次前行戲竹二次排
簫四次簫管四次柷二次歌四次板二次分左右前行內
琵二十次筝十六次篪四次笙篪十六次龍笛二十八次八
次頭管二十八次龍笛二十八次篆十六次方響八
杖鼓三十為八重次柷八為四重板內大鼓二工二
人舁八人樂工服並與鹵簿同法物庫使二人服本
品服次朱團扇八為二重次小雉扇八次中雉扇八
次大雉扇八分左右為十二重次朱團扇八為二重
次大傘二次華蓋二次紫方傘二次紅方傘二次曲

蓋二並分左右執傘扇所服並同立仗
圍子頭一人中道次圍子八人分左右服與鹵簿內
同

安和樂一部署令二人服本品服札鼓六為二重前
四後二次和鼓一中道次柷二分左右次龍笛四次
頭管四並為二重次笙二並分左右次雲
墩一中道次篆二分左右樂工服與鹵簿內同
傘一中道次槁左路右執人皂巾大團花緋錦襖金塗
銅束帶行縢鞋襪
拱衛使一人服本品服

舍人二人次引寶官二人並分左右服四品服
香案中道輿士控鶴八人服同立仗內表案輿士侍
香二人分左右服四品服
寶案中道輿士控鶴十有六人服同香案輿士秀輿
官三十人夾香案寶案分左右而趨至殿門則控鶴
退方輿官舁案以陞唐巾紫羅窄袖衫金塗銅束帶
烏靴
引冊二人四品服
香案中道輿士控鶴八人服同寶案輿士侍香二人
分左右服四品服
冊案中道輿士控鶴十有六人服同寶案輿士方輿
官三十人夾香案冊案分左右而趨至殿門則控鶴
退方輿官舁案以陞巾服與寶案輿官同
葆蓋四十人次儀鍠四十人次閤伏舍人二人服同
十人次儀鍠四十人夾雲和樂傘扇分左右服同
立仗

供衛使二人服本品朝服次班劍十次梧杖十二次
斧十二次鐖杖二十次列絲十皆分左右次水觀左
金盆右次刻絲十次立瓜十次金杌左鞭桶右蒙鞭
左散手右次立爪十次卧爪三十並夾葆蓋小戟儀

鍠分左右行服並同鹵簿內
拱衛外舍人二人服四品服引導冊諸官次從九品
以上次從七品以上並本品服
冊案後舍人二人服四品服次
金吾折衝二人牙門旗二每旗引執五人次青稍四
十人赤稍四十人黃稍四十人白稍四十人紫稍四
十人並堠鏊甲靴各隨稍之色行導冊官外
儀使二人分左右次舉冊官四人右舉寶官四人左
次讀冊官二人右讀寶官二人左次閤門使四人分
左右並本品服
知班六人分左右服同立伏往來視諸官之失儀者
而行罰焉

冊寶攝官

上尊號冊寶凡攝官二百一十有六人奉冊官四人
奉寶官四人捧冊官二人讀冊官二人捧寶官二人
讀寶官二人引冊官五人引寶官五人典瑞官三人
糾儀官四人殿中侍御史二人監察御史四人閤門
使三人清道官四人點試儀衛五人司香四人備顧
問七人代禮官三十人拱衛使二人押伏二人方輿
一百六十人

上皇太后冊寶攝官百五十人攝太尉一人攝司
徒一人禮儀使四人奉冊官二人引
官二人引寶官二人舉冊官二人讀
官二人捧冊官二人捧寶官二人奉
人讀寶官二人折衝都尉二人拱衛使二人奏中
糾儀官四人代禮官四十二人掌謁四人司香十二
嚴一人主當內侍十人閤門使六人充內臣十三人
四人方輿官百二十人
上太皇太后冊寶凡攝官百八十人攝太尉一人攝
太尉一人攝司徒同前

授皇后冊寶凡攝官百八十人攝太尉一人攝司徒
一人讀冊官二人讀寶官二人內臣職掌十人宣徽使
二人引冊官二人引寶官二人舉冊官二人舉寶官
二人折衝都尉二人警蹕官四人中宮內臣九人
官四人閤門使四人代禮官三十七人侍香二人清道
二人接寶內臣二人接冊內臣
七十三人

一人主節官二人禮儀使四人奉寶官
一人捧冊官一人讀冊官二人引
授皇太子冊凡攝官四十有九人攝太尉一人奉冊
官二人持節官一人捧冊官二人引
官二人攝禮儀使二人主當內侍六人副持節官五

人侍從官十一人代禮官十六人

攝行告廟儀

〔如受尊號上太皇太后皇后皇太子凡國家大典禮告宗廟冊寶冊立皇后〕

前期二日太廟令掃除内外翰林國史院學士譔寫
祝文前一日告官詣盥洗爵洗位北向立擡笏手帨
服奉祝版進請御署訖差控鶴用紅羅銷金案擡舁
覆以黃羅帕并奉御香御酒如常儀迎至祀所齋宿
告日質明前三刻禮直官引太廟令率其屬入廟殿
開室陳設如儀禮直官引告官等各服服紫服以次入
就位東向立定禮直官稍前贊曰有司謹具請行事
贊者曰再拜在位者皆再拜禮直官先引執事者各
就位次引告官詣盥洗爵洗位北向立擡笏手帨
手洗爵拭爵訖執笏請詣酒尊所擡笏執爵司尊者
舉冪良醞令酌酒以爵授奉爵官執笏詣太祖室再
拜執事者奉香告官擡笏跪三上香執笏俛跪對舉祝
盧爵授奉爵官執笏俛伏興舉祝官擡笏跪對舉
版讀祝官跪讀祝文訖奠祝於案執笏俛伏興禮直
官贊告官再拜畢每室並如上儀告畢引告官以下皆
降復位再拜訖詣望座燔祝再拜半燎告官以下皆
退

國史院進先朝實錄儀

是日大昕諸司官具公服立于光天門外侍儀使引
實錄案以入監修國史以下奉隨至光天殿前分班
立皇帝陛御座宣贊唱曰鞠躬贊曰拜興曰拜興曰
興曰拜興曰平身待制四人奉實錄陞自午階監
修國史以下皆再拜通贊立侯御降復位應
奉翰林文字陛至御前香案南立衆官陞降自午階
翰林學士承旨陛至御前分班立侍御覽畢降復位
宣贊唱曰鞠躬贊曰拜興曰拜興曰興曰拜興曰
興曰拜興曰平身待制取實錄降自午階
拜曰興曰拜曰興曰平立百僚趨退
置于案由光天門以出音樂儀從前導還國史院置
于堂上通贊贊曰鞠躬曰拜曰興曰拜曰興曰平身
曰擡笏曰上香曰三上香曰出笏曰就拜曰
興曰拜曰興曰拜曰興曰平立百僚趨退

志卷第十八

翰林學士中大夫知　制誥兼修　國史臣宋濂　翰林待制本宣郎兼　國院編修官臣王禕奉
勅修

禮樂二

制樂始末

太祖初年以河西高智耀言徵用西夏舊樂太宗十年十一月宣聖五十一代孫衍聖公元措來朝言于帝曰今禮樂散失燕京南京等處亡金太常故臣及禮冊樂器多存者乞降旨令各處官民官如有亡金知禮樂舊人可并其家屬徙趙東平令元措領之於本路稅課所給其食十一年元措奉旨至燕京得金掌樂許政掌禮王節及樂工翟剛等九十二人十二年夏四月始命製登歌樂肄習于曲阜宣聖廟十六年太常用許政所舉大樂令苗蘭詰東平指授工人造琴十張一絃三絃五絃七絃九絃者各二憲宗二年三月五日命東平萬戶嚴忠濟立局製冠冕法服晃簴儀物肄習五月十三日召太常禮樂人赴日月山八月七日學士魏祥卿徐世隆郎中姚樞等以樂工李明昌許政吳德段楫冠忠杜延年趙德等五十餘人見于行宮帝問制作禮樂

之始世隆對曰堯舜之世禮樂興焉時明昌等各執鐘磬笛簫箎塤巢笙於帝前奏之曲終復合奏之九終十一日始用登歌樂祀昊天上帝于日月山祭畢命驛送樂工還東平三年時世祖居潛邸命當世祖以潛邸次瀍州下教命嚴忠濟督宋周臣以得禮樂舊人肄習宜如故事勉行之毋忽冬十有一月勅樂工老不堪任事者以子孫代之不足者以他戶補之中統元年春正月命撫廉希憲等召太常東平府公事周臣兼領大樂禮官樂工以所肄習仍令萬戶嚴忠濟依禮樂人至燕京夏六月命許唐臣等製樂器公服法服秋七月七日工畢十一日用新製雅樂享祖宗于中書省禮畢賜預祭官及禮樂人百四十九人鈔有差八月命太常禮樂人復還東平二年秋九月勅太常少卿王鏞領東平樂工常加督視肄習以備朝庭之用五年太常寺言自古帝王功成作樂以備一代盛德形容於是乎在伏覩皇上踐阼以來留心至治之禮首勅有司修完登歌宮縣八佾樂舞以備郊廟之用若稽古典宜有徽稱謹案歷代樂名黃帝曰咸池龍門大卷少昊大淵顓頊六

莖高辛五英唐堯大咸大章虞舜大韶夏禹大夏商
湯大濩周武大武降及近代咸有厥名宋總名曰大
晟金總名曰大和今採輿議權以數名名之詳定曰
大成按尚書簫韶九成鳳凰來儀樂記曰王者功成
作樂詩云大明天人之道曰大順易曰天之所助者
德能大明天人之道曰大明按白虎通言如唐堯之
為異禮運曰大道之行也故人不獨親其親不獨子
其子是之謂大同曰大豫易曰豫順以動故天地如
曰順乎天而應乎人曰大同按白虎通言如唐堯之
之象曰雷出地奮豫先王以作樂崇德殷薦之上帝

以配祖考中書省遂定名曰大成之樂乃上表稱賀
表曰離日中天已覩文明之化豫雷出地又聞正大
之音神人以和祖考來格欽惟皇帝陛下潤色洪業
游意太平爰從龍邸之潛久敬鳳儀之奏及登寶位
方嚴禋祀當備聲容屬天語之一宣迺春官之畢會
申命鼎司謂雖陳堂上之登歌而尚闕庭前之佾舞
臣等素無學術徒有汗顏率求舊署之師工仍討累
朝之典故按圖索器永言和聲較鐘律於積黍之中
續琴調於絕絃之後金而模石而琢礪斯竪筍斯橫
合八音而克諧閱三歲而始就列文武兩階之干羽

象帝王四面之宮庭一洗哇淫之聲可謂盛大之舉
既完雅器未錫嘉名蓋聞軒昊以來俱有咸雲之號
莖英韶以象德夏濩武勺以表功洪惟國朝誕受
天命地大物鉅人和歲豐宜符古記之文稱曰大成
之樂漢庭聚議作童和歲豐敢望於二覆舜殿鳴弦率舞頌
觀於百獸至元元年冬十有一月括金樂器散在寺
觀民家者先是括到燕京鐘磬等器九三百九十有
九事下耀剛辨驗給價至是大興府又以所括鐘磬
樂器十事來進太常因言亡金散失樂器若止於燕
京拘括似為未盡合於各路寺觀民家括之廣省鑄

造於是奏檄各道宣慰司括到鐘三百六十有七磬
十有七錞一送于太常又中都宣德平灤順天河東
真定西京大名濟南北京東平等處括到大小鐘磬
五百六十有九其完者景鐘二鑄鐘十六大聲鐘十
中聲鐘一少聲鐘二十有七編鐘一百五十有五編
七其不完者景鐘四鑄鐘二十有三大聲鐘十有三
中聲鐘一少聲鐘四十有五編鐘二百五十有一編
磬十有四三年初用宮縣登歌樂文武二舞于太廟
先是東平萬戶嚴光範奏太常登歌樂器樂工已完
宮縣樂文武二舞未備凡用人四百一十二請以東

平漏籍戶充之合用樂器官為置備制可命中書省
臣議行於是中書命左三部太常寺少府監於興禪
寺置局委官楊天祐太祝郭敏董其事大府正翟剛
辨驗音律充叔受樂器官丞相耶律鑄又言今製宮
縣大樂內編磬十有二簨宜於諸廬選石材為之太
常寺以新撥宮縣樂工文武二舞四百一十二人未
習其藝遷大樂官郭敏開坐名數以上編鐘
下樂舞官貟及樂令許政佐東平教之大樂署言堂上
製造中書禮部移准太常博士議定制度下所屬行
縣造宮縣樂器既成大樂署郭敏開坐名數以上

磬三十有六簨樹鼓四　同建鞞座晉鼓一路鼓二鼗鼓
二相鼓二雅鼓二柷一敔一笙二十有七
麾蕭篪笛各十琴二十有七瑟十有四單鐸雙鐃鏡
鎛鉦麾旌麾各二補鑄室向成宮縣樂器咸備請徵
如其數省臣言太廟殿編鐘百九十有二靈壁石磬
東平樂工赴京師肄習以俟享廟制可秋七月新樂
服成樂工至自東平敦翰林院定撰八室樂章大樂
署編運舞郎俾習之冬十有一月有事于太廟宮
縣登歌樂文武二舞咸備其迎送神曲太宗曰來成之曲
烈祖曰開成之曲太祖曰武成之曲太宗曰文成之

四十一

徐仲明

曲皇伯考术赤曰彌成之曲皇伯考察合帶曰協成
之曲睿宗曰明成之曲定宗曰熙成之曲憲宗曰威
成之曲初獻升降曰肅成之曲司徒奉俎曰嘉成之
曲文舞退武舞進曰和成之曲亞獻酌獻曰順成之
之曲徹豆曰豐成之曲文舞曰武定文舞綏之舞曰武舞
曰內平外成收西域定河南五成取西蜀平南詔六
成克金四成收西夏三
成臣高麗服交趾詳見樂十有二月籍近畿儒戶三
百八十四人以為樂工先是召用東平樂工凡四百一
十二人中書以東平地遠惟留其戶九十有二餘盡

遣還復入民籍十一年秋八月製內庭曲舞中書以
上皇帝冊寶下太常大樂署編運無射宮等曲
及上壽曲譜當時議殿庭不果用十三年以近畿樂戶多
逃亡僅得四十有二復徵用東平樂工二十六年冬十月
月命太常卿忽都于思召太常樂工是月十一日大
樂令完顏椿等以樂工見于香閣文郎魏英舞迎神
黃鐘宮武郎安仁舞亞獻無射宮曲大寧等曲
昭廟順聖皇后將祔廟製昭廟順聖皇后室曲舞十
九年王積翁奏請徵亡宋雅樂器至京師置於八作
司二十一年大樂署言宜付本署掌中書命八作

四十五

徐仲明

司與之鑄鐘二十有七編鐘七百二十有三特磬二
十有二編磬二十有八鏄六單鐸雙鐸各五鉦鐸各
八二十二年冬閏十有一月太常卿忽都于思奏大
樂見用石磬聲律不協稽諸古典磬石莫善於泗濱
女直未嘗得此今泗在封疆之內宜取其石以製磬
大樂令陳革等奏太廟樂器簡應律者百有五二十
牛全詣泗州採之得磬璞九十製編磬二百三十命
從之選審聽音律大樂正趙榮祖及識辨磬材石工
遂補鑄編鐘八十有一合律者五十磬

二十九年四月太常卿香山請采石增製編磬
遣孔鑄馳驛往泗州得磬璞五十八製磬九十大樂
令毛莊等審聽之得應律磬五十有八於是編磬始
備三十年夏六月初立社稷命大樂許德良運製曲
譜翰林國史院譔樂章其降送神曰鎮寧之曲正配
盥洗升壇降壇望瘞位皆肅寧之曲初獻
奠玉幣
奠幣之曲徹豆曰豐寧之曲亞終獻曰咸寧之曲
獻曰億寧之曲司徒奉俎徹豆曰豐寧之曲
獻曰保寧之曲
宗祔廟命大樂署編運曲譜舞節翰林定譔樂章世

祖室曰混成之曲裕宗室曰昭成之曲成宗大德九
年新建郊壇既成命大樂署編運曲譜舞節翰林譔
樂章十一月二十八日祀圜丘用之其迎送神曰天
成之曲初獻奠玉幣曰欽成之曲酌獻曰明成之曲
登歌曰隆成之曲望燎如登降
曰寧成之曲惟宮用黃文舞曰崇德之舞徹豆
送神曰凝安之曲初獻盥洗升殿降殿望瘞皆同安
用于廟祀宣聖先令翰林新譔樂章命樂工習之降
器以宋舊樂工施德仲審較應律運至京師秋八月
武舞曰定功之舞十年命江浙行省製造宣聖廟樂
之曲奠幣曰明安之曲奉俎曰豐安之曲酌獻曰成
安之曲亞終獻曰文安之曲徹豆曰娛安之曲蓋舊

大樂署編運皇地祇酌獻大呂宮一曲及舞節翰林
譔樂章九月順宗成宗二室祔廟下大樂署編
運曲譜舞節翰林譔樂章順宗室曰慶成之曲成宗
室曰守成之曲至大二年親享太廟皇帝入門奏順
成之曲盥洗升殿用至元中初獻升降蕭成之曲亦
成之曲出入小次奏昌寧之曲迎神用至元中
來成之曲改曰思成初獻攝太尉盥洗升殿奏蕭寧

之曲酌獻太祖室仍用舊曲改名開成

其詞則太祖舊曲創製神祖詞別祖舊曲仍舊

厚宗室仍用舊曲皇帝飲福登歌奏釐成之曲改名武成

退武舞進仍用舊曲改名武成

皇帝飲福登歌奏釐成之曲

亞終獻酌獻仍用舊曲改名蕭寧

帝出廟延亦曰昌寧之曲

徹豆曰豐寧之曲

常登歌樂祀之先是有命祀先農以登歌樂如祭社

送神曰保成之曲皇

《元史志卷十九》 九

稷之制大樂署言禮祀先農如社遂錄祭社林鐘宮

鎮寧等曲以上蓋金曲也三年冬十月置曲阜宣聖

廟登歌樂初宣聖五十四代孫左三部照磨思遠言

闕里宣聖祖廟釋奠禮父闕祭服登歌之樂未蒙

罷賜宣聖祖廟釋奠樂

製造登歌樂器及祭服以備祭祀廟學祭餘子粒內

書允其請移文江浙製造至是樂器成運赴闕里用

之十有一月勅以二十三日冬至祀昊天上帝于南

郊配以太祖令大樂署運製配位及親祀曲譜舞節

翰林譔樂章皇帝出入中壝黃鐘宮曲二盥洗黃鐘

宮曲一升殿登歌大呂宮曲一酌獻黃鐘宮曲一飲

福登歌大呂宮曲一出入小次黃鐘宮曲一飲

年夏六月武宗祔廟命樂正謝世寧等編曲譜舞節

翰林侍講學士張士觀譔樂章曲名威成之曲譜舞

皇慶二年秋九月用登歌樂祀太上皇宗厚于真定五

華宮自是歲用之至延祐七年春三月奏罷延祐五

年命各路府宣聖廟置雅樂選擇習古樂師教肄生

徒以供春秋祭祀六年秋八月議置三皇廟樂不果

行七年仁宗祔廟命樂正劉璟等編釐獻樂譜舞

節翰林譔樂章曲名曰散成之曲英宗至治二年冬

《元史志卷十九》 十

十月用登歌樂于太廟是月英宗祔廟下大樂署編

運樂譜舞節翰林譔樂章曲曰獻成之曲文宗天曆

二年春三月明宗祔廟下大樂署編運樂譜舞節翰

林定譔樂章曲曰永成之曲

登歌樂器

金部

編鐘一簨簴十有六範金為之筍簴橫曰簨皆雕繪

樹羽塗金雙鳳五中列博山崇牙十有六縣以紅絨

組簴跌青龍籍地以綠油卽梯二加兩趾焉筍兩端

金鰲首銜鏐石璧翟蔡五色銷金流蘇縧以紅絨維之

翰林譔樂章

鐵伐者四所以備獻側在太室以礪地麗因易以石
麟九鐘末奏覆以黃羅雨覆以油絹磬亦然元初
為柄九鐘末奏覆以黃羅雨覆以油絹磬亦然元初
鐘用宋金舊器其識曰大晟大和景定者是也後增
製兼用之

石部
編磬一簴磬十有六石為之縣以紅絨紃簴跗後掜
拊磬者以牛角為之餘箅簴崇牙樹羽壁翠流蘇之
制並與鐘同元初磬亦用宋金舊器至元中始來泗
濱靈壁石為之

絲部
琴十一絃五絃七絃九絃者各二斲桐為面梓
為底冰絃木軫澣質金徽長三尺九寸首闊五寸二
分通足中高二寸七分旁各高二寸尾闊四寸一分
通足中高二寸旁各高一寸五分俱以黃綺夾囊貯
之琴卓縣以綠
瑟四其制底面皆用梓木面施采色兩端繪錦長七
尺首闊尺有一寸九分通足中高五寸旁各高三寸
尾闊尺有一寸七分通足中高四寸旁各高三寸五
分朱絲為絃九二十有五各設柱兩頭有孔疏通相

連以黃綺夾囊貯之架四縣以綠金飾鳳首八
簫二編竹為之每架十有六管闊尺有六分黑撢金
鸞鳳為飾鍮石釘鈒以黃絨紃維於人項左右復垂
紅絨條結架以木為之高尺有二寸亦號排簫韜以
黃囊
笛二斲竹為之長尺有四寸七孔亦號長笛纏以朱
絲垂以紅絨條結韜以黃囊
篪二制如笛三孔纏以朱絲垂以紅絨條結韜以黃
囊

篴二觱色如桐葉七孔纏以朱絲垂以紅絨條結韜
以黃囊

匏部
巢笙四和笙四七星匏一九曜匏一閏餘匏一皆以
班竹為之玄簧底置管匏中施簧管端參差如鳥翼
大者曰巢笙次曰和笙管匏皆十九簧如之十三簧者
曰閏餘匏九簧者曰九曜匏七簧者曰七星匏皆韜
以黃囊

土部
塤二陶土為之圍五寸半長三寸四分形如稱錘六

宮縣樂器

孔上一前二後三韜以黄囊

革部
搏拊二制如鼓而小中實以糠外緐以朱繪以綠雲
繫以青絨絛兩手用之或搏或拊以節登歌之樂

木部
柷一製如方桶繪山於上緐以粉旁為
圓孔納椎於中椎以杞木為之撞之以作樂
敔一製以桐木狀如伏虎彩繪為飾背有二十七鉏
鋙刻下承以槃用竹長二尺四寸破為十莖其名曰
籈擽其背以止樂

金部
鏄鐘十有二簨簴一鐘制視編鐘而大依十二辰位
特縣之亦號辰鐘筍簴朱髹塗金彩繪飛龍跗東青
龍西白虎南赤豸北玄麟素羅五色流蘇倒亞興
編鐘同
編鐘十有二簨簴廣十有六鐘制見登歌與登歌同者
此下樂器制皆不重載

石部
編磬十有六簨簴廣十有二磬制見登歌筍簴與鑄鐘

絲部
琴二十有七一絃者三三絃五絃七絃九絃者各六
瑟十有二

竹部
簫十篇十簨十笛十

匏部
巢笙十
竽十竹為之與巢笙皆十有九簧惟指法各異
七星匏一九曜匏一閏餘匏一

土部
塤八

革部
晉鼓一長六尺六寸面徑四尺圍丈有二尺穹隆者
居鼓面三之一穹徑六尺六寸三分寸之一面繪雲
龍為飾其皇陶以朱髹之下承以彩繪趺座并鼓高
丈餘在郊杷者鞔以馬革

路鼓四每樹三鼓其制高六尺六寸中植以柱曰建
鼓柱末為翔鷺下施小圓輪又為重斗方蓋並繚以
彩繪四角有竿各垂壁翣流蘇下以青狻猊四為趺

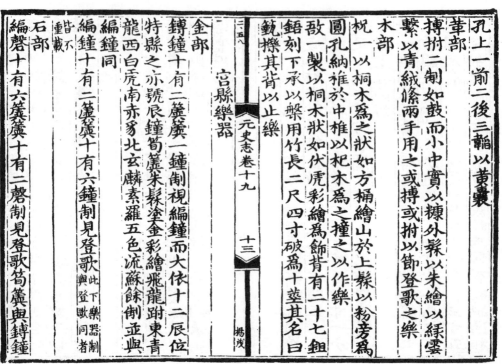

建旁挾二小鼓曰鞞樹樂縣之四隅踏床鼓枹並縣以米

雷鼓二制如鼓而小鞞以馬革持其柄播之旁耳自擊郊祀用之

雷鼗二亦以馬革鞔之為大小鼓三交午貫之以柄郊祀用之

路鼓二制如雷鼓惟非馬革祀宗廟用之

路鼗二其制為小大二鼓午貫之旁各有耳以柄摇之耳往還自擊不以馬革祀宗廟用之

木部

枹一敔一

節樂之器

麾一製以絳繒長七尺畫升龍於上以塗金龍首朱杠縣之樂長執以作樂偃以止樂

照燭二以長竿置絳羅籠於其末然燭於中夜暗麾遠難辨樂正執之舉以作樂偃以止樂

文舞器

纛二制若旌幢高七尺杠首刻象牛首下施朱繪盖為三重以道文武

篇六十有四木為之象篇之制舞人所執

翟六十有四木柄端刻龍首飾以雉羽綴以流蘇舞人所執

武舞器

旌二制如纛杠首栖以鳳以導武舞

干六十有四木為之加以彩繪舞人所執〈今制記注與古異〉

戚六十有四制若鏚然舞人所執〈禮記注戚斧也與古異〉

金錞二範銅為之中虛鼻象狻猊木方趺二人舉錞築於趺上

金鉦二制如銅鏊縣而擊之以節樂

金鐲二制如火斗有柄以銅為匡跌其上如鈴中有丸軶其柄而摇之其聲鏦鏦然用以止鼓

單鐸雙鐸各二制如小鐘上有柄以金為舌用以振武舞兩鐸通一柄者曰雙鐸

雅鼓二制如漆筒鞔以羊革旁有兩紐工人持之築

相鼓二制如搏拊以韋為表實之以糠拊其兩端以地以節舞

相樂舞節

鞉鼓二

舞表

表四木杆鑿方石樹之用以識舞人之兆綴

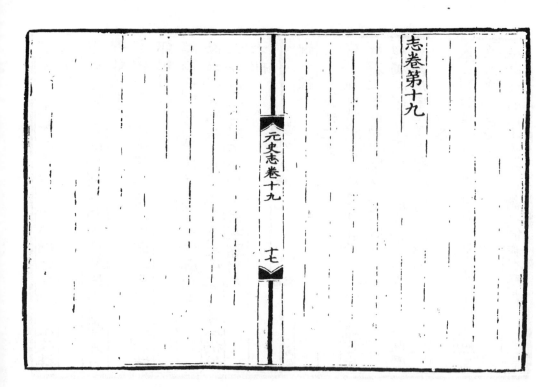

禮樂三

郊祀樂章

降神奏乾寧之曲六成

成宗大德六年合祭天地五方帝樂章

惟皇上帝　監德昭明　祖考承天　治底隆平

圜鍾宮三成

孝思維則　禋祀薦誠　神其降格　萬福來升

六十七

黃鍾角一成　詞同前

《元史志卷廿》　一

太簇徵一成　詞同前

初獻盥洗奏肅寧之曲

姑洗羽一成　詞同前

黃鍾宮

明水在下　鐘鼓既奏　有孚顒若　陟降左右

辟公廱止　多士祼將　吉蠲以祭　上帝其饗

初獻升降奏肅寧之曲

大呂宮

禋祀孔肅　盥薦祢升　攝齊恭敬　以薦惟馨

沈文珪

奠玉幣奏

肅雝多士　來格百靈　降福受釐　萬世其承

大呂宮

宗祀配饗　肇舉明禋　嘉玉既設　量幣斯陳

惟德格天　惟誠感神　於萬斯年　休命用申

迎俎奏豐寧之曲

禮崇蘭栗　氣達尚腥　鑾刀鸞奏　血膋載升

黃鍾宮

有碩斯俎　有滌斯牲　上帝臨止　享于克誠

酌獻奏嘉寧之曲

《元史志卷二十》　二

崇崇泰時　穆穆昊穹　神之格思　胙饗斯通

大呂宮

犧尊載列　黃流在中　酒既和止　萬福攸同

亞獻奏咸寧之曲

六成既闋　三獻云終　神其醉止　穆穆雍雍

黃鍾宮

和風慶雲　賚我郊宮　受茲祉福　億載無窮

終獻　詞同前

徹籩豆奏豐寧之曲

大呂宮

沈文珪

禋禮既備　神具宴娭　邊豆有楚　廢徹不遲

多士駿奔　樂且有儀　乃錫純嘏　永佐丕基

送神奏

圜鐘宮

殷祀既畢　靈馭載旋　奠玉高壇　燔柴廣庭

祥光達曙　絜若景星　神之降福　萬國咸寧

望燎奏

黃鐘宮

享申百禮　慶洽百靈　動植咸若　陰陽不愆

禮洽和應　降福自天　明明天子　億萬斯年

大德九年以後定擬親祀樂章

皇帝入中壇

黃鐘宮

赫赫有臨　洋洋在上　克配皇祖　於穆來饗

肇此大禋　乾文弘朗　被袞圜丘　巍巍玄象

皇帝盥洗

黃鐘宮

著我精誠　絜茲薦洗　幣玉收奠　永集嘉祉

翼翼孝思　明德洽禮　功格玄穹　有光帝始

皇帝升壇（降同）

大呂宮

天行惟健　盛德御天　日月龍章　筍簴宮縣

藻梲尚明　禮璧蒼圜　神之格思　香升燔煙

降神奏天成之曲

圜鐘宮三成（詞並同前）

烝哉皇元　丕承帝眷　報本貴誠　于郊殷薦

黃鐘角一成　太簇徵一成　姑洗羽一成

雲門六變　神之格思　來燠來燕

初獻盥洗奏隆成之曲

黃鐘宮

肇禋南郊　百神受職　齊潔惟先　匪馨于稷

延沃延盥　祠壇是陟　上帝監觀　其儀不忒

初獻升壇（同降）奏隆成之曲

大呂宮

於穆圜壇　陽郊奠位　孔惠孔時　吉蠲為饎

降登祗若　百禮既至　顧言居歆　允集熙事

奠玉幣（位正配同）奏欽成之曲

黃鐘宮

謂天蓋高 至誠則格 克祀克禋 駿奔百辟

制幣斯陳 植以蒼璧 神其降康 俾我來益

司徒捧俎奏寧成之曲

昊天上帝位酌獻奏明成之曲

神來宴娭 歆茲明德 永錫繁禧 如樂如式

我牲既潔 我俎斯實 筐鑣克諧 籩豆有飶

黃鐘宮

於昭昊天 臨下有赫 陶匏薦誠 馨聞在德

酌言獻之 上靈是格 降福孔偕 時萬時億

皇地祇位酌獻 百十八

大呂宮

至哉坤元 與天同德 函育群生 玄功莫測

合饗圜壇 舊典時式 申錫無疆 羍寧皇國

太祖位酌獻

黃鐘宮

禮大報本 郊定天位 皇皇神祖 反始克配

至德難名 玄功宏濟 帝典式敷 率育攸墮

皇帝飲福

大呂宮

林鐘夾

特牲孔誠 備物徇質 上帝居歆 百神受職

皇武昭宣 孝祀芬苾 萬福攸同 下民陰隲

皇帝出入小次

黃鐘宮

惟天惟大 惟帝饗帝 以配祖考 肅贊靈祉

定極崇功 永我昭事 升中于天 象物畢至

文舞退武舞進奏和成之曲

八音克諧 永觀厥成 純嘏是錫

羽籥既竣 載揚玉戚 一弛一張 匪舒匪棘

黃鐘宮

亞終獻奏和成之曲

黃鐘宮

有嚴郊禋 恭陳幣玉 大糦是承 載祇載肅

上帝居歆 馨香既飫 惠我無疆 介以景福

徹籩豆奏寧成之曲

大呂宮

三獻收終 六樂斯徧 既右享之 徹其有踐

洋洋在上 黙黙靈眷 明禋告成 於皇錫羨

送神奏天成之曲

圜鐘宮

林鐘夾

神之來歆　如在左右　神保事歸　靈斿先後
恢恢上圓　無聲無臭　日監孔昭　忝皇多祐

皇帝出中壝

神人樂康　永膺戩穀　祈我玉平　景命有僕
九服敬宣　聲教無外　皇拜天祐　照臨斯屆

泰壇承光　寥廓玄曖　暢我揚明　饗儀惟大
熙事備成　禮文郁郁　紫煙聿升　靈光下燭

望燎奏隆成之曲
黃鐘宮

宗廟樂章

世祖中統四年至至元三年七室樂章〔太常集禮纂卷績〕

太祖第一室　黃鐘宮
天垜靈顧　地獻中方　帝力所拓　神武莫當
陽谿昧谷　咸服要荒　昭孝明禋　神祖皇皇

太宗第二室
和林勝域　天邑地宮　關　南北來同

睿宗第三室
關同分置　胥教肇崇　潤色祖業　德仰神宗

珍符默授　疇昔自天　爰生聖武　寶祚開先
霆雄廻符　龍馭遊儦　追遠如生　皇慕顯然

皇伯考术赤第四室
威凞鷹揚　家位闕當　從龍遠拓　千萬里疆
誕總虎旅　駐蹕西方　航海梯山　東西來王

皇伯考察合帶第五室
雄武軍威　滋多歷年　深謀遠畧　協贊惟專
流沙西域　餞日東邊　百國畏服　英聲赫然

定宗第六室
三朝承休　恭己優游　欽繩祖武　其德聿修

帝慈錫壽　德澤期周　彌饎惟蠲　祈饗千幽

憲宗第七室
龍躍潛居　風雲會通　知民病苦　彰念宸衷
夔門之旅　繼志圖功　俎豆敬祭　華儀孔隆

迎神奏來成之曲
九室樂章〔太常集禮纂注所錄舞曲與馹所載同〕

至元四年至十七年八室樂章
黃鐘宮三成
齊明盛服　翼翼靈著　禮備多儀　樂成九夔
丞丞孝心　若聞且見　肸蠁端臨　來寧來燕

大吕角二成〔詞同黃鐘〕

初獻盥洗奏肅成之曲　後名順成之曲詞律同

太簇徵二成　詞同黃鐘

應鐘羽二成　詞同黃鐘
再詣盥洗同　至　大以

初獻升殿登歌樂奏肅成之曲　同降

天德維何　如水之清　維水內耀　配彼天明
以潔以濯　犧象光晶　孝思維則　式薦忱誠
夾鐘宮

祀事有嚴　太宮有侐　陟降靡遑　孔容翼翼
籩豆旅陳　鐘鼓翁繹　於昭吉蠲　神保是格
無射宮

色純體全　三犧五牲　鸞刀夔奏　毛血薦芟
神具厭飫　聽我馨聲　居歆有求　胡考之寧
烈祖第一室奏開成之曲
無射宮

司徒捧俎奏嘉成之曲　別本所錄親祀樂章詞同

於皇烈祖　積厚流長　大勳未集　褒伐用張
篤生聖嗣　奄有多方　錫我景福　萬世無疆
無射宮

太祖第二室奏武成之曲
無射宮

天扶昌運　混一中華　爰有真人　奮起龍沙
際天開宇　亘海為家　肇修禋祀　萬世無涯
太宗第三室奏文成之曲
無射宮

慕成前烈　底定瓦圖　禮文簡省　禁網寬疎
還風太古　蹻世華胥　三靈順協　四海無虞
皇伯考术赤第四室奏彌成之曲
無射宮

神文挺秀　右壤疏封　創業艱難　相我祖宗
叙親伊邇　論功亦崇　春秋祭祀　萬世收同
皇伯考察合帶第五室奏協成之曲
無射宮

王牒耆親　神支懿屬　論德疏封　展親分王
相我祖宗　風櫛雨沐　昔同其勞　今共茲福
睿宗第六室奏明成之曲
無射宮

神祖創業　爰著戎衣　聖考撫軍　代行天威
河南底定　江北來歸　貽謀翼子　奕葉重輝
定宗第七室奏熙成之曲
無射宮

嗣承丕祉　累洽重熙　堂構既定　垂拱無為

邊庭閑暇　田里安綏　歆茲禋祀　萬世攸宜

憲宗第八室奏威成之曲

無射宮

羲馭未出　螢爝騰光　大明麗天　羣陰披攘

百神受職　四海寧康　愔愔靈韻　德音不忘

無射宮（別本所錄親祀樂章詞同）

文舞退武舞進奏和成之曲

無射宮

天生五材　孰能去兵　恢張鴻業　我祖天聲

干戈曲盤　濯濯厥靈　於赫七德　畏也大成

亞獻行禮奏順成之曲（終獻詞律同）

無射宮

幽通神明　所重精禋　清宮肅肅　百禮具陳

九韶克諧　八佾桄桄　靈光昭答　天休日申

徹籩豆登歌樂奏豐成之曲

夾鐘宮

籩豆苾芬　金石鏘鏗　禮終三獻　樂奏九成

有嚴執事　進徹無聲　神保聿歸　萬福來寧

送神奏來成之曲（保成或作）

黃鐘宮

神主在室　神靈在天　禮成樂闋　神返幽玄

降福冥冥　百順無彊　於皇孝思　于萬斯年

至元十八年冬十月世祖皇后祔廟酌獻樂章（太常集禮）

徽柔懿哲　溫默靖恭　範儀宮閫　任姒同風

敷天寧謐　內助多功　淑德祔廟　萬世昌隆

親祀褅祫樂章（時未詳年月太常集禮云別本所錄以前擬用詳見）

皇帝入門宮縣奏順成之曲

無射宮

熙熙雍雍　六合大同　維皇有造　典禮會通

金奏王夏　祗歆神宮　感格如響　嘉氣來叢

皇帝升殿奏順成之曲

夾鐘宮

皇明燭幽　汕時制作　宗廟之威　降登時若

趨以采茨　聲容有格　曰藝曰文　監茲行樂（太常集禮云至元四年用此曲名曰肅成）

皇帝詣罍洗宮縣奏順成之曲（年用此曲律同以後用）

無射宮

酌彼行潦　維挹其清　絜齊以祀　祀事昭明

蕭蕭辟公　沃盥乃升　神之至止　歆于克誠

皇帝詣酌尊所宮縣奏順成之曲

無射宮

酌獻始祖宮縣奏慶成之曲（至元四年詞律同）

司徒捧俎宮縣奏嘉成之曲（至元四年詞律同）

迎神宮縣奏思成之曲（至元四年詞律名同來成之曲）

皇皇穆穆　王佩聲希　列侯百辟　濟濟鶬鶬

靈庭愔愔　文為在禮　載戢匪祈

無射宮

乃神攸依

啟運流光　幅員既長　敬恭祀事　贊髦芬薌

德以舞象　功以歌揚　式歌且舞　神享是皇

諸廟奏熙成昌成鴻成樂成康成明成等曲（詞闕詞闕）

文舞退武舞進宮縣奏蕭成之曲（至元四年詞律名同和成之曲）

亞終獻宮縣奏蕭成之曲（至元四年詞律名同順成之曲）

皇帝飲福登歌奏釐成之曲（至元四年詞律同之曲名）

夾鐘宮

誠通恩降　靈慈昭宣　左右明命　六合大全

啐飲椒馨　純嘏如川　皇人壽穀　億萬斯年

徹豆登歌奏豐成之曲

夾鐘宮

三獻九成　禮畢樂闋　于豆于登　于馬靖徹

多士密勿　樂且有儀　能事脫穎　孔惠孔時

送神奏保成之曲

黃鐘宮

雲車之來　不疾而速　風馭言還　閟其悅懌

神心之欣　孝孫之祿　燕翼無疆　景命有僕

武宗至大以後親祀攝行樂章（別本親祀禘祫云太常集禮所錄）

皇帝入門奏順成之曲（別本親祀禘祫同樂章）

皇帝盥洗奏順成之曲（至元四年詞律同）

皇帝升殿登歌樂奏順成之曲（別本親祀禘祫章樂至元四年詞律同）

皇帝出入小次奏昌寧之曲（太常集禮云此金曲速取之詳見制樂始末）

無射宮

於皇神宮　象天清明　肅肅來止　相維公卿

威儀孔彰　君子攸寧　神之休之　綏我思成

迎神奏思成之曲（至元四年詞律名同來成之曲）

黃鐘宮三成

齊明盛服　翼翼靈著　禮備多儀　樂成九變

丞丞孝心　若聞且見　肸蠁端臨　來寧來燕

大呂角二成

太簇徵二成

應鐘羽二成　詞並同上

初獻盥洗奏蕭成之曲（別本親祀樂章名）

初獻升殿奏登歌樂奏蕭寧之曲（成之曲詞律同順成）

神功著定　澤被垓埏

於昭皇祖　體健秉乾　龍飛應運　盛德光前

無射宮

世祖第三室奏混成之曲（至元四年名明）

太宗第二室奏武成之曲（成之曲詞名明　至元四年名肅）

太祖第一室奏開成之曲（成之曲詞律同　至元四年名武）

司徒捧俎奏嘉成之曲（別本成之曲詞律同順成）

裕宗第四室奏昭成之曲

詒厥孫謀　何千萬年

天啓深仁　須世而昌　追惟顯考　敢後光揚

微儀筆舉　禮備音鏘　皇靈監止　降鑒無疆

順宗第六室奏慶成之曲

無射宮

龍潛于淵　德昭于天　承休基命　光被紘埏

洋洋如臨　邊豆牲牷　惟明惟馨　皇祚綿延

成宗第七室奏守成之曲

無射宮

天開神聖　繼世清寧　澤深仁溥　樂協韶英

宗枝嘉會　氣和惟馨　繁禧來格　永被皇靈

武宗第八室奏威成之曲

無射宮

紹天鴻業　繼世隆平·　惠孚中國　威靖邊庭

厥功惟茂　清廟妥靈　歆茲明祀　福祿來成

仁宗第九室奏歆成之曲

無射宮

紹隆前緒　運啓文明　深仁及物　至孝躬行

惟皇建極　盛德難名　居歆萬祀　福祿崇成

英宗第十室奏獻成之曲

神聖繼作　式是憲章　誕興禮樂　躬事烝嘗

翼翼清廟　燁有耿光　于千萬年　世仰明良

皇帝飲福登歌樂奏釐成之曲

夾鐘宮

穆穆天子　梗祀太宮　禮成樂備　敬徹誠通

神胥樂止　錫之醇醴　天子萬世　福祿無窮

文舞退武舞進奏蕭成之曲（孔本作蕭寧之曲　成之曲詞名順和　至元四年名和）

亞終獻行禮宮縣奏蕭成之曲（成之曲詞律同順　至元四年名肅寧）

徹籩豆登歌樂奏豐寧之曲〔至元四年名豐寧之曲詞律同〕

送神奏保成之曲〔成之曲至元四年名來寧詞律同〕

皇帝出廟廷奏昌寧之曲

文宗天曆三年明宗祔廟酌獻奏永成之曲

無射宮

狗那皇明，世續神武。
敬天弗遠，時潛時旅。
龍旗在坰，言受率土。
不退有臨，來錫多䵗。
緝熙維清，吉蠲致誠。
上儀具舉，明德薦馨。
先祖是皇，來燕來寧。

社稷樂章

降神奏鎮寧之曲

林鐘宮二成

以社以方，國有彝典。
大哉元德，基祚綿遠。
農功萬世，於焉報本。
顯相默佑，降監壇壝。

太簇角二成

錫民地利，厥功甚溥。
昭代典禮，清聲律呂。
穀旦于差，洋洋來下。
相此有年，根本日固。

姑洗徵二成

平厥水土，百穀用成。
長扶景運，宜歆德馨。

五祀為大，千古舉行。
感通肸蠁，登歌鎮寧。

南宮羽二成

幣齊庶修，籩盛告備。
崇壇致恭，幽光孔邇。
倉庚坻京，繄維之賜。
享于精誠，休祥畢至。

初獻盥洗奏肅寧之曲

太簇宮

濯溉揭虔，辰良日吉。
抱彼樽罍，馨哉黍稷。
禮備庶陳，維巾及幂。
萬年嚴祀，蹌蹌受職。

初獻升壇奏肅寧之曲降同

應鐘宮

正配位奠玉幣奏億寧之曲

太簇宮

春祈秋報，古今彝章。
民天是資，神靈用彰。
功崇禮嚴，人阜時康。
雍雍為儀，燔芬苾香。
幣帛斯陳，主璋武緤。
載烈載煇，看羞致告。
兩暘時若，丕圖永保。
地祇鄉德，猶古美報。

司徒捧俎奏豐寧之曲

太簇宮

我稼既同，羣黎徧德。
我祀如何，牲牷孔碩。
有翼有嚴，隨方布色。
報功求福，其儀不忒。

正位酌獻奏保寧之曲
　太簇宮
異世同德　於皇聖造　降茲嘉祥　衛我大寶
生乃烝民　俾德覆燾　厥作祼將　有相之道
配位酌獻奏保寧之曲
　太簇宮
以御田祖　皇家秩祀　有民人焉　盡究本始
惟敬惟修　誰實介止　酒旨且多　盛德宜配
亞終獻奏咸寧之曲
　太簇宮
以引以翼　來慶來燕　豆邊牲牷　有楚有踐
庸荅神休　神亦錫羨　土穀是依　成此醇獻
徹豆奏豐寧之曲
　應鐘宮
文治脩明　相成田功　功爲特殊　儀爲特隆
終如其初　誠則能通　明神母忘　時和歲豐
送神奏鎮寧之曲
　林鐘宮
不屋受陽　國所崇敬　以興來歲　苞秀堅穎
雲軒莫駐　神其諦聽　景命有僕　與國同求

《元史志卷二十》　十九

望瘞位奏肅寧之曲
　太簇宮
雅奏蕭寧　繁釐降格　肇祀以歸　瞻言咫尺
籩厥玄黃　舟誠煙赫　萬年收介　玉承帝德
降神奏鎮寧之曲
　林鐘宮二成
民生斯世　食爲之天　恭惟大聖　盡心於田
仲春勗農　明祀吉蠲　馨香感神　用祈豐年
先農樂章
　太簇角二成

《元史志卷二十》　二十

耕種務農　振古如茲　爰粒烝庶　功德茂垂
降嘉奏艱　國家收宜　所依惟神　庸絜明糸
田祖玉靈　南呂羽二成
倛載平疇　農功肇敏　千耦耕耘　同徂隰畛
姑洗徵二成
我黍既華　及茲方春　維時東作　篤我農人
羣黎力耕　我稷宜新　由天降康　永賴明神
初獻盥洗奏肅寧之曲
　太簇宮

洞酌行潦　真足為薦　奉茲潔清　神在乎前
分作甘霖　沾溉芳甸　慎于其初　誠意收見

初獻升壇奏肅寧之曲
應鐘宮

有椒其馨　維多且旨　式慎爾儀　降登庭止
黍稷稻粱　民無渴飢　神嗜飲食　求綏嘉祉

正配位奠玉幣奏億寧之曲
太簇宮

南訛深耕　麻麥禾菽　用祈三登　臍受多福
奉幣維恭　前陳嘉玉　聿昭盛儀　蕭雝純如
太簇宮

奉牲孔嘉　登俎豐備　地官駿奔　趨進光輝
肥碩薦孳　歆此誠意　有年斯令　均被神賜

司徒捧俎奏豐寧之曲
太簇宮

正位酌獻奏保寧之曲

寶壇巍煌　神應如響　備脟咸有　牲體苾芳
洋洋如在　降格來享　秉誠罔怠　羣生瞻仰

配位酌獻奏保寧之曲
太簇宮

酒清斯香　牲碩斯大　具列觴俎　精意先會
民命維食　稯薒母害　我倉萬億　神明收介

亞終獻奏咸寧之曲
宮

至誠收感　肪饗潛通　百穀嘉種　爰降時豐
祈年孔夙　稼穡為重　俯歆醴齊　載揚歌頌

徹豆奏豐寧之曲
應鐘宮

有來雍雍　存誠敢亶　廡徹不遲　靈神收嗜
孔惠孔時　三農是宜　眉壽萬歲　穀成玉粒

送神奏鎮寧之曲
休鐘宮

烹蒿悽愴　萬靈來咲　靈神具醉　聿言旋歸
歲豐時和　風雨應期　皇圖萬年　永膺洪禧

望瘞位奏肅寧之曲
宮

禮成文備　歆受清祀　加牲無幣　陳玉如儀
靈馭言旋　面陰昭瘞　集茲嘉祥　常致豐歲

迎神奏凝安之曲
宣聖樂章

黃鐘宮三成

大哉宣聖　道尊德崇　維持王化　斯文是宗

典祀有常　精純並隆　神其求格　於昭盛容

大呂角二成

惟茲初丁　潔我盛粢　求言其道　萬世之師

生而知之　有教無私　成均之祀　威儀孔時

大簇徵二成

時維上丁　備物薦誠　維新禮典　樂諧中聲

魏魏堂堂　其道如天　清明之象　應物而然

應鐘羽二成

聖王生知　闓乃儒規　詩書文教　萬世昭垂

初獻盥洗奏同安之曲　姑洗宮

良日惟丁　靈承丕奕　揭此精虔　神其來享

右文興化　憲古師經　明祀有典　吉日惟丁

豐犧在俎　雅奏在庭　周廻陟降　福祉是膺

初獻升殿奏同安之曲　南呂宮

誕興斯文　經天緯地　功加于民　寔千萬世

笙鏞和鳴　粢盛豐備　蕭蕭降登　歆茲秩祀

奠幣奏明安之曲　南呂宮

自生民來　誰底其盛　惟王神明　度越前聖

粢幣具成　禮容斯稱　黍稷惟馨　惟神之聽

捧俎奏豐安之曲　姑洗宮

道同乎天　人倫之至　有享無窮　其興萬世

既潔斯青　粢明醑音　不懈以怵　神之來堅

大成至聖文宣王位酌獻奏成安之曲　南呂宮

大哉聖王　實天生德　作樂以崇　時祀無斁

清酤惟馨　嘉牲孔碩　薦羞神明　庶幾昭格

兗國復聖公位酌獻奏成安之曲　南呂宮

庶樂屢空　淵源深矣　亞聖宣獻　百世宜祀

吉蠲斯辰　昭陳尊簋　旨酒欣欣　神其來止

郕國宗聖公酌獻奏成安之曲　南呂宮

心傳忠恕　一以貫之　爰述大學　萬世訓彝

惠我光明　尊聞行知　繼聖迪後　是享是宜

沂國述聖公酌獻奏成安之曲

南呂宮

公傳自魯　孟傳自公　有嫡緒承　允得其宗

提綱開蘊　乃作中庸　侑于元聖　億載是崇

鄒國亞聖公酌獻奏成安之曲

亞獻奏文安之曲（終獻同）

姑洗宮

道之由興　於皇宣聖　維公之傳　人知趨正

與饗在堂　情文斯稱　萬年承休　假哉天命

南呂宮

徹豆奏娛安之曲

飲福受胙（攝洗同惟國學樽羃覬杞用之攝事則不用外路州縣正告用之）

禮成樂備　人和神悅　祭則受福　率尊無越

送神奏凝安之曲

犧象在前　豆籩在列　以享以薦　既芬既潔

南呂宮

黃鐘宮

有嚴學宮　四方來崇　恪恭祀事　威儀雍雍

望瘞（洗與盥同）

歆茲惟馨　驂馭回復　明禋斯畢　咸膺百福

右釋奠樂章皆舊曲元朝嘗詔選易而未及用今並附於此

迎神奏文明之曲

天縱之聖　集厥大成　立言垂教　萬世準程

廟庭孔碩　尊俎既盈　神之格思　景福來并

盥洗奏昭明之曲

神既寧止　有孚顒若　罍洗在庭　載盥載濯

匪惟潔脩　亦新厥德　對越在茲　敬恭惟則

升殿奏景明之曲（降同）

大哉聖功　薄海內外　禮隆秩宗　光垂昭代

陟降在庭　攝齊委佩　莫不肅雝　洋洋如在

奠幣奏德明之曲

圭袞尊崇　佩紳列侑　籩豆有楚　樂具和奏

文宣王酌獻奏誠明之曲

式陳量幣　駿奔左右　天睠斯文　繄神之祐

惟聖監格　享于克誠　有樂在縣　有碩斯牲

奉醴以告　嘉薦惟馨　綏以多福　求厎隆平

兗國公酌獻奏誠明之曲

潛心好學　不遺如愚　用舍行藏　乃與聖俱

千載景行　企歟步趨　廟食作配　祀典弗渝

郕國公酌獻獻闋

沂國公酌獻獻闋

鄒國公酌獻獻奏誠明之曲

洙泗之傳　學窮性命　力距楊墨　以承三聖

遭時之季　軌識其正　高風仰止　莫不肅敬

亞獻奏靈明之曲 終獻同

廟成奕奕　爰杞孔時　三爵具舉　是饗是宜

於昭聖訓　示我民彝　紀德報功　配于兩儀

送神奏慶明之曲

禮成樂備　靈馭其旋　濟濟多士　不懈益虔

文教茲首　儒風是宣　佑我闋

二百七十六

沈中藏

翰林學士亞中大夫知制誥兼修　國史臣宋濂
翰林待制承直郎兼　國史院編修官臣梁梓纂修

粉修

禮樂四

郊祀樂舞

降神文舞　崇德之舞

乾寧之曲六成圓鐘宮三成始聽三
鼓九三聲鐘作後倣此一聲鐘作一鼓稍前開手立二鼓合手退後
二鼓舉左手收左揖三鼓舉右手收右揖四鼓高呈
手五鼓兩兩相向蹲六鼓稍前開手立七鼓退後倦
伏八鼓舉左手收左揖九鼓舉右手收右揖十鼓稍
前開手立十一鼓合手退後躬身十二鼓伏興仰視
十三鼓舞蹈相向立十四鼓復位交篇正蹲十五鼓
一鼓稍前舞蹈二鼓合手退高呈手三鼓相向蹲四鼓
前舞蹈二鼓合手退後三鼓相顧蹲三鼓畢間聲作
躬身受終聽三鼓止黃鐘角一成始聽三鼓稍
舉左手收左揖五鼓舉右手收右揖六鼓稍前開手
七鼓復位正揖八鼓兩兩相向交篇正蹲九鼓復位
立十鼓稍前開手立十一鼓舉左手收開手正蹲後躬身十二鼓
伏興仰視十三鼓舉左手收開手正蹲十四鼓舉右

《元史志卷二十一》一

手收開手正蹲十五鼓躬身受終聽三鼓止太簇徵
一成始聽三鼓一鼓稍前開手立二鼓合手退後三
鼓相顧蹲三鼓畢間聲作一鼓稍前舞蹈二鼓復位
躬身三鼓高呈手四鼓兩兩相向蹲五鼓舉右手
收右揖六鼓舉左手收左揖十鼓復位躬身十
鼓舞蹈相向立九鼓復位倦伏十五鼓舉左手收左揖
十一鼓舉右手收右揖十二鼓伏興仰視十三鼓舞蹈
相向立十四鼓復位交篇正蹲十五鼓躬身受終
聽三鼓止姑洗羽一成始聽三鼓稍
二鼓合手退後三鼓相顧蹲三鼓畢間聲作一鼓稍
前舞蹈二鼓復位正揖三鼓高呈手四鼓推左手收
左揖五鼓推右手收右揖六鼓兩兩相向交篇正蹲
七鼓復位倦伏八鼓舞蹈相向立九鼓復位躬身十
鼓伏興仰視十一鼓舉左手收左揖十二鼓舉右手
收右揖十三鼓兩兩相向交篇正蹲十四鼓復位躬身
十五鼓躬身受終聽三鼓止昊天上帝位酌獻文舞

崇德之舞　明成之曲黃鐘宮一成始聽三鼓一成始聽三鼓
手立二鼓合手退後三鼓相顧蹲三鼓畢間聲作一
鼓稍前舞蹈相向立二鼓復位相顧蹲三鼓畢間聲
開手立四鼓合手退後五鼓舉左手收左揖六鼓舉右

《元史志卷二十一》二

手収右揖七鼓兩兩相向交篇正蹲八鼓復位正揖
九鼓稍前開手立十鼓退後俛伏十一鼓前開手
立十二鼓推左手収十三鼓推右手収十四鼓三叩
頭拜舞十五鼓躬身受終聽三鼓止皇地祇酌獻大
呂宮一成始聽三鼓一鼓稍前開手立二鼓復位俛
伏右揖五鼓高呈手六鼓躬身受終聽三鼓一鼓稍前開手
立二鼓復位正揖三鼓相顧蹲三鼓舞蹈相向立六
後三鼓相顧蹲三鼓舞蹈相向立九鼓復位躬身受
復位俛伏八鼓舞蹈相向開手正蹲十二鼓伏興仰
篇正蹲十一鼓兩兩相向開手正蹲十二鼓伏興仰

視十三鼓舞蹈相向立十四鼓三叩頭拜舞十五鼓
躬身受終聽三鼓止　太祖位酌獻黃鐘宮一成始聽
三鼓一鼓稍前開手立二鼓合手退後三鼓相顧蹲
三鼓畢間聲作一鼓稍前舞蹈二鼓復位正揖
擊左手収左揖四鼓舉右手収右揖五鼓高呈手六
鼓兩兩相向交篇正蹲七鼓復位俛伏八鼓舞蹈相
向立九鼓復位俛伏八鼓舞蹈相向
向開手正蹲拜舞十二鼓伏興仰視十三鼓合手
向開手正蹲拜舞十二鼓躬身伏興仰視十
四鼓叩頭拜舞十五鼓躬身受終聽三鼓一鼓稍前開手
向開手正蹲拜舞十二鼓伏興仰視十三鼓合手正蹲十
四鼓叩頭拜舞十五鼓躬身受終聽三鼓止亞獻酌
獻武舞之定功　黃鐘宮一成始聽三鼓一鼓稍前開手

立二鼓合手退後按腰立三鼓相顧蹲三鼓畢間聲
作一鼓稍前開手立二鼓退後按腰立三鼓相顧蹲
左手収四鼓舉右手揚干戚二鼓退後相顧蹲三鼓舉
鼓復位収四鼓舉右手揚干戚五鼓左右揚干戚黃
刺干戚十鼓相顧蹲七鼓躬身受終聽三鼓止終獻酌
鐘宮一成始聽三鼓一鼓稍前開手立二鼓合手退
腰相顧蹲十五鼓躬身受終聽三鼓止
後按腰立三鼓相顧蹲三鼓畢間聲作一鼓稍前
右揚干戚二鼓退後高呈手三鼓復位相顧蹲四鼓

左右揚干戚相向立五鼓復位舉左手収六鼓舉右
手収七鼓面向西開手正蹲八鼓呈干戚九鼓復位
按腰立右揚干戚刺干戚十一鼓兩兩相向立十二鼓
位左右揚干戚十三鼓退後相顧蹲十四鼓三叩頭
拜舞十五鼓躬身受終聽三鼓止

宗廟樂舞

世祖至元三年八室時享文舞　武定文之舞降神來成之
曲九成黃鐘宮三成始聽三鼓一鼓稍前開手立二
鼓退後合手三鼓相顧蹲三鼓畢間聲作一鼓稍前
舞蹈次合手而立二鼓正面高呈手住三鼓退後収

手蹲四鼓正面躬身興身立五鼓推左手右相顧左
揖六鼓皆推右手左相顧右揖七鼓稍前正面開手
立八鼓舉左手右相顧左揖九鼓舉右手左相顧右
揖十鼓稍退後俛身而立十一鼓稍前開手左相
顧蹲十三鼓正面躬身受終聽三鼓　止　一鼓稍前開手
後合手相顧蹲十五鼓稍前高仰視九鼓稍退收
鼓合手退後相顧蹲十三鼓正面躬身受終聽三鼓
呂角二成始聽三鼓一鼓稍前開手左
手三鼓相顧蹲三鼓畢間聲作一鼓舉右
手立二鼓舉左手右相顧左揖三鼓稍進前舞蹈
面仰視十三鼓稍退後相顧蹲十四鼓　止　大
三鼓畢間聲作一鼓稍進前呈手立四鼓收手
十五鼓　一鼓稍前開手左相顧蹲三鼓　止　大蔟徵二成始聽
身而正面揖三鼓合手住收右足六鼓稍前舉右手收左足
面歸俛立十鼓推左手收右足推右手收左足十二鼓稍進前正
退後立　七鼓稍前開手立八鼓合手退後蹲九鼓正
七鼓兩兩相向而立八鼓稍前高仰視九鼓稍退收
蹲五鼓兩兩相向而立
四鼓兩兩相向而立五鼓稍前高

手蹲十鼓舉左手住而蹲十一鼓舉右手收左而蹲
十二鼓正面歸俛舞蹈十三鼓俛身正面揖十四鼓交
篾翟相顧蹲十五鼓　止　應鐘
羽二成始聽三鼓一鼓稍前開手左
三鼓相顧蹲三鼓畢間聲作一鼓稍進前舞蹈次合
鼓舉右手收左足右揖五鼓歸俛正
前高呈手住十鼓退後合手對揖十一鼓兩兩
立九鼓稍前開手蹲十二鼓稍進前舞蹈次合
面歸俛立十二鼓稍進前舞蹈次合手立十三鼓
無射宮一成始聽三鼓一鼓稍前開手左
合手三鼓相顧蹲三鼓畢間聲作一鼓稍進前舞蹈
合手四鼓稍退後俛身開手立五鼓左側身相顧
右側身相顧右揖七鼓正面躬身興身立八鼓兩兩
足四鼓稍退後俛身開手立五鼓左側身相顧左揖六鼓
左手而右足應十四鼓垂右手而左足應十五鼓正
面躬身受終聽三鼓　止　烈祖第一室文舞開成之曲
一鼓舞左而收手立十二鼓舞右手相顧蹲十三鼓
揚左手相顧蹲十四鼓揚右手相顧蹲十五鼓稍前
相向合手立九鼓相顧蹲

正面躬身受終聽三鼓　止太祖第二室文舞武成之
曲無射宮一成始聽三鼓一鼓稍前開手立二鼓退
後合手立三鼓相顧蹲三鼓畢間聲作一鼓舞蹈
次合手立二鼓正面高呈手住三鼓兩兩相向而對
揖四鼓正面歸佾舞蹈次合手立三鼓五鼓稍前開手立
收手立六鼓舉右手立七鼓舉左手正蹲十五鼓稍前正面躬身受終聽三鼓
垂左手收右足十三鼓稍前正面躬身受終聽三鼓
推右手正蹲十一鼓開手執籥翟正面俯視十二鼓
揖八鼓推左手住七鼓舉左手而左
正面仰視而立十五鼓稍前正面躬身受終聽三鼓

止太宗第三室文舞文成之曲無射宮一成始聽三
鼓一鼓稍前開手立二鼓相顧蹲三
鼓畢間聲作一鼓稍進前舞蹈二鼓兩相向而高呈
手立三鼓稍前開手立相顧蹲四鼓退後合手三鼓相
顧蹲五鼓稍垂左手而右足三鼓相應六鼓垂右手而左
七鼓推十鼓舉左手住收右足十一鼓揖九鼓稍前
仰視揖十鼓舉舞蹈十三鼓稍前舞蹈次合手
手立三鼓稍前正面躬身受終
收左足十四鼓退後合手立十五鼓稍前正面躬身受終
聽三鼓　止皇伯考术赤第四室文舞彌成之曲無射

宮一成始聽三鼓一鼓稍前開手立二鼓退後合手
三鼓相顧蹲三鼓畢間聲作一鼓稍進前舞蹈二鼓
合手俛身相顧蹲三鼓正面高呈手住四鼓稍前舞
蹈次合手立五鼓垂左手右足六鼓稍前舞
手左相顧蹲七鼓稍前高仰視收手正面立八
鼓再退相顧蹲九鼓舞蹈次合手正面立十
鼓稍俛身執籥翟相顧蹲十三鼓稍前正面躬身受終聽十一
鼓舉左手住收右足十二鼓
鼓稍前開手立住收右足而立十三鼓稍前正面躬身受終聽十
三鼓　止皇伯考察合帶第五室文舞協成之曲無射

宮一成始聽三鼓一鼓稍前開手立二鼓退後合手
三鼓相顧蹲三鼓畢間聲作一鼓稍進前舞蹈次合
手立二鼓開手相顧蹲三鼓合手相顧蹲四鼓稍前
高呈手住五鼓垂左手右足六鼓相顧蹲左
相顧蹲右揖六鼓舞蹈次合手住七鼓稍左
左足九鼓稍前舞蹈次合手立十鼓開手立
手立十一鼓稍前正面仰視收手正立十二鼓交籥翟相
蹲十三鼓　盡舉左手而住十四鼓各盡舉右手收
手立十一鼓稍前正面躬身受終聽三鼓　止睿宗第
六室文舞明成之曲無射宮一成始聽三鼓一鼓稍

前開手立二鼓退後合手
三鼓相顧蹲三鼓畢間聲
作一鼓稍前舞蹈二鼓前開手立三鼓相顧蹲三鼓退後合手
立四鼓垂左手相顧蹲五鼓垂右手相顧蹲六鼓舞稍
前正面仰視立七鼓舞左手住收右足八鼓舞
右手住收左足九鼓兩相向合手而立十鼓舞
左手推右手十一鼓皆舉右手十二鼓正面高呈
手立十三鼓退後合手僄身十四鼓開手高呈籥翟
稍前開手立二鼓退後合手三鼓相顧蹲三鼓畢間
第七室文舞熙成之曲無射宮一成始聽三鼓一鼓

聲作一鼓稍前舞蹈二鼓兩相向高呈手立三鼓垂
左手而右足應四鼓垂右手而左足應五鼓垂
手立相顧蹲六鼓退立相顧蹲七鼓舉左手
住收右足八鼓舉右手住收左足九鼓推左手右揖
十鼓推右手右揖十一鼓稍前舞蹈十二鼓舉左手
揖十三鼓推右手右揖十四鼓止憲宗第八室文
舞戚成之曲無射宮一成始聽三鼓止憲宗第
五鼓稍前正面躬身受終聽三鼓一鼓稍前開手
前舞蹈次合手立二鼓高呈手住三鼓舉左手右顧
二鼓退後合手三鼓相顧蹲三鼓畢間聲作一鼓進手

四鼓舉右手左顧五鼓推左手右揖六鼓推右手左
揖七鼓兩相向交籥翟立八鼓正面歸佾合手立九
鼓稍前舞蹈收手立十一鼓俛身右正
面揖十二鼓高呈手立十四鼓垂右手
十五鼓正面躬身受終聽三鼓止亞獻武舞成之舞內平外
鼓兩相向按腰右以象滅王罕四鼓垂左手
舞蹈次按腰右以象克金國十三鼓垂右手
鼓合手三鼓畢間聲作一鼓稍前舞蹈按腰立五
順成之曲無射宮一成始聽三鼓一鼓側身開手立二
鼓兩相向按腰右以
收手按腰右以象滅王罕二鼓按腰左右揚干戚
舞蹈次按腰立六鼓歸佾開手蹲七鼓面西收

鼓兩相向按腰右以
鼓合手三鼓畢間聲作一鼓稍前舞蹈次按腰
聽三鼓止終獻武舞成之曲無射宮一成始
立十四鼓兩相向而相顧蹲十五鼓正面躬身受終
手呈干戚住右以象克金國十三鼓正面躬身興身
腰立十一鼓左右推手次按腰立十二鼓跪左膝疊
鼓正面歸佾躬身次興身立十鼓稍進前舞蹈次按
手按腰立八鼓側身擊干戚收立右以象破西夏九

南左右揚干戚收手按
正面蹲收手按腰三鼓側身擊干戚收手按
鼓畢間聲作一鼓稍進前舞蹈次按腰立四鼓面西
聽三鼓止終獻武舞成之曲無射宮一成始
立十四鼓兩相向而相顧蹲十五鼓正面躬身受終
手呈干戚住右以象克金國十三鼓正面躬身興身
腰立十一鼓左右推手次按腰立五鼓側身擊干戚收手按
二鼓退後合手三鼓高呈手住三鼓舉左手右顧
前舞蹈次合手立二鼓高呈手住三鼓舉

腰立右以象收西域定河南六鼓兩兩相向立七鼓

歸俯正面開手立蹲收手按腰八鼓東西相向躬身受

前開手立二鼓合手退後三鼓相顧蹲三鼓畢間聲

泰定十室樂舞

迎神文舞思成之曲黃鐘宮三成始聽三鼓一鼓稍

作一鼓稍前舞蹈二鼓高呈手三鼓舉左手收左揖

四鼓舉右手收右揖五鼓退後相顧蹲六鼓兩兩相

向立七鼓復位俛伏八鼓舉左手開手正蹲九鼓舉

右手開手正蹲十鼓稍前開手立十一鼓合手退後

躬身十二鼓伏興仰視十三鼓舞蹈相向立十四鼓

復位交籥正蹲十五鼓躬身受終聽三鼓止大呂角

二成始聽三鼓一鼓稍前舞蹈二鼓高呈手三鼓舉左手

相顧蹲三鼓舞畢間聲作一鼓稍前舞蹈二鼓舉左

相顧蹲三鼓畢間聲作一鼓稍前開手立二鼓舉

收左揖三鼓舉右手收右揖四鼓高呈手五鼓舉左手

相顧蹲六鼓稍前開手立七鼓復位正揖八鼓兩兩

開手俯視十五鼓歸俯左右揚手按腰立十四鼓正面

按腰蹲十三鼓歸俯左右揚手按腰躬身受終聽三鼓止

次按腰立右以象臣高麗服交趾十二鼓兩兩相向

立十鼓推左右身次興身立十一鼓進前舞蹈

右以象收西蜀平南詔九鼓歸俯舞蹈退後次按腰

《元史志卷二十一》 十二

相向交籥正蹲九鼓復位正揖十鼓舉左手收左揖

十一鼓舉右手收右揖十二鼓伏興仰視十三鼓舞

蹈相向立十四鼓復位立十五鼓躬身受終聽三鼓

止太簇徵二成始聽三鼓一鼓稍前舞蹈二鼓

伏十一鼓稍前開手立五鼓躬身受終聽三鼓

右手收十四鼓三叩頭拜舞十五鼓躬身受終聽三

揖八鼓舉右手收右揖九鼓稍前舞蹈十鼓推左

二鼓復位躬身三鼓相顧蹲三鼓畢間聲作一鼓稍

手退後三鼓相顧蹲三鼓畢間聲作一鼓稍前舞

蹈二鼓復位正揖三鼓高呈手四鼓舉左手

《元史志卷二十一》 十三

鼓止應鐘羽二成始聽三鼓一鼓稍前開手立二鼓

合手退後三鼓相顧蹲三鼓畢間聲作一鼓稍前

蹈二鼓復位正揖三鼓高呈手四鼓舉左手收左

鼓退後躬身六鼓推左手收七鼓交籥正蹲八鼓舞

蹈相向立九鼓復位躬身十鼓兩兩相向開手立

兩相向開手立九鼓復位正揖十鼓舉左手收左揖

右手收右揖十四鼓三叩頭拜舞十五鼓躬身受終

聽三鼓止獻酌獻太祖第一室文舞開成之曲無

射宮一成聽三鼓止一鼓稍前開手立二鼓舉

三鼓相顧蹲三鼓畢間聲作一鼓稍前舞蹈相向立

二鼓後位正揖三鼓推左手收四鼓推右手收五鼓
三叩頭拜舞六鼓兩兩相向交篇正蹲七鼓復位立
八鼓稍前舞蹈九鼓兩兩相向交篇正蹲七鼓後位
伏十鼓躬身受終聽三鼓止
睿宗第二室文舞武成之曲無射宫一成始聽三鼓
一鼓稍前舞蹈二鼓合手正揖五鼓退後躬身六鼓舉
手四鼓稍前開手立五鼓退後躬身六鼓舉右手收
畢間聲作一鼓稍前舞蹈
左揖七鼓舉右手收揖八鼓舞蹈相向立九鼓後

位立十鼓推左手收十一鼓推右手收十二鼓伏興
仰視十三鼓兩兩相向蹲十四鼓後位交篇正蹲十
五鼓躬身受終聽三鼓止世祖第三室文舞混成之
曲無射宫一成始聽三鼓一鼓稍前開手立二鼓合
手退後三鼓相顧蹲三鼓畢間聲作一鼓稍前舞蹈
二鼓高呈手三鼓交篇正蹲四鼓兩兩相向開手立
五鼓躬身受終聽三鼓止
收右揖八鼓退後躬身九鼓稍前開手立十鼓舉左
蹲五鼓伏興仰視六鼓躬身九鼓稍前開手立十鼓舉右手收右
手收左揖八鼓舞蹈相顧蹲十三鼓舉左手收右
揖十三鼓舞蹈相顧蹲十四鼓三叩頭拜舞十五鼓

躬身受終聽三鼓止裕宗第四室文舞昭成之曲無
射宫一成始聽三鼓一鼓稍前開手立二鼓合手退
後三鼓相顧蹲三鼓畢間聲作一鼓稍前舞蹈二鼓
交篇正蹲八鼓伏興仰視六鼓舉左手收
推右手收十一鼓伏興仰視六鼓兩兩相向右手收
受終聽三鼓止顯宗第五室文舞德成之曲無射宫
一成始聽三鼓一鼓稍前開手立二鼓合手退後三
蹲十三鼓高呈手十三鼓舉右手收左揖十
鼓相顧蹲三鼓畢間聲作一鼓稍前舞蹈相向立二
興仰視六鼓兩兩相向立七鼓復位交篇正蹲八鼓伏
退後躬身九鼓稍前開手立十鼓舉右手收左揖十
一鼓舉右手收右揖十二鼓高呈手十三鼓舉左手收
一鼓稍前開手立四鼓合手正揖五鼓舉左手收

鼓相顧蹲三鼓畢間聲作一鼓稍前舞蹈相向立二
鼓復位正揖三鼓畢間聲作一鼓稍前舞蹈
一鼓舉右手收右揖十二鼓高呈手十三鼓
退後躬身九鼓稍前開手立十鼓舉右手收左揖十
興仰視六鼓兩兩相向立七鼓復位交篇正蹲八鼓
順宗第六室文舞慶成之曲無射宫一成始聽三鼓
一鼓稍前舞蹈二鼓合手正揖五鼓退後三鼓相顧蹲三鼓稍
畢間聲作一鼓稍前舞蹈二鼓復位相顧蹲三鼓稍
前開手立四鼓合手正揖五鼓舉左手收左揖六鼓

舉右手收右揖七鼓兩兩相向交篇正蹲八鼓復位
立九鼓稍前開手立十鼓伏興仰視十一鼓舉左手
收相顧蹲十二鼓舉右手收相顧蹲十三鼓高呈手
正揖十四鼓三叩頭拜舞十五鼓躬身受終聽三
鼓止成宗第七室文舞守成之曲無射宮一成始聽三
鼓兩兩相向交篇正蹲七鼓復位正揖八鼓高呈手
九鼓舉左手收左揖十鼓舉右手收右揖十一鼓開
手立十二鼓合手正揖十三鼓稍前舞蹈十四鼓三
叩頭拜舞十五鼓躬身受終聽三鼓止武宗第八室
文舞威成之曲無射宮一成始聽三鼓稍前開
手立五鼓躬身六鼓舉右手收右揖八鼓舞蹈相向立
右手收右揖八鼓舞蹈相向立九鼓復位立十鼓伏興仰
視十三鼓兩兩相向立十四鼓三叩頭拜舞十五鼓躬身
左手收左揖十一鼓舉右手收右揖十二鼓伏興仰
鼓躬身受終聽三鼓止仁宗第九室文舞歆成之曲

無射宮一成始聽三鼓一鼓稍前開手立二鼓合手
退後三鼓相顧蹲三鼓畢間聲作一鼓稍前舞蹈
向立二鼓復位正揖三鼓高呈手四鼓稍前舞蹈相
鼓推右手收六鼓復位正揖三鼓高呈手四鼓
鼓止英宗第十室文舞獻成之曲無射宮一成始聽
復位正揖十四鼓伏興仰視十五鼓躬身受終聽三
揖十一鼓舉右手收右揖十二鼓稍前開手立二鼓
兩兩相向立九鼓復位正揖十鼓高呈手收左
仰視六鼓兩兩相向蹲七鼓退後倪躬八鼓復位交
篇正蹲九鼓稍前開手立十鼓躬身十一鼓稍
前舞蹈十二鼓復位正揖十三鼓舞蹈兩兩相向立
獻武舞肅寕之曲無射宮一成始聽三鼓三叩頭拜舞
十四鼓三叩頭拜舞十五鼓躬身受終聽三鼓畢
開手立二鼓合手退後按腰立三鼓相顧蹲三鼓畢
間聲作一鼓稍前左右揚干戚二鼓退後相顧蹲三
鼓高呈手四鼓左右揚干戚五鼓呈干戚退後
按腰立七鼓刺干戚八鼓兩兩相向開手正蹲九鼓

復位舉左手收十鼓舉右手收十一鼓稍前開手立
十二鼓退後按腰立十三鼓左右揚干戚相向立十
四鼓復位按腰相顧蹲十五鼓躬身受終聽三鼓止
終獻武舞肅寧之曲無射宮一成始聽三鼓一鼓稍
前開手立一鼓稍前左右揚干戚二鼓退後高呈手
三鼓舉左手收四鼓舉右手收五鼓面向西開手正
蹲六鼓復位左右揚干戚七鼓躬身受八鼓呈干戚
九鼓復位按腰立十鼓刺干戚十一鼓兩兩相向立
十二鼓復位按腰立十三鼓退後相顧蹲十四鼓三

叩頭拜舞十五鼓躬身受終聽三鼓止　天曆三年新
制樂舞明宗酌獻文舞永成之曲無射宮一成始聽
三鼓一鼓合手稍前開手立二鼓退後立三鼓相顧
蹲三鼓畢間聲作一鼓向前舞蹈相向立二鼓復位
三叩頭拜舞三鼓兩兩開手正蹲四鼓復位俛伏五
鼓交篇正蹲六鼓伏興仰視七鼓躬身八鼓稍前開
手立九鼓復位正蹲高呈手十鼓舉左手收左揖十
一鼓舉右手收右揖十二鼓正揖十三鼓兩兩交篇
相揖十四鼓復位十五鼓躬身受終聽三鼓止
志卷第二十一

翰林學士亞中大夫知
制誥兼修
國史臣宋濂　翰林待制承直郎兼
國史院編修官臣王禕等奉
勑修

禮樂五

樂服

樂正副四人舒腳幞頭紫羅公服烏角帶木笏皂靴

照燭二人服同前無笏

樂師二人服緋冠笏同前

運譜二人服緑冠笏同前

舞師二人舒腳幞頭黃羅繡抹額紫服金銅荔枝帶

皂韡各執仗（仗牙也）

執旌二人平晃前後各九旒五就青生色鸞袍黃綾帶黃絹袴白絹韡赤革履（晃之旒數不同詳見後）

執麾二人青羅巾餘同執麾

樂轟二人青羅巾餘同執麾（緋羅生色鸞袍黃綾帶皂韡）

歌工服同樂工

執麾服同上惟加平巾幘（以革為之黑油如...）

舞人青羅生色義花鸞袍緑以皂綾平晃冠（有冠旒青後）

（金制也　熊耳所　金耳所）

（博士議　至元二年）

二百十

《元史志卷二十二》　一　陳顯

執器二十人服同樂工緑油母追冠（華為之一加紅）

（珠綃相間　白綃石）

抹額

至元二年閏五月大樂署言堂上下樂舞官員及

樂工合用衣服冠晃韡履等物乞行製造太常寺

下博士議定樂正副四人樂師二人照燭二人運

譜二人皆服紫羅公服卓紗幞頭舒腳紅鞓角帶

木笏皂韡樂工二百四十人紫羅公服卓紗幞頭

脚黃羅繡南花抹額金銅帶皂韡樂工二百四十

有六人緋繡義花鸞袍縣黃抹口介幘冠紫羅帶

全黃羅抹帶黃絹夾袴白綾韡朱履（金太常寺掌）

執器二十人緋繡義花鸞袍縣

黃抹口緑油革冠黃羅抹帶黃絹夾袴白綾韡朱履二

複旌纛四人青綉義花袴白綾韡朱履平晃冠二

青包巾二黃羅抹帶黃絹夾袴白綾韡朱履七月

中書吏部再准太常博士議定行下所司製造三

《元史志卷二十二》　二　陳顯

四百五十

年九月服成緋鸞袍二百六十有七青鸞袍一百
三十二黃絹袴一百五十二紫羅公服一十四黃
綾帶三百九十七介幘冠二百四十有四平巾晃冠
百三十簪全木笏十有六幘頭十有四平巾幘二
綠油革冠二十荔枝銅帶四角帶十有阜鞾二百六
宣聖廟樂工黑漆冠三十五綠羅生色胷背花袍三
十五阜鞾三十五對黃絹囊三十五黃絹夾袱三
十五
十對朱優百五十對

大樂職掌

大樂署令一人丞一人掌郊社宗廟之樂凡樂郊社
宗廟則用宮縣工三百六十有一社稷則用登
歌工五十有一人樂用工四百一十有二人代
事故者五十人前祭之月召工習樂及舞祀前一
日宿縣於庭中東方設十二簨樹建鞞應於四
街之西雜寶之鐘居之於通街之東每辰三簨
編鐘處其右黃鐘之鐘起于位在通街之東方設
謂之一肆十有二辰凡三十六簨樹建鞞應於四
隅左枕右敧設縣中之北歌工次之行相向而坐
巢笙次之籥次之笙次之竽次之簫次之篪次之塤次之

二單鐸二鐃二鐲二六人鐃用鉦二相敧二雅鼓二
武舞及執器者俟立於縣之左右秉二雙鐸
郎左執干右執戚皆六十有四人享日與工人先
入就位舞師二人執纛二人引文舞分立於表南
以節樂凡坐者皆以机地以絙立四表於橫街
之南少東設舞位於縣北文
三絃五絃七絃九絃次之晉鼓一麾居中之東
星鼗在西九曜鼗次之一絃琴列在東西
行路鼓路鼗次之鼓雷鼗則雷
長笛又次之夾街之左右瑟枕敧之東西在前

廟之樂九成舞九變黃鐘之宮三成三變大呂之
之南七星匏九曜匏排簫各一次之皆東上凡宗
西一絃三絃五絃七絃九絃琴五次之皆東上
閏餘匏排簫各一次之皆西上籥一簨在前楹之
一在琴之南巢笙和笙各二次之塤一簨在前楹之
絃七絃九絃琴五次之瑟二在其東笛一在笛之南
門內相向而坐鐘一簨在前楹之東一絃三絃五
楹二殿陛之旁設樂床於上搏拊二歌工六枕一敧一在
立其處文舞還立於縣側又設登歌樂於殿之前
凡二十人文舞退舞師二人執旌二人引武舞進

角二成二變太簇之徵二成二變應鐘之羽二成
二變圜鐘之樂六成舞六變夾鐘之宮三成三變
黃鐘之角一成一變之徵一成一變姑洗之
羽一成一變社稷之樂八成林鐘之宮二成二變
之角二成二變南呂之羽二成二變太簇之
于宗廟大樂令位于殿楹之東西向丞位於縣北
通街之東西向以肅樂舞

協律郎二人掌和律呂以合陰陽之聲陽律六黃鐘
子太簇寅姑洗辰蕤賓午夷則申無射戌陰呂六
大呂丑夾鐘卯仲呂巳林鐘未南呂酉應鐘亥文

之以宮商角徵羽徵宮變徵揣之以金石絲竹匏
土革木凡律管之數九九九相乘八十一以為宮
三分去一五十四以為徵三分益一七十二以為
商三分去一四十八以為羽三分益一六十四以
為角如黃鐘為宮則林鐘為徵太簇為商南呂
羽姑洗為角應鐘為變宮蕤賓為變徵是為七聲
十二律還相為宮凡大祭祀皆法服
一人立於殿楹之西東向一人立於縣北通街之
西東向以節樂堂下者主縣歌凡樂作則跪俯伏
舉麾以興工鼓柷以奏樂止則偃麾工戛敔而樂

止今軌麾郎者代之執之協律郎者特拜而已

樂正二人副二人掌肄樂舞展樂器正樂位凡祭二
人立於殿內二人立於縣間以節樂殿內者視獻
著莫獻用樂作止之節以笏示照燭舉偃以
示堂下若作登歌則以笏示敔而已縣間者示
樂師一人運譜一人掌以樂教工人凡祭立於縣間
皆北上相向而立

舞師四人皆執挺侍也牙執纛二人執旌二人祭則前
舞以為舞容舞人從南表向第一表為一成則一
變從第二至第三為二成從第三至北第四表為
三成舞人各轉身南向於北表之北還從第一至南
第二為四成從第二至第三為五成從第三至南
第一表為六成若八變者更從南北向第二為七
成又從第二至第三為八成若九變者又從第三
至北第一為九變
執麾一人從協律郎以麾舉偃而節樂
照燭二人掌執籠燭而節樂凡樂作止皆舉偃其籠
燭一人立於堂上門東視殿內獻官禮節麾燭以
示縣間一人立於堂下縣間侯三獻入導初獻至

凡殿下禮節則麾其燭

位立於其左 以示上下初獻詣盥洗位乃偃其燭止亦如之俟

初獻動為節宮縣樂作詣盥洗位洗拭瓚詣

詣階登歌樂作升自東階至殿門樂止乃立於階

司徒迎饌至橫街轉身北向宮縣樂作至版位樂止司徒奉俎

側以俟晨詣初獻至殿門樂止乃立於

至各室遍奠詣洗爵位洗拭爵詣酒尊所酌獻初獻詣盥洗位宮縣樂

作詣爵位洗拭爵至酒尊所酌酒詣出笏登歌樂

東階至殿門樂止初獻至酒尊所酌酒詣

詣神位前祭酒詣拜興讀祝樂止讀詣樂作再拜

訖樂止次詣每室作止如初每室各奏本室樂曲

俱獻畢還至殿門登歌樂作降自東階至板位樂

止文舞退武舞進宮縣樂作舞者立定樂止亞獻

行禮無節步之樂至酒尊所酌酒詣出笏宮縣樂

作詣神位前奠獻畢樂止次詣每室作止如初俱

升殿奠馬還至神位蒙古巫祝致詞詣宮縣樂作

同司徒進饌之曲禮畢樂止出殿登歌樂作各復

位樂止太祝徹邊豆登歌樂作辛徹樂止奉禮贊

拜眾官皆再拜詣送神宮縣樂作一成而止

三百九十三

宴樂之器

興隆笙制以楠木形如夾屏上銳而面平纏金雕鏤

枇杷寶相孔雀竹木雲氣兩旁側立花板居背三之

一中為虛櫃如笙之箆上堅紫竹管九十管端實以

木蓮苞外出小撇十五上堅小管管端實以銅杏

葉下有座櫃象遠之座上櫃前立花板一雕鏤如背

板間出二皮獅象面如琵琶朱漆雜花有柄一接小管一

於風口囊面如琵琶朱漆小架于座前繫風囊

人鼓風囊則簧自隨調而鳴中統間回回國所進以

竹為簧有聲而無律玉宸樂院判官鄭秀乃考音律

分定清濁增捩如今制其在殿上者盾頭兩旁立列

永孔雀二飾以真孔雀羽中設機每奏工三人一人

鼓風囊一人按律一人運動其機則孔雀飛舞應節

殿庭笙十延祐間增製不用孔雀

琵琶制以木曲首長頸四軫頸有品闊面四絃畫飾

雜花

箏如瑟兩頭微垂有柱十三絃

火不思制如琵琶直頸無品有小槽圓腹如半瓶榼

以皮為面四絃皮絣同一孤柱

胡琴制如火不思卷頸龍首二絃用弓捩之弓之絃

三百五十

以馬尾

方響制以鐵十六枚懸于磬簌小角棰二廷中設下
施小交足几黃羅銷金衣

龍笛制以竹如笛七孔橫吹之管首制龍頭銜同心結帶

頭管制以竹為管卷蘆葉為首竅七

笙制以匏為底列管于上管十三簧如之

筚篥制以木閡腹腹下施橫木而加軫二十四柱頭
及首並加鳳喙

雲璈制以銅為小鑼十三同一木架下有長柄左手
持而右手以小槌擊之

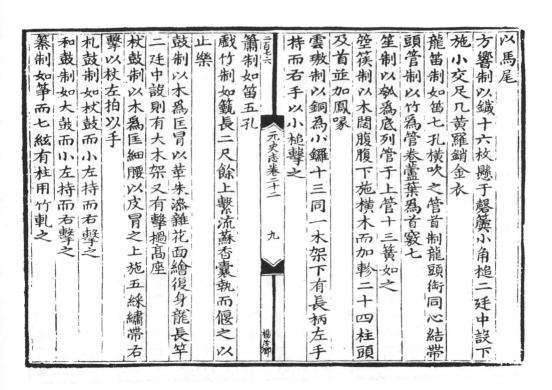

簫制以竹如笛五孔

戲竹制以竹如籚長二尺餘上繫流蘇香囊執而偃之以
止樂

鼓制以木為匡冒以革朱漆雜花面繪復身龍長竿
二廷中設則有大木架又有擊摀高座

杖鼓制以木為匡細腰以皮冒之上施五綵繡帶右
擊以杖左拍以手

札鼓制如杖鼓而小左持而右擊之

和鼓制如大鼓而小左持而右擊之

纂制如箏而七絃有柱用竹軋之

樂音王隊（元旦用之）

引隊大樂禮官二負冠展角幞頭紫
袍塗金帶執笏次執戲竹二人同前服次樂工八人
冠花幞頭紫窄衫銅束帶龍笛三杖鼓三金鞭小鼓
一板一奏萬年歡之曲從東階升至御前以次而西
折繞而南北向立次二隊婦女十人冠展角
幞頭紫袍隨樂聲進至御前分左右相向立次婦女

一人冠唐帽黃袍進此向立定樂止念致語畢樂作

奏長春柳之曲次三隊男子三人戴紅髮青面具雜
綵衣次一人冠唐帽綠襴袍角帶舞蹈而進立於前

甲執义從者二人戴畎沙神像面具紅袍執圭興前

隊之右次四隊男子一人戴孔雀明王像畫具披金

甲執义從者二人戴畎沙神像面具紅袍執圭興前

隊同進次北向立次六隊男子五人冠五梁冠戴龍王畫具繡氅執圭興前

隊踊以進次七隊樂工八人冠霸王冠青面具錦繡

舞蹈以進次八隊婦女二十人冠廣翠冠銷金綠

衣龍笛三觱栗三杖鼓二與前大樂合奏吉利牙之

曲次八隊婦女二十人冠廣翠冠銷金綠衣執牡丹

花舞唱前曲與樂聲相和進至御前北向列為九重
重四人曲終再起與後隊相和次九隊婦女二十人
冠金梳翠花鈿繡衣執花鞭稍子鼓舞唱前曲與前
隊相和次十隊婦女八人花髻服銷金桃紅衣搖日
月金鞭稍子鼓齊聲舞唱同前次男子五人作五方菩薩
梵像搖日月鼓次一人作樂音王菩薩楚像執花鞭
稍子鼓齊舞唱一關樂止次婦女三人歌新水
令沾美酒太平令之曲終念口號畢舞唱相和以次
而出

壽星隊 天壽節 用之

引隊禮官樂工大樂冠服並同樂音
王隊次二隊婦女十人冠唐巾服銷金紫衣銅束帶
次婦女一人冠平天冠服繡鶴氅方心曲領執圭以
次進至御前立定樂止念致語畢樂作奏長春柳之
曲次三隊男子三人冠金漆弁冠服舞蹈並同樂音王隊次
四隊男子一人冠金漆弁冠服緋袍執笏從者
二人錦帽繡衣執金字福祿牌次五隊男子一人冠
捲雲冠青面具綠袍金帶分執梅竹松椿石同前
隊而進此向立次六隊男子五人為烏鴉之像作飛
舞之態進立於前隊之左樂止次七隊樂工十有二
人冠雲頭冠銷金緋袍白裙龍笛三觱篥三札鼓三

和鼓一板一與前大樂合奏山荊子帶袱神急之曲
次八隊婦女二十人冠鳳翹冠翠花鈿服寬袖衣加
雲肩霞綬玉佩各執寶蓋舞唱前曲次九隊婦女三
十人冠玉女冠翠花鈿服黃銷金寬袖衣加雲肩霞
綬玉佩各執樓毛日月扇舞唱前曲與前隊相和次
八人冠束髮冠金掩心甲銷金緋袍執戟次男子
十隊婦女八人服雜綠衣被搧葉魚鼓簡子次男子
之像各一次男子五人冠黑紗帽服繡鶴氅朱履策
龍頭籭杖齊舞唱前曲一關樂止次婦女三人歌新
水令沾美酒太平令之曲終念口號畢舞唱相和以
次而出

禮樂隊 朝會 用之

引隊禮官樂工大樂冠服並同樂音
王隊次二隊婦女十人冠黑漆弁冠服青素袍方心曲
領白裙束帶進至御前立定樂止念致語畢樂作奏
長春柳之曲次三隊男子三人冠黑漆弁冠服舞蹈
同前隊而進此向立次六隊童子五人三龍冠服紅袍各
四隊男子三人皆冠捲雲冠服黃袍塗金帶次
五隊男子五人皆冠三龍冠服紅袍各執劈正金斧
同前隊而進此向立次六隊童子五人三髻素衣各
執香花舞蹈而進此向立樂止次七隊樂工八人皆冠束髮

冠服錦衣白袍龍笛三廚栗三杖鼓二與前犬樂合
奏新水令水仙子之曲次八隊婦女二十人冠籠巾
服紫袍金帶執笏歌新水令水仙子之曲與樂聲相和進至
御前分為四行北向立鞠躬拜興舞蹈叩頭山呼就
拜再拜畢復起聲歌水仙子之曲一闋再歌青山口
之曲與後隊相和次九隊婦女二十人冠車髻冠服
銷金藍衣雲肩佩綬執孔雀幢舞唱與前隊相和次
十隊婦女八人冠翠花唐巾服錦繡衣執寶蓋舞唱
前曲次男子八人冠鳳翅兜鍪披金甲執金戟次男
子一人冠平天冠服繡鶴氅執圭繞舞唱前曲一闋

樂止次婦女三人歌新水令沽美酒太平令之曲終
念口號畢舞唱相和以次而出
說法隊引隊禮官樂工大樂冠服紫禪衣皂絛次
二隊婦女十人冠僧伽帽服並同樂音王隊次
人服錦袈裟餘如前持數珠進至御前北向立定樂
止念致語畢樂作奏長春柳之曲次三隊男子三人
冠服舞蹈並同樂音王隊次四隊男子一人冠隱士
冠服白紗道袍皂絛執塵拂從者二人冠黃包巾服
錦繡衣執令字旗次五隊男子五人冠金冠披金甲
錦袍執戟同前隊而進北向立次六隊男子五人為

金翅鵰之像舞蹈而進樂止次七隊樂工十有六人
冠五福冠服錦繡衣龍笛六廚栗六杖鼓四與前大
樂合奏金字西番經之曲次八隊婦女二十人冠珠
子菩薩冠服銷金黃衣瓔珞執金浮屠白傘蓋四
曲終再起與後隊相和次九隊婦女二十人冠翠
舞唱前曲與樂聲相和進至御前分為五重重四人
菩薩冠服銷金紅衣執寶蓋舞唱前曲與前隊相和次
隊婦女八人冠青螺髻冠服白銷金衣執金蓮花次
男子八人披金甲像次一人為八金剛像次一人為文殊像次
如意一人為普賢像執西番蓮花一人為泰像齊

舞唱前曲一闋樂止次婦女三人歌新水令沽美酒
太平令之曲終念口號畢舞唱相和以次而出
凡吉禮郊祀祠享太廟告諡見祭祀志軍禮見兵志
喪禮五服見刑法志水旱賑卹見食貨志內外導
從見儀衛志

翰林學士亞中大夫知制誥兼修
國史臣宋濂翰林待制奉直郎兼
國史院編修官臣王禕等奉
敕修

祭祀一

禮之有祭祀其來遠矣天地宗廟社稷之主
於郊社禘嘗有事焉以其義存乎報本非有所爲
而爲之故其禮貴誠而尚質務在反本備古不忘其
初而已漢承秦弊郊廟之制置周禮不用謀議巡守
封禪而方士祠官之說與兄弟相繼共爲一代而統
緒亂迨其季世乃合南北二郊爲一雖以唐宗盛時

三十　元史志卷二十三　一

皆莫之正盖未有能反其本而求之者彼籩豆之事
有司所職又豈足以盡仁人孝子之心哉元之五禮
皆以國俗行之惟祭祀稍稽諸古其郊廟之儀禮官
所考曰益詳慎而惟舊禮初未嘗廢豈亦所謂不忘其
初者歟然自世祖以來每難於親事英宗始有意
親郊而志弗克遂廢不講然武宗親享于廟者
臣議立北郊而中輟遂廢不講然武宗親享于廟者
三英宗親享五晉王在帝位四年矣未嘗一廟見文
宗以後乃使親享豈以道釋禱祠薦禳之盛竭生民
之力以營寺宇者前代所未有有所重則有所輕歟

或曰北陲之俗敬天而畏鬼其巫祝每以爲能親見
所祭者而知其喜怒故天子非有察于幽明之故
俗之辨則未能親格豈其然歟自憲宗以世天
追崇所生與太祖並配世祖既而建太廟所
之君而兄弟共爲一世乃有徵於前代者歟夫郊廟
閣署無足言者其天子親遣使致祭者三曰社稷曰

三九十六　元史志卷二十三　二

先農曰宣聖而嶽鎮海瀆使者奉璽書即其處行事
稱代祀其有司常祀者五曰社稷曰宣聖曰三皇曰
嶽鎮海瀆曰風師雨師其非通祀者歟夫不禋所受
古帝王廟曰周公廟曰名山大川忠臣義士之祠曰
功臣之祠而大臣家廟不與焉其儀皆禮官所擬而
議定于中書日星始祭于司天臺而四司天臺遂
以禁祭職事五福太乙有壇時以道流主之皆所
未詳凡祭祀之事其書爲太常集禮而經世大典之
禮典篇尤備焉以累朝實錄與六條政類序其因革
錄其成制作祭祀志

郊祀上

元興朔漠，代有拜天之禮，衣冠尚質，祭器尚純，帝后親之，宗戚助祭。其意幽深古遠，報本反始，出於自然，而非強為之也。憲宗即位之二年秋八月八日，始以冕服拜天於日月山。其十二日，又用孔氏子孫元措，言合祭昊天后土，始大合樂，作牌位，以太祖、睿宗配享。歲甲寅，會諡王于頴頴腦兒、軍腦兒，皆祭天於其地。世祖中統二年，親征，霫夏于四月乙亥，躬祀天于舊桓州之西北，灑馬潼以爲禮。皇族之外，無得而與，皆如其初。十二月，以受

尊號，遣使豫告天地。下太常檢討唐、宋、金舊儀於國陽麗正門東南七里，建祭臺，設昊天上帝、皇地祇位二，行一獻禮。自後國有大典禮，皆即南郊告謝焉。十三年五月，以平宋，遣使告天地。中書下太常議定儀物，以聞。制若曰：其以國禮行事。三十一年，成宗即位。夏四月壬寅，始為壇于都城南七里。甲辰，遣司徒兀都帶率百官，為大行皇帝請諡，南郊為告天請諡之始。大德六年春三月庚戌，合祭昊天上帝、皇地祇、五方帝于南郊，遣左丞相哈剌哈孫攝事，為攝祀天地之始。大德九年二月二十四日，右丞相哈剌哈孫等

言去年地震、星變、雨澤愆期、歲比不登，祈天保民之事，有天子親祀者三：曰天、曰祖宗、曰社稷。今宗廟社稷，歲時攝官行事，奈國之大事也，陛下雖未及親祀，宜如宗廟社稷遣官攝祭。天地間，始有司豫備日期，至則以聞。制若曰：卿言是也，其豫備儀物以待事。於是翰林、集賢、太常禮官會中書集議，博士疏曰：冬至圜丘，惟祀昊天上帝，至宋千有餘年，分祭祭天地，歷東漢至西漢元始間始集議曰：周禮冬至圜丘禮天，夏至方丘禮地，既不同，禮樂亦異，王莽之制，何可法也。今當循唐虞三代

之典，惟祀昊天上帝。其方立祭地之禮，續議以聞。按周禮壇壝三成，近代增外四成，以廣天文從祀之位。集議曰：依周禮壇三成之制。然周禮疏云，每成一尺，不見縱廣之度，恐壇上陛隘，器物難容，擬四成制，內減去一成，以合陽奇之數。每成高八尺一寸，以合乾之九九。上成縱廣五丈，中成十丈，下成十五丈。四陛，陛十有二級。外設二壝，內壝去壇二十五步，外壝去內壝五十四步，壇各四門，壝設於丙巳之地，以就陽位。按古者親祀，冕無旒，服大裘而加袞，臣下從祀，冠服歷代所尚，其制不同。集議曰：依宗廟見用冠服制度

按周禮大司樂云九樂圜鍾為宮黃鍾為角太族為
徵姑洗為羽雷鼓雷鼗孤竹之管雲和之琴瑟雲門
之舞冬至日於地上之圜丘奏之若樂六變則天神
皆降可得而禮矣集議曰樂者所以動天地感鬼神
必訪求深知音律之人審五聲八音以司肄樂夏四
月壬辰中書復集議博士言舊制神位版用木中書
議改用蒼玉金字白玉為座博士曰郊祀尚質依
有司議所以藏議者後謂神主廟則有之今祀於增
舊制遂用木主長二尺五寸闊一尺二寸上圜下方
丹漆金字木用松栢貯以紅漆匣黃羅帕覆之造畢
對越在上非若他神無所見也所製神主遂不用七
月九日博士又言古者祀天器用陶匏席用藁秸自
漢甘泉雅時之祀以迄後漢晉魏南北二朝隋唐其
壇壝玉帛禮器儀仗日益繁縟浸失古者尚質之意
宋儀法具在當時名儒輩出亦未嘗不援經而定也
其儀多循唐制其壇壝禮器考之於經固未能全合
酌古今以行禮亦宜焉今撿討唐宋金親祀攝行儀
注并雅樂節次合從集議太常議曰郊祀之事聖朝
自平定金宋以來未暇舉行今欲情嚴不能一舉而
大備然始議之際亦須酌酌古今之儀垂則後來請從

中書會翰林集賢禮官及明禮之士講明去取以聞
中書集議曰合行禮儀非草創所能備依唐宋制皆有攝
行之禮除從祀受胙外一切儀注悉依唐制修之八
月十二日太常寺言尊祖配天其禮儀樂章別有常
典若俟至日議之恐多遺有誤於是中書省臣奏曰
命御史大夫鐵古迭兒即南郊告謝天地主用栢素
質玄書為即位告謝之始至大二年冬十月乙酉尚
是歲南郊配位遂省十一年武宗即位秋七月甲子
何榮祖議宗廟已依時祭享今郊祀止祭天享祭臣等奏曰可
書省臣及太常禮官言郊祀者國之大禮今南郊之
禮已行而未備北郊之禮尚未舉行今年冬至南郊
請以太祖聖武皇帝配享明年夏至北郊以世祖皇
帝配帝皆是之十二月甲辰朔尚書太尉右丞相太
保左丞相田司徒郝彧政等復奏曰南郊并神州地祇
丘大禮已舉其北郊祭皇地祇於方澤及朝日夕月
五岳四瀆山林川澤及朝日夕月此有國家所當崇
禮者也當聖明御極而弗舉行恐遂廢弛制若曰卿
議甚是其即行焉至大三年春正月中書禮部移太
常禮儀院下博士擬定北郊從祀朝日夕月禮儀博

士李之紹蔣汝礪疏曰按方丘之禮夏以五月商以
六月周以夏至其丘在國之北禮神之王以黃琮牲
用黃犢幣用黃繒配以后稷其方壇之制漢去都城
四里為壇四陛唐去宮城北十四里為方壇方八角三
成每成高四尺上闊十六步設陛上等陛廣一丈
等陛一丈下等陛廣一丈二尺至徽宗始定為冊
成歷代之制雖不同然無出於三成之式今擬取坤數
用六之義去都城北六里於壬地選擇善地於中為
方壇三成四陛外為三壝仍依古制自外壝之外治
四面稍令低下以應澤中之制宮室墻圍器皿色並

《元史志卷二十三》 七 周鼎

用黃其冊成八角八陛非古制難用其神州地祇以
下從祀自漢以來歷代制度不一至唐始因隋制以
嶽鎮海瀆山林川澤丘陵墳衍原隰各從其方從祀
今盡祭酌舉行秋九月太常禮儀院復下博士檢討
合用器物十一月丙申有事于南郊以太祖配五方
帝日月星辰從祀仁宗延祐元年夏四月丁亥太常
寺臣請立北郊帝遷未遑北郊之議遂輟英宗至
治二年九月有旨議南郊祀事中書平章買閭御史
中丞曹立禮部尚書張垈學士蔡文淵表楠鄧文原
太常禮儀院使王緯田天澤博士劉致等會都堂議

一日年分按前代多三年一祀天子即位已及三年
常有旨欽依二曰神位周禮大宗伯以禋祀祀昊天
上帝註謂昊天上帝冬至圜丘所祀天皇大帝也又
曰蒼璧禮天注云此禮天以冬至謂天皇大帝也又
北極謂之北辰天皇耀魄寶也今按晉書
天文志中宮鈎陳口中一星曰天皇大帝其神耀魄
寶周禮所祀天神正言昊天上帝鄭氏以星經推之
乃謂即天皇大帝然漢魏以來名號亦復不一漢初
曰上帝曰太一曰皇天上帝魏曰皇皇帝天梁曰天

《元史志卷二十三》 八 周鼎

皇大帝惟西晉曰昊天上帝與周禮合唐宋以來壇
上既設昊天上帝復有天皇大帝其五天帝
與太一一等皆不經見本朝大德九年中書圓議
止依周禮祀昊天上帝至大三年圓議五帝從事依
前代通祭三曰配位孝經曰嚴父莫大於嚴父莫
大於配天又曰郊祀后稷以配天此郊之所以有配
也漢唐已下莫不皆然至大三年冬十月三日奉旨四
十一月冬至合祭南郊太祖皇帝配圓議承旨四日
告配禮器曰魯人將有事於上帝必先有事於頖宮
註告后稷也告之者將以配天也告用牛一宋會要

於致齋二日宿廟告配凡遣官犧尊豆邊行一獻禮
至大三年十一月二十一日質明行事初獻攝太尉
同太常禮儀院官赴太廟奏告圓議取五日大裘
晃周禮司裘掌裘為大裘以共王祀天之服鄭司農云
黑羊裘服以祀天示質也弁師掌王之五晃注晃服
特牲曰郊之祭也迎長日之至也王被之以裘以
有六而言五者大裘之晃也盖無旒數也禮記郊
象天戴晃十有二旒則天數也陸佃曰禮不盛服不
充盖服大裘以袞龍之也謂冬祀服大裘被之以袞
開元及開寶通禮鑾駕出官服袞晃至大次質明改
服大裘晃而出次宋會要紹興十三年車駕自廟赴
青城服通天冠絳紗袍祀日服大裘袞晃圓議用袞
晃取吉六曰毳冕郊特牲曰郊特牲曰郊之祭也祭用陶匏以
象天地之性也注謂陶尾器匏用陶匏以
寶禮皆有匏爵大德九年正配位用匏爵有玷圓議
正位用匏配位飲福用王爵取吉七曰戒誓唐通典
引禮經祭前期十日親戒百官及族人太宰總戒羣
官唐前祀七日受誓戒十日纂要太尉南向司徒亞
終獻一品二品從祀北向行事官以次北向禮直官
以誓文授之太尉讀令天子親行大禮止令禮直局

《元史志卷二十三》 九 祭官取

管勾讀擔文圓議令管勾代太尉讀擔刑部尚書范
之八日散齋致齋禮經前期十日唐宋金皆七日散
齋四日致齋三日國朝親祀太廟七日散齋四日於
別殿致齋三日於大明殿圓議依前七日九曰藉神
席藉神席也漢舊儀高帝配天用六綵綺
質宜皆勿修詔從唐麟德二年詔曰自虞以厚奉
天以薄改用祻褥上帝以蒼其餘各視其方色宋以
褥加席上禮官以為非禮元豐元年奉旨不設國朝
鞦藉神席曰堯簞之安而蒲越豪鞦之尚注蒲越豪
席郊特牲曰郊特牲日郊注蒲越豪
別殿郊特牲曰郊特牲而社稷太
大德九年正位豪鞦配位蒲越冒以青繒至大三年
加青綾褥青錦方座圓議合依至大三年於席上設
褥各依方位十日犧牲郊特牲曰郊特牲而社稷太
牢又曰天地之牛角繭栗漢文帝五帝共
牲一配位太牢一國朝大德九年開元用牛宋正位用蒼
共牲隋上帝配帝蒼犢二唐開元用牛宋正位用蒼
一牲武帝三年一祀太牢先武承元始故事天地
犢一配位太牢一國朝大德九年神位配位用犢外仍
至大三年馬純色肥腯一牲正副一鹿一十八野猪
一二十八羊十八圓議依舊儀神位配位用犢外仍
用馬其餘並依舊日已行典禮十一曰香鼎大祭有

《元史志卷二十三》 十 祭官取

三始煙為歆神始宗廟則燔蕭裸鬯所謂臭陽達於
墻屋者也後世焚香蓋本乎此而非禮經之正至大
三年用陶尾香鼎五十神座香盒各一圓議
依舊儀十二曰諸子大祭祀正六牲之體禮運云腥其
牲羞俎豆又割牲周禮司士九祭祀帥其屬祖
俎就其殺體其犬豕牛羊注云腥其俎謂豚解而腥其
之為七體也熟其殺謂體解而爛之為二十一體也
體其犬豕牛羊謂之分別骨肉之貴賤以為眾俎也七
脊脅脊橫脊正脊短脅代脅并腸三胃三拒肺一祭
體謂脊兩肩兩拍兩髀二十一體謂肩臂臑膊骼正

肺三也宋元豐三年詳定禮文所言古者祭祀用牲
有豚解有體解豚解則為七以薦腥體解則為二十
一以薦熟蓋大豕牛羊分別骨肉貴賤其解之為體
則均也皇朝馬牛羊豕鹿並依至大三年割牲用國
禮圓議依舊儀十三曰大次小次周禮掌次王旅上
帝張氈按皇邸唐通典前祀三日尚舍直長施大次
於外壝東門之內道北南向宋會要前祀三日儀鸞
司帥其屬設大次于外壝東門之內道北南向小次
於午階之東西向曲禮曰踐阼臨祭祀正義曰阼主
階也天子祭祀履主階行事故云踐阼宋元豐詳定

禮文所言周禮宗廟無設小次之支古者人君臨位
於阼階蓋阼階者東階也惟人主得位主階行事令
國朝太廟儀大次小次皆在西蓋國家尚右以西
為尊也圓議依祀廟儀注續具未議一曰禮神玉周
禮大宗伯以禋祀昊天上帝注禋之言煙也周人
尚臭煙氣之臭聞者積柴實牲體焉或有玉帛或有玉
曰或有玉帛或不用玉帛皆不定之辭也是燔牲玉
子自奉玉帛牲體於柴上引詩圭璧既卒是燔牲玉
也蓋卒者終也謂禮神既終當藏之也正經即無燔
玉明證漢武帝祠太乙胙餘皆燔之無玉晉燔牲幣

無玉唐宋乃有之顯慶中許敬宗等修舊禮乃云郊
天之有四圭猶宗廟之有圭瓚也並事畢收藏不在
煙列宋政和禮制局言古祭祀無不用玉周官典瑞
掌玉器之藏蓋事已則藏焉有事則出而後用未嘗
有燔瘞之文今奠神之玉既卒事則收藏之二曰飲
瘞祭之日但當奠於神座既卒事則收藏之二曰飲
氣從之蓋燔者取其煙氣之臭聞者積柴實牲體或
福特牲饋食禮曰尸九飯親嘏主人少牢饋食禮尸
十一飯尸嘏主人嘏長也大也行禮至此神明已饗
盛禮俱成故嘏受長大之福於祭之末也自漢以來

人君一獻絕畢而受嘏唐開元禮太尉未升堂而皇
帝飲福宋元豐三年改從亞終獻既行禮皇帝飲福
受胙國朝至治元年親祀廟儀注亦用一獻畢飲福
三曰升煙裡之言煙也升煙所以報陽也祀天之有
禮牲猶燔柴之膋血宗廟之祼鬯歷代以來或先燔
而後祭或先祭而後燔皆為未允祭之日樂六變而
燔牲首牲首亦陽也祭終以爵酒饌物及牲體燔於
壇天子望燎柴用栢四曰儀注禮經出於秦火之後
殘闕脫漏所存無幾至漢諸儒各執所見後人所宗
惟鄭康成王子雝而二家自相矛盾唐開元禮杜佑
通典五禮略完至宋開寶禮并會要與郊廟奉祠禮
丈中間講明始備金國大率依唐宋制度聖朝四海
一家禮樂之興政在今日况天子親行大禮所用儀
注必合講求大德九年中書集議合行禮儀依唐制
至治元年已有祀廟儀注宜取大德九年至大三年
并今次新儀與唐制系酌增損修之侍儀司編排鹵
簿太史院具報星位分獻官員數及行禮并諸執事
官合依至大三年制亞終獻官取旨是歲太皇太
后崩有旨冬至南郊祀事可權止泰定四年春正月
御史臺臣言自世祖迄英宗咸未親郊惟武宗英宗

親享太廟陛下宜躬祀郊廟制曰朕當遵世祖舊典
其命大臣攝行祀事閏九月甲戌郊祀天地致祭五
嶽四瀆名山大川至順元年支宗將親郊十月辛亥
太常博士言親祀儀注已具事有未盡者按前代典
禮親郊七日百官習儀於郊壇今既與受戒祖妨
合於致齋前一日告示與祭執事者各具公服往來
郊習儀親祀太廟雖有防禁然郊外尤宜嚴戒往來
貴乎清肅凡與祭執事齋班廳前及齋宿之所
殊非消潔之道今合於饌殿齋工舊不設盥洗之位
隨宜設置盥洗數處俱用鍋金溫水置盆杓巾帨令
人掌管省諭必盥洗然後行事違者治之祭日太常
院分官提調神廚監視割烹上下燈燭糈燎巳前雖
有翦燭提調糈盆等官率皆虛應故事或減刻物料
燭燎不明又嘗見奉禮贊賜胙之後獻官方退所司
便服徹俎壇上燈燭一時俱滅因而雜人登壇攘奪
之人皆服窄熟祭畢即令關閉毋使雜人得入其
不能禁止甚為褻慢今宜禁約省牲之前几入壇門
司添造關木鎖鑰祭畢合依大德九年例焚之壬子御史臺
臣言祭日宜勅股肱近臣及諸執事人毋飲酒制曰
藁秸匏爵事畢合依大德九年例焚之壬子御史臺

卿言甚善其移文中書禁之丙辰監察御史楊彬等
言禮享帝必以始祖爲配今未聞設配位竊恐禮文
有闕又先祀一日皇帝必備法駕出宿郊次竊恐禮從
近侍之臣未嘗經歷宜申加戒敕以達孚誠命與中
書議行十月辛酉始服大裘袞冕親祀昊天上帝于
南郊以太祖配自世祖混一六合至文宗九七世而
南郊親祀之禮始克舉焉盖器物儀注至是益加詳
禮而至治元年冬二月用香酒脯饌行一獻
慎矣自大德九年冬至用純色馬一蒼犢一羊鹿野豕各
自大德十二年冬至二祭告泰定元年之正月咸用之
九十一年秋七月用馬一蒼犢正副各一羊鹿野豕
各九而至大中告謝五皇慶至延祐告謝七與至治
三年冬告謝二泰定元年之二月咸如大德十一年
之數泰定四年閏九月將祀之
夕勅送新獵鹿二惟至大三年冬至正配位蒼犢皆
一五方帝犢各一皆如其方之色大明青犢夜明白
犢皆一羊鹿野豕各十有八兔十有二而四年
四月如之其犧牲品物無異豈所謂未能一舉而大
同告謝非大祀而用物香酒皆養用國禮而豐約不
備者乎南郊之禮其始爲告祭繼而有大祀皆攝事

也故攝祀之儀特詳
壇壇地在麗正門外丙位凡三百八畝有奇壇三成
每成高八尺广尺寸上成縱橫五丈中成十丈下成十
五丈四陛午貫地于午卯酉四位陛十有二級外設
二壇內壇去壇二十五步外壝去內壝五十四步壝
各四門外垣南櫺星門三東西櫺星門各一圜壇周
圍上下俱護以甓內外壝各高五尺壝四面各有門
三俱塗以赤至大三年冬至以三成不足以容從祀
版位以青繩代一繩二百各長二十五尺以足四
成之制燎壇在外壝內丙巳之位高一丈二尺四方
各一丈周圍亦護以甓東西南三出陛開上南出戶
上方六尺深可容紫香殿三間在外壝南門之外少
西南向饌幕殿五間在外壝南門之外少東南向省
饌殿一間在外壝東門之外少北南向酒庫三
爲別院內神厨五間南向祠祭局三間北向酒庫三
間西向廩官齋房二十間在神厨南向之外西向外
壝南門之外爲中神門五間諸執事齋房六十間以
翼之皆北向兩翼端皆有垣以抵東西周垣各爲門
以便出入齋班廳五間在廩官齋房之前西向儀鑾
局三間法物庫三間都監庫五間在外垣內之西北

隅皆西向雅樂庫十間在外垣西門之內少南東向
演樂堂七間在外垣內之東南隅西向之西南隅東向獻官廚三間南向
在外垣內之東南隅西向之西南隅東向滌養犧牲所在外垣南門
之外少東西向犧牲房三間南向
神位昊天上帝位亥之中少北皇地祇位次東少
第一等九位青帝位寅赤帝位巳黄帝位未白帝位
神席綾褥錦方座色皆用青籍以蒲越其従祀圜壇
却皆南向神席皆緑以繒綾褥素座昊天上帝色皆
用青地祇色皆用黄籍皆以藁秸配位居東西向
申黑帝位亥主皆用栢素質玄書大明位卯夜明位

西北極位丑天皇大帝位戌用神位版丹質黄書神
席綾褥座各隨其方色籍皆以藁秸第二等內官位
五十有四鉤星天柱玄枵天厨柱史位于子其數五
文史星紀御女位于丑其數三自子至丑神位皆西
上帝座歲星大理河漢析木尚書玄戈天床位于卯
行其數六南上陰德大火天槍星輔星三師位于辰其數
數五北上太陽守相星壽星天理位于巳
天一太一居前行其數七西上北斗天牢三公鶉火
五南上天一太一內厨熒惑鶉尾勢星天理位於
文昌內階位于午北斗居前行其數六填星鶉首四

輔位于未其數三自午至未皆東上太白實沈位于
申其數二北上八穀大梁星華蓋位于酉其數四
五帝內座降婁舍位于戌五帝內座居前行
其數四自酉至戌皆南上紫微垣辰星陳設位
于亥其數四東上紫微垣辰星織女居前行其數
皆同第三等中官百五十八位虚宿牛宿織女人星
司命司非司祿天女宿女宿天棓奚仲左旗
河鼓右旗位于子虚宿女宿漸臺敗瓜扶
十有七月星建星斗宿箕宿天雞道正位于丑
筐匏瓜天弁天棓度屠肆宗星宗人宗正位于丑

月星建星斗宿箕宿居前行其數十有七自子至丑
皆西上日星心宿天紀尾宿罰星東咸列肆天市垣
斛星斗星車肆天江罟星市樓候星女床天籥位于
寅日星心宿天紀尾宿居前行其數十有七南上房
宿七公氐宿帝席大角亢宿貫索鍵閉鉤鈐西咸天
乳招搖梗河亢池周鼎位于卯房宿七公氐宿帝席
大角亢宿角宿攝提常陳辛臣謁者三公九卿五內諸侯
郎位郎將進賢平道天田位于辰太子星太微垣軫
角宿角宿攝提居前行其數十有六南上張宿翼宿明

堂四帝座黃帝座長垣少微靈臺虎賁從官內屏位
于巳張宿翼宿明堂居前行其數十有一西上軒轅
七星三台柳宿內平太尊居前行其數九鬼宿井宿天
軒七星三台柳宿居前行其數九鬼宿井宿參宿天
尊五諸侯鈇鑕星座旗司怪天關位于申畢宿井宿參天
宿諸侯鈇鑕宿居前行其數九自午至未皆東上畢
宿五車諸王讒宿積水天高三柱天潢咸池位于申畢宿
葡宿天船天街礪石天河積尸太陵左更天大將
宿胃宿積水尸天河積尸太陵左更天大將
軍軍南門位于酉月宿昴宿胃宿前行其數十有

《元史志卷二十三》　十九

星杵星土公吏造父離宮雷電騰蛇位于亥危宿室
宿居前行其數十有三東上內壤內外官一百六位
天壘城離瑜代星齊星周星晉星韓星秦星魏星燕
自酉至戌皆南上危宿室宿車府墳墓虛梁蓋屋曰
公雲兩霹靂位于戌妻宿壁宿居前行其數十有二
二妻宿奎宿壁宿右更附路閣道王良策星天廄土
星楚星鄭星趙星燕星糠星位于丑其數十有三東上
田狗國天淵狗星寵星農丈人杵星糠星位于丑其
數十有一自子至丑皆西上車騎將軍天輻從官積
卒神宮傳說龜星魚星位于寅其數八南上陣車車

騎騎官頑折威陽門五柱天門衡星庫樓位于卯
其數十北上土司空長沙丘南門平星位于辰其
數五南上酒旗天廟東甌器府軍門左右轄位于巳
井軍井屏星伐星天稷爟星天記外廚天狗南河位
自午至未皆東上天節九州殊口附耳參宿九斿玉
千午其數七天社矢星水位關丘狼星弧星老人星
四瀆野雞軍市水府孫星子星關丘狼星弧星老人
二北上天園天陰天廩天苑天囷芻蒿天庾天倉鈇
鑕天溷位于酉天鉞大司空八魁羽林位于

《元史志卷二十三》　二十

戌其數四自酉至戌皆南上哭星泣星天錢天綱北
落師門敗曰斧鉞壘壁陣位于亥其數八東上內壤
外狼星三百六十位每辰神位三十自第二等以下
神位版皆丹質黃書內官中官外官則各題其星名
內壤外三百六十位惟題曰狼星位于九從祀位皆內
向十二次微左旋子居子陛東午居午陛西卯居卯
陛南酉居酉陛北
器物之等其目有八一曰圭幣昊天上帝蒼璧一有
繅藉青幣一燎玉一皇地祇黃琮一有繅藉黃幣一
配帝青幣一黃帝黃琮一青帝青圭一赤帝赤璋一

白帝白琥一黑帝玄璜一幣皆如其方色大明青圭有邸夜明白璧有邸天皇大帝青圭有邸北極玄圭有邸幣皆如其玉色內官以下皆青幣二曰尊罍著尊犧尊壺尊山罍各二在壇上東南隅皆北向西上配帝著尊犧尊壺尊各二山罍四在壇上東向北上五帝日月北辰天皇皆太尊一著尊二內官十二次各象尊二中官十二次各象尊二外官十二次各概尊二泉星十二次各散尊二凡尊各設於神座之左而右向皆有坫有勺加冪羃之繪以雲惟設而不酌者無勺三曰籩豆登俎昊天上帝皇地祇及配帝籩豆皆十二登三簋二簠二俎八皆有七筋玉幣篚二籩豆皆八一青篦牲盤一從祀九位籩豆皆八簋一簠一登一俎一匏爵一有坫沙池一玉幣篚一內官位五十四籩豆皆二簠一簋一登一俎一匏爵一有坫沙池幣篚十二次各一中官百五十八皆籩一豆一簋一簠一俎一匏爵有坫沙池幣篚十二次各一外官位一百

六皆籩一豆一簋一簠一俎一匏爵沙池幣篚十二次各一眾星位三百六十皆籩一豆一簋一簠一俎一匏爵沙池幣篚十二次各一此籩豆簋簠登爵篚之數也九籩之設居神位左豆居右登爵以太尊實泛齊居後籩豆皆有巾冪之繪以斧四曰酒齊昊天上帝齊著尊實醴齊犧尊實盎齊山罍實清酒皆有上尊以祀昊天上帝皇地祇亦如之以著尊實泛齊犧尊象尊實醴齊壺尊實盎齊山罍實清酒皆有上尊以前設之設而不酌者以犧尊實醍齊壺尊實沈齊山罍三實清酒皆有上尊以祀配帝以太尊實泛齊以著尊實醴齊皆有上尊九位同以祀五帝日月北極天皇大帝以象尊實醴齊有上尊十二次同以祀內官以壺尊實沈齊象尊實盎齊有上尊十二次同以祀中官尊實清酒有上尊十二次同以祀外官以散尊實盎酒有上尊十二次同以祀眾星九位散齊之上尊亦實明水五曰牲齊庶器昊天上帝蒼犢皇地祇黃犢配位蒼犢大明青犢夜明白犢天皇大帝蒼犢北極玄

壇皆一馬純色一鹿十有八羊十有八野豕十有八

免十有二蓋条以國禮割牲為七體左肩臂臑兼代

脇為一體右肩臂臑代脇長脇為一體右骭肫

胳為一體連脊膚短脇為一體脊脅脅腹為一體

項脊盤餤餗未入置俎上饌入徹去之邊之實魚鱐糗

食凡邊之用八者無糗餌粉餈菱芡粟豆之實魚鱐糗

胖折葅酏食糝食皆二者邊以鹿脯乾棗豆

韭葅菁葅筍葅脾折葅酏食鹿臡醢醢糝

餌粉餈裹乾檊形鹽鹿脯榛菱芡粟豆

青虀盤餤餗未入置俎上饌入徹去之毛血盛以豆或

以鹿臡菁菹用皆一者邊以鹿脯豆以鹿臡凡簠簋

用皆二者簠以黍稷簋以稻粱用皆一者簋以稷簋

以黍實登以大羹六曰香祝洗位正位香鼎一香合

一香案一祝案一皆有衣拜褥一盥爵洗位一罍一

洗一白羅巾一親祀匜二盤二地衹配位咸如之香

用龍腦沉香祝版長各二尺四寸闊一尺二寸厚三

分木用揪柏從祀九位香鼎香合香案綾拜褥皆九

褥各隨其方之色盥爵洗位二罍二洗二巾二第二

等盥爵洗位二巾二第三等亦如之內壇

內盥爵洗位一罍一洗一巾一內壇外亦如之凡巾

皆有籠從祀而下皆用沈檀降真鼎用陶瓦第二等

十二次而下皆紫綾拜褥十有二親祀御板位一飲

福位及大小次盥爵洗板位各一皆青質金書亞

獻終獻飲福板位一黑質黃書御拜褥八亞終獻飲

福位拜褥一黃道裀褥寶案二黃羅銷金裹衣水火

內壇外及樂縣南北通道絳燭四皆銷金絳籠自天壇至

鑑七日燭燎天壇捹燭四

四十皆絳紗籠御位椽燭六銷金絳紗籠獻官椽燭

四十皆用燭八百粃盆二百二十有架黃桑條去膚

車東之置燎壇以焚牲首八曰獻攝祼事亞獻官

終獻官一攝司徒一助奠官二大禮使一侍中二門

下侍郎二禮儀使一殿中監二高鞷官二太儀卿二

控馬官六近侍官八導駕官二十有四典實官四侍

儀官五太常卿丞八光祿卿丞二刑部尚書二禮部

尚書二奉玉幣官一定撰祝文官一書讀祝冊官一

舉祝冊官二執巾官二太史令一御奉匜盤官二御

爵洗官二執巾官二割牲官一太官令一太官丞一

太官丞一良醞令丞二廩犧令丞二太樂令一御史四太

常博士二郊祀令丞二太樂令一太樂丞一司尊罍

二亞終獻盥洗官二爵洗官二巾籠官二奉爵官二

祝史四太祝十有五奉禮郎四協律郎二前燭官四

禮直官管勾一禮部黠視儀衛官二兵部清道官二

拱衛使二大都兵馬使二齋郎百司天生二看守粉

盆軍官一百二十

翰林學士承旨朶兒只制護佩臣長壽翰林待制承直郎同知制誥兼國史院編修官臣王樁等奉

黎俊

祭祀二

郊祀下

門列仗畫漏上水一刻通事舍人引侍享執事文武

於大明殿西序東向致齋之日質明諸衛勒所部屯

次有司傳奏刑罰文字致齋前一日尚舍監設御幄

四日於別殿致齋三日其二日於大明殿一日於大

儀注之節其目有十一日齋戒祀前七日皇帝散齋

三六六

《元史志卷二十四》　一

夏景物

四品以上官俱公服詣別殿奉迎畫漏上水二刻侍

中版奏請中嚴皇帝服通天冠絳紗袍畫漏上水三

刻侍中版奏外辦皇帝結佩出別殿乘輿華蓋繖扇

侍衛如常儀皇帝御幄東向坐侍臣夾侍興一刻待

如常皇帝降座入室侍中前跪奏臣其言請降就齋

皇帝降座入室解嚴侍享執事官各還本司宿衛者

如常凡侍祠官受誓戒于中書省散齋四日致齋三

日守壝門兵衛與大樂工人俱清齋一宿致齋三

陽燧取明火供爨以方諸取明水實尊二日告配祀

前二日攝太尉與太常禮儀院官恭詣太廟以一獻

禮奏告太祖法天啓運聖武皇帝之室寅刻太尉以

下公服自南神門東偏門入至橫街南北向立定奉

禮郎贊曰拜禮直官承傳曰鞠躬曰拜曰興曰拜曰

興曰平立又贊曰各就位禮直官詣太尉前曰拜曰

盥洗位引太尉至盥洗位曰搢笏曰跪曰帨手曰詣

座前曰北向立曰稍前曰搢笏曰執爵曰祭酒曰詣

香曰三上香曰授幣曰奠幣曰執爵曰祭酒曰祭酒

日三祭酒祭酒於沙池訖曰讀祝曰酌酒曰詣爵洗

舉祝版讀祝官跪讀祝文畢舉祝版於案執

盥興版讀祝官跪讀祝舉祝官奠祝版於案執

四六

《元史志卷二十四》　二

夏景物

太祝捧祝幣降自太階詣望瘞位太尉以下俱詣坎

降復位北向立奉禮郎贊曰拜禮直官承傳再拜畢

拜曰興曰拜曰興曰平立曰復位司尊彝良醞令從

祝前一日所司備儀從內外仗侍祠官兩行序立於

位前焚瘞訖自南神門東偏門以次出三曰車駕出宮

崇天門外太僕卿控御馬立於大明門外諸侍臣及

導駕官二十有四人俱於齋殿前左右分班立俟通

事舍人引侍中版奏請中嚴俛伏興皇帝服通天冠絳

紗袍少頃侍中版奏請中嚴皇帝出齋室即御座羣臣

起居訖尚輦進輿侍中奏請皇帝升輿華蓋繖扇侍
衛如常儀導駕官導至大明門外侍中進當輿興奏
奏請降輿乘馬導駕官下侍郎下
請進發僥伏興前稱警蹕至崇天門外門下侍郎奏
請進發僥伏興前稱警蹕分左右步導門下侍郎跪奏
制稱衆官上馬贊者承傳衆官出櫺星門外上馬門
下侍郎奏請進發前稱警蹕華蓋繖扇儀興衆官
分左右前引教坊樂鼓吹不作至郊壇南制可門下侍郎自
侍中傳勅制稱衆官下馬贊者承傳衆官下馬下侍郎跪奏
甲而尊輿儀仗倒卷而北兩行駐立駕至櫺星門侍

中奏請皇帝降馬步入櫺星門由西偏門稍西侍中
奏請升輿尚輦奉輿華蓋繖扇如常儀導駕官前導
皇帝乘輿至大次前侍中奏請降輿皇帝降輿入就
次簾降侍衛如式通事舍人承旨勅衆官各還齋次
尚食進饌訖禮儀使以祝冊奏請御署訖奉出郊祀
令受之各奠於坫四曰陳設祀前三日尚舍監陳大
次於外壇西門之道北南向設小次於內壇西門之
外道南東向設黃道祔褥自大次至於小次版位又
壇上皆設之所司設兵衛各其器服守衛壇門每門
兵官二貟外垣東西南櫺星門外設蹕街清路諸軍

諸軍旗服各隨其方之色去壇二百步禁止行人祀
前一日郊祀令率其屬掃除壇之上下大樂令率其
屬設登歌樂於壇上稍南北向設宮縣二舞位於壇
南內壇南門之外如式奉禮郎設御桉位於小次之
前東向設御飲福位於壇上午陛之西亞終獻飲福
位於午陛之東皆北向又設亞終獻助奠門下侍郎
以下於桉位之後稍南東向興位重行以北為上又設司徒太常卿以下位於其東西二壇門之
皆如常儀又分設糾儀御史位於其東西相對北上
外相向而立又設御盥洗爵洗位於內壇南門之內

道西北向又設亞終獻盥洗爵洗位於內壇南門之
外道西北向又設省牲饌等位如常儀未後二刻郊
祀令同太史令俱公服升設昊天上帝位於壇上北
方南向設配位於壇上西
方東向席以蒲越加神席祔褥座禮神蒼璧置於繅藉
青幣設于篚正位之幣加燎玉置尊所俟告潔畢權
徹畢祀日丑前重設執事者實柴于燎壇及設邊豆
籩簠尊罍爵俎坫等事如常儀五曰省牲器祀前
一日未後二刻郊祀令率其屬又掃除壇之上下司
尊罍奉禮郎率祠祭局以祭器入設于位郊祀令率

執事者以禮神之玉置於神位前未後三刻廩犧令
與諸太祝史以牲就位禮直官分引太常卿光祿
卿丞監祭監禮官太官令丞等詣省牲位立定禮直
官引太常卿監祭監禮由東壝北偏門入自卯陛陛
壇視滌濯畢還司尊彝跪舉幕曰潔告祭畢俱復位禮直
祝俱巡牲一匝復位上一負出班西向折身曰腯告充
廩犧令巡牲一匝西向折身曰充告充畢復位諸太
官稍前曰請省牲太常卿省牲畢退復位次引
祭監禮詣省饌位東西相向立禮直官請太常卿省
脯畢復位禮直官引太常卿光祿卿丞太官令丞監

饌畢退還齋所廩犧令與諸太祝史以次牽牲詣
厨授太官令次引光祿卿監祭監禮祝等詣厨省鼎鑊
視滌溉畢還齋所晡後一刻太官令率宰人以鑾刀
割牲祝史各取血及左耳毛實於豆仍取牲首貯於
盤廚馬俱置于饌殿遂烹牲實於豆滫實水納
烹之事六日習祭祝前一日未後三刻廩官諸執事各
服其服習儀于外壝西南隙地其陳設樂架禮器等
物並如行事之儀七日莫王幣祀日五前五刻太常
卿設燭於神座太史令郊祀令各服其服升設昊天
上帝及配位神座執事者陳玉幣於篚置尊所禮部

尚書設祝冊於案光祿卿率其屬入實籩豆籩實
彝如式祝史以牲首盤設于壇大樂令率工人二舞
入就位禮直官分引監祭郊祀令及諸執事官齋
郎入就位禮直官引監祭禮按視壇之上下皆再拜復位
士博士引禮儀使對立於大次前侍中板奏請中嚴
於宮縣之側隨地之宜太尉及司徒等官入就位也
官分引攝太尉及司徒等官入就位符寶郎奉寶陳
贊者就位太官令率齋郎詣饌殿候于門外禮直
奉禮贊者再拜禮直官承傳祭禮按視以下皆再拜又
皇帝服大裘袞冕侍中奏外辦禮儀使跪奏禮儀使

臣某請皇帝行禮俛伏興凡奏妻人贊之
儀使前導華蓋織扇如常儀至西壝門外殿中監進
大圭禮儀使奏請執大圭皇帝執圭華蓋織扇停於
門外近侍官與大禮使皆後從皇帝入門宮縣樂作
太常卿率祝史捧馬首詣燎壇升烟訖復位禮儀使
跪奏請就板位俛伏興皇帝出次請復位禮儀使
儀使奏有司謹具請行事降神樂作天成之曲六成禮
請就小次釋圭樂止禮儀使以下分立左右少頃禮
向立再拜皇帝再拜奉禮贊眾官皆再拜訖奉玉幣
跪奏請就板位俛伏興皇帝出次至位東
官跪取玉幣於篚立於尊所禮儀使奏請行事遂前

導官縣樂作由南壝西偏門入詣盥洗位比向立樂
止搢大圭盥手奉匜官奉盤承水
執巾官奉巾以進盥帨手訖執大圭詣午階樂作
止升階登歌樂作至壇上樂止殿
中監進鎮圭大殿中監二員執鎮一員執鎮
圭執鎮圭請詣昊天上帝神位前北向立
繼席於地禮儀使奏請跪奠鎮圭於繼席禮儀使奏請搢
加玉於幣以授侍中侍中西向跪進禮儀使奏請奠
王幣皇帝受奠訖禮儀使奏請執大圭俛伏興少退
再拜皇帝再拜興平立內侍取鎮圭授殿中監又取

繼藉置配位前禮儀使前導請詣太祖皇帝神位前
西向立奠鎮圭及幣並如上儀樂止禮儀使前導請
還版位登歌樂作降階樂止宮縣樂作殿中監取鎮
圭繼藉以授有司皇帝至版位東向立樂止請還小
次釋大圭祝史奉毛血豆升自午階以進正位升自
卯陛以進配位太祝各迎奠于神座前俱退立尊所
八曰進饌皇帝奠玉幣還位祝史取毛血豆以降禮
直官引司徒太官令率齋郎奉饌入自正門升殿如
常儀禮儀使跪奏請行禮俛伏興皇帝出次宮縣樂
作請執大圭前導由正門西偏門入詣盥洗位比向

王岱卿

立樂止搢圭盥手如前儀執圭詣爵洗位比向立搢
圭奉爵官跪取匏爵於篚以授侍中侍中以進皇帝
受爵執爵罍官酌水洗爵訖執巾官授巾拭爵侍中受
之以授捧爵官爵官執圭以詣登歌樂作受
作至壇上樂止詣昊天上帝神位前北向立升階登歌樂
進皇帝受爵司尊者舉冪侍中贊酌太尊之泛齊
以爵授捧爵官爵官執圭宮縣樂作樂止請詣昊
天上帝神座前北向立內侍中太官丞注馬湩於
進皇帝執爵三祭酒以爵授侍中跪進皇帝執爵亦三祭之
爵以授侍中跪進皇帝執爵三祭酒之　今有蒲萄酒與

一爵罵馬湩三爵各祭　以爵授侍中執圭俛伏興少退立讀
祝舉祝官搢笏跪舉祝冊讀祝官西向跪讀祝文讀
訖俛伏興皇帝再拜皇帝
神位前西向立宮縣樂作侍中贊搢圭跪三上香三
平立請詣配位酒尊所司尊者舉冪侍中贊
酌者尊之泛齊以爵授捧爵官爵官執圭請詣太祖皇帝
祭酒及馬湩訖贊執圭俛伏興少退立舉祝官舉祝
讀祝官比向跪讀祝文讀訖俛伏興奠祝版訖奏請
讀祝官比向跪讀祝文讀訖俛伏興奠祝版比向立登
再拜皇帝再拜興平立請詣飲福位比向立
歌樂作太祝各以爵酌上尊福酒合置一爵以授侍

王岱卿

中侍中西向以進禮儀使奏請再拜皇帝再拜興奏
請攬圭跪受爵祭酒啐酒以爵授侍中再以溫
酒跪進禮儀使奏請受爵皇帝飲福酒訖侍中受虛
爵興以授太祝太祝受以授司徒司徒以俎加於俎以授
徒司徒以授版位西向跪進皇帝受以授左奏請執圭
俛伏興平立少退奏請皇帝再拜皇帝再拜訖樂止禮儀
使前導還版位登歌樂作再拜皇帝降自午陛樂止官縣樂作
至位東向立西向跪進版位登歌樂止請還小次至次釋奠文舞退武舞
進官縣樂作奏和成之曲樂止禮直官引亞終獻官
陛自卯陛行禮如常儀惟不讀祝皆飲福而無胙俎
陛自卯陛復位禮直官贊太祝徹邊豆登歌樂作奏
寧成之曲卒徹樂止奉禮賜胙衆官再拜在位者皆
皆再拜禮儀使奏請詣版位出次執圭至位東向立
再拜皇帝再拜奉禮贊曰再拜贊者承傳在位者皆
再拜送神樂作天成之曲一成止禮儀使奏禮畢遂
前導皇帝還大次禮直官引出門樂止至大次釋圭
九曰望燎皇帝既還大次禮直官引攝太尉以下贊
祭禮詣望燎位太祝各捧篚詣神位前進取燔玉祝
幣饌俎并黍稷饌遶爵詣神位降詣燎壇以祝
幣牲俎物置柴上禮直官贊可燎半柴又贊禮畢攝太

尉以下皆出禮直官引監祭禮祝史太祝以下從壇
南北向立定奉禮贊曰再拜監祭以下皆再拜訖
遂出十日車駕還宮皇帝既還大次侍中版奏請解嚴
皇帝釋袞冕停大次五刻頃所司備法駕序立於櫺
星門外以比爲上侍中版奏外辦皇帝出次升輿御
冠絳紗袍少頃侍中前奏中嚴皇帝改服通天
官前導華蓋繖扇如常儀至櫺星門外次太僕卿執御
馬如式侍中前奏請皇帝降輿乘馬訖太僕卿進御
門下侍郎奏請車駕進發俛伏興退車駕動稱警蹕
至櫺星門外門下侍郎跪奏曰請權停勅衆官上馬
侍中承旨曰制可門下侍郎傳制贊者承傳銀官上
馬畢導駕官及華蓋繖扇分左右前導門下侍郎跪
請車駕進發俛伏興車駕動稱警蹕教坊樂鼓吹振
作駕至崇天門櫺星門外門下侍郎跪奏曰請權停
勅衆官下馬侍中承旨曰制可門下侍郎俛伏興退
傳制贊者承傳衆官皆下馬駕入崇天門至大明門外降馬升
以入駕既入通事舍人承旨勅衆官皆退宿衛官宰
倒卷而止駕立大明門外降馬升輿入內與儀仗
衛士宿衛如式
攝祀之儀其目有九一曰齋戒祀前五日質明奉禮

瑤明

郎率儀鸞局設獻官諸執事
執事位俱籍以席仍加紫綾褥初獻攝太尉設位於
前堂階上稍西東南向監察御史二位一位在甬道
上西稍北東向一位在甬道上東稍北西向監禮博
士二位各次御史之南次尚書刑部尚書次太常卿太
祝官太常少卿拱衛直都指揮使次太常丞光祿卿
次太史令禮部尚書刑部尚書次亞獻官終獻官奉祝
太官丞盟洗官爵洗官巾篚官次翦燭官次與祭官

其禮直官分直于左右東西相向設版位四列皆
北向以東為上郊祀令太樂令太祝史次齋郎東
設枝位四列皆北向以西為上郊祀丞太樂丞協律
郎奉禮郎次齋郎司天生禮直官引獻官諸執事各
就位獻官諸執事俱公服五品以上就服其服六品
以下皆借紫服禮直局管勾進立于太尉之右宣讀
誓文曰某年某月其日祀昊天上帝于圜丘各揚其
職其或不敬國有常刑散齋三日宿於正寢致齋二
日於祀所散齋日治事如故不吊喪問疾不作樂不
判署刑殺文字不決罰罪人不與穢惡事致齋日惟

祀事得行其餘悉禁凡與祀之官已齋而闕者通攝
行事讀畢稍前唱曰七品以下官先退復致齋曰對拜
太尉與餘官皆再拜乃退凡與祭者致齋之宿官給
配祀前二日初獻官與太常禮儀院官恭詣太廟奏
告太祖皇帝本室即還齋次三日迎香祝祀前二日
翰林學士赴禮部尚書寫祝文太常禮儀院官亦會焉
書畢於公廨嚴潔安置祀前一日質明獻官以下諸
執事官皆公服禮部尚書率其屬捧祝版授太尉
院官俱詣闕廷以祝版授太尉進請御署訖同香酒
迎出崇天門外香置于輿祝置香祭御酒置輦樓俱
用金複覆之太尉以下官比上馬清道官率京官行
于儀衛之先兵馬司巡兵執子幟夾道次之金鼓又
次之京尹儀從左右前導諸執事官東西二班
行于儀仗之外次儀鳳司奏樂禮部官黠視成列太
常禮儀院官導于香輿之前然後控鶴昇輿案行太
尉等官從行至祀所輿案由南櫺星門入諸執事官
由左右偏門入奉安御香祝版于香殿四曰陳設祀
前三日樞密院設兵衛各其器服守衛壝門每門兵
官二員及外垣東西南櫺星門外設蹕街清路諸軍

諸軍旗服各隨其方色去壇二百步禁止行人祀前
一日郊祀令率其屬掃除壇上下大樂令率其屬設
登歌樂于壇上稍南北向編磬一簴在西編鐘一簴
在東擊鐘磬者皆有坐机大樂令位在鐘簴東西向
協律郎位在磬簴北東向執麾者立於後机一在鐘
簴北稍東敔一在磬簴西東向搏拊二一在机北一
比為上凡坐者皆藉以席加氈琴一絃三絃五絃七
絃九絃者各二瑟四箎二箎二笛二篪二簫笙四和
笙四閏餘匏一九曜匏一七星匏一壎二各分立於

午陛東西樂榻上琴瑟者分列于比皆比向坐匏竹
者分立于琴瑟之後為二列重行皆比向相對為首
又設圍宮懸樂於壇南內壝南門之外東方西方編
磬起比編鐘次之南方比方編磬起西編鐘次之又
設十二鏄鐘於編懸之間各依辰位每辰編磬在左
編鐘在右謂之一肆每面三辰共九架四面三十六
架設晉鼓於懸內通街之東稍南比向置雷鼓單鼗
雙鼗各二柄於比懸之內歌工四列內二列在
於四隅皆左韰右應比懸之西每列八人共三十二人

東西相向坐以比為上机一在東敔一在西皆在歌
工之南大樂丞位在比懸之外通街之東西向協律
郎位於通街之西東向執麾者立于後舉節樂作止
于東副正立于西並在歌工之比樂師之南
歌工之南運譜二人對立于樂師之南照燭二人對
立于運譜之南祀日分立于東西縣內一絃者三東西各
二俱為第一列三絃五絃七絃九絃者各六東西各
之標準琴二十七設于東西縣內一絃者一西
在琴之後坐巢笙十篪十壎餘匏一在東七星匏一
四列每列三人皆比向坐瑟十二東西各六共為列
九曜匏一皆在竽笙之側竽笙十篪十壎八壎
十每色為一列各分立于通街之東西皆比向又設
文舞位于比懸之前植四表于通街之東西舞位于
者行綴之間導文舞執籥翟舞師二貟執旌二人對立
又設武舞俟立位于東西縣外導武舞執旌伏舞師
者執籥舞俟立位各分四佾每佾八人共六十四人左手
二貟執旌嘉縣二人執器二十人內單鼗二單鐸二雙鐸二
二金鐃二鉦二金鐲二執鐃者四人扶鐸二相鼓二
雅鼓二分立于東西縣外舞者如文舞之數左手執

干右手執戚各分四佾立于執器之外俟文舞自外
退則武舞自內進就立文舞之位惟執器者分立于
舞人之外文舞亦退于武舞後立之位太史令郊祀
令各公服率其屬升設昊天上帝神座於壇上北方
南向皇地祇神座於壇上稍東北方南向配位神座內
褥座置玉於繅藉設幣於篚置璧於繅藉設幣於
尊所皇地祇神座上稍東北方南向配位神座前設內
上東方西向席以蒲越加褥座置璧於繅藉設幣於
篚置酌尊所設五方五帝日月天皇大帝北極等九
位在壇之第一等席以莞各設玉幣於神座前設內

元史卷二十四　　十五　　趙仲明

官五十四位於圜壇第二等設中官一百五十九位
於圜壇第三等設外官一百六位於內壇內設眾星
三百六十位於內壇外席皆以莞各設青幣于神座
之首皆內向候告絜畢權徹第一等玉幣至祀日丑
前重設執事者實柴于燎壇仍設葦炬于東西執炬
者東西各二人皆紫服奉禮郎率儀鑾局設獻官以
下及諸執事官校位設三獻官校位於內壇西門之
外道南東向以比為上次助奠位稍却次第一等至
第三等分獻官第四等第五等分奠官次郊祀丞讀
官令良醞令廩犧令司尊罍次郊祀丞讀祝官舉祝

官奉壁官奉幣官奉爵官太祝盥洗官爵洗官巾篚
官祝史次齋郎位于其後每等異位重行俱東向北
上攝司徒位于內壇東門之外道南皆西向司
太常禮儀使光禄卿同知太常禮儀院事太史令分
獻分奠官僉太常禮儀院事供衛直都指揮使太常
禮儀院同僉院判光禄丞位於其南皆西向東
察御史二位一位在內壇東門之外道西向北上一
在內壇西門之外道北午陛二位各次御史以
比為上設奉禮郎位于壇上稍南陛之東西向以
尊罍位于尊所北向又設望燎位于燎壇之北南

元史卷二十四　　十六　　趙仲明

設牲榜于外壇東門之外稍南西向太祝祝史位于
牲後俱西向設省牲位于牲比太常禮儀使光禄卿
太官令光禄丞太官丞位于其比太官令丞以下位皆
少却監祭監禮位在太常禮儀使之西稍却南向廩
犧令位于牲西南北向又設省饌位于牲位之比饌
殿之南太常禮儀使光禄卿丞太官令丞位在西東
向監祭監禮位在西東向俱北上祠祭局設正配三
位各左十有二籩右十有二豆俱為四行登三鉶三
籩簋各二在籩豆間登居神前鉶又居前簋左籩右
居鉶前皆藉以席設牲首俎一居中牛羊豕俎七次

之香案一沙池爵坫各一居俎前祝案一設於神座
之右又設天地二位各太尊二著尊二犧尊二山罍
二於壇上東南俱北向西上又設配位著尊二犧尊
二象尊二山罍二在二尊所之東皆北向西上又設
地祇尊罍與正位同於午陛之東皆北向西上又設
正位象尊二壺尊二山罍四于壇下午陛之西又設
玄酒有坫勺又設玉幣篚罍一於尊所西以北為上
首加冪勺又設玉幣篚二於壇之西馬渾三器各設於尊所之
配位犧尊二壺尊二山罍四在酉陛之北東向北上
皆有坫冪不加勺設而不酌又設第一等九位各左

八籩右八豆登一在籩豆間篚簋各一俎一於神座前諸神
爵坫各一在籩豆間太尊二著尊二於神之左
皆有坫加勺冪沙池玉幣篚各一又設第二等諸神
每位籩二豆二簠簋各一登一俎一於神座前每陛
閒象尊二爵坫二爵坫沙池幣篚各一於神中央之座前
設第三等諸神每位籩豆簠簋各一於神座前
中央之座首又設內壇諸神每位籩豆各一簠簋
每陛閒設壺尊二爵坫二於神座首又設內壇
各一於神座前每道閒概尊二爵坫沙池幣篚各一
於神中央之座首又設內壇外眾星三百六十位每

位籩豆簠簋俎各一於神座前每道閒散尊二爵坫
沙池幣篚各一於神中央之座前自第一等以下皆
用匏爵先滌訖置於坫上又設正配位各籩一豆一
籩一篚一俎一及毛血豆各一牲首盤一并第一等
神位每位俎一於饌殿內又設盥洗爵洗於壇下卯
階之東北向罍二於盥洗之東加勺篚在洗西南肆實
爵洗之篚實以匏爵加巾於篚內九司尊罍篚冪
爵洗位第二等以下分獻官盥洗爵洗位各於其
罍在洗左篚在洗右俱內向分獻官盥洗爵洗以
後五日省牲器見親祀儀六日習儀見親祀儀七日

莫玉幣祀日五前五刻太常卿率其屬設燭於神
座四隅仍明壇上下燭內外糈燎太史令郊祀令各
服其服陛設昊天上帝神座蒿秸席褥如前執事者
陳玉幣祀於篚置於尊所禮部尚書設祝版於案光祿
卿率其屬入實籩豆遵豆簠簋籩四行以右為上第一
魚鱐在前糗餌粉餈次之第二行乾棗在前乾
臨次之第三行鹿脯在前榛實乾桃次之第四行菱
在前芡栗次之豆四行以左為上第一行芹菹在前
筍菹葵菹次之第二行菁菹在前韭菹醓醢食次之第
三行魚醢在前兔醢豚拍次之第四行鹿臡醢在前

醢糝食次之篒實以稻粱篷實以黍稷登實以大羹
良醢令率其屬入實尊罍尊實以泛齊著尊實以醴齊
犧尊盎齊象尊醍齊代之太尊沈齊山罍為下尊實以玄
酒所其酒齊皆以尚醞酒代之太官承設革襲馬渾于
尊所祠祭局以銀盒貯香同尾昴設于案司香官一
員立于壇上祝史以牲首盤設于壇上獻官以下執
事官各服其服就次所會于齊班幕拱衛使亦就位
使率控鶴各服其服鑾輿儀伏分立于外壇內東
自南壇東偏門以次入就壇上下位奉禮郎先入就
諸執事位之後拱衛使亦就位大樂令率工人二舞

位禮直官分引監祭御史監禮博士郊祀令太官令
良醞令廩犧令司尊罍太官丞讀祝官舉祝官奉玉
幣官太祝奉爵官盥洗官巾篚官齋郎自南
壇東偏門入就位禮直官引監祭監禮按視壇之上
下祭器絜案不如儀者及其按視也太祝先徹去盖
羃按視訖禮直官引監祭監禮退復位奉禮郎贊再
拜禮直官承傳曰拜監祭以下皆再拜奉禮郎贊
日各就位太官令率齋郎以次出詣饌殿俟立于南
壝門外禮直官分引三獻官司徒助奠官太常禮儀
院使光祿卿太史令太常禮儀院同知僉院同僉院

判光祿丞自南壝東偏門經樂縣內入就位禮直官
進太尉之左贊曰有司謹具請行事退復位宮縣樂
作降神天成之曲六成內圜鐘宮三成黃鐘角太蔟
徵始洗羽各一成文舞崇德之舞初樂作協律郎跪
俛伏舉麾興工鼓祝偃麾戛敔而樂止凡樂作樂止
皆倣此禮直官引太常禮儀院使率祝史自卯陛陞
壇奉牲首降自午陛由南壇正門內詣燎壇
北南向立祝史奉牲首詣託燎壇置於户內詣燎壇
西執炬者以火燎紫升煙燔牲首詣坎位瘞血
禮儀院使祝史捧盤血詣坎位瘞

禮儀院使祝史各復位奉禮郎贊再拜禮直官承傳
曰拜太尉以下皆再拜訖其先拜者不拜執事者取
玉幣於篚立於尊所禮直官引太尉詣盥洗位宮縣
樂奏黃鐘宮隆成之曲至位北向立樂止搢笏盥手
帨手訖執笏詣壇陞自午陛登歌樂作大呂宮隆成
之曲至壇上樂止詣正位神座前北向立宮縣樂奏
黃鐘宮欽成之曲搢笏跪三上香執事者加璧於幣
西向跪以授太尉太尉受玉幣奠於正位神座前執
笏俛伏興少退立再拜訖樂止次詣皇地祇位奠獻
如上儀次詣配位神主前奠幣於上儀降自午陛登

歌樂作如陞壇之曲至位樂止祝史奉毛血豆入自
南壇門詣壇陞自午陛諸太祝迎取於壇上俱跪奠
於神座前執笏俛伏興退立于尊所至大三年大祀
奠玉幣儀與前少異今存之以備互考祀日丑前五
刻設壇上及第一等神位陳其玉幣及明燭實齋
禮郎贊曰再拜分獻官以下皆再拜訖奉禮郎贊曰各
就位禮直官引子丑寅卯辰巳陛道分獻官詣版位
引分獻官監祭御史監禮博士諸執事太祝史各
尊罍樂工各入就位神位陳其玉幣及禮直官分

《元史志卷二十四》 廿一

西向立北上午未申酉戌亥陛道分獻官詣版位東
向立北上禮直官分引監祭禮點視陳設按視壇之
上下糾察不如儀者退復位太史令率齋郎出俟禮
直官引三獻官并助奠等官入就位司徒西
向立禮直官贊曰有司謹具請行事降神六成樂止
太常禮儀使率祝史二員捧馬首詣燎壇升烟訖復
位奉禮郎贊曰再拜三獻官詣盥
贊曰諸執事者各就位盥畢詣壇詣初獻官詣盥
洗位樂作至位樂止盥畢詣壇詣初獻官詣盥
樂止詣正位神座前北向立樂作摺笏跪太祝加玉

於幣西向跪以授初獻受玉幣奠訖執笏俛伏
興再拜訖樂止降自午陛復位樂作奠玉幣奠訖執
上儀樂止降自午陛復位樂作初獻將至酌尊所
之幣禮直官分引第一等分獻官詣盥洗位盥畢
分獻官奠訖俛伏興與再拜訖還位初酌尊所
將詣禮直官分引第一等分獻官詣盥洗位盥畢
甲盥洗禮直官俱從至酌尊所分獻各神
首位前奠並如上儀退立酌尊所伺候終獻酌奠訖
各神首位前酌奠祝史奉正位毛血豆由午陛陛配

《元史志卷二十四》 廿二

位毛血豆由卯陛陛太祝迎於壇上進奠於正配
神座前太祝與祝史俱退於尊所八曰進熟太尉既
陞奠玉幣太官令丞率進饌齋郎詣廚以牲體設於
盤馬牛羊豕鹿各五盤宰割體段並用國禮各舉
以行至饌殿俟光祿卿出實籩豆以粉瓷者
以糝食籩以粱籩以稷卿上四員奉籩豆籩者
前行舉盤者次之各奉正配位之饌以序立於南壇
門之外俟禮直官引司徒出詣饌殿齋郎各奉以序
從司徒入自南壇正門配位之饌入自偏門官縣樂
奏黃鐘宮寧成之曲至壇下俟祝史進徹毛血豆訖

降自卯陛以出司徒引齋郎奉正位饌詣壇陛自午
陛太官令丞率齋郎奉配位及第一等之饌陛自卯
陛立定奉禮贊諸太祝迎饌諸太祝迎于壇陛之間
齋郎各跪奠于稻前又奠牲體盤于俎上齋郎
之前籩於黍前設遷于糗餌之間
出笏俛伏興退立于本位禮直官引司徒降自卯陛
太官令率齋郎從司徒亦降自卯陛贊太祝擂笏立
等至內壇外之饌有司陳設禮直官贊太祝擂笏立
茅直于沙池出笏俛伏興退立于本位禮直官引太
尉詣盥洗位宮縣樂作奏黃鐘宮隆成之曲至位北

向立樂止擂笏盥手帨手訖出笏太尉詣爵洗位北向立
擂笏執事者奉匜爵以授太尉洗爵拭爵訖以
爵授執事者太尉出笏詣壇陛自午陛（一作卯陛）登歌樂
作奏黃鐘宮明成之曲至壇上樂止詣尊所西向
立酌令酌太尊之泛齊凡舉冪酌酒皆跪以爵授執
事者太尉出笏詣正位神座前北向立宮縣樂作奏
黃鐘宮明成之曲文舞崇德之舞樂止擂笏跪三上
香執事者以爵授太尉祭酒三祭酒于茅苴以
良醞令酌太尊之泛齊凡舉冪酌酒皆跪以爵授執
爵授執事者執事者奉爵退詣尊所太官丞傾馬潼

于爵跪授太尉亦三祭于茅苴復以爵授執事者執
事者受虛爵以興太尉出笏俛伏興少退北向立樂
止舉祝官擂笏跪對舉祝版讀訖讀祝官出笏俛伏興
宮縣樂奏如前曲舉樂讀祝官奠版于案出笏俛伏
讀訖舉祝官奠版興詣皇地祇位並如上儀
降自午陛（一作卯陛）登歌樂作如前降神之曲至位樂止
惟樂奏大呂宮次詣配位並如上儀惟樂奏
北向立太尉再拜訖樂止次詣皇地祇位並如上
宮縣樂奏如前曲舉讀祝官俱先詣皇地祇位並如
讀訖舉祝官奠版出笏俛伏興讀祝文
作奏黃鐘宮和成之曲立定樂止禮直官引亞獻官

詣盥洗位北向立擂笏執事者出笏詣爵洗位
北向立擂笏執事者奉爵洗爵拭爵以爵授執事者出笏詣
壇陛自卯陛至壇上酌尊所東向（一作西向）立擂笏跪
執爵司尊彝舉冪酌齊令酌著尊之醴齊
事者出笏詣正位神座前北向立宮縣樂作奏黃鐘宮
熙成之曲武舞定功之舞樂止擂笏跪三上香
三祭酒于茅苴如前儀以爵授執事者執事者出
笏俛伏興少退立冊拜訖詣皇地祇位配位並如
上儀訖樂止降自卯陛復位禮直官引終獻官詣盥
洗位盥手帨手訖詣爵洗位授爵執事者洗爵拭爵以

爵授執事者出笏陞自卯陛至酌尊所揖笏授爵執
爵良醞令酌犧尊之盎齊以爵授執事者出笏詣正
位神座前北向立宮縣樂作奏黃鐘宮熙成之曲武
位定功之舞上香三祭酒馬湩並如亞獻之儀降自卯
舞初終獻將陞壇時禮直官分引第一等分獻官詣
陞初終獻將陞笏盥手帨手酌訖以爵授執事者出笏詣諸神位
盥洗位揖笏盥手帨手酌訖以爵執事者各詣神位
前揖笏爵酌太尊之泛齊以爵拭爵訖以第一等分獻官
官執爵酌跪三上香三祭酒訖出笏俛伏興少退再拜
出笏各由其陛詣酌尊所揖笏授爵執將陞壇時禮直官引第二
興降復位第一等分獻官

等第三等內壝內內壝外銀星位分獻官各詣盥洗
位揖笏盥手帨手酌奠如上儀訖禮直官各引獻官
復位諸執事者皆退復位禮直官贊太祝徹邉豆登
歌樂作大呂宮寧成之曲一成止九日望燎禮
故勳卒徹出笏俛伏興樂止奉禮郎贊曰賜胙眾官
再拜禮直官承傳曰拜在位者皆再拜平立定送神
宮縣樂作奏圜鐘宮天成之曲一成止九日望燎禮
直官引太尉亞獻助奠一員太常禮
禮各一員等詣望燎位又引司徒終獻助奠監祭監
禮各一員及太常禮儀院使等官詣望瘞位樂作奏

黃鐘宮隆成之曲至位南向立樂止上下諸執事各
執饌進神座前取燔王及幣版日月巳上齋郎以
俎載牲體黍稷各由其陛降南行經宮縣樂出東詣
燎壇陛自南陛以王幣祝版饌食致於柴上戶內諸
執事又以王幣祝版史齋郎俱復壇南比向立太尉
以下官以次由南壝東偏門出禮直官贊曰禮畢
王幣祝版牲體黍稷詣瘞坎焚瘞畢禮直官贊曰可
燎東西執炬者以炬燎火半柴執事者亦以地祇之
奉王幣官太祝史齋郎詣壇南比向立太尉
贊曰再拜禮直官承傳曰拜監祭監禮以下皆再拜

訖各退出太樂令率工人二舞以次出禮直官引太
尉以下諸執事官至齋班前立禮直官贊曰禮畢
眾官圜揖畢各退于次太尉等官太常禮儀院使監
祭監禮展視胙肉酒醴奉進闕庭餘官各退
祭告三獻儀大德十一年所定告前三日三獻官諸
省牲器告日質明三獻官以下諸執事官先入就位立定
執事官具公服赴中書省受誓戒前一日未正二刻
禮直官引監祭禮以下諸執事官先入就位立定太
祭禮點視陳設畢復位立定太官令率齋郎出禮直
官引三獻司徒太常禮儀院使光祿卿入就位立定

禮直官贊曰有司謹具請行事降神樂作六成止太
常禮儀院使燔牲首復位立定奉禮贊三獻以下皆
再拜就位禮直官引初獻詣盥洗位盥手訖陞壇詣
昊天上帝神位前北向立搢笏跪三上香奠玉帛出笏
俛伏興再拜詣皇地祇神位前北向立搢笏跪三上香
奠玉帛出笏俛伏興再拜詣酒尊所酌酒詣初獻詣盥
手訖詣爵洗位洗拭爵訖詣酒尊所酌酒詣昊
天上帝神位前北向搢笏跪三上香執爵三祭酒於
茅苴出笏俛伏興俟讀祝訖平立詣皇地祇
酒尊所酌獻並如上儀俱畢復位禮直官引亞獻並
如初獻之儀惟不讀祝降復位禮直官引如

亞獻之儀降復位奉禮贊賜胙眾官冊拜在位者皆
再拜禮直官引三獻司徒太常卿光祿卿監祭監禮
等官請詣望燎位南向立定俟燎至常祝版禮直官
贊可燎禮畢

祭告一獻儀至元十二年所定告前二日郊祀令掃
除壇壝內外翰林國史院學士撰寫祝文前一日告
官等各公服捧祝版進請御署訖同御香上尊酒如
常儀迎至祠所齋宿告日質明前三刻禮直官引郊
祀令帥其屬詣壇鋪筵陳設如儀禮直官二員引告
官等各具紫服以次就位東向立定禮直官稍前曰

有司謹具請行事贊者曰鞠躬曰拜曰興曰拜曰興
曰平身禮直官先引執事官各就位次詣告官前
請詣盥曰爵洗位至位北向立曰搢笏曰悅手
曰洗爵曰拭爵曰出笏曰詣酒尊所曰搢笏曰執爵
曰酌酒良醞令酌酒曰出笏曰俛伏興曰詣
祇神位前北向立曰稍前曰搢笏曰上香曰上
香曰三上香曰祭酒曰祭酒曰三祭酒曰以爵授執事
爵官曰出笏曰俛伏興曰舉祝
官跪曰讀祝讀訖曰舉祝奠祝版於案曰俛伏興
告官再拜曰鞠躬曰拜曰興曰平身引告
官以下降復位禮直官贊曰再拜曰鞠躬曰拜曰興
曰拜曰興曰平身曰詣望燎位燔祝版半燎告官以
下皆退瘞之其坎於祭所壬地方深足以容物

翰林學士嘉中奉大夫知制誥兼修國史臣宋濂　翰林待制承直郎兼國史院編修官臣王褘等奉

敕修

祭祀三

宗廟上

其祖宗祭享之禮割牲奠馬湩以蒙古巫祝致辭盖
國俗也世祖元年秋七月丁丑設神位于中書省用
登歌樂遣必闍赤致祭焉必闍赤譯言典書記者十
二月初命製太廟祭器法服二年九月庚申朔徙中
書省奉遷神主于聖安寺辛巳藏于瑞像殿三年十

元史志卷二十五　一

二月癸亥即中書省備三獻官大禮使司徒攝祀事
禮畢神主復藏瑞像殿四年三月癸卯詔建太廟于
燕京十一月丙戌仍寓祀事中書以親王合丹塔察
兒王盤文謙攝事至元元年冬十月奉安神主于
太廟初定太廟七室之制皇祖皇祖妣第一室皇伯
考伯妣第二室皇考皇妣第三室皇伯考伯妣第四
室皇伯考伯妣第五室皇兄皇后第六室皇兄皇后
第七室凡室以西為上以次而東二年九月初命滁
養犧牲服大樂工于東平習禮儀冬十月己卯享于
太廟尊皇祖為太祖三年秋九月始作八室神主設

祐室冬十月太廟成丞相安童伯顏言祖宗世數尊
謚廟號配享功臣增祀四世各廟神主七祀神位法
服祭器等事宜以時定乃命平章政事趙璧等集
議製尊謚廟號定為八室太祖聖武皇帝神元皇帝皇伯
伯术赤皇伯姓昭慈皇后第三室皇
第二室太宗英文皇帝聖武皇帝皇伯妣第四室皇伯考察合帶
宣懿皇后第一室太祖聖武皇帝皇伯妣光獻皇后
皇伯姓也速倫第五室皇考睿宗景襄皇帝皇妣莊
聖皇后第六室定宗蘭平皇帝欽淑皇后第七室憲
宗桓蕭皇帝貞節皇后第八室十一月戊申奉安神

元史志卷二十五　二

主于祐室歲用冬祀如初禮四年二月初定一歲十
二月薦新時物六年冬時享畢十二月命國師僧薦
佛事于太廟七晝夜始造木質金表牌位十有六設
大楄金椅奉安神主于太廟薦佛事之始七年十
月癸酉敕宗廟祝文書以國字八年八月太廟柱朽
從張易言告于列室前室神主自是修奉遷廟皆如之丙子敕
神主于饌幕殿工畢而後修奉遷廟皆如之丙子敕
冬享毋用犧牛十二年五月檢討張謙呈昔者因修
太廟奉遷金牌位於饌幕殿設以金椅其栗主却與
舊主牌位各貯箱內安置金椅下禮有非宜今擬合

以金牌位遷于八室內其祔室栗主宜用綠輿遷納
舊主并牌位安置于箱爲宜九月丁丑勑太廟牲後
用牛十月己未遷金牌位于八室內太祝簫奉禮郎
申屠致遠言設祭神主既成又有金牌位其曰月山
合存祔室栗主舊置神主牌位俱可隨時埋瘞不致
神有二歸太常少卿以聞制曰其與張仲謙諸老臣議
行之十三年九月丙申享于太廟加薦羊鹿野豕是歲改作金
便大祭己亥享于太廟少卿以聞制曰佛事于太廟命即佛事慶
主太祖主題曰成吉思皇帝睿宗題曰太上皇也可

那顏皇后皆題名諱十四年八月乙丑詔建太廟于
大都博士言古者廟制率都宮別殿西漢亦各立廟
東都以中興崇儉故七室同堂後世遂不能草十五
年五月九日太常卿還自上都爲議廟制擾博士言
同堂異室非禮以古今廟制畫圖貼說令博士李天
麟賫住上都分寺可否以聞一曰都宮別殿七廟九
廟之制祭法曰天子立七廟三昭三穆與太祖之廟
而七諸侯大夫士降殺以兩晉博士孫毓以謂外爲
都宮內各有寢廟別有門垣太祖在北左昭右穆以
次而南是也前廟後寢者以象人君之居前有朝而

後有寢也廟以藏主以四時祭寢有衣冠几杖象生
之具以薦新物天子太祖百世不遷宗亦百世不遷
高祖以上親盡則迭遷昭常爲昭穆常爲穆同爲都
宮則常在左而外有以不失其序一世
自爲一廟則迭遷昭穆不見穆不見昭而內有以各全其
父子異宮祖禰異廟所以盡事亡如事存之義然蓋
儒論七廟九廟之數其說有二章玄成等以謂周之
所以七廟者以后稷始封文王武王受命而王是以
三廟不毀與親廟四而七也如劉歆之說則周自武

王克商以后稷爲太祖即增立高圉亞圉二廟於公
叔太王王季文王二昭二穆之上已爲七廟矣至懿
王時始立文世室於三穆之上至孝王時始立武世
室於三昭之上是爲九廟矣然先儒多是劉歆之說
二曰同堂異室之制後漢明帝遵儉自抑遺詔無起
寢廟但藏其主於光武廟中更衣別室其後章帝又
後如之後世遂不敢加而公私之廟皆用同堂異室
之制先儒朱熹以謂至使太祖之位下同孫子而更
僻廟於一隅無以見爲七廟之尊摹廟之神則又上
厭祖考不得自爲一廟之主以人情論之生居九重

窮極壯麗而設祭一室不過尋丈甚或無地以容鼎
祖而陰損其數子孫之心於此宜亦有所不安矣且
如命士以上其父子婦姑猶且異廟謹尊卑之序不
相襲瀆況天子貴為一人富有四海而祖宗神位數
世同處一堂有失人子事亡如事存之意矣十六年
八月丁酉以江南所獲玉爵及玷凡四十九事納于
太廟十七年十二月甲申告遷于太廟癸巳承旨和
禮霍孫太常卿木主俱安寺木主遷甲午和禮霍孫太
并日月山板位聖安寺木主俱遷甲午和禮霍孫太
常卿撤里蠻率百官奉太祖睿宗二室金主於新廟

元史志卷二十五　五

安奉遂大享焉乙未毀舊廟十八年二月博士李時
行等議歷代廟制俱各不同欲尊祖宗當從都官別
殿之制欲崇儉約當從興室之制三月十一日
尚書貼那海及太常禮官奏曰始議七廟除正殿寢
殿正門東西門已建外東西六廟不須更造餘依太
常寺新圖建之逐為前廟後寢廟分七室二十一年
三月丁卯太廟正殿成奉安神主九月廟室掛錢網
釘整籠門告成二十二年十二月丁未皇太子薨太
常博士議曰前代太子薨梁武帝諡統曰昭明齊武
帝諡長懋曰文惠唐懿宗諡寧曰惠昭金世宗諡允

徐仲明

恭曰宣孝又建別廟以奉神主准中祀以陳登歌例
設今丞歲供酒掃斯皆累代之典莫不追美洪休時
中書翰林諸老臣亦議宜加諡立別廟奉祀逐諡曰
明孝太子作主用金二十五年冬季制送白馬一三
十年十月朔皇太子祔于太廟三十一年成宗即位
以綾代玉冊今玉冊玉寶冊以帝日親饗
有事于太廟中書省臣言去歲世祖皇后裕宗祔廟
追尊皇考為皇帝廟號裕宗元貞元年冬十月癸卯
之禮祖宗未嘗行之其奉以來朕躬祝之命祉官
迎導入廟大德元年十一月太保月赤察兒等奏請

元史志卷二十五　六

廟享增用馬制可二年正月特祭太廟用馬一牛一
羊鹿野豕天鵞各七餘品如舊為特祭之始四年八
月以皇姚皇后祔六年五月戊申太廟寢殿災十一
年武宗即位追尊皇考為皇帝廟號寢毀災十一
中睿宗西第一室世祖西第二室裕宗西第三室順
宗東第一室成宗東第二室追尊先元如為皇后元
成宗室至大二年春正月乙未以受尊號恭謝太廟
為親祀之始十月以加諡太祖睿宗擇日請太祖
睿宗尊諡于天擇日請光獻皇后莊聖皇后祔太祖
廟改製金表神主題寫尊諡廟號十二月乙卯親享

徐仲明

太廟奉玉冊玉寶加上太祖聖武皇帝尊諡曰法天
啓運廟號太祖光獻皇后曰翼聖加上睿宗景襄皇
帝曰仁聖廟號睿宗莊聖皇后曰顯懿其舊制金表
神主以櫝貯兩旁自是主皆範金作之如金表之製
延祐七年仁宗升祔增置廟室太常禮儀院下博士
檢討應代典故移書禮部中書集議曰古者天子祭

七室近南對室地位東西一丈五尺除設幄座外餘
代典故權於廟內止設幄座面南安奉今相視得第
大行皇帝升祔太廟七室皆有神主增室又議
七代兄弟同為一代廟室皆有神主增室不及前議
道也毋以朕勞而有所損焉其一遵典禮丙寅中書
中書翰林集賢等官集議其禮制曰此追遠報本之
十月戊子英宗將以四時躬祀太廟命太常禮官與
五尺不妨行禮乃結綵為殿置武宗室南權奉神主
以躬謝太廟儀注進十一月丙子朔帝御齋宮丁丑
偹法駕儀衛躬謝至櫺星門駕止有司進輦不
御步至大次服冕端拱以竢禮儀使請署祝降
御座正立書名及讀祝勑高贊御名至仁宗室輒歝
歔流涕左右莫不感動退至西神門殿中監受圭出
降沒階乃授甲辰太常進時享太廟儀式至治元年

正月乙酉始命於太廟垣西北建大次殿丙戌始以
四孟月時享親祀太室禮成坐大次謂臺臣曰朕繼
承祖宗丕緒夙夜祗懼無以報稱歲惟四祀使人代
之不能致如在之誠實所未安自今以始歲必親祀
以終朕身五月中書省臣言以廟制事集御史臺翰
林院太常院臣議謹按前代廟室多寡不同晉則兄
弟同為一室正室增為十四間東西夾室各一間唐
後增為十一室宋室增至十八東西夾室各一間以
藏祧主今太廟雖分八室然兄弟為世止六世而已
世祖所建前廟後寢往歲寢殿災請以今殿為寢別

作前廟十五間中三間通為一室以奉太祖神主餘
以次為室庶幾情文得宜謹上太常廟制制曰善期
以來歲營之二年春正月丁丑始陳鹵簿親享太廟
三月二十三日以新作太廟正殿夏秋二祭權止秋
八月丙辰太皇太后崩太常院官泰國公以日易月
旬有二日外乃舉祀事有司以十月戊辰有事于太
廟取聖裁制曰太皇太后禮不可廢迎香去樂可也又言
太廟興工未畢有妨陳宮縣樂請止用登歌從之三
年春三月戊申祔昭獻元聖皇后于順宗室夏四月
六日上都分省僉議速速以都堂言太廟夾室未有

制度冊約臺院等官議定博士議曰按爾雅曰室有
東西廂曰廟注夾室前堂同禮曰西夾南向注曰西
廂夾室此東西夾室之正文也賈公彥曰夾者猶今耳房之類也然
廟曰廟其夾皆在序是則夾者猶今耳房之類也然
其制度則未之聞東晉太廟正室一十六間東西儲
各一間共十有八所謂儲者非夾室與諸室又宋哲宗亦嘗
夾室與諸室制度無大異也五帝不相沿樂三王不
遷廟之主藏於夾室西壁南北三間又宋哲宗亦嘗
於東夾室奉安後雖增建一室其夾室仍舊是唐宋
相襲禮今廟制皆不合古權宜一時宜取今廟一十

五間南北六間東西兩頭二間准唐南北三間之制
壘至棟為三間壁以紅泥以准東西序南向為門如
今室戶之制虛前以所謂夾室前堂也雖未之盡
合於古於今事為宜六月上都中書省以聞制若曰
可壬申勅以太廟前殿十有五間東西二間為夾室
南向秋七月辛卯太廟落成俄國有大故晉王即皇
帝位十二月戊辰追尊皇考晉王為皇帝廟號顯宗
皇妣晉王妃為皇后庚午盜入太廟失仁宗及慈聖
皇后神主壬申重作仁廟二金主丙午御史趙成慶
言太廟失神主乃古今莫大之變由太常禮官不恭

嚴職宜正其罪以謝宗廟以安神靈制命中書定罪
泰定元年春正月甲午奉安仁宗及慈聖皇后二神
主丁丑御史宋本趙成慶李嘉賓言太廟失神主已
得旨命中書定太常之罪中書以為事在太廟
署令而太常官屬居位如故昔唐陵廟皆隸宗正盜
斫景陵門戟架既貶陵令丞而宗正卿亦皆貶黜且
神門戟架比之太廟神主既為輕重宜定其罪名顯
示黜罰以懲不恪不報先是博士劉致建議曰以
禮莫大於宗廟宗廟者天下國家之本禮樂刑政之
所自出也唐虞三代而下歷不由之聖元龍興翔陲

積德累功百有餘年而宗廟未有一定之制方聖天
子繼統之初定一代不刊之典為萬世法程正在今
日周制天子七廟三昭三穆處於東穆處於西所
謂太祖室既居中則唐宋之制不可依惟當以昭穆
以別父子親踈之序而使不亂也聖朝取唐宋之制
定為九世遂以舊廟八室而為六世昭穆不分父子
並坐不合禮經新廟之制一十五間東西二間為夾
室之父為昭子為穆則睿宗當居太祖之東為昭之
第一世祖居西為穆之第一世裕宗居東為昭之
第二世兄弟共為一世則成宗順宗顯宗三室皆當

居西爲穆之第二世武宗仁宗二室皆當居東爲昭之第三世昭之后居左穆之后居右西以左爲上東以右爲上也苟或如此則昭穆分明秩然有序不違禮經可爲萬世法若以累朝定制依室次於新廟遷安則顯宗躋順宗之上順宗躋成宗之上以禮言之春秋僖公躋閔公之上史稱逆祀及定公正其序書曰從事先公然僖公猶是有位之君尚不可居君之上況未嘗正位者乎國家雖曰以右爲尊然古人所尚或左或右初無定制古人右社稷而左宗廟國家宗廟亦居東方豈有建宗廟之方位既依禮經而宗廟之昭穆乃不應禮經乎且如今朝賀或祭祀宰相獻官分班而立居西則尚右及行禮就位則西者復尚右東者復尚左矣致職居博士宗廟之事所宜建明然事大體重宜從使院移書集議取旨四月辛巳中書省臣言始建太廟太祖皇帝居中南向睿宗世祖裕宗神主以次祔西室順宗成宗武宗仁宗以次祔東室遹者集賢翰林太常諸臣言國朝建太廟遵古制古尚左今尊者居右爲少屈所以示後世太祖皇帝居中南向宜尊睿宗皇帝神

主祔左一室世祖祔右一室裕宗祔睿宗皇室之左顯宗順宗成宗兄弟也以次祔裕宗室之左武宗仁宗亦兄弟也以次祔顯宗室之左英宗祔成宗室之右等以其議近是謹繪室次爲圖以獻惟陛下裁擇從之五月戊戌祔顯宗英宗四年夏四月辛未盜入太廟失武宗神位及祭器壬申重作武宗金主及祭器甲午奉安武宗神主天曆元年冬十月丁亥毀顯宗室重改至元之六年六月詔毀文宗桐馬官奉尚飲者革囊盛送馬其馬廟之事本末因革大槩如此凡大祭祀尤貴馬湩將有事勅太僕

牲既與三牲同登于俎而割奠之饌復與籩豆俱設將奠牲盤酹馬湩則蒙古太祝升詣第一座呼帝后神諱以致祭年月日數牲齊品物致其祝語以次詣列室皆如之禮畢則以割奠之餘撒於南櫺星門外名曰抛撒茶飯蓋以國禮行事尤其所重也始至元初金太祝魏交諒者仕於朝詣中書言太常寺奉祀宗廟禮不備者數事諒所言皆非是由是禮部移太常考前代典禮以勘宗廟禮不備者數事諒所言皆非是由是禮官乃有討論割奠之禮初獻乃有三獻等官同設之儀博士議曰凡陳設祭品實躋罍等事獻官皆不與惟太常卿設之桑哥爲初獻

也獨此親設之然後再升殿忍非誠慈專一之道且
大禮使等官尤非其職大樂署長言割奠之禮宜別
撰樂章博士議曰三獻實依古制若割肉奠爵
蒲酒馬湩禮合不可廢形鹽糗餌粉瓷醢食糦食非與
今燒飯禮合不可廢形鹽
無其義知禮者皆有耻於其言美於之初博士又言
雷鼓路鼓與播聲之制不同攝祀大禮使終夕堅立
今冬祭即禿也天子親祼太室功臣宜配享事亦弗
果行

廟制至元十七年新作于大都前廟後寢正殿東西
七間南北五間內分七室殿陛二成三階中曰泰階
西曰西階東曰阼階寢殿東西五間南北三間環以
宮城四隅重屋號角樓正南正東正西宮門三門各以
五門皆號神門殿下道直東西神門曰橫街直南門
曰通街覽之通街兩旁井二皆覆以亭宮城外繚以
崇垣饌幕殿七間在宮城南門之東南向齊班廳五
間在宮城之東南西向省饌殿一間在東城東門少
北南向初獻齊室在宮城之東東南垣門內少北西向
其南為亞終獻司徒大禮使助奠七祀獻官等齊室在
皆西向雅樂庫在宮城西南東向法物庫儀鸞庫在

宮城之東北皆南向都監局在其東少南西向東垣
之內環築墻為別院內神廚局五間北南向井在神
在神廚之東北有亭酒庫三間在井亭南西向祠祭
局三間對神廚局門西向百官廚五間在井中神門相值左右
廚院南西向宮之南復為門與中神門相值左右
連屋六十餘間東梅齊班廳西值雅樂庫為諸執事
齊房築崇墻以環其外東西南開柵星門三門外馳
道抵齊化門之通衢至治元年詔議增廣廟制三年
別建大殿一十五間於今廟前用今廟為寢殿制三
間通為一室餘十間各為一室東西兩旁際墻各留

一間以為夾室皆東西橫闊二丈南北入深六間
每間二丈宮城南展後鑿新井二于殿南作亭東南
隅四南隅角橫南神門東西神門饌幕殿省饌殿獻
官皆南徙建齊室中南門齊班廳雅樂庫神廚祠祭等
局皆南徙建大次殿三間於宮城之西北東西柵星
門亦南從東西櫺星門之內齒簿房四所通五十
神主至元三年始命太保劉秉忠考古制為之高一
尺二寸上頂圓徑二寸八分以光漆題尊謚於背上
下四方穿中央通孔徑九分以光漆重廂合剡一寸一分上
匱跌底盖俱方底自下而上盖從上而下底齊跌方

一尺厚三寸皆準元祐古尺匱主及匱趺皆用栗木
匱趺並用玄漆誤柘室以安奉帝主用曲几黃羅帕
覆之右主用直几紅羅帕覆之柘室每室紅錦厚褥
一紫錦薄褥一黃羅複帳一龜背紅簾一緣以黃羅
帶飾六年十二月十八日國師奉旨造木質金表牌
位十有六亦號神主設大楄金椅位置柘室前帝位
於右后位於左題號其製以竹每副二十有四簡貫
祝有二祝親祀用之製以竹每副二十有四簡貫
以紅織條面用膠粉塗飾背飾以絳金綺藏以楠木
縷金雲龍匣塗金鎖鑰韜以紅錦囊蒙以銷金雲龍

四百
絳羅複擬撰祝文書祝讀祝皆翰林詞臣掌之至大
二年親祀竹冊長一尺二寸廣一寸二分厚三分至
治二年正月親祀竹冊八副每冊二十有四簡長一
尺一寸廣一寸一分二釐祝版攝祀用之制以楸
木長二尺四寸廣一尺二寸厚一分其面背飾以精
潔楮紙祝文至元時享於太祖室稱孝孫嗣皇帝臣
其睿宗室稱孝子嗣皇帝臣天曆時享自太祖至
裕宗四室皆稱孝曾孫嗣皇帝臣順宗室稱孝孫
嗣皇帝臣其成宗至英宗三室皆稱嗣皇帝臣其武
宗室稱孝子嗣皇帝臣其

幣以白繒為之每段長一丈八尺
牲齊庶品大祀馬一用色純者有副牛一其角握其
色赤有副羊其色白豕其色黑鹿九馬牛羊豕鹿牲
體每室七盤單室五盤太羹每室三登菹醢每室十有二品凡
鉶羹之實每室二簋黍稷每室二簠脯醢每室十有二品凡
稻粱為飯每室二籩黍稷為飯每室二簠脯醢之實
祀先期命貴臣率獵師取鮮獐鹿兔以供脯醢
每室十有一明水玄酒用陰鑑取水于月與井水同
鬱用鬱金為之五齊三酒醴於光祿寺脾臂蕭蒿至
元十八年五月弗用後遂廢芳香以縮酒至元十七

四百六
年始用沅州麻陽縣包芽天鵞野馬塔剌不花如權
野雞鶒黃羊胡寨兒如雉鳩狀潼乳葡萄酒以國禮割莫
皆列室用之羊一豕一遷之實二栗鹿脯豆之實二
菁菹鹿鷰籩之實黍蕡之實黍稷爵尊之實酒皆七祀
位各用之籩新鮨野彘如雉狀麂春用之氷羔羊孟夏用之櫻桃仲春用之
蒲筍羊仲夏用之公豚大麥仲秋用之小麥麵李夏用之
雞孟秋用之栗黃鼠仲秋冬用之梨棗黍粱鷰芫
季秋用之芝麻兔鹿稻米飯孟冬用之舊菁野馬鷰芫
用之鯉黃羊塔剌不花季冬用之至大元年春正月

皇太子言薦新增用影堂品物羊羔炙魚饅頭餛子

西域湯餅圍米粥砂糖飯羹每月用以配薦

祭器遵十有二罍以青巾巾繪綵雲豆十有四一實

毛血一實胖臂登三銅三有柶籩二籩二有七箸俎

七以載牲體皆有鼎後以盤貯牲體盤置俎上鼎不

用香案一銷金絳羅衣銀香鼎一茅直盤

一實以沙巳上並陳室內燎爐一實以炭罐一實盤

蕭蒿秫祝案一紫羅衣置祝文于上銷金絳羅衣覆

之雞彝一有舟鳥彝一有舟加勺春夏用之虎彝

有舟黃彝一有舟加勺秋冬用之犧

四百六

元史志卷二十五　七　縉伯山

一有舟加勺特祭用之凡雞彝鳥彝虎彝犧以實明水

鳥彝黃彝雉彝以實鬯犧尊二象尊二春夏用之著

尊二壺尊二秋冬用之太尊二山尊二特祭用之尊

皆有坫勺冪以白布巾巾繪黼文著尊二山罍二皆

有坫加冪巳上並陳室外壺尊二太尊二山罍四皆

每室皆同通廊御香案一銷金黃羅衣銀香奩一貯

御祝香銷金帕覆之並陳殿中央罍洗所罍二洗二

一以供爵滌一以供盟潔籩二實以璋瓚巾塗金銀

爵七祀神位遵二豆二籩一籩一俎一爵一有坫香

案一沙池一壺尊二有坫加冪七祀皆同罍一洗一

籩一中純以來雜金宋祭器而用之至治初始造新

器於江浙行省其舊器悉置几閣

親祀時享儀其目有八一曰齋戒前祀七日皇帝散

齋四日於別殿治事如故不作樂停奏刑名事不行

刑罰致齋三日惟專心祀事其二日於大明殿一日

於大次致齋前一日尚舍監設御幄於大明殿西序

東向致齋之日質明諸衛勒所部屯列於畫幃下一刻

通事舍人引侍享執事文武四品以上官俱公服詣

別殿奉迎二刻侍中版奏請中嚴皇帝服通天冠絳

四百二

元史志卷二十五　十八　縉伯山

紗袍三刻侍中版奏外辦皇帝結佩出別殿乘輿華

蓋織扇侍衛如常儀奉引至大明殿御幄東向坐侍

臣夾侍如常一刻侍中前跪奏言請降就齋俛伏

興皇帝降座入室侍享執事官各還所司宿衛者如

常凡應祀祀官受誓戒於中書省散齋四日致齋三

光祿卿鑑取明水火火以供爵水以實尊二曰陳設

祀前三日尚舍監陳大次於西神門外道北南向設

小次於西階西東向設版位於西神門內橫街南東

向設飲福位於太室尊彝所稍東西向設黃道栖褥

於大次前至西神門至小次版位西階及殿門之外

設御洗位於御板位東稍北北向設亞終獻洗位於西
神門內御板位稍南北向以比為上罍洗在其東北
設亞終獻飲福位於御飲福位後稍南西向陳設八
寶羅案於西階西隨地之宜設享官宮縣樂省牲
位諸執事公卿御史位並如常儀殿上下及各室設
篚邊豆尊罍彝等器並如常儀三曰車駕出宮
祀前一日所司備法駕鹵簿於崇天門外太僕卿率
其屬備玉輅於大明門外千牛將軍勒刀於輅前北
向其日質明諸侍享執事官先詣太廟祀所諸侍臣

引侍中跪奏請中嚴俛伏興皇帝服通天冠絳紗袍
少頃侍中版奏外辦皇帝出齋室即御座羣臣起居
訖尚輦進輿侍中奏請皇帝升輿皇帝升輿華蓋繖
扇侍衛如常儀導駕官前導至大明門外侍中進當
輿前跪奏請皇帝降輿升輅皇帝升輅太僕執御導
駕官分左右步導門下侍郎進當輅前跪奏請車駕
進發車駕動稱警蹕千牛將軍夾而趨至崇天門外
門下侍郎跪奏請車駕少駐勒眾官上馬侍中承旨
退稱曰制可門下侍郎退傳制稱眾者承
傳勅眾官上馬訖門下侍郎奏請勅車右升侍

中前承制退稱曰制可千牛將軍升訖門下侍郎奏
請車駕進發車駕動稱警蹕符寶郎奉八寶與殿中
監部從在黃鉞內教坊樂前引鼓吹不振作將至太
廟禮直官引諸侍享執事官於廟門外左右立班
迎駕至廟門回駕南向將軍勒立於輅左侍中奏請
前奏導皇帝步入廟門皇帝降輅步入廟門稍西侍
駕官前導皇帝降輿入就大次皇帝入就次簾降宿衛如
尚輦奉輿華蓋繖扇如常儀皇帝升輿至大次皇帝降
奏請皇帝降輿入就大次皇帝入就次簾降宿衛如
式尚食進饍如儀禮儀使以祝版奏御署訖奉出太

廟令受之各奠於站置各室祝案上通事舍人承旨
勅眾官各還齋次四曰省牲器祀前一日未後三刻
廩犧令丞太官令丞太祝以牲就位就位禮直官引太常
卿犧令丞太官監祭禮等官就位禮直官請太常監祭
光祿卿丞監祭禮等官就位禮直官請太常監祭
禮由東神門北偏門入升自東階每位視滌祭器
司尊彝纍冪曰潔俱畢降自東階由東神門北偏門
出復位立定禮直官引廩犧令出班巡牲一匝上一
退復位次引廩犧令出班巡牲一匝西向折身曰腯畢俱
諸太祝巡牲一匝上一貟出班西向折身曰充
復位蒙古巫祝致詞訖禮直官稍前曰請詣省饌位

引太常卿光祿卿監祭監禮光祿丞太官令丞詣省
饌位東西相向立定以北為上禮直官引太常卿詣
饌殿內省饌視饌訖禮直官引太常卿還齋所次引
廩犧令丞監視滌訖太官令還齋所次引光
祿卿丞監祭監禮詣厨省鼎鑊授太官令次引
太官令帥宰人以鸞刀割牲及取膟膋每位共實
於各位饌室內庖人烹牲五日晨祼祀日丑前五列
實一豆以肝洗於鬱鬯刀取毛血每位共一豆置
諸享陪位官各服其服光祿卿良醞令太官令入實
遵豆簠簋尊罍各如常儀太樂令率工人二舞以次

入奉禮郎贊者先入就位禮直官引御史博士及執
事者以次各入就位並如常儀禮直官引司徒以下
官升殿分香設酒如常儀禮直官引太常官御史博
士升殿視陳設就位俟與主託御史及以上外殿官
太祝出帝主宮闈令出令太祝宮闈令升上贊奉神主託奉禮
於當陛近西北向立奉禮於殿上贊奉神主託奉禮
直官引亞終獻等官由南神門東偏門入就位立禮
曰再拜贊有司謹具請行事協律郎俛伏興舉麾興
禮直官贊者承傳諸官及執事者皆再拜各就位立定
工鼓祝宮縣樂作思成之曲以黃鐘為宮大呂為角

太簇為徵應鐘為羽作文舞九成止樂奏將終通事
舍人引侍中版奏請中嚴皇帝服袞冕坐少項禮直
官引博士博士引禮儀使對立於大次門外當門北
向侍中奏外辦禮儀使跪奏請皇帝行禮俛伏興蘗
卷符寶郎奉寶陳於西陛之西黃羅案上皇帝出大
次博士禮儀使前導華蓋繖扇如儀大禮使後從至
西神門外殿中監跪進鎮圭皇帝執圭華蓋繖扇傳
於門外近侍從入門協律郎跪俛伏興舉麾工鼓祝
宮縣順成之樂作至版位東向協律郎俛伏興舉麾
樂止引禮官分左右侍立禮儀使前奏請再拜皇帝

再拜奉禮曰贊官再拜贊者承傳凡在位者皆再拜
禮儀使奏請皇帝詣盥洗位宮縣作樂至洗位樂止
內侍跪取匜興沃水又內侍跪取盤承水洗禮儀使
奏請搢鎮圭皇帝搢圭盥手訖內侍跪奉盤取帨巾於篚
以進悅手訖皇帝詣爵洗位宮縣作樂皇帝
受帨官跪受帨禮儀使奏請執鎮圭前導皇帝
侍奉巾以進皇帝拭瓚訖又奠巾於篚
奉瓚官跪受瓚禮儀使奏請執鎮圭前導皇帝
受瓚禮儀使奏請搢鎮圭皇帝搢圭詣罍洗位
禮儀使樂作至西階下樂止皇帝詣太祖室尊罍所東向立樂止奉

瓚官以瓚㲸司尊者舉羃侍中跪酌鬱㲸訖禮儀
使前導入詣太祖神座前北向立禮儀使奏請摺鎮
圭跪奉瓚官以瓚進禮儀使奏請執瓚
㲸祼地皇帝執瓚以㲸祼地禮儀使奏請瓚以
奏請執鎮圭俛伏興皇帝俛伏興禮儀使奏請摺鎮
外襆位禮儀使奏請俛伏興再拜皇帝俛伏興禮儀使
位東向立樂止禮儀使奏請還小次前導皇帝行宮
版位登歌樂作皇帝降自西階樂止宮縣樂作至版
詣第二室以下祼㲸並如上儀皇帝降自西階樂還
縣樂作將至小次禮儀使奏請釋鎮圭殿中監跪受

《元史志卷二十五》 甡三 晟

皇帝入小次簾降樂止六曰進饌皇帝祼將畢光祿
卿詣饌殿視饌復位太官令率齋郎詣饌幕以牲體
設於盤各對舉以行自南神門入司徒出迎饌宮縣
樂作奏無射宮嘉成之曲禮直官引司徒齋郎奉饌
升自太階由正門入諸太祝迎於階上各跪奠於神
座前齋郎執笏俛伏興遍奠訖樂止禮直官引司徒
太官令率齋郎降自東階各復位饌之升殿也太官
丞率七祀齋郎以次復位諸太官令率割牲官詣室
殿上齋郎以次復位諸太官令率割牲官於殿上贊太
割牲體置俎上皆退七曰酌獻禮直官於殿上贊太

祝立茅苴禮儀使奏請詣盥洗位簾捲出次宮縣樂
作殿中監跪進鎮圭皇帝執鎮圭至盥洗位樂止北
向立禮儀使奏請摺鎮圭皇帝執鎮圭跪詣爵洗位
跪取盤承水禮儀使奏請皇帝盥手訖禮儀使奏請
受爵執事者奉匜沃水奉盤承水皇帝洗爵訖
北向立禮儀使奏請執鎮圭奉爵跪進皇帝執鎮圭
奉爵官受爵禮儀使奏請摺鎮圭奉爵官以爵跪進
著奉爵執事者奠盤匜又奠巾於篚
西階下樂止升自西階登歌樂作禮儀使前導詣太

《元史志卷二十五》 甡四 晟

祖室尊憂所東向立樂止禮儀使奏請摺鎮圭執爵
奉爵官以爵跪進皇帝受爵司尊者舉羃良醞令跪
酌犧尊之泛齋以爵授進酒官以爵進禮儀使跪
皇帝執鎮圭入詣太祖神位前北向立宮縣樂作開
成之曲禮儀使奏請摺鎮圭又奏請三上香三
上香訖奉爵官進酒官退立尊憂所進酒官
進禮儀使奏請摺鎮圭皇帝進酒官以授奉爵官
官進酒官以授奉爵官退立尊憂所進酒官
進取神案上所奠玉爵馬湩東向以爵跪進
執爵祭馬湩祭訖以虛爵授進酒官進酒官進奠神

案上退禮儀使奏請執圭俛伏興司徒摺笏跪於俎
前奉牲牲西向以進禮儀使奏請摺圭皇帝摺圭俛
受牲盤北向以進禮儀使奏請摺圭皇帝摺圭俛
伏興神案上蒙古祝史致辭訖禮儀使
奏請執笏跪對舉祝版讀祝文訖俛伏
官摺笏跪奠舉祝版讀祝官北向跪讀祝版訖詣次室禮儀使奏請詣飲福
興舉祝官前導詣各室各奏本室之儀既畢禮儀使奏其酌獻進牲
祭馬渾亞如第一室之儀既畢禮儀使奏其酌獻上尊飲福
位登歌樂作至位西向立樂止登歌釐成之樂作降
直官引司徒立於飲福位側太祝以爵酌酒上尊飲福

元史志卷二十五　光王

酒合置一爵以奉侍中侍中受爵奉以立禮儀使奏
請皇帝再拜訖奏請摺鎮圭跪侍中東向以爵跪
進禮儀使奏請執爵三祭酒又奏請宰酒啐酒訖以
爵授侍中禮儀使奏請受胙太祝以黍稷飯邊授司
徒授司徒跪進皇帝受以授左右太祝又以胙肉
俎跪授司徒跪進皇帝受以授左右禮直官引
司徒飲福飲訖侍中受爵興以授太祝禮儀使
爵飲福俛伏興又奏請冊拜訖樂止禮儀使奏前
請執鎮圭俛伏興又奏請冊拜訖樂止宮縣樂作至
導還版位登歌樂作降自西階樂止宮縣樂作至位

吳仲明

樂止禮儀使奏請還小次宮縣樂作將至小次禮儀
使奏請擇鎮圭殿中監跪受入小次禮直官引亞
退武舞進先是皇帝酌獻訖將至小次禮直官引亞
獻官詣盥洗位盥洗訖升自阼階酌獻並如常儀酌
獻訖禮直官引亞獻官詣東序西向立北向
酌罍福酒合置一爵一太祝捧爵進亞獻之左北向
於坫上亞獻興再拜禮直官引亞獻官降復位終獻
立亞獻再拜受爵跪祭酒遂啐酒太祝進受爵退
如亞獻之儀初終獻既升禮直官引七祀獻官各詣
盥洗位摺笏訖執笏詣神位摺笏跪執爵三祭

元史志卷二十五　关六

酒奠爵執笏俛伏興再拜訖詣次位如上儀終獻畢
贊者唱太祝徹遵豆諸太祝進徹遵豆登歌豐成之
樂作卒徹樂止奉禮曰賜胙贊者唱殺官再拜在位
者皆再拜禮儀使奏請詣版位籩捲出次殿中監跪
進鎮圭皇帝執圭行官縣樂作至位樂止禮直官詣版
之樂作一成止禮儀使奏前奏請皇帝再拜贊者唱
在位者皆再拜禮儀使奏請詣版位樂止禮儀使奏請釋鎮圭殿
中監跪受華蓋繖扇引導如常儀入大次簾降禮直
宮縣昌寧之樂作出門樂止禮儀使奏請釋鎮圭殿
官引太常卿御史太廟令太祝官闔令升殿納神主

吳仲明

降就拜位奉禮贊升納神主訖再拜御史以下諸執
事者皆再拜以次出禮直官各引享官以次出太樂
令率工人二舞以次出太廟令闔戶以降乃退太祝解
藏於匱八曰車駕還宮皇帝既還大次侍中奏請解
嚴皇帝釋衮冕停大次五刻頃尚食進膳所司俱法
駕鹵簿與侍祠官序立於太廟櫺星門外以北為上
侍中版奏請中嚴皇帝改服通天冠絳紗袍少頃侍
中版奏皇帝出次升輿導駕華蓋繖扇如儀
至廟門外太僕卿率其屬進金輅如式侍中前奏請
皇帝降輿升輅訖太僕御門下侍郎奏請車駕

進發俛伏興退車駕動稱警蹕至櫺星門外下侍
郎奏請車駕權停勅衆官上馬侍中承旨退稱
可門下侍郎退傳制贊者承傳殺官上馬畢門下侍
郎奏請勅衆官分左右前導門下侍郎奏請車駕發車
駕動稱警蹕符寶郎奉八寶與殿中監從教坊樂鼓
吹振作駕至崇天門外垣櫺星門外門下侍郎
訖導駕官權停勅衆官下馬贊者承傳衆官下馬車
車駕權停勅衆官下馬贊者承傳衆官下馬車
衆官前引入內石橋與儀仗倒捲而北駐立駕入崇
天門至大明門外降駕升輿以入駕既入通事舍人

承旨勅衆官皆退宿衛官率衛士宿衛如式

志卷第二十五

翰林學士亞中大夫知制誥兼修
國史臣宋濂　纂撰制承五郎焉
國史院編修官臣王禕等奉
敕修

祭祀四

宗廟下

親謝儀其目有八一曰齋戒前享三日皇帝散齋二
日於別殿致齋一日於大次應享官受誓戒於中
書省如常儀二曰陳設如前親祀儀三曰車駕出宮
前享一日所司備儀從內外伏與應享之官兩行序
立於崇天門外太僕卿控御馬立於大明門外諸侍

臣及導駕官二十四人俱於齋殿前左右分班立俟
通事舍人引侍中跪奏請中嚴俄侍中版
奏外辦皇帝即御座四品以上應享執事官起居訖
侍中奏請升輿皇帝出齋殿降自正階乘輿華蓋繖
扇如常儀導駕官前導至大明門外侍中進當輿
扇請降輿乘馬訖導駕官分左右步導門下侍郎跪
奏請進發俛伏興前稱警蹕至崇天門門下侍郎奏
請權停敕衆官上馬訖侍中承制可門下侍郎
退傳制稱衆官上馬贊者承制稱制可門下侍郎上
馬訖門下侍郎奏請進發前稱警蹕華蓋繖扇儀仗

與衆官左右前引教坊樂鼓吹不振作至太廟櫺星
門外紅橋南贊者承傳衆官下馬訖自早而尊
與儀仗倒卷而北兩行駐立駕至廟門訖侍中奏請皇
帝下馬步入廟門訖侍中奏請升輿與尚輦奉
御華蓋繖扇如常儀導駕官前導皇帝乘輿至廟門訖侍中奏請降輿與至大次
前侍中奏請降輿皇帝降輿入就次繖扇侍衛如式
尚食進饌如常儀禮使以祝册奏御署訖奉出太
廟令受之各奠於站置各室祝按上通事舍人承旨
勅衆官各還齋次四曰省牲器見前親祀儀五曰晨
祼享日丑前五刻光祿卿良醞令太官令入實籩豆

籩篹尊罍各如常儀太樂令率工人二舞以次入就
位禮直官引御史及執事者以次入就
太常卿御史退復位禮直官引
等官詣各室分香設酒如常儀禮直官復引司徒
及御史太廟令太祝昇殿奉神主訖奉禮
各退降就拜位立定奉神主訖奉禮
贊曰再拜贊者承傳太祝以下皆再拜訖各就位禮
直官引攝太尉由南神門東偏門入就位立定協律
郎跪俛伏舉麾興工鼓祝宮縣樂作思成之曲以黃
鐘為宮大呂為角太簇為徵應鐘為羽作文舞九成

止太尉以下皆再拜訖禮直官引太尉詣盥洗位宮
縣樂作肅寧之曲至位樂止北向立搢笏盥手帨手訖
執笏詣爵洗位北向立搢笏盥手帨手以瓚授執事
者執笏升殿宮縣樂作至阼階下樂止陞自阼階登
歌樂作詣太祖尊彝所西向立樂止執事者以瓚授
太尉太尉執笏搢笏執瓚跪三上香訖太尉以瓚奉
瓚授執事者執笏俛伏興退出戶外北向立再拜訖
事者以瓚授太尉太尉執瓚以鬱鬯裸地訖以虛瓚授
執事者執笏俛伏興退出戶外北向立再拜訖次詣各
室並如上儀禮畢降自阼階復位六日進饌太尉裸

元史志卷二十六　三　張德明

将畢進饌如前儀七日酌獻太尉既升裸禮直官引
博士博士引禮儀使至太次前北向立通事舍人引
侍中詣太次前权奏請中嚴皇帝服衮冕坐少頃侍
次禮儀使前導至西神門華蓋繖扇停於門外侍
中奏外辦禮儀使跪奏請皇帝行禮俛伏興舉麾出
從入太禮使後從殿中監跪進鎮圭皇帝執圭入門
協律郎跪俛伏興舉麾宮縣成之樂作至版位東
向立樂止引禮官分左右侍立禮儀使奏請皇帝再
拜奉禮曰眾官再拜贊者承傳凡在位者皆再拜禮
儀使奏請皇帝詣盥洗位宮縣樂作至位樂止內侍

跪取匜興沃水又內侍跪取盤承水禮儀使奏請搢
鎮圭皇帝搢圭盥手內侍跪取巾於篚興進帨手訖
奉爵官以爵跪進皇帝受爵內侍又
奉盤承水禮儀使奏請皇帝洗爵訖內侍奠巾於篚
內侍奠盤匜又奠巾於篚奉爵官受爵禮儀使奏請
奉鎮圭導升殿皇帝詣太祖室尊彝所升自西階下樂止
止宮縣樂作禮儀使前導詣太祖神位前北向立禮儀使奏請搢鎮
登歌樂作禮儀奏開成之曲奉爵官以爵授酒官進
執鎮圭導升殿奉爵官以爵滋以爵授執事者立
舉麾侍中跪酌酒犧尊之泛齊以爵授執事者禮儀使
前導入詣太祖神位前北向立禮儀使奏請搢鎮圭

元史志卷二十六　四　張德明

跪又奏請三上香訖奉爵官以爵授進酒官進
酒官東向以爵跪進禮儀使奏請執爵祭酒訖以
祭酒於茅首訖以爵跪進禮儀使奏請執爵三
馬渾東向跪進酒官進禮儀使奏請執爵祭酒祭酒訖以
爵授進酒官退立尊所進酒官進奠神案上訖奠玉爵
奉爵官退立尊所進禮儀使奏請執爵祭馬渾東向以
執圭俛伏興司徒搢笏跪俎前舉牲盤西向以進禮
儀使奏請搢鎮圭皇帝搢圭興俯受牲盤北向跪奠神
案上訖禮儀使奏請執鎮圭皇帝執圭興前導出戶外褥位北向跪讀
立樂止舉祝官搢笏跪對舉祝版讀祝官北向跪讀

祝文訖俛伏興舉祝官奠祝版訖先詣次室次蒙古
祝史詣室前致祠訖禮儀使奏請再拜拜訖禮儀使
前導詣各室奏各室之樂其酌獻進牲體祭馬溘並
如第一室之儀既畢禮儀使奏請詣飲福位樂
作至位西向立樂止宮縣釐成之樂福位登歌樂
以奉侍中侍中受爵奉以立禮儀使奏請皇帝再拜
拜訖奏撝鎮圭跪侍中東向以爵酌上尊福酒合置一爵
執爵三祭酒又奏請啐酒啐訖以爵授侍中禮儀使
奏請受胙太祝以黍稷飯籩授司徒司徒東向跪進

皇帝受以授左太祝又以胙肉俎跪授司徒司徒
跪進皇帝受以授左右禮直官引司徒退立侍中再
以爵酒跪進禮儀使奏請皇帝飲福酒訖侍中又
受虛爵興以授太祝禮儀使奏請皇帝受爵興又
奏請冊拜拜訖樂止禮儀使前導還版位於殿上唱
降自西階樂作樂止奉禮於位者登歌樂作
太祝徹籩豆宮縣豐寧之樂作卒徹樂止奉禮曰賜
之曲作一成止禮儀使奏請皇帝再拜拜在位者皆再拜
胙贊者唱眾官再拜拜訖在位者皆再拜拜送神樂作保成
位者皆再拜拜訖禮儀使前奏禮畢皇帝還大次官

縣昌寧之樂作出門樂止禮儀使奏請釋鎮圭殿中
監跪受華蓋繖扇入次簾降禮直官引太常
卿御史太廟令太祝令升殿納神主訖各就
位贊者於殿上唱升納神主訖奉禮曰再拜御史以
下諸執事者皆再拜拜訖以次出奉禮曰再拜御史
引享官以次降乃退詣版藏於匱八曰車駕還宮皇帝既
閤戶以降以次出太樂令率工人二舞以次出太廟令
還大次侍中奏請解嚴皇帝釋袞冕傅大次五刻頃
尚食進膳如常儀所備儀從內外伏輿作從祀諸執
事官兩行序立於太廟櫺星門外侍中版奏外辦皇

帝出次升輿導駕官前導華蓋繖扇如常儀至廟門
太僕卿進御馬侍中奏請皇帝降輿乘馬訖門
下侍郎奏請進發俛伏興前稱警蹕至櫺星門外
門下侍郎奏請退傅制贊者承傅眾官上馬侍中承旨退稱曰
制可門下侍郎退傅勅眾官上馬訖稱警蹕導駕
官及華蓋繖扇分左右前導侍郎下侍郎奏請權停敕眾
作至崇天門櫺星門外門下馬訖左右前引入內石橋北
下馬訖
興儀伏倒捲而北駐立駕入崇天門至大明門外降
馬升輿以入駕既入通事舍人承旨敕眾官皆退宿

衛官率衛士宿衛如式

攝祀儀，其目有九：一曰齋戒。享前三日，三獻官以下凡與祭員，皆公服受誓戒於中書省。是日質明，有司設金椅於省庭，一人執紅羅纖立於其左，奉禮郎率儀鸞局陳設版位，獻官諸執事位，俱藉以席，仍加紫綾褥。設初獻太尉位於省階外西南，西南向；大禮使位於其東少南，西向。獻官、讀祝官、太常卿、光祿御、光祿丞、書祝官、太官令、良醖令、廩犧令、司尊彝、舉祝官、太官丞、廩犧丞、奉爵官、奉瓚官、盥爵官二、巾篚官、蒙古太祝、巫祝、點視儀衛清道官及與祭官，依品級陳設，皆異位重行。太廟令、太樂令、郊社令、太祝位於通道之西北，向東上；太廟丞、太樂丞、郊社丞、奉禮郎、協律郎、司天生位於通道之東北，向西上。齋郎位於其後，贊者引行事等官各就位立定。次引初獻獻官立定，禮直官擥勢讀誓文曰：其年某月某日，享于太廟，各揚其職，其或不欽，國有常刑。散齋二日，宿于正寢，致齋一日，宿於祠所。散齋日治事如故，不弔喪問病，不作樂，不判署刑殺文字，不決罰罪。

人不與穢惡事，致齋日惟享事得行，餘悉禁。凡與享之官，巳齋而闕者，通攝行事。七品以下官先退，餘官再拜，禮直官贊躬身拜興，平立，禮畢。守廟兵衛與太樂工人俱清齋一宿，起祝所之日，官給酒饌。二曰陳設。享前二日，司設兵衛於廟門，禁斷行人。儀鸞局設幃幔於饌殿，所司前一日，太樂令率其屬設宮縣之樂於庭中，東方、西方，磬簴起北，鍾簴次之，設十二鏄鍾於編縣之間，各依辰位，樹建鼓於四隅，置祝敔於北縣之內，祝一在道東，敔一在道西，路鼓一在其後。又路鼓一在祝之西南，諸工人各於其後，東方、西方以北為上，南方、北方以西為上，文舞在北，武舞在南，立舞表於鄈綴之間。又設登歌之樂於殿上前楹間，玉磬一簴在西，金鍾一簴在東，祝一在金鍾北稍西，敔一在玉磬北稍東，搏拊二，一在敔北，東西相向，歌工次之，餘工各位於縣後，其鼓竹者立於階間，重行北向，相對為首。享前一日，太廟令率其屬掃除廟庭之內外，樞密院軍官一員率軍人刈除草穢，平治道路。又設七祀燎柴於廟門之外，又於室內鋪設神位

於北牖下當戶南向每位設繡扆一紫綾厚褥一
褥一莞席一繢席二虎皮次席二時暄則用桃枝竹
席几在筵上又設三獻官拜跪褥位二一在室內一
在室外之右又設三獻祝案
書祝詭請初獻官署御名詭以授祝官於饌幕具公服
書祝官讀祝官舉祝官太廟令太祝令良醞令奉爵
令太廟丞太官丞位又於其南司尊彝奉饌官奉爵
官盥洗巾篚爵洗巾篚蒙古太祝蒙古巫祝太祝官
西東向亞獻終獻位稍却助奠七祀獻官又於其南
於室戶外之右又設三獻祝版位稍却助奠七祀
閤令及七祀司尊彝盥洗巾篚以次而南又設齋郎
位於其後每等異位重行東向北上又設大禮使位
於南神門東偏門稍北北向又設司徒太常卿等位
於橫街之南稍東西向與亞終獻相對司徒位在北
太常卿稍却太常同知光祿卿僉院同僉院判光祿
丞拱衞使以次而南又設監祭御史位二于監禮博士
位二于橫街之北西向以北為上又設協律郎位在
宮縣樂簾西北東向大樂丞在樂簾之間又設大樂
令協律郎位於登歌樂簾之間又設牲位南向監祭御
外南向設太常卿位於牲位南向監祭御史位在太

常卿之左太官令次之光祿丞太官丞又次之廳犧
令位在牲之西南廳犧丞稍却俱北向以右為上又設
諸太祝位於牲東西向以北為上又設省饌殿前太
於牲東南北向以右為上又設省饌殿前太常卿位
禄卿光祿丞太官令次之陳祝版於室之西東率祠
東向皆北上太廟令太祝案又
祭局設邊豆簠簋每室尊罍于通廊竿彝黃彝各一春夏用
之簠左篚右俎七在簠簋之南香桉一次之沙池又
為四行登三在邊豆之間鉶三次之簠二簋二又次
祭器每位左二邊右二豆俱十有二豆俱在邊豆之間
酌凡祭器皆籍以席又設七祀位於橫階之南道東
殿下階間俱北向以望室之左皆有坫加冪設而不
向西上彝舜有舟坫冪又設壺尊二太尊二山罍四在
山罍二以次在本室南之左皆加勺冪為酌尊所北
雞彝鳥彝犧尊二象尊二秋冬用著尊壺尊二
在邊前爵坫一次之壺尊二在神位之西東向以北
祭器每位左二邊一簠一簋一在邊豆間俎一
為上皆有坫勺冪又設三獻盥洗爵洗在通街之西
令協律郎位於登歌樂簾之間又設三加勺篚在洗西加勺
外南向設太常卿位於牲位南向篚在洗東皆實以巾
橫街之南北向罍在洗西皆實以巾

爵洗訖實以瓚爵加盤坫執罍罷者各位于後又設
七祀獻官盥洗位於七祀神位前稍北罍在洗西
在洗東實以巾又實爵於坫執罍罷者各位於後三
曰習儀享前二日三獻以下諸執事官員各赴東華門
儀次日早各具公服乘馬赴東華門迎接御香至廟
省牲四日迎香享前一日賀明三獻官以下及諸執
事官各具公服六品以下官皆借紫服詣崇天門下
太常禮儀院官一員奉御香一員奉酒二員奉馬逄
自內出監祭監禮奉禮郎太祝分兩班前導控鶴五

人一人執纛從者四人執儀仗在前迤行至大明門由
正門出教坊大樂作至崇天門外奉香酒馬逄者安
置腰輿導引如前行至外垣櫺星門外百官上馬分
兩班行於儀仗之外清道官行於儀衛之先兵馬司
巡兵夾道次之金鼓又次之京尹儀從又次之教坊
大樂為一隊次之控鶴駕手各服其服執儀仗左右
成列次之拱衛使居其中儀鳳司細樂又次之太常
卿與博士御史導於興前獻官司徒大禮使助奠官
從於興後至廟入自南門至神門外百官及儀衛皆
止太常卿博士御史道於興三獻司徒大禮使助奠官

沈文端

從入至殿下獻官奉香酒馬逄陞自太階入殿內通
廊正位安置禮直官引獻官降自東階由東神門北
偏門出釋服五日省牲器見親祀儀六日晨祼祀日
丑前五刻太常卿光祿卿太廟令率其屬設燭於神
位遂同三獻官司徒大禮使等每室一人分設御香又
酒醴以金玉爵乾爵酌馬逄蒲萄尚醞
陳邊豆之實遵四行以右為上第三
行鹿脯在前乾橑在前乾棗形鹽次之第四
餌粉餈次之第二行乾桃次之第三
之豆四行以左為上第一行芹菹在前筍菹葵菹次
之第二行菁菹在前韭菹醓醢食次之第三行魚醢在
前兔醢豚拍次之第四行鹿醢在
籩實以榛實登實以蒸稷登實以大羹鉶實以和羹
尊彝竿彝實以稻粱籩實以栗
尊彝實以醴齊著尊實以沈齊凡齊之上尊實以明水酒
象尊實以醴齊太尊實以泛齊山罍實以三酒壺尊
之上尊實以玄酒其酒齊皆以上醞代之又實七祀
之祭器每位左二籩栗在前鹿脯次之右二豆菁菹
在前鹿醢次之簠實以黍籩實以稷壺尊實以醴齊
其酒齊亦以上醞代之陳設訖獻官以下行事執事

四九

沈文端

官各服其服會於齊班聽禮直官引太常卿監祭監
禮太廟令太祝宮闈令諸執事官齋郎自南神門東
偏門入就位東西相向立定俟監祭之
上下徹去蓋冪斜察不如儀者退復位禮直官引太
常卿監祭監禮太祝太廟令太祝宮闈令陞自東階詣太
祖室蒙古太祝起帝主神幕宮闈令起后主神幕次
詣每室並如常儀禮畢禮直官引太常卿以下諸執事
官當橫街間重行以西為上北向立定奉禮郎贊曰各就位禮直官引諸執事官各就位次
奉神主訖再拜禮直官承傳太常卿以下皆再拜訖
禮郎又贊曰各就位禮直官引太

引太官令率齋郎由南神門東偏門以次出贊者引
三獻官司徒大禮使七祀獻官諸行事官由南神門
東偏門入各就立定禮直官進於初獻官之左贊
曰有司謹具請行事退復位協律郎跪俛伏興舉麾
興工鼓祝宮縣樂奏思成之曲九成文舞九變奉禮
郎贊再拜在位者皆再拜奉禮又贊諸執事者各就
位禮直官引奉爵盥洗巾篚執事官各就位無射宮
立定禮直官引初獻官詣盥洗位洗爵拭爵以爵授執
肅寧之曲至位北向立定搢笏執瓚盥手帨手執笏
洗位至位北向立定搢笏執瓚洗瓚拭瓚以瓚授執

立苇苴于盤禮直官引初
獻降自東階詣盥洗位宮縣樂作奏
止七日饋食初獻既裸如前進饌儀八日酌獻太祝
灌於沙池以裸畢如上儀俱畢禮直官引初
授初獻官執瓚司尊彝舉冪酌鬱黄彝鬱
搢笏跪三上香執瓚詣盥洗位搢笏執瓚詣盥洗位
向立搢笏初獻以瓚授執事者俛伏興出室戶外北
事者執笏樂止登歌樂作夾鍾宮肅寧之曲外自
東階樂止詣太祖酌尊所西向立搢笏執事者以瓚

無射宮肅寧之曲至位北向立搢笏盥手帨手執笏
詣爵洗位至位北向立搢笏執爵洗爵拭爵以爵授
執笏樂止登歌樂作夾鍾宮肅寧之曲陞自東階
樂止詣太祖酒尊所西向立搢笏執爵司尊彝舉冪
跪舉冪良醞令搢笏跪酌酒酌犧尊之泛齊以爵授執
者執笏稍前搢笏跪三上香執爵三祭酒于茅苴
以爵授執事者俛伏興平立請出室戶外北向
前北向立稍前搢笏跪三上香執

讀祝文讀訖舉祝官奠祝版于案執笏興讀祝官俛
立樂止俟讀祝舉祝官奠祝版於案執笏
以爵授執事者俛伏興平立請出室戶外北向

伏興禮直官贊再拜訖次詣每室酌獻如上儀各奏
本室之樂作樂畢宮縣樂止降自東階登歌樂作夾
鍾宮肅寧之曲初獻復位立定文舞退武舞進宮縣
樂作奏無射宮肅寧之曲舞者立定樂止禮直官引
亞獻詣盥洗位至位北向立搢笏搢爵洗爵拭爵以
爵授執事者陞自東階詣太祖酌尊所西向立搢笏
爵三祭酒于茅苴以爵授執事者執笏俛伏興平立
之曲詣太祖神座前北向立稍前搢笏跪酌象尊之
醴齊以爵授執事者跪舉冪良醖令搢笏跪酌象尊
執爵司尊舉冪搢笏舉冪良醖令搢笏跪酌象尊之
請出室戸外北向立再拜訖次詣每室酌獻並如上
儀獻畢樂止降自東階復位立定禮直官引終獻如
亞獻之儀唯酌著尊之盎齊禮畢降復位初獻終獻
行贊者引七祀獻官詣盥洗位搢笏盥手帨手訖執
笏詣酒尊所搢笏執爵酌酒以爵授執事者執笏詣
首位神座前東向立稍前搢笏跪酌授執事者詣
池奠爵于案執爵俛伏興少退立再拜訖每位並如
上儀俱畢七祀獻官侯終獻官降復位立定
馬渾終獻酌獻將畢七祀獻官太常卿監祭監禮太廟令
天禮使助奠官七祀獻官司徒

丞蒙古庵人巫祝等陞殿每室獻官一員各立於戸
外太常卿監祭監禮以下立於其後禮直官引獻官
詣神座前蒙古庵人割牲以授獻官獻官搢笏退就
奠于帝主神位前次奠于后主神位前訖獻官出笏
拜位搢笏跪太廟令取案上先設金玉爵舉馬湩蒲
葡尚醖酒以次授獻官獻官皆祭于沙池蒙古巫祝
致詞訖宮縣樂作俟眾獻官以下從拜皆作本朝拜
興凡四拜監祭監禮以下從拜興俟請曰拜興請
退登歌樂作降階樂止太祝徹邊豆登歌樂作奏
鍾宮豐寧之曲奉禮贊者承傳眾官再拜興
送神樂作奏黃鍾宮保成之曲一成而止太祝大
每室祝版作降自太階望瘞位禮直官引三獻以
祝版至位坎比南向跪以祝版奠于柴就拜興俟
禮使助奠七祀獻官太常卿光祿卿監祭監禮視燔
燎禮直官贊可瘞禮直官引獻官以下從拜興俟半
齋郎等由南神門東偏門出至搢位圜搢樂工二舞
以次從出三獻之出也禮直官分引太常卿太廟令
監祭監禮蒙古太祝宮闈令及各室太祝陞自東階
詣太祖神座前陞納神主每室如儀俱畢降自東階

至橫街南北向西上定奉禮贊曰陛納神主訖再
拜贊者承傳再拜訖以次出禮畢三獻官司徒大禮
使太常禮儀院使光祿卿等官奉胙進于闕庭篤莘
上都則以驛赴奉進

攝行告謝儀告前三日
公服赴中書省受誓戒告前一日未正二刻省牲器
至期質明三獻官以下諸執事者各服法服禮直官
引太常卿監祭御史監禮博士五令諸執事官先入
就位禮直官引監祭監禮點視陳設畢復位禮直官
引太常卿監祭監禮太廟令太祝宮闈令奉遷各室

神主訖降自橫街北向立定奉禮郎贊再拜在位官
皆再拜訖奉禮郎贊各就位訖太官令齋郎出禮直
官引三獻司徒光祿卿捧饌盥爵盥洗官入就位立
定禮直官贊有司謹具請行事降神樂作九成止奉
禮郎贊再拜三獻以下再拜訖奉禮郎贊諸執事者
各就位禮直官引初獻詣盥洗位盥手詣爵洗
位洗瓚訖第一室酒尊所酌鬱鬯詣神座前北向跪
搢笏三上香奠幣執瓚訖俛伏興出室戶外並如上儀俱興
出室戶外再拜訖次詣各室並如上儀奠畢降復位禮直官引初
司徒率齋郎進饌如常儀奠畢降復位禮直官引初

獻詣盥洗位盥手詣爵洗位洗爵詣第一室酒尊所
酌酒詣神座前北向搢笏跪三上香執爵三祭酒於
祭監禮外納神主訖降自橫階奉禮郎贊再拜在位
監禮視燎祝版瘞幣禮直官贊可瘞禮畢太常卿監
位官皆再拜訖禮直官引三獻官司徒太常卿監祭
俱畢復位太祝徹邊豆奉禮郎贊賜胙眾官再拜在
惟不讀祝俱畢降復位禮直官引終獻並如亞獻儀
復位禮直官引亞獻官盥手洗爵每室詣酌獻並如初獻儀
侯讀祝官讀祝文訖再拜詣禮直官引三獻官司徒卿監祭
第直以爵授執事者執笏俛伏興出室戶外北向立

酒詣神座前北向搢笏跪三上香執笏爵三祭酒在
薦新儀至日質明太常禮儀院官屬赴廟所皆公服
侯于次太廟令率其屬升殿開室戶不出神主設邊
豆俎酒醴盞盂奉禮郎率儀鸞局設席褥版位于橫街
下少東又設西向奉禮郎率儀鸞局設盟洗位于階
南又設盥手訖太常官詣神廚點視神饌執事者奉所薦
皆盥手訖太常官以下入就位東西重行北
饌物各陳饌幕內太常官以下入就位東西重行北
向立定禮直官贊皆再拜鞠躬拜興拜興平立各就
位禮直官引太常次官一員率執事者出詣饌所奉

饌入自正門升自太階奠各室神位前執事者進時
食院官擭笏受而奠之禮直官引太常禮儀使詣盥
洗位盥手帨笏詣第一室神位前擭笏
注酒于柸三祭酒又注馬湩于柸亦三祭之奠柸于
案出笏就拜興出室戶北向立再拜毎室俱畢降
復位執事者皆降禮直官贊再拜鞠躬拜興拜興平
立餘官率執事者升徹饌出殿闔戶禮直官引太常
官以下俱出東神門外圓揖

神御殿

《元史志卷二十六》 九

神御殿舊稱影堂所奉祖宗御容皆紋綺局織錦為
之影堂所在世祖帝后大聖壽萬安寺裕宗帝后亦
在焉順宗帝后大普慶寺仁宗帝后亦在焉成宗帝
后大天壽萬寧寺武宗及二后大崇恩福元寺為東
西二殿明宗帝后大天源延聖寺英宗帝后大永福
寺也可皇后大護國仁王寺世祖武宗影堂皆藏玉
冊十有二牒皇后玉寶一鈕仁宗影堂藏皇太子玉
冊十有二牒玉寶一鈕皇太子玉
有二牒皇后玉冊十有二牒玉寶一鈕皇太子玉冊十
皇帝玉冊十有二牒寶以匣置金鑄鎰藏於太廟此其分置
者其祭器則黃金餅拏盤盂之屬以十數黃金塗銀

香合椀楪之屬以百數銀壺釜盂匜之屬稱是玉器
水晶瑪瑙之器為數不同有玻瓈瓶琥珀勺世祖影
堂有真珠簾又皆有珊瑚樹碧甸子山之屬其祭之
日常祭毎月初一日初八日十五日二十三日卽祭
元日清明社賓陽冬至忌辰其祭物常祭以蔬果
卽祭忌辰用牲祭官便服行三獻禮加薦用羊羔炙
魚饅頭餛子西域湯餅團米粥砂糖飯羹泰定二年
亦作顯宗影堂于大天源延聖寺天曆元年慶舊有
崇福祥二院奉影堂祀事乃改為泰禧院二年又
改為太禧宗禋院秩二品既而復以祖宗所御殿尚

《元史志卷二十六》 九

稱影堂更號神御殿皆製名以冠之世祖曰元壽
昭睿順聖皇后曰睿宗南必皇后曰懿壽裕宗曰明
壽成宗曰廣壽順宗曰衍壽武宗曰仁壽文獻昭聖
皇后曰昭壽仁宗曰文壽英宗曰宣壽明宗曰景壽
且命學士擬其祭祀儀注今闕又有玉華宮孝思殿
本路官吏祭奠太常博士按宋會要定其儀所司前
在真定世祖所立以忌日享祀太上皇太后御容以
期置辦茶食香果質明禮直官引獻官與陪位官以
下並入廟庭西向立俱再拜訖引獻官詣殿正
階下至案前褥位三上香三奠酒訖就拜

興又再拜訖引獻官復位與陪位官以下俱再拜退仁宗皇慶二年秋八月庚辰命大司徒田忠良詣真定致祭依歲例給御香酒并犧牲祭物錢中統鈔壹百定延祐四年始用登歌樂行三獻禮七年太常博士言影堂用太常禮樂非是制罷之歲時本廟依舊禮致祭其春秋致祭至元十五年十一月命承旨和禮霍孫寫太祖御容在翰林者十六年二月復命寫太上皇御容與太宗舊御容俱置翰林院院官春秋致祭二十四年二月翰林院言舊院屋敝新院屋纔六間三間御容宜於太常寺安奉後仍遷新院至大四年翰林院移署舊尚書省有旨月祭中書平章完澤等言祭祀非小事太廟歲一祭執事諸臣受戒誓三日乃行事今此輕易非宜舊置翰林院御容春秋二祭不必增益制若曰可至治三年遷置晉慶寺祀禮慶泰定二年八月中書省臣言當祭如故乃命承旨幹赤賣香酒至大都同省臣祭于寺四年造影堂於石佛寺未又遷至順元年七月即普慶寺祭如故事二年復祀于翰林國史院重改至元六年翰林院言三朝御容祭所甚隘熏蒸久屋久漏於石佛寺新影堂奉安爲宜中書省臣奏此世祖定制

當仍其舊制可

翰林學士中大夫知制誥兼修國史臣……　翰林侍制奉訓大夫兼制誥臣宋……　國史院編修官臣樓……奉敕撰

敕祭

祭祀五

太社太稷

至元七年十二月有詔歲祀太社太稷三十年正月
始用御史中丞崔彧言於和義門內少南得地四十
畝為壇近南為二壇壇高五丈方廣如之社東稷
西相去約五丈社壇土用青赤白黑四色依方位築
之中間實以常土上以黃土覆之築必堅實依方面

〈元史志卷二十七上〉　一　沈子素

以五色泥飾之四面當中各設一陛道其廣一丈亦各
依方色稷壇一如社壇之制惟土不用五色其上四
周純用一色黃土壇皆北向北墉於社壇之北以
埤為之飾以黃泥瘞坎二於稷壇以磚為之高五丈廣
物二壇周圍壝垣以磚為之高五丈廣三十丈四隅每
連飾內壝垣靈星門四阿外壝靈星門二阿每門二
三列戟二十有四外壝內北屋七間南望二壇
以備風雨曰望祀堂堂東五間連厦三間曰齋
廳之南西向屋八間曰獻官幕又南西向屋三間
曰院官齋所又其南屋十間自址而南曰祠祭局曰

鍾於社壇近南北向埋其半於土中稷
不用主右土
次舍之所也社主用白石長五尺廣二尺剡其上如
房自址折而南西向屋九間曰監祭執事房井
有亭曰望祀堂後自西而東南向屋九間
屋三間曰酒庫近北少卻東南向屋三間曰神庫
稍東南向門一間曰饌幕殿又北南向屋三間曰饌幕
向屋一間曰饌幕殿又北南向屋三間曰饌幕
間曰大樂署其西東垣南門西墉垣西南北向屋三
屋三間曰百官厨外垣南門西墉垣西南北向屋三
儀鸞庫曰法物庫曰都監庫曰雅樂庫文其北向

〈元史志卷二十七上〉　二　……

以楸木為之各長二尺四寸濶一尺二寸厚一分文曰維
以松於社稷二壇之南各一株此作主樹小之法也曰維
氏配社后稷氏配稷神位版二用栗素質黑書社樹

年月日嗣天子敢遣其官某敢昭告于太社之神配
位曰后土之神稷之神配位曰后稷之神配
幣社稷皆玄圭一各長一尺二寸皇地祇玄幣一
配位皆玄幣一其色黝其角握有副辛四野豕四
牛一其色黝其角握有副辛十無饌食糝食簠簋之實皆

四銅之實和羹五齊皆以尚醞代之香用沉龍涎神
無糗餌粉餈豆之實和羹五齊皆以尚醞代之香用沉龍涎神

席一緣以黑綾黑綾褥方七尺四寸太尊著尊犧尊

山罍各二有坫加勺冪象尊壺尊山罍各二有坫冪

設而不酌邊豆各十有一其一設於饌幕鉶三籩三

籩三其一設於饌幕俎八其三設於饌幕盤一毛血

豆一爵一有坫沙池一玉幣篚一木柶一勺一香

一香盒一香案一祝案一皆有衣紅縣器

渾盜洗位二罍二洗二白羅巾四實以篚朱漆盤五

巳上社稷皆同配位此牲齊祭器之等也饌幕省饌

象尊餘皆與正位同有象尊無太尊設而不酌者無

殿香殿黃羅幕三黃羅額四黃絹帷一百九十五幅

三

獻攝板位三十有五紫綾拜褥百蒲蓆蓆各二百木

燈籠四十絳羅燈衣百一十紅挑燈十剪燭刀二鐵

粔盆三十有架黃燭二百雜用燭二百麻粔三百松

明清油各百斤此饌幕板位燭燎之用也初獻官一

亞獻官一終獻官一攝司徒一助奠官二太常卿一

光禄卿一廩犧令一太官令一中饌官四祝史四監

祭御史二監禮博士二司天監二良醞令一奉爵官

一司尊罍二監洗官二爵洗官二太社令一太社丞

一太樂令一太樂丞一協律郎二奉禮郎二讀祝官

一舉祝官二奉幣官四剪燭官二太祝七齋郎四十

有八贊者一禮直官三與祭官無定負此獻攝執事

之人也凡祭之日以春秋二仲月上戊延祐六年改

用中戊其儀注之節有六一日迎香前一日有司告

諭坊市洒掃經行衢路設香案至日質明有司具香

酒樓舉三獻官以下及諸執事官各具公服五品以

下官齋郎詣尚尊酒馬運自內出監祭御史

院禮博士等皆奉祝及御香尚尊酒馬運三獻官及太常禮儀

監禮博士奉禮郎太祝於左右兩班前導控鶴大樂

一人執繖四人執儀仗由大明門正門出教坊大樂

作至崇天門外奉香酒馬運者各安置於輿導引如

四

儀至紅門外百官乘馬分班行於儀仗之外清道官

行於儀衛之先兵馬司巡兵夾道次之金鼓又次之

京尹儀從左右次之教坊大樂一隊次之控

鶴駕手各服其服執儀仗左右成列行

其中儀鳳司徒細樂又次之太常之

與前獻官司徒助奠官従於輿後若駕幸上都三獻

官以下及諸執事官則詣建德門外皆具公服於香

與前北向立異位重行俟奉香酒官驛至太常官案

而奉之各置於輿禮直官贊班齊鞠躬再拜興平立

班首稍前搢笏跪眾官皆跪三上香出笏就拜興平

立退復位北向立鞠躬再拜興平立眾官上馬分班
前導如儀至社稷壇北神門外皆下馬分左右入自
北門序立如儀太常卿博士御史前導獻官司徒助
奠等官後役至望祀堂下三獻官以次而出各詣
莫堂中黃羅幕下禮直官引三獻官御史
位二於其西東向監禮博士位二於其東西向俱北
上司徒亞獻終獻位於其南北向次太
常卿光祿卿太官令司尊彝良醞令太社令廪犧令

齋次釋服二日齋戒前期三日質明有司設三獻官
以下行事執事官位於中書省太尉南向監祭御史
位二於其西東向監禮博士位
於堂中黃羅幕下禮直官引三獻官以次奉香酒馬運陛階置

光祿丞太樂令太社丞次讀祝官奉爵官太祝祝史
奉禮郎協律郎司天生諸執事官即每等異位重行
俱北向西上贊者引行事執事官各就位立定禮直
官引太尉初獻就位讀誓曰其年某月某日上戊日
祭於太社太稷各揚其職其或不敬國有常刑散齋
二日宿於正寢致齋一日於祠所散齋日治事如故不
吊喪問疾不作樂不判署刑殺文字不決罰罪人不
與穢惡事致齋日惟祭事得行其餘悉禁凡與祭之
官已齋而闕者通攝行事七品以下官先退餘官對
拜守壇門兵衛與大樂工人俱清齋一日行禮官前

期留儀於祠所三日陳設前期三日所司設三獻以
下行事執事官次於齋房之內及設饌幕四於西神
門之外稍南西向北上今有饌幕殿在西壝門外近
北南向陳設如儀前祭二日所司設兵衛各以其方
色器服守衛壝門每門二人大樂令位於其
屬設登歌之樂於兩壇上稍北南向設工人位
在西杌一在鍾簴南敧東北杌一在磬簴南敧
二一在祝南一在敧南東西相向歌工次之餘工位
社令帥其屬掃除壇之上下為瘞坎二於壬地方深
在縣後其跑竹者位於壇下重行南向相對為首

足以容物南出陛前祭一日司天監太社令帥其屬
扗設太社太稷神座各於壇上近南北向設后土神
座於太社神座之左后稷神座於太稷神座之左俱
東向席皆以莞禠褥如幣之色設神位板各於座首
位稍却司徒三獻官位於西神門之內道南北向西
奉禮郎設三獻官位於西神門之內道南太
常卿光祿卿太官令司尊彝良醞令廪犧令太祝以次
監光祿丞又次之太社令次位於其北諸執事者
社丞讀祝官奉爵官太祝以次位於其北俱東向南
及祝史齋郎位於其後每等異位重行俱東向南上
又設監祭御史位二監禮博士位二於太社壇子陛

饌之北今有省饌殿設位於其北此東設省饌
常卿光禄卿太官令位於西東向監祭監禮位於東
監祭監禮位於太常光禄卿之北此東西相向南上太
令位於牲東北南向又設禮饌於神北向廪犠
次之東向太常卿光禄卿之東稍却俱東向司
又設牲榜於西神門外東向諸太祝位於神
尊彝位於酌尊所俱南向設望瘞位於司
虡東北俱西向太樂令位於兩壇之間南向司
贊者位於北稍却俱東向協律郎位二於壇上樂
之東北俱西向南上設奉禮郎位於壇之西北隅

西向俱南上禮部設板案各於神位之側司尊彝奉
禮郎帥執事者設玉幣籠於酌尊所次設邊豆之位
每位各遵十豆十籩二籩二鉶三俎五盤一又設
邊一豆一籩一俎三於饌幕內毛血別置一豆
設尊罍之位於社稷正位各太尊二著尊二犠尊二山
罍二于壇上酉陛之西北隅南向東上設配位各著
尊二犠尊二象尊二山罍二在正位酒尊之西俱南
向東上又設正位各象尊二壺尊二山罍二于壇下
子陛之東南向東上配位各壺尊二山罍二在卯陛
之南西向南上又設洗位二于各壇子陛之西北南

向籩在洗東北肆執罍籠者各位於其後祭日丑前五
刻司天監太社令各服其服帥其屬升設正配位神位
板於壇上又陳玉幣正位神之玉一兩圭有邸置於
匣正配位幣皆以玄各長一丈八尺陳於籠瘞之玉各
玉加於幣實於籠瘞之及禮神之玉各置
於神座前光禄卿帥其屬入實邊豆籩每位遵三行
以右為上第一行乾橑在前乾棗形鹽魚鱐次之第二
行鹿脯在前榛實乾棗桃次之第三行菱芡在前
豆三行以左為上第一行芹菹在前筍菹葵菹菁菹次
之第二行韭菹在前魚醢兔醢次之第三行豚拍在前
鹿臡醓醢次之籩實以稻粱籩實以黍稷鉶實以羹良
醢令帥其屬入實尊罍正位太尊為上實以泛齊著尊
齊象尊實以盎齊壺尊實以醍齊山罍實以三酒凡盎
齊以醴齊犠尊實以醴齊象尊實以盎齊犠尊實以沈
齊山罍實以三酒配位著尊為上實以泛齊犠尊以醴
之上尊實以明水酒之上尊實以玄酒酒齊皆以尚醞代
之太常卿設燭于神座前四日省牲器前期一日午後
八刻諸衛之屬禁止行人未後二刻太社令帥其屬
掃除壇之上下司尊彝奉禮郎帥執事者以祭器入
設於位司天監太社令升設神位板及禮神之玉幣

如儀俟告潔畢權徹祭日重設未後二刻廩犧令與諸
太祝祝史以牲就位禮直官贊者分引太常卿監祭
禮太官令於西神門外省牲位立定禮直官引太常卿
贊者引監祭監禮入自西神門詣太社壇自西陛升視
滌濯於上執事者皆舉冪曰潔次詣太稷壇如太社之
儀禮直官稍前曰告潔畢請省牲引太常卿
稍前省牲訖退復位禮直官稍前曰省牲畢請就省饌位引太
折身曰腯復位諸太祝俱巡牲一匝上一負出班東向
折身曰充復位諸太祝巡牲一匝上一負出班東向
常卿以下各就位立定省饌畢還齋所廩犧令與太祝

九 許彥通

祝史以次牽牲詣厨授太官令次引光祿卿以下詣厨
省鼎鑊視滌溉畢乃還齋所晡後一刻太官令帥宰人
以鸞刀割牲祝史以豆取血各置於饌幕取血
血貯於盤遂烹牲五曰奠玉幣祭日丑前五刻三獻官
遷豆籩簠簋尊罍俟監祭監禮按視壇之上下及徹去蓋
冪未明二刻太樂令帥工人入奉禮郎贊者入就位禮
直官贊者入就位禮直官贊者分引監祭監禮諸太祝
祝史齋郎及諸執事官自西神門南偏門入當太社壇
北墉下重行南向立以東為上奉禮曰再拜贊者承傳

監祭監禮以下皆再拜次贊者分引各就壇上下位
祝史奉盤盥太祝奉玉幣由西陛升壇各於尊所
就位質明禮直官贊者各引三獻以下禮不如儀者退
次引監祭監禮直官贊者按視壇之上下斜察不如儀者
位引監祭監禮直官贊者各引初獻以下禮直官進初獻之左
就位皆由西神門南偏門入禮直官引太常卿
奉禮曰眾官再拜在位者皆再拜又贊諸執事者各
瘞血于坎訖祝史以盤還饌幕以俟毛血豆
工鼓祝樂作八成偃麾戛敔樂止禮直官引太常卿
日有司謹具請行事退復位禮直官引太常卿升
就位禮直官贊者分引執事者各就壇上下位諸太祝

十 許彥通

各取玉幣於篚立於尊所禮直官引初獻詣太社壇
盥洗位樂作至位南向立樂止搢笏盥手帨手執笏
詣壇樂作升自北陛至壇上樂止詣太社神座前南
向立樂作搢笏跪太祝加玉於幣東向跪以授初獻
初獻受玉幣奠訖執笏俛伏興少退再跪以授初
向自北陛樂作降自北陛詣太稷壇盥洗位樂作至位
直官引初獻受玉幣奠訖升壇奠玉幣並如太社后土之儀奠畢
樂止盥洗位樂作復位樂止初獻降自北陛詣太稷壇盥洗位樂作至位
奉毛血豆立於西神門外俟奠玉幣畢樂止祝史奉
降自北陛樂作復位樂止初獻將畢祝史奉
正位毛血入自中門配位毛血入自偏門至壇下正

位者升自北陛配位者升自西陛諸太祝迎取於壇
上各進奠於神位前太祝史俱退立於尊所六曰
進熟初獻既奠玉幣有司先陳鼎於神廚各在於
鑊右太官令出帥進饌者詣廚以匕升羊豕於鑊以從各
實於一鼎鼎之扃鼏以扃對舉鼎有司
陳於饌幕內俟光禄卿出帥其屬實遷豆籩簠簋訖乃
俎者各奉正配位之饌太官令引司徒出詣饌所帥進
正位之饌入自中門配位之饌入自偏門饌初入門

樂作饌至陛樂止祝史俱進徹毛血豆降自西陛以
出正位之饌升自北陛配位之饌升自西陛諸太祝
迎取於壇上各跪奠於神座前訖俛伏興禮直官引
司徒太官令及進饌者自西陛各復位諸太祝還尊
所贊者曰太祝令亞於沙池禮直官引初獻詣
太社壇盥洗位樂作至位樂止搢笏盥手帨手
手執笏詣爵洗位樂作升自北陛至壇上樂止搢笏
授執事者執笏詣壇盥洗位搢笏洗爵拭爵以爵
太社酌尊者舉冪良醞令跪酌太尊之泛齊樂作初
執爵司尊者舉冪良醞令跪酌太尊之泛齊樂作初

獻以爵授執事者執笏詣太社神座前南向立搢笏
跪執事者以爵授初獻執爵司尊者舉冪良醞令跪
俛伏興少退立樂止舉祝官跪對舉羃良醞令讀祝
向跪讀祝文讀訖俛伏興舉祝官奠祝版於案興初
獻再拜訖樂止次詣后土氏酌尊所東向立執事者
以爵授初獻執爵搢笏詣后
執爵三祭酒奠爵訖執笏俛伏興少退立樂止舉祝
酌著尊之泛齊樂作初獻執笏詣后土氏酌尊所東
土神座前西向立搢笏跪執事者以爵授初獻執爵
官跪對舉祝版讀祝文讀訖俛伏興

舉祝官奠祝版於案興初獻再拜訖樂止降自北陛
詣太稷壇盥洗位樂作至位樂止盥洗升自北陛
社后土之儀降自北陛樂作復位樂止讀祝舉祝官
亦降復位亞獻詣兩壇盥洗升獻並如初獻之儀終
獻盥洗升獻並如亞獻詣兩壇盥洗升獻並如初
止執事者亦復位太祝各進徹豆樂作卒徹樂止
禮曰賜胙眾官再拜贊者承傳在位者皆再拜訖
奉禮曰賜胙眾官再拜
送神樂作一成止禮直官進初獻之左曰請詣望瘞
位御史博士從樂止至位比向立樂止初在位官將
拜諸太祝各執籩進於神座前取瘞玉及幣齋郎以

俎載牲體并黍稷爵酒各由其陛降置於坎訖贊者曰可瘞東西各二人置土半坎禮直官進初獻之左曰禮畢禮直官各引獻官祭祝以下執事官俱後於壝北壝下南向立定奉禮郎贊曰出祝版燔於齋所光祿卿退其告版燔於齋所光祿卿監祭禮展視酒脀訖乃再拜監祭以下皆再拜訖三獻官以下諸執事各服其服禮直官引公服赴中書省受誓戒告前一日省牲器告日質明以下諸執事官入自北壝下南向立定奉禮郎贊曰

再拜在位官皆再拜訖奉禮郎贊曰各就位立定祭監禮視陳設畢復位立定禮直官引三獻司徒太事降神樂作八成止太常卿瘞血㳂位立定奉禮郎常卿光祿卿入就位立禮直官贊有司謹具請行詣詣社壇正位神座前南擂笏跪三上香奠玉幣執笏俛伏興再拜訖詣配位神座前西向擂笏跪三上香奠幣執笏俛伏興再拜訖詣稷壇盥洗位盥手訖升壇並如上儀俱畢降㳂位司徒率齋郎進饌奠訖降復位行禮直官引初獻官詣盥洗位盥手訖詣爵洗

位洗爵訖詣酒尊所酌酒立擂笏跪三上香執爵三祭酒於茅苴爵授執事者執笏俛伏興侯讀祝官讀祝文訖酌酒訖詣茅苴爵授執事者執笏俛伏興侯讀祝文祭笏俛伏興詣配位神座前西向擂笏跪三上香執爵三再拜興詣稷壇爵授執事者畢降㳂位詣稷壇盥洗位盥手訖㳂位太祝撤籩豆訖奉禮郎贊賜胙眾官再拜訖出俱畢降㳂位禮直官引亞獻並如初獻之儀惟不讀祝酌酒於茅苴爵授執事者執笏俛伏興侯讀祝文官執笏俛伏興詣配位神座前西向擂笏跪三上香執爵三祭酒於茅苴爵授執事者執笏俛伏興侯讀祝文訖直引三獻司徒太常卿詣瘞坎位南向立定禮直官

賛可瘞禮畢出禮直官引監祭監禮太祝齋郎至此壝下南向立定奉禮贊再拜訖皆再拜訖出

先農

先農之祀始自至元九年二月命祭先農如祭社之儀十四年二月戊辰祀先農東郊十五年二月戊午祀先農以蒙古胄子代耕籍田二十一年二月丁亥命農于籍田武宗至大三年夏四月從大司農請建農蠶二壇博士議二壇之翰林學士承旨撒里蠻祀先農先蠶於籍田氏與社稷同縱廣二十步高五尺四出陛外壝相去二十五步每方有櫺星門今先農先蠶壇位在籍田內

若立外壇恐妨千畝其外壇勿築是歲命祀先農如
社稷禮樂用登歌日用仲春上丁後或用上辛或甲
日祝文曰維某年月日皇帝敬遣其官昭告于帝神
農氏配神曰于后稷氏祀前一日未後禮直官引三
獻監祭禮以下省牲饌如常儀祀日丑前五刻丑正
禮直官引先班入就位立定次引監祭禮按視壇之
贊者承傳再拜訖奉禮又贊諸執事者各就位立禮直
上下紏察不如儀者畢退復位立定次引禮直
陳燈燭設祝幣太官令帥其屬入實邊豆尊罍正
官各引執事官各就位立定次引三獻官并與祭等

四九

官以次入就位西向立禮直官於獻官之右贊請行
事樂作三成止奉禮贊再拜在位者皆再拜太祝跪
取幣於篚立於尊所禮直官引初獻官詣盥洗位北
向立盥手帨手畢升自東階詣神位前北向立搢笏
跪三上香受幣奠幣執笏俛伏興少退再拜訖降復
位立定太官令帥齋郎設饌於神位前畢俛伏興退
復位禮直官引初獻官詣盥洗位洗爵訖詣酒尊所
詣爵洗位洗爵拭爵詣酒尊所酌酒於沙池爵搢笏
前北向立搢笏跪三上香三祭酒於沙池爵搢執事
者執笏俛伏興北向立俟讀祝畢再拜興次詣配位

酒尊所酌酒訖詣神位前東向立搢笏跪三上香三
祭酒於沙池爵搢執事者執笏俛伏興東向立俟讀
祝畢再拜退復位次引亞終獻行禮並如初獻之儀
惟不讀祝退復位次引禮直官贊徹邊豆樂作徹
樂止奉禮贊賜胙眾官再拜訖奉禮贊在位者皆再
拜訖太祝跪取幣祝齋郎捧牲體及邊豆籩各
由其階至坎位北向立俟三獻畢至立定各跪奠訖
執笏俛伏興禮直官贊可瘞乃瘞焚燎畢三獻以次
詣耕地所耕訖而退此其儀也先蠶之祀末聞

三〇八九

宣聖

宣聖廟太祖始置于燕京至元十年三月中書省命
春秋釋奠執事官各公服如其品陪位諸儒襴帶唐
巾行禮成宗始命建宣聖廟于京師大德十年秋廟
成至大元年秋七月詔加號先聖曰大成至聖文宣
王延祐三年秋七月詔春秋釋奠于先聖以顏子曾
子子思孟子配享封孟子父為邾國公母為邾國公
夫人皇慶二年六月以許衡從祀又以先儒周惇
頤程顥程頤張載邵雍司馬光朱熹張栻呂祖謙從
祀至順元年以漢儒董仲舒從祀齊國公叔梁紇加封啟聖王

魯國太夫人顏氏啓聖王夫人顏子兗國復聖公曾
子郕國宗聖公子思沂國述聖公孟子鄒國亞聖公
河南伯程顥豫國公伊楊伯程頤洛國公其祝幣之
式祝版三各一尺二寸廣八寸木用楸梓栢文曰維
年月日皇帝敬遣某官等致奠于大成至聖文宣王
於先師曰維年月日某官等致奠于其國公幣之
承五以犧尊實泛齊象尊實醴齊山罍實盎齊加羃
絹各長一丈八尺其牲豕齊皆三有上尊著尊
有勺設堂上太尊實泛齊象尊實醴齊壺尊實沈齊
實盎齊犧尊實醴齊象尊實醴齊壺尊實盎齊象尊
實盎齊犧尊象尊實醴齊象尊實醴齊壺尊實三酒皆有

《元史卷七十上》　七七　周駬

上尊設堂下盥洗位在阼階之東以象尊實醴齊有
上尊加羃有勺設於兩廡近比盥洗位在階下近南
邊十豆十籩二簠二登三鉶三俎三有毛血豆正配
位同籩豆皆二簠一簠一俎一從祀皆同凡銅之器
六百八十有一宣和爵珇一豆二百四十有八籩簠
各一百一十有五登六犧尊象尊各六山尊二壺尊
六著尊太尊各二罍二洗二龍杓二十山尊二十
有八爵一百一十有八竹木之器三百八十有四有
二百四十有八簠三俎百三十有三陶器三瓶二香
爐一籩巾二百四十有八簠簠巾二百四十有八俎

百三十有三黃巾蒙單十其樂用登歌其日用春秋二
仲月上丁有故改用中丁其釋奠之儀省牲前期一日
晡時三獻官監祭官各具公服詣省牲所陳階東西向立
以北為上少頃引三獻官監祭官巡牲一匝以北
向立以西為上侍禮牲者折身曰充引三獻官監祭
牲者又折身曰脂贊曰告脂贊者復引三獻官監祭
官詣神廚視滌溉畢還齋所釋奠次諸執事
初獻官及兩廡分奠官二員各具公服於幕次明贊承
者具儒服先於神門外西序東向立以北為上明贊承
傳贊先詣殿庭前再拜畢贊升露階東南隅西向立

《元史卷七十上》　六八　周駬

承傳贊立於神門階東南隅西向立掌儀先引諸執
事者各司其事引初獻官兩廡分奠官點視陳
設引贊者進前曰請點視陳設至階曰升階至殿下
曰詣大成至聖文宣王神位前至位曰東向立
詣郕國公神位前至位曰西向立
神位前至位曰東向立點視畢曰詣鄒國公
位曰東向立點視畢曰詣酒尊所曰西向立從祀神位前至
立點視畢曰詣酒尊所曰西向立從祀神位前至
洗位至階曰降階至位曰比向立點視畢曰詣三獻爵
官盥洗位至位曰比向立點視畢曰請就次方初

獻點視時引贊二人各引東西廡分奠官曰請詣
西廡神位前至位東曰西廡向立點視畢曰詣先儒神
位前至位曰南向立點視畢曰退詣酒尊所至酒尊
所東西向立點視畢曰退詣分奠官爵洗位至位曰
南向立點視畢次西廡分奠官點視畢引贊
曰請詣望瘞位至位曰南向立點視報知引禮者
獻官釋奠公服司鍾者擊鍾初獻已下各服其服齊
於幕次掌儀點視班齊詣明贊報知引贊
官監禮官就位進前曰請就位西向立
明贊唱曰典樂官以樂工進就位承傳贊曰典樂官

〈元史志卷二十七上〉　十九

以樂工進就位明贊唱曰諸執事者就位承傳贊曰
諸執事者就位明贊唱曰諸生就位承傳贊曰諸生
就位引班者引諸生就位明贊唱曰承
傳贊曰陪位官就位引班者引陪位官就位明贊唱
曰獻官就位承傳贊曰獻官就位引贊者進前曰請
就位至西向立明贊唱曰闔戶侯迎神之
曲九奏樂止明贊唱曰初獻官以下皆再拜傳贊曰
鞠躬拜興拜興平身明贊唱曰諸執事者各司其事
曰請詣盥洗位盥洗之樂作至位曰比向立擂笏盥
侯執事者立定明贊唱曰初獻官奠幣引贊者進前

手帨手出笏樂止及階曰升殿升殿之樂作樂止入
門曰詣大成至聖文宣王神位前至位曰就位比向
立稍前奠幣之樂作擂笏執事者以幣授
初獻初獻受幣奠訖出笏就班興與平身少退再拜
躬拜興初獻興與平身曰詣鄒國公神位前至位
東向立奠幣如上儀曰詣鄆國公神位前至位曰
位西向立奠幣如上儀樂止進俎退復位及階降殿之
樂作樂止至位曰就位西向立侯立定明贊唱
饌官進俎奉俎之樂作乃進俎盥洗位盥洗之
曰初獻官行禮引贊者進前曰請詣盥洗

〈元史志卷二十七上〉　二十

樂作至位曰比向立擂笏盥手帨手出笏請詣爵洗
位至位曰比向立擂笏執爵授爵滌爵拭爵以爵授執事
者如是者三出笏樂止曰請詣酒尊所及階升殿之
樂作曰升階樂止至酒尊所曰西向立擂笏執事者如是者三
幕司尊者酌犧尊之泛齊以爵授執事者如是者三
出笏曰詣左配位酒尊所曰西向立擂笏執事者如是者
奠爵出笏樂止祝人東向立引贊曰詣跪讀祝在獻官之左讀
畢興先詣左配位南向立跪讀祝拜興與平身曰讀
再拜鞠躬拜興拜興平身曰詣鄆國公神位前至
向立酌獻之樂作稍前擂笏跪三上香執爵三祭酒

日就位東向立酌獻之樂作讀祝如上儀日詣

鄒國公神位前至位日就位西向立酌獻之樂止至

位日讀祝如上儀日退復位至階日降殿之樂作樂

贊者進詣前日就位西向立贊唱日亞獻官行禮引

出笏就位日請詣爵洗位至位日比向立摺笏執

爵以爵授執爵舉冪司尊者酌象尊之醴齊以爵拭

向立摺笏執爵舉冪司尊者酌象尊所日西

執事者如是者三出笏日詣大成至聖文宣王神位

前至位日就拜北向立酌獻之樂作稍前摺笏跪三

上香執爵三祭酒奠爵出笏就拜興平身少退鞠躬

拜興拜興平身日詣兗國公神位前至位日東向立

酌獻如上儀日詣鄒國公神位前至位日西向立

西向立明贊唱日終獻官行禮引贊者進前日請詣

盥洗位至位日北向立摺笏執爵滌爵拭爵以爵授執

獻如上儀樂止日退復位及階日降階至酒

洗位至位日北向立摺笏執爵滌爵拭爵以爵授執

事者如是者三出笏請詣酒尊所至階日升階至酒

尊所日西向立摺笏執爵舉冪司尊者酌象尊之

齊以爵授執事者如是者三出笏曰詣大成至聖文

宣王神位前至位日就位比向立摺笏

摺笏跪三上香執爵三祭酒奠爵出笏

少退鞠躬拜興拜興平身日詣兗國公神位前至位

曰東向立酌獻如上儀日詣鄒國公神位前至位日

西向立酌獻如上儀樂止日退復位及階日降階

位日就位西向立酌獻將升階明贊唱日分獻官

行禮引贊者分引東西從祀分獻官

位日比向立摺笏執爵滌爵拭爵以爵授執爵進前

位至位日比向立摺笏執爵滌爵拭爵以爵授執

笏詣酒尊所至階日升階至酒

執爵舉冪司尊者酌象尊之醴齊以爵授執事者出

笏詣東從祀神位前至位日就位東向立稍前摺笏

跪三上香執爵三祭酒奠爵出笏就拜興平身少退

鞠躬拜興拜興平身日退復位及階日降階至酒尊所日

五侯十哲分獻官離位明贊唱日兩廡分獻官行禮

引贊者進前日就位盥洗位至位日南向立摺笏執

悅手出笏詣爵洗位至位日南向立摺笏執爵滌爵

拭爵以爵授執事者出笏詣東廡酒尊所及階日

外階至酒尊所日比向立摺笏執爵舉冪酌象尊之

醴尊以爵授執事者出笏詣東廡神位前至位曰東

向立稍前搢笏跪三上香執爵三祭酒奠爵出笏就

拜興平身樂止明贊唱曰初獻官以下皆再拜承傳贊曰鞠躬拜興

降階至位曰就位西向立引西廡分奠官至階曰就

至神位前東向立侯終獻十哲兩廡分奠

明贊唱曰初獻官以下皆再拜承傳贊曰鞠躬拜興

事者退復位侯諸執事者至板位立定祭神之樂作

饌者跪祗先聖前遷豆略離席樂止明贊唱曰禮

官同時復位明贊唱曰禮饌者徹遷豆

辭興平身樂止明贊唱曰祝人取祝幣人取幣詣瘞

坎侯徹祝幣者出殿門北向立望瘞之樂作明贊唱

曰三獻官詣望瘞位引贊者進前曰請詣望瘞位至

位曰就位北向立曰可瘞埋畢曰退復位至殿庭前

侯樂止明贊唱曰典樂官工出就位引贊者引獻

閤戶又唱曰初獻官以下退詣詣位引贊者引

官退詣詣圜捐位至位曰初獻在西亞終獻及分獻已下

在東陪位官東班在西俟立定明贊唱曰

圜捐禮畢退復位引贊者各引獻官詣幕次更衣其

飲福受胙除國學外諸處仍依常制

闕里之廟始自太宗九年令先聖五十一代孫襲封

元史志卷七三　廿三　四四四　尤秉之

行聖公元措修之官給其費而代祠之禮則始於武

宗牲用太牢禮物別給白金一百五十兩綵幣表裏

各十有三疋四年冬復遣祭酒劉廣往祀牲禮如舊

延祐之末泰定天曆初載皆循是典錦幣雜綵有加

焉

岳鎮海瀆

岳鎮海瀆代祀自中統二年始凡十有九處分五道

後乃以東嶽東海東鎮北鎮為東道中嶽淮瀆濟瀆

北海南嶽南海南鎮為南道北嶽西嶽后土河瀆中

鎮西海西鎮江瀆為西道既而又以驛騎迂遠復為

元史志卷七三　廿四　二百十四　尤秉之

五道道遣使二人集賢院奏遣漢官翰林院奏遣蒙

古官出軍書給驛以行中統初遣道士或副以漢官至

元二十八年正月帝謂中書省臣言曰五嶽四瀆祠

事朕代親往道遠不可大臣如卿等又有國務宜遣

物則每勵歲祀銀香合一重二十五兩五嶽組金幡

重臣代朕祠之漢人選名儒及道士習祠事者其禮

二鈔五百貫四瀆織金幡二鈔二百五十貫四海五

鎮鍮金幡二鈔二百五十貫至則守臣奉詔使行禮

皇帝登寶位遣官致祭降香幡合如前禮惟各加

五十兩五嶽各中統鈔五百貫四瀆四海五鎮各中

統鈔二百五十貫或他有禱禮亦如之其封歸至元
二十八年春二月加上東嶽為天齊大生仁聖帝南
嶽司天大化昭聖帝西嶽金天大利順聖帝北嶽安
天大貞玄聖帝中嶽中天大寧崇聖帝加封江瀆為廣
元順善濟王河瀆靈源弘濟王淮瀆長源溥濟王濟
清源善濟王濟瀆靈源弘濟王淮瀆長源溥濟王西
海廣潤靈通王東海廣德澤靈祐王南鎮會稽山為昭
德順應王西海廣德... 東安王南鎮會稽山為成德
月加封東鎮沂山為元德東安王南鎮會稽山醫巫閭山
為貞德廣寧王中鎮霍山為崇德應靈王勑有司歲時

與嶽瀆同祀

郡縣社稷

至元十年八月甲辰朔預諸路立社稷壇壝儀式十
六年春三月中書省下太常禮官定郡縣社稷壇壝
祭器制度復下太常議置壇壝於城西南二壇方廣視太
社太稷殺其半壺尊二遵豆皆八而無樂牲用羊豕
餘皆與太社太稷同三獻官以州長貳為之

郡縣宣聖廟

中統二年夏六月詔宣聖廟及所在書院有司歲時

致祭月朔釋奠八月丁酉命開平守臣釋奠於宣聖廟
成宗即位詔曲阜林廟上都大都諸路府州縣邑廟學
書院贍學土地及貢士莊以供春秋二丁朔望祭祀修
完廟宇自是天下郡邑廟學無不完葺釋奠悉如舊儀

郡縣三皇廟

元貞元年初命郡縣通祀三皇如宣聖釋奠禮太皞
伏羲氏以句芒氏之神配炎帝神農氏以祝融氏之
神配軒轅黃帝氏以風后氏力牧氏之神配黃帝臣
俞跗以下十人姓名載于醫書者從祀兩廡有司歲
春秋二季行事而以醫師主之

嶽鎮海瀆常祀

至元三年夏四月定歲祀嶽鎮海瀆之制正月東嶽
鎮海瀆土王日祀泰山於泰安州界沂山於益都府界
立春日祀東海於萊州界大淮於唐州界三月南嶽
鎮海瀆立夏日遙祭南海大江於萊州界會稽山皆於
河南府界立夏日祀嵩山於河南府界霍山於平陽府界
嶽鎮土王日祀華山於華州界吳山於隴縣界六月中
七月西嶽鎮海瀆土王日遙祭西海大河於河中府界
隴縣界立秋日遙祭西海大河於河中府界華山於華州界十月比
嶽鎮海瀆土王日祀恒山於曲陽縣界醫巫閭山於遼

陽廣寧路界立冬日遙祭北海於登州界濟瀆於濟
源縣祀官以所在守土官為之既有江南乃罷遙祭

風雨雷師

其儀注闕

風雨雷師之祀自至元七年十二月大司農請於立
春後丑日祭風師於東北郊立夏後申日祭雷雨師
於西南郊仁宗延祐五年乃即二郊定立壇壝之制

武成王

武成王立廟於樞密院公堂之西以孫武子張良管
仲樂毅諸葛亮以下十人從祀每歲春秋仲月上戊
獻禮

以羊一豕一犧尊象尊邊豆俎爵樞密院遣官行三
獻禮

古帝王廟

堯帝廟在平陽舜帝廟河東山東濟南歷山濮州湖
南道州皆有之禹廟在河中龍門王元年七月龍
門禹廟成命侍臣持香致敬有祝文十二年二月立
伏羲女媧舜湯等廟于河中解州洪洞趙城十五年
四月修會川縣盤古王祠之二十四年閏二月勑
春秋二仲丙日祀帝堯廟致和元年禮部移太常送
博士議舜禹之廟合依堯祠故事每歲春秋仲月上

旬卜日有司竭潔致祭官給祭物至順元年三月從
太常奉禮郎薛元德言彰德路湯陰縣北故羑里城

周文王祠命有司奉祀如故事

周公廟

周公廟在鳳翔府岐山之陽天曆二年六月以岐陽
廟為岐陽書院設學官春秋釋奠周文憲王如孔子
廟儀凡有司致祭先代聖君名臣皆有牲無樂

名山大川忠臣義士之祠

凡名山大川忠臣義士在祀典者所在有司主之惟
南海女神靈惠夫人至元中以護海運有奇應加封

天妃神驄積至十字廟曰靈慈直沽平江周涇泉福
興化等處皆有廟皇慶以來歲遣使賚香遍祭金幡
一合銀一錠付平江官漕司及本府官用柔毛酒醴
便服行事祝文云維年月日皇帝特遣某官等致祭
于護國庇民廣濟福惠明著天妃

功臣祠

功神之祠惟故淮安忠武王立廟于杭春秋二仲月
次戊祀以少牢用邊豆籩行酌獻禮若魏國文正
公許衡廟在大名順德忠獻王哈剌哈孫廟在順德
武昌者皆歲時致祭自古帝王而下祭器不用邊豆

大臣家廟

籩簋儀非酌奠者有司便服行禮三上香奠酒而已

大臣家廟惟至治初右丞相拜住得立五廟同堂異

室而牲器儀式未聞

翰林學士承旨太夫知制誥兼修　國史臣宋濂　翰林待制承直郎同知制誥兼　國史院編修官臣王褘等奉敕修

祭祀六

至正親祀南郊

至正三年十月十七日親祀昊天上帝于圓丘以太祖皇帝配享如舊行儀制右丞相脫脫爲亞獻官太尉司徒知樞密院阿魯禿爲終獻官御史大夫伯撒里爲攝司徒知樞密院汪家奴爲大禮使中書平章也先帖木兒鐵木兒達識二人爲侍中御史大夫也先帖木兒中書右丞太平二人爲門下侍郎宣徽使達世帖睦爾太常同知李好文二人爲禮儀使宣徽院使也先帖木兒執劈正斧其餘侍祀官依等第定擬前期八月初七日太常禮儀院移關禮部具都省會集翰林集賢禮部等官講究典禮九月內承奉班都知孫玉鉉具錄親祀南郊儀注云致齋日停奏刑殺文字應享執事官員洎誓於中書省尊前一日質明所司備法駕儀仗暨侍享官分左右叙立於崇天門外太僕卿控御馬立於大明門外侍儀官導駕官各具公服備擎執立於致齋殿前通事舍人二負引門

《元史志卷二十七》下　一　關中

《元史志卷二十七》　二　陶中

下侍郎侍中入殿相向立侍中跪奏請皇帝中嚴就拜興侍中退出少頃引侍中跪奏外辦就拜興皇帝出致齋殿侍中跪奏請皇帝升輿侍儀官導駕官引擎執前導巡輦路至大明殿升輿侍中降殿至御座降叙於殿午陛下相向立侍中跪奏請皇帝升輿就拜興升殿就拜興皇帝入殿酉陛下侍中降殿至御座前門下侍郎侍中相向立通班舍人引執事官鞠躬平身舍人引門下侍郎侍中跪奏請皇帝降殿至御座前門下侍郎侍中跪奏請皇帝升輿就拜興至大明門外侍中跪奏請皇帝降輿乘馬門侍儀官前導至大明殿門外侍中跪奏請皇帝升輿星門外門下侍郎侍中跪奏請車駕進發就拜興動稱警蹕至崇天門門下侍郎侍中跪奏請車駕少駐勒衆官上馬就拜興侍中承旨退稱曰制可門下侍郎退傳制勒衆官上馬贊者承傳勒衆官於擂星門外上馬少頃門下侍郎侍中跪奏請皇帝權停勒衆官下馬侍中傳制勒衆官下馬自早而算輿儀仗倒捲而左右星門外門下侍郎侍中跪奏請車駕進發就拜興動稱警蹕至郊壇南擂星侍中跪奏請皇帝降馬侍駐立駕至內欟星門侍中跪奏請皇帝降馬步入欟星門由右偏門入稍西侍中跪奏請皇帝升輿就拜

興侍儀官暨導駕官引擎執前導至大次殿門前侍
中跪奏請皇帝降輿入就大次殿門入就
大次簾降宿衛如式侍中入跪奏勑衆官就
拜興侍中跪奏請皇帝降輿退出禮儀使入跪奏
記禮儀使以祝冊奏御署訖奉出郊祀令受而奠於
就拜興通事舍人承旨勑衆官各還齋次尚食進膳
大次殿前通事舍人引入中門下侍中門入大次殿侍
玷其享日丑時二刻前通事舍人引入大次殿侍
請皇帝行禮就拜興簾捲出大次侍儀官備擎執同

導駕官前導皇帝至西壇門侍儀官導駕官擎執止
於壇門外近侍官代禮官皆後從入殿中監跪進大
主禮儀使跪請皇帝執大圭皇帝入行禮禮節一如
舊制行禮畢侍儀官備擎執同導駕官前導皇帝還
至大次通事舍人引侍中入跪奏請皇帝解嚴釋袞
晃停五刻頃尚食進膳如儀所司備法駕儀仗同侍
享等官分左右叙立於郊南櫺星門外以北為上舍
人引侍中入跪奏請皇帝出大次侍中跪奏請
皇帝外輿侍儀官備擎執同導駕官前導至櫺星門
侍中跪版奏外辦就拜興皇帝出大次侍中跪奏請

外太僕卿進御馬侍中跪奏請皇帝降輿乗馬就拜
興門下侍郎下侍郎跪奏請車駕進發稱警蹕至
櫺星門外門下侍郎跪請皇帝少駐勑衆官就
拜興侍中承旨退稱曰制可門下侍郎傳制勑衆官
上馬贊者承傳勑衆官上馬少頃門下侍郎下馬跪奏請
皆作至嚴正門裏石橋北引門下侍郎下馬跪奏請
車駕進發就拜興侍儀官備擎執同導駕官前導
稱警蹕華蓋儀仗繳扇衆官左右前導教坊樂鼓吹
皇帝權停勑衆官下馬贊者承傳勑衆官
引衆官分左右先入紅門內倒捲而北駐立引甲馬

軍士於嚴正門內石橋大北駐立依次倒捲至櫺星
門外左右相向立仗立於櫺星門內倒捲亦如之門
下侍郎跪奏請車駕進發侍儀官備擎執導駕官導
由崇天門入至大明門外引侍中跪奏請皇帝相向立於殿陛下俟
升座天門入至大明殿引侍中跪奏請皇帝解嚴勑衆官皆退
皇帝入殿升座侍中跪奏請皇帝降輿至大明殿下俟
興輿就拜興至大明殿引衆官相向立於殿陛下俟
通事舍人承旨勑衆官皆退郊祀禮成
至正親祀太廟
至元六年六月監察御史皇嘗聞五行傳曰簡宗廟
廢祭祀則水不潤下近年雨澤愆期四方多旱而歲

減祀事稜硬更成憲原其所致恐有感召欽惟國家四
海乂百有餘年列聖承典具備莫不以孝治
天下古者宗廟四時之祭皆天子親享莫大於
攝也蓋天子之職莫大於禮禮莫大於孝孝莫大於
祭世祖皇帝自新都城首建太廟可謂知所本矣春
秋之法國君即位逾年改元必行告廟之禮伏自陛
下即位以來于今七年未嘗躬詣太廟朕方
今政化更新並遵舊制告廟之典理宜親享時帝在
上都臺臣以聞奉旨君曰俟到大都親自祭也九月
二十七日中書省奏以十月初四日皇帝親祀太廟

制曰可前期告示以太師右丞相馬扎兒台為亞獻
官樞密知院阿魯禿為終獻官知院濲皮翰林承旨
老章為助奠官大司農愛牙赤為七祀獻官侍中二
人門下侍郎二人大禮使一人執劈正斧一人禮儀
使四人餘各如故事有司具儀注云享前一日質明
所司備法駕於崇天門外侍儀官引擎執同導駕官
具公服於致齋殿前左右分班立承奉舍人引門
下侍郎侍中入殿門下侍郎相向立侍中下侍郎
等官請皇帝中嚴就拜興退皇帝出齋室侍中跪奏請皇帝升輿巡
辦就拜興退皇帝出齋室侍中跪奏請皇帝升輿巡

輦路由正門至大明殿酉階下侍中跪奏請皇帝降
輿升殿就拜興引皇帝即御座執事官於午階下起
居託舍人引侍中門下侍郎入殿至御榻前門下侍
郎相向立侍中跪奏請皇帝升輿就拜興至大明門
大明殿外侍中承旨退稱曰制可贊者承傳勅眾官
外太僕卿進御馬侍中跪奏請皇帝升輿乘馬詣
崇天門外門下侍郎跪奏請車駕進發時
就拜興侍中承旨退稱曰制可贊者承傳勅眾官上
下侍郎跪奏請車駕進發就拜興進發時

稱警蹕導至太廟外紅門內門下侍郎跪奏請車駕
權停勅眾官下馬就拜興贊者承傳勅眾官下馬門
官前導皇帝下馬步入神門就拜興皇帝步入神門稍西侍中跪奏請皇
帝下馬步入神門就拜興皇帝
下侍郎跪奏請車駕進發至石橋南侍中跪奏請皇
就拜興至大次殿門前侍中跪奏請皇帝降輿就
大次就拜興簾降宿衞如式侍中入跪奏勅眾官各
還齋次承旨贊者承傳勅眾官各還齋次俟行禮時
至丑時二刻項侍儀官備擎執同導駕官於大次殿
門前舍人引侍中門下侍郎入大次座前侍中跪奏

請皇帝中嚴服袞冕就拜興退少頃再引侍中跪奏
外辦就拜興退禮儀使跪奏請皇帝行禮侍儀官同
導駕官導引皇帝至西神門擎執侍儀官同導駕
止行禮畢皇帝由西神門出侍儀官同導駕
官引導皇帝還至大次舍人引侍中入跪奏請皇帝
解嚴釋袞冕尚食進膳如式畢侍中跪奏外辦
興侍儀官同導駕官前導至神門外太僕卿進御馬
拜興退導皇帝出大次侍中跪奏請皇帝升輿出
侍中跪奏請皇帝降輿就拜興退時稱警蹕至欞
郎跪奏請車駕進發就拜興退時稱警蹕至

四
星門外門下侍郎跪奏請車駕少駐勅衆官上馬就
拜興侍中承旨退稱曰制可贊者承傳勅衆官上馬
少頃門下侍郎跪奏請車駕進發就拜興侍儀官
警蹕教坊樂振作至麗正門裏石橋北引門下侍郎
跪奏請車駕權停勅衆官下馬贊者承傳勅
衆官下馬門下侍郎跪奏請車駕後從皇帝由
紅門裏輦路
執同導駕前導執事官後導至大明殿下相向
至大明門外侍中跪奏請皇帝降輿就拜興侍
儀官擎執同導駕官導至大明殿下諸執事殿下
立俟皇帝入殿升座侍中跪奏勅衆官皆退贊者承

傳勅衆官皆退

三皇廟祭祀禮樂

至正九年御史臺以江西湖東道肅政廉訪使文殊
訥所言具呈中書其言曰三皇闕天立極功被萬世
京師每歲春秋祀事命太醫官主祭擇禮未稱請如
國子學宣聖廟春秋釋奠黃上遣中書省臣代祀一切
儀禮倣其制中書付禮部集禮官議之是年十月二
十四日平章政事太不花定住等以聞制曰可於是
命太常定儀式工部範祭器江浙行省製雅樂器後
命太常博士定樂曲名翰林國史院撰樂章十有六

曲明年祭器樂器俱備以醫籍百四十有八戶充廟
戶禮樂生御藥院大使盧亨素習音律受命教樂工
四十有二人各執其技乃季秋九月九日藏事宣徽
供禮饌光祿勳共內醞太府共蜀錦源庫共鞜炬
大興府尹共犧牲制幣粢盛殺核中書奏擬三獻官
以次定諸執事官並以清望充前一日內降御香三
官以下公服備大樂儀仗迎香至開天殿度置退習
明日祭儀習畢就廟齋宿京朝文武百司與祭官如
之各以禮助祭翰林詞臣具祝文曰皇帝敬遣其官
其致祭

降神奏咸成之曲
黃鐘宮三成
於皇三聖　神化無方　繼天立極　垂憲百王

降神奏實成之曲
聿崇明祀　率由舊章　靈兮來下　休有烈光

降神奏顧成之曲
辰良日吉　歲事有儀　感以至誠　尚右享之

大呂角二成
帝德在人　日用不知　神之在天　刻可度思

太簇徵二成
大道之行　肇自古先　功烈所加　何千萬年
是尊是奉　執事孔虔　神哉沛兮　泠風馭然

降神奏臨成之曲
應鐘羽二成
雅奏告成　神斯降格　妥安有位　清廟奕奕
肸蠁潛通　豐融煊赫　我其承之　百世無斁

初獻盥洗奏蠲成之曲
姑洗宮
靈斿庪止　式燕以寧　吉蠲致享　惟寅惟清

初獻升殿奏恭成之曲
南呂宮
挹彼注茲　沃盥而升　有孚顒若　交于神明
齊明盛服　格恭命祀　左右周旋　陟降庭止
洋洋在上　匪遠具邇　式禮莫愆　用介多祉

奠幣奏祗成之曲
南呂宮
駿奔在列　品物咸備　禮嚴載見　式陳量幣
惟茲筐實　爾將愒意　靈兮安留　成我熙事

初獻降殿與升殿同

捧俎奏闓成之曲
姑洗宮
我祀如何　以將以享　有牲在滌　既全且潔
其儀不忒　神其迪嘗　為俎孔碩　純嘏是錫

初獻盥洗與前同
初獻升殿與前同

大睼密勿犧氏位酌獻奏闓成之曲
南呂宮
巍巍聖神　八卦有作　誕開我人　五德之首
物無能稱　玄酒在尊　歆監在茲　惟德是親

炎帝神農氏位酌獻奏關成之曲

南呂宮

耒耜之利　人賴以生　皷腹含哺　帝力難名

欲報之德　黍稷非馨　眷言顧之　享于克誠

黃帝有熊氏位酌獻奏關成之曲

南呂宮

為衣為裳　法乾效坤　三辰順序　萬國來賓

典祀有常　多儀具陳　純精磅達　匪籍彌文

配位酌獻奏關成之曲

南呂宮

三聖儼臨　執侑其食　惟爾有神　同功合德

丕攡靈休　留娛嘉席　歷世昭配　求求無極

初獻降殿興前同

亞獻奏關成之曲　終獻同

姑洗宮

綏節安歌　載升貳觴　禮成三終　申薦令芳

几筵有職　罔敢怠遑　神具醉止　欣欣樂康

徹豆奏關成之曲

南呂宮

籩豆有踐　殽薦畢時　禮文疏洽　廢徹不遲

胡均祥

送神奏關成之曲

黃鐘宮

慎終如始　進退無違　神其祚我　綏以繁釐

夜如何其　明星煌煌　靈逝弗留　飇舉雲翔

瞻望靡及　德音不忘　庶回景晛　發為禎祥

望瘞奏關成之曲

姑洗宮

精神斯饗　禮備樂終　加牲兼幣　託蕙俞恭

工祝致告　惠澤無窮　儲休錫羨　萬福來崇

顏子考妣封謚

至順元年冬十一月望曲阜兗國復聖公新廟落城

元統二年改封顏子考曲阜侯兗國公諡文裕妣姚

齊姜氏為杞國夫人諡端獻夫人戴氏充國夫人諡

貞素又割益都鄒縣牧地三十項徵其歲入以給常

祀

宋五賢從祀

至正十九年十一月江浙行省據杭州路申備本路

經歷司呈准提控案牘兼照磨承發架閣胡瑜牒當

謂文治興隆宜舉行於曠典兼儒先褒崇期激勵於將

來凡在聞知詎容緘默蓋國家化民成俗失先於學

胡均祥

校而學校之設必崇聖先師之祀者所以報功而
示勸也我朝崇儒重道之意度越前古既已加封先
聖大成之號又追崇宋儒周敦頤等封爵俾從祀先
庭報功示勸之道可謂至矣然有司討論未盡尚遺
先儒楊時等五人未列從祀遂使盛明之世猶有闕
典惟故宋龍圖閣直學士謚文靖龜山先生楊時親
得程門道統之傳排王氏經義之繆南渡後朱張呂
氏之學其源委脉絡皆出於時者也故宋處士延平
先生李侗其傳河洛之學以授朱熹九集註所引師說
即其講論之旨也故宋中書舍人謚文定胡安國間

道伊洛在春秋纂為集傳羽翼正經明天理而扶
世教有功於聖人之門者也故宋處士贈太師榮國
公謚文正九峯先生蔡沉從學朱子親承指授著書
集傳發明先儒之所未及深有功於聖經者也故宋
翰林學士兼知政事謚文忠西山先生真德秀晚學
窮經踐履篤實當時立儒學之禁以錮善類德秀晚
出獨以斯文為已任講習躬行黨禁解而正學明此
五人者學問接道統之傳著述發儒先之秘其功甚
大況科舉取士已將胡安國春秋蔡沉尚書集傳表
章而尊用之真德秀大學衍義亦備經筵講讀是皆

有補於國家之治道者矣各人出處詳見宋史本傳
俱應追錫名爵從祀先聖廟庭可以敦厚儒風激勸
後學如蒙備呈上司申達朝省命禮官討論典禮如
周敦頤等例聞奏施行以補闕典吾道幸甚本省以
其言具咨中書省仍遣胡瑜赴都授至正二十一
年七月中書省判送禮部行移翰林集賢太常三院會
議俱准所言四呈中書封爵謚號俱贈太師楊時
部定擬五先生封爵謚號楊時追封吳國
公李侗追封越國公胡安國追封楚國公蔡沉追封
建國公真德秀追封福國公各給詞頭宣命遣官賫

往福建行省訪問各人子孫給付如無子孫者於其
故所居鄉里郡縣學或書院祠堂內安置施行
朱熹加封齊國公追謚獻靖
至正二十二年十二月追謚朱熹父為獻靖其制詞
云考德而論時灼見風儀之俊觀子而知父追聞詩
禮之傳父閟幽堂玉昭公論故宋左承議郎守尚書
吏部貟外郎無史館校勘累贈通議大夫朱松仕不
蹋進德合中行遡鄒魯之淵源式開來學開圖書之
蘊與妙契玄機泰對雖忤於權姦嗣續篤生於賢拓
化民成俗著書滿家既繼志述事之光前何節惠易

名之孔後才高弗展嗟沉滯於下僚道大莫容竟昌
明於永世神靈不昧休命其承可諡靖其改封嘉
為齊國公制詞云聖賢之蘊載諸經義理實明於先
正風節之屬垂諸世褒崇豈間於異時不有鉅儒孰
膺寵數故封宋華文閣待制累贈寶謨閣直學士太師
追封徽國公諡文朱熹挺生異質蚤擢科名試用於
郡縣而善政多迴翔於館閣
挫志厲不回著書立言嘉乃簡編之富愛君憂國屢
其經濟之長正學夙達於中原渙號申行於仁廟詢
諸僉議宜易故封國啟營丘爰錫大公之境土壤隣
洙泗尚觀尼父之宮墻緬想英風載欽新命可追封

齊國公餘並如故

　國俗舊禮

每歲太廟四祭用司禋監官一員名蒙古巫祝當省
牲時法服同三獻官升殿詣室戶告之明旦三獻禮畢獻官
國語呼累朝帝后名諱而告
御史太常卿博士復陞殿分詣各室蒙古博兒赤跪
割牲太僕卿以朱漆盂奉馬乳酌莫巫祝以國語告
神訖太祝奉祝幣詣燎位獻官以下復版位載拜禮
畢

每歲駕幸上都以六月二十四日祭祀謂之灑馬妳
子用馬一羖羊八綵段練絹各九疋以白羊毛纏若
穗者九貂鼠皮三命蒙古巫覡及蒙古漢人秀才達
官四員領其事再拜告天又呼太祖成吉思御名而
祝之曰托天皇帝福蔭年年祭賽者禮畢掌祭官四
員各以祭幣表裏一與之餘幣及祭物則九與祭者
共分之
每歲九月內及十二月十六日以後於燒飯院中用
馬一羊三馬湩酒醴紅織金幣及裏絹各三疋命蒙
古達官一員偕蒙古巫覡掘地為坎以燎肉仍以酒
醴馬湩雜燒之巫覡以國語呼累朝御名而祭焉

每歲十二月下旬擇日於西鎮國寺內墻下灑掃平
地太府監供綵幣中尚監供細氈鍼線武備寺供弓
箭環刀束稈草為人形一為狗一剪雜色綵段為之
膓胃選達官世家之貴重者交射之非別速札剌爾
乃蠻忙古台列班塔達珊竹雪泥等氏族不得與列
而射帝后及太子嬪妃并射至糜爛以羊酒祭之祭畢
者各解所服衣俾蒙古巫覡祝讚之祝讚畢遂以與
之名曰脫災國俗謂之射草狗
每歲十二月十六日以後選日用白黑羊毛為線

后及太子自頂至手足皆用羊毛線纏繫之坐于寢
殿蒙古巫覡念呪語奉銀槽貯火置米糠于其中沃
以酥油以其煙薰帝之身斷所繫毛線納諸槽內又
以紅帛長數寸帝手裂碎之唾之者三併投火中即
解所服衣帽付巫覡謂之脫舊災迎新福云
于孫則錫百官以金銀綵段謂之撒苔海及彌月復
九后妃姙身將及月辰則移居于外壇帳房若生皇
還內寢其帳房則以頒賜近臣云
九帝后有疾危殆度不可愈亦移居外壇帳房有不
譚則就殯殮其中蔡後每日用羊二次燒飯以為祭

《元史志卷二十七下》　十七

至四十九日而後已其帳房亦以賜近臣云
九宮車晏駕棺用香楠木中分為二刳肖人形其廣
狹長短僅足容身而已殮用貂皮襖皮帽其靴韈繫
腰盒鉢俱用白粉皮為之殉以金壺瓶二盞一楪楪
匙筋各一殮訖用黃金為箍四條以束之輿車用白
氊青緣納失失為簾覆棺亦以納失失為之前行用
蒙古巫媪一人衣新衣騎馬牽馬一匹以黃金飾鞍
韉籠以納失失謂之金靈馬日三次用羊奠祭至所
葬陵地其開穴所起之土成塊依次排列之棺既下
復依次掩覆之其有剩土則遠置他所送葬官三員

居五里外日一次燒飯致祭三年然後返
世祖至元七年以帝師八思巴之言於大明殿御座
上置白傘蓋一頂用素段泥金書梵字於其上謂鎮
伏邪魔護安國刹自後每歲二月十五日於大殿啓
建白傘蓋佛事用諸色儀仗社直迎引金蓋周遊皇
城內外云與眾生楗除不祥導迎福祉歲正月十五
日宣政院同中書省奏請先期中書省奉旨移文樞密
院八衛撥傘鼓手一百二十人殿後軍甲馬五百人
輦異監壇漢關羽神轎軍及雜用五百人宣政院所
轄官寺三百六十所掌供應佛像壇面幢幡寶蓋車

《元史志卷二十七下》　十六

鼓頭旗三百六十壇每壇擎執捧舁二十六人餕飯
僧一十二人大都路掌供各色金門大社一百二十
隊教坊司雲和署掌大樂鼓板杖鼓篳篥龍笛琵琶
箏䈁七色九百四人興和署掌妓女雜扮隊戲一百
五十人祥和署掌雜把戲男女一百五十人儀鳳司
掌漢人田四河西三色細樂每色各三隊九百二
十四人九執役者皆官給鎧甲袍服器仗俱以鮮麗
整齊為尚珠王金繡裝束奇巧首尾排列三十餘里
都城士女閭閻聚觀禮部官點視諸色隊伏刑部官
巡綽喧鬧樞密院官分守城門而中書省官一員總

督視之先二日於西鎮國寺迎太子遊四門昇高塑
像具儀伏入城十四日帝師率梵僧五百人於大明
殿內建佛事至十五日恭請傘蓋于御座奉置寶輿
諸儀衛隊伏列于殿前諸色社直暨諸壇面列于崇
天門外迎引出宮至慶壽寺具素食罷起行從西
宮門外垣海子南岸入厚載紅門由東華門過延春
門而西帝及后妃公主於玉德殿門外搭金春吾殿
綵樓而觀覽焉及諸隊伏社直送金傘還宮復置
御榻上帝師僧眾作佛事至十六日罷散歲以為常
謂之游皇城或有因事而輟尋復舉行夏六月中上

京亦如之

祭祀志卷第二十七下

翰林學士承旨……制誥兼修國史……翰林侍講學士……誥兼修撰臣王禕等奉

勅修

輿服一

　儀衛附

若稽往古，黃帝堯舜垂衣裳而天下治，蓋取諸乾坤。服牛乘馬，引重致遠，蓋取諸大壯。寬服車輿之制，其來尚矣。虞書：舜作十二章，五服以命有德，車服以賞有功。禮記：虞氏鸞車，夏鈎車，商大輅，至周損益前代并師，掌王之五冕，巾車掌王之五輅，而儀文始備。然孔子論治天下之大法，於夏殷輅取其質而得中，周冕取其文而得中也。至秦併天下，熟權六國車旗服御，窮極修靡，有大駕法駕以及鹵簿。漢承秦後，多因其舊。由唐及宋亦效秦法，以為盛典，於文質適中之義，君子或得而議焉。元初立國，庶事草創，冠服車輿，並從舊俗。世祖混一天下，近金宋，遠法漢唐，至英宗親祀太廟，復置鹵簿。今攷之當時，上而天子之冕服，皇太子冠服，天子之質孫，以下而百官祭服朝服，與百官質孫以及儀衛隊伍，下而士庶人之服色，粲然其有章，秩然其有序。大抵酌於古今，隨時損益，薈存國制，用儷儀文，於是朝廷之

三八二

《元史志第二十八》

一

冕服

天子冕服衮冕，制以漆紗，上覆曰綖，青表朱裏。綖之四周匝以雲龍，冠之口圍縈以珍珠。綖之前後旒各十二，以珍珠為之。縱之左右鰈鑛二，縈以玄紞，承以玉瑱，綴色黃絡以珠。冠之周圍珠雲龍網結通翠柳調珠，綖上橫天河帶一，左右至地珠雲龍鈿窠網結柳朱絲組二，屬諸笄為纓絡，以翠柳調珠，簪以玉為之，橫貫於冠。○衮龍服，制以青羅，飾以生色銷金帝星

柳朱絲組二屬諸笄為纓

一日一月一，昇龍四，複身龍四，山三十八，火四十八，華蟲四十八，虎雉四十八。○裳，制以緋羅，其狀如裙，飾以文繡，凡一十六行，每行藻二，粉米一，黼二，黻二。○中單，制以白紗絳緣，黃勒帛副之。○蔽膝，制以緋羅，有襈，緋絹為裏，其形如襜，袍上著之，繡複身龍。○玉佩，珩一，琚一，瑀一，衝牙一，璜二，衝牙下有衝珩，有銀獸面三，墜的以黃金雙璜夾之，次又有衝牙珩，傍別施雙的以鳴，用玉。○大帶，制以緋白二色羅合縫為之。○玉環綬，制以納石失金錦，上有三小玉環，下有青絲織網。○紅羅鞋，制以紅羅為之，高鞾。○履

三八五

《元史志第二十八》

二

制以納石失有雙耳二帶鉤飾以珠○韉制以紅綾

右按太常集禮至元二十二年十一月博士議擬冕

天版長一尺六寸廣八寸三分前高八寸五分後高九

寸五分身圍一尺八寸三分并納言用青羅為表

紅羅為裏周迴緣以黃金天板下四面珠網結子

花素墜子前後共二十有四旒以珠金翠旒三飾玉滴子

線織天河帶兩頭各有珠珠金翠旒玉滴子下

節花全紅線組帶二上有珠珠金翠玉滴子

有金鐸二梅紅繡欵慢帶一駐繡二珠珠垂上

用金琴子二簪窠欵慢組帶鈿窠各二內組帶窠

四並鑲玉為之玉簪一頂面鏤雲龍衮衣用青羅

夾製五采間金繪日月星辰山龍華蟲宗彝正面

二對虎雉各六對中單用白羅單製羅領標襈裳

日一月一升龍四山十二上下襟華蟲火各六對

虎雉各 闕對背星一升龍四山十二華蟲火各十

一帶標襈全紅羅八幅夾造上繡藻粉米黼黻

三十三粉米十六黼三十二黻三十二救膝一帶

標襈紅羅夾造八幅上繡升龍二綬一幅六采織

造紅羅托裏小綬三色同大綬銷金黃羅綬頭全

上間施三玉環並碾雲龍緋白大帶一銷金黃羅帶

頭鈿窠二十有四紅羅勒帛一青羅抹帶一佩二

玉上中下璜各一半月各二並碾玉為雲龍文玉

滴子各二並珠珠穿造金篦鉤獸面水葉環釘全

涼帶一紅羅裹緣以珠珠金緋

羅錦襖一兩○大德十一年九月博士議唐制天

裏如意頭銷金黃羅緣口玉鼻人飾以珠珠金緋

一金攀龍口玳瑁觀釘焉一重底紅羅面白綾裏駐

子袞冕垂白珠十有二旒以組為纓色如其綬駐

繡袞耳玉簪導玄衣纁裳十有二章八章在衣日

月星辰山龍華蟲火宗彝四章在裳藻粉米黼黻

標領為升龍皆織成之龍章以下每章一行每行

十二白紗中單黼領青標襈裾黻加龍山火三章

轟冕以上火山二章繡晃山一章玄冕無章革帶

大帶玉佩綬襪與上同馬加元服納后日受朝及

遣上將征還飲至踐阼加元服納后日受朝及

臨軒冊拜王公則服之又宋制天子服有袞冕廣

尺二寸長四尺前後十有二旒二纊並貫珠珠又

有珠旒十二碧鳳銜之在珠旒外冕板以龍鱗錦

表上綴玉為七星傍施琥珀瓶各二十四周綴

金絲網鈿以珠珠雜寶玉加紫雲白鶴錦裏四柱

飾以七寶紅綾裏金飾玉簪導紅綬組帶亦謂

之平天冠衮服青色日月星山龍雉虎雉七章紅

裙藻火粉米黼黻散五章青褾襈裾六采綬一小綬三結

以雲彩飾以金釾花鈿窠裝以珍珠琥珀雜寶玉

紅羅襦裙繡五章青褾襈裾六采綬一小綬三結

草帶紅襪赤舄金釾花四神玉鼻祭天地宗廟受

玉具劍玉簪首鑢白玉雙佩金飾貫珍珠金龍鳳

結同衮服並白帶中單青羅株帶紅羅勒帛鹿盧

三玉環三素大帶朱裏青羅四紳帶二繡四紳二

元史志卷六十八　五

冊尊號元日受朝冊皇太子則服之事未果行至

延祐七年七月英宗命禮儀院使八思吉斯傳旨

令省臣與太常禮儀院速製法服八月中書省會

集翰林集賢太常禮儀院官講議依秘書監所藏

前代帝王袞冕法服圖本命有司製如其式

鎮圭制以玉長一尺二寸有袋副之

皇太子冠服○大綬○袞冕○玄衣○纁裳①中單○蔽膝

○正佩○大綬○朱韍○赤舄

按太常集禮至元十二年博士擬袞冕制用白珠

九旒紅絲組為纓青羅充耳犀簪導青衣朱裳九

章五章在衣山龍華蟲火宗彝四章在裳藻粉米

陶十中

黼黻散白紗中單青褾襈裾革帶塗金銀鉤䚢蔽膝

隨裳色為火山二章瑜玉雙佩四采織成大綬間

施玉環三白韍朱舄為加金塗銀釦大德十一年

九月照前代制度唐制皇太子袞冕垂白珠九

旒紅絲組為纓青羅充耳犀簪導玄衣纁裳繡白

五章在衣山龍華蟲火宗彝四章在裳藻粉米黼

黻織之每行一章黼黻重以為等每行九白紗

中單黼領青褾襈裾革帶金鉤䚢大帶瑜玉雙佩朱

色火山二章玉具劍玉簪首瑜玉雙佩朱

組帶大綬四采赤白縹紺純朱質長丈八尺首廣

元史卷七十八　六

九寸小雙綬長二尺六寸色同大綬而首半之間

施玉環三朱舄赤舄為加金飾侍從祭祀及謁廟加

元服納如服之宋制皇太子袞冕垂白珠九旒紅

綬組為纓青羅充耳犀簪導青衣朱裳九章五

在衣山龍華蟲火宗彝四章在裳藻粉米黼黻白

紗中單青褾襈裾革帶塗金銀鉤䚢蔽膝隨裳白

火山二章瑜玉雙佩四采織成大綬間施玉環三

白韍朱舄為加塗金銀飾加元服從祀受冊謁廟

朝會服之已擬其制未果造

三獻官及司徒大擬大禮使祭服○籠巾貂蟬冠五青羅

陶十中

服五領袖襴俱紅羅裙五皁襴黃綏紅組金綏紳五紅組金失各譚語曰玉
杜丹冠中單五帶五紅紗中單五帶五
二環象笏五銀束帶五玉佩五白羅方心曲領五赤革
履五對白綾韈五對
助奠以下諸執事官冠服○貂蟬冠獬豸冠七梁冠
六梁冠五梁冠四梁冠三梁冠二梁冠二百青羅服
二百用皁纈袖襴俱羅白紗中單二百黃綾織金綏紳二百紫
羅公服二百花樹青銅束帶二百白羅方心曲領二
百紅一百九十八佩銅環二百二各一百九十八
百銅佩二百展角幞頭二百塗金荔枝帶三十烏角
帶一百七十皁鞾二百對赤革履二百對白綾鞾二
百對象笏三十銀杏木笏一百七十

九獻官諸執事行禮俱衣法服惟監察御史二冠
獬豸服青綏九迎香讀祝及祀日遇陰雨俱衣紫
羅公服六品以下皆得借紫
都監庫祠祭局儀鸞局神厨局頭目長行人等○交
角幞頭五十窄袖紫羅服五十塗金束帶五十皁鞾
五十對
初憲宗壬子年秋八月祭天于日月山用冕服自
此始成宗大德六年春三月祭天于麗正門外丙

地命獻官以下諸執事各具公服行禮是時大都
未有郊壇大禮用公服自此始九年冬至祭享
冠服依宗廟見用者製其後節次祭祀或合祀天
地增配位從祀獻攝職事續置冠服於法服庫收
掌法服二百九十有九公服二百八十窄衫二百
九十有五至大間太常博士李之紹王天祐疎陳
親祀冕無旒服大裘而加袞裘以黑羔皮為之臣
下從祀冠服歷代所尚其制不同集議得依宗廟
社稷祭服○青羅袍一百二十三白紗中單一百二
見用冠服制度
十三紅梅花羅裙一百二十三藍織錦銅環綏紳二
紅織錦銅環綏紳一百一十七紅織錦玉環綏紳四
紅梅花羅薂膝一百二十三白綾
襪一百二十三白羅方心曲領一百二十三革履一百二十三黃綾帶
玉玎璫者四藍素紵絲帶一百二十三銅玎璫者一百一十九
一百二十三佩一百二十三銅帶
紗冠一百一十獬豸冠二籠巾紗冠四水角簪金梁冠一百七
紫羅公服一百二十三黑漆幞頭一百二十三
全二色羅揷領一百二十三鍍金銅荔枝帶一十角

帶一百一十三象笏一百一十枝木笏一百一十枝黃

綃單包複一百二十三紫紵絲抹口青氊襪一百二

十三皂鞾一百二十三窄紫羅衫三十黑漆幞頭三

十銅束帶三十黃綃單包複三十皂鞾三十紫紵絲

抹口青氊襪三十

宣聖廟祭服○執事儒服○獻官法服○七梁冠三

佩三紅羅裙三白綃中單三紅羅蔽膝三革履三銅

絨錦綬紳三各并銅環二

方心曲領三藍結帶三

曲阜祭服○連蟬冠四十有三

軟角唐巾白欄挿領黃鞾角帶皂

鴉青袍三

梁冠三五梁冠三十有六三梁冠四皂紵綠鞋三十

有六輈舒角幞頭二軟角唐巾四十有三角簪四十

冠緌四十有三副有六十象牙笏七木笏三十有八

王佩七四九十紫銅佩三十有六

藍鞾帶七紅鞾帶三十有六烏角帶二黃鞾帶皂烏角

偏帶四十大紅金綬結帶七十有四用王環青羅大袖夾

衣七紫羅公服二褐羅大袖衣三十有六白紗中單

十白綃中單三十有六白紗

七大紅夾蔽膝緋紅羅夾蔽膝三十有六黃羅大帶七白羅方心曲領七

黃羅夾裳三十有六黃羅大帶七白羅方心曲領七

紅羅綬帶七黃綃大帶三十有六皂鞾白羊氊襪各

四十有二對大紅羅鞋七輈白綃夾襪四十有三輈

質孫漢言一色服也內庭大宴則服之冬夏之服不

同然無定制凡勳戚大臣近侍賜則服之下至於樂

工衛士皆有其服精粗之制上下之別雖不同總謂

之質孫云○天子質孫冬之服九有一等服納石

失也金錦怯綿里也○則冠金錦暖帽服大紅桃紅紫

藍綠寶里寶里即襯衣也則冠七寶重頂冠服紅黃粉皮

則冠紅金荅子暖帽服白粉皮則冠白金荅子暖帽

服銀鼠則冠銀鼠暖帽其上並加銀鼠比肩俗稱曰襻子荅忽

夏之服九十有五等服荅納都納石失於緞大綿則

冠寶頂金鳳鈸笠服速不都納石失亦如之服大紅珠

子捲雲冠服納石失則帽亦如之服白毛子金絲寶里則

毛子荅納則冠珠緣邊鈸笠服白毛子金絲寶里則

冠白藤寶貝帽服馳褐毛子則帽亦如之服大紅綠

冠銀褐棗子則冠七寶漆紗冠服珠子褐則

藍寶褐金繡龍五色羅則冠金鳳頂漆紗冠服簪帽服

之色服金龍青羅則冠金鳳頂笠各隨其

七寶珠龍荅子則冠黃牙忽寶貝珠子帶後簪帽服

青速夫金絲闌子則冠七寶漆紗帶後簪帽服速夫回回毛精者也

簪帽○百官質孫冬之服九九等大紅納石失一大

紅恁綿裏一，大紅官素一，桃紅藍綠官素各一，紫黃
鴉青各一。夏之服九十有四等，素納石失一，聚線寶
里納石失一，棗褐渾金間絲蛤珠一，大紅官素帶寶
里一，大紅明珠荅子一，桃紅藍綠銀褐各一，高麗鴉
青雲袖羅一，駝褐茜紅白毛子各一，鴉青官素帶寶
里一。

百官公服。公服制以羅，大袖，盤領，俱右衽。一品紫，
大獨科花，徑五寸。二品小獨科花，徑三寸。三品散荅
花，徑二寸，無枝葉。四品、五品小雜花，徑一寸五分。六
品、七品緋羅小雜花，徑一寸。八品、九品綠羅，無文。
幞頭漆紗為之，展其角。笏制以牙，上圓下方，或以
銀杏木為之。偏帶正從一品以玉，或花或素。二品
以花犀，三品、四品以黃金為荔枝，五品以下以烏
並八胯，鞓用朱革。鞾以皂皮為之。
儀衛服色。交角幞頭，其制巾後折其角。鳳翅
幞頭制如唐巾，兩角上曲而作雲頭，兩旁覆以兩金
鳳翅。學士帽制如唐巾。唐巾
制如幞頭，而撤其兩角。控鶴幞頭
制如交角，金縷其額。花角幞頭
制如控鶴幞頭，兩
角及額上簇象生雜花。錦帽制以漆紗，後幅兩旁

制如窄袖衫，腰作辮線摺。控鶴襖制以青緋二
如雲肩，青錦質緣，緣以白錦，衷以氈，裏以白絹。雲肩
相花。堆鰲制以皮，金塗五色，各隨其甲。襯甲制
制如四垂雲，青緣黃羅，五色嵌金為之。裲襠制如
衫。襯袍制用緋錦，武士所以褐柄裲襠。士卒袍制
以絹繪寶相花。窄袖袍制以羅，或紵。辮線襖

色錦圓荅寶相花。窄袖襖，長行興士所服，紺綠色
覆膊捲心扞背扞股，制以皮，或為虎文獅子文，或施
金鎧鎖子文。臂鞲制以錦，綠絹為裏，有雙帶。錦
騰蛇束麻，長一丈一尺，裹以紅錦。束帶紅鞾雙獺
樂工襖制以緋錦，明珠琵琶，窄袖辮線細摺。甲
尾黃金塗銅胯，餘同腰帶而狹小。條環制以銅黃
金塗之。汗胯制以青錦，緣以銀褐錦，或繡撲獸間
以雲氣。行縢以絹為之。鞋制以麻
皮為履，而長其靮，縛於行縢之內。雲頭靮制以
靮嵌雲朵，頭作雲象，靮束于脛

服色等第　仁宗延祐元年冬十有二月定服色等第
詔曰比年以來所在士民靡麗相尚尊卑混淆僭禮
費財命中書省定立服色等第于后○一蒙古人不
在禁限及見當怯薛諸色人等亦不在禁限惟不許
服龍鳳文（龍謂五爪者）二角者五爪○一職官除龍鳳文外一品二
品服渾金花三品服金荅子四品五品服雲袖帶襴（職事高散官緊腰）
六品七品服六花八品九品服四花
品以下許用銀并減鐵○一命婦衣服一品至三
品服渾金四品五品服金荅子六品以下惟服銷金

《元史志卷二八》　十三　沈茂

并金紗荅子首飾一品至三品許用金珠寶玉四品（同）
五品用金玉珠六品以下用金惟耳環用珠玉籍（不限親疎期親雖別籍并出嫁同○）
得使用外一品至三品許用金玉四品五品惟臺盞
用金六品以下臺盞用鍍金餘並用銀○一器皿（謂茶酒器除鈒造龍鳳文不）
不得用赭黃龍鳳文外一品至三品許用間金（一張幕除）
紗羅四品五品用刺繡紗羅六品以下用素紗羅
一車輿除不得用龍鳳文外一品至三品許用間金
粧飾銀螭頭繡帶青幔四品五品用素獅頭繡帶青
幔六品至九品用素雲頭素帶青幔○一鞍轡一品

許飾以金玉二品三品飾以金四品五品飾以銀六
品以下並飾以鍮石銅鐵○一內外有出身考滿應
入流見役人員服用與九品同○一授各投下令旨
鈞旨有印信見任勾當人員亦與九品同○一庶人
除不得服赭黃惟許服暗花紵絲紬綾羅毛毳帽笠
不許飾用金玉許用翠花并
金釵鈿各一事惟耳環用金珠碧甸餘並用銀酒器
許用銀壺瓶臺盞盂鈒餘並禁止帳幕用紗絹不得
赭黃車輿黑油齊頭平頂皂幔○一諸色目人除行
營帳外其餘並與庶人同○一諸職官致仕與見任

《元史志卷二八》　十四　沈茂

同解降者依應得品級不敘者與庶人同○一父祖
有官既沒年深非犯名不敘之限其命婦及子孫
與見任同○一諸樂藝人等服用與庶人同九承應
扮之物不拘上例○一皂隸公使人惟許服紬絹
○一娼家出入止服皂褙子不得乘坐車馬餘依舊
例○一今後漢人高麗南人等投充怯薛者並在禁
限○一服色等第上得兼下下不得僭上違者職官
解見任期年後（一等敘餘人決五十七下違禁之）
物付告捉人充（）御賜之物不在禁限
司究治不嚴從監察御史廉訪

輿輅

玉輅青質金裝青綠藻井栲栳輪蓋外施金裝雕木
雲龍內盤碾玉福海圓龍一頂上匝以金塗銅石耀
葉八十一上圓九者二中圓九者三下圓九者四頂
輪衣三重上二重青繡雲龍瑞草下一重無文輪衣
內黃屋一黃素綬瀝水下周垂朱絲結網青絲繡
繡小帶四十八帶頭綴金塗小銅鈴青絲繡絡帶
二頂輪平素面夾用青絲蓋四周垂流蘇八飾以
五色茸結綱五重金塗銅鈴五金塗木珠二十有
五又擎玉雜佩八珩璜衝瑀全金塗鍮石鉤掛十六

黃茸貫頂天心直下十字繩二各長三丈蓋下立朱
漆柱四柱下直平盤虛櫃中櫃三十下外桃二漆繪
犀象鸚錦雉孔雀隔窠嵌裝花板周朱漆勾闌
雲拱地霞葉百七十有九下垂牙護泥虛板并朱漆
畫瑞草勾闌上玉行龍十碾玉蹲龍十孔雀羽臺九
水精面火珠七金圈熖銅熖八輿下周垂朱絲結
飾以金塗鍮石鐸三百絲畫鍮石梅蔓嵌網眼中輿
之長轅三界轅勾心各三上下龍頭六前轅引手玉
蠣頭三並繫以蹲龍後轅方卷頭三桃頭十六絲以
蹲龍三轅頭衡一兩端玉龍頭二上列金塗銅鳳十

二含以金塗銅鈴輿之軸一輪二軸之摯羅二明輈
蹲龍絡並青漆輪之輈各二十四轂首屋貼金塗銅
轂葉八十一金塗鍮石摯耳應攀四櫃之前朱漆金
裝雲龍絡牌一牌字以玉裝綴輅之箱四壁畫白虎前
畫朱雀後畫玄武輅之前額一水精珠
後額如之前兩柱青茸鈴索五貼金鸞和大響銅鈴
十金塗鍮石雙魚五下朱漆軾櫃一櫃上金香銅鈴
香寶金香合銀灰盤各一並黃絲綬帶輅之後朱漆
後擎一金塗曲戌黃絲綬銷金雲龍門簾一緋絲綬

繡雲龍帶二輅之中金塗鍮石軾碾玉龍椅一靠背
上金塗圈熖玉明珠一左建太常斿十有二斿青羅
繡日月五星升龍右建戟一九斿青羅旗繡雲龍中
央黃羅繡青黑繡文兩旗綱杠並青羅旗首金塗鍮
石龍頭二金塗銅鈴二金塗鍮石鈒青絲綬十二重
金塗木珠流蘇十二重龍椅上方坐一綠褥一皆錦
銷金黃羅夾帕一方輿地褥二勾闌內褥八皆用雜
錦綺青漆金塗鍮石鈒葉踏道一小褥五重青漆雕
木塗金龍頭行馬一小青漆梯一青漆柄金塗長托
义二短托义二金塗首青漆推竿一青茸引輅索二

各長六尺餘金塗銅環二黃茸綏一轅馬誕馬並青
色鞍轡鞦勒纓拂靷並青帛金飾誕馬青織金絲
屜四青羅銷金絹裹籠鞍六蓋鞿黃絹大纛帕一黃
油絹帕一駕士平巾大袖並青繪綏綏為之
至治元年英宗親祀太廟詔中書及太常禮儀院
禮部定擬制鹵簿五輅以平章政事張珪留守王
伯勝將作院使明里董阿侍儀使乙剌徒滿董其
事是年玉輅成明年親祀御之後復命造四輅工
未成而罷

金輅赤質金粧青綠藻井栲栳輪蓋外施金粧雕木

雲龍內盤真金福海圓龍一頂上匹以金塗鍮石耀
葉八十一上圍九者二中圍九者三下圍九者四頂
輪衣三重上二重大紅繡雲龍瑞草下一重無文輪
衣內黃屋一黃素綵綵漶水下垂朱綵結網一周大
紅綵綵繡小帶四十八帶頭綴綠金塗小銅鈴三百大
紅綵綵繡絡帶二頂輪平素面夾用緋綵絡絲蓋之四
周垂流蘇八飾以五色茸線結網五重金塗鍮石雜佩
八珩璜衝瑀全金塗鍮石鈎掛十有六黃絨貫頂天
心直下十字繩二蓋下立朱漆柱四柱下直平盤盧
櫃中櫺三十其下外桄二漆繪犀象鸚鵡錦雉孔雀

隔窠嵌粧花板櫃上周遭朱漆勾闌雲拱地霞葉一
百七十有九下垂牙護泥匲板並朱漆畫瑞草勾闌
上金塗鍮石行龍十二金塗鍮石蹲龍十孔雀羽臺
九水精面火珠七金圈焰銅照八輿下垂朱綵結網
一遭飾以金塗鍮石鐸子三百綠畫鍮石梅蕖嵌網
眼中輿之長轅三界轅勾心各三上下龍頭六前轅
頭二上列金塗銅鳳十二念以金塗銅鈴輿之軸一
引手金塗鍮石轙頭三並繫以蹲龍後轅方卷頭三
桃頭十六繫以蹲龍三輗頭衡龍三並繫以蹲龍
輪二軸之半羅二明輗蹲龍綵並漆以赤輪之輻各

二十有四轂首壓帖金塗銅轂葉八十有一金塗鍮
石擎耳蟠摹四櫃之前朱漆金粧雲龍鞞冔一金塗
鐵曲戌輅之箱四壁雕鏤漆畫填心隔窠龜文花板
上層左盡青龍右盡白虎前畫朱雀後畫玄武輅之
前額金行龍二奉一水精珠後額亦如之前兩柱緋
絨鈴索五貼金塗銅鈴十金塗鍮石雙魚五
灰盤一並黃綵載櫃一櫃上金香毬一金香合銀一
下朱漆戟櫃一大響銅鈴十金塗鍮石曲
戌黃綵綃　綵綏帶輅之絲朱漆後輈一金香寶一金香合銀五
之中黃金粧　雲龍門簾一緋綵綵繡雲龍帶二輅之
龍椅一靠背上金塗圈燭玉明珠一

左建太常旂十有二旒緋羅繡日月五星升龍右建
闒戟一九旒緋羅繡雲龍中央黃羅繡青黑襴文兩
旗根杠並大紅羅旗首金塗鍮石龍頭
二金塗鍮石鈑朱纓綏十二重金塗鍮石龍頭
重龍椅上金錦方坐子一綠可貼金錦褥一銷金
羅夾帕一方與地金錦褥一綠可貼金錦褥一勾闌內可
貼條褥四藍紵絲條褥四朱漆金龍頭行馬踏道
一小可貼條褥五重朱漆雕木塗金龍頭鈑二金塗鍮
朱漆梯一朱漆柄金塗長托义二短托义二金塗首
朱漆推竿一紅絨引絡索二金塗銅環二黃絨靴綏

《元史志卷二十八》 十九 徐仲明

一輅馬誕馬並赤色鞍鞙鞦勒繼拂套項並赤韋金
粧誕馬紅織金紵絲韤四副紅羅鞘金紅綃裹籠鞍
六蓋輅黃絹大緣帕一黃油絹帕一駕士平巾大袖
並緋繡紵絲為之
象輅黃質金粧青綠藻井拷栳輪蓋外施金粧雕木
雲龍內盤描金象牙雕福海圓龍一項上匝以金塗
鍮石耀葉八十有一上圜九者二中圜九者三下圜
九者四頂輪衣三重上二重黃繡雲龍瑞草下一重
無文輪衣內黃屋一黃素紵絲瀝水下垂朱綵結網
一遭黃紵絲繡小帶四十有八帶頭綴金塗小銅鈴

三百黃紵絲繡絡帶二頂輪平素面夾用黃紵絲蓋
之四周垂流蘇八飾以五色茸線結網五重金塗銅
鈑五金塗鍮石木珠二十有五文繫金塗鍮
石雜佩八行璊衝瑀全金塗鍮石鈎掛十有六黃絨貫頂天心直
下十字繩二蓋下立柱四柱下直平盤虛櫃中
櫃三十下外枕二漆犀象鸂鶒錦雉孔雀隔窠戲
牙雕板並朱漆畫瑞草霞葉百七十有
九下垂牙護泥虛板並朱漆畫犀羽臺九水精
粧花板上周遭朱漆繪雲龍水精面火珠七金象
圜熖銅照八與下垂朱綵結網一遭飾以金塗鍮石

《元史志卷二十八》 二十 徐仲明

鐸子三百采畫鍮石梅蔓嵌網眼中興之長轅三界
轅勾心各三上下龍頭六前轅引手描金象牙雕螭
頭三並繫以蹲龍後轅方鞏一蹲龍後轅方鞏三桃頭十有六繫以
蹲龍三轅頭一兩端描金象牙雕龍頭二上列金
塗銅鳳十二含以金塗銅鈴與之軸一輪二軸之輦
羅二明轅蹲龍綵並漆以黃輪之輻各二十有四轂
首壓貼金塗銅轂葉八十有一金塗鍮石攀耳懸攀之
四櫃之前朱漆金粧雲龍轓牌一金塗鐵曲戍轅之
箱四傍雕鋄漆畫填心隔窠龜文花板上層左畫青
龍右畫白虎前畫朱雀後畫玄武轓之前額描金象

牙雕行龍二奉一水精珠後額如之前兩柱黃絨鈴

索五貼金鸞和大響銅鈴十金塗鍮石雙魚五下朱

漆軺櫃一櫃上金香毬一金香寶一金塗曲戍

盤一並黃紵絲緣輅之後朱漆後輈一緋紵絲

黃金粧鉸描金雲龍門簾一靠背上金塗鍮石龍頭二

中黃金粧鉸一金雲龍帶二絡之繡雲龍中央黃羅繡

玉明珠一左建太常旂一十有二旂黃羅繡日月五

星升龍右建闟戟一旂黃羅旗首金塗鍮石龍頭二

青黑繡文兩旗繡雲龍杠並黃羅旗首金塗鍮石鈒黃纓綏十二重金塗木珠

金塗銅鈴二金塗鍮石鈒黃纓綏

《元史志卷二十八》 三二

流蘇十二重龍椅上金錦方坐一綠可貼褥一勾闌

內可貼絛褥四藍紵絲條褥四黃漆釜金塗鍮石鈒葉一

踏道一小可貼絛褥五重黃漆木塗金龍頭行馬一

小苗漆梯一黃漆柄金塗長托义二短托义二金塗

首黃漆推竿一黃絨引輅索二黃絨

綏一輅一輅馬誕馬皆黃色鞍彎鞦繮拂套項並金粧

黃帟誕馬褐織金紵絲帽四副黃羅銷金黃絹裏

籠鞍六蓋輅黃絹大氅帕一黃油絹帕一駕士平巾

大袖並黃繡紵絲為之

華輅白質金粧青綠藻井栲栳輪蓋外施金粧雕木

雲龍內盤描金白檀雕福海圓龍一頂上匝以金塗

鍮石耀葉八十有一上圍九者二中圍九者三下圍

九者四頂輪衣三重上二重素白繡雲龍瑞草下一

重無文輪衣內黃屋一黃素地紵絲繡小帶四

結網一遭素白紵絲繡絡帶二頂輪平素面夾用

小銅鈴三百素白紵絲

白素紵絲蓋之四周垂流蘇八十有五又繫金塗鍮石

五重金塗鍮石鈒五金塗木珠二十有六黃絨

石雜佩八珩璜衝瑀全金塗鍮石鉤掛十有六黃絨柱下直

貫頂天心真下十字繩二蓋下立朱漆柱四柱下直

《元史志卷二十八》 二三

平盤虛櫃中欄三十下外桃二漆繪華鞍犀象鸚鵡

錦雉孔雀陽窠嵌粧花板櫃上周遭朱漆勾闌雲拱

地震葉百七十有九下垂牙護泥虛板並朱漆畫瑞

草勾闌上描金白檀行龍十擺白蹲龍十孔雀羽臺

九水精面火珠七金圈焰銅照八輿下垂朱絲結網

一遭飾以金塗鍮石鐸子三百綵畫鍮石梅蕚嵌網

一中興之長轅三界轅方卷心各三上下龍頭六前轅

眼中擺白螭頭三並繫以蹲龍後轅方卷頭三桃頭

引手擺白螭頭三並繫以蹲龍衡一兩端擺白龍頭二上

十有六繫以蹲龍三轅頭衡一兩端擺白龍頭二軸

列金塗銅鳳十二含以金塗銅鈴輿之軸一輪二

之镮羅二明轄蹲龍絛皆漆以白其輪之輻各二十
有四轂首壓貼金塗銅轂葉八十有一金塗銅
耳戀攀四櫃之前朱漆金塗雲龍轑牌一金塗鐵曲
戌轑箱之四傍雕鏤革鞍漆畫填心隅窠龜文花板
上層左畫青龍右畫白虎前畫朱雀後畫玄武
前額白檀行龍二奉一水精珠後額如之前兩柱素
五下朱漆革鞍轑櫃一櫃上金香毬一金香寳一金
白絨鈴索五貼金盤一皆黃紵絲和大響銅鈴十金塗銅
香合一銀灰盤一皆黃紵絲緩帶轑之後朱漆革鞍
後轑一金塗曲戌黃紵絲銷金雲龍門簾一緋紵絲

《元史志卷二十八》 二十三 硯寶

繡雲龍帶二轑之中金粧鉸白檀雕龍椅一靠背上
金塗圈熖玉明珠一左建太常斨一十有二
繡日月五星升龍右建關戟一九斿素白羅繡雲龍
中央黃羅繡青黑纁文兩旗綱杠並素白羅旗首金
十有二重金塗木珠流蘇十有二重龍椅上金錦褥
塗鍮石龍頭二金塗銅鈴二金塗鍮石鉸素白纓綏
座一綠可貼褥一勾闌內可貼條褥五重素白漆雕木
一綠可貼褥一白漆柄金塗長托叉
塗金龍頭行馬一小白漆梯一白絨引轑索一
二短托叉二金塗首白漆推竿一白絨引轑索二金

塗銅鐶二黃絨鞦綏一轑馬誕馬皆白色鞍轡鞦勒
纓拂套項皆白韋金粧誕馬白織金紵絲匜四副白
羅銷金白絹裏籠鞍六蓋轑黃絹大蒙帕一黃油絹
帕一駕士平巾大袖皆白繡紵絲為之
木轑黑賀金粧青綠藻井栱栳輪蓋外施金粧雕木
雲龍內盤描金紫檀雕福海圓龍一頂上匝以金塗
鍮石耀葉八十有一上圜九者二中圜九者三下圜
九者四頂輪衣三重上二重皂繡雲龍瑞草下一重
無文輪衣內黃屋一黃素紵絲瀝水下垂朱絲結網
一遭皂紵絲繡小帶四十有八帶頭綴金塗小銅鈴

《元史志卷二十八》 二十四 硯寶

三百皂紵絲繡絡帶二頂輪平素面夾用檀褐紵絲
蓋之四周垂流蘇八飾以五色絨線結網五重金塗
銅鉸五金塗鍮石雜佩八珩
下十字繩二蓋下立朱漆柱四柱下直平盤虛櫃中
瓔衝璃全金塗銅石珠二十五又繫金塗鍮石雜
粧花板櫃上周遭朱漆繪犀象鸑鷟錦雉孔雀隅窠嵌
下垂牙護泥盧板皆朱漆畫瑞草勾闌上金圈
粧行龍十蹲龍十孔雀羽臺九水精面火珠七金圈
鐵行龍八輿下垂朱絲結網一遭飾以金塗鍮石鐸
熖銅照八

子三百綵畫鏑石梅蕚嵌網眼中輿之長轅三界轅
勾心各三上下龍頭六前轅引手金嵌鑌鐵轆頭三
皆絲以蹲龍後轅方圈頭三枕頭十有六繫以蹲龍
三輨銜一兩端金嵌鑌鐵龍頭三上列金塗銅鳳
金塗銅轂葉八十有一金塗銅鈴輿之輻各二十有四轂
轄頭銜以金塗銅鈴輿之軸一軸之輻二軸之輻各二十有四轂
十二含以金塗銅鈴一輪二轂石擎耳戀攀四
前朱漆金粧雲龍轕牌一金塗銅曲戌轕之箱四傍
雕鏤漆畫填心隔窗龜文花板上層左畫青龍右畫
白虎前畫朱雀後畫玄武轕之前額金嵌鑌鐵行龍

《元史志卷二十八》　二五　周鼎

二奉一水精珠後額如之前兩柱皂紋鈴索五貼金
鸞和大響銅鈴十金塗銅石雙魚五下朱漆軹櫃一
櫃上金香毬一金香寶一金香合一銀灰盤一皆黃
絳絲綬帶格之後朱漆後轊一金塗曲戌龍粧烏
金雲龍門簾一緋絳絲繡雲龍帶二轕之中金粧烏
木雕龍椅一靠背上金塗圈熖玉明珠一左一建太常
斻一十有二旒皂羅繡日月五星升龍右建闌戟一
九旒皂羅繡雲龍中央黃羅繡青黑襴文兩旗綯杠
並皂羅旗首金塗銅鍮石鋄紫纓綏十有二重金塗流
蘇十有二重龍椅上金錦方座一綠可貼褥一銷金

黃羅夾帕一方輿地金錦褥一綠可貼褥一勾闌內
可貼絛褥四藍絳絲絛褥四黑漆金塗金鍮石鋄葉踏
道一小可貼絛褥五重黑漆雕木塗金龍頭行馬一小
黑漆梯一黑漆柄金塗長托义二短托义二金塗首
黑漆推竿一皂紋引轕索二金塗銅環二黃絨執綏
韋金粧誕馬紫織金絳絲罨四副紫羅銷金紫絹裹
籠鞍六蓋轕黃絹大蒙帕一黃油絹帕一駕士平巾
一轕馬誕馬並黑色鞍轡鞦勒緫拂套項皆以淺黑
腰輿制以香木後背作山字牙嵌七寶粧雲龍屏風
大袖皆紫絳絲繡絳絲為之

上施金圈熖明珠兩傍引手屏風下施周雕鏤雲龍床
坐前有踏床可貼錦褥一坐上貂鼠緣金錦絛褥綠
可貼方坐
象轎駕以象凡㕥幸則御之

《元史志卷二十八》　二六　周鼎

志卷第二十八

翰林學士中大夫知制誥兼修國史臣歐陽玄
翰林侍講學士知制誥兼修國史院編修官臣揭傒等奉
教修

興服二

儀仗

皂纛如纛制　讀建纛于素漆竿九行幸則先驅建纛夾
以馬鼓居則置纛于月華門西之隅室○絳麾金
竿上施圓盤朱絲拂三層紫羅袋韜之○金節制如
麾八層韜以黃羅雲龍袋又引導節金塗龍頭朱漆
竿懸五色拂上施銅鈸○朱雀幢制如節而五層韜
以紅繡朱雀袋○青龍幢制如前韜以碧繡青龍袋
○白虎幢制如前韜以素繡白虎袋○玄武幢制如
前韜以皂繡玄武袋○爆稍制如節頂刺爆牛首有
袋上加碧油○絳引旛四角朱飾每角垂羅文雜
佩繫于金銅鈎竿以朱飾蓋四角間量羅下有橫
木板作碾玉文○告止旛立仗者紅羅銷金升龍餘如絳引○傳教旛制
雙鳳立仗者紅羅銷金升龍餘如絳引○傳教旛制
如告止旛制錯綵為傳教字承以雙白虎立仗者白羅
立仗者繪飛鳳○黃麾旛制如信旛錯綵為黃麾篆
繪雲龍○信旛制如傳教旛錯綵為信旛錯綵為黃麾篆

三百六

元史志卷二十九

一

○龍頭竿繡髦竿如戟無鈎下有小橫木刻龍頭垂
朱綠蓋每角綴珠珮一帶帶末有金銅鈴○圓竿制
以金塗攢竹杖首貫銅錢而以紫絹冒之○副竿制
以木朱漆之○火輪竿制以白鐵為小車輪建于白
鐵竿首輪及竿皆金塗之上書西天呪帝師所制
常行為親衛中道正行在劈正斧之前以法佛衛以
袪邪僻以鎮轟雷馬蓋碎惡車之意也○豹尾竿制
如戟繫豹尾朱漆竿○寶輿方案緋羅銷金雲龍案
衣緋羅銷金蒙複案傍有金塗鐵龍頭竿結
緩二副之○香蹬朱漆案黃羅銷金雲龍案衣上設
金塗香爐一燭臺二案旁金塗鐵鞦四龍頭竿結緩
二副之○香案朱漆案緋羅銷金雲龍案衣上設金
香爐合各一餘同香蹬殿庭陳設則除龍頭竿結緩
○詔案制如香案○冊案制如前○寶案制如前緋
表案制如香案上加矮闌金塗鐵鞦四竿二副之緋
羅銷金蒙複○禮物案制如表案○交椅銀飾之塗
以黃金○杌子四腳小床銀飾之塗以黃金○鳴鞭
以黃金為之梢用黃苣而漬以蠟○鞭桶
綠柄鞭以梅紅絲為之蒙鞍青錦緣緋錦
制以紫紬表白絹裹皮緣兩末○
複○水瓶制如澡瓶有蓋有提有觜銀為之塗以黃

三百九

元史志卷二十九

二

金、鹿盧制如叉字兩頭卷塗金粧鈒朱絲繩副之○水盆黃金塗銀粧鈒為之○淨巾緋羅銷金雲龍有裹○香毬制以銀為座上挿蓮花爐上罩以圓金鏤絪緼旋轉文于上黃金塗之○香合制以銀七寸塗黃金鈒雲龍於上○金拂紅犛牛尾為之黃金塗金塗龍頭柄○唾壺制以銀寬緣虛腹有蓋黃金塗之○唾盂制以銀形圓如缶有蓋黃金塗之○外辦牌制以象牙書國字背書漢字填以金○外備牌制如前○中嚴牌制如前時牌制同外備而小○板位制以木長一尺二寸闊一尺厚六分白髹黑字○大

繖赤質正方四角銅螭首塗以黃金紫羅表緋絹裏諸繖蓋宋以前皆平頂今加金浮屠○紫方繖制如大繖而表以紫羅○紅方繖制如大繖而表以緋羅華蓋制如繖而圓頂隆起赤質繡雜花雲龍上施金浮屠○曲蓋制如華蓋緋瀝水繡瑞草曲柄上施金浮屠○導蓋制如曲蓋緋羅瀝水繡龍朱漆柄朱繖制如導蓋而無丈○黃繖制如朱繖而色黃葆蓋金塗龍頭竿懸以纓絡銷金圓裙六角葆蓋孔雀蓋朱漆竿首建小蓋蓋頂以孔雀毛徑尺許下垂孔雀尾簷下以青黃紅瀝水圍之上施金浮屠

蓋居寧三之一竿塗以黃金書西天呪語與火輪竿義同○朱團扇緋羅繡盤龍朱漆挿金飾導駕圓扇鏨金線○大雉扇制稍長下方而上搨緋羅繡雉尾中有雙孔雀間以雜花下施朱漆橫木連柄金銅裝○中雉扇制如大雉扇而減小○小雉扇制如中雉扇而減小○以青絹扇而減小○青瀝水扇制圓而青色四周瀝水中有獸面朱漆柄金銅裝二螭首銜紅絛中有獸面畢朱縢結網二螭首銜紅絛中有獸面早制形如扇首朱縢網中有獸面朱漆柄金銅裝○旗扇鏥即坐也旗扇鏥制如桃形小上四枝交拱置竅于其上以樹旗扇鏥制如桃形小

六木拱于上而制作精于旗鏥並漆以朱○風伯旗青質赤火焰脚畫神人犬首朱髮鬼形豹汗胯朱袴負風囊立雲氣中○雨師旗青質赤火燄脚畫神人冠五梁冠朱衣黃袍黑襴黃帶白袴皂舄右手杖劒左手捧鐘○雷公旗青質赤火燄脚畫神人犬首鬼形白擁項朱犢鼻黃帶右手持斧左手持鑿運連鼓于火中○電母旗青質赤火燄脚畫神人為女子形繡衣朱裳白袴兩手運光○金星旗素質赤火燄脚畫神人冠五梁冠素衣皂襴朱裳秉圭○水星旗黑質赤火焰脚畫神人冠五梁冠皂衣皂襴綠裳秉圭

○大星旗青質赤火焰脚畫神人冠五梁冠青衣皂襴朱裳秉圭○火星旗赤質青火焰脚畫神人冠五梁冠朱衣皂襴綠裳秉圭○土星旗黃質赤火焰脚畫神人冠五梁冠黃衣皂襴祿裳秉圭○[日]旗黃質赤火焰脚畫神人立雲氣中持蓮荷外伏繪四星下繪○比斗旗黑質赤火焰脚畫神人冠五梁冠素衣朱袍皂襴皂帶黃裳持黑箄○[月]旗青質赤火焰脚畫神人為女子形露髪朱袍黑襴綠裳秉圭以下七旗並青質赤火焰脚○角宿旗青質赤火焰脚畫神人冠五梁冠素衣朱袍皂襴皂帶黃裳持黑箄立雲氣中持蓮荷外伏繪四星下繪龍○亢宿旗青質赤火焰脚畫神人冠五梁冠素衣朱袍皂襴皂帶黃裳持黑箄子外伏繪四星下繪○氐宿旗青質赤火焰脚畫神人冠小冠衣金甲朱衣綠包肚朱擁項白袴左手杖翎乘一鷩外伏繪四星下繪貉○房宿旗青質赤火焰脚畫神人冠五梁冠朱袍黑襴朱薇膝黃帶右手持左手杖翎外伏繪四星下繪兔○心宿旗青質赤火焰脚畫神人冠五梁冠朱袍皂襴右手持左手杖翎外伏繪三星下繪狐○尾宿旗青質赤火焰脚畫神人冠五梁冠朱袍黃裙朱裳朱為左手杖翎外伏繪九星下繪虎○箕宿旗青質赤火焰脚畫神人冠束髪冠素衣黃袍朱薇膝黃帶右手杖翎左手持弓外伏繪九星下繪豹○斗宿旗畫神人烏巾衣淺朱袍皂襴杖翎乘白馬于火中外

仗繪四星下繪豹○斗宿旗青質赤火焰脚畫神人丫髪朱服乘舟水中外伏繪二星下繪○壁宿旗青質赤火焰脚繪神人為女子形被髪朱服皂襴綠帶白裳烏馬外伏繪二星下繪狼首○奎宿旗青質赤火焰脚繪神人狼首朱服金甲綠包肚白汗胯黃帶烏鞾杖翎外伏繪十六星下繪狼○婁宿旗青質赤火焰脚繪神人烏巾素衣皂袍朱薇膝黃帶綠裳烏馬外伏繪三星下繪狗○胃宿旗青質赤火焰脚繪神人烏牛角右手杖翎外伏繪三星下繪雉○昴宿旗青質赤火焰脚畫神人被髪素腰裙朱帶左手持杖外伏斗牛以下七旗並黑質黑火焰脚畫神人斗宿繪六星下繪○牛宿旗青質赤火焰脚畫神人牛首皂襴黃裳皂為外伏繪六星下繪牛○女宿旗青質赤火焰脚畫神人牛首皂衣赤火焰脚畫神人被髪裸形坐于甕中右手持一珠外伏繪二星下繪鼠○虛宿旗青質赤火焰脚畫神人虎首金甲衣朱服貌皮汗胯青帶烏鞾外伏上繪三星下繪燕○室宿旗青質赤火焰脚畫神人被髪裸形坐于甕中右手持蓮外伏繪二星下繪鼠○危宿旗青質赤火焰脚畫神人朱服皂襴黃帶右手持蓮外伏繪四星下繪麗

質赤火燄脚繪神人黃牛首朱服皂襴黃裳朱舄左
手持如意外伏繪七星下繪雞〇畢宿旗青質赤火
燄脚繪神人冠道冠皂衣朱裩持黑杖乘赤馬行于火中
外伏繪八星下繪烏〇觜宿旗青質赤火燄脚繪神
人冠絀布冠朱服皂襴綠裳朱帶烏馬左手持一蓮坐于雲氣中
外伏繪三星下繪猴〇參宿旗青質赤火燄脚繪神人烏巾
被髮衣黃袍綠裳朱帶朱馬左手持珠外伏繪
十星下繪猿〇井宿旗青質赤火燄脚繪神人烏巾
素衣朱袍皂襴坐于雲氣中左手持蓮外伏井鬼以
下七旗並赤質赤火燄脚井鬼繪八星下繪犴〇鬼

宿旗青質赤火燄脚繪神人作女子形被髮素衣朱
袍黃帶黃裳烏舄右手持杖外伏繪五星下繪馬〇柳
宿旗青質赤火燄脚繪神人作女子形露髻朱衣
黑襴黃裳皂舄撫一青龍外伏繪八星下繪麞〇星
旗青質赤火燄脚繪神人衣豹皮朱帶素靴右手杖
鈒坐于雲氣中外伏繪六星下繪鹿〇翼宿旗青質
赤火燄脚繪神人冠五梁冠淺朱袍皂襴
黃裳烏舄右手持杖外伏繪二十二星下繪蚖〇軫宿旗青
赤火燄脚繪神人冠道冠皂
袍黃裳朱蔽膝杖劒履
火于雲氣中外伏繪

質赤火燄脚繪神人冠道冠皂衣朱袍黃帶黃裳左手
持書外伏繪四星下繪蚓〇日旗青質赤火燄脚繪神
人冠七梁冠皂襴黃袍綠裳白中單朱蔽膝執圭繪日
于上奉以雲氣〇月旗青質赤火燄脚繪月于上奉
以雲氣〇祥雲旗青質赤火燄脚繪五色雲氣〇連珠
旗青質赤火燄脚繪五星〇合璧旗青質赤火燄脚
繪日月〇東嶽旗青質赤火燄脚繪神人冠七梁冠
青襴黃袍綠裳白中單朱蔽膝執圭〇南嶽
旗赤質青火燄脚繪神人冠七梁冠皂襴緋袍綠裳
白中單朱蔽膝執圭〇中嶽旗黃質赤火燄脚繪神
人冠七梁冠黃襴綠袍綠裳白中單朱蔽膝執圭〇

西嶽旗白質赤火燄脚繪神人冠七梁冠青襴白袍
緋裳白中單朱蔽膝執圭〇北嶽旗黑質赤火燄脚
繪神人冠七梁冠紅襴皂袍綠裳白中單朱蔽膝執
圭〇江瀆旗赤質青火燄脚繪神人冠七梁冠皂襴
朱袍跨赤龍〇河瀆旗黑質赤火燄脚繪神人冠七
梁冠皂襴黑袍跨青龍〇淮瀆旗素質青火燄脚繪
神人冠七梁冠皂襴青袍乘一鯉〇濟瀆旗青質赤
火燄脚繪神人冠七梁冠皂襴素袍乘一鱉〇皇帝
萬歲旗赤質青火燄脚繪神人冠七梁冠皂襴青袍
乘一鱉〇天下
太平旗赤質青火燄脚繪神人冠七梁冠皂襴青袍
質青火燄脚繪

神人具甲兜鍪鎧綠臂韝杖劍○力士旗白質赤火焰腳繪神人武士冠緋袍金甲汗腾皂履執戈盾○東天王旗青質赤火焰腳繪神人武士冠衣金甲緋襠右手執戟左手捧塔履石○南天王旗赤質青火焰腳繪神人冠服同前○西天王旗白質赤火焰腳繪神人冠服同前○北天王旗黑質赤火焰腳繪神人冠服同前○大神旗黃質赤火焰腳繪黃火焰腳詳見牙門旗下○牙門旗赤質赤火焰腳汗腾束帶長帶大口袴執戈戟○金禰禰襯肩包腳繪神人冠服武士冠鎧甲○鼓旗黃質黃火焰腳書金鼓字○朱雀旗赤質赤火焰腳繪朱雀其形如鸞○玄武旗黑質黑火焰腳繪龜蛇○青龍旗青質赤火焰腳繪蹲龍○白虎旗白質赤火焰腳繪蹲虎○龍君旗青質赤火焰腳繪神人冠通真冠服青繡衣白裙朱履執戟引青龍○虎君旗白質赤火焰腳繪神人冠流精冠服素羅繡衣朱裙朱履執斬蛇劍引白虎○大黃龍負圖旗青質青火焰腳繪複身黃龍負八卦○小黃龍負圖旗赤質青火焰腳繪複身黃龍背八卦○五色龍旗五色質五色直腳無火焰○大四色龍旗青赤黃白四色質具火焰腳○小四色龍旗制同大四色直腳無火

焰腳○應龍旗赤質赤火焰腳繪飛龍○金鸞旗赤質火焰腳繪鸞而金色○鸞旗制同前而繪以五采○金鳳旗赤質青火焰腳繪鳳而金色○鳳旗制同前而繪以五采○鳳旗赤質青火焰腳繪鳳色隨其焰○大四色鳳旗青赤黃白四色質火焰腳繪○小四色鳳旗制同前直腳無火焰○玉馬旗赤質青火焰腳繪白馬○飛黃旗赤質青火焰腳繪馬色黃有兩翼○駃騠旗赤質青火焰腳繪白馬兩膊有火焰○龍馬旗赤質青火焰腳繪龍馬白首虎文赤尾○麟旗赤質青火焰腳繪麒麟○飛麟旗赤質青火焰腳繪飛麟其形五色身朱翼兩角長爪○黃鹿旗赤質青火焰腳繪獸形似鹿而色深黃○兕旗赤質青火焰腳繪獸似牛一角青色○犀牛旗赤質青火焰腳繪犀牛○金牛旗赤質青火焰腳繪金牛○辟邪旗赤質青火焰腳繪獸似牛一角青色○白狼旗赤質青火焰腳繪白狼○赤熊旗赤質赤火焰腳繪獸如熊色黃○三角獸旗赤質赤火焰腳繪獸其首類白澤綠髮三角青質白腹跋尾綠色○角端旗赤質赤火焰腳繪獸如羊而小尾頂有獨角

○驪牙旗赤質青火燄脚繪獸形似麋齒前後一齊
○大平旗赤質青火燄脚金描蓮花四上金書天下
太平字○鷄旗赤質青火燄脚繪鳥似山鷄而小
冠背黃腹赤項綠尾紅○蒼烏旗赤質青火燄脚繪
鳥如烏而色蒼○白澤旗赤質青火燄脚繪獸虎首
朱髮而有角龍身○中央神旗黃質赤火燄脚繪神
火燄脚○東方神旗綠質赤火燄脚○西方神旗白
質青火燄脚○南方神旗赤質青火燄脚○北方神旗黑質赤火燄脚○凡立仗諸
旗各火燄脚三條色與質同長一丈五尺杠長二丈

一尺牙門太平萬歲質長一丈橫闊五尺日月龍君
虎君橫竪並八尺餘旗並竪長八尺橫闊六尺○車
輻朱添八稜施以銅釘形如柯斜○吾杖朱添金飾
兩末○鐙杖朱添棒首標以金塗馬鐙○叒制如稍
而短黑飾兩末中畫雲氣上綴朱絲拂○骨朶朱添
棒首貫以金塗銅鎚○列絲骨朶制如骨朶加細絲
丈○臥瓜制形如瓜即置朱添棒首○立瓜制形
爪制形如瓜塗以黃金立置朱添棒首○長刀長丈
有奇闊上窄下單刃○儀刀制如儀刀而曲鞘以沙魚
橫刀制如儀刀而曲鞘以沙魚皮飾僃革帉鋋○千

牛刀制如長刀○劍班鞘飾以沙魚皮劍口兩刃○
班劍制劍鞘黃質紫班文金銅裝紫絲帉鋋○刀盾
之刀制如長刀而柄短木為之青質有環紫絲帉鋋
刀盾之盾制以木赤質畫異獸執人右刀左盾○
朱滕絡盾制同而質綠○綠滕絡盾制同而綠其
質○戟制以木有枝赤塗以黃金竿以朱漆○小戟飛
龍掌制如戟畫雲氣上綴飛掌垂五色帶末有銅鈴
掌下方而上兩角微搊繪繪龍於其上○鈒戟制如戟
無飛掌而有橫木○木黑質畫雲氣上列刃
塗以青五色稍並同而質異○積制如戟鋒兩旁微

起下有鐏銳○义制如戟而短青飾兩末中白畫雲
氣上綴紅絲拂○斧雙刃斧貫于朱添竿首○劈正斧制以
塗鐵鉞單刃腦後繫朱拂朱添竿○劈正斧制以玉
單刃金塗柄銀鐏○儀鉞斧制如斧刻木為之柄以
朱上綴小錦旛五色○弩制如弓而有臂
○服制以虎豹皮戎裝綠文金銅裝○戟制以黑革
蘭弩矢室○象鞴鞍五采裝明金木蓮花座緋繡
攀鞍條紫繡襠襦紅錦衼鞴石蓮花跋塵錦緣韂盤
紅鞾牛尾纓拂并臂攀鞦上各帶紅鞾牛尾纓拂
鍮石胡桃釬子杏葉鉸具緋皮轡頭鉸具蓮花座上

23-974

金塗銀香爐一元初既定占城交趾真獵歲貢象育
于析津坊海子之陽行幸則蕃官騎引以導大駕以
駕巨輦○駝鼓設金裝校具花韂鞍褥纂箙削峯樹
皂纛或施采旗後峯樹小旗絡腦當胷後鞦並以毛
組為轡籠絡周綴銅鐸小鏡上綴雜
纓拂銅鈴杏葉校具金塗釦上揷雜尾上頁四足小
○鞦勒彎勒當胷皆綴紅
鳴鼓于駝以銅綑似駝而小○馬鼓彎勒當胷亦以試橋梁伏水而次象焉
架上施以革鼓一面一人前引凡行幸貟鼓于馬以

三六九

《元史志卷二十九》 十三

又胃前腹下皆有擊綴銅鈴後有跋塵錦包尾
複全○珂馬銅面雜尾鼻地胃上綴銅杏葉紅絲拂
　　　　　　　　　　○御馬鞍彎纓
先馳與纛並行○誕馬纓彎緋涼鍱

崇天鹵簿

中道○頓遞隊象六飾以金裝蓮座香寶鞍韂鞦
廂勒聲牛尾拂跋塵鉸且導者六人馭者南越軍六
人皆弓花角唐帽緋絁銷金袄衫鍍金束帶烏韂橫
列而前行次駝鼓九飾以鍍金鉸具彎飾廂籠旗鼓
纓槍馭者九人服同駝鼓九
三人四品服騎分左右夾駝而行次青衣二人武弁

周鼎

青絁衫青勒帛青韂執青杖次清道官四人本品服
騎次信旛二人執者二人引護者四人武弁黃絁生色
寶廂花袍黃勒帛黃韂次驟鼓六飾以鍍金鉸具
彎廂籠旗鼓纓槍馭者六人服同駒驟者次告止旛
二執者二人引護者四人武弁緋絁生色寶相花袍
紅勒帛紅韂次傳教旛二執者二人引護者四人武
迤使迤使一人本品服騎中道舍人清道官橋道頓
道頓從遞使凡七人本品服騎中道舍人清道官頓
弁黃絁生色寶相花袍黃勒帛黃韂次行滕鞾機
後凡從車之○纛稍隊金吾將軍二人交角幞頭緋
服皆同此

四十三

《元史志卷二十九》 十四

羅繡抹額紫羅繡辟邪裲襠紅錦襖袍錦縢蛇金帶
烏韂橫刀佩符騎分左右次弩而騎者五人錦帽青
絁生色寶相花袍銅帶綠雲韂次稍而騎者五人錦
帽緋絁生色寶相花袍銅帶朱韂次纛一執者一
人夾者四人皆錦帽紫生色寶相花
金帶紫雲韂押纛官二人皆騎次本品服次馬鼓四飾
如驟鼓馭者四人服同御驟次佩弓矢而騎者五人
服同執弩者押衙四人騎而佩劍錦帽紫絁生色
相花袍鍍金帶雲頭鞾纓稍者四人騎錦帽緋絁生
色寶相花袍銅帶朱韂控馬八人錦帽紫衫銀帶烏

周鼎

23-975

鞾次稍而騎從者五人服佩同執弩者金吾將軍押纛
官從者四人服旗同前隊○朱雀隊舍人一人四品服
騎而前次朱雀旗朱雀鞾皆佩劍而騎護者加弓矢
絕生色鳳花袍銅帶一人引護者四人錦帽緋
矢次金吾折衝一人交角幞頭抹額紫羅繡
辟邪裲襠紅錦裲袍金帶錦縢蛇烏鞾橫刀佩弓矢
而騎帥甲騎凡二十有五弩五人次弓五人
人次弓五人次弓五人皆冠甲朱畫甲青勒甲
條鍍金環白繡汗胯束帶紅鞾帶弓箭器伏馬皆朱
甲具裝珂飾全舍人金吾折衝從者凡二人服同前

隊○十二旗隊舍人一人四品服騎而前金吾果毅
二人交角幞頭緋羅繡抹額紫羅繡辟邪裲襠紅錦
襯袍金帶錦縢蛇烏鞾橫刀佩弓矢騎分左右帥引
旗騎士五皆錦帽黃生色寶相花袍銀帶烏鞾次風
伯旗左兩師旗右電母旗右雷公旗左畢毋旗右青
青甲騎冠綠甲青勒甲珂飾次五星旗五執者五人甲
雲鞾馬冑青甲珂飾鍍金環白繡汗胯束帶五色鞾
五色畫甲青勒甲條鍍金環白繡汗胯束帶青
馬甲如其甲之色珂飾次北斗旗一執者一人甲騎
冠紫畫甲青勒甲條鍍金環白繡汗胯束帶紫雲鞾

馬甲隨其甲之色珂飾左右攝提旗二執者二人甲
騎冠朱畫甲青勒甲條鍍金環白繡汗胯束帶紅雲
鞾馬冑朱甲珂飾執副竿者二人騎服同前隊舍
花袍銀帶烏鞾執稍而護者五人騎服同前隊○門旗隊
人二人四品服監門將軍二人服同前隊○門旗隊
抹額紫羅繡師子裲襠紅錦襯袍金帶烏鞾橫刀佩
弓矢騎馬甲珂飾全次門旗二執者二人錦帽緋絕繡
生色師子文袍銅革帶紅雲鞾劍而騎引護者四人
服佩同執人而加弓矢騎次監門校尉二人騎服佩

同監門將軍分左右行次鸑旗一執者一人引護者
四人錦帽五色絕生色瑞鸑花袍束帶五色雲鞾佩
劍護人加弓矢皆騎舍人監門將軍監門校尉從者
凡六人服同前隊○雲和樂署令二人朝服騎
分左右引前行凡十有六人戲竹二排簫四簫管二
龍笛二板二歌工四皆展角幞頭紫絕生色雲花
袍鍍金帶紫鞾次琵琶二十箏十有六篌十有六
寨十有六方響八頭管二十龍笛二十有六
上工百三十有二方響八頭管二十有八巳
金帶朱鞾次杖鼓三十工人花幞頭黃生色花襖紅

生色花袍錦臂韛鍍金帶烏韡次祆八工人服色同
琵琶工人次大鼓二工十人服色同杖鼓工人和
署令從者二人服同前隊○殿中黃麾隊舍人二人
四品服殿中侍御史二人本品服皆騎次黃麾一執
者一人夾者二人騎武弁緋紬生色寶相花袍紅勒
帛紅雲韡舍人殿中侍御史從者凡四人服同前隊
○太史鉦鼓隊太史一人本品服騎引交龍搊鼓左
紅勒帛紅韡次司辰郎一人左典事一人右並四品
服騎太史司辰郎典事從者三人服同前隊○武衛
钑戟隊武衛將軍一人交角幞頭緋羅繡抹額紫羅
繡瑞鷹裲襠紅錦襯袍錦縢蛇金帶橫刀騎領五色
繡旛一金卽八旱右舉左朱雀青龍白虎幢三橫布
導蓋一中道義四武衛果毅二人服佩同武衛將軍
钑二十戟二十徒五十有九人武弁緋紬生色寶抽
花袍紅勒帛紅韡武衛將軍武衛果毅從者凡三人
服同前隊○龍墀旗隊舍人二人四品服中郎將二
人服佩同钑戟隊武衛將軍騎分左右帥騎士凡二
十有四人執旗者八人天下太平旗中道中嶽帝旗
左中央神旗右次日旗左月旗右次祥雲旗二分左

陶彥明

右次皇帝萬歲旗中道執人皆黃紬巾黃紬生色寶
相花袍黃勒帛黃雲韡橫刀引者八人青紬巾青紬
生色寶相花袍青勒帛青雲韡橫刀執弓矢護者八
人緋紬巾緋紬生色寶相花袍紅勒帛紅雲韡橫刀
執弓矢舍人中郎將從者凡四人服同前隊○御馬
隊舍人二人四品服引左右衛將軍二人緋羅繡抹
額紫羅繡瑞鷹裲襠紅錦襯袍錦縢蛇金帶烏韡橫
刀皆騎分左右御馬十有二疋分左右衛將軍控
鞍複馭士控鶴二十有四人交角金花幞頭紅錦控
鶴襖金束帶韡鞋次尚乘奉御二人四品服騎分左
右行舍人左右衛將軍從者四人服同前隊○拱衛
控鶴第一隊拱衛指揮使二人本品服騎分左右帥
步士凡二百五十有二人員鏑者三十人次執吾杖
者五十人次執斧者五十人次執鐙杖者六十人次
執列絲骨朵者三十人皆分左右次攜金水瓶者一
人左金盆者一人右次執列絲骨朵者三十人皆分
左右皆金縷額交角幞頭青寶孫控鶴淦金荔枝
束帶鞰鞋拱衛指揮使從者二人服同前隊○安和
樂安和署令二人本品服騎分左右領押職二人
弓角鳳翅金花幞頭,紅寶孫加襴袍金束帶花韡次

陶彥明

扎鼓八爲二重次和鼓一中道次板二次龍笛四次
頭管二次羌笛二次笙二次篆二左右行次雲璈一
中道工二十有四人皆弓角鳳翅金花幞頭紅錦質
孫襖金荔枝束帶花鞾從者二人服同前隊○金吾
援寶隊舍人二人四品服騎引金吾將軍二人交角幞
頭緋羅繡抹額紫羅繡碎邪裲襠紅錦襯袍錦縢蛇
橫刀佩弓矢皆騎分左右前引駕十二重甲士一十
二騎弩四次弓四次稍四爲三重次香案二金爐合
各二分左右舁士十有六人侍香二人騎而從次典
瑞使二人本品服騎而左右引八寶受命寶左傳國

寶右次天子之寶左皇帝之寶右次天子行寶左皇
帝行寶右次天子信寶左皇帝信寶右每輿寶盛銷
金蒙複襯複案輿紅銷金衣龍頭竿結授舁士八人
朱團扇四人凡九十有六人皆交角金花幞頭青紅
錦質孫襖每輿前青後紅金束鞾援寶三十人
交角金花幞頭窄衫銷金紅汗胯金束帶烏鞾執
金纊黑杖次符寶郎二人四品服騎分左右次金吾
果毅二人服佩同金吾
弓四人次弩四人爲三重舍人金吾將軍分左右次
使符寶郎金吾果毅從者凡十有二人服同前隊○

毀中纖扇隊舍人二人四品服騎分左右領
者四人日月合璧旗左五星連珠旗右次金龍旗左
金鳳旗右黃繖中黃繖生色寶相花袍黃勒帛黃鞾
佩劍騎而引旗者四人青繖中青繖生色寶相花袍
青勒帛青鞾佩劍執弓矢騎而護旗者四人紅繖中
紅繖生色寶相花袍紅勒帛紅鞾佩劍執弓矢次朱
團扇十有六次小雉扇八次中雉扇八次大雉扇八
爲十重每四次曲蓋二紅方繖二次紫方繖二次
華蓋二次大繖二紅方繖二次武弁紅繖生色寶相
花袍紅勒帛紅鞾舍人從者二人服同前隊○控鶴

園子隊園子頭一人執骨朵由中道交角幞頭緋錦
質孫襖鍍金荔枝帶鞾領執圍子十有六人分左
右交角金花幞頭白襯肩青錦質孫襖鍍金荔枝帶
鞾領次朱繖中道次金脚跕左金椅右服如園子頭
拱衛指揮使從者二人本品服騎分左右次
上拱衛指揮使一人本品服騎分左右次
樂署令二人本品服騎分左右次弓角鳳
翅金花幞頭紅錦質孫襖加襴金束帶花鞾次琵琶
龍笛二篥篥二次不思二板二第二胡琴二笙二頭管二
二篪篌二次響鐵一工二十有八人徒二人皆弓角鳳翅金

花幰頭紅錦質孫襖鍍金束帶花鞴○控鶴第二
斂拱衛司事二人本品服騎分左右帥步士凡七十
有四人執立瓜者三十有六人分左右次捧金杌一
人左鞭桶一人右鞶鞍一人左繳手一人右次
立瓜者三十有四人分左右皆交角金爐合結綏龍頭竿舁者二人服
質孫襖鍍金荔枝帶鞴鞍愈拱衛司事從者二人服
香鐙茶一黃銷金盤龍衣金爐合結綏龍頭紅錦質孫
同前隊。殿中導從隊舍人二人四品服騎左右引
十有二人交角金花幰頭紅錦質孫襖鍍金束
帶鞴鞋侍香二人騎分左右次警蹕三人交角幰頭

紫窄袖衫鍍金束帶烏鞴次舍人二人四品服騎引
天武官二人執金鉞金鳳翅兜牟金鎖甲青勒甲絛
金環繡汗胯金束帶馬珂飾次金骨朵二次幢二次
節二分左右次金水瓶鹿盧左銷金净巾右次金香毬二金香
右次金唾壺左金拂四扇十分
合二分左右次黃繖中道織衣從凡騎士三十人服如警蹕
加白繡汗胯步卒四人　（一執椅二人繖衣一蒙複服如昇香鐙）
徒舍人天武官從者凡六人服同前隊。○控鶴第三
隊拱衛直鈐轄二人本品服騎引執卧瓜八十人服

王炘高

如第二隊○導駕官引進使二人分左右前行次給
事中一人在起居注一人右侍御史一人左殿中侍
御史一人左次御史中丞一人右次翰林學士一人右
次御史中丞一人右次同知樞密院事一人左次御史
大夫一人左知樞密院事一人右次侍中一人右
書侍郎二人黃門侍郎二人侍中二人右次儀使二人分左
右皆本品服騎從者三十人惟執劈正斧官從者二
儀仗使一人左鹵簿使一人中道次大禮使一人分
右持劈正斧一人左次禮儀使二人分左右次
人服同前隊。羽林宿衛舍人二人四品服前行次

羽林將軍二人交角幰頭緋羅繡抹額紫羅繡瑞鷹
襆襠紅錦襯袍錦縢蛇金帶烏鞴橫刀佩弓矢皆騎
分左右領宿衛騎士二十人執骨朵六人次執短戟
六人次執斧八人皆弓角金鳳翅幰頭紫袖細褶
線襖束帶烏鞴橫刀舍人羽林將軍從者凡四人服
同前隊。○檢校官（外分布中道之内頓遞隊監察御史二
人本品服次纛稍隊循仗檢校官二人次朱雀隊
吾中郎將二人皆交角幰頭緋羅繡抹額紫羅繡辟
邪襆襠紅錦襯袍錦縢蛇金帶烏鞴佩儀刀加弓矢
次十二旗隊兵部侍郎二人本品服次門旗隊紃察

王炘高

儀仗官二人本品服次雲和樂商金吾
佩如金吾中郎將知隊伏官二人本品服次武衛鈒
戰隊監察御史二人本品服次外道左右牙門巡伏
監門中郎將二人交角襆頭緋羅繡抹額紫羅繡師
子執寶隊兵部尚書二人次殿中導從隊斜察儀仗
品服次圓子隊知隊各爆稍從次殿中導從隊斜
殿中繳扇隊監察御史二人次禮部尚書大將軍二人皆本
金吾授寶隊兵部尚書二人次金吾大將軍二人次
服同金吾將軍各爆稍從次中導從隊斜察儀仗
官二人次循仗檢校官二人次羽林宿衛隊左點檢

一人左右點撿一人右紫羅繡瑞麟裲襠餘同金吾
大將軍領大黃龍負圖旗二執者二人夾者八人騎
錦帽五色絁巾五色絁生色雲龍袍塗金束帶五色
雲韉佩劍夾者加弓矢並行中道控鶴外外伏內前
後撿校仗內知班六人展角襆頭紫窄衫塗金束帶
烏韉丞奉班都知一人太常博士一人皆朝服騎同
撿校官前後廵察宿直將軍八人服佩同左右點撿
夾輅撿校三衛〇倍輅隊誕馬二疋珂飾纓轡青㲲
乘黃令二人本品服分左右次殿前將軍二人交角
襆頭緋羅繡抹額紫羅繡辟邪裲襠紅錦裲袍錦縢

許彥札

蛇金帶烏韉横刀騎王輅太僕卿馭本品服千牛大
將軍馭乘交角襆頭紅抹額繡瑞牛裲襠紅錦裲袍
錦縢蛇金帶烏韉横刀左右衛將軍服如千牛大將
軍惟裲襠繡瑞虎文倍輅輅馬六疋珂飾纓轡青㲲
鞏套鞶帶步卒凡八十有二人駙士四人駕士六十
有四人行馬二人路道八人推罕二人托義一人撿
馬官二人進輅職長二人皆本品服夾輅輅馬夾輅
一人皆平巾青幘青繡雲龍花袍塗金束帶青韉教
金鳳翅兜年金鎖甲絛環繡汗膊金束帶綠雲花韉
青漉水扇二次千牛倚身二人皆分左右交角襆頭

緋羅繡抹額紫羅繡瑞牛裲襠紅錦裲袍金帶烏韉
横刀佩弓矢獻官二人殿中監六人內侍十八人皆本
品朝服騎分左右千牛倚身後騎而執弓矢者十人
尚衣奉御四人道扇四人尚食奉御二人尚藥奉御二人皆騎
本品服次輿黃紵絲銷金雲龍蒙複步卒凡十有
三人舁八人皆朝服從者三十有四人服同前隊
紅質孫控鶴一人皆黃束帶鞱鞋尚舍奉御二人騎尚輦
奉御二人騎右隊皆朝服從者三十有四人服同前隊
〇大神牙門旗隊都點撿一人騎交角襆頭
抹額紫羅繡瑞麟裲襠紅錦裲袍次監門大將軍二

林彥札

人分左右騎服如都點檢惟褙紫繡獅文門凡三
重親衛郎將帥甲分左右絡而陣繞出絡後合
執篦者二為第一門翊衛郎將帥甲士執護尉夾
繞出絡後合為第二門監門校尉二人騎左右衛大
將軍帥甲士執五色龍鳳旗夾護尉而陣繞出絡後
左右領前皆騎花幞頭紫絁生色花袍塗金帶烏鞾次琵琶四工
皆騎花幞頭紫絁生色花袍塗金帶烏鞾次琵琶四工
筝四篌篌四篆四頭管六方響二龍笛六杖鼓十二
見外伏○雲和樂後部雲和署丞二人本品服騎分
合牙門旗二為第三門監門校尉二人主之服詳

四十人皆騎服同上惟絁色紅從者二人服同前隊
後黃麾隊玄武幢一絳尾二徒三人皆武弁紫絁生
色龜花袍紫羅勒帛紫鞾次黃麾執者一人夾者
二人皆騎豹尾一執者一人夾者二人皆騎武弁紫
生色寶相花袍紫勒帛紫鞾○玄武黑甲掩後隊金
吾將軍一人騎中道交角幞頭緋羅繡抹額紫羅繡
辟邪褙紅錦襯袍金帶錦騰蛇烏鞾佩刀後衛指
揮使二人騎分左右一執者一人夾者二人小金龍鳳黑
有七人玄武旗一執者一人夾者二人皆黑兜年金飾黑
旗二執者二人皆黑兜年金飾黑甲絛環汗胯束帶

鞾帶弓矢器伏馬黑金色獅子甲珂飾稍四十人弩
十人黑兜年黑甲絛環汗胯束帶弓矢器伏馬
黑甲珂飾執衛司攥二人錦帽紫生色辟邪文袍
鍍金帶烏鞾從者三人服同前隊

外伏

金鼓隊金鼓旗二執者二人引護者八人皆五色絁
巾生色寶相花袍五色勒帛紫鞾佩劍引護者加
弓矢分左右次折衝都尉二人交角幞頭緋羅繡抹
額紫羅繡辟邪褙紅錦襯袍金帶錦騰蛇騎帥步
士凡百二十人鼓二十四人鉦二十四人並黃絁

黃絁生色寶相花袍黃勒帛黃鞾角二十四人紅絁
巾紅絁生色寶相花袍紅勒帛紅鞾車輻棒二十四
人長刀二十四人並金飾青兜年青甲絛滾白繡汗
胯束帶青雲鞾○清游隊舍人二人四品服騎導金
吾折衝二人交角幞頭緋羅繡抹額紫羅繡辟褙
褙紅錦襯袍金帶錦騰蛇橫刀佩弓矢騎分左右帥
步士凡百有十人白澤旗二執者二人引護者八人
次執弩二十人次執弓二十人次執稍二十人皆甲騎
稍二十人次執弓二十人皆甲騎冠金飾綠畫甲絛
環白繡汗胯束帶綠雲鞾佩弓矢器伏馬金飾朱畫

甲珂飾分左右○伙飛隊鐵甲伙執稍者十有二
人甲騎冠鐵甲伙弓矢器仗馬鐵甲珂飾執金吾果
毅二人交角幞頭緋絁繡抹領紫羅繡辟邪裲襠紅
錦裲袍金帶錦騰蛇橫刀弓矢騎次虞侯伙飛執弩
二十人錦帽紅生色寶相花袍五色勒帛五色雲頭
隊領軍將軍二人交角幞頭緋絁繡抹領紫羅繡白
澤裲襠紅錦裲袍金帶錦騰蛇烏靴橫刀騎帥步士
五十人執戈二十五人錯分左右皆
五色紵生色巾寶相花五色袍五色勒帛五色雲頭
鞾領軍將軍從者二人錦帽紫襟衫小銀束帶行縢

鞾鞁○諸衛馬前隊舍人二人四品服騎導左右衛
郎將二人交角幞頭緋絁繡抹領紫羅繡瑞馬裲襠錦
襯袍金帶錦騰蛇烏鞾橫刀佩弓矢騎分左右騎
士百五十有六人前辟邪裲袍旗右次玉馬旗
左三角旗右次黃龍員圖旗左黃鹿旗右次飛
黃旗左飛
左駞騣旗右次鸞旗左鳳旗右次麒麟旗
右執旗十有二人生色黃袍巾勒帛鞾引旗十有二
人服同執人惟袍色青護旗十有二人錦帽青生色寶相花
勒帛鞾執稍六十人服如執弓者惟袍色紅每旗弓五

稍五從者四人服同前隊○二十八宿前隊舍人二
人四品服騎導領軍將軍二人紫羅繡白澤裲襠紅
宿旗左參宿旗右次嘴宿旗右
如前隊左右衛郎將二人騎帥步士百十有二人井
各五弓宿旗左次柳宿旗左星宿旗右
五弓從次翼宿旗右各五盾從次軫宿旗左角宿
旗左昂宿旗右次張宿旗右各五盾從次胃宿旗
左奎宿旗右次畢宿旗各五
勒帛鞾引旗十有四人服如執人惟袍巾色紅執刀盾者三十人弓
有四人服如執人惟袍巾色紅執刀盾者

矢者二十人韀者二十人皆五色纛牛甲條環白繡
汗胯束帶五色雲韀舍人領軍將軍隊領軍將軍從者四人四品服騎導領
前隊○領軍黃麾仗前隊舍人二人四品服騎導領
軍將軍二人服佩如前隊隊領軍將軍從者
鼙十皆分左右次江瀆旗左淮瀆旗右次南方神
弓十皆分左右次南方神旗左西方神旗右次小戰十
次綠縢絡盾加刀十皆分左
帝旗右次龍頭罕鼙十次朱縢絡盾加刀十皆分左
右次南天王旗左西天王旗右次小戰十次弓十皆

分左右次龍君旗左虎君旗右次鑣十次綠縢絡盾
加刀十皆分左右執人一百三十人武弁五色生色
寶相花袍勒帛鞾引旗十人青生色寶相花袍黃勒
帛鞾護旗十人服同惟袍巾色紅○殳仗後隊領軍
將軍二人騎紫繡獅子裲襠襦餘如殳仗隊領軍將
軍二人騎帥歩士凡五十人殳二十有五义二十
有五錯分左右服佩佩同前隊○左右牙門旗隊監
黃紬巾黃紬生色寶相花袍黃勒帛黃雲鞾皆騎次
之服佩次牙門旗四每旗執者一人引殳夾者二人並
將軍二人騎帥歩士凡五十人殳二十有五义二十
有五錯分左右服佩佩同前隊○左右殳仗隊領軍
監門校尉二人騎服佩同監門將軍從者四人騎同
前隊○左右青龍白虎隊舍人二人四品服騎導領
軍將軍二人服佩同殳仗隊之領軍將軍騎分左右
帥甲士凡五十有六人騎青龍旗左執者一人夾者
二人從以執殳五人弓十人稍十人皆冠青甲騎冠
青鐵甲青縧金環束帶白繡汗胯青雲鞾白虎旗右
執者一人夾者二人從以執殳五人弓十人稍十人
皆冠白甲騎冠白鐵甲青縧金環束帶白繡汗胯白
雲鞾舍人領軍將軍從者四人服同前隊○二十八
宿後隊舍人二人四品服騎導領軍將軍二人騎分
左右帥歩士一百十有二人角宿旗左壁宿旗右從以

執弓者五人次亢宿旗左室宿旗右各從以執豵者
五人次氐宿旗左危宿旗右各從以執弓者五人次
房宿旗左女宿旗右各從以執弓者五人次心宿旗
左虛宿旗右各從以執弓者五人次尾宿旗左牛宿
旗右各從以執豵者五人次箕宿旗左斗宿旗右各
從服佩皆同前隊○諸衛馬後隊舍人二人四品服
騎導左右衛果毅都尉二人騎分左右帥衛士百五
十有六人角端旗左赤熊旗右次兕旗左太平旗右
次騹騛旗左騕褭旗右次駃騠旗左駿驥旗右次蒼
烏旗左白狼旗右次龍馬旗左金牛旗右舍人左右
衛果毅都尉從者四人執夾引從服佩同前隊○左
右領軍黃麾後隊舍人二人四品服騎導領軍將軍
二人騎分左右帥歩士一百六十人龍頭竿鑃十次朱
戟十次引十皆分左右次東天王旗左北天王旗右
次鑣十次綠縢絡盾加刀十皆分左右次吏兵旗左力士旗右次小
戟十次引十皆分左右次東嶽帝旗右次龍頭竿鑃十
皆分左右次東方神旗左北方神旗右次小戟十次
弓十皆分左右次淮瀆旗左河瀆旗右次鑣十次綠縢

二人執短戟十有二人次執列綎十有二人次戈戟
十有二人次斧十有六人分左右夾玉輅行皆弓角
金鳳翅幞頭紫細摺辮線襖塗金束帶烏韠〇親衛
步弓隊親衛郎將二人服同供奉中郎將騎分左右
帥步士凡百四十有八人執龍頭竿氅四人次
十人次氅二人次氅二人次小戟十人次氅二人
二人次儀鎚十人次氅二人次小戟十人次氅
次儀鎚十人次氅二人次氅二人次小戟十人次
二人次儀鎚十人次氅二人次小戟十人次氅二人
奉宿衛隊次氅二人次儀鎚十人次氅二人次小戟

絡盾加刀十皆分左右次絳引旛十分左右掩後舍
人領軍將軍從者四人執夾服佩並同前隊〇左右
衛儀刀班劒隊舍人二人四品服騎導左右衛中郎
將二人交角幞頭緋羅繡抹額紫羅繡瑞馬裲襠
錦襯袍錦螣蛇金帶烏韠騎分左右帥步士凡四十
人班劒二十人儀刀二十人並錦帽紅生色寶相花
袍塗金束帶烏韠供奉宿衛步士隊供奉中郎將從者四人服
頭緋紬繡抹額紫羅繡瑞馬裲襠紅錦襯袍錦螣蛇
金帶烏韠橫刀佩弓矢騎分左右帥步士凡五十有

十人次氅二人次儀鎚十人次氅二人次折繞宿衛隊
後而合其端為門士皆金兜牟甲青勒甲絛金環綠
雲韠〇翊衛護尉隊翊衛郎將二人服同親衛郎將
騎帥護尉騎士百有二人皆交角金花幞頭袖紫
衫紅銷金汗騰塗金束帶烏韠執金裝胄弩分左右
夾親衛隊行折繞隊後而合其端為第二門〇左右
衛騎衛隊左右衛大將軍二人服如翊衛郎將帥騎
士百人執青龍旗五人左次青龍旗五人右次赤龍
五人左次赤鳳旗五人右次黃龍旗五人左次黃鳳
人右次白龍旗五人右次白鳳旗五人左次黑龍旗五

人左黑鳳旗五人右次五色鳳旗二十五居左五色
龍旗二十五居右曲繞輅後合牙門旗為第三門士
皆冠甲冠金飾朱畫甲青勒甲絛鍍金環白繡汗
腾紅韠佩弓矢器仗馬青金毛獅子甲珂飾〇左衛
青甲隊左衛指揮使二人騎服紫羅繡雕虎裲襠
同左右衛大將軍帥騎士三十有八人執大青龍旗
一人左大青龍旗一人右次大青鳳旗一人左大青
鳳旗一人右次小青龍旗一人左大青龍旗一人右
每旗從以持青綃者四人次小青鳳旗一人左小青
龍旗一人右皆從以持青綃者三人皆青兜牟金飾

青畫甲青條塗金環汗胯束帶鞢佩弓矢器仗馬青
金毛獅子甲珂飾折繞陪門○前衛赤甲隊前衛指
揮使二人騎服佩同左衛指揮使帥騎士凡四十有
八人執大赤龍旗一人左小赤鳳旗一人左大赤龍
鳳旗一人左小赤龍旗一人右次大赤龍旗一人左
大赤龍旗一人右次小赤龍旗一人左大赤龍旗一
人右每旗從以持朱稍者四人次執大赤鳳旗一
左大赤龍旗一人右皆從以持朱稍者三人皆朱墩
牟金飾朱畫甲條環汗胯束帶鞢佩弓矢器仗馬朱
甲珂飾從者二人服同前隊折繞陪門○中衛黃甲

隊中衛指揮使二人騎服同前衛指揮使帥騎士凡
五十有八人執大黃龍旗一人右次大黃鳳旗一人右
次小黃龍旗一人左小黃鳳旗一人右次大黃龍
龍旗一人右次大黃龍旗一人左大黃鳳旗一人右
每旗從以持黃稍者四人次小黃龍旗一人左小黃
鳳旗一人右皆從以持黃墩牟金飾
黃甲條環汗胯束帶鞢佩弓矢器仗馬黃甲珂飾從者
二人服同前隊折繞陪門○右衛白甲隊右衛指揮
使二人騎服同中衛指揮使帥騎士凡七十有四人

執大白龍旗一人右次小白鳳旗
一人左大白龍旗一人右次大白
鳳旗一人右次小白龍旗一人左大白
次大白龍旗一人右次小白鳳旗一人右
白稍者四人次小白龍旗一人左大白
次大白龍旗一人左小白鳳旗一人右
稍者五人皆從以持白墩牟金所
白甲條環汗胯束帶鞢佩弓
矢器仗馬白甲珂飾從者二人服同前隊折繞陪門
○牙門四監門中郎將二人服佩同各衛指揮使騎
分左右次左次前衛次中衛次右衛牙門旗各二

色並赤監門校尉各二人騎服佩同各衛之執旗者
從者十人服同前隊

志卷第二十九

輸林學士中大夫知制誥兼修　國史臣廉　總裁　制誥五郎同　制誥臣　國史院編修官臣楼等奉
敕修

輿服三

儀衛

殿上執事

人主酒海䒑人主運郡國語曰赤二十人主膳郡國語
曰赤二十人冠唐帽服同司香酒海直漏南酒人北
面立酒海南〇護尉四十人以賢子在宿衛者攝之
冠交角幞頭紫梅花羅窄袖衫塗金東
觀子國語曰冠花幞頭服紫羅窄袖之
警蹕三人以控鶴衛士為之冠交角幞頭服紫羅窄
帶白錦汗胯帶弓矢佩刀執骨朵分立東西宇下〇
其鞭以警衆
帶白錦汗胯帶弓矢佩刀執骨朵每乘輿出入則鳴
袖衫塗金東帶烏靴捧立于露階每乘輿出入則鳴
警蹕三人以控鶴衛士為之
金束帶烏靴漏刻直御榻南〇司香二人掌香以
主服御者攝之冠服同摯壺香案二在漏
刻東西稍南司香侍案側東西相向立〇酒人凡六十

摯壺郎二人掌直漏刻
冠學士帽服紫羅窄袖衫塗
金束帶烏靴漏刻直御榻南〇司香二人掌香以

司香二人亦以主服御者攝之冠服同殿上司香
殿下執事

案直露階南司香東西相向立護尉凡四十人以戶
郎玉典赤二十人賢子二十人攝之服同宇下護尉
夾立階陛右陛之下伍長凡六人都點檢一人右點
檢一人左點檢一人凡宿衛之人及諸門者戶者皆
屬焉如怯薛丹刺之類是也赤殿內將軍一人凡殿內將
弓矢者佩刀諸司禦者諸司禦者皆屬焉
外將軍一人宇下護尉屬焉右無常官凡朝會刪以近侍重
仗及殿下護尉屬焉黃麾立
臣攝之服白帽白納襖行縢䙺護或服其品之公服
恭事則侍立舍人授以骨朵而易笏都點檢以玉右
點檢以瑪瑙左點檢以水精殿內將軍以馬瑙殿外
將軍以水精宿直將軍以金〇左階之下伍長凡三
人殿內將軍一人殿外將軍一人宿直將軍一人冠
服同右恭事則侍立舍人授以骨朵而易笏殿內將
軍以瑪瑙殿外將軍以水精宿直將軍以金〇司辰
郎二人一人立樓下服視八品候時比面而鷄唱露
階之下左黃麾伏內設表案一禮物案一輿士凡八
人每案四人前二人冠繡金額交角幞頭緋錦窄相
花窄袖襖塗金束帶行縢鞋襪後二人冠服同前惟

襖色青○圍人十人
阿塔赤冠唐巾紫羅窄袖衫青
錦緣白錦汗騰銅束帶烏靴駈
立伏馬十覆以青錦
緣緋錦鞍復分左右立黃麾伏南○侍儀使二人引
進使一人通班舍人一人尚書一人引
書一人引舍人一人斜儀官凡四人視班
內失儀者白斜儀官而行罰焉皆東向立右伏之東
尚書一人宣表目舍人一人宣禮物舍人
人知班三人視班
以比為上○侍儀使二人引進使一人承奉班都知
一人奉表舍人一人奉幣舍人一人尚引舍人一人

閤伏舍人一人奉引舍人一人先輿舍人一人押禮
物官凡二人工部侍郎一人禮部侍郎一人斜儀官
凡四人尚書一人侍郎一人監察御史二人知班三
人視班內如左右葦路宣贊舍人一人通贊舍人一
人戶部二人承傳贊席前皆西向立伏之西以比
為上凡侍儀使引進使尚書侍郎御史各服其本品
之服承奉班都知舍人借四品服知班冠展角樸頭
服紫羅窄袖衫塗金束帶烏靴○護尉三十人以黃
子在宿衛者攝之立大明門關外冠服同宇下護尉
○承傳二人控鶴衛士為之立大明門楹間以承傳

于外伏冠服同警蹕靴金柄小骨朵
殿下黃麾伏
黃麾伏凡四百四十有八人
分布於丹墀左右各五行
右前列執大蓋二人執華蓋二人執
紅方蓋二人執曲蓋二人冠展角樸頭服緋紬生色寶
相花袍勒帛烏靴○次二引執朱團扇八人執大雉
扇八人執中雉扇八人執小雉扇八人執朱團扇八
人冠武弁服緋紬生色寶相花袍青勒帛烏靴執信幡十
人武弁緋紬生色寶相花袍緋勒帛烏靴執絳引幡十
人冠服同上其色黃執傳教幡十人冠服同上其色

白執告止幡十人冠服同上其色紫○次四列以下
執絛蓋四十人服緋純生色寶相花袍勒帛烏
靴執儀鍠斧四十人冠服同上其色黃執小戟蛟龍
掌四十人冠服同上其色青左列亦如之皆以比為
上押伏四人行視伏內而撥校之冠服同警蹕者
旗伏執引護人分左右凡以五百二
左前列建天下太平旗第一牙門旗第二每旗執者
一人護者四人皆五色緋巾五色純生色寶相花袍
勒帛雲頭靴執人佩劍護人加弓矢後屏五人執稍
朱㹞鍪頭朱甲雲頭靴○左二列曰旗第三龍君旗第

四每旗執者一人護者四人後屏五人巾服佩同
前列○右前列建皇帝萬歲旗第一牙門旗第二每
旗執者一人護者四人後屏五人巾服執佩同左前
列○右二列月旗第三虎君旗第四每旗執者一人
護者四人後屏五人巾服執佩同前列○左次三列
青龍旗第五執者一人護者二人黃絁巾黃絁生色
勒帛花袍靴佩劍護者二人朱白二色絁生
色寶相花袍靴佩劍加弓矢天王旗第六執生
者一人巾服同上護者二人青白二色絁生
色寶相花袍勒帛花靴佩劍加弓矢後屏五人執稍

朱塊鍪朱甲雲頭靴風伯旗第七執者一人護者二
人後屏五人巾服佩執同天王旗雨師旗第八執者
一人護者二人後屏五人巾服佩執同青龍旗雷公
旗第九執者一人巾服佩同上護者二人青紫二色
絁巾二色絁生色寶相花袍勒帛花靴佩劍加弓矢
後屏五人執稍白塊鍪白甲雲頭靴電母旗第十執
者一人護者二人後屏五人巾服佩執同風伯旗第十
後屏五人執稍黃塊鍪黃甲雲頭靴○右次三列白
兵旗第十一執者一人後屏五人巾服佩同雷公旗
者一人護者二人後屏五人巾服佩執同雷公旗
後屏五人執稍黃塊鍪黃絁巾黃絁生色寶相花袍勒
虎旗第五執者一人黃絁巾黃絁生色寶相花袍勒帛

帛花靴佩劍護者二人青朱二色絁巾二色絁生色
寶相花袍勒帛花靴佩劍加弓矢後屏五人執稍朱
塊鍪朱甲雲頭靴江瀆旗第七執者一人護者二人
人巾服佩同天王旗河瀆旗第八執者一人護者二
黃塊鍪黃甲雲頭靴淮瀆旗第九執者二人青紫二色
色寶相花袍勒帛花靴佩劍加弓矢後屏五人巾服
同上護者二人青朱二色絁生色寶相花袍勒帛花
靴佩劍加弓矢後屏五人巾服佩同白虎旗濟瀆
旗第十執者一人巾服佩同上護者二人朱白二色

絁巾二色絁生色寶相花袍勒帛花靴佩劍加弓矢
後屏五人執稍青塊鍪青甲雲頭靴力士旗第十一
執者一人護者二人後屏五人巾服佩執同河瀆旗
者一人巾服佩執同河瀆旗
二十二旗內拱衛直指揮使二人分左右立服本品
朝服執玉斧交角幞頭緋錦寶相花窄袖襖裹金
冠縷金額交角幞頭青錦寶相花窄袖襖裹金荔枝
束帶行縢履襪次鑑伏一列次吾伏一列次班劍一
列並分左右立冠縷金額交角幞頭青錦寶相花窄
油襖塗金荔枝束帶行縢履襪
第十二執者一人黃絁巾黃絁生色寶相花袍勒帛

花靴佩劍護者二人青白二色綖巾二色綖生色寶
相花袍勒帛花靴佩劍加弓矢後屏五人執
稍朱甲雲頭靴水星旗第十三執者二人青朱二色綖巾第十三執
上護者二人青朱二色綖巾二色綖生色寶相花袍
勒帛花靴熒惑旗第十四執者一人巾服佩劍同
雲頭靴熒惑旗第十五執者一人護者二人巾服佩劍同朱崔旗土星
靴佩劍加弓矢後屏五人執者一人護者二人巾服佩劍同熒惑旗後
旗第十五執者一人護者二人巾服佩劍同朱崔旗土星
屏五人執稍黃兜鋻黃甲雲頭靴太白旗第十六執

者一人護者二人巾服佩劍同木星旗後屏五人執稍
白兜鋻白甲雲頭靴水星旗第十七執者一人護者
二人服同太白旗,後屏五人執稍紫兜鋻紫甲雲
頭靴驚旗第十八執者一人護者二人
朱白二色綖巾二色綖生色寶相花袍勒帛花靴佩
劍加弓矢後屏五人執稍同木星旗○右次四列
玄武旗第十二執者一人黃綖巾黃綖生色寶相花
袍勒帛花靴佩劍護者二人朱白二色綖巾二色綖
生色寶相花袍勒帛花靴佩劍加弓矢後屏五人紫
兜鋻紫甲雲頭靴執稍東嶽旗第十三執者一人護

者二人巾服佩劍同玄武旗後屏五人執稍青兜鋻青
甲雲頭靴南嶽旗第十四執者一人巾服佩劍同上護
者二人青白二色綖巾二色綖生色寶相花袍勒帛
花靴佩劍加弓矢後屏五人執稍朱兜鋻朱甲中嶽
旗第十五執者一人巾服佩劍同上護者二人朱青二
色綖巾二色綖生色寶相花袍勒帛花靴佩劍加弓
矢後屏五人執稍黃兜鋻黃甲雲頭靴西嶽旗第十
六執者一人巾服佩劍同上護者二人朱青二色綖
巾二色綖生色寶相花袍勒帛花靴佩劍加弓矢後屏
五人執稍白兜鋻白甲北嶽旗第十七執者一人護

者二人巾服佩劍同南嶽旗後屏五人巾服執同玄武
旗麟旗第十八執者一人後屏五人巾服
執佩同西嶽旗○左次五列角宿旗第十九亢宿
旗第二十氐宿旗第二十一房宿旗
第二十二心宿旗
第二十三尾宿旗第二十四箕宿旗第二十五每旗
執者一人黃綖巾黃綖生色寶相花袍勒帛花靴佩
劍護者二人青朱二色綖巾二色綖生色寶相花靴
勒帛花靴佩劍加弓矢後屏五人青兜鋻青甲執稍
○右次五列奎宿旗第十九婁宿旗第二十胃宿旗第
二十一昴宿旗第二十二畢宿旗第二十三觜宿旗

第二十四象宿旗第二十五每旗執者一人黃繲巾
黃繲生色寶相花袍勒帛花靴佩劍護者二人青朱
二色繲巾二色繲生色寶相花袍勒帛花靴佩劍護者
弓矢後屏五人執稍白兜鍪白甲○左次六列斗宿
旗第二十六牛宿旗第二十七室宿旗第二十八虛
宿旗第二十九危宿旗第三十女宿旗第三十一壁
宿旗第三十二每旗執者一人黃繲巾黃繲生色寶
相花袍勒帛花靴佩劍加弓矢後屏五人執稍朱兜
鍪朱甲

宮內導從

鬼宿旗第二十七柳宿旗第二十八星宿旗第二十
九張宿旗第三十翼宿旗第三十一軫宿旗第三十
二每旗執者一人黃繲巾黃繲生色寶相花袍勒帛
花靴佩劍護者二人朱白二色繲巾二色繲生色寶
相花袍勒帛花靴佩劍加弓矢後屏五人執稍朱兜

警蹕三人以控鶴衛士為之並列而前行掌鳴其鞭
以警衆前服見○天武二人執金鉞分左右行金兜鍪金
甲㦮金素汗胯金束帶綠雲靴○舍人二人服視四

《元史志卷三十》　十　丙

品○主服御者凡三十人（赤速也古兒）執骨朵二人執幢
二人執節二人皆分左右行（執金水瓶鹿廬）一人由左負金
右捧金香毬二人捧金香合二人皆分左右行捧金
橢一人由右攜金水瓶鹿廬一人由左執巾一人由
唾壺一人由左捧金唾盂一人由右執金拂四人執
升龍扇十人皆分左右行冠交角幞頭服紫羅窄袖
衫塗金束帶烏靴○劈正斧官一人由中道近侍重
臣攝之侍儀使四人分左右行○佩弓矢十人（曰國語火）
（國語曰溫都赤）（國語曰赤兒）分左右行○佩寶刀十人

帶烏鞾

中宮導從

舍人二人引進使二人中政院判二人同僉中政院
事二人僉中政院事二人中政院副使二人同知中
政院事二人中政院使二人皆分左右行各服其本
品公服內侍二人分左右行服視四品○押直二人
冠交角幞頭紫羅窄袖衫塗金束帶烏鞾小內侍凡
九人執骨朵二人執㦮蓋四人皆分左右行執繳一
人由中道行攜金盆一人由左負金椅一人由右服
紫羅團花窄袖衫冠帶鞾如押直○中政使一人由

《元史志卷三十》　十　丙

中道捧外辦象牌服本品朝服○宮人凡二十八人擎
水瓶金鹿盧一人由右執金净巾一人由左捧金
香毬二人捧金香合二人分左右捧金唾壺一人由
左捧金唾盂一人由右執金拂四人執雉扇十八人各
分左右行冠鳳翅纓金帽銷金緋羅襖銷金緋羅結
子銷金緋羅繫腰紫羅衫五色嵌金黃雲扇瓛玉束
帶

進發冊寶

清道官二人驚蹕二人並分左右皆攝官服本品朝
服○雲和樂一部署令二人分左右次前行戲竹二
次拱篳四次簫管四次板二次歌四並分左右前行
內琵琶二十次箏十六次篳篥十六次簫十六次方
響八次頭管二十八次龍笛二十八為三十三重
次觱篥三十為八重次板八為四重板內大鼓二工
二人舁八人樂工服並與鹵簿同法物庫使二人服
本品服次朱團扇八為二重次小雉扇八次中雉扇
八次大雉扇八分左右為十二重次朱團扇八為二
重次大繖二次華蓋二次紫繖二次紅方繖二次
曲蓋二並分左右執繖扇所服並同立仗○園子頭
一人中道次圍子八人分左右服與鹵簿內同○安

和樂一部署令二人服本品服礼鼓六為二重前四
後二次和鼓一中道次板二分左右次龍笛四次頭
管四並為二重次卷管二次笙二次分左右次雲璈
一中道次篆二分左右樂工服與鹵簿內同○繳一
中道椅左踏右執人皂巾大團花緋錦襖金塗銅束
帶行縢鞋襪○拱衛使一人服本品服○舍人二人
次引寶官二人並分左右服四品服○香案中道輿
士控鶴八人服同立仗内表案輿士侍香二人分左
右服四品服○寶案中道輿士控鶴十有六人服同
香案輿士方輿官三十人夾香案寶案分左右而趨

至殿門則控鶴退方輿官昇案以陞唐巾紫羅窄袖
衫金塗銅束帶烏靴○引冊二人四品服○香案中道
輿士控鶴八人服同寶案輿士侍香二人分左右服
四品服○冊案中道輿士控鶴十有六人服同寶案
門則控鶴退方輿官昇案以陞巾服與寶案方輿官
同○繖蓋四十人次閣伏舍人二人服四品服次小
輿士方輿官三十人夾香案冊案分左右而趨至殿
戟四十人次儀鍠四十人次雲和樂繖扇分左右行
服同立仗○拱衛使二人服本品朝服次班劍十次
梧杖十二次斧十二次鏜伏二十次列繖十皆分左

右次水瓶左金盆右次列緣十次立瓜十次金机左
鞭桶右蒙鞍左繖手右次立瓜十次臥瓜三十並夾
儐蓋小戟儀鏜分左右行服並同鹵簿內○拱衛外
舍人二人服四品引導冊官次從九品以上次
從七品以上次從五品以上並本品朝服○金吾折
衝二人牙門旗二每旗引靴五人次青稍四十人赤
稍四十人黃稍四十人白稍四十人紫稍四十人並
駞鐾甲靴各隨稍之色行導冊官外○冊案後舍人
二人服四品服次太尉右司徒左次禮儀使二人分
左右次舉冊官四人右舉寶官四人左次讀冊官二
人右讀寶官二人左次閤門使四人分左右並本品
服○知班六人分左右服同立仗往來視諸官之失
儀者而行罰焉

冊寶攝官

上每號冊寶凡攝官二百一十有六人奉冊官四人奉
寶官四人捧冊官二人讀冊官二人讀
寶官二人引寶官五人引冊官五人典瑞官三人紏
儀官四人殿中侍御史二人監察御史四人閤門使
三人清道官四人點試儀衛五人司香四人備顧問
七人代禮三十人拱衛使二人押仗二人方與一百

六十人○上皇太后冊寶凡攝官百五十人攝太尉
一人攝司徒一人禮儀使四人奉冊官二人奉寶官
二人引冊官二人引寶官二人舉冊官二人舉寶官
二人讀冊官二人讀寶官二人捧冊官二人捧寶官
二人奏中嚴一人主當內侍十八人閤門使六人丸內
臣十三人紏儀官四人代禮官四十二人掌謁四
司香十二人折衝都尉二人拱衛使二人清道官
人警蹕官四人方與官百二十人○太皇太后冊寶
攝官同前○授皇右冊寶凡攝官百八十人攝太尉
一人攝司徒一人主節官二人禮儀使四人奉冊官
二人奉寶官二人引冊官二人舉冊官
二人舉寶官二人讀冊官二人讀寶官
二人捧冊官二人捧寶官二人宣徽使
掌十人閤門使二人代禮官三十七人
待香二人清道官四人
中宮內臣九人紏儀官四人折衝都尉
臣二人方與官七十四人○授皇太子冊凡攝官四
十有九人奉冊官二人捧節官一人奉
冊官二人讀冊官二人引冊官二人攝禮
主當內侍六人副持節官五人侍從官十一人代禮
官十六人

先期待儀使絆庀陳設○殿內兩楹北香案二○殿
門內殿內將軍板位二其外殿外將軍板位二宇下
斜界護尉板位二軒溜前斜外出畫白蓮六右黜撿
板位三左宣徽板位三蓮南一步橫列鳴鞭板位三
左右階南兩隅天武板位二宇下左右第一第三重
斜界導從板位二○殿東門兩碩斜界出導從二道
三層各圈十五先扇錡各五寶蓋錡各二○殿東階
下各圈十直至東門階下爲回倒導從位正階下二
十四麓香案一護尉席內各庀迤內第四蠐首取直

元史志卷三十　十五　九德殿

邊北左右護尉第五席相向布席北二席宿直次殿
中次典瑞次起居每席函丈五尺設○殿前板位八
各以左右庀道內邊冊墀迤內第五麓縱直北空路
五丈五尺東西走路各違四丈九尺中布席四十席
函九尺設護尉板位二輦路東西各五道表二丈一
仍五寸南北兩道廣丈有奇北至道當中第一比三
南一自兩端各函六丈第二比起十一各幽丈五尺南起
起九各函丈三尺第三比起十三各幽丈二尺南起
十二各畫丈五尺第四比起十六各幽丈二尺南起
十四各函九尺第五比起同上南起各函八尺北頭

曲尺路內各函九尺設黃麾伏錡二百二十伏南畫
關約丈許左右同中央置席設尚厩板位二伏內冊
墀橫界一十八道道幽五尺縱引橫引三丈中設九
品板位一十八尚厩南左右縱畫各一十八道道函
仍左右向設起居旁板位三十六以內爲上○大
明門中兩楹外斜界二道護尉板位二外設管旗板
位二門下左右關邊各六丈南北各畫一道廣一引
七丈一仍六寸空各二丈一仍五寸
空各三丈五尺每錡後丈五尺屏風渠一道長五尺
坐各違四壁丈五尺設牙旗錡七十四關下兩觀內

元史志卷三十　十六

各六丈縱各界一十八道道違仍左右誤外序班板
位三十六自序班北入關左右門邊兩外伏徃北折
西至月華門東至日精門道中央入至起居旁折界
一道導引

翰林學士承旨知制誥兼修國史臣宋濂　翰林待制兼起居注同修國史院編修官臣王禕等奉

勅修

選舉一

選舉

選舉之法尚矣成周庠序學校以鄉三物教萬民而
賓興之舉於鄉升於司徒司馬論定而後官之兩漢
有賢良方正孝弟力田等科或奉詔策事猶近古
隋唐有秀才明經進士明法算等科或兼用詩賦
士始有棄本而逐末者宋大興文治專尚科目雖當
時得人爲盛而其弊遂至文體卑弱士習委靡識者

〈〈元史志卷三十一　　　一〉〉

三七六

病焉遼金居北方俗尚弓馬遼景宗道宗亦行貢試
金太宗世宗屢開科場亦粗稱得士元初太宗始得
中原輒用耶律楚材言以科舉選士世祖既定天下
王鶚獻計許衡立法事未果行至仁宗延祐間始斟
酌舊制而行之取士以德行爲本試藝以經術爲先
士襃然舉首應上所求者皆彬彬輩出矣然當時仕
進有多岐銓衡無定制其出身於學校者有國子監
學有蒙古字學四囘國學有醫學有陰陽學其名
於薦舉者有遺逸有茂異有求言有進書有童子其
出於宿衛勳臣之家者待以不次其用於宣徽中政

之屬者重爲內官文廕敘有循常之格而超擢有選
用之科由直省侍儀等入官者亦名清望以倉庚賦
稅任事者例視冗職捕盜者以功叙入粟者以貲進
至工匠皆入班資而興隸亦躋流品諸王公主寵以
投下俾之保任遠夷徼授以長官俾之世襲凡若
此類殆所謂吏道雜而多端者歟矧夫儒有歲貢之
典吏有補用之法曰揚史令史曰書吏曰銓曰書吏
名吏所設之名未易枚舉曰省臺院部曰路府州縣
所入之途難以指計雖由是躋要
官受顯爵而刀筆下吏遂致竊權勢舞文法矣故其

〈〈元史志卷三十一　　　二〉〉

三七八

銓選之備考覈之精曰隨朝外任曰省選曰文
官武官曰考數曰資格一毫不可越而或援例或借
資或優陞或囘降其縱情破律以公濟私非至明者
不能察焉是皆文繁吏弊之所致也今採摭舊編載
於簡牘或詳或畧條分類聚殆有不勝其紀述者姑
存一代之制作選舉志

科目

太宗始取中原中書令耶律楚材請用儒術選士從
之九年秋八月下詔命斷事官朮忽䚟與山西東路
課稅所長官劉中歷諸路考試以論及經義詞賦分

為三科作三日程專治一科能兼者聽但以不失文義為中選其中選者復其賦役令與各廳長官同署公事得東平楊英等凡若干人皆一時名士而當世或以為非便事復中止世祖至元初年有旨命丞相史天澤條具當行大事當及科舉而未果行四年九月翰林學士承旨王鶚等請行選舉法遠述周制次及漢隋唐取士科目近舉遼金選舉用人與本朝太宗得人之効以為貢舉法廢士無入仕之階或習刀筆以為吏胥或執儀役以事官僚或作技巧販鬻以

為工匠商賈以今論之惟科舉取士最為切務夙先朝故典充宜追述奏上帝曰此良法也其行之中書左三部與翰林學士議立程式又請依前代立國學選蒙古人諸職官子孫百人專命師儒教習經書侯其藝成然後試用庶幾勳舊之家人材輩出以備擢十一年十一月裕宗在東宮時省臣復啟謂去年奉旨行科舉今將翰林老臣等所議程式以聞奉令旨准蒙古進士科及漢人進士科參酌時宜以立制慶事未施行至二十一年九月丞相火魯火孫興留夢炎等言十一月中書省臣奏皆以為天下習儒者少而由刀筆吏得官者多帝曰將若之何對曰惟貢

舉取士為便凡蒙古之士及儒吏陰陽醫術皆令試舉則用心為學矣繼而許衡亦議學校科舉之法罷詩賦重經學定為新制事雖未及行而選舉之制已立至仁宗皇慶二年十月中書省臣奏以聞恐或有沮其事者夫取士之法經學實修已治人之道詞賦乃摛章繪句之學自隋唐以來取人專尚詞賦故士習浮華今臣等所擬將律賦省題詩小義皆不用專立德行明經科以此取士庶可得人帝然之十一月乃下詔曰惟我祖宗以神武定天下世

祖皇帝設官分職徵用儒雅崇尚學校為育材之地議科舉為取士之方規模宏遠矣朕以眇躬獲承丕祚繼志述事祖訓是式若稽三代以來取士各有科目要其本末舉人宜以德行為首試藝則以經術為先詞章次之浮華過實朕所不取爰命中書參酌古今定其條制其以皇慶三年八月天下郡縣興其賢者能者充賦有司次年二月會試京師中選者朕將親策焉具合行事宜于后科場每三歲一次開試舉人從本貫官司於諸色戶內推舉年及二十五以上鄉黨稱其孝悌朋友服其信義經明行修之士結罪保

舉以禮敬遣資路府其或徇私濫舉并應舉而不
舉者監察御史肅政廉訪司體察究治考試程式蒙
古色目人第一場經問五條大學論語孟子中庸內
設問用朱氏章句集註其義理精明文辭典雅者為
中選第二場策一道以時務出題限五百字以上漢
人南人第一場明經經疑二問大學論語孟子中庸
內出題並用朱氏章句集註復以己意結之限三百
字以上經義一道各治一經詩以朱氏為主尚書以
蔡氏為主周易以程氏朱氏為主已上三經兼用古
註疏春秋許用三傳及胡氏傳禮記用古註

百字以上不拘格律第二場古賦詔誥章表內科一
道古賦詔誥用古體章表四六參用古體第三場策
一道經史時務內出題不矜浮藻惟務直述限一千
字以上成蒙古色目人願試漢人南人科目中選者
加一等注授蒙古色目人作一榜漢人南人作一榜
第一名賜進士及第從六品第二名以下及第二甲
皆正七品第三甲以下皆正八品兩榜並同所在
官司遲悮開試日期監察御史肅政廉訪司糾彈治
罪流官子孫廕叙並依舊制願試者聽若中選者優陞一
等在官未入流品願試者聽若中選之人己有九

品以上資級比附一高加一等注授若無品級止依
試例從優銓注鄉試處所并其餘條目命中書省議
行於戲經明行修庶得真儒之用風移俗易益臻至
治之隆咨爾多方體予至意中書省所定條目鄉
試中選者各給解據連取中科文行省移咨都省
送禮部腹裏宣慰司及各路關申禮部拘該監察御
史廉訪司依上錄連科文申臺轉呈都省以憑照勘
鄉試八月二十日蒙古色目人試經問五條漢人
南人明經經疑二問經義一道二十三日蒙古色目
人試策一道漢人南人古賦詔誥章表內科一道二

十六日漢人南人試策一道　會試省部依鄉試例
於次年二月初一日試第一場初三日第二場初五
日第三場　御試三月初七日前期奏委考試官二
員監察御史二員讀卷官二員入殿廷考試每舉子
一名怯薛歹一人看守漢人南人試策一道限一千
字以上成蒙古色目人時務策一道限五百字以上
選考試官行省與宣慰司及腹裏各路有行臺
及廉訪司去處與臺憲官一同商議選差上都大都
從省部選差在內監察御史在外廉訪司官一員監
試每處差考試官同考試官各一員並於見任并在

關有德望文學常選官內選差封彌官
一員選廉幹文資正官充之凡謄錄試卷并行移文
字皆用朱書仍須設法關防毋致容私作弊省部會
試都省選委知貢舉同知貢舉官各一員考試官四
員監察御史二員彌封謄錄對讀官監門等官各一
員·鄉試行省十一河南陝西遼陽四川甘肅雲
南嶺北征東江浙江西湖廣宣慰司二河東山東直
隸省部路分四真定東平大都上都　天下選合格
者三百人赴會試於內取中選者一百人內蒙古人取合格
目漢人南人分卷考試各二十五人蒙古人取合格

者七十五人大都十五人上都六人河東五人真定
等五人東平等五人山東四人遼陽五人河南五人
陝西五人甘肅三人嶺北三人江浙五人江西三人
湖廣三人四川一人雲南一人征東一人色目人取
合格者七十五人大都十人上都四人河東四人東
平等四人山東五人大都四人河南四人河東四人
人甘肅二人陝西三人嶺北二人雲南二人漢人
人征東一人湖廣七人江西六人真定等
取合格者七十五人大都一十人上都四人
十一人東平等九人山東七人河東七人河南九人

四川五人雲南二人甘肅二人嶺北一人陝西五人
遼陽二人征東一人南人取合格者七十五人湖廣
一十八人江浙二十八人江西二十二人河南七人
鄉試會試許禮部咨署外餘並不許懷挾文字
差搜撿懷挾官一員每舉人一名差軍一名看守無
軍人處差巡軍　提點辦捰試院差廉幹官一員度
地安置席舍務令隔遠仍自試官入院後常川妨職
監押外門　鄉試會試彌封謄錄對讀官下吏人於
各衙門從便差設　試卷不考格犯御名廟諱及文
理紙繆塗注乙五十字以上者不考謄錄所承受試

卷並用朱書謄錄正文實計塗注乙字數標寫對讀
無差將卷逐旋送考試所如朱卷有塗注乙字亦
皆標寫字數謄錄官書押候考校合格中選人數已
定抄錄字號索上元卷請監試官知貢舉官同試官
對號開折　舉人試卷各人自備三場文卷并草卷
各一十二幅於卷首書三代籍貫年甲前期半月於
印所投納置簿收附用印鈐縫訖各還舉人凡
就試之日未出塲黃昏納卷受卷官送彌封所
撰字號封彌訖送謄錄所　科舉既行之後若有各
路歲貢及保舉儒人等文字到官並令還赴本鄉應

試倡優之家及患廢疾若犯十惡奸盜之人不許
應試舉人於試場內毋得喧譁違者治罪仍殿二
舉舉人與考試官有五服內親者自陳迴避仍令
同試官考卷若應避而不自陳者殿一舉　鄉試會
試若有懷挾及令人代作者漢人南人有居父母喪
服應舉者並依舊制願試者聽　國子監學歲貢生員及伴讀
出身並依銓注　蒙古色目願試者聽於監學合得資品
上從優銓注　別路附籍蒙古色目漢人大都上都
有恒產住經年深者從兩都官司依上例推舉就試
其餘去處冒貫者治罪

知貢舉以下官會集至公堂議擬合行事目云　諸
輒於彌封所取問舉人試卷封號姓名及漏泄者治
罪諸試題未出而漏泄者許人告首諸對讀試卷官
不躬親而輒令人吏對讀其對讀訖而差誤有礙考
校者有罰諸謄錄人書寫不謹及錯誤有礙考
校人知而為傳送者許人告首諸監試官掌試院事不
得干預考校諸試院官在簾內者不許與簾外官交
重事責罰諸膳官故縱舉人私將試卷出院及抵應
諸色人無故不得入試廳諸舉人就試無故不冠及擅
離坐次或偶語喧競不服止約者治罪諸舉人謗毀主司率衆

稷坐次者或偶與親姻隣坐而不自陳者懷挾代筆
傳義者並扶出諸拆毀試卷首家狀者推治諸舉人
於試卷書他語者駁放涉謗訕者推治諸試日為舉
人傳送文書及因而受財者並許人於別院出榜退
落諸冒名就試詐立姓名及受財為人懷挾代筆傳
義委謄錄所點檢得如有違犯更不謄錄移文考試
院出榜退落諸冒名就試詐立姓名及受財為人懷
挾代筆傳義者並許人告諸被黜而妄許人懷挾
監門官譏察出入其應入者拆封點檢諸巡鋪官
及兵級不得喧擾及輒視試文并容縱舉人無故住

來非因公事不得與舉人私語諸試卷彌封用印記
以三不成字為號標寫仍於塗注乙處用印　每舉
人一名給紙應巡軍一人隔夜入院分宿席房試日
擊鍾為節一次院官以下皆監門官啟鑰
舉人入院搜檢就將解據呈納禮生贊曰一拜舉人再
拜知貢舉官囑簾受一拜試官受一拜答一拜訖納卷者赴受卷
一拜鍾三次頒題就次日午賜膳其納卷者赴受
所搢而退取解據出院巡軍亦出至晚鳴鍾一次鎖院
門第二塲舉人入院依前搜檢每十人一甲序立至

公堂下作揖畢頒就次第三場如前儀　其受卷
官具受到試卷逐旋開發彌封將家狀草卷腰封
用印蒙古色目漢人南人分卷以三不成字撰號每
名累場同用一號於卷上親書及於曆內摽附訖
送謄錄官置曆分給於吏人並用朱書謄錄正文仍具
史具謄錄官銜書押用印鈐縫送對讀所翰林據
卷與朱卷躬親對讀無差具報監察御史對讀官以元
發還彌封所各所行移並用朱書試卷照依元號附

元卷塗注乙及謄錄塗注乙字數卷末書謄錄人姓
名謄錄官具銜書押用印鈐縫送對讀所翰林據
卷具謄錄官具銜書押用印鈐縫呈解貢院元卷
送謄錄官分給於吏人並用朱書謄錄正文仍具

簿　試官考卷知貢舉居中試官相對向坐公同考
校分作三等逐等又分上中下用墨筆批黜考校既
定收掌試卷官於號簿內摽寫分數知貢舉官同試
官監察御史彌封官公同取上元卷對號開拆知貢
舉於試卷家狀上親書省試第幾名拆號既畢應有
試卷並付禮部架閣貢舉諸官出院中書省以中選
舉人分為二榜揭于省門之左右　三月初四日中
書省奏准以初七日御試舉人於翰林國史院定委
監試官及諸執事初五日各官入院初六日選策問
進呈俟上采取初七日執事者望闕設案於堂前置

策題於上舉人入院搜撿訖蒙古人作一甲序立禮
生導引至於堂前望闕兩拜賜策題又兩拜各就次
色目人作一甲漢人南人作一甲如前儀每進士納
人差蒙古宿衛士一人監視日午賜膳進士納卷畢
出院監試官同讀卷官以所對策第其高下分為三
甲進奏二榜用敕黃紙書揭于內前紅門之左右
前一日禮部告諭中選進士以次日詣闕前所司
翰林國史院侍讀官宴以中書省官凡預試官並與宴預
其香案侍儀舍人唱名謝恩放榜進士
宴官及進士並簪華至所居擇日恭詣殿廷上謝恩

表次日詣中書省參見又擇日諸進士詣先聖廟行
舍菜禮第一人具祝文行事刻石題名於國子監
延祐二年春三月廷試進士賜護都沓兒張起巖等
五十有六人及第出身有差　五年春三月廷試進
士護都達兒霍希賢等五十人　至治元年春三月
廷試進士達普化宋本等六十有四人　泰定元年
春三月廷試進士捌剌張益等八十有六人　四年
春三月廷試進士阿察赤李黼等八十有六人　天
曆三年春三月廷試進士篤列圖王文燁等九十有
七人　元統癸酉科廷試進士同同李齊等復增名

額以及百人之數稍異其制左右榜各三人皆賜進
士及第餘賜出身有差科舉取士莫盛於斯後三年
其制遂罷文七年而復興遂稍變程式減蒙古色目
人明經二條增本經疑易漢南人第一場四書疑一
道此有元科目取士之制大略如此若夫會試下
第者自延祐創設之初丞相帖木迭兒阿散及平章
李孟等奏下第舉人年七十以上者與從七品流官
致仕六十以上者與教授元有出身者於應得資品
上稍優加之無出身者與山長學正受省劄後舉不
為例今有來遲而不及應試者未嘗區用取言帝曰
依下第倒恩之勿著為格泰定元年三月中書省
臣奏下第舉人仁宗延祐間命中書省各授教官之
職以慰其歸令當改元之初恩澤宜溥蒙古色目人
年三十以上并兩舉不第者與教授以下與學正山
長漢人南人年五十以上并兩舉不第者與教授以
下興學正山長先有資品出身者更優加之不願仕
者令備國子員後勿為格從之自餘下第之士恩例
不可常得間有試補書吏以登仕籍者惟已慶復興
之後其法始變下第者恐授以路府學正及書院山

長文增取鄉試備榜亦授以郡學錄及縣教諭於是
科舉取士得人為盛焉

　學校

世祖至元八年春正月始下詔立京師蒙古國子學
教習諸生於隨朝蒙古漢人百官及怯薛歹官員選
子弟俊秀者入學然未有員數以通鑑節要用蒙
古語言譯寫教之俟生員習學成效出題試問觀其
所對精通者量授官職成宗大德十年春二月增生
員廩饍通前三十員為六十員武宗至大二年定伴
讀員四十人以在籍上名生員學問優贍者補之仁

宗延祐二年冬十月以所設生員百人蒙古五十人
色目二十人漢人三十人而百官子弟之就學者常
不下二三百人宜增其廩餼乃減去庶民子第一百
一十四員聽陪堂學業於見供生員一百名外量增
筆墨止給三十人蒙古字學十二月中書省定學制頒行之
月置諸路官蒙古字學上路二人下路二人府一人
命諸路府官子弟入學上路三十人下路二十五人願
州一人餘民間子弟入學上路三十人下路二十五人願
充生徒者與免一身雜役以譯寫通鑑節要頒行各

路俾肄習之至成宗大德五年冬十月又定生散
府二十人上中州十五人下州十人元貞元年命有
司割地給諸路蒙古學生員餼廩其學官至元十九
年定擬路府設教授以國字餼廩在諸字之右府州
授一任准從八品再歷路教授以國字一任准正八品任回
本等遷轉大德四年添設學正一員上自國學下及
州縣舉生員高等從翰林考試凡學官譯史取以充

〈元史志卷三十一〉 十五

焉
世祖至元二十六年夏五月尚書省臣言亦思替非
文字宜施於用今翰林院益福的哈魯丁能通其字
學乞授以學士之職凡公卿大夫與夫富民之子皆
依漢人入學之制曰肄習之帝可其奏是歲八月始
置回回國子學至仁宗延祐元年四月復置回回國
子監設監官以其文字便於關防取會數目令依舊
制篤意領教泰定二年春閏正月以近歲公卿大夫
子弟與夫凡民之子入學者衆其學官及生員五十
餘人已給飲膳者二十七人外助教一人生員二十
四人廩饍並令給之學之建置在於國都凡百司廠
府所設譯史皆從本學取以充焉
太宗六年癸巳以馮志常為國子學總教命侍臣子

第十八人入學世祖至元七年命侍臣子第十有一
人入學以長者四人從許衡童子七人從王恂至二
十四年立國子學而定其制設博士通掌學事分教
三齋生員講授經旨而專守一齋正錄申明規矩督
習課業而讀書必先孝經小學論語孟子
大學中庸次及詩書禮記周禮春秋易博士助教親
授句讀正錄讀音訓正錄伴讀以次而傳習之次日抽籤令諸生
復說其功課對屬詩章經解史評則博士出題生員

〈元史志卷三十一〉 十六

其藁先呈助教俟博士既定始錄附課簿以憑考校
其生員之數定二百人先令一百人及伴讀二十人
入學其百人之內蒙古半之色目漢人半之許衡又
著諸生入學雜儀及日用節目七年命生員八十人
月始定國子生蒙古色目漢人三歲各貢一人十年
冬閏十月國子學定蒙古色目漢人生員二百人三
年各貢二人武宗至大四年秋閏七月定生員額三
百人冬十二月復立國子學試貢法蒙古授官六品
色目正七品漢人從七品試蒙古生之法宜從寬色

目生宜稍加密漢人生則全科塲之制仁宗延祐二年秋八月增置生貟百人陪堂生二十人用集賢學士趙孟頫禮部尚書元明善等所議國子學貟試之法更定之一曰陞齋等第六齋東西相向下兩齋左曰游藝右曰依仁凡誦書講說小學屬對者隷焉中兩齋左曰據德右曰志道講說四書課肄詩律者隷焉上兩齋左曰時習右曰日新講說易詩書課肄經義論策試蒙古色目漢人隷焉每季考其所習經書課業及不違規矩者以次遞陞二曰私試規矩漢人驗日新時習兩齋蒙古色目志道據德兩齋本學實歷坐齋二周歲以上未嘗犯過者許令充試限實歷坐齋三周歲以上以充貢舉漢人私試孟月試經疑一道仲月試經義一道季月試策問表章詔誥科一道蒙古色目人孟仲月各試明經一道季月試策問一道辭理俱優者為上等準一分理優辭平者為中等準半分每歲通計其年積分至八分以上者陞充高等生貟以四十名為額內蒙古色目各十名漢人二十名歲終試貢貟不必備惟取實才有分同闕少者以坐齋月日先後多少為定其未及等并雜入等無關者其年積分並不為用

下年再行積算每月初二日蚤旦圓揖後本學博士助教公座面引應試生貟各給印紙依式出題考試不許懷挾代筆各用印紙真楷書寫本學正錄彌封謄錄餘並依科舉式助教博士以次考定次日監官覆考於名簿內籍記名得分數本學收掌以俟歲終通考三曰黜罰科條應私試積分生貟其有不事課業及一切違戾規矩者初犯罰一分再犯罰二分三犯除名從學正錄紏舉之正錄知見而不紏舉者從本監議罰之應已補高等生貟其有違戾規矩者初犯殿試一年再犯除名從學正錄紏舉之正錄知見而不紏舉者亦從本監議罰之應在學生員歲終實歷坐齋不滿半歲者並行除名月假外其餘告假並不準等學正錄歲終通行考校應在學生員除蒙古色目別議外其餘漢人生貟三年不能通一經及不肯勤學者勒令出學其餘並依世祖舊制其貢試之法從本學所擬大槩與前法畧同而防閑稍加嚴密焉其本學正錄各二員司樂一員典籍二員管勾一貟及侍儀舍人舊例舉積分生貟充之後以積分既革於上齋舉年三十以上學行堪範後學者為正錄

通曉音律學業優贍者為司樂幹局通敏者為典籍
管勾其侍儀舍人於上中齋舉禮儀習熟音吐洪暢
曾掌春秋釋奠每月告朔明贊襄與其能者充之文
宗天曆二年春三月惟伴讀貢數自初二十人歲貢
二人後於大德七年定四十人延祐二年歲貢八人為淹滯既
定四十人歲貢六人至大四年歲貢
額設四十名冝充部令史者四人路教授者四人是
後又命所貢生貢每大比選士與天下士同試於禮
部策於殿廷又增至備榜而加選擇焉
國初燕京始平宣撫王揖請以金樞密院為宣聖廟

太宗六年設國子總教及提舉官命貴臣子第入學
受業憲宗四年世祖在潛邸特命脩理殿廷及即位
賜以玉笏伻求為祭器至元十三年授提舉學校官
六品印遂改為大都路學署曰提舉學校所二十四
年既遷都北城立國子學于國城之東廼以南城國
子學為大都路學自提舉以下設官有差仁宗延祐
四年大興府尹馬思忽重脩殿門堂廡建東西兩齋
泰定三年府尹曹偉增建環廊文宗天曆二年復增
廣之提舉郝義恭又增建齋舍自府尹郝柔而別至
曹偉始定生貞凡百人每名月餼京畿漕運司及本

路給之泰定四年夏四月諸生始會食于學焉
太宗定中原即議建學設科取士世祖中統二年
始命置諸路學校官凡諸生進脩者嚴加訓誨務使
成材以備選用至元十九年夏四月命雲南府諸路皆
建學以祀先聖二十三年二月帝御德興府行官詔
江南學校舊有學田復給之以養士二十八年令江
南諸路學及各縣學內設立小學選老成之士教之
或自願招師或自受家學于父兄者亦從其便其他
先儒過化之地名賢經行之所與好事之家出錢粟
瞻學者並立為書院凡師儒之命於朝廷者曰教授

路府上中州置之命於禮部及行省及宣慰司者曰
學正山長學錄教諭路州縣及書院置之路設教授
學正學錄各一貞散府上中州設教授一貞下州設
學正一貞縣設教諭一貞書院設山長一貞中原州
縣學正山長學錄教諭並受禮部付身各省所屬州
縣學正山長學錄教諭並受行省及宣慰司劄付凡
路府州書院設直學以掌錢穀從郡守及憲府官試
補直學考滿又試所業十篇陞為學錄教諭凡正長
諭錄教諭或由集賢院及臺憲等官舉充之諭錄歷
兩考陞正長正長一考陞散府上中州教授上中州

教授文歷一考陞路教授之上各省設提舉二
員正提舉從五品副提舉從七品提舉凡學校之事
後改直學諭考滿為州吏例以下第舉人充正長榜
舉人充書院凡生員擬錄有薦舉者亦參用之自京學及州縣學
以及書院凡生徒之肄業於是者亦參用之自京學及州縣學
考覈之或用為教官或取為吏屬徃徃人材輩出矣
世祖中統二年夏五月太醫院使王猷言醫家久
廢後進無所師授竊恐朝廷一時取人學非其傳為
害甚大乃遣副使王安仁授以金牌徃諸路設立醫
學其生員擬免本身撒醫差占等役俾其學有所成

每月試以疑難視其所對優劣量加勸懲後又定醫
學之制設諸路提舉綱維之凡官臺所需省臺所用
轉入常調可任親民其從太醫院自遷轉者不得視
此例又以示仕途也然太醫院官既受
宣命皆同文武正官五品以上遷敘餘以舊品職遜
院副使陞至大使考滿依舊例於流官銓注諸教授
陞子孫廕用同正班叙其掌藥充都監直長充御藥
皆從太醫院定擬而各路主善亦擬同教授
品凡隨朝太醫及醫官子弟及路府州學官並從九
試驗其各處名醫所述醫經文字悉從考校其諸藥

焉
所產性味真偽悉從辨驗其隨路學校每歲出降十
三科疑難題目具呈太醫院發下諸路醫學令生員
依式習課醫義年終置簿解納送本司以定其優劣
焉
世祖至元二十八年夏六月始置諸路陰陽學其在
腹裏襄江南若有通曉陰陽之人各路官司詳加取
精通者每歲錄呈省府赴都試驗果有異能則於司
依儒學醫學之例每路設教授以訓誨之其有術數
天臺內許令近侍延祐初令陰陽人依儒醫例於路
府州設教授員凡陰陽人皆管轄之而上屬於太史
焉

舉遺逸以求隱跡之士擢茂異以待非常之人世祖
中統間徵許衡授懷孟路教官詔選子
弟之俊秀者教育之是年又詔徵金進士李冶授翰
林學士徵劉因為集賢學士不至又用平章王咸寧
野仙薦徵蕭㪍不起即授陝西儒學提舉至元十八
山林隱逸之士二十年復召拜劉因右贊善大夫辭
年詔求前代聖賢之後儒卜筮通曉天文曆數并
不久未幾以親老乞終養奉給一無所受後遣使授
命于家辭疾不起二十八年復詔求隱晦之士俾有

司具以名聞成宗大德六年徵臨川布衣吳澄擢應
奉翰林文字拜命即歸九年詔求山林間有德行文
學識治道者遣使徵蕭㪣且曰或不樂於仕可試一
來與朕語而遣歸至大三年復召吳澄拜國子司業
以病還延祐三年召拜集賢直學士又以疾不赴至治
三年召拜翰林學士武宗仁宗累徵蕭㪣授集賢學
士國子司業未赴改集賢侍講學士又以太子右諭
德徵始至京師授集賢學士國子祭酒諭德如故仁
宗延祐七年十一月詔曰比歲設立科舉以取人材
高應高尚之士晦跡丘園無從可致各處其有隱居

行義才德高邁深明治道不求聞達者所在官司具
姓名牒報本道廉訪司覆奏察聞以備錄用又屢詔
求言於下使得進言於上雖指斥時政並無譴責往
往采擇其言任用其人列諸庶位以圖治功其他著
書立言裨益教化啓迪後人者亦斟酌錄用著為常
式云

童子舉唐宋始著于科然亦無常員成宗大德三年
舉童子楊山童海童五年大都提舉學校所舉安西
路張泰山江浙行省舉張昇甫武宗至大元年舉武
福安仁宗延祐三年江浙行省舉俞傅孫馮怗哥六

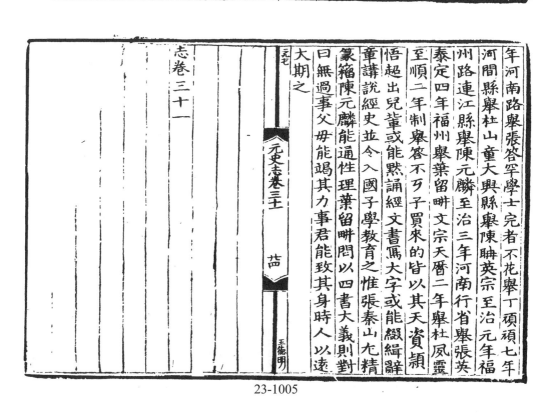

年河南路舉張答罕學士完者不花舉丁頑頑七年
河間縣舉杜山童大興縣舉陳元麟英宗至治元年福
州路連江縣舉陳元麟至治三年河南行省舉張英
泰定四年福州舉葉留畊文宗天曆二年舉杜鳳鸞
至順二年制舉㲄不㪣子買來的皆以其天資頴
悟超出兒輩或能默誦經文書寫大字或能綴緝辭
章講說經史並令入國子學教育之惟張泰山尤精
篆籀陳元麟能通性理葉留畊問以四書大義則對
曰無過事父母能竭其力事君能致其身時人以遠
大期之

《元史志卷三十一》

志卷三十一

翰林學士承旨大光祿大夫知制誥兼修國史兼□□□　翰待制承直郎兼國史院編修官臣□□□奉

勅修

選舉二

　銓法上

九恠薛出身元初用左右宿衛為心膂不牙故四怯
薛子孫世為宿衛之長使得自舉其屬諸怯薛歲久
被遇常加顯擢惟長官薦用則有定制至元二十年
議久侍禁闈門地崇高者初受朝命散官減職事一
等否則量減二等至大四年詔蒙古人降一等色目
人降二等漢人降三等

凡臺憲選用大德元年省議臺官舊無選法俱於民
職選取後互相保選省臺各為一選宜令臺官幕官
聽自選擇惟廉訪司官則省臺共選若臺官於省部
選人則與省官共議之省官於臺憲選人亦與臺官
共議之至元八年定監察御史任滿在職無異政元
係七品以下者例加一等六品以上者陞擢其有不
稱者斟酌銓注
顧權勢彈劾非違及利國便民者別議陞除或有不

九選舉守令至元八年詔以戶口增田野闢詞訟簡

元史志卷三十二　一

盜賊息賦役均五事備者為上選九年以五事備者
為上選陞一等四事備者減一資三事有成者為中
選依常例遷轉四事不備者添一資五事俱不舉者
黜降一等二十三年詔勸課農桑克勤奉職者以次
陞獎其怠於事者罷之二十八年詔路府州縣除
達魯花赤外長官管民者並宜選用漢人素有聲望及勳臣
故家并儒吏出身資品相應者佐貳官遴選色目漢
人參用庶期於政平訟理民安盜息而五事備矣

九進用武官至元十五年詔軍官有功而陞職者舊
以其子弟襲職陣亡者許令承襲若罷去者以有功

者代之十七年詔渡江總把百戶有功陞遷者總把
依千戶降等承襲百戶無遞降職名則從其本等十
九年奏擬萬戶千戶百戶物故視其子孫堪承襲者
依例承襲外都元帥招討使總管視其子孫堪承襲
者承襲者止令管其元軍元帥招討子孫為萬戶總管
子孫為千戶總把子孫為百戶給元佩金銀符故
子孫為千戶總把子孫為百戶本等承襲二十年詔萬戶千戶百
戶分上中下三等定立條格通行遷轉以三年為滿
理算資考陞加品級若年老病故者令其子弟依例
廮叙是年以舊制父子相繼管領元軍不設蒙古軍

元史志卷三十二　二

何宗大

官故定立資考三年為滿通行遷轉後各翼大小軍

官俱設蒙古軍官又無調遣征進已離翼難與民

官一體遷轉隨叙合將萬戶千戶鎮撫自奏准日為

始以三年為滿通行遷轉百戶以下不拘此例凡軍

官征戰有功過者驗實跡陞降自四品小翼萬戶大

翼萬戶下設與魯官受院劄若干碑投

魯官從五品各千戶翼與魯官亦設與魯官受院劄各千

戶與魯不及一千戶者或二百戶三百戶以遠就近

以小就大合併為千戶翼與魯官受院劄以遠就

下難以合併宜再議之又定首領官受勅牒元帥招

《元史志卷三十二》　三

討司經歷知事就充萬戶府經歷知事換降勅牒如

元翼該革別與遷除若王令旨并行省劄付充提

劄付經歷充中下萬戶府知事行省諸司劄付充提

領案牘并各翼萬戶自設經歷知事一例俱作提控

案牘隨各翼萬戶自設經歷知事一例俱作提控

已擬受院劄外任千戶鎮撫所提控案牘合從行省

許准受萬戶府付身二十四年詔諸求襲其父兄之

職者宜察其人而用之凡舊臣勳閥及有戰功者其

子弟當先任以小職若果有能則大用之二十五年

軍官陣亡者本等承襲病故者降二等錐陣亡其子

弟無能勿用雖病故其子弟果能不必降等於本等

用之大德四年以上都虎賁司并武衛內萬戶千戶

百戶各翼達魯花赤亡殁而無奏准承襲定例似為偏負

今後各翼達魯花赤亡殁而無奏准承襲定例似為偏員

無能則止五年詔軍官有不赴任者有患病因事不

行者有已赴任被差委而出公事已辦為私事稱故

不廻者令後宜限以六月越限者以他人代之期年

後以他職授之十一年詔色目鎮撫已殁其子有能

依例用之子幼則取其兄弟之子有能者用之俟其

子長即以其職還之至大二年議各衛翼首領官至

《元史志卷三十二》　四

經歷以上不得陞除似與官軍一體其子孫乃不得

承襲令後年踰七十而散官至正從四品者宜正從

五品軍官內任用四年詔軍官有故令其嫡長子亡殁

全嫡長孫為之嫡長孫亡殁則令嫡長子亡殁

為之若嫡長俱無則以其兄弟之子相應者為之

太禧院天曆元年罷會福殊祥二院而立之秩正二

品其所轄諸司則從其擢用

宣徽院皇慶二年省臣奏其所轄倉庫屯田官貟半

由都省半由本院用之

中政院至大四年言諸司錢糧選法悉令中書省掌

之可更選人任用移文中書給降宣勑延祐七年院
臣啓皇后位下中政院用人奉懿旨依樞密院御史
臺等例行之

直省舍人內則侍相臣之興居外則傳省闥之命令
選宿衛及勳臣子弟爲之又擇其高等二人專掌奏
事至元二十五年省臣奏其充是職者俾受宣命大
德八年擬歷六十月者始令從政

凡禮儀諸職有太常寺檢討至元十三年擬歷一百
月除從八品 有御史臺殿中司知班十五年擬歷
九十月除正八品 有通事舍人二十年議從本司

元史志卷三十二 （五）

選巳入流品職官爲之考滿驗應得資品陞一等遷
用未入流官人員擬充侍儀舍人受中書省劄一考
除從九品三十年議於二品三品官子內選用不限
篶叙兩考從七品遷叙 有侍儀舍人三十年議於
四品五品官子內選用不限 有侍儀舍人三十年議於
三年議有關宜令侍儀司於到部正從九品流官內
選用仍受省劄三十月爲滿依朝官內陞轉如不敷
用於應得府州儒學教授內選用歷一考正九品叙
有禮直管勾大德三年省選合用到部人員俱從太
常寺舉保非常選除充者任迴止於本衙門叙用

有郊壇庫藏都監二人至大三年議受省劄者歷一
考之上受部劄者歷兩考之上冉歷本院屬官一任
擬於從九品內叙者歷天曆二年擬在朝文翰衙門於國
子生員內舉充

大德七年部議巡檢流外職任擬三十月爲一考任
迴於從九品遷叙二十年議巡檢自立格月日爲始
至元九年部議巡檢各處所委巡檢六十月陞從九品
兩考之上者循舊例九十月出職不及兩考者須歷
一百二十月方許出職選轉十年省奏旨腹裏巡
檢任迴及考者止於巡檢內注授所歷未及者於錢

元史志卷三十二 （六）

穀官內定奪通理巡檢月日各處行省所設巡檢考
滿者咨省定奪未及考滿者行省錢穀官等職內
委用通理月日依舊陞轉不及一考如係告篶並提
控按牘例應轉充者於雜職內考滿各理本等
月日依例陞轉

腹裏諸路行用鈔庫至元十九年部擬巡檢考
選充係八品九品人員三十月爲滿於本處
減一資歷通理遷叙 庫使受都省劄付任滿從優
遷叙 庫副受本路劄付二十月爲滿於本處上戶
內公選交替 陝西四川西夏中興等路提舉司鈔

庫俱係行省管領合就令依上選擬庫官移文都省
給降勑牒劄付省議除鈔庫使副咨各省選擬外提
領省部選注　腹裏官員二十六年定選充倉庫等
官擬於應得資品上陞一等通理月日陞轉江南
官員若曾腹裏歷仕前資相應依例陞轉遷去江淮
歷仕人員所歷月日一考之上者除一考准爲根脚
餘有月日後任通理不及考者添一資若選充倉庫
等官擬於應得資品上例陞一等任回依上於腹裏
陞轉　接連官員選充倉庫等官應本地面從七品
者准筭腹裏從七資品歷過一考者爲始理筭月日
後任通理一考之上餘有月日後任通理不及考者
添一資陞轉　福建兩廣官員選充倉庫等官應得
本地面從七品者准筭江南從七資品歷過一考者
爲始理筭月日一考之上餘有月日後任通理不及
考者添一資陞轉　元係流官任回止於流官內任
用雜職者雜職內遷敘　萬億庫寶鈔緫庫八作司
以一年滿代錢物甚多未易交割宜以二年爲滿少
者以一年滿代　上都稅務官止依上例遷轉　都
省所轄去處二周歲爲滿者各處都轉運使司官司
屬官首領官　各處都漕運使司官首領官　諸路

寶鈔都提舉司官　腹裏江南隨路平準行用庫官
印造寶鈔庫官　鐵冶提舉司官首領官　新舊
提舉司官首領官　銀塲提舉司官首領官　採金
運粮提舉司官首領官　都提舉萬億庫八作司寶
鈔緫庫官首領官　一周歲爲滿者泉府司所轄富藏
庫官　廩給司　四賓庫　薄歛庫官　大都稅課
倉官　河倉官　通州等處倉官應受省部劄付管
太倉官首領官　酒課提舉司官首領官　大都省
錢穀院務雜職等官　大都平準行用庫官　燒鈔
四庫官　抄紙坊官　弊源庫官　行省所轄去處
二周歲爲滿者各處都轉運使司官司屬官首領官
各處都漕運使司官首領官　行諸路寶鈔都提
舉司官　腹裏江南隨路平準行用庫官　甘州寧
夏府等處都轉運使司官　市舶提舉司官首領官
榷茶都提舉司官首領官　一周歲爲滿者泉府
司所轄阜通庫官　各處行省收支錢帛諸物庫官
三十年部議九內外平準行用庫官提領從七品
大使從八品副使從九品若流官內選充者任廻減
一資陞轉雜職人員上理本等月日　元貞二年部

議九倉官有闕於到選相應職官并諸衙門有出身
令譯史通事知印宣使奏差兩考之上人內選用依
驗難易收粮多寡寔等任回於地方遷叙通
州河西務李二寺等倉官任回於應得資品上陞一等分
消交割別無短少減一資通理在都并城外倉官於應得資品上陞一等分
收粮五萬石之上倉官於應得資品上陞一等滿
交割別無短少依例遷叙
收粮一萬石之上倉官於應得資品上陞一等滿分
止依應得品級除授任滿交割別無短少減一資通
理一大德元年省擬大都萬億四庫富寧庫寶鈔總
庫上都萬億庫官並依合得資品選注須二周歲滿

吳仲明

日別無短少擬同隨朝例陞一等 二年省 上都
應昌倉官比同萬億庫官例二周歲為滿於應得資
品上擬附一等六年部議在都平準行用庫官擬
一資陞二周歲為滿元係流官內選充者任
減一資陞轉和林昔寶赤八剌哈孫孔古烈攺
回減一資陞 萬億四庫知事例陞一等提控按
合典外路一體二周歲為滿於到選人內選
品上擬附一等司提舉一員從五品同提舉一員從
續減資遷轉萬億四庫赤八剌孫於到選人內選
立從五品提舉一員從七品周歲為滿於到選人內
六品副提舉一員從七品周歲為滿於到選人內
充應得資品上擬陞二等任回還用所歷月日通理
甘肅二路每處設監支納一員正六品倉使一

元史卷三十二 十

從六品倉副一員正七品二周歲為滿於到選人內
銓注入倉先陞一等滿交割別無短少又陞一等
受給庫提領一等滿攢典若干人各
設二名七年部擬大都路永豐庫提領從七品大使
從八副使一員從九品副使一員係江西省英
德路河西務兩處設立平準行用庫擬合設
從七品以下人員體例銓注 英德路平準行用庫提
領一員從七品大使一員正八
甘肅行省豐備庫提領一員從七品吏部割 河
西務行省豐備庫提領一員從

品於到選迤西資品人內陞等銓注 大同倉官擬
二周歲交代永盈倉例陞一等其餘六倉任回擬減
一資陞轉八年部議所轄散府司吏充
倉官依河南行省散府司吏充者降等定奪至大二年部呈九平準行用庫
取充者降等定奪 今後比例通理
為滿依例減資 設官二員常平倉設官三員於流官內銓注以二
皇慶元年部議上都兩倉二周歲為滿減一資陞
於應得資品上擬陞一等歷過月日今後比例通理
轉延祐四年部議江浙行省各路見役司吏已及

吳仲明

兩考選充倉官五萬石之上比同考滿出身充典史
一考陞吏目五萬石之下者於典史添一考依例遷
叙湖廣行省倉官如係路吏及兩考選充倉官一
界同考滿出身充典史一考陞吏目遷叙庫官周歲
准理本等月日考滿依例陞轉
九稅務官陞轉至元二十一年省議應叙辦課官分
三等一百定之上設提領一員五十定之下設都監
各路差人管辦都監歷三界陞提領歷三界
設務使一員五十定之下設
月日不及者通理務使歷三界

受省劄錢穀官再歷三界始於資品錢穀並雜職
任用各處就差相副官增及兩酬者聽各處官司
再差增及三酬以上及後界又增者申部定奪 二
十九年省判所辦諸課增虧分數陞降人員增六分
陞二等增三分陞一等其增不及分數比全無增者
到選量與從優黜允一分降一等 三十年省擬提
領二年爲滿省部於流官內銓注一萬定之上擬從
六品五千定之上擬正七品二千定之上擬從
一千定之上正八品五百定之上從八品大使副使
俱周歲交代大使從行省吏部於解由合叙相應人

周伯明

内遷調副使從各路於本處係籍近上戶內公選
至大三年詔定立辦課例一百定之下院務官分爲
三等五十定之上爲上等設提領一百定之下
一員受部劄二十定之上爲中等設大使副使各一
員二十定之下爲下等設都監同監四界陞提領又
劉並以一年爲滿齊界交代設都監同監歷三界陞錢穀
官並雜職內遷用行省差設人員各添兩界陞轉仍
自立界以後始理算月日並於有陞轉出身人員
內定奪不許濫用白身議得例前部劄提領於大使

内銓注都監同監本等擬注止依歷一十二界至大
三年例後擬入錢穀人員及正從六品七品取雁子
孫亦依先例陞轉不須添界外其餘雜進之人依今
次定例遷用通歷一十四界依上例陞轉
至元九年部議九總府續置提控案牘吏員文資出職
深似比迤撿例同考滿轉入從九緣從九係銓注
撿關提領案牘吏員不敷銓注撿提轉資考兼考蒲轉
多闕少本等人員文資出職凡陞轉資考等考蒲轉
陞從八正九兩任陞從八迤撿提領案牘等考蒲轉
入從九從九再歷三考陞從八通理一百二十月陞

周伯明

巡檢依已擬提領案牘權擬六十月正九再歷兩任
通理一百二十月陸從九較之陸轉資考即比巡檢
庶負關易就都吏目擬吏目一考轉充
充提領案牘考滿依上轉入流品都吏目歷一考轉
止注本等職名驗理陸轉　二十年部擬提控案牘
九十月陸九品　二十五年部擬各路司吏實歷六
十月吏目兩考陸都吏目歷一考提控案牘兩考陸
正九若依路司吏九十月吏目歷一考與都吏目皆
裏路司吏至元二十五年呈准定例遷除其餘已行

《元史志卷三十二》　十三

依上陸轉省議江南提控案牘除各路司吏比附服
宜調用似涉延滯下部先儘到選巡檢餘關惟告銓
已歷提控案牘月日者任田止於提控案牘內遷叙
三十一年省議都目巡檢負關雖不相就若不從
十年省准提控案牘補注巡檢陸轉資品不相爭懸如
直補并自行路逐歷案牘兩考者再添資遷除　三

擬三十月爲滿任回本等内不次銓注　三年部擬
門計設吏目一百餘處其籍記未注者以次銓注俱
歲轉陸吏目除行省所轄外腹裏下州并雜職等衛
省君典吏例於大都路州司吏縣典史内勾補二周
注任回各理本等月日　大德二年省准京城内外

提控案牘都吏目有三周歲二周歲一周歲爲滿者
俱以三十月爲滿　八年省准和林兵馬司掌管案
牘人等比依下州合設吏目一員於籍記吏目外發
補任田從九品遷用添一資陸轉　司吏量擬四名
從本司選補通理業者六十月提控案牘司吏
九年部呈都吏目已於典史内叅注各理本等籍記案牘
驗歷仕以近就近於吏目關内叅注宜將籍記案牘
吏請俸九十月方得吏目一考陸
十一年江浙省臣言各路提控案牘改受勅牒不
見通例部照九十月提控案牘皆自府州司縣轉充

《元史志卷三十二》　十四

案牘兩考正九品通理二百一十月入流其行省所
委者九十月與九品令議行省委例革提控案牘
合於散府諸州案牘都吏目并雜職錢穀官内行省
依例銓注通理月日陸轉之後行省所設提控案牘
都吏目合依江北由司縣府州轉充路吏通理月日
考滿方許入流

九選取宣使奏差至元三十九年部擬六部奏差額設
數目每一十名令各部選取四名九十月與從九
品餘外合設數目俱於到部巡檢提領案牘都吏目
内選取候考滿日驗下項資品銓注省准解由到部

關會完備人員內選取應入吏目選充奏差三考與
從九品吏目一考應入都目人員選充奏差兩考與
從九品都目一考入提領案牘人員選充奏差一考與
考與從九品提領案牘一考選充奏差一考與
正九品二十六年省准上都留守司兼本路都總
管府典吏出身歷九十月比通政院例合轉補本司
宣使考滿依例定奪　二十九年省議行省行院宣
使於正從九品有解由職官內選取如是不敷於各
道宣慰司一考之上奏差本衙門三考典吏內選
不敷於各道廉訪司　三考奏差內并本衙門三考典

吏內選取仍須色目漢人相參選取自行踏逐者亦
須相應人員考滿例降一等須歷九十月方許出職
內外諸衙門宣使　以色目漢人相參九十月爲滿
自行踏逐者降一等　九內外諸衙門宣使通事知
印奏差都省宣使有關於臺院等衙門一考之上宣
使并有解由正從八品職官內選如係都省直選
人負不拘此例仍須色目漢人相參選取自行踏逐
者考滿例降一等須歷九十月方許出職　樞密院
宣使正從九品職官內選取仍須色目漢人相參選
用自行踏逐者亦須相應人員選取仍須考滿例降一等須歷

九十月方許出職　御史臺宣使正從九品職官內
選取自行踏逐者考滿例降一等須歷九十月方許
出職　宣政院宣使選補　宣慰司奏差於本衙
門三考典吏內選取自行踏逐者考滿降等敘須色
目漢人系用歷九十月方許出職　山東運司奏差
九十月於近下錢穀官內任用　八年部呈
七年省准鞏昌等處便宜都總帥府令史人等已
擬依各道宣慰司令史人等一體出身自行踏逐者
降等敘有關於本司
各寺監保本廳典吏補奏差若元係儤典吏本把

人等補充者考滿同自行踏逐者降等敘　九年擬
宣徽院典吏九十月補宣使并所轄寺監令史
十年省擬中政院宣使於本衙門三考之上典吏及
正從九品職官內選用以色目漢人相參自行踏逐
者降等　十一年省擬燕南廉訪司奏差自行踏逐
補考滿同都目內遷用　延祐三年省議各衙門典
吏須歷九十月方許轉補奏差
九匠官至元九年工部驗各管戶數二千戶之上至
一百戶之上隨路管匠官品級省議除在都總提舉
司去甄依准所擬　東平雜造提舉司并隨路織染

提舉司二千戶之上提舉正五品同提舉從六品副
提舉從七品一千戶之上提舉從五品同提舉正七
品副提舉正八品五百戶之上提舉正七品副提舉
正六品同提舉從七品副提舉從八品三百戶之上
大使正七品副使從八品一百戶之上大使從七品
副使從八品一百戶之下院長一員同院務例不入
一百戶之上局使正七品副使正八品一百戶之下
司劄付者依已擬充院長已受宣牌充局使者比附
二年凡選取陞轉匠官資格元定品給員數提舉司
流品量給食錢凡一百戶之下管匠官資品受上

《元史志卷三十二》〈十七〉 付縫之

二千戶之上者無之一千戶之上提舉從五品同提
舉正七品副提舉正八品五百戶之上一千戶之下
提舉正六品同提舉從七品副提舉從八品使副三
百戶之上局使正七品副提舉從八品一百戶之下
使從七品副使從八品一百戶之上局
務院例不入流品工部議三百戶之上局副從八
選充院長一百二十月陞正九正九兩考陞從八從
八三考正八兩考俱陞從七如正八有關別無資品
相應人員於已授從八匠官內選注通歷九十月陞

從七從七三考陞正七正七兩考陞從六從六三考
正六兩考俱陞從五從六三考
歷正七兩考擬陞從六散官止於正七匠官有關於
轉九十月陞從五如正六散官加從六散官
官人員內選注通歷九十月陞正六匠官有關於散
匠官內遷轉如歷仕年深至日斟酌定奪至元十二
年以前受宣勅省劄人員依管民官例擬准已受資
品十三年以後受宣勅省劄人員若有超陞越等者
驗實歷俸月定擬合得資品上例存一等遷用管

《元史志卷三十二》〈十八〉 付縫之

匠官遇有關員去處如無資品相應之人擬於雜職
資品相應到選人內銓用九中原江淮匠官止從
五品子從九品匠官內廳敘六品七品子於院長內
敘用以匠官無從九品匠官內廳擬正五品子應廳者於
正九匠官內銓注任回理算從九月日二十三年
詔管匠官其造作有好惡處少勿令遷轉二十四
年部言管匠衙門首領官宜於本衙門內選委知會
造作相應人員區用勿令遷轉合依舊例從本部於
常選內選差相應人員掌管案牘任滿交代遷叙
元貞元年准湖廣行省所擬三千戶之上提舉司從

五品提舉從五品同提舉正七品副提舉正八品二
千戶之上提舉司正六品提舉正六品同提舉正七
品副提舉從八品一千戶之上局局使從七
正八品五百戶之上局局使正七品副使正九品五
百戶之下院長一員

轉

四年省劉應給印貟若受宣命及諸王令旨
廷而後授其職至元二年詔以各投下總管府之官
不遷外其所屬州縣長官於本投下分到城邑內遷
九諸王分地與所受湯沐邑得自舉其人以名聞朝

或投下官貟批劄省府樞密院制府左右部劄付者
驗戶給印五年詔九投下官必湏用蒙古人貟
六年以随路見任并各投下叛差達魯花赤內多女
直契丹漢人陳四回畏吾兒乃蠻唐兀同蒙古例許
叙用其餘擬合革罷魯歷仕者於管民官內叙用
十九年詔各投下長官宜依例三年一次遷轉省
臣奏江南諸王分地長官已令如例遷轉其間若有
兼管軍鎮守為達魯花赤者一體代之似為不宜合
令於投下長官之上署字一同蒞事二十年議諸
王各投下千戶於江南分地巳於長官內委用其州
縣長官亦令如之似為相宜二十三年諸王駙馬

并百官保送人貟若魯仕者驗資歷於州縣內相間
用如無歷仕從本投下自用三十年各投下州縣
長官三年一次給由互相遷轉如無可遷轉依例給
由申呈省部仍牒廉訪司體覆大德元年諸投下
達魯花赤從七以下者依例類選十年議各投下
官貟非奉省部明文毋得擅自離職皇慶二年詔
各投下所分地城邑長官其常選所用者居眾人之上
一貟三年以中下縣主簿錄事司錄判掌錢粮捕
盜等事不宜減去并增置副選魯花赤一貟四年
投下所委者為添設其常選內路府州及各縣內減

投下有闕用人自於其投下內選用不許冒用常選
內人

九壩寨官至元十九年省部擬都水監併入本部其
九投下郡邑令自置達魯花赤其為副者罷之各
壩寨官比依各部奏差出身大德二年擬考滿除從
九品

九入粟補官天曆三年河南陝西等處民饑省臣議
江南陝西河南等處富實之家願納粟補官者驗粮
數等第從納粟八運至被災處所隨即出給勘合朱
鈔實授茶鹽流官咨申省部除授凡錢粮官隷行省

者行省銓注腹裏省者吏部注擬考蒲依例陞轉其
願折納價鈔者並以中統鈔爲則江南三省每
十兩陝西省每石八十兩河南并腹裏每石六十兩
其實授茶鹽流官如不願住而讓封父母者聽陝
西省一千五百石之上從八品三百三十石之上
上從九品一百石之上上等錢穀官五十石之上
等錢穀官五十石之上下等錢穀官三十石之上中
百石之上正八品一千石之上從八品五百石之五
表門閭　河南并腹裏二千石之上從七品一千五

正九品三百石之上從九品二百石之上上等錢穀
官一百五十石之上中等錢穀官一百石之上下等
錢穀官　江南三省一萬石之上正七品五千石之
上上等錢穀官三千石之上正八品二千石之上從
一千石之上正九品五百石之上從九品三百石之
上上等錢穀官二百五十石之上中等錢穀官二百
石之上下等錢穀官　凡先嘗入粟遙授虛名者今
再入粟則依驗粮數照依資品今實授茶鹽流官
陝西省一千石之上從七品六百六十石之上正九
品三百三十石之上

百三十石之上從九品　河南并腹裏一千三百石
之上從七品一千石之上正八品六百六十石之上
從八品三百三十石之上正九品二百三十石之
品　江南三省六千六百六十石之上正九品三千
三百三十石之上從八品二千二百六十石之上正
三百三十石之上從七品一千五百石之上正八品
三百三十石之上從九品
官者今再入粟則依驗粮數加等陞職　陝西省七
百五十石之上一百五十石之上
五十石之上

上七百五十石之上五百石之上
一百五十石之上
三百石之上六字師
師號一百石之上二字師號俱禮部出給
所轄地分富實民戶有能入粟赴江陵者依河南省
入粟補官例行之其粮見在價鈔於此差人赴河
江西湖廣三省已耀官粮見在價鈔於此差人赴河
南省別與收貯合用之時從長處置
凡獲盜賞官大德五年詔獲強盜五人與一官捕盜
官及應捕人本境失盜而獲他境盜者聽功過相補
僧道能以自已衣鉢濟饑民者

獲強盜過五人捕盜官減一資至十五人陞一等應捕

人與一官不在論賞之列

凡控鶴傘子者至元二十二年擬控鶴受省劄保充御

前傘子者除充拱衛都直指揮使司鈐轄官進義副

尉二十八年控鶴提控受勅進義副尉正九於從八內遷

戶及一考擬元除散官從八職事正九於從八內

注元貞元年控鶴提控奉旨充速古兒赤一年受

省劄充御前傘子控鶴提控傘子從七品延祐三年

離役百戶人等擬從八品傘子從七品

遷用大德六年控鶴百戶部議於巡輪內任其

元史志卷三十一

控鶴百戶歷兩考之上擬於正九品遷用

凡王典赤至元二十七年定擬歷三十月至九十月

者並與縣達魯花赤進義副尉一百月以上者官敕

武校尉至大二年令王典赤權於州判縣丞內銓

注三年令佐擬例九十月除從七下縣達魯花赤任

回添一資

凡蠻夷官議播州宣撫司保蠻夷軍民副長官係遠

方蠻夷不拘常調之職合准所保其蠻夷地分雖不

拘常調之處而所保之人多有泛濫今後除襲替土

官外急闕久任者依例以相應人舉用不許預保遠

者罪及所由官司

元史志卷三十二

志卷第三十二

翰林學士承旨……制誥兼修國史……臣……
翰林侍講學士……國子院……官臣……補等奉

校修

選舉三

銓法中

《元史志三十三》　一

至元四年詔諸官品正從分等職官用廕各止一名
諸廕官不以居官去任致仕身故其承廕之人年
及二十五以上者聽　諸用廕者以嫡長子　諸用廕者以嫡長
子有廢疾立嫡長子之子孫曾玄同如無立嫡長
同父兄曾玄同如無立繼室所生如無立次室所生
孫惲生子及傍廕者皆於合叙品從降一等　諸廕
子入品職儒其資考流轉陞遷廉慎幹濟者依格超
陞特恩擢用者不拘此例其有不務廉慎遠犯禮法
者依格降罰除名　諸自九品依例遷至正三
品止於本等流轉二品以上選自特旨　諸職官廕
子之後若有餘子不得於諸官府自求職事諸官府
亦不許任用　五年詔諸廕官各具父祖歷仕緣由
去任身故歲月并所受宣勅劄付彩畫宗支指實該

如無立嫡子如絕嗣者傍廕其親兄弟各及子孫如
無傍廕伯叔及其子孫　諸廕者孫降子曾孫降

陳昱

《元史志三十三》　二

承廕人姓名年甲本勳官司體勘房親揭照籍冊別
無詐冒及無癈疾過犯等事上司審驗相同保結申
覆令親齎文解赴部　諸廕叙人貟除蒙古及已當
禿魯花人數別行定奪外三品以下七品以上年二
十五之上者當爆使一年並不支俸滿日三品至五
品子孫量材叙用外六品七品子准上銓注監當差
使已後通歷管匠官內遷用其身故匠官之子若依管民官
止於管匠官內遷用至正九品以下止有院長同院務
品級承廕緣自至正九品以下止有院長同院務
例不入流品似難一例廕用比附承廕例量擬正從

陳昱

五品子於九品匠官內叙六品七品子於院長內叙
凡爆直曾當怯薛身役已經歷仕及止有一子于
十八以上者並免　二十七年詔凡軍民官陣亡軍官
襲父職軍民官陣云者其子比父職降二等叙其孫若
弟復降一等　大德四年省議諸職官子孫廕叙
一品子正五品叙　從一品子從五品叙
二品子正六品叙　從二品子從六品叙
三品子從六品叙　從三品子正七品叙
三品子從七品叙　從三品子正八品叙
六品子正七品叙　從六品子正八品叙
三品子正九品叙　從三品子從九品叙
六品子於省部撥内用雜職內用　從六品子近上錢穀
八品子於流官於雜職內用
六品子於省部撥內用雜職官內用

官正七品子酌中錢穀官從七品子近下錢穀官

諸色目人比漢人優一等廳叙達魯花赤子孫與民

官子孫一體廳叙傍廳照例降叙至大四年詔諸

職官子孫承廳須試一經一史能通大義者免使

不通者發還習學蒙古色目願試者聽仍量進一階

延祐六年部呈福建兩廣海北海南左右兩江雲

南四川甘肅等廳叙之人如父祖始仕本廳止以

本地方叙用攝順裏江南歷仕陞等遷往者其子孫

弟姪承廳又注遠方誠可憐憫今將承廳人等量擬

叙用福建兩廣八番官員擬江南廳叙海北海南左

右兩江官員擬接連廳叙雲南官員擬四川廳叙四

川甘肅官員擬陝西廳叙

凡遷調閩廣川蜀雲南官員每三歲遣使與行省銓

注而以監察御史蒞之至元十九年省議江淮州

郡遠近險易不同似難一體今量分為三等若腹裏

常調官員遷入兩廣福建溪洞州郡者於本等資歷

上例陞二等其餘州郡例陞一等福建兩廣官員五

品以上照勘員闕移咨都省銓注六品以下就便委

用開具咨省二十年部擬遷叙江淮官員擬定應

得資品若於接連福建兩廣溪洞州郡任用陞一等

甘肅中興行省所轄係西夏邊地除本廳籍貫見

任官外腹裏遷去甘肅者擬陞二等中興府擬陞一

等二十一年詔管民官腹裏遷去四川陞一等接

連溪洞陞二等四川見任官遷往接連溪洞陞一等

若遷去溪洞諸蠻夷別議定奪達魯花赤就彼廳無

軍蒙古軍官內選擬不為常例二十二年江淮官

員遷於龍南安遠縣地分者擬陞二等仍以三十月

為滿陞轉二十八年詔腹裏官員遷去雲南近裏

城邑擬陞二等若極邊重地更陞一等行省咨保人

員比依定奪其蒙古土人及招附百姓有功之人不

拘此例　省臣奏准福建兩廣官員多關都省差人

與彼廳行省行臺官一同以本土周廻相應人員委

用　部議雲南六品以下任滿官員依御史臺所擬

選資品相應人擬定名闕具歷仕脚色咨省奏准勅

牒到日許之任若有急闕依上選取權令之任歷

過月日依上准理二十九年詔福建兩廣官員歷

兩任滿者遷於接連去廳一任滿者聽依例陞等

至治元年省臣奏江浙江西湖廣四川雲南五廳行

入腹裏通行遷轉願於兩廣福建者聽依例陞等

省所轄邊遠地分官員三年一次差人與行省行臺

官一同遷調 泰定四年部擬諸職官子孫承廕已
有元定廕敘地方通例別難議擬如願於廣海廕敘
者聽其所請依例陞等遷敘其已咨到都省應本
省地分廳敘而未受除者依例咨行省令差去遷調
官就便銓注 廣海廕官於任滿得代有由應得路
以下名闕任廻止理本等月日 廣海應設巡檢於
府州縣儒學教授學正山長內願充者借注正九品
本省應得常選上等錢穀官選擬權設理本等月日
行省自用并不應之人不許委用如受勅巡檢到彼
即聽交代

《元史志卷三十三》五 王正卿

凡遷調循行各省所轄路府州縣諸司應合遷調官
貪先儘急闕次及滿任急闕須憑各官在任解由依
驗月日應得資品及解由到行省月日依次就便遷
調若有急闕委無相應之人或貟闕不能相就者於
應敘職官內選用職各得資品上雖有超越不過一
等本管地面若有遐荒煙瘴險惡重地除土官外軍
依例公選銓注其有超用人貟多者不過二等
官匠官醫官站官各投下人等例不轉入流品者雖
資品相應都不許銓注 都省已除人貟例應到任若
有遠限一年者聽別行補注 應有合就彼遷敘人

貟如在前給由已咨 都省聽陳未經遷調注照會不曾
咨到本省者即聽就便開咨 無解由人貟不許銓
注 諸犯贓經斷應 敘人貟照例銓注 令譯史奏
差人等須驗歷月日已滿方許遇遠重難
去處如委不可闕官從差去官與本省官公同選注
能幹人貟開具歷仕元由并所注職名擬咨都省候
咨呈五品以下先行照會之任 應遷調官貟三品四品擬定
回准明文方許之任

凡文武散官多采用金制建官之初散官例降職事
二等至元二十年始陞官職對品九品無散官謂之

《元史志卷三十三》六 王正卿

平頭勅蒙古色目初授散官或降職事再授職雖不
降必俟官資合轉然後陞職漢人初授官不及職再
授則降職授官惟封贈廕敘官職各從一高必歷官
至二品則官必從職不復用理筭法矣至治初稍改
之尋復其舊此外月日不及者惟歷筭繁劇得優獲功
賞則優由內地入邊遠則優然亦各有其格也
以選出僥絕域則優憲臺舉廉能政蹟得優
凡保舉職官大德二年制各廉訪司所按治城邑內
有廉慎幹濟者歲舉二人九年詔臺院部五品以上
官各舉廉能識治體者三人行省臺宣慰司廉訪司

各舉三人　凡翰林院國子學官大德七年議文翰
師儒難同常調翰林院宜選通經史能文辭者國子
學宜選年高德邵能文辭者湏求資格相應之人不
得預保布衣之士若果才德素著必合不次超擢者
別行具聞
凡遷官之法從七以下屬吏部正七以上屬中書三
品以上非有司所與奪由中書取進止自六品至九
品爲勅授則中書牒署之自一品至五品爲宣授則
以制命之三品以下用金寶二品以上用玉寶有特
旨者則有告詞其理筭論月日遷轉憑散官內任以

《元史志卷三十三》
七
倪谷寶

三十月爲滿外任以三歲爲滿錢穀典守以二歲爲
滿而理考通以三十月爲則內任官率一考陸一等
十五月進一階京官率一考視外任減一資外任官
或一考進一階或兩考陸一等或三考陸二等四品
則內外考通理此秋毫不可越然前任少則後任累
之或前任多則後任累之一考者及二十七月兩考
者及五十七月三考者及八十一月以上遇陸則借
陸而補以後任此又其權衡也
凡選用不拘常格者奏議都司郎中員外高第者拜
雜預政事六曹尚書侍郎及臺幕官監察御史出爲

憲司官外補官已制授入朝或用勅除朝蹟秩視六
品外任或爲長伯在朝諸院內外官至使寺監由丞
至卿館閣由屬官至學士有遞陸之法用人重於用
法如此又單官或准實授或普減資陸等或內陸
或外減資或外減內不減斯則恩數之不常有者惟
格論亦有傳勅中書送卻覆奏或致繳奏者斯則歷
代以來封駮之良法也
凡吏部月選至元十九年議到部解由即行照勘合
四品以下者有之三品則遞進一階至正議大夫而
止若夫勳臣世胄侍中貴人上命超遷則不可以選

《元史志卷三十三》
八
倪寶

得七品者呈省從七以下本部注擬其餘流外人員
不拘多寡並以一月一次銓注
凡官吏遷叙至元十年議舊以三十月遷轉太速以
六十月遷轉太遲二十八年定隨朝以三十月爲滿
在外以三周歲爲滿錢穀官以得代爲滿吏員以九
十月日出職職官轉補與職官同
凡單官至大二年詔內官四品以下普單散官一等
服色班次封廕皆憑散官三品者遞進一階至正三
品上階而止其應入流品者有出身吏貟譯史等考
滿加散官一等　三年蒙古儒學教授一體普單

四年詔在任官員普覃散官一等　泰定元年詔內
外流官已帶覃官准理實授所有軍官及其餘未覃
人員四品以下並覃散官一等遞進一階至三
品上階止服色班次封廕悉從一高其有出身者
流品人等如在恩例之前入役支俸者考滿亦依
例覃授　二年省議應覃人員依例先理月日後准
合准理實授月日未及者依驗散官止於四品內
用所有月日任回四品內通行理算

該陞其正五品歷一百三十五月者九十月
實授從四餘有四十五月既循行舊例覃官三品擬

〈元史志　卷三十三〉　九　老懶汪

三八十三

凡減資陞等大德九年詔外任流官陞轉甚遲但歷
在外兩任五品以下並減一資部議外任五品以下
職官若歷過隨朝及在京倉庫官鹽鐵等職魯經陞
等減資外以後至大德九年格前歷及在外兩任或
一任六十月之上者並與優減未及者不拘此格
至治二年太常禮儀院臣奏皇帝親祭太廟恩澤未
加詔四品以下諸職官不分內外普減一資有出身
應入流品者考滿任回依上優減　天曆元年詔以
兵與內外官吏供給繁勞在京者陞一等至三品止
在外者減一資

凡注官守闕至元八年議已除官員無問月日遠近
許注守闕外未奏未注者許注六月滿闕六月以上
不得預注　二十二年詔員多闕少守闕一年年月
滿者照闕注授餘無闕者令候一年　大德元年以
恐員闕有所礙止宜斟酌避止宜斟酌
凡除官照會有所礙止宜斟酌
凡注官避籍至元五年議各路地里闊遠若更避路
當前官任滿預期一月撿擧照會錢穀官候見界官
任滿至日行下合屬照會　二十四年議受除官員
員多闕少宜注二年

省劄到部照勘急闕　任滿者比之滿期預先一月照
會

〈元史志　卷三十三〉　十　老懶汪

三八十五

凡赴任程限大德八年定赴任官在家裝束假限二
千里內三十日三千里內四十日遠不過五十日馬
日行七十里車日行四十里乘驛者日兩驛百里以
上止一驛舟行上水日八十里下水百二十里職當
急赴者不拘此例遠限百日外依例作闕
凡赴任公差至元二年定散府州縣赴任官去上司
百里之內者公參百里之外者申到任月日上司官
不得非理勾擾失誤公事

凡官員給假中統三年省議職官在任病假及緣親
病假滿百日所在官司勘當申部作闕仍就任所給
擬期年後給由求叙自願休閒者聽　至元八年省
准在任因病求醫并告假侍親者擬自離職住俸日
爲始限一十二月後聽仕其之任官果因病患事故
不能赴任自受除日爲始限一十二月後聽仕卽
擬凡外任官不行赴任除行程并裝束假限外
遠者計日斷罪　二十七年議祖父母父母衰亡并
遷蓮者許給假限其限內俸鈔擬合支給遞例不到
停俸定罪　二十八年部議官吏遠離鄉土不幸患

《元史志卷三十三》十二　施仲明

病難議截日住俸果有患病官吏百日內給俸百日
外停俸作闕　大德元年議雲南官員如遇祖父母
父母衰蓮其家在中原者並聽解任奔赴　二年詔
凡值衰除蒙古色目人員各從本俗外管軍官并朝
廷職不可曠者不拘此例　五年樞密院臣議軍官
宜限以六月越限日以他人代　五年後授以他職
七年議已除官員若有病故及因事不能赴任者
卽牒所在官司否則親隣主首呈報上司別行銓注
八年吏部言赴任官卽將署事月日飛申以憑擺
附有犯職事故並仰申聞　天曆二年詔官吏丁憂

各依本俗蒙古色目目做效漢人者不用部議蒙古色
目人願丁父母憂者聽
凡官員便養至大三年詔銓選官員父母衰老氣力
單寒者得就近遷除尤爲便益果有親年七十以上
別無以次侍丁合從元籍官司保勘明白斟酌定奪
凡遠年求叙元貞元年部擬自至元二十八年三月
爲限於本闕官司明具實跡保勘申覆上司遷叙
大德七年議求叙人員具由陳告州縣體覆相同明
白定奪依例叙用

銓法下

《元史志卷三十三》十二　施仲明

凡省部令史譯史通事等至元六年省議舊例一百
二十月出職今案牘繁劇難同舊日會量作九十月
爲滿其通事譯史繁劇合與令史一體近都省已及
兩考省令史譯史授宣差注六品職事部令譯史通
事中統四年正月已前合與直補人員一體擬九十
劉注從七品職事今擬省令譯史通事由六部轉充
者中統四年正月已前合與直補人員一體擬九十
月考蒲注六品職事回降正七一任還入六品中統
四年正月已後將本司歷過月日三折二驗省府月
日考蒲通理九十月出職與正七職事並免回降
職官充省令譯史舊例文資右職條注一考滿合得

從七品注從六品未合得從七品注正七品如更勒

留一考合同隨朝陞一等一考蒲未得從七注正七

品者回降正七還入正七一考蒲合得從七注從六

品合得正七注六品未合得正七從六品人貟不合

品回降正八一任還入從七

充部令譯史通事人貟亦擬九十月為考蒲依舊例

正八品職事仍免回降省宣使舊例無此職名中統

《元史志卷三十三》 十三

過事注授 中統四年正月已前収補部令史譯史

一等注授 中統四年正月已除部令史譯史如有巳補人貟合同隨朝一考陞

収補省令史譯史如有巳補人貟合同隨朝一考陞

以來初立中書省曾受宣命充宣使者擬出職正七

品職外有非宣授人貟擬九十月為考蒲與正八品

至元二十年吏部言准內外諸衙門令譯史通事

知印宣使奏差等病故作闕未及九十月並令貼補

值例革者比至元九年例定奪省准宣使各部令史

出職同三考從七一考之上驗月日定奪一考從三

二十月以上者正九一考從九十五月以

下擬充巡檢 臺院大司農司譯史令史出身同三

考正七一考之上驗月日定奪一考之下十月之上從

上從八十五月以上正九十五月以下十月之上從

閔彥明

九添資十月以下巡檢宣使三考正八品一考之上

驗月日定奪一考之下廿月以

上巡檢十五月以下酒稅醋使

三考從七一考之上驗月日定奪一考從八

以上者正九十五月以下令史提

控案牘通事譯史巡檢奏差三考從八品

轉通例凡腹裏提控按牘都吏目京畿漕運司令史

年中書省准吏部擬腹裏江南都吏目提控按牘陞

之上酒稅醋使十五月之下酒稅醋都監 大德四

上驗月日定奪一考之下廿月以上從九十五月以

元擬六十月考蒲今准九十月考蒲都漕運司令史

九十月諸路寶鈔提舉司司吏元擬六十月考蒲今

准九十月考蒲萬億四庫司吏元擬六十月考蒲任回

准九十月考蒲大都路令史元擬六十月考蒲今

減資陞轉今准六十月都目寶鈔總庫司吏元擬六十月都

史九十月提控案牘今准九十月都目又議已經改

元擬六十月提控案牘今准九十月都目左右八作

司吏元擬六十月今准九十月都目比同陞

擬出職人貟各路司吏轉充提控案牘都目比同陞

《元史志卷三十三》 十四

閔彥明

用其餘直補人數並循至元二十一年之例遷用江
南提控案牘都目至元二十五年呈准各路司吏六
十月吏目兩考陸都目一考陸提控案牘兩考正九
路司吏九十月吏目一考轉都目餘皆依上陸轉江
南提控案牘陸除各路司吏比腹裏路吏至元二十
准月日立格實歷案牘兩考已行直補并自行保舉自呈
定例九十月日入流未及兩考者再一資遷除例後
遠越銓補者雖歷月日不准大德十一年省臣奏
凡內外諸司令史譯史通事知印宣使有出身者一
半於職官內選用依舊一百二十月爲蒲外任減一
資又議選補吏員除都省自行選用外各部依元設
額數遇闕職官與籍記內相叅發補合用一半職官
從各部自行選用通事知印從長官選用譯史則從
翰林院試發都省書寫典吏考蒲人吏內挨次上名補
用其有不數從翰林發補歲貢人吏依巳擬在役聽
餘於籍記應例人內發補歲貢人吏不數從八品內亦
候選取掾正從七品得代有解由并見任未蒲巳
聽選取掾正從七品得代有解由并見任未蒲巳
省議六部令史如正從九品內亦
除未任文資流官內選取考蒲於應得資品上陸一

等除元任地方雜職不用院臺令史如元係七品之
人亦在選補之例譯史通事選識蒙古囬囬文字
通譯語正從七品流官考驗元資陸一等注元任
地方雜職不預知印於正從七品流官內選取考
蒲並依上例注授雜職不預宣使於正從八品流
官內選取仍須色目漢人相叅歷一考於應得資品
上陸一等除元任地方雜職
凡歲貢吏員至元十九年省議中書省掾於樞密院
御史臺令史臺院令史於六部令史內取六部
令史以諸路歲貢人吏補充內外職官村堪省掾及
院臺部令史者亦許攉用省掾考蒲資品既高責任
亦重皆自歲貢中出若不教養銓試必致人材失真
今擬定例于後諸州府隸省部著儒學教授選本
管免差儒戶子弟入學讀書習業非儒戶而願學者
聽遇按察司本路總管府歲貢之時於學生內選行
義脩明文學優贍通經史達時務者保申解貢各
路司吏有關於所屬衙門人吏內選取委本路長官
參佐同儒學教授考試習行移筭術字畫謹嚴語言
辨利詩書論孟內通一經者爲中式然後補充按察
司書吏有闕府州司吏內勾補至歲貢時本州本路

以上再試貢解　諸歲貢吏當該官司於見後人內
公選以性行純謹儒吏兼通者為上才識明敏吏事
熟閑者次之月日雖多才能無取者不許呈貢二
十二年省擬呈試吏員每三年一貢吏有定立貢法各道按察司
上路總管府凡三年一貢儒吏各一人下路二年貢
一人以次籍記遇各部令史有闕儒人先補用若隨路司吏
及歲貢儒人先補按察書吏然後貢之於部按察書
吏依先例選取考試唯以經史吏業不失章指者為
察司每歲於書吏內以次貢二名儒人一名必諳吏
中選隨路貢舉元額自至元二十三年為始各道按

事吏人一名必知經史者遇各部令史有闕以次句
補元貞元年詔諸路有儒通吏事吏通經術性行
僚謹擬各路薦舉廉訪司試選每道歲貢二人省臺
委官立法考試必中程式方許錄用　大德二年貢
部人吏擬宣慰司廉訪司每道歲貢二人儒吏兼通
者自大德三年為始依例歲貢應合轉補各部寺監
令史依至元新格發遣到部之日公座試驗收補
九年省判凡選府州教授年四十巳下預試吏程
武許補各部令史除南人巳試者別無定奪到部未
試之人依例考試　至治二年省准各道廉訪司書

吏先儘儒人不敷著吏員內充貢各歷一考依例試
貢

凡補用吏員至元十一年省議有出身人員遇省掾
有闕擬補吏員於正從七品文資職官并臺院六部令史
內從上名轉補　翰林兩院擬同六部令史有闕於
隨路儒學教授通吏事人內選補　樞密院御史臺
令史省掾有闕從上轉補六部令史內除授又於正從
與六部令史一體三考出身於部令史內發補少
八品文資官及六部令史內轉補　省斷事官令史
府監令史擬於六部并諸衙門考滿典吏內補用

十三年省議行工部令史與六部令史一體於應補
人內挨次填補　十四年詔諸站都統領使司令史
擬同各部令史全既改通政院與臺院令史一體出
身於各部令史內選補　十五年部擬翰林兼國史
院令史同臺令史一體出身於各部令史內選取
至元十九年咨發各省貼補人員先行收補不許自
二十一年省議江淮江西荊湖等處行省令史擬將
行踏逐移咨都省新除正從八品職官內選取雜職官
職官則從行省見後令史內補充或系用
不預　二十二年宣徽院令史考滿正七品遷敘於

譯史通事一體如之　二十四年省准大都留守司
兼少府監令史依宣徽院大司農司例選二十八
年省議陝西行省令史於各部及考令史并正從八
品流官內選補　二十九年大司農司令史於各部
史臺令史元係六部令史內發充歷二十月以上者
選如無於上名內選　三十一年省准內史府令史
於各部下名令史內選　大德三年省准遼陽省令

〈元史志卷三十三〉　九　章樂芳

一考之上令史及正從八品職官內選取　省擬有
關於正七品文資出身人員內選充吏員於樞密院
史宜從本省選正從八品文資職官補用復令各部
見役令史內不限歲月或願充或籍貫附近或選到
職官逐旋選解　國子監令譯史於籍記寺監令史
內發補　上都留守司令史於籍記各部令史內或
於正八品職官內選用考滿從七品遷用　宣徽院
闕遺監令史准本院依驗元准月日挨補考滿同自
行踏逐者降等遇闕如係元吏內補充者考滿依例遷
續內及本院兩考之上典吏內補充者考滿依例遷
叙自行選用者止於本衙門就給付身不入常調
四年部擬上都留守司令史仍聽本司於正從八品

流官內或於上都見役寺監令史河東山北二道廉
訪司上名書吏內就便選用　上都兵馬司吏發
補附近雲南甘肅松東外其餘各依至元二十一
省令史除雲南甘肅松東外其餘各依至元二十一
年定例於六部見役上名令史或正從八品流官內
補不聽於各道宣慰司元係廉訪司後遇月日新增
役令史內選充以宣慰司轉補見
景等處採金鐵冶都提舉司人吏於附近州縣司吏
准算通理一百二十月方許出職　大德五年擬檯
內遷選　六年省擬太醫院令史於各部令史并相

〈元史志卷三十三〉　廿　樂芳

應職官內選取　長信寺令史於元保內選補考滿
降等叙用有關於籍記令史內發補　七年擬刑部
人吏於籍記令史內公選不許別行差補考滿離役
令史內選取餘者依次發補　禮部省判許於籍記部
依例選取儒吏一名續准一名於籍記部令史內
令史內選取　戶部令史於籍記部令史內從上以通
從上選補　書算練達錢穀者發遣從本部試驗收補
曉書算練達錢穀者發遣從本部試驗收補八年
省准隨路補用吏員令各路先以州吏入役月日籍
為一簿府吏有關從上補州先以州吏有關則於本州籍
記司縣人吏內從上勾補　各道宣慰司令史遇闕

以籍記部令史下名發補新除正從九品流官內選
取九年省准都城所係在京五品衙門司吏歷兩
考轉補京畿都漕運兩司令史遇闕以倉庫攢典歷
依次权補　上都寺監令史有闕先儘省部籍名遇闕
一考選充及兩考則京畿都漕運兩司吏歷兩考
吏內依次勾補巡尉司吏有闕從本處耆老上戶循
之上者衆用　十年省准司縣司吏有闕從本處耆老上戶
史准吏目月日及大同大寧隆興三路司吏歷兩考
調人負發補仍於正從九品流官內并應得提控案
衆推舉仍將祗應月日均以歲爲滿州吏有闕縣吏
內勾補路吏有闕州吏內勾補若無所轄府州於附
近府州吏內勾補若無所轄府州於附近府州司吏
禮部合選令史有闕於籍記令史上十名內并職官
到選正從九品文資流官內試選　十一年省准
吏如歷一考取充庫子一界再發縣吏准理州吏月
日路吏有關依次勾補　至大元年省准典寶監令
史就用前典寶署典書蒙古必闍赤一名例從翰林
院試補知印通事各一名從長官選保　二年立資
國院二品及司屬衙門令史一十名半用職官從本

院選半於上名令史內發補譯史二各內職官一
名從本院選外一名翰林院發通事知印各一名從
本院長官選宣使八名半衆用職官餘許本院自
一名外三名常選相應人內發補典官餘許本院自
所轄庫二處每處司庫六名本把四名六名於常選人內
發泉貨監六處每處設令史八名於各路上名司吏內
奏差六名各州司吏內選典吏二名本監選以上考
蒲同都漕運司例出身所轄一十九處兩提舉司
選譯史一名從翰林院發通事二名從本監選
吏目一人常選內選司吏五名縣司吏內選
省准泉貨監令史於各處行省應得提控案牘人內
選參用正從九品流官山東河東二監從本部於相
應人內發補考蒲依例遷用見役自用之人考降
等叙有關以相應人補　四年省准江西等處儒學
提舉司司吏舊從本司公選後從國子監發補宜從
本司選補　典瑞監首領官令譯史等依典寶監例
選用考蒲遷叙　部議長信寺通事一名例從所保
譯史知印令史奏差從本衙門選一半職官餘相應
人內選考蒲同自用遷叙典吏二名就便定奪其自
用者降等叙　皇慶元年省准群牧監令譯史知印

怯里馬赤奏差人等諸色譯史例從翰林院發補
知印通事長官選令史奏差典吏俱有發補定例其
已選人考滿降等叙有闕於相應人內選發　大都
路令史歷六十月依至元二十九年例陞提控案牘
減一資陞轉有過者雖貼滿月日不減資遇闕於所
轄南北兩兵馬司并各州見役上名司吏通籍有
關從本路於左右巡院大興宛平與其餘縣吏通籍
從上挨補月日雖多不得無故黜罷遠例補用者不
准除已籍記外有關依上勾補
州見役司吏內選不敷則以在都倉庫見役諸
覆實司司吏見於所

典發充歷九十月除都目年四十五之下歷一考之
上亦許轉補京畿都漕運司令史遠例權補別無定
奪二年省准中瑞司譯史從翰林院發知印長官
選保令史奏差參取職官一半所選相應考蒲依例
遷叙奉懿旨委用者考蒲本司區用有闕以相應人
補征東行省令譯史宣使人等舊考蒲從本省區
用若經省部擬發相應之人依例遷用如不應者雖
省發亦從本省區用
延祐二年省准河間等路都
轉運鹽使司所轄場分二十九勵二勵改陞從七
司吏有關依各縣人吏一體於州近各勵巡尉捕盜

司吏依次以上名勾補再歷一考與各場隣縣吏互
相遷調
一考者轉補再歷一考轉稱海宣慰令史考蒲吏歷
和林路總管府司吏以本處兵馬司吏歷
八品補不盡者六十月受部劄充提控案牘沙瓜二
州屯儲總管萬戶府司吏一體出身相應會
福院令譯史通事宣使人等若省部發去者依例遷
叙自用者考蒲同二品衙門出身例降一資遷
補宣使於常選職官內叅補通事知印從本衙門補用
陞轉於常選教授儒人職官并見役上名司吏內取
須叅用職官典吏從本衙門補用

院立家令司府正司知印怯里馬赤令長官選用
令史六名內取教授二名職官二名廉訪司書吏二
名譯史一名於蒙古字教授及都省見役蒙古書寫
內選補奏差二名以相應人補
凡宣使奏差委差巡鹽官出身
九年曾受宣命補充者九十月考蒲比依部令史例從七品其省臺院宣使
各部奏差比例定擬二十三年省准省部令
譯史通事宣使奏差人等未蒲九十月不許預告遷
轉都省元定六部奏差遷轉格例應入吏目選充者

三考從八品應入提控案牘人員選充者三考從八品任田減一資陞轉巡撿提控案牘選充者一考正九品 二十四年省准大都留守司兼少府監奏差改充宣使合於各部奏差內選取改陞宣使月日為始考蒲比依宣徽院大司農司一體考蒲出身自行踏逐吏六考各路司吏內選取改蒲提控案牘內任用奏差者降等遷敘 大司農司所轄各道勸農營田內書譯史出身此依書吏一體考蒲依通事就令本司選委 二十九年省准各道廉訪司通事譯史降二等量擬於錢穀官并巡撿內任用 三十年省准延慶司奏差比依家令司奏差一體考蒲正九品自行踏逐者降一等 大德四年省准諸路寶鈔提舉司奏差改稱委差九十月為蒲於酌中錢穀官內住用 五年部議山東運司一體定奪下錢穀官內住用大都運司奏差九十月近河間運司巡塩官依奏差出身九十月近下錢穀官內任用 七年部擬凡奏差自改立廉訪司為始十月歷撿三考轉從九 皇慶元年各道廉訪司奏差出身於本道所轄上名州司吏內選取九十月比都目內任用若有路吏并典吏內取充者歷兩考

依上例都目內陞轉

凡庫藏司吏庫子等出身 至元二十六年省准上都資乘庫庫子本把九十月近上錢穀官內住用衛尉院利器庫庫壽武庫庫子踏逐者九十月近上錢穀官內住用 二十八年省擬泉府司冨藏庫本把庫子六十月近上錢穀官內住用庫子三周歲近上錢穀官內住用大府監備用庫提控三十月近上錢穀官內住用 三十年省准宣徽三十年省准大都留守司兼少府監器備庫庫子本把六十月近下錢穀官內住用院生料庫庫子本把并太醫院所轄御藥局院本把出身例六十月近上錢穀官一體遷敘 大德元年部擬中御府奉宸庫庫子以三周歲為蒲擬受省劉錢穀官本把六十月近上錢穀官內住用 三年省擬萬億四庫左右八作司冨寧寶源等庫各設色目司庫二名俱於樞密院各衛色目軍內選差考蒲巡撿內任用自行踏逐者一考並同循行如此又漢人司庫於院務提領大使都監內發補二周歲蒲日減一界陞轉其色目司庫於到選發補考蒲巡優減兩界 都提舉萬億庫提控案牘比常選人員

仕迴減一資陞用司吏三十五人除色目四人外漢
人有關於大都趣管府轉運郡漕運司下名司吏內
選取三十月擬充吏目四十五月之上六十月之下
都目六十月以上轉提控案牘省擬六十月之下
十五月以下願充寺監令史者聽司庫五十八人除色
目一十四人另行定奪外漢人於大都路人戶內選
為滿於從九品雜職內住用秤子五人於大都人戶
年為滿於受省劄錢穀官內住用務使充司庫二年
為滿於蒱院務提領內住用都監內充司庫二年
內選充二年為滿於近下錢穀官內住用

太醫院

御藥局本把六十月近上錢穀官內住用 四年交
給庫依油磨坊設攢典庫子從工部選 會同館係正
支庫攢典與長秋庫同 上都廣積萬盈二倉係正
六品永豐係正七品比之大都平准庫品級尤高擬
各倉攢典轉寺宜本把并萬億庫司吏相應 提舉
商憶司庫子考蒱近下錢穀官內任用 侍儀司法
物庫所設攢典本把擬於庫子依平准行用庫例補用 五年
大都尚食局本把擬於錢穀官內還敘本院自行踏
遂者就給付身考蒱不入賞調 都提舉萬億寶源
庫色目司庫擬於巡攢內任用添一資陞轉 京畿

都漕運司司倉於到選錢穀官內選發 六年部呈
尺路府諸州提控案牘都吏目等諸衙門吏貟出身
應得案牘都吏目如係路府司吏轉充之人依舊選
除其由倉庫攢進者得提控案牘改省劄錢穀
官都目近上錢穀官提控案牘 廣勝庫子合從
路攢典庫子部議江北及行省所轄路分庫子依巳
興四庫案牘所掌事同任迴減一資陞用 遇州司吏
武備寺給付身考蒱本衙門定奪 大積等倉典吏
都吏目日近上錢穀官內選用 遇州司縣司吏內差補周歲發充縣司吏
擬於司縣司吏內差補周歲發充縣司吏

諸倉庫攢典有關於各部籍記典

有關按次勾補 諸倉庫攢典有關於各部籍記典
吏內發補左右八作司等五品衙門內司吏有關卻
於各倉庫上名攢典內發補若萬億庫四品衙門司
吏有關亦於上項司吏內從上轉補將後過五品衙
門月日五折四准筭通理九十月考蒱提控案牘內
遇用如轉補不盡五品衙門司吏考蒱止於都目內
任用油磨坊抄紙坊攢典有關並依上例 回回藥
物院本把六十月擬中錢穀攢典內定奪 九年省准提
藥和林倉昔寶赤八剌哈孫倉孔古列倉司吏六十
月酌中錢穀官內委用資成庫庫子出身部議比依

太府利用章佩中尚等監武備寺庫有關如係本衙
門典吏請俸一考轉補者六十月為近上錢穀官其
餘補充之人九十月依上遷用　和林等處宣慰司
都元帥府所轄廣濟庫庫子攢典自行踏逐者比依
之上轉充者四十五月受省劄錢穀官出身如係本
把元係本衙門請補者九十
省准廣禧庫庫子依奉宸庫例出身如係本把一考
典吏轉補者六十於近下錢穀官其餘補充者九十
三倉例六十月於近下錢穀官其餘補充者比依
月亦依上例遷用　上都東西萬盈廣積二倉司倉
與倉官一體二周歲為滿　三年省准各路庫子於
各處錢穀官內發補擬不減界考滿從優定奪江比
庫子止依舊例和林設立平准行用庫庫子宜從本
省相應人內量選二名二周歲為滿近下錢穀官內
定奪　皇慶元年部議文成委用考滿比例遷除有
關於常調人內發補　二年殊祥院所
若係常選任用者考滿依崇祥院例遷叙
轄萬聖庫庫子攢典依崇祥院諸物庫例出身部議
如此上例三十月轉補五品衙門司吏再歷三十月

於四品衙門司吏內補用其庫子合於常調籍記倉
庫攢典人內發補六十月為滿於務都監內任用自
行委用者考滿本衙門定奪　延祐元年省議腹裏
路分司倉庫子於州縣司吏內勾補滿日同舊例陞
轉
凡書寫銓寫書典吏吏轉補　至元二十五年省准
通政等二品衙門典吏九十月補本院宣使各寺監
典吏比依上例考滿轉補本衙門奏差　戶部填寫
勘合典吏與管勘合令史書寫四十五月轉補如補
議府左右司客省使令史書寫一體考滿從優定奪
不盡於提控案牘內任用於各部銓寫及典吏內收
補　會緫房承發司照磨所架閣庫典吏各部銓寫
六十月轉補已都目內任用　各部典吏并左右省
部照磨所架閣庫典吏轉補於都省議府左右司客
使令史書寫已上吏目內以次轉補如補不盡六十
監令史臺典吏一體六十月轉補部轉補不盡六十
史臺典吏一體六十月轉補御史臺典吏遇察院書
於都目內任用御史臺典吏各道按察院書吏有關
挨次轉補通理六十月補各道按察院書吏部令史
有關亦行收補　二十六年省准上都留守司無本

路都總管府典吏九十月補本司宣使考滿依例定奪

二十七年省准漕運使司令史九十月提控案牘內任用如年四十五以下願充寺監令史者聽

省院臺部書寫銓寫典吏人等出身與各道宣慰司

按察司隨路總管府歲貢吏員一體轉部書寫人等

止令轉寺監等衙門令史

左右司客省使令史各房書寫

內選補五折四令史書寫月日通折四十五月轉補各部

六部銓寫典吏一考之上選充三折二令史書寫月日通折四十五月轉部及六部銓寫典吏一

日通折四十五月轉補各部令史如已行選用者四

二十八年省准粂議府

二十九年省准粂議府左右司客省使令史

各房書寫有闕擬於都省典吏內選補五折四令史

書寫月日通折四十五月轉部及六部銓寫典吏一

考之上選充三折二令史書寫月日通折四十五月轉

部議執總會府照磨承發司架閣庫典吏

史部議總會府照磨承發司架閣庫典吏不盡者

轉補各部令史有闕於六部銓寫典吏補不盡者

考之上轉寺監令史客省使令史補不盡者

四十五月補寺監令史客省使令史都省書

之上選充三折二省典吏月日通折六十月轉補各

部令史若轉充粂議府左右司客省使令史都省書

十五月補寺監令史

寫五折四令史書寫月日通折四十五月轉部如自

行選用者六十月補寺監令史

左右部照磨所架閣庫典吏并寺監令史之上遇省書寫除見

役外後有闕擬於都省各房書寫人公舉發補除

吏月日補不盡者六十月轉補寺監令史

轉充粂議府左右司客省使令史都省書寫補典吏者

依前例轉補不盡者三十月依廉訪司書吏轉補察院

擬御史臺粂議府行臺察院書吏

十月轉部補不盡者考滿從八品遷用外行臺察院

三十月轉補行臺察院書吏再歷三十月發補各道

宣慰司令史 粂議府令史四十五月轉部令史

光祿寺典吏考滿轉補本衙門奏差 元貞元年省

准省部見役典吏實歷俸月名排籍記遇都省書

補都省書寫有闕從通折月日陞轉

典吏有闕從上挨次發補

俸上名典吏 大德元年省准兩淮本道書吏轉補

行臺察院書吏江南宣慰司令史 雲南四川河西

三道書吏在邊遠者三十月為格依上遷補

行省檢校書吏於行省請俸典吏內選補以典吏月

日五折四通折書吏六十月轉各道宣慰司

四年

省准徽政院掌儀掌膳掌醫署書吏宣從本院通定
名排若本院典吏有關以次轉補　八年省議院臺
以下諸司吏貟俱從吏部發補擴曾經省發并省判
寫發者遇各庫攢典試補省掾每名設貼書二名
籍定典吏令史從吏吏依次試補省掾議府左右司關
就用已籍記者呈左右司關吏部籍定遇部典吏關
收補歷兩考從上名轉省典吏除一考外餘省使令史書
典吏月日兩考陸補寫典吏六十月
寫檢校書吏通折四十五月補三省典吏不盡省典吏六十月
遇寺監令史宣慰司令史有關依次發補除宣慰司

元史志卷三十三　世三　　朱大弁

令史已有貢部定例寺監令史歷一考與籍記部令
史通籍發補各部令史寺監見後人等雖經准設未
曾補關不許轉部考滿依舊例選叙其省部典吏書
寫人等轉入寺監宣慰司願守考滿者聽　御史臺
令史一名選貼書二名依次選試相應充架閣庫子
轉補典吏三十月發充各道廉訪司書吏再歷一考
依例歲貢三品衙門典吏歷三考陸宣使補不盡
本衙門於相應關內委用部典吏一考之上轉省
典吏補不盡者三考補本衙門典吏一考之上轉省
監宣慰司奏差外攝六部係各貼書合與都省寫發

人相雜轉補各部典吏補不盡者發各庫攢典都省
寫發人有關於六部係名貼書內選不盡者依舊
發各庫攢典　九年省准歷一考之上轉各部
典吏　翰林國史院書寫考滿歷一考有關從本
院於籍記教授試准應補部令史選用　太
常寺典吏歷九十月　翰林國史院蒙古書寫四十五
十月轉補各部典吏　工部符牌局典吏三
月轉補寺監蒙古必闍赤宣徽院所轄寺監令史
有關於到部籍記寺監令史與本院考滿典吏挨次
發補　十年省准陝西諸道行御史臺察院書吏若

元史志卷三十三　卅四　　朱大弁

係腹裏歲貢廉訪司見役書吏選取人數須歷一考
以上名貢部下名轉補察院總管府獄典轉州司
運司書吏九十月陸都目添一資陸轉補江浙行省
吏府州補縣吏須歷一考方許轉補
吏內從上發補
府上州司吏補充役過月日別無定奪　十一年省
准左司言照磨所典吏遇關宜於左右部照磨所典
准各部蒙古必闍赤如係翰林院內糸補
發人及各路通曉刑名各路府州獄典遇關於廉訪司寫
吏內從上發補　　　至大元年省人四十五
月遇各衙門譯史有關依次與職官相糸補用不載

從翰林院發補　三年省准詹事院蒙古書寫如係

翰林院選發之人四十五月遇典用等監衙門譯史

有關依次與職官相條補用不敢從翰林院選發

和林行省典吏轉理問所令史四十五月發補稱海

宣慰司令史轉補不盡典吏須歷六十月依上發補

中瑞司掌謁司典書九十月與寺監令史一體除

南宣慰司令史北人貢內臺察院各道廉訪司書吏

任廻添一資陸轉　內臺察院轉部行臺察院轉江

正八品　行臺察院書吏俱歷九十月依舊出身叙

先役書吏歷九十月擬正九品任廻添一資陸轉

〈元史志卷三十三〉　四　堃

省議廉訪司書吏上名貢部下名轉察院　不盡者通

九十月除正九品察院書吏三十月轉部不盡者九

十月除從八品非廉訪司取充則四十五月轉部不

盡者考蒲除正九品　二年議廉訪司書吏貢察院

書吏不盡者九十月除正九品行臺察院書吏轉補

不盡者如之內臺察院書吏轉部年高不願轉部者

九十月除從八品　皇慶元年部議廉訪司職官書

吏合依通例選取不許遷叙侯書吏考滿通理叙用

職官先嘗為廉訪司書吏者避元徑道分并其餘

相應職官歷三十月減一資又教授學正學錄并府

孟起宗

州提控案牘都吏目內委充職官各理本

餘歲貢儒吏依例選用又廉訪司奏差內臺行臺典

吏有能者歷一考之上選充書吏通儒差使人

數通吏業者充吏員數　恭議府左右司客省使令

史書寫為檢校書吏依至元二十八年例以省典吏選

充五折四令史書寫為典吏書吏月日通折五十五月轉部

典吏考蒲發補寺監各道宣慰司令史　二年省准

河東宣慰司選河東山西道廉訪司書吏充令史合

通折六十月轉充三折二折二省

省典吏係六部銓為典吏自用之人并轉補不盡省

擬行臺察院書吏各道廉訪司掌書元係吏員降等於散

者並依舊例以九十月為滿依漢人吏員出身

迴避按治道分選取其餘亦合一體　延祐三年部

〈元史志卷三十三〉　廿六

府諸州察牘內選用任廻依例陸轉　大宗正府蒙

例籍定發補諸寺監譯史　察院書吏與宣慰司令

古書寫為四十五月依樞密院轉各衛譯史除正八品

史皆係八品出身轉部者宜以五折四理·筭宣慰司

令史出身正八品察院從八品其轉補到部者以五

折四准筭太優今三折二其廉訪司徑發貢部及已

除者難議理筭　天曆元年臺議各道書吏領設一

孟起宗

十六人有闕宜用終場下第舉子四人教授四人各路司吏四人通吏職官四人委文資正官試驗相應方許入部

凡衛翼吏貟陞轉　皇慶元年樞密院議各處都府并總管高麗女直漢軍萬戶府及臨清萬戶府秩三品本府令史有闕於一考都目兩考吏目并各衛三考典吏內呈院發補九十月歷提控案牘吏目一任於各萬戶府知事內選用　延祐六年樞密院議各衛翼都目得代兩考者擬受院劄提控案牘內銓注三考陞千戶所知事月日不及者各衛翼挨次前後得代

《元史志卷三十三》

日期於都目內貼補　各衛提控案牘年過五旬已補各衛令史不及兩考者止於案牘內銓注受院劄歷四考者陞千戶所知事及兩考年四十五以下發通理一百二十月於千戶所知事有闕於本府所轄萬戶府并一百二十月再歷提控案牘一任於萬戶府知事內奧魯府上名司吏年四十以下者選取呈院准設歷古都元帥府額設令史有闕於本府所轄萬戶府并遷用　泰定三年樞密院議行省所轄萬戶府司吏有闕於本翼上千戶所上名司吏內取補須行省准設九十月充吏目一考轉都目一考除千戶所提領

案牘一考陞萬戶府提控案牘歷兩考通歷省除一百五十月行省照勘相同咨院於萬戶府知事內區用　凡各萬戶府司吏　蒙古都萬戶府司吏有闕於千戶所司吏內選補歷一百二十月陞千戶所提領案牘一考萬戶府案牘通理九十月轉萬戶府知事漢軍萬戶府并所轄萬戶府及奧魯府司吏於千戶所司吏內補用歷一百二十月陞千戶所知事一考陞千戶所或都府奧魯府提控案牘再歷萬戶府或都府奧魯府提控案牘兩任於萬戶府知

《元史志卷三十三》

事內用　各處都府令史於一考都目兩考吏目并各衛請俸三考典吏內呈院發補九十月為蒲再歷提控案牘一任於各萬戶府知事內遷用各處蒙古軍元帥府令史大德十年擬於本府所轄萬戶府并奧魯府上名司吏內呈院准設歷一百二十月設歷一百二十月再歷提控案牘一任於萬戶府事內遷用　各省鎮撫司令史三十月為蒲再歷月司吏內選取受行省劄於各萬戶府上名六十府提控案牘內歷一百二十月正八無出身者從八翼令史有出身轉補者九十月正八無出身者從八

內定奪

凡提控案牘都目　至元二十一年三月巳後受院
割九十月為蒲行省行院割一百二十月為蒲於萬
戶府知事內用　大德四年案牘年過五旬巳歷四
考者於千戶所知事內定奪外及兩考四十五以下
發補各衛令史若不及考者止於案牘內銓注受院
貼補如各衛典吏轉充者六十月直隸本院萬戶府
歷三考陞千戶所知事月日不及考者各衛翼都目內
割通理一百二十月於千戶所知事內用　　各衛翼
都目延祐六年請俸兩考者院割提控案牘內銓注
提控案牘弩軍屯田千戶所鎮撫司提控案牘內銓
注無俸人轉充者九十月依上陞轉　鎮撫司屯田
弩軍千戶所例依中州例改設案牘止請都目俸
三十月為蒲依例注代

翰林學士□大夫知制誥兼修國史總裁官臣□等奉

敕修

選舉四

考課

九隨朝職官至元六年格一考陞一等兩考通陞二

九官員考數省部定擬從九品擬歷三任陞從八正

外郎主事三十月考滿陞一等兩考通陞二等

左右司郎中貟外郎都事考滿陞二等六部郎中貟

等止六部侍郎正四品依舊例通理八十月陞三品

九品歷兩任陞從八品歷三任陞從七歷

三任呈省正七歷兩任陞從六品通歷三任陞

從五正六歷兩任陞從五從轉至正五緑四品關

少通歷兩任溝歷上州尹一任方入四品內外正從

四品通理八十月陞三品

九取會行止中統三年詔置簿立式取會各官姓名

籍貫年甲入仕次第至元十九年諸職官解由到省

部考其功過以憑黜陟大德元年外任官解由到吏

部止於刑部照過将各人所歷立行止簿就撿照定

擬

《元史志卷三十四》一

九職官迴降至元十九年定江淮官已受宣勅資品

相應例陞二等遷去江淮官貟依舊於江淮任用其

已考滿者並免迴降不及考者例存一等有出身未

合入流品受宣者任迴三品擬同六品四品擬同七

品正從五品同正八品受敕者正三品同正九品擬同六

品八品同提領案牘巡檢正從九品擬院務監當官

其上項有資品人貟再於接連福建兩廣溪洞州郡

任用擬陞一等兩廣福建別議陞轉至元十四年

都省未註江淮官已前剏立官府招撫百姓實有勞

績者其見受職名若應受敕者正從六品同正七品四品五

品擬同八品若應受宣者正三品同正七品四品五

七品八品擬同提領案牘巡檢正從九品擬院務

監當官無出身不應叙白身人其見受職名若應受宣

者三品同八品四品五品同九品以下擬院務監當

品人貟若再於接連福建兩廣溪洞州郡任用擬陞

一等兩廣福建別議陞轉至元十四年已後新收撫

《元史志卷三十四》二

州郡准上例尊　前資不應又陞二等還去江淮
官貟任迴擬定前資合得品級於上例陞二等止於
江淮遷轉若於腹裏任用並依上例七品以下已歷
三品四件於比附上項有出身未入流品人貟從
一高前三件於見擬資品上增一等銓注　二十一
年詔軍官轉入民職已受宣勑不魯之任者擬自佳
騍陞人貟前任所歷月日除一考外餘月日與後任
月日依准定資品通理陞轉不及考者擬自准定資
定資品換授從禮任資品相應者通理月日為始筭資考陞轉外
受宣勑已經禮任資品相應者通理月日為始筭資考陞轉
品受宣勑者六品以下人貟照勘有無出身依驗職
調官除授資品相應者依例陞轉外有前資未應入流
品換授從禮任月日為始筭資考陞轉腹裏常
事品秩自受勑以後歷一考者同江淮例定擬不及
考者更陞一等五品以上人貟斟酌比附議擬呈省
據在前已經除授者任迴通理定奪
九吏屬年勞差等　至元六年吏部呈省部譯史通
事舊以一百二十月出職今案牘繁冗合以九十月
為滿　十九年部擬行省通事譯史令史宣使或經
例革替罷所歷月日不等如元經省掾發去不及一

考者擬令補及一考之上者比臺院令史出身例
定奪自行踏逐者降一等叙不及一考者發還本省
區用宣慰司人吏經省院發不及一考者擬貼補及
一考之上者比部令史出身降一等擬貼補及
者又降一等不及一考者別無定奪　二十年省擬
雲南行省令譯史極邊重地令譯史人等六十月考滿
蕭行省令譯史人等六十月考滿本土人貟依
例用　二十五年省准緬中行省令譯史依雲南行省
一體出身　大德元年省臣奏以省臺院諸衙門令
譯史通事知印宣使等舊以九十月為滿陞遷太驟
今以一百二十月為滿於應得職事內陞用又為聖
旨掌奏事選法應辦刑名文字必闗赤等以八月折
十月今後毋令折筭　四年制以諸衙門令譯史宣
使人等一百二十月為滿部議遠方令譯史人等甘
肅福建四川於此發去九十月為滿兩廣海北海南
道杴此發去八十月為滿雲南省八十月蒲土人一
二十月為滿雲南省議俱以九十月為滿一
蕭都省議議俱以九十月為滿至大元年部議和林行省即係遠
百二十月為滿　至大元年部議和林行省即係遠
方其人吏比四川甘肅行省九十月出職　二年詔
中外吏貟人等依世祖定制以九十月蒲秦詳歷一

百二十月已受除者依大德十一年内制外任減一
資所有詔書已後在選未曾除受并見告蒲之人歷
一百二十月者合同四考理筭外任一資不湏并減
省擬以九十月為蒲餘有月日後任理筭應蒲而不
離役者雖有役過月日不准　　三年省准河西廉訪
司書吏人等月日部議合准舊例　　雲南大德元年改
九内外諸司吏貟舊以九十月為蒲　　皇慶二年部議
百二十月為蒲至大二年復舊制　一紀之間受除者
製其元除有以三十月為一考者亦有四十月為一
考者以所除不等性任授例陳訴有礙選法擬合依
巳降詔條為格係大德元年三月七日以後入役至
未復舊制之前巳除未除俱以四十月為一考通理
一百二十月為蒲減資陞轉其未蒲受除者一體理
考定擬餘二十六月巳上准陞一等十五月之上減
外任一資十五月之下後任理筭改格之後應蒲而
不離役者很過月日別無定奪
九吏貟考蒲授從六品　　至元九年省准省令史出
身中統四年巳前六品陞遷巳後七品除授至元之
後事繁責重宜依淮中統四年巳前考蒲一體注授

三十一年省議三師像屬蒙古必闍赤掾史宣使
等依都省設置若不由臺院轉補者降等叙　　元貞
元年省議監備國史僚屬依三師所設非臺院轉補
者降等叙　　大德五年部呈考蒲省掾各各資品省
議令後院臺并行省令史選充省掾者雖理考蒲湏
歷三十月方許出職仍分省掾發自行踏逐者各部令
史毋得直理省掾月日定奪
九吏貟考蒲授正七品　　至元九年部擬院臺大司
農司令史考蒲授正七品一考一考之下二十月以上為從八品十五月以上正九
品十五月以下為巡檢

以下為巡檢十一年部議扎魯大赤令史考
蒲合依樞密院御史臺令史譯史出身三考出為正
七品自用者降一等有關於部令史同部令史出身十四
年部擬前諸站統領使司令史令史人等宜同臺院人
改通政院從二品通事譯史令史出身與令史既
吏一體出身十五年翰林國史院言本院令史係
省准人貟其出身與御史臺一體遇關省掾時亦合
勾補淮吏部牒本院令史以九十月考蒲同部令史
出身本院與御史臺皆隨朝二品令史亦合與臺令

史一體出身有關於部令史內選用　十九年部擬
泉府司隨朝從二品令史譯史人等由省部發者考
滿依通政院例定奪自行用者降一等　二十年定
擬安西王王相府首領官令史與臺院吏屬一體遷
二十二年部擬宣徽院陞除貢補省院有關於
部令史出身合依正七品與臺院品秩
相同令史內選取者同宣徽院太醫院令史一體出
身上都留守司陞為正二品見設令史自行踏逐者
摠制院與御史臺院吏一體出身
擬令譯史考滿亦合一體出身　二十三年省准詹
事院掾史若六部選充者考滿出為正七品自用者
二十四年集賢院言本院與翰林國史院品級
陣等

《元史志卷三十四》　七

陳隆

相同省議令史考滿一體定奪　二十五年省議上
都留守司兼本路摠管府令史出身三考正八品其
自部令史內選取者同宣徽院太醫院令史一體出
身上都留守司陞為正二品見設令史自行踏逐者
考滿不為例從七品內選用部令史內選用部議都護府人吏
徽院大司農司令譯史人等出身由省部發者考滿出為
依通政院令譯史人等一體選用部議都護府人吏
司隨朝二品令譯史人等比臺院人吏一體陞轉
正七品自用者降一等　二十六年省准都功德使
二十九年部呈大司徒令史若各部選發者三考出

為正九品自用者降等　崇福司與都護府泉府司品
秩相同所設人吏由省部發者考滿出為正七品自
用者降一等　福建省征爪哇所設人吏出征迴還
俱同考滿　三十年省准將作院令史依通政院等
衙門令史考滿除正七品　部議如係六部選發考
滿除正七品　自用者本衙門叙　元貞元年內史府
秩正二品令史亦於部令史內擬闔闔出大司徒令史
自用者降等　大德九年部擬闔闔出大司徒令史
若各部選發考滿除正七品　自用者降等　至大四年省
准會福院令史知印通事譯史宣使典吏俱自用前

《元史志卷三十四》　八

陳隆

擬不拘常調考滿依本衙門區用隆禧院令史人等如
常選者考滿依例遷叙自用者不入常調於本衙門
區用　皇慶二年部議崇祥院人吏令史發補
者依例遷用不應者降等叙　延祐四年部議隆禧
院令史譯史通事知印典吏同五臺寺監並籍記各部
令史人等考滿同二品衙門出身若曾歷寺監并籍記各部
體常選內委付其出身降等叙曰身者降
等添一資陞轉省部發去者依例遷叙後有關令史
頃於常選教授儒人職官并部令史見役上名內取
補宣使於職官并相應內叅補通事知印從長官保

選仍參用職官違例補充別無定奪殊祥院人吏先
未定擬亦合一體
九吏貟考蒲授從七品　至元六年省擬部令史譯
史通事人等中統四年正月以前收補者擬九十月
為蒲注從七品回降正八一任還入從七以後充者
亦擬九十月為蒲注從七品仍免回降九年吏禮部
擬九部令史二考注從七品一考之上驗月日定奪
府監改擬正三品與六部同人吏自行踏逐將已歷
品十五月以下令史提控案牘通事譯史巡檢太
一考之下二十月以上者正九品十五月以上從九

月日准為資考似為不倫擬自改陞月日為始九十
用為蒲同部令史出職有關於籍記部令史內挨次
收補　十一年省議省斷事官令史與六部令史一
體出身若是實歷俸月九十月於從七品內除授自行
補部令史人內挨次補用　省議中御府正三品擬
同太府監令史出身九十月於從七品內除授自行
踏逐者降一等歇下名關於應補部令史與六部令史一體出身
補十三年省議行工部令史人內補填
部令史內補填　三十年部呈行省令譯史人等比
四怯薛令史九十月同部呈行省令譯史人等比

臺院一體出身行御臺行院令譯史通事人等九十月
考蒲元係都省臺院發去及應補之人合降臺院一
等二十三年省判大都留守司兼少府監令史如
係省部發去相應人貟同部令史出身九十月考蒲
從七品自行踏逐者降等　二十四年省判中尚監
令史人等若係省部發去人貟同太府監令
出身自行踏逐者降等　太史院令史部議如省部
擬去人貟自行踏逐者降等
部擬行省臺院令史九十月考蒲若係都省臺院發
去腹裏請俸人貟行省令史同臺院令史出身行臺

行院降一等俱於腹裏選用自行踏逐迤近降一等於
江南任用　二十九年省判崇昌等處便宜都揔
府令史人等出身擬與各道宣慰司一體自行踏逐
者降等叙用　大德三年准上都留守司令史舊
以見役部令史一體發補以籍居懸遠擬於籍記部令史
內選發與六部見役令史一體轉陞二品衙門令史
轉補不盡者考蒲從七品叙用　八年部擬利用監
自大德三年八月已前入役者若充各衙門有俸令
史及本監奏差典吏轉補則於應得資品內遷用由
庫子本把就陞并白身人於雜職內通理定奪自用

之人本監委用

皇慶元年制典瑞監人吏俱與七

品出身議大府利用等四監同省發者考滿與六

部一體叙其餘寺監令譯史正八品奏差正九品令

典端監前典寶監人吏出身同大府等監係奉盲事

理省議巳除者依舊例定奪三年省准童慶使司

七品緣係徵政院所轄司屬量擬考滿除從七品自

秩正二品見役人吏若同隨朝二品衙門考滿陞正

用者降等如係及考部令史轉充考滿除從七品未及

考者止除從七品有關源依例補不許自用

九吏貟考滿授正八品　至元十一年省議祕書監

從三品令史擬九十月出為正八品自用者降一等

有關諸衙門考滿典吏內補填　省議太常寺正三

品令史以九十月出為從八品有關於應補監令史

內取用　省議少府監正四品省部發去令史出身

是省部發去者三考於正八品任用省部發去令史

考滿降一等　省議尚牧監正四品省部發去令史

擬九十月出為正八品自用者降一等有關於諸衙

門典吏內選補　部擬河南等路宣慰司係外任從

二品與隨朝各部正三品衙門相同准令史以九十

月同部令史遷轉開元等路宣撫司外任正三品令

周鼎

譯史比前例降一等九十月於正八品內遷轉十

四年部擬樞密院斷事官令史擬以九十月出為從

八品有關於諸衙門考滿典吏內補用　十六年部

擬樞密院斷事官令改從三品所設人吏若係上司

發差人等與嶺南廣西道等處按察司書吏令史譯史

奏差人等與嶺南廣西海北海南道宣慰司令史譯史

二十月理算一考擬六十月同考滿　省准廣東宣

二十一年部擬廣西海北海南道宣慰司吏等一體

品內遷除自用者降一等遇關於相應人內發遣

發差人貟歷九十月比省斷事官令史降等於正八

慰司其地倚山瀕海極邊煙瘴令史議合優陞依泉

州行省令譯史等以二十月理算一考　二十二年

省准詹事院府正家令二司給侍官闌正班三品令

史即非各司自用人貟俸秩與六部同若遇院掾史

有關於兩司令史出身考滿擬定資品出身依樞密院

所轄各衛令史出身亦合一體　尚醞監令

史與六部令史同議諸監令史考滿正八品內遷用

及非省部發去者例降一等尚醞監令史考滿正八

二十三年省准太常寺令史歷九十月正八品亦合一體

任用有關於呈准籍記人內選取　雲南省羅羅斯

宣慰司兼管軍萬戶府首領官令史人等依雲南行

周鼎

省令史例六十月考滿首頒官受勑例以三十月
為一考　武備寺正三品令譯史等出身擬先司農
寺令譯史人等依各監　倒考滿出為正八品武備寺
令史亦合依例遷叙
史考滿授正八品自行用者降一等　尚舍監令史擬同諸寺監令
院武備寺光祿寺等令史九十月正八品內遷用自
譯史人等六十月為滿遷轉　二十四年部擬太史
陝西四川行省順元等路軍民宣慰司依雲南令
　太醫院宣徽院所轄令史人等若係
省部發去考滿同諸監令史擬正八品自用者降等
用者降一等

《元史志卷三十四　十三》

任用二十六年省准給事中兼脩起居注人吏依
諸寺監令史出身倒考滿一體定奪　侍儀司令史
依給事中兼秉起居注人吏遷轉二十七年省准
慶司令史九十月依已准家令府正兩司倒由省部
發者出為正八品自用者降等叙　二十八年省准
太僕寺擬比尚秉等寺令史以九十月出為正八品
自用者降一等　拱衛直都指揮使司與武備寺同
品令史考滿出為從八品自用者合拱正八品內遷
古等衛令史即係在先考滿令史合拱一等遷用蒙
叙各衛令史有關由省部籍記選發者考滿出為正

徐官興

八品樞密院所轄都元帥府萬戶府各衛并屯田等
司官吏俱從本院定奪遷調見役令史自用者考滿
合從本院定奪　宣政院斷事官令史與樞密院及
蒙古必闍赤由翰林院發者以九十月為從七品通
事令史以九十月轉本府奏差自用者降等　二十九
年部擬左右兩江宣慰司都元帥府令譯史人等依
雲南兩廣福建人吏六十月為正八品內遷　二十
從七品非翰林院選發考滿正九品自用者降等叙
八品奏差省發考滿正九品自用者降等叙　儀鳳

《元史志卷三十四　十六》

司令史比同侍儀司令史考滿為正八品自用者降
一等　哈迷為頭只哈赤八剌哈孫達魯花赤考滿正八
品任用雖必闍赤都兒達魯花赤必闍赤考滿正八
吏部議與阿速拔都兒達魯花赤令史月俸不同各官隨朝近侍一
一等　三十年省准李可孫係正三
品令譯史人等比依各寺監令譯史出身考滿正
體比依倒出身相應
品令譯史人等比依各寺監譯史出身考滿正八
水監從三品令譯史人等比依自用者降等
正八品叙自用者降等　只兒哈昔寶赤八剌哈孫
孫達魯花赤令史等即係一體擬合依倒考滿出為正
達魯花赤令史等即係一體擬合依倒考滿出為正

徐官興

八品

元貞元年省准闕遺監　今譯史人等省部發
去者考滿正八品內任用自行踏逐者降等
司府正司改內宰官正其人依元定為當
直都指揮使司陞為正三品其令譯史等俸俱與光
祿寺相同擬係相應人內發補者考滿與正八品奏
擬和林宣慰司都元帥府人吏合與隨朝二品衙門
府人吏依隨朝三品考滿正八品考滿
差正九自用者降等叙
月正八品叙自用者降等遷用其和林宣慰司無應
一體及量減月日部議各道宣慰司令史
　　家令　拱衛　光
　大德三年部擬鷹坊總管
　和林宣慰司令史一百二十
　五年部擬鷹坊總管

取司屬又保酷寒之地人吏已蒙都省從優以九十
月為蒲令擬考滿不分自用俱於正八品內遷用八
年部言行都水監准設人吏令史八人奏差六人壩
寨一十人通事知印各一人譯史一人公使人二十
人都水監令譯史通事知印考滿俱於正八品遷用
奏差行都水監係江南荊立衙門令史比例合於行
省所轄常調提控案牘內選取奏差壩寨人等亦須
選相應人考滿比都水監人吏降等江南遷用典史
公使人從本監自用　九年部言尚乘寺援武備寺

太府章佩等監例求陞加其人吏出身俸給議得各
監人吏皆係奉旨陞加尚乘寺人吏合依巳擬至
大三年部言和林係遠酷寒之地共馬司司吏歷
一考餘轉本路惣管府司吏補不盡者六十月陞都
目惣管府司吏再歷一考轉稱海宣慰司令史考滿
除正八品不係本路司吏轉補者降等叙補九十月除
六十月部議提控案牘內任用蒙古必闍赤比上例
定奪部議晉王位下斷事官正三品除怯里馬赤
知印例從長官所保蒙古必闍赤翰林院發令史以
內史府考蒲典吏并籍記寺監令史發補九十月除

正八品與職官相參用奏差亦須選相應人九十月
依例遷用自用者考滿本衙門定奪　皇慶元年部
言儒學提舉司勾當人員令都省與常選出身令史
係軍司府勾當之人未有轉受民職定奪令史月
為格係皇慶元年二月九日以前者同典牧監一
遷叙以後者若係籍記寺監令史常選提控案牘
充依上銓除自用者不入常調　部議徽政院繕珍
遷叙令史若補籍記寺監令史常調提控案牘院
兩考之上典吏補充內宰司令史例考蒲除正八通
司見役令史補籍記寺監令史常調提控案牘院
事譯史知印亦依上遷叙自用者降等後有關源依

例發補違例補充別無定奪
福司見役之上典吏補充者係籍記寺監令史常調提控案牘
二年部議徵政院延
本院兩考之上典吏補充者依内宰司令史例考滿
除正八品通事譯史知印依上選敘自用者降等後
有關須依例發補不許自用
延祐三年省准算考滿
司就用前衛候司人吏補考滿依例叙徵政
司同品合誤譯史考滿除正八自用者降等衛候
自用遷敘後有關以相應人吏擬自呈准月日理算考滿同
院所轄衛候司奉旨陸正三品與拱衛
院掌飲司人吏部議常選簽補令譯史考滿從八奏

元史志卷三十四 十七 徐仲明

差從九自用者降等後有關須以相應人補違例補
充考滿本衙門用 四年省准屯儲總管萬户府司
吏譯史出身至大三年尚書省劄和林路司吏未定
出身和林係遷遠酷寒去慶兵馬司司吏如歷一考
之上轉補稱海宣慰司令史考滿正八品遷除補不盡人
轉補本路司吏并總管府司吏再歷一考之上
數從優擬六十月於部劄提控案牘内任用蒙古必
闍赤比依上例定奪其沙州瓜州立屯儲總管府司
府衙門即係遷遠酷寒地面依和林路總管府司
人員一體出身

九吏員考滿授正九品
至元二十年省准宮籍監
係隨朝從五品令史擬九十月正九品例革人員驗
月日定奪自行踏逐降一等二十八年省擬補部
司所設人吏擬選取書吏止依按察司舊例上名
依例貢部下名轉補察院貢補不盡人數廉訪
日為始理算考滿者正九品叙須令迴避本司分治
及元籍路分 部議察院書吏出身除見役人三十
十月從八品如非廉訪司書吏取充者四十五月轉
止於各道廉訪司書吏内選取依上三十月轉部九
月轉補不盡者九十月出為從八品察院書吏有關

元史志卷三十四 十八 徐仲明

部補不盡者九十月考滿降一等出為正九品 三
十年省准行臺察院書吏歷一考之上者轉江南宣
慰司令史并内臺察院書吏於見役人内用之若有
用不盡人數以九十月出為正九品江南有關依内
臺察院書吏於各道廉訪司書吏内選取依例轉補
大德四年省擬各道廉訪司書吏
七月元定出身上名貢部下名轉補察院書吏
不盡者廉訪司為始理算考滿月日巳定出身正九品用今議
廉訪司先役書吏歷九十月依巳定出身正九品注
住迴添一資陸轉大德元年三月七日巳後充廉訪

司人吏九十月考滿須歷提控案牘一任於從九品
內用通事譯史比依上例
年十二月元定出身於各道廉訪司書吏內選取三
十月轉部九十月從八品內用如非廉訪司書吏取
充者四十五月轉部補用不盡者如歷九十月考
等正九品用僉議先役書吏九十月考滿降一
轉補江南宣慰司令史并內臺察院書吏用不盡者

正月元定出身於廉訪司書吏內選取歷一考之上
役者止依舊例轉部　行臺察院書吏至元三十年
用任迴添一資陞轉
為始初入者止依舊例轉補江南宣慰司令史此人
依已定出身任迴添一資陞轉大德元年三月七日
九十月正九品江南用省議先役書吏歷俸九十月
貢內臺察院
凡吏員考滿除錢穀官案牘都吏目　至元十三年
吏禮部言各路司吏四十五以下以次轉補按察司
書吏補不盡者歷九十月於都目內任用六十月以
上於吏目內任用省議上都大都路司吏雖同其
餘路分出身依按察司書吏遷用十四年省准覆
實司司吏俱授吏部劄付如歷九十月擬於中州都

目內遷者若不滿考及六十月於下州吏目內任用有
關以相應人發充　二十一年省准諸色人匠總管
府與少府監不同又其餘相體管匠衙門人吏俱未
定擬出身量擬比外路總管府司吏出身同外路總管
任用　二十二年省准大都等路都轉運使司令史
府司書吏三名貢舉儒吏二名貢不盡年四十五之上
與河間等路都轉運監使司書吏出身同外路總管
考滿都目內任用　二十三年省准各路司吏轉運
司書吏年四十五以上歷俸六十月充吏目九十月
充都目餘有役過月日不用奏差宣從行省斟酌月
日量於錢穀官內就便銓用　省准覆實司係正五
品令史出身比交鈔提舉司司吏出身九十月務使
六十月都監六十月之下四十五月之上都監六
界遷用四十五月之下轉補運司令史　部擬京畿
漕運司司吏轉補察院書吏不盡四十五以上九十
月依例於都目內任用　二十四年部議各道巡行
勸農官書吏於各路總管府上名司吏內選委　省准
於提控案牘內任用奏差從大司農司選取考滿
諸司局人匠總管府令史於都目內任用　二十五
年省准大護國仁王寺昭應宮財用規運總管府令

【上欄】

譯史人等比大都路總管府正三品司吏九十月提
控案牘内任用部議甘肅寧夏等處處行勸農司
係邊陲遠地人吏依甘肅行首并河西隴北道提刑
按察司以二十二月准一考六十五月為蒲省准
供膳司司吏比覆實司司吏九十月出身於務使例九十
月於都目内任用省准諸路寶鈔都提舉司司吏

四百

叙尚書省右司郎中管領大都等路打捕民匠等
吏月日三折二准算通理九十月於提控案牘内遷
戶撥管令史比諸局人匠總管府令史例九十
任用二十六年省准巡行勸農司書吏役過路司

《元史志卷三十四》 廿二

有關於諸路轉運司漕運司上名司吏内選取三十
月充吏目四十五月之上六十月之下都目六十月
已上轉提控案牘充寺監令史者聽諸路寶鈔提舉
司同　奏准大都路都總管府添設司吏一十名委
差五名司吏六十月於提控案牘内任用委差於近
上錢穀官内委用有關以有根腳請俸人補充不及
考蒲不許無故替換二十七年省准京畿都漕運
司令史九十月充提控寺監令史者聽二十九年
提舉萬億庫司吏顧充寺監令史者聽二十
部擬大都路庫司令史四十五以上六十月提控案牘内

予190孫

【下欄】

舉真部每歲二名奏差六十月之上選
省准京畿都漕運司令史比依諸路寶鈔提舉司令
史比依諸路寶鈔提舉司
司吏出身例三十月吏目四十五月之上六十月之
下都目六十月之上吏目四十五月之上六十月
史九十月於提控案牘内遷除有

舉司都提舉萬億四庫司吏九十月於提控案牘内任
史九十月提控案牘　大德三年省准諸路轉運司
八作司保正六品司吏四十五月之上吏
之上九十月提控案牘　元貞元年省准大都等路轉運司
用如六十月之上自願告叙者於都目内遷除有關

《元史志卷三十四》 廿二

於平準行用庫攢典内挨次轉補　省准寶鈔總庫
司提舉冨寧庫司俱保從五品其司吏九十月都目有
内任用如六十月之上自願告叙於史目内遷除有
關湏於在京五品衙門及左右廵院大興宛平二縣
及諸州司吏并籍記各部典吏内選
右叙於吏目九十月都目内任用六十月之上自願
告叙於吏目内選除有關於在都諸倉攢典内選補
京畿都漕運使司令史六十月之上於提控案牘上名司
内用遇關於路府諸州并在京五品等衙門上名司
吏内選　大都路司吏改為令史六十月之上

四百

そ卯

四十五以下貢部不過二名四十五以上六十月提
控案牘內遷用任迴減資陞轉大都路都總管府令
史依舊六十月於提控案牘內遷叙不頒減資有闕
於府州共馬司左右巡院大興平二縣上名司吏
內選補　大德五年省准河東宣慰使司軍儲所司
吏譯史九十月為滿譯史由翰林院發補司吏由州
縣司吏取充與各路總管府譯史司吏一體陞轉自
用譯史別無定奪司中錢穀官委差近下錢
穀官　七年部擬濟南萊蕪等處鐵冶都提舉司及
廣平彰德等處鐵冶都提舉司秩四品司吏九十月
四百八
比散府上州例陞吏目蒙古必闍赤擬酌中錢穀官
奏差近下錢穀官典吏三考轉本司奏差　省准陝
西省叙近州等處部蠻夷宣撫司正三品其令譯史
考滿比各路司吏人等一體選用奏差行省定奪
九年宣慰諸司大同等處屯諸軍民總管萬戶府從三
品司吏譯史委差人等九十月為滿司吏除酌中錢
穀官委差近下錢穀官　大德十年省准諸路吏都六
十月須歷五萬石之上倉官一界陞吏目兩考都目一考依上陞
目一考陞中州案牘或錢穀官通理九十月入流五
萬石之下倉官一界陞吏目兩考都目一考依

轉補不盡路吏九十月陞吏目兩考陞都目依上流
轉如非州縣司吏轉補者役過月日別無定奪
九通事譯史考滿叙用　至元二年部擬雲南行省
月准考滿叙用譯史等人員擬二十月為一考歷六十
極邊重地令譯史等人員擬二十月為一考歷六十
官陞作從八品其各部知印考滿官亦合陞正八品據
例減知印除有前資人員驗前資定奪無前資者各
驗實歷月日定擬選叙
通事譯史奏差已有定例通事
四百五
史一體遷叙　部議行省行臺行院五品以下官員
井首領官亦合比依臺院例一考陞一等任用據行
省人吏比同臺院人吏出身已有定例係都省臺院
史譯史通事宣使人等九十月滿考元係都省臺院
發及應補者擬降臺院一等定奪　部擬甘肅行省
令譯史通事宣使人等量擬以六十五月遷叙若係
都省發去人員如部議自用者仍舊例　二十一年
令譯史通事宣使人等所歷月日一體遷
部擬四川行省人吏比甘肅行省所歷月日一體遷
除二十三年部擬福建兩廣行省令譯史通事宣
使人等擬歷六十月同考滿止於江南遷用若行省

咨保福建兩廣必用人員於資品上陞一等二十
四年部議行省行臺行院令史九十月考滿若係都
省臺院發去腹裏相應人員行省令史同臺院令史
出身一等行臺行院降臺院一等俱於腹裏遷用自用
迤降一等其必闍赤擬高省掾一等內
蒙古必闍赤俱係正從五品選除令蒙古字教授擬
比儒學教授例高一等其必闍赤擬於巡檢
外諸衙門蒙古譯史一體陞等選叙
擬諸路實鈔都提舉司蒙古必闍赤三十月吏目四
十五月都目六十月提控案牘役過月日擬於巡檢

元史志卷三十四　廿五

內叙用奏差九十月近上錢穀官六十月酌中錢穀
官內任用　翰林院寫聖旨必闍赤比都省蒙古
必闍赤內管宣勅者八月算十月遷轉正六品部議
寫聖旨必闍赤比依管宣勅蒙古必闍赤一體亦合
八折十准算月日外揀出身已有定例　崇福司令
譯史宣使省部發補者考滿出爲正七品自用者降
一等宣使省部發去者考滿出爲正八品自用者降
一等各道廉訪司通事譯史出身比依書吏量擬
一體考滿正九奏差考滿依通事譯史降二等量擬
於省劉錢穀官并巡檢內任用　三十年省准將作

院令譯史人等由省部選發者考滿正七品遷叙自
用者止從本衙門定奪　大都路蒙古必闍赤若係
例後入役人員擬六十月於巡檢內遷用任回減一
資陞轉　大德三年省議各路譯史如係翰林院選
發人員九十月考滿除蒙古人依所擬外其餘色
目漢人先歷務使一界陞提控一界於巡檢內遷用
省議大都運司通事譯史如係雲南諸路廉訪司令
譯史出身比依書吏出身九十月爲滿歷考者於巡
檢內任用　四年省准雲南諸路譯史如係外其餘色
轉陞從九品雲南地面遷用七年宣慰司奏差除

元史志卷三十四　廿六

應例補者一百二十月考滿依例自行保舉者降等
任回添資定奪任用　廉訪司通事譯史大德元年
三月七日巳後荆入補者九十月歷巡檢一任轉從
九如書吏役九十月充巡檢者聽如遣不准　各路
譯史如係各道提舉學校官選發腹裏各路譯史九
十月考滿先歷提領學校官一界陞提領內遷用
三考從九遠者雖歷月日不准　會同館蒙古必闍
赤九十月務提領內選用　十年省准中政院寫懿
旨必闍赤依寫聖旨必闍赤一體出身八番順元
海北海南宣慰司都元帥府極邊重地令譯史人等

考滿依兩廣福建例於江南遷用

九官員致仕　至元二十八年省議諸職官年及七十精力衰耗例應致仕今到選官員多有年已七十或七十之上者合令例致仕大德七年省臣言內外官員年至七十者三品以下於應授品級加散官一等令致仕　皇慶二年省臣言蒙古色目官員所授散官卑於職事令致仕者於官員職事散官俱陞一等令致仕品以下官員職事散官加散官十年省臣言官員年老不堪仕宦

九封贈之制至元初唯一二勳舊之家以特恩見褒雖略有成法未悉行之至元二十年制考課雖以五事責辦管民官為無激勸之方徒示虛文竟無實效自今每歲終考課管民官五事備具內外諸司官職仕內各有成効者為中考第一考對官品加妻封贈第二考令子弟承蔭叙仕第三考封贈祖父母父母品格不及封贈者量遷官品其有政績殊異者不湏陞擢仰中書參酌舊制出給誥命　至大二年詔流官五品以上父母正妻七品以上正妻令尚書省議行封贈之制禮部集吏部翰林國史院集賢院太常等官議封贈諡號等第制以封贈非世祖所行其令

罷之至治三年省臣言封贈之制本以激勸將來比因泛請者眾遂致中輟詔從新設法議擬與行毋致冗濫禮部從新分立等第

正從一品封贈三代爵國公勳正上柱國從柱國母妻並國夫人

正從二品封贈二代爵郡公勳正上護軍從護軍母妻並郡夫人

正從三品封贈二代爵郡伯勳正上騎都尉從騎都尉母妻並郡君

正從四品封贈爵郡伯勳正上輕車都尉從輕車都尉母妻並縣君

正五品封贈父母爵縣男勳飛騎尉母妻並縣君

從五品封贈父爵縣男勳武騎尉母妻並宜人

正從六品封贈父母父止用散官母妻並宜人

正從一品至五品宣授六品至七品勑牒如應封贈三代者魯祖父母一道祖父母一道父母一道生者各一道

諡給降封贈者一品至五品並用散官勳爵六品七品止用散官職事從一品至五品並用散官勳爵六品七品止用散官職事祖降父一等父妻並夫子同父母在仕者不封已致仕並不在仕者封父而讓魯祖父母祖父母者聽父母應封並在所生之母雖在仕棄職就封者聽父母嫡母在所生之母不得封嫡母亡得並封若所生母未封贈者不得先封其妻

諸職官魯受贓不

許申請封贈之後但犯取受之贓並行追奪其父祖
元有官進一階不在追奪之例父祖元有官者隨
其所帶文武官上封贈若已是封贈之官止於本等
官上許進一階階滿者更不在封贈之限如四品其父至祖已帶四品之類

父母父祖舅姑夫喪者服闋申請應封贈者有使
祖父母祖父母者聽其應受封之人居魯祖父母魯
魯祖祖母祖母並母生封並加太字若已亡歿或
封贈婦人因其子封贈而夫妻兩有官者從一高
所請婦人因其子封者從一高文武不同者從
職官居喪應封贈

遠死節有臨陳死事者驗事特議加封　應封妻者
止封正妻一人如正妻已歿繼室亦止封一人餘不
在封贈之例婦人因夫子得封者不許再嫁如不遵
守將所受宣勅追奪斷罪離異父母魯任三品以
上官亡歿生前有勳勞為上知遇者子孫雖不仕具
實跡赴所在官司保結申請
無後者許有司保結申請魯祖父母魯父母父
曾犯十惡奸盜除名等罪及例所封妻不是以禮娶
到正室或係再醮倡優婢妾並不許申請九告請
封贈者隨朝幷京官行省行臺宣慰司廉訪司見任

官各於任所申請其餘官員見任并已除未任至
替日隨其解由申請致仕官於所在官司申請正
從七品至正從六品止封一次陞至正
一次陞至正從四品封贈一次陞至正從五品封贈
一次陞至正從二品封贈一次陞至正從三品封贈
一次九封贈流官父祖魯任三品以上
如正朝有大節功勳在王室者許加功臣之號至
激勸忠孝今後散官職事
勳爵依例加授外任官貟並許在任申請其餘合行
事理仰各依舊制　泰定元年詔犯贓官貟不得封

贈沈鬱既久宜許自新有能滌慮改過再歷兩任無
過者許所管上司正官從公保明監察御史廉訪司
覆察是實並聽依例申請

翰林學士承旨榮祿大夫知制誥兼修國史臣宋濂　翰林待制承直郎知制誥臣　國史院編官臣王褘等奉敕修

志

百官一

王者南面以聽天下之治建邦啟土設官分職其制
尚矣漢唐以來雖公革不同恒因周秦之故以為損
益亦無大相遠大要欲得賢才用之以佐天子理萬
民也元太祖起自朔土統有其報部落野處非有城
郭之制國俗淳厚非有庶事之繁惟以萬戶統軍旅
以斷事官治政刑任用者不過一二親貴重臣耳及

取中原太宗始立十路宣課司選儒臣用之金人來
歸者因其故官若元帥則以行省元帥授之
草創之初固未暇為經久之規矣世祖即位登用老
成大新制作立朝儀造都邑遂命劉秉忠許衡酌古
今之宜定內外之官其總政務者曰中書省秉兵柄
者曰樞密院司黜陟者曰御史臺體統既立其次在
內者則有寺有監有衛有府在外者則有行省有行
臺有宣慰司有廉訪司其牧民者則曰路曰府曰州
曰縣官有常職位有常員其長則蒙古人為之而漢
人南人貳焉於是一代之制始備百年之間子孫有

三八十

《元史志卷三五》　一

孫成

所憑藉矣大德以後承平日久彌文之習勝而質簡
之意微僥倖之門多而方正之路塞官冗於上吏肆
於下言事者屢疏論列而朝廷詎訊莫正之勢固然也
大抵元之建官繁簡因乎時得失係乎人故取其
續所載而論次之若其因事而置事已則罷與夫異
教雜流世襲之屬名類實繁亦姑舉其大槩作百官

志

三公太師太傅太保各一員正一品銀印以道燮陰
陽經邦國有元襲其名號特示尊崇太祖十二年以
國王置太師一員太宗即位建三公其拜罷歲月皆
不可考世祖之世其職常缺而僅置太保一員至成
宗武宗而後三公並建而無虛位矣又有所謂大司
徒司徒太尉之屬或置或不置其置者或開府或不
開府而東宮嘗置三師三少蓋亦不恒有也
中書令一員銀印典領百官會決庶務以相臣
為之世祖以皇太子燕王之至元十年立皇太子行中
書令大德十一年以皇太子領中書令延祐三年復
以皇太子行中書令職屬監印二人
右丞相左丞相各一員正一品銀印統六官率百司
居令之次令缺則總省事佐天子理萬機國初職名

三八十

《元史志卷三五》　二

孫成

未創太宗始置右丞相一員左丞相一員世祖中統
元年置丞相二年復置右丞相二員左丞各一員三年
貞至元二年增置丞相五員七年立尚書省置丞相
三員八年罷尚書省乃置丞相二員如故二十四年以尚書
尚書省其中書省丞相二員至大二年復置尚書省仍歸中書
再罷專任一相武宗至大二年復置尚書省仍歸中書
貞自後因之不易文宗至順元年專任右相其一或
置或不置

平章政事四員從一品掌機務貳丞相凡軍國重事
無不由之世祖中統元年置平章二員二年置平章
四員至元七年置尚書省設尚書平章二員八年尚
書併入中書平章復設三員二十三年詔清冗職平
章汰為二員二十四年復設尚書省中書尚書兩省平
章各二員二十九年罷尚書省增中書平章為五員
而一員為商議省事三十年又增平章為六員成宗
元貞元年改商議省事為平章軍國重事武宗至大
二年再立尚書省平章三員中書五員四年罷尚書
省歸中書平章仍五員文宗至順元年定置四員自
後因之

《元史志卷三十五》 三

吕戌

右丞一員正二品左丞一員正二品副宰相裁成庶
務號左右轄世祖中統二年置左右丞各一員三年
增為四員至元七年立尚書省中書右丞左丞仍四
員八年尚書併入中書省右丞左丞各一員二十三年
汰冗職右丞左丞如故二十四年復罷尚書省右丞
各一而中書省缺員二十八年復立尚書省右丞五
設右丞二員而一員為商議省事成宗元貞元年右
丞商議省事又以昭文大學士與中書省右左丞
至大二年復立尚書省右丞中書右左丞止設四員文宗
貞四年罷尚書右丞中書右左丞止設四員文宗
至順元年定置右丞一員左丞一員而由是不復增

損

參政二員從二品副宰相以參大政而其職亞於右
丞世祖中統元年始置參政二員二年增為二員
至元七年立尚書省參政三員八年尚書併入中書
左丞二員二十三年汰冗職參政二員如故二十四
年復立尚書省參政武宗至大二年復置尚書省參政二
罷尚書省參政武宗至大二年復置尚書省參政二
員中書省參政二員四年併尚書省入中書參政三
文宗至順元年定參政為二員自後因之

《元史志卷三十五》 四

吕戌

汆議中書省事秩正四品典左右司文牘爲六曹之
管轄軍國重事咸預決爲中統元年始置一負至元
二十二年累增至六負大德元年止置四負後遂爲
定額其治曰茶議府令史二人
司左司所掌吏禮房之科有九一曰南吏二曰比吏
貟正七品中統元年置左右司至元十五年分置兩
左司郎中二負正五品負外郎二負正六品都事二
三曰貼黃四曰保舉五曰禮六曰時政記七曰封贈
八曰牌印九曰好事知除房之科有五一曰資品二
曰常選三曰臺院選四曰見闕選五曰別里哥選戶

雜房之科有七一曰定俸二曰衣裝三曰羊馬四曰
置計五曰田土六曰太府監七曰會總科粮房之科
有六一曰海運二曰儹運三曰邊遠四曰賑濟五曰
事故六曰軍匠銀鈔房之科有二一曰鈔法二曰課
程應辨鈔之科有二一曰飲膳二曰草料令史二人
蒙古書寫二十人田四書寫一人漢人書寫七人典
右司郎中二負正五品負外郎二負正六品都事二
貟正七品中統元年置左右司至元十五年分置兩
司右司所掌兵房之科有五一曰邊關二曰站赤三
吏十五人

曰鋪馬四曰屯田五曰牧地刑房之科有六一曰法
令二曰弭盜三曰功賞四曰禁治五曰枷勘六曰鬪
訟工房之科有六一曰橫造軍器二曰常課段疋三
曰歲賜四曰營造五曰應辨六曰河道令史二人蒙
古書寫三人田四書寫一人漢人書寫一人典吏五
人

中書省掾屬
監印二人掌監視省印有中書令則置
知印四人掌就用省印
怯里馬赤四人

蒙古必闍赤二十二人左司十六人右司六人
漢人省掾六十八人左司三十九人右司二十一人
田四省掾十四人左司九人右司五人
宣使五十人
省醫三人
玉典赤四十一人
斷事官秩三品掌刑政之屬國初嘗以相臣任之
其名甚重其負數增損不常其人則皆御位下及
中宮東官諸王各投下怯薛丹等人爲之中統元
年一十六位下置三十一貟至元六年十七位下

置三十四員七年十八位下置三十五員八年始
給印二十七年分立兩省而斷事官隨省並置二
十八年十八位下置三十六員併入中書位共置三十一
年增二員後定置自御位下及諸王位下共置四
十一員首領官經歷一員知事一員吏屬蒙古必
客省使秩正五品使四員正五品副使二員正六
闇赤二人知印二人令史一十二人凹凹令史一人怯里馬
品令史二人掌直省舍人宣使等貟選舉差遣之
事至元九年置使二員一員蒙通事一員不兼大

《元史志卷三五》　七　秋芳

德元年增置四員副二員直省舍人二員至元七
年始置後增至三十二員掌奏軍給使差遣之役
檢校官四員正七品掌檢校左右司六部公事程
期文牘稽失之事書吏六人大德元年置
照磨一員正八品掌磨勘左右司錢穀出納營繕
料例凡數計文牘簿籍之事中統元年置二員至
管勾一員正八品掌出納四方文移緘縢啟拆之
元八年省爲一員典吏八人
事郵遞之程曹屬之承受薰主之中統元年定爲
二員至元三年定爲一員典吏八人

架閣庫管勾二員正八品掌庋藏省府籍帳案牘
凡備稽考之文即掌故之任至元三年始置三員
其後增置員數不一至順初定爲二員典吏十人
蒙古架閣庫薰管勾一員典吏二人凹凹架閣庫
管勾一員典吏二人
吏部尚書三員正三品侍郎二員正四品郎中二員
從五品員外郎二員從六品掌天下官吏選授之政
令凡職官銓綜之典吏貟調補之格勳封爵邑之制
考課殿最之法悉以任之世祖中統元年以吏戶禮
爲左三部尚書二員侍郎二員郎中四員員外郎六
員至元元年以吏禮自爲一部尚書三員侍郎仍二

《元史志卷三五》　八　章永芳

員七年始列尚書六部吏部尚書一員侍郎一員郎
中二員員外郎二員八年仍爲吏禮部尚書侍郎郎
中各一員員外郎仍二員十三年分置吏部尚書增
置七員侍郎三員郎中二員員外郎四員十九年尚
書裁爲二員侍郎一員郎中一員員外郎二員二十
一年尚書三員侍郎一員郎中一員員外郎如故二十三
二年定爲六部尚書侍郎郎中員外郎額各二員二十

八年增尚書爲三員主事三員蒙古必闍赤三人令
史二十五人田四令史二人怯里馬赤一人知印二
人奏差六人蒙古書寫二人銓寫五人典吏一十九
人戶部尚書三員正三品侍郎二員正四品郎中二
員從五品員外郎三員從六品掌天下戶口錢粮田土
之政令凡貢賦出納之經金幣轉通之法府藏委積
之寶物貨賄鼓鑄之直斂散販歐之宜悉以任之中統
元年以吏戶禮爲左三部尚書二員侍郎二員郎中
四員員外郎六員至元元年分立戶部尚書三員侍
郎郎中四員員外郎省爲三員三年復爲左三部五

【元史卷三五】　九

年復分爲戶部尚書一員侍郎郎中各一員員外郎
又省爲二員七年始列尚書六部尚書一員侍郎二
員郎中二員員外郎如故十三年尚書增置一員侍
郎郎中員外郎如故十九年郎中員外郎俱增至四
員二十三年六部尚書侍郎郎中定以二員爲額明
年以戶部所掌視他部特爲繁劇增置二員成宗大
德五年省尚書一員員外郎省一員各設三員主
事八員蒙古必闍赤七人令史六十一人田四蒙古
六人怯里馬赤一人知印二人春差三十二人田蒙
書寫一人典吏二十二人司計官四員其屬附見于

都提舉萬億寶源庫掌寶鈔玉器至元二十五年始置
都提舉一員正四品提舉一員從五品同提舉一
員從五品副提舉一員司吏二十三人譯史二人司庫四
提控案牘一員司吏二十二人知事一員從八品
十六人內以色目二人參之
都提舉萬億廣源庫掌香藥紙劄諸物設置同上
提控案牘二員司吏一十二人譯史一人司庫一
十三人
都提舉萬億綺源庫掌諸色段疋設置並同上而

【元史卷三五】　十

副提舉則增一員提控案牘設三員後省二員司
吏二十二人譯史一人司庫二十六人內參用色
目二人
都提舉萬億賦源庫掌絲綿布帛諸物設置並同
上提控案牘二員其後省一員司吏一十七人譯
史一人司庫十五人內參用色目二人
四庫照磨兼架閣庫管勾一員從九品世祖至元
二十八年以四庫錢帛繁始置一員仍給印
提舉富寧庫至元二十七年始劉提舉一員從五
品同提舉一員從六品副提舉一員從七品分掌

萬億寶源庫出納金銀之事吏目一人其後司吏
增至六人譯史一人司庫八人

諸路寶鈔提舉司達魯花赤一員正四品都提舉
一員正四品副達魯花赤一員正五品提舉一員
正五品同提舉二員從五品副提舉二員從六品
知事一員從八品照磨一員從九品國初戶部蕭
領交鈔公事世祖至元始設交鈔提舉司秩正五
品二十四年改諸路寶鈔都提舉司陞正四品增
副達魯花赤提控案牘各一員其後定置已上官
員提控案牘又增一員設司吏十二人蒙古必闍
赤一人回回令史一人奏差七人

寶鈔總庫達魯花赤一員從五品大使一員從五
品副使三員正七品世祖至元二十五年改元寶
庫為寶鈔庫秩正六品二十六年陞從五品增大
使副使設司庫其後遂定置已上官員司吏七人
譯史一人司庫五十人

印造寶鈔庫達魯花赤一員正七品大使二員從
七品副使二員正八品中統四年始置秩從八品
至元二十四年陞從七品增達魯花赤一人其後
遂定置已上官員

燒鈔東西二庫達魯花赤一員正八品大使一員
從八品副使一員從九品至元二十四年始置庫
用正九品印置監燒昏鈔官二十四年分立燒鈔
東西二庫秩從八品各置達魯花赤大使副使等
員

行用六庫中統元年初立中都行用庫秩從七品
提領一員從七品大使一員從八品副使一員從
九品至元二十四年京師改置庫者三曰光熙曰
文明曰順承因城門之名為額二十六年又置三
庫曰健德曰和義曰崇仁並因城門以為名

大都宣課提舉司掌諸色課程併領京城各市提
舉二員從五品同提舉一員從六品副提舉一員
從七品提控案牘一員司吏六人世祖至元十九
年併大都舊城兩稅務為大都稅課提舉司至武
宗至大元年改宣課提舉司其屬四

馬市猪羊市秩從七品提領一員從七品大使一
員從八品副使一員世祖至元三十
年始置

牛驢市昇木市品秩設官同上

魚蠟市大使一員副使一員至大元年始置

煤木所提領一負從八品大使一負從九品副

使一負至元二十二年始置

大都酒課提舉司掌酒醋榷酤之事至元十九年

始置提舉一負從五品同提舉二負從六品副提

舉二負從七品提控案牘二負吏五人二十八

年省同提舉一負副提舉一負餘如故

抄紙坊提領一負正八品大使一負從八品副使

二負從九品中統四年始置用九品印止設大使

副使各一負至元二十七年陞正八品增置提領

副使各一負

印造鹽茶等引局大使一負副使一負至元二十

四年置掌印造腹裏行省鹽茶醋鐵等引仍置攢

典庫子各一人

右以上屬户部其萬億四庫國初以太府掌内

帑之出納旣設左藏等庫而國計之領在户部

仍置萬億等庫為收藏之府中統元年置庫官

六負而未有品秩俸給至元十六年始為提舉

萬億庫秩正五品二十四年改陞都提舉萬億

庫秩正四品二十五年分立四庫以分掌出納

至二十七年又別立富寧庫焉

京畿都漕運使司秩正三品運使二負正三品同

知二負正四品副使二負正五品判官二負正六

品經歷一負正七品知事一負從八品提控案牘

照磨二負掌凡漕運之事世祖中統二年初立

軍儲所尋改漕運所至元五年改漕運司秩五品

十二年改都漕運司秩四品十九年改京畿都漕

運使司秩正三品二十四年內外分立兩運司而

京畿都漕運司之額如舊止領在京諸倉出納糧

斛及新運糧提舉司站車攢運公事省同知運判

知事各一負而押綱官隸焉延祐六年增同知副

使運判各一負其後定置官負已上正官各二負

首領官四負吏屬令史二十一人譯史二人回回

令史一人通事一人知印二人奏差一十六人典

吏二人其屬二十有四

新運糧提舉司秩正五品至元十六年始置管

站車二百五十輛隸兵部開設運糧壩河改隸

户部定置達魯花赤一負都提舉一負同提舉

二負副提舉一負吏目一負司吏八人奏差十

二人

京師二十二倉秩正七品

萬斯北倉 中統二年置

萬斯南倉 至元二十四年置

千斯倉 中統二年置

末平倉 至元十六年置
末濟倉 至元四年置

惟億倉
既盈倉

屢豐倉
積貯倉 元年增置
大有倉 並係皇慶元年置

豐穰倉 皇慶元年置
廣濟倉 皇慶元年置

大積倉 至元二十八年置
盈衍倉 至元十六年置

相因倉 中統二年置
順濟倉 至元二十年置

已上八倉每倉各置監支納一員正七品大
使二員從七品 副使二員正八品

已上十倉每倉各置監支納一員正七品 副使二員正八品

豐實倉

通濟倉 中統二年置
慶貯倉 至元四年置
豐潤倉 至元十年置

使一員從七品 副使二員正八品

已上四倉每倉各置監支納一員正七品大
使一員從七品 副使一員正八品

通惠河運粮千戶所秩正五品掌漕運之事至
元三十一年始置中千戶一員中副千戶二員
御河上下至直沽河西

都漕運使司秩正三品掌御河上下至直沽河西
務李二寺通州等處僦運粮斛至元二十四年自

京畿運司分立都漕運司於河西務置總司分司

臨清運使二員正三品同知二員正四品副使二
員正五品運判三員正六品經歷一員知事
事一員從八品提控案牘二員內一員兼照磨司
吏三十三人秩正七品通事譯史各一人奏差一十六人典
吏一人其屬七十有五

河西務十四倉秩正七品

末備南倉
末備北倉
廣盈比倉

已上五倉每倉各置監支納一員正七品副使二員正八品

充溢倉
廣盈南倉

崇墉倉

大稔倉
足用倉
豐儲倉
既備倉

豐積倉
恒足倉

已上九倉各置監支納一員正七品副使一員正八品

通州十三倉秩正七品

有年倉
富有倉
及秭倉
廣儲倉

盈止倉
延豐倉

樂歲倉
慶豐倉

已上九倉各置監支納一員正七品大使二

大盈倉
大京倉

已上五倉每倉各置監支納一員正七品大使二

負從七品副使二負正八品

足食倉　　　冨儲倉

及衍倉　　　冨衍倉

巳上四倉各置監支

負從七品副使一負正八品

河倉一十有七用從七品印

舍陶倉　　　舊縣倉　　　陵州倉

傅家池倉

八品副使一負

巳上各置監支納一負從七品正七品大使一負從

《元史念卷三十五》　　【十七】　徐官吴

泰家渡倉　尖塚西倉　尖塚東倉

長蘆倉　　武強倉　　夾馬營倉

上口倉　　唐宋倉　　唐村倉

安陵倉　　四柳樹倉　淇門倉

伏恩倉

巳上各置監支納一負從八品大使一負從

九品副使一負

直沽廣通倉秋正七品大使一負

榮陽等綱凡三十曰濟源曰陵州曰獻州曰白

馬曰滎陽曰完州曰河內曰南宮曰沂菖曰霸

州曰東明曰獲嘉曰臨水曰東

昌曰武安曰汝寧曰修武曰強曰膠水曰東

封曰蒲臺曰鄒平曰中牟曰安陽曰開封曰儀

州曰曹濮州每綱皆設押綱官二負計六十負

秋正八品每編船三十隻為一綱船九百餘隻

運糧三百餘萬石船戶八千餘戶綱官以常選

正八品為之

檀景等處採金鐵冶都提舉司

負正四品同提舉一負正五品副提舉一負從六

品掌各冶採金煉鐵權貨以資國用國初中統始

置景州提舉司管領景州灤陽新匠三冶至元十

四年又置檀州提舉司管領雙峯暗峪大峪五峯

等冶大德五年檀州景州三提舉司併置檀州等

處採金鐵冶都提舉司而灤陽雙峯等冶悉隸焉

他如河東山西濟南萊蕪等處鐵冶提舉司及益

都般陽等處淘金總管府其沿革蓋不一也

大都河間等路都轉運鹽使司秩正三品掌場竈

權辦鹽貨以資國用使二負正三品同知一負正

四品副使一負正五品運判二負正六品首領官

經歷一負從七品知事一負從八品照磨一負從

九品國初立河間稅課達魯花赤清池鹽使所後
朔立運司立提舉鹽榷所又改為河間路課所
提舉滄清課鹽使所至元二年以都提領滄
清課鹽所至元二年以刑部侍郎右三部郎中蕭
滄清課鹽使司尋改立河間都轉運鹽使司清
滄課三鹽司十二年改為都轉運使司立
使司事二十八年改河間等路都轉運
司二十七年改令戶部尚書行河間等路都轉運
清滄二鹽使司二十三年改立河間等路都轉運
戶部尚書行河間等路都轉運使司尋罷改立

年領分司印巡行郡邑以防私鹽之弊
鹽場二十二所每場設司令一員從七品司丞
一員從八品辦鹽各有差

利國場　利民場　海豐場　阜民場
阜財場　益民場　潤國場　海阜場
海盈場　海潤場　嚴鎮場　富國場
興國場　厚財場　豐財場
蘆臺場　越支場　石碑場　三义沽場
惠民場　富民場　濟民場

山東東路轉運鹽使司品秩職掌同上運判止一

員國初始置益都課稅所管領山東鹽場以總鹽
課後改置運司中統四年詔以中書左右部蕭諸
路都轉運司至元二年命有司蕭辦其課改立山
東轉運司至元十二年改立都轉運司延祐五年
以鹽法澁滯降分司印巡行各場督收課程罷膠
萊鹽司所屬鹽場
臨場一十九所每場設司令一員從八品
一員從八品管勾一員從七品司丞

新鎮場　永阜場　利國場　固堤場
末利場　信陽場　濤洛場　石河場　海滄場
宰海場　行村場　登寧場　西由場
官臺場　豐國場
豐民場　富國場　王家岡場
富國場　高家港場

河東陝西等處轉運鹽使司品秩職掌同前運判
增一員國初設平陽府以徵課程之利中統二年
改置轉運司至元二年罷運司命
有司掌其務尋復置轉運司二十三年立陝西都
轉運司諸色稅課悉隸焉二十九年置鹽運司專
掌鹽課其餘課稅歸有司解鹽司亦罷延祐六年
更為河東陝西等處都轉運鹽使司隸省部其屬

解鹽場管勾一員正九品同管勾一員從九品

河東等處解鹽管民提領所正提領一員從八

品副提領一員從九品

安邑等處解鹽管民提領所正提領一員從八

品副提領一員從九品

禮部尚書三員正三品侍郎二員正四品郎中二員

從五品員外郎二員從六品掌天下禮樂祭祀朝會

燕享貢舉之政令凡儀制損益之文符印簡冊之信

神人封諡之法忠孝貞義之襃送迎聘好之節文學

元史卷三十五 王 千公平

僧道之事婚姻繼續之辨音藝膳供之物悉以任之

世祖中統元年以吏户禮爲左三部置尚書二員侍

郎二員郎中四員員外郎六員總領三部之事至元

元年分立爲吏禮部尚書三員侍郎仍二員郎中仍

四員員外郎四員七年別立禮部尚書一員侍郎一

員員外郎二員如舊明年又合爲吏禮部尚書十三

郎郎中二員員外郎

年又別爲禮部二十三年六部尚書侍郎郎中員外

郎定以二員爲額成宗元貞元年復增尚書一員

會同館事主事二員蒙古必闍赤二人令史一員

人四回令史二人怯里馬赤一人知印二人奏差十

二人典吏三人其屬附見

左三部照磨所秩正八品照磨一員掌吏户禮三

部錢穀計帳之事典吏八人

侍儀司秩正四品掌凡朝會即位冊后建儲奉上

尊號及外國朝觀之禮至元八年始置左右侍儀

奉御二員禮部侍郎知侍儀事一員引進使二員

儀事一員左右侍儀僉事二員左右直侍儀

左右侍儀副使二員知侍儀事一員引進副

使侍儀令承奉班都知尚衣局大使一員十二

年省左右侍儀奉御通曰左右侍儀省引進副使及

元史卷三十五

侍儀令尚衣使等員改置通事舍人十四員三十

年減通事舍人七員爲侍儀舍人大德十一年陸

秩正三品至大二年置典簿一員延祐七年定置

侍儀使四員至治元年增置通事舍人六員引進

舍人四員後定置侍儀使四員正三品引進

知侍儀事二員其後定置侍儀使典簿

屬官承奉班都知一員正四品首領官典簿

員從七品侍儀舍人十四員正七品通事舍人十六

人譯史一人通事一人知印一人其屬法物庫秩

五品掌大禮法物提點一員從五品大使一員從

六品副使一員從七品直長二員正八品

拱衛直都指揮使司秩從四品掌控鶴六百餘戶及儀衛之事至元三年始置都指揮使一員副使一員僉轄一員提控案牘一員十六年陞正三品爲從四品二十五年歸隸禮部元貞元年復陞正降虎符增置達魯花赤一員隸宣徽院二十年復三品皇慶元年置經歷一員二年改爲僉事

至順二年撥隸侍正府定置達魯花赤一員正三品都指揮使四員正四品首領官經歷一員從七品知事僉事二員正四品副指揮使二員從三品

一員從八品吏屬令史四人譯史一人通事知印各一人奏差二人其屬控鶴百戶所秩從七品色目百戶一十三員漢人百戶一十三員總十三所

儀從庫秩從七品掌收儀衛器仗大使一員從七品副使一員從八品

儀鳳司秩正四品掌樂工供奉祭饗之事至元八年立玉宸院置樂長一員樂判一員樂判二十年改置儀鳳司隸宣徽院置大使副使各一員判官三員二十五年歸隸禮部省判官三員三十一年置達魯花赤一員副使一員大德十一年改

陞玉宸樂院秩從二品置院使副使僉事同僉院判至大四年復爲儀鳳司秩正三品延祐七年降從三品定置大使五員從三品副使四員從四品首領官經歷一員從七品知事一員從八品吏屬令史二人譯史通事知印各一人其屬五

雲和署秩正七品掌樂工調音律及部籍更番之事至元十二年始置至大二年陞從五品署令貞署丞二員管勾二員協音一員協律一員書史二人書吏四人教師二人提控四人

安和署秩正七品職掌與雲和同至元十三年始置皇慶二年陞從五品署令二員署丞二員管勾二員協音一員協律一員書史二人書吏四人教師二人提控四人

常和署初名管勾司秩正九品管領回回樂人皇慶元年初置延祐三年陞從六品署令一員署丞二員管勾二員教師二人提控二人

天樂署初名昭和署秩從六品管領河西樂人至元十七年始置大德十一年陞正六品至大四年改爲天樂署皇慶元年陞從五品署令二

員署丞二員管勾二員協音一員協律一員書
史二人書吏四人教師二人提控四人
廣樂庫秩從九品掌樂器等物大使一員副使
一員慶元年始置
教坊司秩五品掌承應樂人及管領興和等署
五百戶中統二年始置至元十二年陞正五品十
七年改提點教坊司隸宣徽院秩正四品二十五
年隸禮部大德八年陞正三品延祐七年復正四
品達魯花赤一員正四品大使三員正四品副使
四員正五品知事一員從八品令史四人譯史知
印奏差各二人通事一人其屬三
興和署秩從六品署令二員署丞二員管勾二
祥和署秩從六品署令一員署丞一員管勾一
員
廣樂庫秩從九品大使一員副使一員
會同館秩從四品掌接伴引見諸番蠻夷峒官之
來朝貢者至元十三年始置二十五年罷之二十
九年復置元貞元年以禮部尚書領館事遂爲定
制禮部尚書領會同館事一員正三品大使二員

正四品副使二員從六品提控案牘一員掌書四
人蒙古必闍赤一員典給官八人其屬有收支諸
物庫秩從九品大使一員副使一員至元二十九
年以四寶庫改置
鑄印局秩正八品掌凡刻印銷印之事大使一員
副使一員直長一員至元五年始置
白紙坊秩從八品掌造詔旨宣勑勾大使一員
副使一員至元九年始置
掌薪司秩正七品司令一員司丞二員正
八品典吏一人
兵部尚書三員正三品侍郎二員正四品郎中二員
從五品員外郎二員從六品掌天下郡邑郵驛屯牧
之政令凡城池廢置之故山川險易之圖兵站屯田
之籍遠方歸化之人官私芻牧之地馳馬牛羊鷹隼
羽毛皮革之徵驛乘郵運祇應公廨皂隸之制悉以
任之世祖中統元年以兵刑工爲右三部置尚書二
員侍郎二員郎中五員員外郎五員總領三部之事
至元元年別置工部以兵刑自爲一部尚書四員侍
郎三員郎中如舊員外郎五員三年併爲右三部五
年復爲兵刑部尚書二員省侍郎二員郎中如故員

外郎一員七年始列六部尚書一員侍郎仍舊郎中
一員員外郎一員明年又合為兵刑部十三年復
析兵部二十三年定尚書侍郎郎中員外郎以二員
為額至治三年增尚書一員主事二員蒙古必闍赤
二人令史十四人囘囘令史一人怯里馬赤一人知
印二人奏差八人典吏三人其屬附見

大都陸運提舉司秩從五品掌兩都陸運粮斛之
事至元十六年始置運粮提舉司延祐四年改今
名提舉二員從五品副提舉一員從七品吏目一
員司吏六人委差一十人海王庄七里庄魏家庄

《元史志卷三十五》

膳八庄四所各設提領一人用從九品印
管領隨路打捕鷹房民匠總管府秩從三品達魯
花赤一員總管一員副總管二員經歷知事各一
員提控案牘一員吏屬令史六人初太祖以隨路
打捕鷹房民戶七千餘戶撥隸旭烈大王位下中
統二年始置至元十二年阿八合大王遣使奏歸
朝廷隸兵部
管領本投下大都等路打捕鷹房諸色人匠都總
管府秩正三品掌哈贊大王位下事大德八年始
置官吏皆王選用至大四年省併衙門以哈兒班

昔大王遠鎮一隅別無官屬存設不廢定置府官
達魯花赤二員總管一員同知一員副總管一員
知事一員提控案牘一員令史四人譯史二人奏
差二人典吏一人其屬東局織染提舉司秩從五
品達魯花赤一員提舉一員副達魯花赤一員副
提舉一員提控案牘一員司吏二人
隨路諸色民匠打捕鷹房等戶都總管府秩從三
品達魯花赤一員總管一員同知一員經歷一員
知事一員提控案牘一員照磨一員令史六人譯史
一人知印通事一人奏差二人掌別吉大營盤事

《元史志卷三十五》

及管領大都路打捕鷹房等戶至元三十年置延
祐四年陞正三品
管領本位下打捕鷹房民匠等戶都總管府秩正
三品達魯花赤一員總管一員副總管一員令史
同知一員提控案牘一員經歷一員知事
一員提控案牘一員令史六人譯史通事
知印各一人掌別吉大營盤城池阿哈探馬兒一
應差發薛徹干定王位下事泰定元年始置
刑部尚書三員正三品侍郎二員正四品郎中二員
從五品員外郎二員從六品掌天下刑名法律之政

令凡大辟之按覆繫囚之詳讞舉矜收產沒之籍捕獲
功賞之式冤訟疑罪之辨獄具之制度律令之擬議
悉以任之世祖中統元年以兵刑工爲右三部置尚
書二員侍郎二員郎中五員員外郎五員郎中員
外郎各一員專署刑部至元元年析置工部而兵刑
仍爲一部尚書四員郎中仍二員員外郎
部侍郎一員郎中一員員外郎二員八年改爲兵刑
置五員三年復爲右三部七年始別置刑部尚書郎中
員外郎定以二員爲額大德四年尚書增置一員其
部十三年又爲刑部二十三年六部尚書增置一員

差十人書寫三人典吏七人其屬附見
三十人囬囬令史二人怯里馬赤一人知印二人奏
首領官則主事三員吏屬則蒙古必闍赤四人令史
司獄司司獄一員正八品獄丞一員正九品獄典
一人始置專官部醫一人掌調視病囚
年初以右三部照磨兼刑部繫獄之任大德七
都等路斷沒提領所爲司籍所隸刑部
司籍所提領一員同提領一員至元二十年改大
工部尚書三員正三品侍郎二員正四品郎中二員
從五品員外郎二員從六品掌天下營造百工之政

令凡城郭池之修濬土木之繕葺材物之給受工匠之
程式銓注局院司匠之官悉以任之世祖中統元年
右三部置尚書二員侍郎二員郎中中統元年
員內二員專署工部事至元元年始分立工部合爲
四員侍郎三員郎中四員員外郎五員三年復合爲
右三部七年仍自爲工部尚書二員侍郎仍二員郎
中三員員外郎如舊明年以曹務繁冗增尚書二員
外郎各以二員爲額首領官主事二員
二十八年省尚書一員田令史四人怯里馬赤
赤六人令史四十二人囬囬令史
又司程官四員右三部照磨一員典吏七人其屬附
見
人知印一人奏差三十人蒙古書寫一人典吏七人

左右部架閣庫秩正八品管勾二員典吏十二人
掌六部文卷簿籍架閣之事中統元年左右部各
置二十三年併爲左右部架閣庫
諸色人匠總管府秩正三品掌百工之技藝至元
十二年始置總管同知副總管各一員十六年置
達魯花赤一員增同知副總管各一員二十八年
省同知一員三十年省副總管一員後定置達魯

花赤一員總管一員同知二員副總管二員經歷
一員知事一員提控案牘一員令史五人譯史一
人奏差四人其屬十有一
梵像提舉司秩從五品提舉一員同提舉一員
副提舉一員吏目一員董繪畫佛像及土木刻
削之工至元十二年始置梵像局延祐三年陞
提舉司設今官
出蠟局提舉司秩從五品提舉一員同提舉一
員副提舉一員吏目一員掌出蠟鑄造之工至
元十二年始置局延祐三年陞提舉司設今官
鑄瀉等銅局秩從七品大使一員副使一員掌
鑄瀉之工至元十年始置官三員二十八年省
管勾一員後定置二員
銀局秩從七品大使一員直長一員掌金銀之
工至元十二年始置
鑌鐵局秩從八品大使一員掌鑌鐵之工至元
十二年始置
瑪瑙玉局秩從八品直長一員掌琢磨之工至
元十二年始置
石局秩從七品大使一員管勾一員董攻石之

工至元十二年始置
木局秩從七品大使一員直長一員董攻木之
工至元十二年始置
油漆局副使一員用從七品印董髹漆之工至
元十二年始置
諸物庫秩正九品提領一員大使一員掌出納
諸物之事至元十二年始置
管領諸路人匠都提領所提領一員大使一員
俱受省檄掌工匠詞訟之事至元十二年始置
諸司局人匠總管府秩正三品達魯花赤一員總
管一員副達魯花赤一員同知一員副總管一
員經歷一員知事一員提控案牘一員令史四人領
兩都金銀器盒及符牌等一十四局事至元十四
年置二十四年以八局改隸工部及金玉府止領
五局一庫掌氈毯等事其屬有六
收支庫秩正九品大使一員掌出納之物
大都氈局秩從七品大使副使各一員管人匠
一百二十有五戶
大都染局秩從九品大使一員管人匠六千有
三戶

上都氊局秩從五品大使一員副使一

匠九十有七戶

隆興氊局大使一員副使一員管人匠一百戶

剪毛花毬蠟布局大使一員副使一員管人匠

一百二十有八戶

提舉右八作司秩正六品提舉二員同提舉一員

副提舉一員司吏九人司庫十三人譯

史一人秤子一人掌出納內府漆器紅笔捎隻等

并在都局造作鎮鐵銅鋼鍮石東南諸色鐵兩都

支持皮毛雜色羊毛生熟斜皮馬牛等皮驏尾雜

行沙里陀等物中統三年始置提領八作司秩正

九品至元二十五年改隆提舉八作司秩正六品

二十九年以出納委積分為左右兩司

提舉左八作司秩正六品掌出納內府氊貨柳器

苓物其設置官員同上

諸路雜造總管府秩正三品至元元年改

為提舉司十四年又改工部尚書行諸路雜造局

總管府定置達魯花赤一員總管一員同知一員

副總管一員知事一員提控案牘一員令史六人

譯史一人其屬二

簾網局大使一員副使一員並受省劄至元元

年始置

收支庫大使一員副使一員至元三十年始置

鞍轡兒局總管府秩正三品管領諸色人匠造作

苓事憲宗朝置至元十六年始設總管一員二十

七年置同知一員後定置府官達魯花赤一員總

管一員同知一員知事一員提控案牘一員司吏

四人其屬二

諸司局用從七品印提領一員相副官二員中

統三年始置

收支庫提領一員大使副使各一員掌造作出

納之物

大都人匠總管府秩從三品至元六年始置達魯

花赤一員總管一員同知一員經歷一員提控案

牘一員令史十人通事一人其屬四

繡局用從七品印大使一員副使一員掌繡造

諸王百官叚四

紋錦總院提領一員大使一員副使一員掌織

諸王百官叚四

涿州羅局提領一員大使一員掌織造紗羅叚

四

尚方庫提領一員大使副使各一員掌出納絲

金顏料等物

隨路諸色民匠都總管府秩正三品掌仁宗潛邸

諸色人匠延祐六年撥隸崇祥院後又屬將作院

至治三年歸隸工部後定置達魯花赤一員總管

一員同知一員副總管一員經歷一員知事一員

提控案牘一員照磨一員令史八人譯史二人知

印通事各一人奏差四人其屬五

織染人匠提舉司秩從七品至大二年設達魯

花赤一員提舉一員同提舉一員副提舉一

吏目一員

雜造人匠提舉司秩從七品設置官屬同上

大都諸色人匠提舉司秩從五品達魯花赤一

員提舉一員同提舉一員副提舉一員吏目

員

大都等處織染提舉司秩從五品管阿難荅王

位下人匠一千三百九十八戶達魯花赤一員

提舉一員同提舉一員副提舉一員吏目一員

收支諸物庫秩從七品提領一員大使一員副

使一員庫子二人

提舉都城所秩從五品提舉二員同提舉二員副

提舉二員吏目一員照磨一員掌脩繕都城內外

倉庫等事至元三年置其屬一左右廂官四員用

從九品印至元十三年置

受給庫秩正八品提領一員大使一員副使一員

掌京城內外營造木石等事至元十三年置

符牌局秩正八品大使一員副使一員直長一員

掌造虎符等至元十七年置

旋匠提舉司秩從五品提舉一員副提舉一員至

元九年置

撒荅剌欺提舉司秩正五品提舉一員副提舉一

員提控案牘一員至元二十四年以札馬剌丁率

人匠成造撒荅剌欺與絲紬同局造作遂改組練

人匠提舉司為撒荅剌欺提舉司

別失八里局秩從七品大使一員副使一員掌織

造御用領袖納失失等段至元十三年始置

忽冊八里局大使一員給從七品印至元十三年置

平則門窯場提領一員大使一員副使一員給從

六品印至元十三年置

光熙門窰場提領一員大使一員副使一員給從

八品印至元二十五年置

大都皮貨所提領一員大使一員副使一員用從

九品印至元二十九年置

通州皮貨所提領一員大使一員副使一員用從

九品印延祐六年置

澤州雲州等局七每局各設提領一員副提領一

局二本路人匠局一河中府襄陵翼城潞州陝州

屬提領所一係官織染人匠局一雲內人匠局東西

晉寧路織染提舉司提舉一員照略案牘一員其

賚惟澤州雲州則止設提領一員

興寧路織染提舉司真定路織染提舉司各置提

舉一員同提舉一員副提舉一員照略案牘一員

其屬二

開除局大使一員副使一員照略案牘一員

真定路紗羅燕雜造局大使一員副使一員

南宮中山織染提舉司各設提舉一員同提舉

提舉一員照略案牘一員

中山劉元帥局大使一員副使一員

中山寧魯局大使一員副使一員

員

深州織染局大使一員副使一員照略案牘一員

深州趙良局大使一員副使一員

弘州人匠提舉司提舉一員副提舉

一員照略案牘一員

納失失毛段二局院長一員

雲內州織染局大使一員副使一員照略案牘一

恩州織染局大使一員副使一員照略案牘一員

朔州毛子局大使一員

大同織染局大使一員副使一員

員

恩州東昌局提領一員

保定織染提舉司提舉一員同提舉一員副提舉

一員照略案牘一員

大名人匠提舉司提舉一員同提舉

一員照略案牘一員

永平路紋錦等局提舉一員同提舉

副提舉一員照略案牘一員

大寧路織染局大使一員副使一員照略案牘一

雲州織染提舉司提舉一員同提舉一員副提舉

一員照略案牘一

順德路織染局大使一員副使一員照略案牘一
員

彰德路織染人匠局大使一員副使一員照略案
牘一員

懷慶路織染局大使一員副使一員照略案牘一
員

別失八里局官一員
員

舉一員照略案牘一員

《元史志卷三十五》　尭　附梁之

宣德府織染提舉司提舉一員同提舉一員副提

東勝州織染局院長一員局副一員

宣德八魯局提領一員副使一員

東平路瞳局直長一員

興和路蕁麻林人匠提舉司提舉一員同提舉一
員副提舉一員照略案牘一員

陽門天城織染局提領一員副使一員照磨案牘
一員

巡河提領所提領二員副提領一員

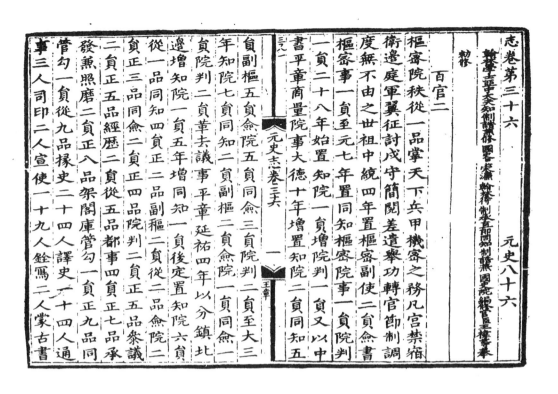

敕牒

百官二

樞密院秩從一品掌天下兵甲機密之務凡宮禁宿
衛邊庭軍翼征討戍守簡閱差遣舉功轉官節制調
度無不由之世祖中統四年置樞密副使二員僉書
樞密院事一員至元七年置同知樞密院事一員僉書
書平章商量院事大德十年增置知院一員增院判
一員二十八年始置知院一員增院判知院一員又以中

《元史志卷三六》　王章

員副樞五員僉院五員同僉三員院判二員至大三
年知院七員同知二員副樞二員僉院一員同僉一
員院判二員革去議事平章延祐四年以分鎮北
邊增知院一員後定置知院六員
從一品同知四員正四品副樞二員正四品院判二
員正三品同僉二員正四品院判二員正五品都事
二員正五品經歷二員從五品都事四員正七品承
發兼照磨二員正八品架閣庫管勾一員正九品同
管勾一員司印二人宣使一十九人銓寫二人蒙古書
事三人掾史二十四人譯史十四人通

寓二人典吏一十七人院醫二人
客省使秩從五品大使二員副使二員至元十四
年置延祐五年增一員十六年增二十一年置副使
一員大使二員天曆元年又增一員尋定
置大使二員副使二員從六品令史二人
斷事官秩正三品掌處決軍府之獄訟至元元年
始置斷事官二員八年增二員十九年又增一員
二十年又增二員大德十一年又增四員皇慶元年
省二員後定置斷事官八員正三品經歷一員從
七品令史六人譯史一人通事知印奏差典吏各

《元史志卷三六》　王章

一人
行樞密院國初有征伐之事則置行樞密院大征伐
則止曰行院爲一方一事而設則稱其處行樞密院
或與行省代設事已則罷
西川行樞密院中統四年始置設官二員管四川軍
民課稅錢鈔打捕鷹房人匠及各投下應管公事即
制官吏諸色人等弁軍官遷授征進等事始置於成
都至元二十年又於重慶別置東川行樞密院設官一
員十三年併爲一院尋復分東川行院十六年罷兩
川行院二十八年復立四川行院於成都

密院至元十年罷河南省統軍司漢軍都
元帥府山東行院置荆湖等路行院設官
院設官二員掌調度軍馬之事十二年罷行院十九
年詔於揚州岳州俱立行院各設官五員二十一年
立淞江行院二十二年立江西行院馬軍戍江州步
軍戍撫州二十八年徙岳州行院於鄂州徙江淮行
院於建康其後行院悉併歸行省
甘肅行樞密院至大四年置行院於甘州爲甘肅等
處行樞密院設官四員提調西路軍馬後以甘肅省
丞相提調遂罷行院

河南行樞密院致和元年分置專管調遣之事天曆
元年罷
嶺北行樞密院天曆二年置知院一員同知二員副
樞一員僉院二員同僉一員院判二員經歷一員都
事二員蒙古必闍赤四人椽史二人怯里馬赤一人
知印一人宣使四人掌過定軍務凡大小事宜悉從
裁決
右衛秩正三品中統三年初置武衛至元元年改
爲侍衛八年改爲左右中三衛掌宿衛扈從芻屯
田國有大事則調度之二十年增都指揮使一員

副都指揮使一員二十一年置僉事二員大德十
一年增都指揮使二員副都指揮使一員至大元
年增都指揮使三員副都指揮使一員四年省都
指揮使五員副都指揮使二員後定置都指揮使
三員正三品副都指揮使二員從三品僉事二員
正四品經歷二員從七品知事二員照磨一員俱
從八品令史七人譯史通事知印各一人又其屬
十有五
鎮撫所鎮撫二員
行軍千戶所十秩正五品達魯花赤十員副達

曾花赤十員千戶十員副千戶十員彈壓二十
員百戶二百員知事十員
弩軍千戶所一秩正五品達魯花赤一員千戶
一員彈壓二員百戶十員
屯田左右千戶所二秩正五品達曾花赤二員
千戶二員彈壓二員百戶四十員
教官二蒙古字教授一員儒學教授一員掌諸
衛軍伍耕戰之暇使之習學國字通曉書記
初由樞府選舉後歸吏部
左衛秩正三品至元八年以侍衛改置掌宿衛扈

從燕屯田國有大事則調度之是年增副指揮使
一員二十六年增副都指揮使一員二十年置僉事
一員二十二年增僉事一員大德十四年省都指揮
使副都指揮使一員僉事二員至大四年省都指
揮使六員副都指揮使二員其後定制衛官都指
揮使三員正三品副都指揮使二員正四品經歷
二員正四品經歷二員從八品令史七人譯史通事知印各一人其
負俱從八品令史七人譯史通事知印各一人其
屬十有五

《元史志卷三十六》 五 餘官內

鎮府所鎮撫二員
行軍千戸所凡十秩正五品達魯花赤副
達魯花赤十員千戸十員副千戸十員彈壓二
十員百戸二百員知事十員
弩軍千戸所一秩正五品達魯花赤一員千戸
一員彈壓二員百戸十員
屯田左右千戸所二秩正五品達魯花赤一員
千戸二員彈壓二員百戸四十員
教官二蒙古字教授一員儒學教授一員
中衛秩正三品至元八年以侍衛改置掌宿衛扈從

燕營屯田國有大事則調度之是年置都指揮使
一員副都指揮使一員二十年置都指揮使
一員二十一年增都指揮使一員二十三年增都指揮
使一員大德十一年置僉事二員副都指揮使三員至
大元年增都指揮使一員四年省都指揮使三員僉至
副都指揮使三員其後承發架閣照磨一員俱
品副都指揮使二員正四品經
歷二員從七品知事二員從三品僉事二員正
從八品令史七人譯史通事知印各一人其屬十
有五

《元史志卷三十六》 六 餘官

鎮撫所鎮撫二員
行軍千戸所十秩正五品達魯花赤十員副達
魯花赤十員千戸十員副千戸十員彈壓二十
員百戸二百員知事十員
弩軍千戸所一秩正五品達魯花赤一員千戸
一員彈壓二員百戸十員
屯田左右千戸所二秩正五品達魯花赤二員
千戸二員彈壓二員百戸四十員
教官二蒙古字教授一員儒學教授一員
前衛秩正三品至元十六年以侍衛親軍翄置前

後二衞掌宿衞虎從燕營屯田國有大事則調度
之是年置都指揮使一員副都指揮使二員十八
年增都指揮使二員二十年置僉事一員大德十
一年增都指揮使五員副都指揮使五員副都指揮
員至大四年省都指揮使五員副都指揮使三
僉事三員後定置衞官都指揮使二員正三品副
都指揮使二員從三品僉事二員正四品經歷二
員從七品知事二員承發架閣照磨一員從八
品令史七人譯史通事知印各一人又其屬十有

七

《元史志卷三十六》 七

鎮撫所鎮撫二員
行軍千戶所十秩正五品達魯花赤十員副達
曾花赤十員千戶十員副千戶十員彈壓二十
員百戶二百員
弩軍千戶所一秩正五品達魯花赤一員千戶一
鎮壓彈二員百戶十員
屯田千戶所二秩正五品達魯花赤二員千戶
二員彈壓二員百戶四十員
門尉二平則門尉一員順承門尉一員
教官二蒙古字教授一員儒學教授一員

子明

後備秩正三品至元十六年以侍衞親軍撥置掌宿
衞虎從燕營屯田國有大事則調度之是年置都
指揮使一員副都指揮使二員後增設副都指揮
使一員大德十一年增都指揮使五員副都指揮
二員大德十一年增至大四年省都指揮使
一員僉事二員二員後定置都指揮使二員正三
品副都指揮使二員從三品僉事二員正四品經
歷二員從七品知事二員照磨一員俱從八品令
史七人譯史二人知印一人通事二人其屬十有

八

《元史志卷三十六》 八

四

鎮撫所鎮撫二員
行軍千戶所十秩正五品達魯花赤十員副達
曾花赤十員千戶十員副千戶十員彈壓二十
員百戶二百員
弩軍千戶所一秩正五品達魯花赤一員千戶
一員彈壓二員百戶十員
屯田千戶所二秩正五品達魯花赤二員千戶
二員彈壓二員百戶四十員
門尉二平則門尉一員順承門尉一員
教官二蒙古字教授一員儒學教授一員

楊子明

武衛親軍都指揮使司秩正三品掌修治城隍及
京師內外工役薰大都屯田芋事至元二十六年
樞密院以六衛六千人大都屯田三千人近路迤
南萬戶府一千人人總一萬人立武衛設官五員元
貞大德年間累增都指揮使三員至大三年省都元
指揮使四員副都指揮使一員後定置衛官達魯
花赤一員正三品都指揮使三員正三品副都指
揮使二員從三品僉事二員正四品經歷二員從
七品知事二員照磨一員俱從八品令史七人譯
史通事知印各一人其屬十有五

鎮撫所鎮撫二員
行軍千戶所七秩正五品達魯花赤七員副達
魯花赤七員千戶七員副千戶七員百戶一百
四十員弹壓一十四員
屯田千戶所六秩正五品達魯花赤各一員千
戶六員百戶六十員弹壓六員
教官二蒙古字教授一員儒學教授一員
隆鎮衛親軍都指揮使司秩正三品掌屯軍徼巡
盜賊於居庸關南北口統領欽察阿速護軍三千
六百九十三人屯駐東西四十三處皇慶元年陞

隆鎮萬戶府為隆鎮衛置都指揮使三員副都指
揮使二員僉事二員延祐二年又以哈兒魯軍千
戶所併隸東衛四年置色目經歷一員至治二年
置愛馬知事一員後定置衛官都指揮使三員正
三品副都指揮使二員從三品僉事二員正四品經
歷二員從七品知事二員承發兼照磨一員俱從
八品令史七人譯史通事知印各一人其屬十有
二
鎮撫所鎮撫二員
北口千戶所秩正五品達魯花赤一員千戶一
員百戶七員於上都路龍慶州東口置司
南口千戶所秩正五品達魯花赤一員千戶一
員百戶一員於大都路昌平縣居庸
關置司
白羊口千戶所秩正五品達魯花赤一員千戶
一員百戶二員弹壓一員於大都路昌平縣東
口置司
碑樓口千戶所秩正五品達魯花赤一員千戶
一員百戶一員弹壓一員於應州金城縣東口
置司

古北口千戶所秩正五品達魯花赤一員千戶
一員百戶六員彈壓一員於檀州北面東口置
司
遷民鎮千戶所秩正五品達魯花赤一員千戶
六員彈壓一員於大寧路東口置司
黃花鎮千戶所秩正五品達魯花赤一員千戶
一員百戶六員彈壓一員於昌平縣東口置司
蘆兒嶺千戶所秩正五品達魯花赤一員千戶
百戶六員彈壓一員於昌平縣本口置司
大和嶺千戶所秩正五品達魯花赤一員千戶
百戶六員彈壓一員於大同路昌邑縣本隘
置司

《元史志卷三十六》 十一

紫荊關千戶所秩五品達魯花赤一員千戶
百戶六員彈壓一員於易州易縣本隘置司
隆鎮千戶所秩五品達魯花赤一員千戶一
百戶八員彈壓一員於龍慶州北口置司
左右翼屯田萬戶府二秩從三品分掌斡端別十
八里廻還漢軍及大名衛輝新附之軍并迤東廻
軍合爲屯田至元二十六年置延祐五年隸詹事
院併入儲卒府復改隸樞密院定置兩府達魯花

赤各一員萬戶各一員副萬戶各一員經歷各一
員知事各一員提控案牘各一員令使各五人屬
官鎮撫各二員
千戶八所達魯花赤八員千戶八員副千戶八
百戶五十九員彈壓一員十六員
千戶四所達魯花赤四員千戶四員副千戶四
員百戶五十二員彈壓八員
左衛率府秩正三品至大元年撥江南行省萬戶
府精銳漢軍爲東宮衛軍立衛率府設官十一
延祐四年始改爲中翊府又改爲御臨親軍指揮
司又以御臨非古典改爲羽林六年復隸東宮仍

《元史志卷三十六》 十二

爲左衛率府定置率使三員正三品副使二員從
三品僉事二員俱正四品經歷一員從七品知事一
員照磨一員俱從八品令史七人譯史通事知印
各二人其屬十有五
鎮撫所鎮撫二員
行軍千戶所十秩正五品達魯花赤一員千戶
十員副千戶十員百戶二百員彈壓二十員
弩軍千戶所一秩正五品達魯花赤一員千戶
一員百戶十員

屯田千户所三秩正五品達魯花赤三員千户
三員百户六十員彈壓三員
教官三員蒙古字教授一員儒學教授一員
陽教授一員
右衛率府秩正三品延祐五年以速怯那兒萬户
府迻東女直兩萬户府右翼屯田萬户府兵合爲
右衛率府置官十二員後定置率使二員正三品
副使二員從三品僉事二員正四品經歷二員從
七品知事二員照磨一員俱從八品令史七人譯
史通事知印各二人其屬七

鎮撫所鎮撫二員
千户所五秩正五品千户五員百户四十五員
彈壓二員
教官一儒學教授一員
河南淮北蒙古軍都萬户府秩正三品至元二十
四年以四萬户奧魯赤改爲蒙古軍都萬户府設
府官四員奧魯官四員大德七年後改爲河南淮
北蒙古軍都萬户府延祐五年罷奧魯官副鎮撫
等員定置都萬户一員正三品副都萬户一員從
三品經歷一員從七品知事一員提控案牘一員

俱從八品令史七人譯史通事各一人屬官鎮撫
二員
八撒兒萬户府萬户一員副萬户一員經歷知事
提控案牘各一員鎮撫一員
千户十員達魯花赤一十員千户十員副
千户所一十翼達魯花赤一十員千户十員
札忽兒台萬户府萬户一員經歷知事提控案牘
各一員鎮撫一員
千户七翼千户七員百户三十八員彈壓七
員

員
脱烈都萬户府萬户一員副萬户一員經歷一
知事一員提控案牘一員鎮撫一員
千户所九翼千户九員百户六十二員彈壓九
員
和尚萬户府萬户一員副萬户一員經歷一員知
事提控案牘各一員鎮撫一員
千户所六翼達魯花赤四員千户六員副千户
四員百户四十七員彈壓六員
砲手千户所一翼千户一員百户六員彈壓一
員

哨馬千戶所一翼達魯花赤一員千戶一員副

千戶一員彈壓二員百戶九員與魯官二員

右阿速衛親軍都指揮使司秩正三品掌宿衛城

禁筦營潮河蘇沽兩川屯田供給軍儲至元九年

初立阿速拔都達魯花赤置屬官二十三年遂名

爲阿速之軍至大二年改立右阿速衛親軍都指

揮使司置達魯花赤二員僉事二員四年省達魯

揮使二員都指揮使三員副都指

置達魯花赤一員正三品都指揮使三員正三品

副都指揮使二員從三品僉事二員正四品經歷

二員從七品知事二員承發架閣照磨一員從八

品令史七人譯史通事知印各一人鎮撫二員其

屬五

行軍千戶所千戶七員百戶九員

把門千戶二員百戶五員門尉一員

本投下達魯花赤一員長官一員副長官一員

盧江縣達魯花赤一員主簿一員

教官儒學教授一員

左阿速衛親軍都指揮使司品秩職掌同右阿速

衛至元九年初立阿速拔都達魯花赤置屬官二

十三年遂名爲阿速之軍至大二年改立左衛阿

速親軍都指揮使司置達魯花赤二員都指揮使

六員副都指揮使四員僉事二員四年省達魯花

赤一員都指揮使三員副都指揮使二員僉事二

員知事二員照磨一員主簿一員其屬四

本投下達魯花赤二員長官二員

鎮巢縣達魯花赤二員鎮撫二員

團宿把門千戶所一百三十員翼千戶二十六員百

戶一百三十員彈壓一百十三

教官儒學教授一員

回回砲手軍匠上萬戶府秩正三品至元十一年

置砲手總管府十八年始立爲都元帥府二十二

年改爲萬戶府後定置達魯花赤一員萬戶一員

副萬戶一員經歷知事提控案牘各一員令史四

人譯史一人鎮撫二員

千戶所三翼達魯花赤三員千戶三員副千戶

三員百戶三十二員彈壓六員

唐兀衛親軍都指揮使司秩正三品總領河西軍

三千人以俻征討至元十八年始立置都指揮使

二貞副都指揮使二貞二十二年增都指揮使一
貞僉事一貞大德五年增指揮使二貞至大元年
增都指揮一貞四年省都指揮使一
使一貞省都指揮使二貞副都指揮
使二貞後定置都指揮使三貞副都指揮使
品僉事一貞照磨一貞俱從八品令史七人通事
譯史知印各一人鎮撫二貞
門尉三建德門一和義門一肅清門一
十五貞彈壓九貞奧魯官正副各九貞
千戶所九翼正千戶九貞副千戶九貞百戶七
品知事一貞照磨一貞俱從八品令史七人通事

教官二儒學教授一貞蒙古字教授一貞

賣赤衛親軍都指揮使司秩正三品至元二十四
年立置都指揮使二貞副都指揮二貞僉事二貞
二十九年置達魯花赤一貞大德十一年增達魯
花赤一貞都指揮使四貞副都指揮一貞至大元
年省達魯花赤一貞都指揮使四貞副都指揮使
三貞後定置達魯花赤一貞正三品都指揮使二
從三品副都指揮使二貞從三品僉事二貞正四
品經歷二貞從七品知事二貞照磨一貞令史七
人知印一人通事譯史各一人鎮撫二貞

千戶所八翼每所置達魯花赤一貞千戶一十
六貞百戶八十貞彈壓八貞門尉二貞
延安屯田打捕總管府秩從三品管析居放良人
戶并兀里吉思田地北來蒙古人戶至元十八年
始設定置達魯花赤一貞總管一貞同知一貞經
歷知事各一貞屬官打捕屯田官一十二貞
大寧海陽等處屯田打捕所秩從七品掌北京平
灤等路析居放良不蘭奚等戶至元二十二年置
總管府元貞元年罷總管府置打捕所定置達魯
花赤一貞教官蒙古字教授一貞儒學

教授一貞

忠翊侍衛親軍都指揮使司秩正三品至元二十
九年始立屯田府大德十一年增軍數立為大同
等處屯田指揮使司至大四年屬徽政院延祐元年改
中都威衛指揮使司仍隸徽政院尋復改屬樞密院至
治元年改為忠翊侍衛後定置都指揮使三貞正
三品副都指揮使二貞從三品僉事二貞正四品
經歷二貞從七品知事二貞照磨一貞俱從八品
令史七人譯史通事知印各一人鎮撫二貞
行軍千戶所一十翼達魯花赤一十貞副達魯

花赤一十員千戶一十員副千戶一十員百戶
二百六員彈壓二十員
弩軍千戶所一翼達魯花赤一員千戶一員百
戶一十員彈壓一十員
屯田左右手千戶四十員彈壓四員
二員百戶四十員彈壓四員
指揮使三員副都指揮使二員僉事二員至大四
年省都指揮使五員副都指揮使
設官十一員大德十一年增都指揮使二員又增
西域親軍都指揮使司秩正三品元貞元年始立

後定置達魯花赤一員正三品都指揮使二員正
三品副都指揮使二員從三品僉事二員正四品
經歷二員從七品知事二員承發架閤無照磨一
員並從八品令史七人通事譯史知印各一人鎮
撫二員
行軍千戶所千戶一十三員百戶二十九員
把門千戶二員百戶八員門尉一員
教官儒學教授一員
宗仁蒙古侍衛親軍都指揮使司秩正三品至治
二年以亦乞列思人氏一百戶與所收蒙古子女

遍三千戶及清州匠二千戶屯田漢軍二千戶立
宗仁衛以統之定置都指揮使三員正三品副都
指揮使二員從三品僉事二員正四品經歷二員
從七品知事二員照磨一員俱從八品令史七人
知印二人怯里馬赤二人譯史二人鎮撫二員
蒙古軍千戶所一十翼千戶二十員百戶一百
屯田千戶所四員百戶四十員彈壓四員
教官儒學教授一員蒙古教授一員
員彈壓一十員
山東河北蒙古軍大都督府秩從二品掌各路軍

民科差征進及調遣總攝軍馬公事至元二十一
年罷統軍司都元帥府立蒙古軍都萬戶府大德
七年改山東河北蒙古軍都萬戶府延祐五年罷
天曆二年改立為大都督府定置正官大都督三
員從二品同知一員從三品副使一員從四品經
歷一員從六品都事二員從七品承發兼照磨一
員正八品令史八人譯史通事知印各二人宣使
五人典吏三人鎮撫二員
左手萬戶府萬戶一員副萬戶一員經歷一員知
事一員提控案牘一員鎮撫一員

【元文志卷三十六】 廿二 沈茂

千戶九翼千戶一十一員百戶七十四員彈壓
一十一員
右手萬戶府萬戶一員副萬戶一員經歷一員知
事一員提控案牘一員鎮撫一員
千戶九翼千戶九員百戶六十三員彈壓九員知
拔都萬戶府達魯花赤一員萬戶一員
員經歷一員知事一員提控案牘
千戶六翼千戶七員百戶四十一員彈壓五員
員經歷一員知事一員提控案牘一員鎮撫一
哈咎萬戶府達魯花赤一員萬戶一員副萬戶一
知事一員提控案牘一員鎮撫一員
副萬戶一員經歷
員經歷一員知事提控案牘各一員鎮撫二
蒙古回回水軍萬戶府達魯花赤一員萬戶一
員
千戶八翼千戶八員百戶二十四員彈壓八員
員
千戶八翼達魯花赤二員千戶六員百戶四十
六員彈壓九員
屺都哥萬戶府初隸都府七千戶翼延祐三年樞
密院奏攺立萬戶府達魯花赤一員萬戶一員副
萬戶一員經歷知事提控案牘各一員鎮撫二
千戶七翼千戶九員百戶三十五員彈壓八員

【元文志卷三十六】 廿二 沈茂

哈必赤千戶翼千戶一員百戶四員彈壓一員
直隸大都督府
洪澤屯田千戶趙國宏翼達魯花赤一員千戶
一員副千戶一員百戶一十四員彈壓二員直
隸大都督府
左翊蒙古侍衛親軍都指揮使司秩正三品至元
十八年以蒙古侍衛總管府依五衛之例為指揮
使司設官十二員奧魯官二員大德七年奏攺為
左翊蒙古侍衛親軍都指揮使司延祐五年罷奧
魯官後定置司官都指揮使三員正三品副都指
揮使二員從三品僉事二員正四品經歷二員從
七品知事二員承發架閣無照磨一員並從八品
令史七人譯史通事知印各一人典吏二人鎮撫
二員
千戶所七翼正千戶七員副千戶七員知事七
員彈壓七員百戶六十二員
教官二蒙古字教授一員儒學教授一員
右卸蒙古侍衛親軍都指揮使至
元廿八年以蒙古侍衛親軍都指揮使司依五衛例為指揮
使司設官十二員奧魯官二員大德七年奏攺為

右翊蒙古侍衛親軍都指揮使司延祐五年罷奧
魯官後定置司官都指揮使三貟正三品副都指
揮使二貟從三品僉事二貟正四品經歷二貟從
七品知事二貟承發兼照磨架閤一貟並從八品
令史七人譯史通事知印各一人典吏二人鎮撫
二貟
　千戶所一十二翼正千戶一十二貟副千戶一
　十二貟知事一十二貟彈壓一十二貟百戶一
　百九貟
教官蒙古字教授一貟儒學教授一貟
虎貴親軍都指揮使司秩正三品管領上都路元
籍軍人燕奧魯之事至元十六年立虎貴軍設官
二貟十七年置都指揮使二貟副都指揮使一
貟又增置副都指揮使一貟元貞三年以虎貴軍改
為虎貴親軍都指揮使司十一年增置都指揮使
六貟至大四年省都指揮使九貟後定置司官都
指揮使三貟正三品副都指揮使二貟從三品僉
事二貟正四品經歷一貟從七品知事二貟承
發各一貟並從八品令史七人譯史通事知印各
一人典吏二人鎮撫二貟都目一貟

《元史志卷三十六》

撒的赤千戶翼正達魯花赤一貟副達魯花赤
一貟正千戶一貟副千戶一貟知事一貟百戶
二十貟彈壓二貟
不花千戶翼正達魯花赤一貟副達魯花赤一
貟正千戶一貟副千戶一貟百戶二十二貟彈
壓二貟
大忽都魯千戶翼正達魯花赤一貟副達魯花
赤一貟正千戶一貟副千戶一貟知事一貟百戶
二十八貟彈壓二貟
脫脫木千戶翼正達魯花赤一貟副達魯花赤
一貟正千戶一貟副千戶一貟知事一貟百
戶二十四貟彈壓二貟
赤一貟正千戶一貟副千戶一貟知事一貟百
楊千戶翼正達魯花赤一貟副達魯花赤一貟
正千戶一貟副千戶一貟知事一貟百戶二十
二貟彈壓二貟
迷里火者千戶翼正達魯花赤一貟副達魯花
赤一貟正千戶一貟副千戶一貟知事一貟百
戶二十貟彈壓二貟
大都督府正二品管領左右欽察兩衛龍翊侍御東
路蒙古軍元帥府東路蒙古軍萬戶府哈剌魯萬戶

《元史志卷三十六》

府天曆二年始立欽察親軍都督府秩從二品後改
大都督府置大都督三員正二品同知二員正三品
副都督三員從三品僉都督事二員正四品經歷二
員從六品都事二員從七品管勾一員照磨一員俱
正八品令史八人蒙古必闍赤二人怯里馬赤二人
知印二人宣使六人

右欽察衛秩正三品至元二十三年依河西等衛
例立欽察衛設官十員至治二年分爲左右衛天
曆二年撥隸大都督府定置達魯花赤一員正三
品都指揮二員正三品副使二員從三品僉事二

《元史志卷三十六》

員正四品經歷二員從七品知事二員照磨二員
並從八品令史七人譯史通事知印各一人鎮撫
一員

行軍千戶十八所達魯花赤各一員千戶三十
六員百戶一百八十員彈壓一十八員

屯田千戶所二達魯花赤二員千戶二百
二十員彈壓二員

門尉二員

儒學教授一員至大四年始置蒙古字教授一
員延祐四年始置

左欽察衛秩正三品至治二年依阿速衛例分爲
兩衛設官十員天曆二年撥隸大都督府定置衛
官都指揮使三員正三品副都指揮二員從三品
僉事二員正四品經歷二員從七品知事二員照
磨一員從八品令史七人譯史通事知印各一人

屬官鎮撫二員

行軍千戶所一十翼千戶一十員百戶八十二
員彈壓九員奧魯官四員

守城千戶所一翼達魯花赤一員千戶一員百
戶九員彈壓一員

屯田千戶所一翼達魯花赤一員千戶一員百
戶十員

《元史志卷三十六》

教官儒學教授一員

龍翊侍衛親軍都指揮使司秩正三品天曆元年
始立設官十四員二年又以愛馬知事一員又以
左欽察衛唐吉失九千戶隸本衛定置官都指揮
使三員正三品副都指揮使二員從三品僉事二
員正四品經歷一員從七品知事二員照磨一員
並從八品令史七人譯史二人怯里馬赤二人知
印二人鎮撫二員

行軍千戶所九翼達魯花赤一員千戶六員副

千戶一員百戶四十五員彈壓五員

屯田一翼欽察千戶所達魯花赤一員千戶一

員百戶二十二員彈壓二員

教官二蒙古字教授一員儒學教授一員

後征交趾大德二年置司南陽天曆二年奏隸大

十四年招集哈剌魯軍人立萬戶府尋移屯襄陽

哈剌魯萬戶府掌守禁門等處應直宿衞至元二

都督府定置官達魯花赤一員萬戶一員經歷知

事各一員提控案牘一員鎮撫一員吏目一員

【元史志卷三十六】

千戶所三翼千戶三員百戶九員彈壓三員

御史臺秩從一品大夫二員從一品中丞二員正二

品侍御史二員從二品治書侍御史二員掌

糾察百官善惡政治得失至元五年始立臺建官設

官七員大夫從二品中丞從三品侍御史從五品治

書侍御史從六品典事從七品檢法二員獄丞一員

七年改典事為都事十九年罷檢法獄丞二十一年

陞大夫為從一品中丞為正二品侍御史為正三品

治書為正六品二十七年大夫以下品從各陞一

等始置經歷一員大德十一年陞中丞為正二品侍

御史為從二品治書侍御史為正三品皇慶元年增

中丞為三員二年減一員至治二年大夫一員後定

置御史大夫二員中丞二員侍御史二員治書侍御

史二員品秩如上經歷一員從五品都事二員正七

品照磨一員正八品承發管勾兼獄丞一員正八

品架閣庫管勾兼承發管勾一員掾史十五人

譯史四人知印二人通事二人宣使十人臺醫一人

蒙古書寫二人典吏六人庫子二人其屬有二

殿中司殿中侍御史二員正四品至元五年始置

秩正七品後陞正四品凡大朝會百官班序其失

儀失列則糾罰之在京百官到任假告事故出三

日不報者則糾舉之大臣入內奏事則隨以入凡

不可與聞之人則糾避之知班四人通事譯史各

一人

察院秩正七品監察御史三十二員正七品

任刺舉之事至元五年始置御史十一員悉以漢

人為之八年增置六員十九年增置一十六員始

參用蒙古人為之至元二十二年參用南儒二人

書吏三十二人

江南諸道行御史臺設官品秩同內臺至元十四年

始置江南行御史臺于揚州，尋徙杭州，又徙江州。二
十三年，遷于建康，以監臨東南諸省，統制各道憲司，而
總諸內臺。初置大夫、中丞、侍御史、治書侍御史各一
員，統淮東、淮西、湖北、湖東、湖西、江東、江西、湖南、廣東、廣西、福建、海南八道
提刑按察司。十五年，增江南湖北、嶺南廣西、福建廣東
三十年，增海北海南一道。大德元年，定爲江南諸道
行御史臺，設官九員，以監江南湖北、廣東、湖西、福建、海南十
東三道。二十三年，以淮東、淮西、山南三道撥隸內臺，
統江東、江西、浙東、浙西、湖南、湖北、廣東、廣西、福建、海南十
道，大夫一員、中丞二員、侍御史二員、治書侍御史二員、
經歷一員、都事二員、照磨一員、架閣庫管勾一員、承
發管勾兼獄丞一員、令史一十六人、譯史四人、回回
掾史、通事、知印各二人、宣使十人、典吏、庫子、臺醫各
有差。
察院，品秩如內察院。至元十四年，置監察御史十
員。二十三年，增蒙古御史十四員、書吏十四人。又
增漢人御史四員、書吏四人。後定置御史二十八
員、書吏二十八人。
陝西諸道行御史臺，設官品秩同內臺。至元二十七
年，始置雲南諸路行御史臺，官止四員。大德元年，移

雲南行臺於京兆爲陝西行臺，而雲南改立廉訪司。
延祐元年罷，二年復立，統漢中、隴北、四川、雲南四道。
定置大夫一員、中丞二員、侍御史二員、治書侍御史二
員、御史二員、經歷一員、都事二員、照磨一員、架閣庫管
勾一員、承發司管勾兼獄丞一員、掾史一十二人、蒙
古必闍赤二人、回回掾史一人、通事二人、知印一人、
宣使十人、典吏五人、庫子二人。
察院，品秩同內察院，監察御史二十員、書吏二十
人。

肅政廉訪司。國初立提刑按察司四道，曰山東東西
道、曰河東陝西道、曰山北東西道、曰河北河南道。至
元六年，以提刑按察司無勸農事，八年，置河東山西
道、陝西四川道。十二年，分置燕南河北道。十三年，以
省併衙門罷按察司，十四年復置，增立八道，曰江北
淮東道、曰淮西江北道、曰山南江北道、曰浙東海右
道、曰江南浙西道、曰江東建康道、曰江西湖東道、曰
嶺北湖南道。十五年，復增三道，曰江南湖北道、曰嶺
南廣西道、曰廣東道。十九年，增西蜀四川道。二
十年，增海北廣東道，改福建廣東道爲福建閩海道。
以雲南七路置雲南諸路道，以女直之地置海西遼東道。

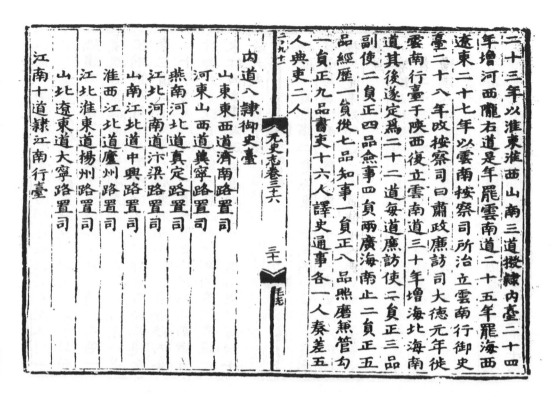

二十三年以淮東淮西山南三道撥隸內臺二十四
年增河西隴右道是年罷雲南道二十五年罷海西
遼東二十七年以雲南按察司所治立雲南行御史
臺二十八年政按察司曰肅政廉訪司大德元年徙
雲南行臺于陝西復立雲南道三十年增海北海南
道其後遂定為二十二道每道廉訪使二員正三品
副使二員正四品僉事四員兩廣海南止二員正五
品經歷一員從七品知事一員正八品照磨兼管勾
一員正九品書吏十六人譯史通事各一人奏差五
人典吏二人

內道八隸御史臺

山東東西道濟南路置司
河東山西道冀寧路置司
燕南河北道真定路置司
江北河南道汴梁路置司
山南江北道中興路置司
淮西江北道廬州路置司
江北淮東道揚州路置司
山北遼東道大寧路置司

江南十道隸江南行臺

江東建康道寧國路置司
江西湖東道龍興路置司
江南浙西道杭州路置司
浙東海右道婺州路置司
江南湖北道武昌路置司
嶺北湖南道天臨路置司
嶺南廣西道靜江府置司
海北廣東道廣州路置司
海北海南道雷州路置司
福建閩海道福州路置司

陝西四道隸陝西行臺

陝西漢中道鳳翔府置司
河西隴北道甘州路置司
西蜀四川道成都路置司
雲南諸路道中慶路置司

元史志卷第三十六

論詿舉宗事太知制誥兼脩國史臣濂翰林待制兼國知制誥臣煒國院編脩臣程持華

勅傾

百官三

大宗正府秩從一品國初未有官制首置斷事官曰
札魯忽赤會決庶務九諸王駙馬投下蒙古色目人
等應犯一切公事及漢人姦盜詐偽盜毒厭魅誘掠
逃驅輕重罪囚及邊遠出征官吏每歲徙駕分司上
都存留住冬諸事悉掌之至元二年置十員三年置
八員九年降從一品銀印止理蒙古公事以諸王為
府長餘悉御位下及諸王之有國封者又有怯薛人
員奉旨署事別無須受宣命十四年置十四員十五
年置十三員二十一年置二十二年增至
三十四員二十八年增至四十六員大德四年省五
員十一年四十一員以漢人刑名歸
刑部奉定元年復命無理置札魯忽赤四十二員令
史改為掾史致和元年以上都大都所屬蒙古人并
怯薛軍站色目與漢人相犯者歸有司刑部掌管
路府州縣漢人蒙古色目詞訟悉歸
正官札魯忽赤四十二員徙一品郎中二員徙五品

三七九
元史卷三十七

員外郎二員徙六品都事二員徙七品承發架閣庫
管勾一員徙八品掾史十八人蒙古必闍赤十三人通
事知印各三人宣使十人蒙古書寫一人典吏三人
庫子一人醫人一人司獄二員

大司農司秩正二品九農桑水利學校饑荒之事悉
掌之至元七年始立置官五員十四年罷以按察司
兼領勸農事十八年改立農政院置官六員二十年
又改立務農司秩三品置達魯花赤一員務農使
一員同知二員是年又改司農寺達魯花赤一員司
農卿二員司丞一員二十三年仍為大司農司秩仍
農鄉二員司丞一員二十三年仍為大司農司秩仍

正二品大德元年增領大司農事一員皇慶二年陞
徙一品增大司農一員定置大司農四員大司
司農卿二員正二品少卿二員徙二品大司農丞二
員徙三品經歷一員都事二員徙七品架閣
庫管勾一員照磨一員並正八品掾史十二人蒙古
必闍赤二人回回掾史一人知印二人通事一人宣
使八人典吏五人

籍田署秩從六品掌耕種籍田以奉宗廟祭祀至
元七年始立隸大司農十四年罷司農隸太常寺
二十三年復立大司農司仍隸馬署令一員徙六

三八〇
元史志卷三七

品署丞一員從七品司吏一人

供膳司秩從五品掌供給應需質買百色生料并
桑哥籍入貲產至元二十二年始置隸司農置達
魯花赤一員正七品提點一員並從五品司令一員正六
品丞一員正七品吏一人

輔用庫秩正九品掌規運息錢以給供需大使
一員副使一員

與中州等處廳油戶提領所秩從九品提領一員
大使一員副使一員歲辦油十萬斤以供內庖
至元二十九年始置

蔚州麵戶提領所提領一員副使一員掌辦白
麵葱菜以給應辦歲計十餘萬斤右屬供膳

永平屯田總管府秩從三品達魯花赤一員總管
一員同知一員知事一員司吏四人至元二十四
年始立於永平路南馬城縣以北京採木三千人
隸之所轄昌國濟民豐贍三署各置署令一員署
丞一員直長一人吏目二人吏二人

翰林兼國史院秩正二品中統初以王鶚為翰林學
士未立官署至元元年始置秩正三品六年置承旨
三員學士二員侍讀學士二員侍講學士二員直學

士二員八年陞從二品十四年增承旨一員十六年
增侍讀學士一員十七年增承旨二員二十年省并
集賢院為翰林國史集賢院二十一年增學士二員
二十二年復分立集賢院二十三年增侍講學士一
員二十六年置官吏五員掌管教習亦思替非文字
二十七年增承旨一員大德九年陞從二品改典簿
為司直置都事一員至大元年置官屬九員皇慶元
年陞從一品改司直為經歷延祐元年別置回回國
子監學以掌亦思替非官屬歸之五年置承旨八員
後定置承旨六員從一品學士二員正二品侍讀學

士二員從二品侍講學士二員正三品直學士二員
從三品屬官待制五員正五品脩撰三員從六品應
奉翰林文字五員正七品編脩官十員正八品檢閱
四員正八品典籍二員正八品經歷一員從五品都
事一員正七品都史四人譯史通事知印各二人典
古書寫五人書寫十人接手書寫十人典吏三人典
書二人

蒙古翰林院秩從二品掌譯寫一切文字及頒降璽
書並用蒙古新字仍各以其國字副之至元八年始
立新字學士於國史院十二年別立翰林院置承旨

一員直學士〔員待制二員俯撰一員應奉四員爲聖
旨必闍赤十有一人令史一人十八年增承
旨一員學士三員省漢兒令史一人知印一人三
二十九年增管勾承旨一員大德五年陞正二品九年置司
十年增管勾一員皇慶元年改陞從正二品設官二十有
一員都事一員品秩並同翰林國史院承發棼閣庫管
直學士二員待制四員脩撰二員應奉五員經歷一
承旨七員學士二員侍讀學士二員侍講學士二員
八吏屬二十有四延祐二年改司直爲經歷後定置

《元史志卷三十七》　五　周鼎

勾一員正九品必闍赤一十四人椽史三人通事一
人譯史一人知印二人書寫一人典吏三人
蒙古國子監秩從三品至元十四年始立置司業
一員二十九年佳漢人國學例置祭酒司業監丞
延祐四年陞正三品七年復降爲從三品後定置
祭酒一員從三品司業二員正五品監丞一員正
六品令史一人知印一人
蒙古國子學秩正七品博士二員助教二員教授
二員學正學錄各二員掌教習諸生於隨朝百官
怯薛台蒙古漢兒官員家選子弟俊秀者入學至

元八年置官五員後以每歲從駕上都教習事繁
設官員少增學正二員學錄二員三十一年增助
教一員典給一人後定置博士二員正八品助教
二員教授二員並正八品學正學錄各二員典書
一人典給一人
蒙古翰林院官同譯馬而潤色之謂之宰相云者
內八府宰相掌諸王朝觀儐价之事遇有詔令則與
其貴似侍中其近似門下故特寵之以是名雖有
是名而無授受宣命品秩則視二品焉大德九年
以減怯秀等八人爲之天曆元年爲內八府宰之

職故附見于此云

《元史志卷三十七》　六

集賢院秩從二品掌提調學校徵求隱逸召集賢良
凡國子監玄門道教陰陽祭祀占卜祭遁之事悉隸
焉國初集賢與翰林國史院同一官署至元二十二
年分置兩院置大學士三員學士一員直學士二員
典簿一員吏屬七人二十四年增置學士一員侍讀
學士一員尋陞正二品置院使一員正二
品大學士二員學士二員直學士二員侍讀學士
一員從三品侍講學士二員學士三員直學士二員從
四品司直一員從五品待制一員正五品二十五年

二增都事一貟從七品俻撰一貟從六品元貞元年增
院使一貟大德十一年陞從一品院使六貟經歴
二貟至大四年省院使六貟皇慶二年省漢人經歴
一貟後定置大學士五貟學士二貟皇
侍讀學士二貟侍講學士五貟從六品都事二貟從七品直學士二
貟從三品經歴一貟從五品都事二貟並從七品待制
一貟正五品俻撰一貟侍讀學士二貟從二品直學士二
一貟正八品掾史六人譯史知印各二人通事一人
宣使七人典吏三人
國子監至元初以許衡爲集賢館大學士國子祭

元史志卷三七　七

酒教國子與蒙古大姓四怯薛人貟選七品以上
朝官子孫爲國子生隨朝三品以上官得舉凡民
之俊秀者入學爲陪堂生伴讀至元二十四年始
置監祭酒一貟從三品司業二貟正五品掌學之
教令皆德尊望重者爲之監丞一貟正六品專領
監務典簿一貟令史二人譯史知印典吏各一人
國子學秩正七品博士二貟掌教授生徒考較
儒人著述教官所業文字助教四貟分教各齋生
貟大德八年爲分職上都增置助教二貟學正二
貟學錄二貟督習課業典給一貟掌生
貟膳食至

元二十四年定置生貟額二百人伴讀二十八人至大
四年生貟三百人延祐二年增置生貟一百人伴
讀二十人
興文署秩從六品署令一貟
丞一貟以翰林應奉兼之至治二年罷置典簿一
貟從七品掌提調諸生飲膳與九文牘簿書之事
仍置典吏一人
宣政院秩從一品掌釋教僧徒及吐蕃之境而隸治
之遇吐蕃有事則爲分院往鎮亦別有印如大征伐
則會樞府議其用人則自爲選其爲選則軍民通攝

元史志卷三七　八

僧俗並用至元初立總制院而領以國師
唐制吐蕃來朝見於宣政殿之故更名宣政院二十五年因
貟二十八年增僉院同僉各一貟元貞元年
三年置院使六貟罷斷事官至大初省院使
一貟大德四年罷斷事官至大初省院使司
使二貟同知二貟副使二貟僉議二貟經歴二貟都
事四貟管勾一貟照磨一貟至治二年罷功德使司
置院使一十貟從一品同知二貟正二品副使二貟
貟從二品僉院二貟正三品同僉三貟正四品院判三
貟正五品然議二貟正五品經歴二貟從五品都事

三員從七品照磨一員管勾一員並正八品椽史十
五人蒙古必闍赤二人回回椽史二人怯里馬赤四
人知印二人宣使十五人典吏有差
斷事官四員從三品經歷知事各一員令史五人
知印奏差譯史通事各一人至元二十五年始置
客省使秩從五品大使二員副使一員至元二十
五年置
大都規運提點所秩正四品達魯花赤一員提點
一員至元二十八年置
上都規運提點所秩正四品達魯花赤一員提點
一員

員大使一員副使一員知事一員至元二十八年置
二十六年置
大都提舉資善庫秩從五品達魯花赤一員提舉
員同提舉一員副提舉一員掌錢帛之事至元
上都利貞庫秩從七品提領一員副使一員
膳好事金銀諸物元貞元年置
大濟倉監支納一員大使一員
興教寺管房提領一員
員經歷二員都事二員照磨一員捕盜官二員儒
吐蕃等處宣慰司都元帥府秩從二品宣慰使五

學教授一員鎮撫二員其屬二
脫思麻路軍民萬戶府秩正三品達魯花赤一
員萬戶一員副達魯花赤一員副萬戶一員經
歷一員知事一員鎮撫一員
西夏中興河州等處軍民總管府秩正三品達
魯花赤一員總管一員同知一員治中一員府
判一員經歷一員知事一員屬官稅務提領寧
河縣官寧河脫脫禾孫五員寧河弓甲匠達魯
花赤
洮州元帥府秩從三品達魯花赤一員元帥二員

知事一員
十八族元帥府秩從三品達魯花赤一員元帥
一員同知一員知事一員
積石州元帥府達魯花赤一員元帥一員同知
一員
禮店文州蒙古漢軍西番軍民元帥府秩正三
品達魯花赤一員元帥一員同知一員經歷知事各一員鎮撫
二員蒙古奧魯官一員蒙古奧魯軍千戶所秩從五
禮店文州蒙古漢軍奧魯軍民千戶所秩從五
品達魯花赤一員千戶一員副千戶一員總把

五員百戶八員

禮店文州蒙古漢軍西番軍民上千戶所秩正
四品達魯花赤一員千戶一員百戶一員新附
千戶二員

脫思麻路新附軍千戶所秩從五品達魯花赤
千戶八員經歷一員鎮撫一員

吐番等處招討使司秩正三品招討使二員知事
一員其屬附

禮店階州西水蒙古漢軍西番軍四萬戶府秩正
三品萬戶五員

一員千戶一員副千戶一員

丈扶州西路南路底牙等處萬戶府秩從三品
達魯花赤一員萬戶二員

鳳翔等處千戶所秩從五品達魯花赤一員千
戶一員百戶二員

慶陽寧環等處管軍總把一員

文州課程倉粮官一員

岷州十八族週廻捕盜官二員

常陽帖城阿不籠等處萬戶府秩從三品達魯

花赤一員千戶一員

元史志卷三七　十一　廢帝

階文扶州等處番漢軍上千戶所秩正五品達
魯花赤一員千戶二員

貴德州達魯花赤各一員同知州判各一
員脫脫禾孫一員捕盜官一員

必呈萬戶府達魯花赤二員萬戶四員

松潘宕疊威茂州等處軍民安撫使司秩正三品
達魯花赤一員安撫使一員同知一員僉事一員
經歷知事照磨各一員鎮撫一員威州保寧縣茂
州文山縣文川縣皆隸焉

靜州茶上必里溪安鄉等二十六族軍民千戶
所達魯花赤一員千戶一員

龍木頭都留等一十二族軍民千戶所達魯花
赤一員千戶一員

岳希蓬蘿葡村等處二十二族軍民千戶所
魯花赤一員千戶一員

折藏萬戶府達魯花赤一員萬戶一員

土番等路宣慰使司都元帥府宣慰使四員同知
二員副使一員經歷都事各二員捕盜官三員鎮
撫二員

朵甘思田地裏管軍民都元帥府都元帥一員經

元史志卷三七　十二　三四

歷一員鎮撫一員

剌馬兒剛等處招討使司達魯花赤一員招討使
一員經歷一員

奔不田地裏招討使司招討使一員鎮
撫一員

奔不兒亦思剛招討使司達魯花赤二員

碉門魚通黎雅長河西寧遠等處軍民安撫使司
秩正三品達魯花赤一員安撫使一員同知
副使一員僉事一員經歷知事照磨各一員鎮撫二員

六番招討使司達魯花赤一員招討使一員
經歷知事各一員

天全招討使司達魯花赤一員招討二員經歷知
事各一員雅州嚴道縣名山縣隸之

碉門魚通黎管軍守鎮萬戶府達魯花赤一員經歷
知事各一員黎州隸之

魚通路萬戶府達魯花赤一員萬戶二員經歷
知萬戶二員經歷知事各一員鎮撫二員千戶
八員百戶二十員彈歷四員

長河西管軍萬戶府達魯花赤一員萬戶二員

長河西裏管軍招討使司招討使二員經歷一員

朵甘思招討使一員

朵甘思哈荅李唐魚通等處錢粮總管府達魯
花赤一員總管一員副總管一員荅剌荳脫脫
禾孫一員哈荅裏脫脫禾孫一員朵甘思寬吉剌
滅吉思千戶一員

亦思馬兒甘萬戶府達魯花赤一員萬戶二員

烏思藏納裏速古魯孫等三路宣慰使司都元帥
府宣慰使五員同知二員副使一員經歷一員鎮
撫一員捕盜司官一員其屬附見

納里速古兒孫元帥二員

烏思藏管蒙古軍都元帥二員

擔裏管軍招討使一員

烏思藏納里速古魯孫等處宣慰轉運
使一員

沙魯思地裏管民萬戶一員

搽里八田地裏管民萬戶一員

烏思藏納里速古魯孫地裏管民萬戶一員

速兒麻加瓦田地裏管民萬戶一員

撒剌田地裏管民官一員

出密萬戶一員

答籠荅剌萬戶一員

思苔籠剌萬戶一員

伯木古魯萬戶一員

潻卜赤八千戶四員

加麻尾萬戶一員

札由尾萬戶一員

牙里不藏思八萬戶府達魯花赤一員萬戶一員

員千戶一員擔裏脫脫禾孫一員

迷兒軍萬戶府達魯花赤一員萬戶一員初厚

江八千戶一員卜兒八官一員

宣徽院秩正三品掌供玉食九稻粱牲牢酒醴蔬菓麻品之物燕享宗戚賓客之事及諸王宿衛怯憐口糧食蒙古萬戶千戶合納差發係官抽分牧養孽畜歲支芻草粟菽羊馬價直收受闌遺等事與尚食尚藥尚醖三局皆隸焉其所轄內外司屬用人則自為選至元十五年置院使一員同知同僉各二員主事二員照磨一員二十年陞從二品置院使一員經歷二員典簿三員二十三年陞正二品置院判二員典簿置都事三員三十一年院使四員大德二年增同知二員三年始定怯薛丹一品四年置副使二年增院使三員始定怯薛丹一萬人本院掌其給授

後定置院使六員從一品同知二員正二品副使二
員從二品僉院二員正三品同僉二員正四品院判
二員正五品經歷二員從五品都事三員正七品照
磨一員承發架閣庫一員並正八品掾史二十人蒙
古必闍赤六人典吏六人田田掾史二人怯里馬赤二人知印
二人奏差六人蒙古書寫二人其屬附見

光祿寺秩正三品掌起運米麴諸事領尚飲尚
醖局沿路酒坊各路布種事至元十五年罷都提點
置寺設卿一員少卿二員主事一員照磨一員管
勾一員二十年改尚醖監正四品二十三年復為
光祿寺卿二員少卿丞各一員二十四年增少卿
一員二十五年撥隸省部三十一年復隸宣徽延
祐七年降從三品後復正三品定置卿四員正三
品少卿二員從四品丞二員正五品主事二員從
七品令史八人典吏三人蒙古書寫一人譯史知印各二人通事一人奏
二十四人典吏六人蒙古書寫三人譯史知印各二人通事一人

大都尚飲局秩從六品中統四年始置設大使副
使各一員俱帶金符掌醖造上用細酒至元十二
年增副使二員十五年陞從五品置提點一員後
定置提點一員從五品大使一員正六品副使二

員正七品

上都尚飲局秩正五品皇慶中始置提點一員大
使副使各一員品秩同上

大都尚醞局秩從六品掌醞造諸王百官酒醴中
統四年立御酒庫設金符宣差至元十一年始設
提點十六年改尚醞局從五品置提點一員從五
品大使一員正六品副使二員正七品直長一員
正八品

上都尚醞局秩從五品至元二十九年始置設提
點一員大使一員副使直長各一員品秩同上

大都醴源倉秩從六品掌受香莎蘇門等酒材糯
米鄉貢麴藥以供上醞及歲賜諸王百官者至元
二十五年始置設提舉一員從六品大使一員從
七品副使一員正八品

上都醴源倉秩從九品掌受大都轉輸米麴并醞
造車駕臨幸次舍供給之酒至元二十五年始置
設大使一員直長一員

尚珍署秩從五品掌收濟寧等處田土子粒以供
酒材至元十三年始立十五年罷入有司二十三
年復置設達魯花赤一員令一員並從五品丞一

員正七品吏目一員

安豐懷遠等處稻田提領所秩從九品掌稻田布
種歲收子粒轉輸醴源倉定置提領二員

尚舍寺秩正四品掌行在帷幕帳房陳設之事牧
養駱駝供進慶醴乳酪至元三十一年始置監至
大元年改為寺陸正三品四年仍為監尋復為寺
延祐三年復降為正四品定置太監二員少監二
員監丞二員知事一員

諸物庫秩從七品掌出納大德四年置設提領一
員大使一員副使一員

闌遺監秩正四品掌不闌奚人口頭匹諸物至元
二十年初立闌遺所秩九品二十五年改為監正
四品二十八年陞正三品至大四年復正四品尋
復正三品延祐七年復為正四品定置大監一員
正四品少監二員正五品監丞二員正六品知事
一員從八品提控案牘一員從九品令史五人譯
史一人知印兼通事一人奏差五人

尚食局秩從五品掌供御膳及出納油麵酥蜜諸
物至元二年置提點領進納百色生料二十年省
併尚藥局為尚食局別置生料庫本局定置提點

一員從五品大使一員正六品副使二員正七品
直長一員正八品
大都生料庫秩從五品至元十一年置生料野物
庫隸尚食局二十年別置庫擬內藏庫例置提點
二員從五品大使二員正六品副使三員正七品
上都生料庫秩從五品大使二員掌受弘州大同虎賁司農
等歲辦油麵大都起運諸物供奉內府放支宮人
官者飲膳提點一員大使一員副使二員秩同
上直長一人正八品
大都大倉上都大倉秩正六品掌內府支持米豆

〈元史志卷三十七〉 十九 徐仲明

及酒材米麴藥物至元五年初立設官三員俱受
制國用使司劄付十二年改立提舉大倉設官三
員隸宣徽二十五年陞正六品定置二倉各設提
舉一員正六品副使一員從六品
大都上都柴炭局各一至元十二年置秩從七品
十六年改提舉司陞五品大德八年仍為局降正
七品置達魯花赤各一員正七品大都大使二員正八品直
上都大使二員各正七品副使各二員從
長各一人掌葦場典吏各一人
尚牧所秩從五品至大四年始置設提舉二員從

五品同提舉一員從六品副提舉一員從七品吏
目一員
沙糖局秩從五品掌沙糖蜂蜜煎造及方貢菓木
至元十三年始置秩從六品十七年置提點一員
十九年陞從五品置達魯花赤一員從五品提點
一員從五品大使一員從五品副使一員正七品
永備倉秩從五品至元十四年始置給從九品印掌
受兩都倉庫起運省部計置油麵諸物及雲需府
所辦羊物以備車駕行幸膳羞二十四年陞從五
品置提點一員從五品大使一員正六品副使各

〈元史志卷三十七〉 二十 徐仲明

一員正七品
豐裕倉秩從九品大使一員掌出納車駕行幸支
持膳羞
淮東淮西屯田打捕總管府秩正三品掌獻田歲
入以供內府及湖泊山場漁獵以供內膳至元十
四年始立總管府并管連海高郵湖泊提舉司沂
州等處提舉司事十六年置揚州鷹房打捕達魯
花赤總管府二十二年併為淮東淮西屯田打
捕總管府及分置提舉司一十處定置達魯花赤一員
隸本府

正三品總管一員正三品同知一員正五品府判
一員正六品經歷一員正七品知事一員從八品
提控案牘一員正九品司吏六人

淮安州屯田打捕提舉司高郵屯田打捕提舉
司招泗屯田打捕提舉司安東海州屯田打捕提舉
提舉司楊州通泰屯田打捕提舉司安豐廬州打捕
等處打捕提舉山塲屯田打捕提舉司塔山打捕
徐邳沂州等處打捕提舉一員提舉一員
從五品每司各設達魯花赤一員提舉一員並
從五品同提舉一員從六品副提舉一員從七
品吏目二人

抽分塲提領九十處曰柴壩東西口曰海州
新壩曰比砂太倉曰安河桃源曰大湖東西口
曰時堡興化曰高郵寶應曰汶湖等處曰雲山
白水曰安東州每所各設提領一員同提領一
員副提領一員俱受宣徽院劄付
蒲浦倉秩正八品掌收受各處子粒米麵等物
以待轉輸京師至元二十五年始置設大使一
員正八品副使一員正九品
圓米棋子局軟皮局各置提領一員同提領一

員副提領一員俱受宣徽院劄付
手號軍人打捕千戶所秩從四品管軍人打捕
野物皮貨至元二十五年始置設達魯花赤一
員上千戶一員上副千戶一員彈壓一員
上百戶七所各置百戶二員
下百戶二所各置百戶一員
安豐　招泗　和州
鍾離縣　定遠縣　真揚州　安慶
連海　懷遠軍

龍慶栽種提舉司秩從五品管領繒山歲輸桑米
并易州龍門淨邊官園瓜菜桃梨等物以奉上供
至元十七年始置提舉司延祐七年繒山改爲龍
慶州因以名之定置達魯花赤一員提舉一員並
從五品同提舉一員從六品副提舉一員從七品
弘州種田提舉司秩正六品掌輸納麥麵之事以
供內府定置達魯花赤一員提舉一員並正六品
同提舉一員正七品副提舉一員正八品直長一員
豐潤署秩從五品掌歲入芻粟以給飼養馳馬之
事定置達魯花赤一員令一員並從五品丞一員
從六品直長一員正八品

常湖等處茶園都提舉司秩正四品掌常湖二路
茶園戶二萬三千有奇採摘茶芽以貢內府至元
十三年置司統提領所九十有三處十六年陞都
提舉司又別置平江等處榷茶提舉司掌歲貢御
茶二十四年罷平江提舉司倂掌其職定置達魯
花赤一員提舉一員同提舉一員副提舉六
品副提舉一員提控案牘一員俱從五品同提舉一員
受宣徽院劄付掌九品印
提領所七處每所各設正同副提領各一員俱

烏程　武康德清　長興　安吉　歸安

湖汝　宜興·

建寧比苑武夷茶場提領所提領一員受宣徽
院劄掌歲貢茶芽直隸宣徽

大禧宗禋院秩從一品掌神御殿朔望歲時諱忌日
辰禋享禮典天曆元年罷會福殊祥二院改置大禧
院以總制之初院官秩正二品陞從二品置參議二
員政令史為掾史二年改大禧宗禋院置院使六
員增副使二員立諸總管府為之屬凡錢糧之出納營
繕之作輙悉統之定置院使都典制神御殿事六員
同知兼佐儀神御殿事二員副使無奉賛神御殿事

二員僉院無祗承神御殿事二員同僉無祗治神御
殿事二員院判供應神御殿事二員參議二員經歷
二員都事二員管勾照磨各一員掾史二十人譯史
四人知印二人怯里馬赤二人宣使十五人斷事
官四員客省使大使副使各二員

達魯花赤一員總管一員副達魯花赤一員同知
祥倂立殊祥總管府尋又改為隆禧總管府定置
為隆禧院天曆元年罷會福殊祥二院以隆禧總管府
立規運提點所二年改為規運都總管府三年陞初
隆禧總管府秩正三品至大元年建立南鎮國寺初

一員治中一員判官一員經歷一員知事照磨各
一員令史六人譯史知印各一人怯里馬赤一人
奏差四人

福元營繕司秩正五品達魯花赤一員司令一員
大使一員副使一員吏目一人天曆元
年以南鎮國寺所立怯憐口事產提舉司改為崇
恩福元提點所三年又改為福元營繕司
普安智全營繕司秩五品達魯花赤一員司令一
員大使副使各一員吏目一人司吏一人天曆元
年以太五山普安寺大智全寺兩規運提點所倂

為一置提點二員三年又改為營繕司

祐國營繕都司秩五品達魯花赤一員司令一員

大使副使各一員知事一員提控案牘一員天曆

元年初置萬聖祐國營繕提點所三年改為營繕

都司

平松等處福元田賦提舉司秩五品置達魯花赤

一員提舉一員同提舉副提舉各一員

田賦提舉司秩五品置提舉一員同提舉一員副

提舉一員

資用庫提領一員大使一員

萬聖庫提領一員大使一員副使一員

會福總管府秩正三品至元十一年建大護國仁

王寺及昭應宮始置財用規運所秩正四品十六

年改規運所為總管府至大元年改都總管府從

二品尋陞會福院置院使五員延祐三年陞正二

品天曆元年改為會福總管府正三品定置達魯

花赤一員總管一員同知一員治中一員判官一

員經歷知事提控案牘各一員令史八人譯史通

事知印各一人奏差四人

仁王營繕司正五品至元八年立護國仁王寺

鎮遏提舉司十九年改所過二十八年併三

提領所改所為諸色人匠提領所天曆元年改為鎮

過民匠提領所三年改為仁王營繕司置達魯

花赤一員提領一員令一員大使一員副使一員

襄陽營田提舉司秩從五品初置襄陽等處水

陸地土人戶提領所設官四員大德元年改提

舉司天曆二年仍為襄陽營田提舉司定置達

魯花赤一員提舉一員同提舉一員副提舉一員

曾花赤一員提舉一員同提舉一員

江淮等處營田提舉司秩從五品至元二十七

年始置達魯花赤一員提舉一員同提舉一員

副提舉一員

大都等路民佃提領所至元二十九年以武清

等一十處併立大都水陸地土種田人民提領

所十五年又設隨路管民都提領所天曆元年

併為大都等路民佃提領所定置提領一員大

使副使各一員

會福財用所秩從七品掌大護國仁王寺糧草

諸物至元十七年始立財用庫二十六年立盈

益倉天曆元年併財用盈益為所提領一員大

使一員副使二員

崇祥總管府秩正三品至大元年立大承華普慶
寺都總管府二年改延禧監尋改崇祥監四年陞
為崇祥院秩二品泰定四年復改為大承華普慶
寺總管府天曆元年改為崇祥總管府定置達魯
花赤一員總管一員副達魯花赤一員同知治中
府判各一員經歷知事提控案牘照磨各一員
令史六人譯史知印各一人怯里馬赤一人奏差
四人
永福營繕司秩正五品延祐三年以起建新寺
始置營繕提點所天曆元年改為永福營繕提
點所三年改營繕司設達魯花赤一員司令一
員大使一員副使一員都目一員
昭孝營繕司秩正五品天曆元年立壽安山規
運提點所三年改昭孝營繕司定置達魯花赤
一員司令一員大使副使各一員
普慶營繕司天曆元年改置普慶營繕提點所
三年改為營繕司定置達魯花赤一員司令一
員大使副使各一員
崇祥財用所至大二年始置諸物庫普
贍倉天曆二年併諸物庫普贍倉改為崇祥財

用所定置官提領一員大使副使各一員
永福財用所掌出納顏料諸物延祐三年始置
諸物庫又置永積倉天曆二年以諸物庫永積
倉併改置為所設提領大使副使各一員三年始
鎮江稻田提舉司達魯花赤提舉同提舉副提
舉各一員
汴梁稻田提舉司達魯花赤提舉同提舉副提
舉各一員
平江等處田賦提舉司達魯花赤提舉同提舉
副提舉各一員
冀寧提領所提領二員
隆祥使司秩正三品天曆二年中宮建大承天護
聖寺立隆祥總管府設官八員至順二年陞為隆
祥使司秩從二品置官司使四員同知副使司丞
各二員經歷一員都事二員照磨無架閣一員令
史十人譯史通事知印各二員令
普明寺于海南置規運提點所設官六員二年
普明營繕都司秩正四品天曆元年頒大龍興
撥隸龍祥總管府三年改為都司品秩仍舊以
掌營造出納錢糧之事定置達魯花赤司令大

使副使各一員提控案牘一員

集慶萬壽營繕都司秩正四品天曆二年建龍翔萬壽兩寺于建康立龍翔萬壽營繕提點所為隆祥總管府屬三年改為營繕都司秩仍舊以掌營造錢粮之事定置達魯花赤司令大使副使各一員知事提控案牘各一員

元興營繕都司秩正四品掌營造錢粮之事天曆元年始置大元興規運提點所置官五員三年改都司置達魯花赤一員司令大使副使各一員知事提控案牘各一員

宣農提舉司秩從五品達魯花赤提舉同提舉副提舉各一員掌徵收田賦子粒之事天曆二年以大都等處田賦提舉司隸隆祥總管府三年改提舉司

護聖營繕司秩從五品達魯花赤司令大使副使各一員掌營造工匠寺僧衣粮收徵房課之事天曆二年始立大承天護聖營繕提點所三年改為司

平江善農提舉司秩從五品達魯花赤提舉同提舉副提舉各一員天曆二年立田賦提舉司

設官四員三年改為善農提舉司

善盈庫天曆二年隸隆祥總管府置提領一員大使副使各一員掌金銀錢粮之事

荊襄等處濟農香戶提舉司秩正五品天曆三年以荊襄提舉司所領河南湖廣田土為大承天護聖寺常住改為荊襄濟農香戶提舉司隸隆祥總管府置達魯花赤司令提舉同提舉副提舉各一員

龍慶州等處田賦提領所秩九品提領同提領各一員天曆二年置掌龍慶州所有土田歲賦

平江集慶崇禧田賦提領所提領同提領副提領各一員天曆三年始置

集慶崇禧財用所大使副使各一員天曆三年始置

壽福總管府掌祭供錢粮之事秩正三品至大四年因建大聖壽萬安寺置萬安規運提點所秩正五品延祐二年陞都總管府秩正三品尋陞為壽福院正二品天曆元年改立總管府仍正三品定置官達魯花赤總管副達魯花赤同知治中府判各一員經歷知事案牘照磨各一員令史六人知

印通事譯史各一人奏差四人典吏二人

萬安營繕司秩正五品三年以萬安營繕提點
所既廢復立萬安營繕司定置達魯花赤司令
大使副使都目各一人

萬寧營繕司秩正四品大德十年始置萬寧規
運提點所天曆元年改營繕司定置達魯花赤
司令大使副使都目各一人

收支庫提領一員大使一員

延聖營繕司秩正五品初立天源營繕提點所
天曆三年改營繕司定置達魯花赤司令大使
副使都目各一員

諸物庫提領一員大使一員

百官四

太常禮儀院秩正二品掌大禮樂祭享宗廟社稷
贈諡號等事中統元年中都立太常寺九年立太常寺卿一
員正三品少卿以下五員品秩有差十三年增博士一
至元二年翰林無攝太常寺丞一員
門以侍儀司併入太常寺十四年增博士一員十六
年又增法物庫子掌公服法服之藏二十年陞正三

品別置侍儀司至大元年改陞院設官十二員正二
品四年復爲太常寺正三品延祐元年復改陞院正
二品以大司徒領之七年降從二品天曆二年復陞
正二品定置院使二員正二品同知二員正三品僉
院二員正三品同僉二員正四品院判二員正五品
經歷一員從五品都事一員從七品照磨無管勾承發
架閣一員正八品屬官博士二員正七品奉禮郎二
員奉禮無撿討一員並從八品協律郎二員從八品
太祝十員從八品禮直管勾一員從九品令史四人
通事知印譯史各二人宣使四人典吏三人

〈元史志三十八　一〉

三六七

太廟署秩從六品掌宗廟行禮無廩犧署事至元
三年始置令二員從六品丞一員從七品
社稷署秩從六品大德九年始置掌郊祀行禮兼
廩犧署事令二員從六品丞二員從七品
郊祀署秩從六品大德九年始置掌郊祀行禮
廩犧署秩從六品大德元年始置丞二員從七品
社稷署秩從六品大德元年始置令二員從六品丞二員從七品
大樂署秩從六品中統五年始置令二員從六品
丞一員從七品掌管禮生樂工四百七十九戶
典瑞院秩正二品掌寶璽金銀符牌中統元年始置
符寶郎二員至元十六年立符寶局給六品印十七
年陞正五品十八年改典瑞監秩正三品二十年降
爲正四品省卿二十九年復正三品仍置監卿
二員大德十一年陞典瑞院正二品置院使四員正
二品同知二員正三品僉院二員從三品都事二
正四品院判二員正五品經歷二員從五品都事二
員從七品照磨兼管勾承發架閣庫一員正八品令
史四人譯史四人知印通事各一人宣使四人典吏
三人
太史院秩正二品掌天文曆數之事至元十五年始
立院置太史令等官七員正至大元年陞從二品設官

〈元史志卷三十八　二〉

三六十二

王正卿

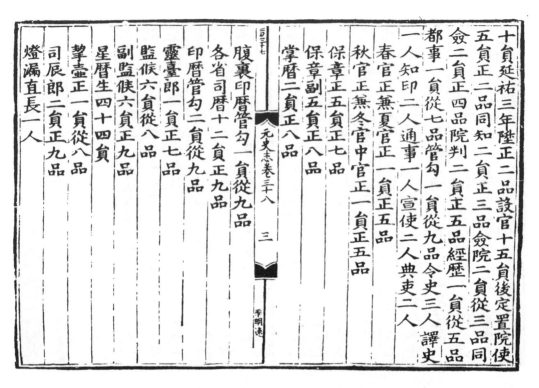

十員延祐三年陞正二品設官十五員後定置院使
五員正二品同知二員正三品同
僉二員正四品院判二員正五品僉院二員從三品同
都事一員正七品管勾一員從九品令史三人譯史
一人知印二人通事一人宣使二人典吏二人
春官正一員正五品
秋官正無冬官中官正一員正五品
保章正五員正七品
保章副五員正八品
掌曆二員正八品

腹裏印曆管勾一員從九品
各省司曆十二員正九品
印曆管勾二員從九品
靈臺郎一員正七品
監候六員從八品
副監候六員正九品
星曆生四十四員
挈壺正一員從八品
司辰郎二員正九品
燈漏直長一人

教授一員從八品
學正一員正九品
校書郎二員正八品
太醫院秩正二品掌醫事製奉御藥物領各屬醫職
中統元年置宣差提點太醫院事給銀印二十年改
為尚醫監秩正四品二十二年復爲太醫院給銀印
置提點四員院使十一年增置院使一員皇慶元年增
院使二員至治二年定置院使
十二員正二品同知二員正三品僉院

二員正四品院判二員正五品經歷二員從七
品都事二員從七品照磨兼承發架閣庫一員正八
品令史八人譯史二人知印二人通事二人宣使七
人
廣惠司秩正三品掌脩製御用回回藥物及和劑
以療諸宿衞士及在京孤寒者至元七年始置提
舉二員正十七年增置提舉一員延祐六年陞正三
品七年仍正五品至治二年復爲正三品置卿四
員少卿丞各二員後定置司卿四員少卿二員司
丞二員經歷知事照磨各一員

大都上都回回藥物院二秩從五品掌回回藥
事至元二十九年始置至治二年撥隸廣惠司
定置達魯花赤一員大使二員副使一員
御藥院秩從五品掌受各路鄉貢諸蕃進獻珍貴
藥品修造湯煎至元六年始置達魯花赤一員從
五品大使二員從五品副使三員正七品直長一
員都監二員
御藥局秩從五品掌兩都行篋藥餌至元十年始
置大德九年分立行御藥局掌行篋藥物本局但
掌上都藥倉之事定置達魯花赤一員從五品局
使二員從五品副使二員正七品
行御藥局秩從五品掌達魯花赤一員大使二員副
使三員秩全上掌行篋藥餌大德九年始置
御香局秩從五品提點一員司令一員掌修合御
用諸香至大元年始置
大都惠民局秩從五品掌收官錢經營出息市藥
修劑以惠貧民中統二年始置受太醫院劄至元
十四年定從六品秩二十一年陞從五品
上都惠民司提點一員司令一員中統四年始置
品秩並同上

醫學提舉司秩從五品至元九年始置十三年罷
十四年復置掌考較諸路醫生課義試驗太醫教
官校勘名醫撰述文字辨驗藥材訓誨太醫子弟
領各處醫學提舉一員副提舉一員
官醫提舉司秩從五品掌醫戶差役詞訟至元
二十五年置
大都保定彰德東平四路設提舉同提舉副提
舉各一員
河間大名晉寧大同濟寧廣平冀寧濟南遼陽
興和十路設提舉副提舉各一員
衛輝懷慶大寧設提舉一員
奎章閣學士院秩正二品天曆二年立於興聖殿西
命儒臣進經史之書考帝王之治大學士二員正三
品尋陞為學士院大學士正二品侍書學士二品
承制學士正三品供奉學士正四品參書從五品多
以它官無領其職至順元年增大學士二員共四員
侍書學士二員承制學士二員供奉學士二員首領
官參書二員典籤二員照磨一員內掾四人譯文內
掾二人知印二人怯里馬赤一人宣使四人典書五
人屬官授經郎二員

羣玉內司秩正三品天曆二年始置掌奎章圖書寶玩及凡常御之物監司一員正三品尉一員從三品亞尉二員正四品司丞二員正五品典簿一員正七品令史二員譯史二人怯里馬赤一員奏差典吏各二人給使八人司膳四人

藝文監秩從三品天曆二年置專以國語敷譯儒書及儒書之合校讎者俾兼治之大監撿校書籍事二員從三品少監同撿校書籍二員正五品監丞參撿校書籍事二員從五品典簿一員照磨一員令史二人譯史一人怯里馬赤一員奏差二人典吏三人

監書博士秩正五品天曆二年始置品定書畫擇朝臣之博識者為之博士二員正五品書吏一人

藝林庫秩從六品提點一員大使一員副使一員正七品庫子二人本把二人掌藏貯書籍天曆二年始置

廣成局秩正七品掌傳刻經籍及印造之事天曆二年始置大使一員從七品副使一員正八品直長二人正九品司吏二人

侍正府秩正二品至順二年置侍正一十四員正二

品同知二員正三品僉府二員從三品侍判二員正四品經歷一員從六品都事一員從七品照磨一員從八品掌內廷近侍之事領速古兒赤四百人奉御二十四員拱衛直都指揮使司為其屬椽史八人譯史四人通事知印各二人宣使八人典吏五人

尚冠奉御二員從五品尚冠副奉御二員從六品尚衣奉御二員從五品尚衣副奉御二員從六品尚鞶奉御二員從五品尚鞶副奉御二員從六品尚沐奉御二員從五品尚沐副奉御二員從六品尚飾奉御二員從五品尚飾副奉御二員從六品尚輦奉御二員從五品尚輦副奉御二員從七品天曆初置以四怯薛之速古兒赤為奉御掌簿六品

給事中秩正四品至元六年始置起居注左右補闕掌隨朝省臺院諸司凡奏聞之事悉紀錄之如古左右史十五年改陞給事中兼脩起居注左右補闕改為左右侍儀奉御兼脩起居注皇慶元年陞正三品延祐七年仍四品後定置給事中兼脩起居注二員右侍儀奉御兼脩起居注一員左侍儀奉御同脩起居注一員令史一人譯史四人通事兼知印一人

將作院秩正二品掌成造金玉珠翠犀象寶貝冠佩
器皿織造刺繡叚疋紗羅異樣百色造作至元三十
年始置院使一員經歷都事各一員三十一年增院
使二員元貞元年又增二員延祐七年省院使二員
後定置院使七員正二品同知二員正三品僉二員
貞正四品院判二員正五品經歷一員從五品都事
一員從七品照磨管勾一員正八品令史六人譯史
知印各二人宣使四人

諸路金玉人匠總管府秩正三品掌造寶貝金玉
冠帽繫腰束帶金銀器皿并總諸司局事中統二
年初立金玉局秩正五品至元三年改總管府置
總管一員經歷提控案牘各一員十二年又置同
知副總管各一員二十五年置達魯花赤副總管
德四年又置副達魯花赤總管各一員後定置
達魯花赤二員正四品同知二員從四品副總管達魯
花赤二員正四品總管二員正三品副總管二員
正五品經歷一員從七品知事一員從八品照磨
管勾各一員令史五人譯史一人奏差二人
玉局提舉司秩從五品提舉一員正七品副提
舉一員從七品副提舉一員正八品中統二年

以和林人匠置局造作始設直長至元三年立
玉匠局用正七品印十五年改提舉司
金銀器盒提舉司秩從五品提舉一員同提舉
一員副提舉一員品秩同上吏目一員至元十
五年始置金銀局秩從七品二十四年改為提
舉司秩正六品大德間陞從五品
瑪瑙提舉司秩從五品提舉一員同提舉一員
吏目一員至元九年置大都等處瑪瑙局秩從
七品管領瑪瑙匠戶五百有奇置提舉司領大都弘州兩
金玉府劄十五年改立提舉司領大都弘州兩
處造作陞從五品三十年咸副提舉一員定置
如上
陽山瑪瑙提舉司秩從五品至元十五年置提
舉一員同提舉一員副提舉一員品秩同前
金絲子局秩從五品大使一員副使一員
貞正七品直長一員中統二年設二局二十四
年併為一
鞾帶斜皮局秩從八品至元十五年置大使副
使各一員
璀玉局秩從八品至元十五年置大使一員

浮梁磁局秩正九品至元十五年立掌燒造磁
器并漆造馬尾棕藤笠帽等事大使副使各一
員

畫局秩從八品掌描造諸象樣製至元十五年
置大使一員

管領珠子民匠官正七品掌採撈蛤珠於楊村
直沽等處中統二年立管領官子孫世襲

粧鈿局秩從八品至元十五年置大使一員

大小雕木局秩從八品至元十五年置大使一
員

宣德隆興等處瑪瑙人匠提舉司秩正六品至
元十五年置提舉一員從七品副提舉一員從
八品

溫犀玳瑁局秩從八品至元十五年置大使一
員

上都金銀器盒局秩從六品至元十六年置大
使一員副使一員直長一員

漆紗冠冕局至元十五年置大使副使各一

大同路採砂所至元十五年置管領大同路撥
到民一百六戶歲採磨玉夏水砂二百石起運

大都以給工磨碾之用大使一員

管匠都提領所秩從七品至元十三年置掌金
玉府諸人匠詞訟都提領一員

監造諸般寶貝官秩正五品至元二十一年置
達魯花赤二員

收支諸物庫秩從八品至元十五年置大使副
使各一員

行諸路金玉人匠總管府秩從三品至大間始
置于杭州路達魯花赤總管各一員並從三品
同知一員正五品副總管一員並從五品經歷
一員從七品知事一員從八品提控案牘一員

異樣局總管府秩正三品中統二年立提點所至
元六年改為總管府總管一員十四年置同知
總管各一員二十一年增總管一員並正三品同知
定置達魯花赤一員三十年減同知副總管一員
達魯花赤一員總管一員經歷一員從七品
知事一員從八品
員從四品副總管一員從五品經歷一員從七品
異樣紋繡提舉司秩從五品中統二年立局至
元十四年改提舉司秩從五品中統二年立提舉

一貞正七品副提舉一貞正八品

綾錦織染提舉司秩從五品至元二十四年改
局置提舉一貞同提舉一貞副提舉一
貞品秩同上

紗羅提舉司秩從五品至元十二年改局置提
舉司提舉同提舉副提舉各一貞品秩同上

紗金顔科總庫秩從九品中統二年置大使副
使各一貞從九品

大都等路民匠總管府秩正三品府官總管一貞
從三品同知一貞正五品副總管一貞從五品經
歷一貞從七品知事一貞從八品提控案牘一貞
至元七年初五府秩從三品十四年改陞正三品

僧章總院秩正六品大使副使各一貞至元十
三年省併楊輦等八局爲總局

尚衣局秩從五品至元二年置達嚕噶齊提舉一
從五品提舉一貞從五品同提舉一貞正七品
副提舉一貞正八品都目一人

御衣局秩從五品同提舉一貞正七品副提舉一
各一貞從五品同提舉一貞正七品副提舉一
貞正八品都目一人

御衣史道安局秩從六品至元二年置以史道
安掌其職因以名之大使副使各一貞

高麗提舉司秩從五品至元二十二年置提舉
一貞

織佛像提舉司秩從五品延祐四年改提領所
爲提舉司提舉副提舉各二貞

以辨奸僞國初置驛以給使傳設脫脫禾孫
通政院秩從二品國初立諸站都統領使司以總之
設官六貞十三年改通政院十四年分置大都上都
兩院二十九年又置江南分院大德七年罷至大元

年陞正二品四年罷以其事歸兵部是年兩都仍置
止管達達站赤延祐七年復從二品仍燕領漢人站
赤大都院使四貞從二品同知二貞正三品副使二
一貞從三品僉院一貞正四品同僉一貞從四品院判
貞從三品僉院一貞正四品同僉一貞正五品院判
一貞正五品經歷一貞從五品都事一貞從七品照
磨兼管勾承發架閣一貞正八品令史十三人通事
一人知印二人宣使十人上都院使僉院
判官各一貞經歷都事各一貞從七品照
四人譯史三人通事一人知印一人宣使十人
廩給司秩從七品掌諸王諸蕃各省四方邊遠使
各一貞從五品同大都令史

中政院秩正二品院使七員正二品同知二品同僉
品僉院二員從三品同僉二員正四品院判二員正
五品掌中宮財賦營造供給并醬衛之士湯沐之邑
元貞二年始置中御府秩從三品大德四年陞中正
院同僉院各二員四年省併入典內院皇慶二年
復為中政院設官如舊其嘉職則司議二員正六品
長史二員正六品照磨燕管勾承發架閣一員

客飲食供張等事至元十九年置提領司令司丞
各一員

品吏屬蒙古必闍赤四人掾史十二人回回掾史二
人怯里馬赤二人知印二人宣使十人
中瑞司秩正三品卿奉實冊卿五員正三品丞二
員正四品典簿二員從七品寫懿旨
譯史一人令史四人知印一人通事一人奏差二
人典吏二人
內正司秩正三品掌百工營繕之役地產孳畜之
諸以供膳服備賜予卿四員正三品少卿二員正四品丞
二員從五品典簿二員從七品照磨燕管勾一員
正九品吏屬各有差領署二提舉司一及其司屬

《元史志·卷三十八》 十五

凡十有六歲賦之額工作之程終歲則會其數以
達焉
尚工署秩從五品令一員從五品丞二員從六
品書吏一人書吏四人掌營繕雜作之後凡百
工名數興造程式與其材物皆經度之而責其
成功皇慶元年始置隸內正司
玉列赤局秩從七品掌裁製縫綻之事延祐六
年始置隸尚工署
贊儀署秩正五品提領一員大使一員副使一
員直長二員掌車輿器備雜造之事皇慶二年
始置隸內正司
管領六盤山等處怯憐口民匠都提舉司秩正四
品達魯花赤一員都提舉一員同提舉二員副提
舉二員知事一員提控案牘一員吏四人奏差二
人至大四年始置國初未有官署賦無所稽後遣
使覈實始著為籍設司以領之
奉元等路平涼等處開城等廠長官司凡五廠秩正五品各設
察罕腦兒等處長官司甘肅寧夏等路
達魯花赤一員長官一員副長官一員提控案

《元史志·卷三十八》 十六

續一員都目一員吏十人延祐二年以民匠提
舉司所領地里闊遠人戶散處於政不便乃酌
遠近衆寡立長官司提領所以分理之
提領所凡十並正七品提領一員
奉元等路鳳翔等處甘
平涼寧環等處開城等處
州等路蕢沙等處末昌寧夏等路長城等處
各設提領一員同提領一員副提領一員典
史一人分掌怯憐口地方隸各長官司
翊正司秩正三品令五員正三品丞四員正四品
典簿二員從七品照磨一員從八品譯史二人令

史六人知印二人通事奏差典吏各二人掌怯憐
口民匠五千餘戶歲辦錢糧造作以供公上至元
三十一年始置御位下管領隨路民匠打捕鷹房
納綿等戶總管府正三品復隸正宮位下延祐六
年改翊正司歲終會其出納以達于院而斜其弊
領提舉司二提領所一
管領上都等處諸色人匠提舉司秩從五品達
魯花赤一員提舉一員並從五品同提舉一員
從六品副提舉一員從七品都目一員
貟吏目一員司吏四人部役二人元貞元年始

司
管領歸德亳州等處管民提領所秩從七品提
領一員同提領一員副提領一員典史一員司
吏一人國初平江南權附歸德楚丘通等三百五
十六戶令脫忽伯管領大德二年始置提領所
隸翊正司
貟品秩同上直長一員都目一員副提
舉一員司吏四人部役二人元貞元年始置隸翊正

司
典飲局秩正七品大使二員副使二員典史一員
攢典二人掌醞造酒醴以供內府及祭祀宴享賓
客頒給之初置嘉醞局秩六品隸家令至大二
年改典飲兩都分置皇慶元年撥隸中宮
管領大都等路打捕民匠等戶總管府秩正三品
達魯花赤一員總管一員並正五品同知一員正
四品副總管一員正五品經歷一員從七品知事
一員從八品提控案牘照磨一員譯史一人令史
奏差各四人掌錢糧造作之事國初平定河南諸

郡牧聚人戶一萬五千有奇置官管領至元八年

屬有司二十年改隸中尚監二十六年始置揔管

府領提舉司十有一提領所二十有五

在京提舉司二秩從五品達魯花赤一員提舉

一員從五品同提舉一員從六品副提舉一員

從七品都目一員分管各廠人戶至元十六年

給從七品印大德四年省併為十一廠改提舉

司陞從五品

涿州保定真定冀寧河南大名東平東昌濟南

等路提舉司凡九廠各設達魯花赤一員提舉

一員同提舉一員副提舉一員都目一員

提領所凡二十五廠大都等路東安州濟寧曹

州祈州完州河間濟南濟陽大同元氏冀寧晉

寧歸德南陽懷孟汝寧衛輝曹州涿州真定中

山平山大名高唐等每廠各設提領一員同提

領一員副提領一員典史一員

管領諸路打捕鷹房民匠等戶總管府秩正三品

達魯花赤一員總管一員正三品同知

品副總管二員從五品經歷一員從七品知事一

負從八品提控案牘一員照磨一員譯史一人令

元史卷三十八　十九　張周士

史四人奏差二人掌錢粮造作之事大德三年始

置元貞元年撥隸中官位下領提舉司四提領所

十有一

管民提舉司大都等路冀寧等路南陽唐州等

廠河南路府等廠凡四司秩從五品每司設達

魯花赤一員提舉一員同提舉一員副提舉一

員都目一員吏二人

提領所凡九十有一大都保定河間真定南陽鄧

州濟南嵩汝汴梁裕州汝濟陳州唐州沁陽襄

陽湖陽晉寧冀寧等廠各設所秩正七品每所

提領二員同提領一員副提領一員典史一員

司吏二人至元十六年置至大元年改提領所

江浙等廠財賦都總管府秩正三品達魯花赤一

員都總管一員並正三品同知一員正五品副總

管一員從五品經歷一員從七品知事一員從八

品照磨一員提控案牘一員從九品譯史一人令

史二十五人奏差一十五人典吏二人掌領江南沒

入貲產課其所賦以供內儲至大元年置領提舉

司三庫局各一

平江松江建康等廠提舉司凡三廠秩並正五

元史卷三十八　十九　張周士

員令史四人領司屬凡十處
品每司各設達魯花赤一員提舉一員同提舉
一員副提舉一員都目一員吏目一員司吏六
人
豐盈庫提領一員大使一員副使一員典吏一
人掌收本府錢帛
中宮萬戶一員經歷一員知事一員提控案牘一
差稅中統二年置初隷塔察兒王位下其後改屬
掌歸德亳州冰宿二十餘城各蒙古漢軍種田戶
織染局局使一員典史一人掌織染歲造段匹
管領種田打捕鷹房民匠等戶總管府秩正三品
管一員副總管一員都目一員中統二年置至元
二十三年置府大名
管領大名等處諸色戶計都達魯花赤秩
正五品達魯花赤一員提控案牘一員都目一員
總管一員副總管一員都目一員司吏二人中統
二年置三年給印
人

管領東平等路管民官秩正五品總管一員相副
官一員都目一員吏一人中統二年置至元二十
二年給印
管領大名等路宣撫司
燕京路管民千戶所秩從
七品提領一員副提領一員中統二年置
管領曹州等處本投下民戶管領東明等處本投
下戶計管領蒲城等處本投下諸色戶計管領沔
梁等路本投下種田打捕驅戶四提領所秩正七
品提領各二員同提領各一員典史各一
人司吏各一人中統二年

海西遼東哈思罕等處鷹房諸色人匠怯憐口千
戶府秩正三品達魯花赤一員萬戶
一員經歷一員知事一員提控案牘兼照磨一員
譯史一人掌錢糧造作之事管領哈思罕等處蕭
州柔遠溫都兒諸色人匠四千戶仍領鎮撫所千
戶所
鎮撫司鎮撫一員吏一人延祐四年始置
哈思罕等處打捕鷹房怯憐口千戶所秩從五
品達魯花赤一員千戶一員副千戶一員吏目
一員司吏四人彈壓一人部役二人至大三年

置提舉司延祐六年改千戶所

諸色人匠怯怜口千戶所秩從五品達魯花赤
一員千戶一員副千戶一員都目一員司吏四
人部役二人初爲提舉司後改千戶所

肇州等處怯怜口千戶所達魯花赤一員千戶一
員副千戶一員吏目一員司吏四人延祐三年
置

灰亦兒不溫都兒乃良哈千戶所至治元年

開元等處怯怜口千戶所延祐三年置

遼陽等處怯怜口千戶所至治二年置

蓋州等處怯怜口千戶所延祐五年置

遼陽等處怯怜口千戶所延祐七年置

瀋陽等處怯怜口千戶所至治元年置

古州等處怯怜口千戶所延祐七年置

遼陽等處金銀鐵冶都提舉司秩正四品都提舉
一員同提舉一員副提舉一員提控案牘一員譯
史一人吏六人奏差二人掌辦金銀珄鐵等課分
納中書省及中政院七年以其賦盡歸中官

管領本位下怯怜口隨路諸色民匠盡打捕鷹房都

總管府秩正三品達魯花赤一員都總管一員並
正三品同知一員正五品副總管一員掌
怯怜口二萬九千戶田萬五千餘頃出賦以備供
奉營繕之事中統二年置府大德十年隸詹事院
至大三年隸徽政院延祐三年改府大德十年隸詹事院
年徽政院及其屬盡慶天曆三年復立府仍正二
品設官如上其首領官則經歷一員從七品知事
一員從八品照磨一員從九品吏屬令史一十二
人譯史四人通事知印各二人奏差一十人典吏
六人

管領諸路打捕鷹房民匠等戶總管府秩正三品
達魯花赤一員總管一員同知一員副總管一員
品秩如上經歷一員知事一員提控案牘一員照
磨一員令史四人譯史一人奏差二人大德三年
置其屬附見

大都等路管民提舉司達魯花赤一員同提舉
一員副提舉一員都目一員

大都保定提領所提領二員同提領一員副提
領一員典史一員

河間真定提領所提領二員同提領一員副提

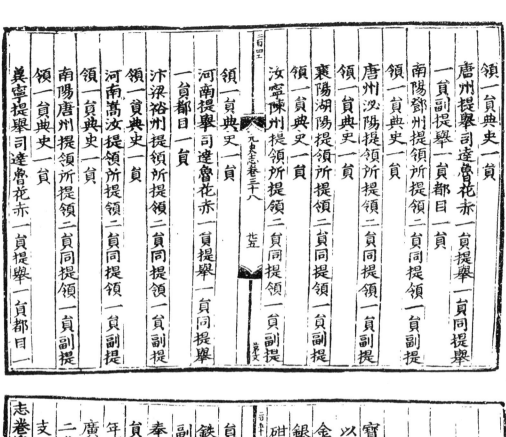

領一員　典史一員

唐州提舉司達魯花赤一員　提舉一員　同提
一員　副提舉一員　都目一員

南陽鄧州提領所提領二員　同提領一員　副提
領一員　典史一員

唐州泌陽提領所提領二員　同提領一員　副提
領一員　典史一員

襄陽湖陽提領所提領二員　同提領一員　副提
領一員　典史一員

汝寧陳州提領所提領二員　同提領一員　副提
一員　都目一員

河南提舉司達魯花赤一員　提舉一員　同提舉
一員　都目一員

河南萬汝提領所提領二員　同提領一員　副提
領一員　典史一員

河南唐州提領所提領二員　同提領一員　副提
領一員　典史一員

南陽唐州提領所提領二員　同提領一員　副提
領一員　典史一員

汴梁裕州提領所提領二員　同提領一員　副提

領一員　典史一員

莫寧提舉司達魯花赤一員　提舉一員　都目一

員

真定提領所提領二員　同提領一員　副提領
一員　典史一員

晉寧提領所提領二員　同提領一員　副提領
一員　典史一員

寶昌庫提領所提領一員　大使一員　掌受金銀碉鐵之課
以待儲運

金銀場提領所凡七梁家寨銀場明世銀場密務
銀場寶山銀場燒炭峪銀場胡寶峪金場七寶山
碉炭場俱從七品每所各設提領一員　同提領一

副提領一員

鐵冶管勾所凡二處各設管勾一員　同管勾一員
副管勾一員

年置

奉宸庫秩五品提點四員　副使二員　提控案牘一
員庫子六人掌中藏寶貨錢帛給納之事大德元

廣禧庫達魯花赤一員　提舉一員　大使一員　副使
二員　提控案牘一員　庫子四人大德八年置掌收

支御膳野物職視生料庫

翰林學士羅璧制誥兼修國史臣姚燧　翰林　制誥同知　制詔　國史院編官臣蘇天爵奉

敕撰

百官五

儲正院秩正二品至元十九年立詹事院備左右輔
翼皇太子之任置左右詹事各一員副詹事詹事丞
院判各二員吏屬六十有二人別置宮臣賓客二員
左右諭德左右贊善各一員校書郎二員中庶子中
允各一員三十一年太子裕宗既薨乃以院之錢糧
選法工役悉歸太后位下改為徽政院以掌之太德
九年復立詹事院尋罷十一年更置詹事院秩從一
品設官十二員至大四年罷延祐四年復立七年罷
泰定元年罷徽政院改立詹事如前天曆元年改詹
事院為儲慶使司二年罷復立詹事院未幾改儲政
院院使六員儲慶使二品同知二員正三品僉院二員
三品同僉二員正四品院判二員正五品司議二員
從五品長史二員正六品照磨二員管勾二員俱正
八品掾史十二人譯史四人回回掾史二人通事
知印各二人宣使十八人典吏六人其屬附見

家令司秩三品家令家丞各二員典簿二員照磨
一員掌太子飲膳供帳倉庫至元二十年置三十
一年改內宰司隸徽政大德十一年復立秩陞從
二至大四年罷延祐四年復立秩正三品七年罷
泰定元年復以內宰司為家令司天曆元年罷未
幾復立二年又罷

典幄署掌太子供帳令丞各二員書史書吏各二
人

元史志卷三十九　二

府正司秩從三品掌鞍轡弓矢等物至元二十
置府正府丞各二員典簿二員照磨一員三十一
年改官正司大德十一年復為府正司至元四
年改官正司大德十一年始立
延慶司秩正三品掌修建佛事使二員同知一員
副使典簿各二員照磨一員至元二十一年始立
隸詹事院三十一年隸徽政院大德十一年立詹
事院別立延慶司秩仍正三品等員泰定
元年改隸詹事院天曆元年罷二年復立增丞二
員

罷延祐四年復立七年罷泰定元年復立天曆二
年增府正府丞各二員尋罷

資武庫掌軍器提點一員大使一員副使一員
與用庫掌鞍轡提點一員大使一員

典用監四員太監二員少監二員丞二員經歷
知事各一員照磨一員掌供須文成藏珍三庫內
府供給段匹寶貨等物至大元年立天曆二年設
官如故以三庫隸內宰司

署尋罷大德十一年後立典醫署天曆二年政
元十九年置典醫署秩從五品三十一年改掌醫
典醫監秩正三品領東宮太醫修合供進藥餌至
定四年後立署天曆二年改典醫監至大四年罷泰
達魯花赤二員卿三員太監二員少監二員丞二
員經歷知事各一員吏屬凡十八人其屬司一局

二

廣濟提舉司達魯花赤一員提舉同提舉副提
舉各一員掌修合藥餌以施貧民

行典藥局達魯花赤一員大使副使各二員掌
供奉東宮藥餌

典藥局達魯花赤一員大使副使直長各二員
掌修製東宮藥餌

典牧監秩正三品卿二員太監二員少監二員丞
二員經歷知事各一員照磨一員吏屬凡十六人掌
孳畜之事天曆二年始置

儲膳司秩正三品卿四員少卿二員丞二員主事
二員照磨一員令史六人譯史通事知印各二人
奏差六人典吏四人掌皇太子飲膳之事天曆二
年立

典寶監秩正三品卿太監少監丞各二員經歷知
事各一員吏屬八人至元十九年立典寶署從五
品二十年陞正五品三十一年罷大德十一年立
監秩正三品至大四年罷延祐四年復立七年罷
泰定元年後置天曆元年罷二年後置

以上俱係詹事院司屬

掌謁司秩正三品司卿四員少卿四員丞二員典
簿二員典書九人奏差二人知印譯史通事各一
人至元三十一年改典寶署為掌謁司秩從五品
設官如之元貞元年陞四品設官四員大德十一
年陞正三品至治三年罷

甄用監秩正三品卿三員太監少監丞各二員經
歷知事照磨各一員掌供須文成藏珍三庫出納
之事至大元年設至治三年罷

延福司秩正三品令丞各四員典簿二員照磨一
員掌供帳及扈從盖造之人大德十一年置後併

入羣牧監

章慶使司秩正三品司使四員同知副使司丞各
二員經歷都事各二員照磨管勾各一員至大三
年立至治三年罷

奉徽庫秩從五品提點大使二員副使四員庫
子六人掌內府供給至治三年罷倂入文成等庫

壽和署秩正五品署令四員署丞六員舊隸儀鳳
司皇慶元年改隸徽政院遂為章慶使司之屬至
治二年罷

上都掌設署秩正五品署令五員署丞二員至大
四年立至治三年罷

掌醫監秩正五品領監官一員達魯花赤一員卿
四員太卿五員太監五員少監六員丞二員至元
三十一年改典醫署為掌醫署秩五品至大元年陞
監設巳上官員至治三年罷

修合司藥正司秩從五品達魯花赤一員副使直
長各二員掌藥六人掌修合御用藥餌至治三年
罷

行惠司藥局秩從五品達魯花赤一員使副使各
二員掌供奉御用藥餌至治三年罷

廣濟提舉司秩從五品達魯花赤提舉同提舉副
提舉各一員掌修合藥餌以濟貧民

羣牧監秩正二品掌中宮位下孳畜卿三員太
少卿監丞各二員至大四年立至治三年罷

掌儀署秩正五品令丞各二員掌戶口房舍等至
元二十年立至治三年罷泰
定元年改典設署

上都掌儀署秩五品令丞各二員掌戶口房舍等
大德十一年立至治三年罷

江西財賦提舉司秩從五品達魯花赤一員提舉
同提舉副提舉各一員掌事產戶口錢糧造作
事至元二十七年立至治二年罷

織染局局使副使局副各一員相副官一員

桑落娥眉洲管民提領所提領副提領各一員

封郭等洲管民提領所提領同提領副提領各一
員

龍興打捕提領所提領副提領各一員

鄂州等處民戶水陸事產提舉司達魯花赤一員
提舉同提舉副提舉各一員掌太子位下江南園
圍地土莊宅人戶至元二十一年立隸詹事後改

隸徽政至治三年罷

瑞州上高縣戶計長官司

員長官副長官各一員領本慶戶八千後隸徽政
院至治三年罷

隆福宮左都威衛使司隸中宮至大三年選造作軍
士一萬八百人立千戶所一百戶翼八以領之而分局造

一萬戶撥屬東宮立侍衛都指揮使司三十一年改
行軍千戶所千戶二員副千戶二員知事彈壓各
鎮撫所鎮撫二員都目一員

左都威衛使司秩正三品使三員副使二員僉事二
員經歷知事照磨各一員

以上俱係徽政院司屬

作延祐二年置教授二至治三年罷軍匠千戶所

一員百戶二十員

屯田左右千戶二所千戶二員都目一員彈壓一

弩軍千戶所千戶二員都目一員彈壓一員

資食倉大使一員副使一員

右都威衛使司秩正三品衛使三員副使二員僉事
二員經歷知事照磨各一員中統三年以世祖五授

下探馬赤立總管府秩四品設總管一員二十一年
撥屬東宮二十二年改蒙古侍衛親軍都指揮使司
秩正三品三十一年改隆福宮右都威衛使司秩仍
舊延祐二年置儒學教授一員四年增蒙古字教授
一員其屬附見

鎮撫司鎮撫二員都目一員

行軍千戶凡五所秩正四品千戶五員副千戶五
員知事五員百戶五十員彈壓五員

屯田千戶所秩正五品千戶二員百戶二十員
彈壓一員百戶

七員都目一人

廣貯倉秩從九品大使一員副使一員攢典一人

衛候直都指揮使司秩正四品三十年至元二十年以控鶴
一百三十五人隸府正司三十年至元二十年隸家令司三十一
年增控鶴六十五人立衛候司以領之兼掌東宮儀
從金銀器物置衛候一員副衛候二員儀從庫百
戶大德十一年復增懷孟從行控鶴二百人陞都指
揮使司秩正四品延祐元年陞正三品七年降正四
品至治三年罷四年後立四年以控鶴六百三十人歸中宮位
下泰定四年復立都指揮使二員佩
三珠虎符都指揮使二員佩三珠虎符副指揮使二

員佩雙珠虎符知事一員提控案牘一員令史四人譯史通事各一人奏差三人其屬附見

百戶所凡六秩從七品每所置百戶二員

儀從庫秩從七品大使二員副使一員

內宰司秩三品至元三十一年既立徽政院政家令為內宰司泰定元年復改為家令司內宰司天曆元年罷未幾後立二年罷復改內宰司丞六員司天曆元年丞四員典簿二員熙磨一員令史十有二人譯史知印通事各二人奏差六人典吏四人其屬附見

典膳署秩五品令二員丞二員書史一員君赤三十五人掌內府飲膳之事至元十九年始立隸家令司三十一年改掌膳隸內宰泰定元年復改為典膳

洪濟鎮提領三員掌辨納鷹隻隸典膳署

紫炭局秩從七品提領一員大使一員副使一員至元二十年以東宮位下民一百戶燒炭二月軍一百人採薪二月供內府歲用立局以主其出納設官三員俱受詹事院劄大德十一年隸徽政院

藏珍文成供須三庫秩俱從五品各設提點二員大使二員副使二員分掌金銀珠玉寶貨段四絲

綿皮氈鞍轡等物國初詹事出納之事未有官署印信至元二十七年分為三庫各設官六員及庫子有差

提舉備用庫秩從五品達魯花赤一員提控案牘一員大使一員提控案牘一員掌出納田賦財賦差發課程一切錢糧規運等事至元二十年置二十二年設達魯花赤及首領官

嘉醖局秩五品至元十七年立掌飲酒局大德十一年改掌飲司秩陞正四品延祐六年降掌飲司為局至治三年罷泰定四年復立天曆二年改嘉醖

局提點二員大使二員副使二員書史一員書吏四人

西山煤窰場提領一員大使一員副使二員俱受徽政院劄至元二十四年置領馬安山大峪寺石灰煤窰辦課奉皇太后位下

保定等路打捕提領所秩從七品提領四員典史一員至元十一年收集人戶為打捕戶計及招到管絲銀差發糧等戶立提領所

廣平彰德課麥提領所秩從七品至元三十年以二路渡江時駐蹕之地召民種佃遂立所置官統

之

廣惠庫大使一員副使一員至元三十年以鈔本
五千錠立庫放典息納于倚用庫

豐裕倉秩從七品掌收貯中宮位下糯米至治二
年設提領等官三年罷天厤二年立儲政院復給
印置監支納一員攢典一員

儀物庫秩從七品掌東宮造作顏料及雜器等物
至元二十五年置隸詹事院大德元年給印十一
年置隸詹事院泰定三年復立大使二
員副使二員庫子二人攢典二人

管領怯怜口諸色民匠都總管府秩正三品達魯花
赤一員總管一員亞正三品同知一員正四品副總
管二員正五品經歷一員從七品知事一員從八品
提控案牘照磨管勾各一員令史十人知印二人通
事一人譯史二人奏差六人典吏四人領怯怜口人
匠造作等事至大三年立總管府至治三年罷天厤
二年復立隸儲政院其屬附見

管領大都怯怜口諸色人匠提舉司秩正五品達
魯花赤一員提舉一員同提舉副提舉各一員首
領官一員司吏四人部役二人

管領上都怯怜口諸色人匠提舉司秩正五品達
魯花赤一員提舉一員同提舉副提舉各一員首
領官一員司吏四人部役二人

典設署秩從七品大使副使各一員書史一員直
長三

典製局秩從五品令丞各四員書史一員直長二

人掌內府木剌赤二百二十戶至元二十年置三
十一年改掌儀署隸內宰司泰定元年復爲典設

天厤二年隸本府

雜造人匠提舉司秩從四品達魯花赤一員提舉
一員同提舉副提舉各一員都目一員司吏二人

隸本府

部役二人至元八年置初隸繕珍司至大三年改

隸章慶司章慶罷凡造作之事悉歸之天厤二年

雜造局秩正九品院長一員直長一員管勾一員

隨路諸色人匠都總管府秩正三品中統五年命招
集析居放良還俗僧道等戶習諸色匠藝立管領怯
怜口總管府以司其造作秩正四品至元九年陞正
三品大德十一年改繕珍司官屬如舊至治三年復
秩正二品七年仍爲繕珍司

改都總管府達魯花赤一員總管二員並正三品同

知一員正五品副總管二員從五品經歷知事照磨
提控案牘各一員令史四人譯史一人奏差二人典
吏一人其屬附見
上都諸色民匠提舉司秩從五品提舉一員同提
舉副提舉吏目各一員至元十九年立至大元年
增達魯花赤一員至治三年省增置之員設官如
舊
柒局秩正八品大使一員副使一員至元七年置
七年置
金銀器盒局秩從八品大使一員副使一員至元
雜造局正八品大使副使各一員至元七年置
尪冕局大使副使各一員至元七年置
鐵局大使一員副使一員至元七年置
上都葫蘆局大使一員副使一員至元七年置
器物局副使一員中統五年置
研金局大使一員至元二十年置
鞍子局大使一員至元七年置
雲州管納色提領所提領一員掌納色人戶至元
七年置
大都等路諸色人匠提舉司秩從五品提舉同提

元史志卷三十九　十三　周伯琦

舉副提舉各一員至元十六年置其屬附見
雙線局提領一員副使一員至元十八年置受
詹事院劄
大小木局大使一員副使一員直長一員至元
十八年置受詹事院劄元貞元年併領皇后位
下木局
盒缽局大使一員副使一員直長一員至元七
年立受府劄
管納色提領一員受府劄管銅局筋局鎖兒局
粧鈿局雕木局至元三十年置
成製提舉司秩從五品達魯花赤一員提舉一
同提舉副提舉各一員吏目一員司吏四人部役
二人掌製之事至元二十九年置設官四員受
院劄大德三年陞提舉司至治三年罷泰定四
復置
上都大都貂鼠軟皮等局提領所提領二員至元
九年置受府劄二十七年給從七品印改受省劄
大德十一年給從六品印改受敕牒至治三年仍
改受省劄其屬附見
大都軟皮局使一員副使一員至元十三年置

元史志卷三十九　十四　周伯琦

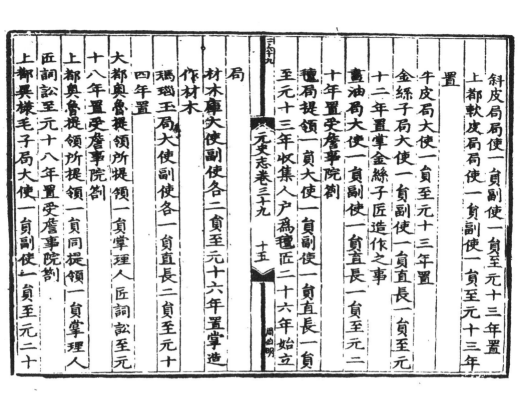

斜皮局局使一員副使一員至元十三年置

上都軟皮局局使一員副使一員至元十三年置

牛皮局大使一員至元十三年置

金絲子局大使一員副使一員至元十二年置掌金絲子匠造作之事

畫油局大使一員副使一員直長一員至元二十年置受詹事院劄

氊局提領一員大使一員副使一員至元十三年收集人戶為氊匠二十六年始立

局

材木庫大使副使各二員至元十六年置掌造作材木

瑪瑙玉局大使副使各一員直長二員至元十四年置

大都奧魯提領所提領一員掌理人匠詞訟至元十八年置受詹事院劄

上都奧魯提領所提領一員同提領一員掌理人匠詞訟至元十八年置受詹事院劄

上都異樣毛子局大使一員副使一員至元二十

年置受詹事院劄

上都氊局大使一員副使一員直長二員至元二十年置受詹事院劄

上都斜皮等局大使一員副使一員至元二十年置受詹事院劄

蔚州定安等處慶山場採木提領所秩正八品提領一員大使一員副使一員掌造作

真定路冀州雜造鞍子局提領一員大使一員直長二員至元十二年置受詹事院劄

上都隆興等路雜造局大使一員副使一員至元二十三年置受詹事院劄

之事至元十九年置

珠翠局大使副使各一員直長一員至元三十年置

管領大都等路打捕鷹房臙粉人戶總管府秩正四品至元十四年打捕鷹房達魯花赤招集平灤散逸人戶二十九年立總管府大德十一年撥隸皇太后位下延祐六年陞正四品置達魯花赤一員總管一員首領官一員令史四人譯史一人奏差二人

管領本投下大都等路怯憐口民匠總管府國初招集怯憐口哈赤民匠一千一百餘戶中統元年立總

管府二年給六品印掌戶口錢帛差發等事至元九
年撥隸安西王位下皇慶元年又屬公主皇后位下
延祐元年改隸章慶司天曆二年又改隸儲政院達
魯花赤一員總管一員俱受御寶聖旨同知一員副
都目一員俱受安西王令旨劄付吏一人

安西王令旨同提舉一員本府擬人副提舉一員
織染提舉司秩正七品掌織造段匹提舉一員受
屬附見
管民提領所凡三大都路蕭奉聖旨提領六員曹
三員受本府劄
管地提領所凡二奉聖旨提領三員東安州提領
州提領二員河間路提領三員受本府劄
管領諸路怯憐口民匠都總管府秩正三品至元七
年招集析居從良還俗僧道編籍人戶為怯憐立
總管府以領之十四年以所隸戶口善造作立提
十六年立織染雜造二局以司造作屬提領所以司
徑役二十五年改隸正三品延祐六年改提領所仍
三品七年復改為達魯花赤一員總管一員並正三
品同知二員正五品副總管二員從五品經歷知事

元史志卷三十九　七

提控案牘照磨各一員令史五人譯史一人其屬
附見
各處管民提領所秩正七品
河間　益都　保定　冀寧　晉寧
濟寧　衛輝　宣德　大名
以上九所提領副提領各一員相副官二員
典史一人司吏二人
汴梁　曹州　大同　開元　上都
濟南　真定
以上八所提領副提領相副官各一員典史
一人司吏一人
大都　歸德　鄆漢
以上三所提領同提領副提領各一員相副
官一員大都增一員典史司吏各一人
織染局秩正七品大使副使相副官各一員典史
雜造局秩正七品大使副使相副官各一員典史
司吏各一人
弘州衣錦院秩正七品大使副使直長各一員典
史司吏各一人

元史志卷三十九　八

豐州毛子局秩正七品大使副使各一員典史司

縉山毛子旋匠局秩正七品大使一員典史司吏
各一人

吏各一人

徐邳提舉司秩正五品提舉同提舉副提舉一
員吏目司吏各一人

沭梁等路管民總管府秩正三品達魯花赤總管同
知府判各一員經歷知事提控案牘各一員國初立
息州總管府領歸附六千三百餘戶元貞元年又併
廣儲庫大使副使各一員俱受院劄

壽潁歸附民戶二千四百餘戶政沭梁等路管民總
管府掌各屯佃戶差發子粒隸徽政院泰定元年改
隸詹事院後隸儲政院其屬庫一提領所八管佃提
領十二

常盈庫大使副使各一員

提領所

新降戶　真陽新蔡　息州　汝寧　陳州
汴梁　鄭州　真定

以上八所每所提領各一員副提領相副官
有差

管佃提領

汝陽五里岡　許州郾城縣　青龍宋岡
陳州項城商水等屯　分山曲堰
許州臨潁屯　許州襄城屯　汝陽金鄉屯
潁豐堰　遂平橫山屯　上蔡浮召屯
汝陽縣煙亭屯

以上十有二處各設提領二員

江淮等處財賦都總管府秩正三品達魯花赤總管
各一員並正三品同知一員副總管二員從
五品經歷知事照磨兼提控案牘各一員令史十五

人奏差十五人譯史一人典吏三人至元十六年以
宋謝太后福王所獻事產及賈似道地土劉堅等田
立總管府以治之大德四年罷命有司掌其賦天曆
二年復立其賦復歸焉

儲用庫提領大使副使各一員
杭州織染局大使副使相副官各一員
揚州等處財賦提舉司達魯花赤提舉同提舉副
提舉各一員提控案牘都目各一員其屬附見
安慶等處河泊所提領大使副使各一員
建康等處財賦提舉司達魯花赤提舉同提舉副

提舉各一員提控案牘都目各一員

建康織染局大使副使相副官各一員

黃池織染局大使副使相副官各一員

建康等處三湖河泊所提領大使副使相副官各
一員

陝西等處管領毛子匠提舉司達魯花赤提舉各
一員

杭州等處財賦提舉司設官全上

提舉各一員提控案牘都目各一員

平江等處財賦提舉司達魯花赤提舉同提舉副

池州等處河泊所提領大使副使各一員

一員

《元史志卷三十九》　廿一

一員國初扖集織造毛子人匠至元三年置官二
員皆世襲

昭功萬戶都總使司秩正三品都總使二員正三品

同知一員從三品副使二員正四品經歷知事照磨

各一員令史六人譯史六人知印二人怯里馬赤二

人奏差六人典吏四人至順二年立凡文宗潛邸庀

從之臣皆領於是府其屬則宮相膳工等司

宮相都總管府秩正三品達魯花赤二員都總管

一員副達魯花赤二員同知二員副總管二員經

歷知事提控案牘承發架閣各一員至順二年罷

宮相府并鶴駅司改怯憐口錢糧總管府為本府

織染雜造人匠都總管府秩正三品達魯花赤

一員總管一員同知一員副總管二員經歷知

事提控案牘照磨各一員至元二十年為管領

織染段匹人設總管府隸徽政院天曆元

繁事務冗滯陞為都總管府隸宮相

年政隸儲慶使司三年改屬宮相

織染局秩從七品大使一員副使一員至元

二十三年改織染雜提舉司為局

綾錦局秩從七品大使一員副使一員至元

《元史志卷三十九》　廿二

八年置九年以招扖折居放良還俗僧道為

工匠二百八十有二戶教習織造之事遂定

置以上官

紋錦局秩從七品大使一員副使一員國初

以招扖漏籍人戶各管教習立局領送納絲

銀物料織造段疋至元八年設長官十二年

以諸人匠賜東宮十三年罷長官設以上官

掌之

中山局秩從七品大使一員副使一員國初

以招扖隨路漏籍不當差人戶立局管領教

習織造至元十二年以賜東宮遂定置局官
如上

真定局秩從七品大使一員國初招收戶計
中統元年置掌織染造作至正十六年以賜
東宮設官悉如舊

弘州蕁麻林納失失局秩從七品二局各設
大使一員副使一員至元十五年招收析居
放良等戶教習人匠織造納失失於弘州蕁
麻林二處置局十六年併為一局三十一年
徽政院以兩局相去一百餘里管辦非便後
為二局

大名織染雜造兩提舉司秩正六品至元二
十一年置掌大名路民戶內織造人匠一千
五百四十有奇各置提舉同提舉副提舉一
員三十年增置雜造提舉達魯花赤一員

供用庫秩從九品大使副使各一員受徽政
院劄國初為綾錦總庫至元二十一年改為
供用庫

管領諸路打捕鷹房納綿等戶總管府秩正三品
達魯花赤都總管同知治中府判各一員經歷知

事提控案牘各一員掌人匠一萬三千有奇歲辦
稅糧皮貨珠捕野物鷹鶻以供內府至元十二年
賜東宮位下遂以真定所立總管府移置大都隸
詹事十六年合併所管之戶置都總管以總治之
三十一年詹事院罷隸徽政至大四年隸崇祥院
延祐六年又隸詹事天曆元年隸慶使司至順
元年改屬官相府

管領上都等處打捕鷹房納綿等戶大使司大
使副使各一員

管領順德等處打捕鷹房納綿等戶提領所達
魯花赤提領副提領各一員

管領冀寧等處打捕鷹房納綿等戶提領所提
領副提領各一員

管領大都左右処院等處打捕鷹房納綿等戶
提領所提領副提領各一員

管領固安等處打捕鷹房納綿等戶提領所提
領副提領各一員

管領中山等處打捕鷹房納綿等戶提領所
領副提領各一員

管領濟南等處打捕鷹房納綿等戶提領所提

領副提領各一員

管領德州等處打捕鷹房納綿等戶提領所提
領副提領各一員

管領益都等處打捕鷹房納綿等戶提領所提
領副提領各一員

管領大同等處打捕鷹房納綿等戶提領所提
領副提領各一員

管領濟寧等處打捕鷹房納綿等戶提領所提
領副提領各一員

管領興和等處打捕鷹房納綿等戶提領所提
領副提領各一員

領副提領各一員

管領晉寧等處打捕鷹房納綿等戶提領所提
領副提領各一員

管領懷慶稻田提領所提領副提領各一員

管領順州稻田提領所提領副提領各一員

管領檀州等處打捕鷹房納綿等戶提領所提
領副提領各一員

管領大寧等處打捕鷹房納綿等戶提領所提
領副提領各一員

管領薊州等處打捕鷹房納綿等戶提領所提
領所提

領副提領各一員

管領真定等處打捕鷹房納綿等戶提領所設

官仝上

管領趙州等處打捕鷹房納綿等戶提領所設

官仝上

管領保定等處打捕鷹房納綿等戶提領所設

官仝上

管領興州等處打捕鷹房納綿等戶提領所設

官仝上

管領汴梁等處打捕鷹房納綿等戶提領所設

官仝上

廣衍庫大使一員

管領滑山炭場所

繕工司秩正三品卿二員少卿二員丞二員經歷
知事四人照磨無提控案牘管勾承發架閣各一員令
史四人譯史二人知印二人怯里馬赤一人典吏
三人掌人匠營造之事天曆二年置其屬附見

金玉珠翠提舉司達魯花赤提舉同提舉副提
舉各一員吏目一員司吏四人

大都織染提舉司提舉二員同提舉副提舉各

一員吏目一員司吏四人

大都雜造提舉司達魯花赤提舉同提舉副提

舉各一員吏目一員司吏四人

富昌庫大使一員副使一員庫子二人攢典一

人

內史府秩正二品內史九員正二品中尉六員正三

品司馬四員正四品諮議二員從五品記室二員從

六品照磨管勾承發架閣庫從八品禄史八人譯

史四人知印通事各二人宣使五人典吏二人至元

二十九年封晉王于太祖四幹耳朶之地改王傅爲

內史秩從二置官十四員延祐五年陞正二品給印

分司京師并分置官屬

延慶司秩正三品掌王府祈禳之事使三員正三

品同知二員正四品典簿一員從七品令史二人

譯史知印通事各一人奏差二人至元二十七年

置

斷事官秩正三品理王府詞訟之事斷事官一十

六員正三品經歷知事各一員令史三人

典軍司秩從七品掌控鶴百二十有六人典軍二

員副使二員大德四年置

隨路諸色民匠打捕鷹房都總管府秩正三品總四

幹耳朶位下戶計民匠造作之事達魯花赤二員都

總管一員同知一員副總管二員經歷知事提控案

牘各一員令史四人奏差二人至元二十四年置官

吏不入常調凡幹耳朶之事復置四總管以分掌之

三品掌太祖大幹耳朶一切事務達魯花赤總管秩從

管領保定等路阿哈探馬兒諸色人匠總管府秩從

知副總管各一員吏二人至元十七年置

管領曹州東平等路民匠提舉司秩從五品達魯花

赤提舉同提舉副提舉各一員至元十七年置

管領大都納綿提舉司秩從六品達魯花赤提舉副

提舉各一員至元十七年置

管領上都大都奉聖州長官司秩從六品管領出征

軍五十有一戶達魯花赤長官各一員至元十七年

置

管領保定織染局秩從六品管匠一百有一戶達魯

花赤提舉同提舉副提舉各一員至元十七年置

管領豐州捏只局頭目一員掌織造花毯至元十七

年置

管領打捕鷹房民匠達魯花赤總管府秩正四品掌

二皇后斡耳朶位下歲賜財物造作等事達魯花赤

總管同知副總管知事各一員吏二人至元二十

一年置

管領口子迤北長官司秩從五品掌領戶計二百

六達魯花赤長官副長官各一員至元二十一年置

管領隨路諸色民匠達魯花赤等官秩正五品掌民

匠一千五百二十有五戶達魯花赤總管同知副總

管各一員至元二十一年置

管領隨路打捕納綿民匠長官司秩從五品掌民匠

一百七十有九戶達魯花赤長官各一員至元二十

一年置

管領大都民匠提舉司秩正七品掌民匠二百有二

戶提舉同提舉副提舉各一員至元二十一年置

一年置

管領河間民匠提舉司秩從四品掌民匠二百一十

二十一年置

有二戶達魯花赤提舉同提舉副提舉各一員至元

管領涿州成錦局人匠提舉司秩從五品領匠一百

一年置

管領河間瀋州等處長官司秩正五品領戶計五百

四十有八達魯花赤長官副長官各一員至元二十

一年置

管領河間臨邑等處軍民長官司秩正七品掌軍民

二百有二戶達魯花赤長官副長官各一員至元二

十一年置

管領隨路諸色民匠打捕鷹房等戶總管府秩從

四品掌丕祖斡耳朶四季行營一切事務達魯花赤總

管同知副總管知事各一員吏二人大德二年置

管領涿州等處民匠興錦局秩正五品掌民匠一百

五十戶達魯花赤提舉同提舉副提舉各一員大德

二年置

管領上用織染局秩從七品掌工匠七十有八戶提

舉同提舉副提舉各一員大德二年置

管領彰德等處長官司秩從七品掌民一百一十有

七戶達魯花赤長官副長官各一員大德二年置

管領上都大都等處長官司秩從七品領民匠七

十有九戶達魯花赤長官副長官各一員大德二年

管領上都大都等處長官司秩從五品掌民二百六

十有一戶達魯花赤長官副長官各一員大德二年

置
管領泰安等處長官司秩正七品掌民一百有一户
達魯花赤長官副長官各一員大德二年置
管領曹州等處長官司秩從五品管民一百有五户
達魯花赤長官副長官各一員大德二年置
管領隨路打捕鷹房諸色民匠怯憐口總管府秩從
三品掌太祖四皇后位下四季行營并歲賜造作之
事達魯花赤總管同知副總管各一員經歷知事提
控案牘照磨各一員

管領大都上都打捕鷹房納米麪提舉司秩從五品
統領一百九十有五户達魯花赤提舉各一員延祐
五年置
管領大都涿州織染提舉司秩從七品掌領九十有
六户達魯花赤提舉各一員延祐五年置
管領河間路清州人匠提舉司秩從五品掌户計二
百三十有四户達魯花赤提舉各一員延祐五年置
隨路打捕鷹房諸色民匠總管府秩正四品掌北安
王位下歲賜錢糧之事達魯花赤總管同知副總管
知事各一員至元二十二年置
管領大都等處納綿提舉司秩正七品掌納綿户計

七百有三户達魯花赤提舉副提舉各一員至元二
十二年置
管領大都等處金玉民匠稻田提舉司秩從五品掌
納綿人匠五百二十有一户達魯花赤提舉副提舉
各一員至元二十二年置
管領大都薊州等處打捕提舉司秩從五品掌打捕
户及民匠六百餘户達魯花赤提舉副提舉各一員
至元二十二年置
雜造局秩正六品達魯花赤一員提舉同提舉副提
舉各一員至元十六年置

怯憐口諸色民匠達魯花赤并管領上都納綿提舉
司秩正五品掌送只兒夬位下怯憐口諸色民匠
及歲賜錢糧等事達魯花赤長官同知副長官各一
員提控案牘各一員
上都人匠達魯花赤提領所秩從七品掌本位下怯
憐口等事
副提領各一員至元二十四年置
上都大都提領所秩從七品達魯花赤提領同提領
副提領各一員
達魯花赤大使副使各一員至元二十七年置
歸德長官司秩從六品達魯花赤長官副長官各一
員至治三年置

管領上都大都諸色人匠納綿戶提舉司秩從五品

掌幹耳朵位下歲賜等事達魯花赤提舉同提舉各一員至元十七年置

致用庫秩從七品提舉大使各一員副使二員至元二十七年置

提領司秩從八品提領三員副提領一員至元十一年置

上都人匠局秩從七品達魯花赤二員副使二員至元二十七年置

諸王傅官寬徹不花太子至齊王位下凡四十五王每位下各設王傅傅尉司馬三員傅尉唯寬徹不花也不干幹羅溫三王有之自此以下皆稱府尉別於王傅之下司馬之上而三員並設文多寡不同或少至一員或多至三員者齊王則又獨設王傅一員從

都護府秩從二品掌領擔州城及畏吾兒之居漢地者有詞訟則聽之大都護四員從二品同知二員從三品副都護二員從四品經歷一員從六品令史貟從七品照磨兼承發架閣庫管勾一員正八品令史四人譯史二人通事知印各一人宣使四人典吏二人至元十一年初置畏吾兒斷事官秩三品十七

年改領北庭都護府秩二品置官十二員二十年改大理寺秩正三品二十二年復為大都護品秩如舊延祐三年陞正二品七年復從二品定官制如上

崇福司秩正二品掌領馬兒哈昔列班也里可溫十字寺祭享等事司使四員從二品同知二員從三品副使二員從四品司丞二員從五品經歷一員從六品都事一員從七品照磨一員正八品令史二人譯史通事知印各一人宣使二人至元二十六年置延祐二年改為院置領院事一員至元七年省併天下也里可溫掌教司七十二所悉以其事歸之七年復為司後定置

已上官員

志卷第三十九

翰林學士承旨□奏知　制誥兼修國史宋濂　翰林　制誥同□　制誥　國□編修官□補等本

醫

大都留守司秩正二品掌守衛宮闕都城調度本路
供億諸務兼理營繕內府諸邸都宮原廟尚方車服
殿廡供帳內苑花木及行莘湯沐宴游之所門禁關
鑰啟閉之事留守五員正二品同知二員正三品副
留守二員正四品判官二員正五品管勾承發架閣庫一員正八
品都事二員從七品經歷一員從六

《元史志卷第四十》一

百官六

照磨兼覆料官一員部役官兼壩寨一員令史十八
人宣使十七人典吏五人知印二人蒙古必闍赤三
人回回令史一人通事一人至元十九年罷宮殿府
行工部置大都留守司兼本路都總管府
二十一年別置大都路都總管府治民事并少府監
留守司皇慶元年別置少府監延祐七年罷少府監
復以留守兼燕監事其屬附見

修內司秩從五品領十四局人匠四百五十戶掌
修建宮殿及大都造作等事提點一員大使一員
副使一員直長五員吏目一員照磨一員部役七

員司吏六人中統二年置至元中增工匠計一千
二百七十有二戶其屬附見

大木局提領七員管勾三員掌殿閣營繕之事
中統二年置

小木局提領二員同提領一員副提領三員管
勾二員提控四員中統四年置

泥廈局提領八員管勾二員中統四年置

車局提領二員同提領一員中統五年置

粧釘局提領二員同提領二員中統四年置

銅局提領一員同提領一員管勾一員中統四

年置以上六局秩從八品

《元史志卷第四十》二

竹作局提領二員提控一員中統四年置

繩局提領二員中統五年始置

祇應司秩從五品掌內府諸王邸第異巧工作修
禳應辦寺觀管繕領工匠七百戶大使一員從五
品副使一員正七品直長三員正八品吏目一員
司吏二人國初建兩京殿宇始置司以備工役其
屬附見

油漆局提領五員同提領副提領各一員掌兩
都宮殿鞍漆之工中統元年置

畫局提領五貟管勾一貟掌諸殿宇藻繪之工

中統元年置

銷金局提領一貟管勾二貟掌諸殿宇裝鑾之

工中統四年置

裱褙局提領一貟掌諸宮殿宇裝潢之工中統二

年置

燒紅局提領二貟掌諸殿所用心紅顏料至

元元年置

器物局秩從五品掌內府宮殿京城門戶寺觀公

廨營繕及御用各位下鞍轡忽哥轎子帳房車輛

金寶器物凡精巧之藝雜作匠戶無不隸焉大使

一貟從五品副使一貟正七品直長二貟正八品

吏目一貟司吏二人中統四年改爲器物局

受省劄至元七年改爲器物局秩如上其屬附見

鐵局提領三貟管勾三貟提控三貟掌諸殿宇

輕細鐵工中統四年置

減鐵局管勾一貟提控二人掌造御用及諸宮

邸繫腰中統四年置

盒鉢局提領二貟掌製御用繫腰中統四年置

成鞍局提領三貟掌造御用鞍轡象轎中統四

年置

羊山鞍局提領一貟提控一貟掌造常課鞍轡

諸物至元十八年置

網局提領二貟管勾一貟掌成造宮殿網翮之

工中統四年置

刀子局提領二貟掌造御用及諸宮邸寶貝佩

刀之工中統四年置

旋局提領二貟掌造御用異樣木植器物之工

中統四年置

銀局提領一貟掌造御用金銀器盒繫腰諸物

中統四年置

中統四年置

轎子局提領一貟掌造御用異樣木植鞍子諸

物中統四年置

採石局秩從七品大使副使各一貟掌夫匠營

造內府殿宇寺觀橋衝石材之役至元四年置

石局總管十一年撥採石之夫戶常任

工役置大都等處採石提舉司二十六年罷立

采石局山場提領一貟管勾五貟至元四年置

大都城門尉秩正六品尉二貟副尉一貟掌門禁

啓閉管鑰之事至元二十年置以四怯薛八剌哈

赤篤之二十四年復以六衛親軍隸掌凡十有二

門曰麗正曰文明曰順承曰平則曰和義曰蕭清

曰安貞曰健德曰光熙曰崇仁曰齊化每門設官

如上

犀象牙局秩從六品大使副使直長各一員司吏

一人掌兩都宮殿營繕犀象龍床卓器繫腰等事

中統四年置設官一員至元五年增副使管匠戶

一百有五十其屬附見

雕木局提領一員掌宮殿香閣營繕之事至元

十一年置

牙局提領一員管勾一員掌宮殿象牙龍床之

工至元十一年置

大都四窰場秩從六品提領大使副使各一員領

匠夫三百餘戶營造素白琉璃磚瓦隸少府監至

元三十三年置其屬三

琉璃局大使副使各一員中統四年置

西窰場大使副使各一員至元四年置

南窰場大使副使各一員中統四年置

凡山採木提舉司秩從五品掌採伐車輛等雜作

木植及造尺椽縶腰刀把諸物達魯花赤提舉各

一員並從五品同提舉一員正七品副提舉一員

正八品吏目一員司吏六人至元十四年置

上都採山提領所秩從八品提領副提領提控各

一員至元九年以採伐材木鍊石為灰徵發夫匠

一百六十三戶遂置官以統之

凡山死平等處管夫匠所提領二員同提領二員

管領催車村戶提領一員至元十五年置

器備庫副使秩從五品提領一員至元十五年置

六品副使二員正七品直長四員正八品掌殿閣

金銀寶器二千餘事至元二十七年置

甸皮局秩正七品大使一員管匠三十餘戶至元

七年置十四年始定品秩二十一年改隸留守司

歲辦熟造紅甸羊皮二十有奇

上林署秩從七品署令署丞各一員直長一員掌

宮苑栽植花卉供進蔬菓種首藉以飼駞馬備煤

炭以給營繕至元二十四年置

養種園提領二員掌西山淘煤羊山燒造黑白木

炭以供修建之用中統三年置

花園管勾二員掌花卉果木至元二十四年置

首藉園提領三員掌種首藉以飼馬駞膳羊

儀鸞局秩正五品掌殿庭燈燭張設之事及殿閤
浴室門戶鎖鑰苑中龍舟圍檻珍異禽獸給用內
府諸宮太廟等廨祭祀庭燎縫製簾帷灑掃掖庭
領燭剌赤水手樂人禁蛇人等二百三十餘戶輪
直怯薛大使四員正五品副使二員從六品直長
二員正八品都目一員書吏二人庫子一人至元
十一年置局秩正五品二十三年陞正五品至大
四年增大使二員以宦者為之領四提領而延祐
七年仁宗御西宮又別立儀鸞設置亦同

燭剌赤提領八員提控四員

《元史志卷四》 七

水手提領二員

針工提領一員

蠟燭局提領一員

木塲提領大使一員副使一員掌受給營造
宮殿材木至元四年置南東二木塲十七年併為
一塲

大都路管領諸色人匠提舉司秩從五品掌大都
諸色匠戶理斷昏田詞訟等事提舉一員從五品
同提舉一員正七品副提舉一員正八品吏目一
人司吏二人中統四年置人匠奧魯總管府秩從

四品至元十二年改提舉司十五年兼管採石人
戶秩如舊

真定路東平路管匠官秩從七品每路大使一員
副使一員中統四年置

保定路宣德府管匠官秩從七品大使一員
副使一員管匠官宣德二員中統四年置

大名路管匠官秩從七品大使一員管匠官三員
中統四年置

晉寧冀寧大同河間四路管匠官秩從七品每路
大使副使各一員中統四年置

《元史志卷四》 八

收支庫秩正九品掌受給營繕提點一員大使一
員副使二員直長二員庫子二人至元四年置

諸色庫秩從八品掌修內材木及江南徵索異樣
木植并應辦官寺齋事大使一員副使一員庫子
二人至大四年置

太廟收支諸物庫秩從八品大使副使各一員
庫四人至治二年以營治太廟始置

南寺北寺收支諸物二庫秩從七品提領大使各
一員副使二員司庫之屬凡十八人至治元年以建
壽安山寺始置

廣誼司秩正三品司令二員正
四品副使二員正五品判官
二員正六品經歷知
事各二員照磨一員總和
顧和買營繕織造工役
供億物色之務至元十四年改覆實司辨驗官無
提舉市令司大德五年又分大都路總管府官屬
置供需府至順二年罷之立廣誼司
武偹寺秩正三品掌繕治戎器薰典受給卿四員正
三品同判六員從三品少卿四員從
五品經歷知事各一員照磨燕提控案牘一員承發
架閣庫管勾一員辨驗弓官二員辨驗筋角翎毛等
官二員令史十有三人至元五年始立軍器監秩四
品十九年陞正三品二十年立衛尉院改軍器監為
武偹監秩正四品隷衛尉院二十一年改為寺與
衛尉並立大德十一年陞為院至大四年復爲寺設
官如舊其所轄屬官則自爲選擇其匠戶之能者任
之
壽武庫秩從五品提點二員從五品大使二員正
六品副使四員正七品庫子一十八人至元十年以
衣甲庫改置
利器庫秩從五品提點三員大使二員副使三員

秩品同 壽武庫庫子一十八人至元五年始立軍器
庫十年通掌隨路軍器改利器庫
廣勝庫秩從五品掌平陽太原等處歲造兵器以
給比邊征戍軍需達魯花赤一員大使副使各一
員庫子一人
大同路軍器人匠提舉司秩從五品達魯花赤一
員提舉一員並從五品同提舉一員正七品副提
舉一員正八品其屬豐州甲局院長一員應州甲
局院長一員平地縣甲局院長一員山陰縣甲局
院長一員自登縣甲局頭目一人豐州弓局使一
員賽甫丁弓局頭目一人
平陽路軍器人匠提舉司秩正六品達魯花赤一
員提舉同提舉副提舉各一員其屬本路授下雜
造局大使一員副使一員絳州甲局大使一員
太原路軍器人匠局秩正七品達魯花赤一員局
使一員副使一員史目一員
保定軍器人匠提舉司秩從六品達魯花赤提舉
同提舉副提舉各一員其屬河間甲局院長一員
祈州安平縣甲局院長一員陵州箭局頭目一人
真定路軍器人匠提舉司秩從六品達魯花赤提

人
舉同提舉副提舉各一員其屬興州甲局院長一
懷孟河南等路軍器人匠局秩正七品局使局副
各一員其屬懷孟路弓局院長一員
汴梁路軍器局秩正七品局使局副各一員
常課弓局院長一員常課甲局院長一員其屬
益都濟南箭局秩正七品局使一員
彰德路軍器人匠局秩正七品局使一員副使
員
大名軍器局秩正七品大使副使各一員
上都甲匠提舉司秩從五品提舉同提舉副提舉
各一員其屬興州白局子甲局院長一員興州千
戶寨甲局院長一員松州五指崖甲局院長一員
松州勝安甲局院長一員
遼河等廳諸色人匠提舉司秩從五品達魯花赤
提舉同提舉各一員其屬遼蓋弓局大使副使各
一員蓋州甲局局使一員
上都雜造局秩從七品大使副使各一員
奉聖州軍器局秩從七品大使副使各一員
蔚州軍器人匠提舉司秩正六品達魯花赤提舉

同提舉副提舉各一員
宣德府軍器人匠提舉司秩正六品達魯花赤
舉同提舉副提舉各一員
廣平路軍器人匠提舉司秩正六品達魯花赤
東平等路軍器人匠提舉司秩從五品達魯花赤
提舉同提舉副提舉各一員
通州甲匠提舉司秩正六品達魯花赤提
舉副提舉各一員
薊州甲匠提舉司秩正五品達魯花赤提舉同提
舉副提舉各一員
欠州武器局秩從五品大使副使各一員
大都甲匠提舉司秩正六品達魯花赤提舉同提
大都路軍器人匠提舉司秩從六品達魯花赤提
舉同提舉副提舉各一員
大都箭局秩從七品大使副使各一員
豐州雜造局秩正六品達魯花赤大使副使各一
員
歸德府軍器局院長一員
汝寧府軍器局院長一員
員

陳州軍器局院長一員
許州軍器局秩從七品大使副使各一員
咸平府軍器局局秩從七品達魯花赤大使副使各一員
大都弓匠提舉司秩正五品達魯花赤提舉副提舉各一員其屬雙搭弓局大使副貟成吉里弓局大使副使各一員通州弓局院長一員
大都弦局大使副使各一員至元三十年改提舉司置局

隆興路軍器人匠局達魯花赤大使副使各一員至元三十年置
平濼路軍器人匠局大使副使各一員至元三十年置
大都雜造局提領二貟元貞二年置
太僕寺秩從二品掌阿塔思馬匹受給造作鞍轡之事中統四年設群牧所至元十六年改尚牧監十九年又改太僕院二十年改衛尉院二十四年罷院立太僕寺又別置尚乘寺以管鞍轡而本寺止管阿塔思馬疋二十五年肄中書置提調官二貟大德十一

年復改太僕院至大四年仍為寺卿二貟從二品少卿二貟從四品丞二貟從五品經歷知事照磨管勾各一貟令史七人譯史知印通事各二人奏差四人回回令史一人典吏二人
尚乘寺秩從三品掌上御鞍轡暨輿輦阿塔思馬驢騾及領隨路局院鞍轡等造作收支行省歲造鞍轡理四怯薛阿塔赤詞訟起取南北達方馬疋等事卿四貟正三品少卿二貟從四品丞二貟從五品經歷知事照磨管勾各一貟令史六人譯史二人知印二人通事二人奏差五人典吏二人至元二十四

年罷衛尉院始設尚乘寺領資乘庫大德十一年陞為院秩從二品至大四年復為寺延祐七年降從三品
資乘庫秩從五品提點四貟從五品大使三貟正六品副使四貟正七品庫子四人掌收支鞍轡等物至元十三年置二十年肄衛尉三十四年肄尚乘寺
長信寺秩正三品領大斡耳朵怯憐口諸事卿四貟正三品少卿二貟從四品寺丞二貟從五品經歷知事各一貟令史六人譯史知印各二人通事一人奏

差四人大德五年置至大元年改隆爲院四年仍爲
寺卿五負增少卿一負以宦者爲之延祐七年省寺
卿少卿各一負定置如上
怯憐口諸色人匠提舉司秩從五品領大都上都
二鐵局并怯憐人匠以材木鐵炭皮貨諸色儲幹
耳朵各枝房帳之需達魯花赤一負提舉同提舉
副提舉各一負吏目一人司吏四人至元二十五
年置
大都鐵局秩從五品掌幹耳朵上下往來造作粧
釘房車大使一負副使一負直長一負至元十二
職如前
上都鐵局大使一負副使一負至元十六年置掌
年置

長秋寺秩正三品掌武宗五幹耳朵戶口錢糧營繕
諸事寺卿五負正三品少卿二負從四品寺丞二負
從五品經歷知事各一負令史六人譯史知印各二
人通事一人奏差四人皇慶二年置其屬二
怯憐口諸色人匠提舉司秩從五品掌正宮造作
之役達魯花赤一負同提舉副提舉各一負吏目
一人司吏四人至大元年幹耳朵三位下撥到入

匠五百九十三戶始置提舉司錄中政院後屬長
信寺
怯憐口諸色人匠提舉司秩從五品掌領武宗軍
上止來人匠達魯花赤一負提舉一負同提舉副
提舉各一負吏目一人司吏二人至大元年置
承徽寺秩正三品掌苔兒麻失里皇后位下錢糧營
繕等事寺卿五負正三品少卿二負從四品寺丞二
負從五品經歷知事各一負令史六人譯史知印各
二人通事一人奏差四人至治元年置其屬二
怯憐口諸色人匠提舉司二秩正五品各設達魯
花赤一負提舉同提舉副提舉各一負吏目一人
司吏三人至治三年置

年置
長寧寺秩正三品掌英宗速哥八剌皇后位下戶口
錢糧營繕等事寺卿六負正三品少卿二負從四品
寺丞二負從五品經歷知事各一負令史六人
譯史知印各二人怯里馬赤一人奏差四人至治三
年置
長慶寺秩正三品掌成宗幹耳朵及常歲管辦禾失
房子行幸怯薛台人等衣糧之事寺卿六負少卿二
負寺丞二負秩同長寧寺經歷知事各一負令史

太府監秩正三品領左右藏寺庫掌錢帛出納之數
陞正二品大德九年改為院秩從二品判署用宦
者至大四年復為監定置如上
內藏庫秩從五品掌出納御用諸王叚疋納失失
紗羅絨錦南綿香貨諸物提點四貟從五品大使
二貟正六品副使二貟正七品至元二年置署上
都十九年省之止存內藏及左右二庫
十八年始署大都以宦者領之復有行內藏二
右藏提點四貟大使二貟副使二貟品秩同上掌
收支金銀寶鈔只孫叚疋水晶瑪瑙玉璞諸物至
元十九年置

至元四年為宣徽太府監凡內府藏庫悉隸焉八年
譯史三人通事知印各一人奏差四人中統四年置
品丞五貟正五品經歷知事照磨各一貟令史八人
太卿六貟正三品太監六貟從三品少監五貟從四
卿四貟丞二貟品秩同長慶寺經歷知事各一貟天
寧徽寺秩正三品隸八不沙皇后位下寺卿六貟少
定元年置
六人譯史知印各二人怯里馬赤一人奏差四人泰

《元史志卷四十》十七

利用監秩正三品掌出納皮貨衣物之事監卿八貟
正三品太監五貟從三品少監五貟從四品監丞四
貟正五品經歷知事照磨管勾各一貟令史八人譯
史二人通事知印各一人奏差六人典吏三人至元
十年置二十年罷二十六年復置大德十一年改為
院至大四年復為監
資用庫秩從五品提點二貟從五品大使二貟正
六品副使五貟正七品庫子五人至元二年置隸
太府十年隸利用
怯憐口皮局人匠提舉司秩正五品提舉二貟同

右藏提點四貟大使二貟副使二貟品秩同上掌
收支常課和買紗羅布絹絲綿絨錦木綿鋪陳衣
服諸物至元十九年置
度支監秩正三品掌給馬駞駞粟卿三貟正三品太
監二貟從三品少監三貟從四品監丞二貟從五品
經歷二貟知事一貟提控案牘一貟照磨管勾一
貟令史十四人譯史四人通事知印三人奏差四人
典吏五人國初置李可孫至元八年以重臣領之十
三年省字可孫以宣徽兼其任至大二年改立慶支
院四年改為監

《元史志卷四十》十八

提舉一員提控案牘一員中統元年置局至元六
年改提舉司
雜造雙線局秩從八品造內府皮貨鷹帽等物大
使副使直長典史各一員
熟皮局掌每歲熟造野獸皮貨等物大使副使直
長各一員至元二十年置
軟皮局掌內府細色銀鼠野獸諸色皮貨大使副
使直長各一員至元二十五年置
斜皮局掌每歲熟造內府各色野馬皮膁副使二
員至元二十年置

《元史志卷四十》　九

貂鼠局提舉司秩從五品提舉一員同提舉副提
舉各一員至元二十年置
皮貨局秩從七品大使一員副使一員典史一人
司吏一人至元六年置
染局副使一員直長一員管勾一員掌每歲變染
貂鼠局副使二員直長一員至元十九年立
中尚監秩正三品掌大斡耳朵位下怯憐口諸務及
領資成庫氈作供內府陳設帳房車輿兩衣之
用監卿八員正三品太監二員從三品少監二員從

四品監丞二員正五品經歷知事照磨各一員令史
七人譯史三人通事二人知印二人奏差五人至元
十五年置尚用監二十四年改置中尚監
三十年分置兩都濼河三庫怯憐口雜造等九司局
而總領之至大元年陞為院四年復為監參用官者
三人
資成庫秩從五品掌造氈貨提點三員從五品大
使三員正六品副使三員正七品至元二年置隸
太府二十三年始歸于監
章佩監秩正三品掌官者速古兒赤所收御服寶帶

《元史志卷四十》　廿

監卿五員正三品太監四員從三品少監二員從四
品監丞二員正五品經歷知事照磨各一員令史七
人譯史二人通事二人奏差四人至元二十二年置
至大元年陞為院四年復為監定置如上
御帶庫秩從五品掌繫腰偏束等帶併條環諸物
供奉御用以備賜予提點三員大使三員副使二
員品秩同資成至元二十八年置俱以中官為之
元貞二年增二員燕署上都之事
異珍庫秩從五品掌御用珍寶后妃公主首飾寶
貝提點三員大使三員副使二員品秩同上至元

二十八年置。經正監，秩正三品，掌營盤納鉢及標撥授下草地，有詞訟則治之。太卿一員，正三品；少監二員，從四品；監丞二員，正五品。太監少監令史八人，譯史四人。至大四年，置監卿、太監、少監並之事。都水監，秩從三品，掌治河渠井隄防水利橋梁𥂁堰之事。奴都赤為之，監丞流官為之。負正六品，經歷、知事各一員，令史十人，蒙古必闍赤一人，回回令史一人，通事、知印各一人，奏差十人。

寨十六人，典吏二人。至元二十八年置，二十九年領。河道提舉司，大德六年陞正三品，延祐七年仍從三品。提舉一員，從六品；副提舉一員，從七品。大都河道提舉司，秩從五品，提舉一員，從五品；同提舉一員，從六品；副提舉一員，從七品。秘書監，秩正三品，掌歷代圖籍并陰陽禁書。卿四員，正三品；太監二員，從三品；少監二員，從四品；監丞負從五品；典簿一員，從七品；令史三人，知印、奏差各二人，譯史、通事各一人，典書二人，典吏一人。屬官著作郎二員，從六品；著作佐郎二員，正七品；祕書郎二

負正七品；校書郎二員，正八品；辨驗書畫直長一員，正八品。至元九年置，其監丞皆用大臣奏薦選世家名臣子弟為之。大德九年，陞正三品，給銀印。延祐元年，定置卿四員，秩用宦者二人。司天監，秩正四品，掌凡曆象之事。提點一員，正四品；司天監三員，正五品；少監五員，從五品；監丞四員，從六品；知事一員，令史二人，譯史一人，通事兼知印一人。屬官提學二員，教授二員，並從九品；學正二員，正九品；天文科管勾二員，筭曆科管勾二員，三式科管勾二員，測驗科管勾二員，漏刻科管勾二員，並從九品。陰陽管

勾一員，押宿官二員，司辰官八員，天文生七十五人。中統元年，因金人舊制立司天臺，設官屬。至元八年，以上都承應闕官，增置行司天監。十五年，別置太史院，與臺並立，領曆之政歸院，學校之設隸臺。十三年，置行監。二十七年，又立行少監。皇慶元年，陞正四品。延祐元年，特陞正三品。七年，仍正四品。回回司天監，秩正四品，掌觀象衍曆。提點一員，司天監三員，少監二員，監丞二員，秩同上；知事一員，令史二員，通事兼知印一人，奏差一人。屬官教授一員，天文科管勾一員，筭曆科管勾一員，三式科管勾一

員測驗科管勾一員漏剋科管勾一員陰陽人一十

八人世祖在潛邸時有旨徵回回為星學者札馬剌

丁等以其藝進未有官署至元八年始置司天臺秩

從五品十七年置行監皇慶元年改為監秩正四品

延祐元年陞正三品置司天監二年命秘書卿提調

監事四年後正四品

正四品判官二員正五品經歷二員都事四員照磨

事一員守六員正二品同知二員正三品副留守二員

守司而燕治民事車駕還大都則領上都諸倉庫之

上都留守司燕本路都總管府品秩職掌如大都留

燕管勾一員令史四十四人譯史六人回回令史三

人通事知印各二人宣使一十二人國初置開平府

中統四年改上都路總管府至元三年又給留守司

印十九年併為上都留守司兼本路都總管府其屬

附見

修內司秩從五品掌營修內府之事大使一員從

五品副使三員正七品直長三員正八品至元八

年置

祇應司秩從五品掌粧鑾油染表褙之事大使一

員從五品副使二員正七品直長三員正八品

〈元史志卷四十〉芏

器物局秩從五品掌造鐵器內府營造釘線之事

大使一員副使一員直長二員

儀鑾局秩正五品大使二員副使三員直長二員

至大四年罷典設署改置為局

兵馬司秩正四品指揮使三員副指揮使二員知

事一員提控案牘一員司吏八人至元二十九年

置

警巡院秩正六品達魯花赤一員警巡使一員副

使二員判官二員司吏八人

開平縣秩正六品達魯花赤一員尹一員丞一員

主簿一員典史一員司吏八人

平盈庫大使一員副使一員至元三十年置

萬盈庫達魯花赤監支納大使副使各一員中統

初置

萬億庫秩正五品達魯花赤一員提舉一員同提

舉副提舉各一員提控案牘一員司吏六人譯史

廣積倉達魯花赤監支納大使副使各一員中統

初置永盈倉大德間改為廣積倉

一人至元二十三年置

行用庫提點一員大使一員副使一員

〈元史志卷四十〉苗

稅課提舉司秩正五品提舉二員、同提舉副提舉
提控案牘各一員、元年置

八作司品秩職掌悉與大都左右八作司同達魯
花赤一員、提領大使副使各一員、至元十七年置

饌廩司掌諸王駙馬使客飲食大使一員、副使一
員、至元二年置上都應辦所延祐五年改為饌廩
司

尚供總管府秩正三品掌守護東涼亭行宮及遊獵
供需之事達魯花赤一員、總管一員、並正三品同知
一員、從四品副總管一員、從五品判官一員、正六品

經歷知事提控案牘各一員、令史譯史知印奏差有
差至元十三年置只哈赤八剌哈孫達魯花赤延祐
二年改總管府其屬附見

香河等處巡檢司巡檢一員、司吏一人

景運倉慶秩從五品提點一員、從五品大使一員、正
六品副使一員、至元二十一年置

法物庫秩從九品大使副使各一員、至元二十九
年置

雲需總管府秩正三品掌守護察罕腦兒行宮及行
營供辦之事達魯花赤一員、總管一員、並正三品同

知一員、從四品副總管一員、從五品判官一員、正六
品經歷一員、知事一員、提控案牘一員、延祐二年置

大都路都總管府秩正三品達魯花赤一員、都總管
一員、副達魯花赤二員、同知二員、治中二員、判官二
員、推官二員、經歷二員、知事二員、提控案牘四員、照
磨兼管勾一員、令史九十有五人、譯史
史一員、通事知印各二人、奏差二十一人國初為燕
京路總管大興府中統五年稱中都至元九年改
號大都二十一年始專置大都路都總管
置都達魯花赤都總管等官二十七年陞為都總管

府進秩正三品領府一州十有一凡本府官吏唯達
魯花赤一員及總管推官專治路政其餘皆分任供
需之事故又號曰供需府焉其屬附見

大都路兵馬都指揮使司凡二秩正四品掌京城盜
賊姦偽鞫捕之事都指揮使二員副指揮使五員知
事一員、提控案牘一員、吏十四人至元九年改千戶
所為兵馬司隸大都路而刑部尚書一員、提調司事
凡刑名則隸宗正且為宗正之屬二十九年置都指
揮使等官其後因之一置司於北城一置司於南城

司獄司凡三秩正八品司獄一員、獄丞一員、獄典

二人掌囚繫獄具之事一置於大都路一置於北
城兵馬司通領南城兵馬司獄事皇慶元年以兩
司異禁遂分置一司於南城

左右警巡二院秩正六品達魯花赤各一員使各
一員副使判官各三員典史達魯花赤各二十
五人至元六年置領民事及供需視大都路大德
五年分置供需院以副使判官典史達魯花赤一
大都警巡院品職分置如左右院達魯花赤一員主之
使一員副使二員判官二員典史二員司吏二十
人大德九年置以治都城之南

大都路提舉學校所秩正六品提舉一員教授二
員學正二員學錄一員至元二十四年既立國學
以故孔子廟為京學而提舉學事者仍以國子祭
酒繫衙

管領諸路打捕鷹房總管府秩正三品達魯花赤一
員總管一員副達魯花赤一員同知一員副總管一
員經歷知事各一員至元十七年置

宛平縣秩正六品達魯花赤一員尹一員丞一員
主簿三員尉一員典史三員司吏二十六人至元
十一年置治大都麗正門以西

大興縣秩正六品達魯花赤一員尹一員丞一員
主簿二員尉一員典史三員司吏十五人至元
十一年置治大都麗正門以東
東關廂巡檢司秩從九品巡檢三員司吏一人掌
巡捕盜賊奸究之事至元二十一年置
西北南關廂兩巡檢司設置並同上

志卷第四十